U0629617

现代生态旅游学
——理论进展与实践探索

覃建雄　编著

科学出版社

北京

内 容 简 介

本书在前人相关研究文献基础上，以可持续发展理念为指导，从系统动力学理论视角，运用自然科学、人文社科和经济管理跨学科综合研究方法，结合国内外全新时期旅游业发展规律及特征，融入作者点滴体会和观点，全面介绍了现代生态旅游学理论进展与实践探索相关内容，包括绪论、生态旅游基础理论、生态旅游动力系统、生态旅游主体子系统、生态旅游客体子系统、生态旅游媒体子系统、生态旅游载体子系统、生态旅游产品体系、生态旅游规划体系、生态旅游管理体系、生态旅游实践探索，展示了生态旅游发展模式、生态旅游主体功能区、生态旅游扶贫开发案例，尽可能反映近年来国内外生态旅游理论研究进展、方法技术进步和实践探索经验。

本书可作为高等院校研究生和高年级本科生的生态旅游教学用书，可作为资源、环境、地学、农学、生态及可持续发展等相关专业的参考用书，也可作为生态旅游开发、规划、策划、设计、扶贫、管理等工作者的参考用书，也可供管理部门、旅游企业、科研机构等相关人员参考。

图书在版编目(CIP)数据

现代生态旅游学：理论进展与实践探索 / 覃建雄编著. — 北京：科学出版社，2018.1（2019.3 重印）
ISBN 978-7-03-056368-2

Ⅰ.①现… Ⅱ.①覃… Ⅲ.①生态旅游-研究 Ⅳ.①F590.75

中国版本图书馆 CIP 数据核字（2018）第 010132 号

责任编辑：张 展 侯若男 / 责任校对：钟文希
封面设计：墨创文化 / 责任印制：罗 科

科学出版社 出版

北京东黄城根北街16号
邮政编码：100717
http://www.sciencep.com

成都锦瑞印刷有限责任公司 印刷
科学出版社发行 各地新华书店经销

*

2018 年 1 月第 一 版 开本：785×1092 1/16
2019 年 3 月第二次印刷 印张：30.75
字数：729 千字

定价：180.00 元
（如有印装质量问题，我社负责调换）

前　言

　　作为自觉负责任的可持续旅游和复杂、动态的综合动力学系统，现代生态旅游在强调旅游功能、保护功能、教育功能和促进社区协调发展功能四大基本功能基础上，极力主张"五观"：①自觉责任观：强调生态旅游整个过程中各相关利益主体的自觉责任心，既包括生态旅游者、生态旅游地、生态旅游业和生态旅游环境各级层面主体的自觉责任心，也包括生态旅游发展过程中全社会所有相关主体的自觉责任心；②动力系统观：强调生态旅游不只是生态旅游者与生态旅游资源分内之事，而是由真正的生态旅游主体、客体、媒体、载体四端元之间不同级别和维度的系统、变量、因子之间相互作用、有机组成的系统动力综合体；③可持续旅游观：强调以可持续发展为目标，将可持续发展理念贯穿于生态旅游发展过程不同层面和各个环节之中，强调旅游目的地社会、经济与资源环境系统协调发展；④全域发展观：在强调游客高质量生命体验的同时，强调生态旅游地区根本利益和资源环境保护，强调生态旅游企事业和相关行业之间的鼎力协作及发展质量，也强调不同旅游发展环境之间政治、经济、社会、生态、科技等的协调可持续发展；⑤生态文明观：强调环境与发展的辨证关系，强调环境哲学理论指导下改善和提高生活质量，共享平等、自由、教育的成果，强调天—地—人的高度和谐和统一。可见，生态旅游从某种程度上讲，是一个国家或地区政治、经济、社会综合发展水平的体现，是衡量一个国家全民综合素养和文明程度的重要标志，生态旅游构成一个国家或地区重要的综合软实力，也是维护世界公平、公正、正义、和平的重要力量。

　　世界已经进入"旅游时代"，全球生态旅游面临前所未有的机遇。旅游基本实现了休闲化、大众化和社会化，成为人们的一种普遍生活方式和基本权利。根据世界旅游业理事会(WTTC)数据，2015 年旅游业对全球国内生产总值(GDP)的综合贡献为 7.86 万亿美元，占全球 GDP 总量的 1/10，而生态旅游年增长率为 25%～30%，生态旅游是世界旅游活动中非常重要和增长最快的部分，生态旅游俨然已成为世界性旅游的潮流。在这种潮流背景下要实现全球生态旅游可持续发展，客观上要求对生态旅游的过去、现在和未来进行冷静的思考：①国内外生态旅游发展演化过程不同。欧美旅游经历了二战、汽车革命、工业革命、飞机革命的洗礼，生态旅游实践始于 1872 年的黄石公园，生态旅游概念产生于 1983 年，经历了 20 世纪 50～70 年代"大众旅游时期"、80～90 年代"大众旅游和生态旅发展时期"以及 21 世纪开始的"生态旅游大发展时期"的循序渐进的演进过程。我国生态旅游由国外经验借鉴产生，主要经历了从 20 世纪 90 年代开始的市场化到产业化再到社会化的不同发展时期，生态旅游与大众旅游、城乡演进和区域经济发展近同步。②国内外生态旅游发展的成因背景不同。欧美旅游业发展滞后于城乡发展和经济社会发展，通常是国家经济和城乡发展达到一定程度的产物，主要是随着城乡和经济社会发展而发展起来的，是区域经济、城乡发展和市场规律的产物。与欧美旅游发展不同，我国旅游业主要是由政府主导发展起来的，往往先于区域经济和城乡发展或处于经济和城乡发展初期，目的是通过旅游业发展促进区域经济和城乡协调发展。③国内外生态旅游承担的责任义务不同。与国外旅游业相比，我国生态旅游业承担着产业发展和促进经济社会全面发展的双重责任，无论是在改革开放初期，还是扩大内需、旅游扶贫时期，从扩大开放、获取外汇、地震恢复重建，再到产业结构调整、民族地区和谐稳定、区域可持续发展等，旅游业均发挥了重要而独特的作用。④国内外生态旅游发展演化特征不同。欧美旅游作为区域和城乡发展的自然产物，其发展经历了从大众旅游到生态旅游的循序渐进的发展过程。而我国旅游由于其目的和动机不同，其发展表现为大众旅游与生态旅游近同步的特征，并与国家经济发展、城乡一体化和区域发展近同步。⑤国内外生态旅游研究基础和理论有差别。欧美旅游理论研究起步早，生态旅游具有漫长的研究历史和深厚的研究基础，为生态旅游发展奠定了重要经验和理论体系。我国生态旅游研究从 20 世纪 90 年代初至今大约 30 年历程，无论是研究广度还是深度，都滞后于国外，研究基础相对薄弱、研究理论相对滞后、研究技术有待进步。⑥国内外共同面临着全新的发展时期。随着互联网时代、大数据时代、散客时代、知识经济时代来临及其相关的全球一体化和信息一体化，以及各行业大发展和相互融合渗透，尤其是随着具有巨大市场潜力的中国更多地参与到生态旅游中来，世界生态旅游迎来全新的发展时期，生态旅游如何回顾过去、正视现在、面向未来，值得深思。

本书在前人相关研究成果基础上，以可持续发展理念为指导，从系统动力学理论视角，结合自然科学、人文社科和经济管理等研究方法，融入作者点滴体会和观点，全面介绍了现代生态旅游理论进展与实践探索相关内容，包括绪论、生态旅游基础理论、生态旅游动力系统、生态旅游主体子系统、生态旅游客体子系统、生态旅游媒体子系统、生态旅游载体子系统、生态旅游产品体系、生态旅游规划体系、生态旅游管理体系、生态旅游实践探索，展示了生态旅游发展模式、生态旅游主体功能区、生态旅游扶贫开发案例。尽可能反映近年来国内外生态旅游理论研究进展、方法技术进步和实践探索经验。本书的主要特点是：第一，注重生态旅游系统动力学研究，从系统理论和动力学角度进行生态旅游研究，认为生态旅游系统为一多成因、多关联、多期次的复杂、动态的综合动力系统；第二，强调现代生态旅游学研究，注重现代科学技术和国内外全新发展背景对生态旅游的影响，注重跨学科多技术的综合应用；第三，强调成因生态旅游学研究，不仅要从人文社科和经济管理学角度研究生态旅游，还要从成因背景、时空格局、内在规律和演化机理的角度论述生态旅游；第四，强调生态旅游转型升级研究，着重论述生态旅游业与其他产业的融合发展，以及全新形势下生态旅游业的转型升级。除了考虑生态旅游理论框架的系统性，还要注重生态旅游理论研究的进展和趋势，更要侧重于生态发展展望和探索实践方面的论述。

本书共十一章，第一章 绪论：生态旅游的背景、生态旅游的困惑、生态旅游发展趋势及展望、生态旅游研究进展及前瞻；第二章 生态旅游基础理论：可持续发展理论、成因旅游理论、应用生态学、生态人类学、生态经济学和环境哲学；第三章 生态旅游动力系统：生态旅游系统沿革、生态旅游系统动力学、生态旅游动力系统模型、生态旅游动力系统特征；第四章 生态旅游主体系统：生态旅游主体概述、生态旅游者类型及特征、生态旅游者行为规范与责任；第五章 生态旅游客体系统：生态旅游资源概述、生态旅游资源内涵及特征、生态旅游资源空间分布规律、生态旅游资源成因类型划分；第六章 生态旅游媒体系统：生态旅游媒体概述、传统生态旅游业、生态旅游业转型升级；第七章 生态旅游载体系统：生态旅游载体概述、生态旅游宏观环境、生态旅游地环境；第八章 生态旅游产品体系：生态旅游产品概述、生态旅游产品开发、生态旅游产品认证、生态旅游产品营销；第九章 生态旅游规划体系：生态旅游规划概述、生态旅游规划框架、生态旅游规划编制、生态旅游规划评估、生态旅游规划管理；第十章 生态旅游管理体系：生态旅游主体管理、生态旅游客体管理、生态旅游媒介管理、生态旅游载体管理；第十一章 生态旅游实践探索：生态旅游发展模式、生态旅游主体功能区、生态旅游扶贫开发。

本书在编写过程中，引用了众多专家学者相关的文献和专著，在此对他（她）们的劳动一并表示衷心的感谢！本书是一种尝试，更是一种探索。由于作者水平所限，书中疏漏、错讹之处在所难免，在此恳请广大专家、学者和同行批评指正！

覃建雄

2017 年 9 月 10 日于成都

目　　录

第一章 绪 论

第一节 生态旅游的背景

一、世界生态旅游的发展

　　世界生态旅游从产生、发展，至今大约持续了 60 年，大致经历了五个阶段，即生态旅游基础阶段（二战前～1959 年）、生态旅游萌芽阶段（1960～1982 年）、生态旅游起步阶段（1983～1990 年）、生态旅游稳定发展阶段（1991～2010 年）、生态旅游全新发展阶段（2011～现今）（图 1-1）。

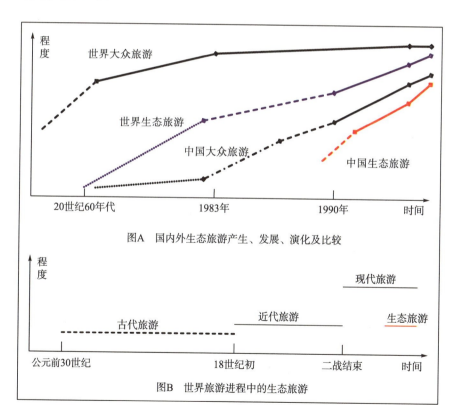

图A　国内外生态旅游产生、发展、演化及比较

图B　世界旅游进程中的生态旅游

图 1-1　国内外生态旅游形成演化及比较

(一)生态旅游基础阶段(二战前~1959 年)

生态旅游实践始于北美。美国早在 1872 年就建立了世界上第一个国家公园——黄石公园。黄石公园当时既是自然保护区又是旅游区,强调在保护原生态环境前提下适当开展旅游活动,实际上开创了生态旅游的先河。加拿大于 1930 年率先制定了《国家公园法》,所有这些为以后生态旅游的发展提供了难得的经验,并为生态旅游研究奠定了重要基础。

国外旅游研究始于欧洲。二战前,欧洲学者已对旅游现象开始进行研究,主要是意大利、德国、瑞士、奥地利,以及后来的法国、波兰、南斯拉夫和捷克等,使欧洲成为当时国际旅游研究的中心,主要以意大利语、德语为主。具有重要影响地位的旅游组织主要有国际旅游科学专家联合会(Association Internationale d'Experts Seientifique du Tourisme,AIEST)和后来的世界旅游组织(World Tourism Organization,WTO)",代表学者如马里奥蒂(A. Mariotti)、葛留克斯曼(R. Glticksmann)、鲍尔曼(A. Bormann)、亨泽克尔和克雷夫等。

该阶段主要从统计学和经济学两方面进行旅游研究。前者主要集中在旅游现象的描述,以及游客人数、逗留时间和消费能力的统计方面;后者则从经济学角度对旅游现象进行剖析和论证,并从针对旅游活动的形态、结构和活动要素的研究中,确认旅游活动是属于经济性质的一种社会现象,并发现旅游活动可以获得巨大的经济利益。

(二)生态旅游萌芽阶段(1960~1982 年)

20 世纪 50~70 年代是欧美大众旅游蓬勃发展阶段,即所谓的"大众旅游(mass tourism)"时代。工业产业大发展过程中带来的经济社会飞速发展,使欧美等西方国家国民有了旅游动机和条件。同时,喷气式民航飞机的广泛应用使欧美大陆之间乃至全球范围内的大规模游客流动现象成为常态。旅游活动在欧洲和地中海地区已经有了相当大的恢复和发展,大量外来游客涌入接待地。伴随着工业革命和大众旅游产生的负面影响,可持续发展、绿色革命、绿色文明、生态意识等理念应运而生,为生态旅游概念的提出奠定了重要理念基础。

在物质财富和精神财富极丰富的同时,资源问题、环境问题、生态问题等一系列全球性生存危机使人类的环境保护意识开始觉醒,绿色运动及绿色消费席卷全世界。人类对自身生存方式、发展模式的思考比以往任何时候都多得多,于是可持续发展思想应运而生。而随着可持续发展思想的传播和渗透,旅游业的可持续发展也日渐成为人们关注的问题。二战后,旅游被普遍看成是一种恢复和发展经济的手段,认为旅游是一个劳动力密集型的行业,即使对经济不发达的国家和地区以及发达国家的边远地区,也可带来显著的经济利益。该阶段的工业革命在传统大众旅游的发展过程中,除了带来飞速发展的社会经济效益外,同时造成了生态环境污染和破坏的血腥事实,迫使欧美各国政府、业界和学界开始关注旅游业的负面影响,生态意识、可持续发展、绿色发展等理念逐渐诞生,《寂静的春天》(1962 年)、《环境危机研究》(1969 年)、《人类环境宣言》(1972 年)、《世界自然保护大纲》(1980 年)等应运而生。

随着20世纪50年代中期喷气飞机在国际民航交通中广泛应用,跨大洋旅行成为价廉、迅速、便捷的活动，欧美两大陆之间乃至全球范围内的大规模游客流动现象成为常态，旅游外汇收入成为许多国家重要的外汇来源，表明世界旅游发展进入了"现代时期"。随着旅游活动在全球范围内迅速发展，巨大的人流量在相对集中的时间和空间内流动，使接待地的社会和环境受到了巨大的压力，同时也带来了大量前所未有的问题，包括经济、社会、生态、文化等方面的影响，这时旅游对接待地的"旅游影响研究"已成为学界研究的热点。"旅游影响研究"逐渐被细分为旅游经济、旅游社会文化和旅游环境与生态三个研究领域。在经济学、社会学、人类学、心理学、地理学、环境和生态科学等各自的专业领域内展开了对现代旅游现象的研究。驱使旅游研究从早期以旅游现象和经济领域研究为主，向揭开旅游表面现象探索其本质规律研究的方向推进。开始了运用多个学科理论和方法的综合研究。马斯洛(A. H. Maslow，1954)根据探索旅游活动中的心理现象和心理学方法，提出了著名的"需求层次理论"。

该阶段旅游国家明显增多，除意大利、德国、奥地利、瑞士等国家外，还有美国、加拿大、英国、法国、澳大利亚和新西兰等国家。旅游研究涉及的学科范围更加广泛，除了经济学、人文地理、社会学、人类学、心理学，还有环境科学和生态学等领域，学者逐渐参与到了旅游研究中。旅游研究从西欧、北美、澳洲等逐渐扩散到日本、印度、韩国、波兰、捷克等南亚、东亚、东南亚以及东欧等国家。

将旅游现象作为一个与社会诸多方面存在交叉、重叠关系的社会综合体来研究，从而在学科上提出跨学科研究的观点，在范围上提出多层面研究的见解，使得旅游研究的运作更加接近于旅游现象的内涵真实。1977 年出版的史密斯主编的《主人与客人：旅游人类学》，在旅游社会文化影响领域方面的研究取得了突破性的发展，提出了"旅游人类学"的概念。1980 年，国际自然资源保护联盟在《世界自然资源保护大纲》中首次提到可持续发展的概念，要求把保护与发展结合起来，在经济发展满足人类需要、提高人类生活质量的同时，合理利用生物圈，使之既满足当代人的需要，又满足后代人的需求，改变了过去保护环境与发展相对立的观点。

20 世纪 80 年代中期以来，人类对自己所生存的环境越来越关注，对旅游业发展的环境影响研究也越来越多，可持续发展原则被广泛地接受，生态旅游作为满足需求、保护环境二者兼得的一种旅游形式，引起了广泛的重视。

(三)生态旅游起步阶段(1983～1990 年)

1983 年，国际自然保护联盟(IUCN)特别顾问谢贝洛斯·拉斯喀瑞(Ceballos-Laskurain)首次提出了生态旅游(Ecotourism)概念。相对于传统的自然旅游，生态旅游内涵更强调对自然景观的保护，是可持续发展的旅游。1990 年，在佛罗里达迈阿密召开了世界生态旅游研讨会，主要讨论生态旅游和资源保护的问题。赫克特(Hecht，1983)提出，人类应该到相对未受干扰或污染的自然区域去旅行，体验或欣赏其中的野生动植物景象及区内文化特色，摆脱日常工作、都市生活的压力，然后慢慢成为一个关心环境保护、自然保育的人。(郭岱宜，2009)同年，国际生态旅游协会(International Ecotourism Society)把生态旅游定义为：在一定自然区域中保护环境并提高当地居民福利的一种旅游行为。后来，生态旅游定义被确定为："(国家旅游局，2004)以可持续发展为理念，以保护生态环境为前提，以统筹人与自然和谐发展为准则，并依托良好的自然生态环境和独特的人文生态系统，采取生态友好方式，开展的生态体验、生态教育、生态认知并获得心身愉悦的旅游方式。"

1986 年，在墨西哥召开的国际环境会议上专门讨论了生态旅游发展的问题。1987 年，世界环境与发展委员会(MCED)在挪威首相布伦特兰夫人(Gro Harlem Brundtland)的主持下向联合国提交了《我们共同的未来》的报告，比较全面和完整的描述了可持续发展的概念，即 "可持续发展是在满足当代人需要的同时，不损害后代人满足自身需要的发展"，报告同时提出了人类以可持续发展为原则来迎接人类面临的环境与发展问题的挑战。同年，世界自然基金会(WWF)对拉丁美洲和加勒比海地区五个国家发展生态旅游的情况进行了专门研究，并于 1990 年出版了《生态旅游：潜能与陷阱》的研究报告。该报告主要研究了这些国家旅游业发展的过程、政策与管理，特别就自然旅游的发展与保护的关系进行了分析，对从生态旅游发展的角度改进这一地区旅游业规划与管理提出了重要的建议。该报告对这些地区乃至世界生态旅游的发展产生了重要的影响。伊丽莎白·布在 1990 年对生态旅游的定义为 "以欣赏和研究自然景观、野生动物及相关文化特征为目标，为保护区筹集资金，为当地居民创造就业机会，为社会公众提供环境教育，有助于自然保护和可持续发展的自然旅游"。

生态旅游理念的形成和探讨，促进了生态旅游实践和发展。自生态旅游概念诞生后十几年，生态旅游平均年增长率为 20%，是旅游产品中增长最快的部分。哥斯达黎加是拉丁美洲开展生态旅游颇有成效的国家，该国家开展生态旅游是从保护森林资源的目的出发的。到 20 世纪 80 年代中期，旅游业外汇收入成为这个国家外汇最大来源，取代了传统的咖啡和香蕉的地位。据调查，大约有 36%的游客到这个国家来就是为了生态旅游。从 1988 年开始，旅游业收入成为肯尼亚外汇的第一大来源，首次超过了咖啡和茶叶的出口收入。根据世界野生动物基金会估计，1988 年，发展中国家旅游收入为 5500 亿美元，其中生态旅游为 120 亿。在哥斯达黎加，每年接待的国际游客中，几乎半数以上是去欣赏热带雨林的生态旅游者。1989 年该国家吸引的生态旅游者达 65 万人次，20 世纪 90 年代又有了更大的发展。现在肯尼亚每年生态旅游的收入高达 3.5 亿美元。

该阶段的特点主要是世界生态旅游尝试性的发展实践和探索性的理论总结和研究，为生态旅游蓬勃稳定发展找到了信心。标志着这一时期生态旅游研究新发展的是 1989 年在澳大利亚成立了跨国的旅游研究组织 "国际旅游研究科学院(International Aeademy for the Tourism Studies)"，并于次年出版院刊《旅游研究杂志》，从而揭开了跨国开展生态旅游活动，开展多学科、多层面旅游研究活动的新时代。生态旅游研究的内容和方向主要包括：①生态旅游产品研究；②生态旅游消费方式；③生态旅游与环境关系研究；④生态旅游景观；⑤生态旅游地理学；⑥生态旅游经济；⑦生态旅游动机与行为研究；⑧生态旅游者感知与满意度研究；⑨生态旅游社区研究；⑩生态旅游开发规划研究；　生态旅游业研究；　政府与非政府组织研究；　生态旅游目的地研究；　生态旅游影响研究；　生态旅游评价研究；　生态旅游管理研究；　生态旅游可持续发展研究。

(四)生态旅游稳定发展阶段(1991~2010 年)

20 世纪 90 年代，生态旅游进入了蓬勃、全面发展时期，生态旅游不仅在相关国家得到实践和验证，生态旅游理论研究也不断修正并取得进展。与此同时，各国形成了生态旅游大发展的热潮，取得了显著的经济、社会、环境效益。该阶段与生态旅游相关的世界性组织主要包括：生态旅游学会、世界保护联盟、国际保护组织、自然保护管理委员会、世界自然基金、旅游人类学委员会、自然保护管理委员会、国际保护组织、世界野生动物基金组织、旅游人类学委员会等，其中最具代表性的是生态旅游协会。

1991 年 7 月，国际生态旅游协会在加拿大卡尔加里大学举行第二次年会，讨论了生态旅游跨学科研究和研究方法问题。同年 8 月，在密克罗尼西亚召开了题为"太平洋地区的生态旅游"的讨论会，会议提出生态旅游与传统的探险旅游及自然旅游并非一回事，生态旅游强调在主张享受大自然的同时要为保护大自然做贡献。1991 年，《旅游研究纪事》刊出了《旅游社会科学》专辑，该专辑突出了生态旅游多学科综合研究的主题，表明生态旅游研究新时代的到来。1992 年，联合国环境与开发大会(地球峰会)明确提出了可持续发展的原则，并倡议在旅游开发项目中要考虑环境问题。1993 年，国际生态旅游协会将生态旅游的定义修订为：具有保护自然环境和维护当地人民生活双重责任的旅游活动。1994 年，澳大利亚推行生态旅游战略，成立了各种生态旅游协会，成立国际研究中心，建立生态旅游相关技术的最佳示范，设计生态旅游教育及训练教程，构建全国生态旅游评价机构。这些措施使澳大利亚生态旅游成为世界的榜样。

1995 年 4 月，可持续旅游发展世界会议在西班牙加那利群岛召开，会议通过了《可持续旅游的发展宪章》和《可持续旅游发展行动计划》，并强调旅游只有与环境保护结合起来才能获得真正的可持续发展，旅游可持续发展应与经济、社会、文化、环境等领域的发展相协调。1996 年制定了《实现环境可持续发展的旅游业 21 世纪议程》。1999 年 10 月，在马来西亚召开了世界生态旅游专题讨论会，发表了《沙巴宣言》：将生态旅游保护、开发与利用规范起来。同年，成立了国际生态旅游协会（Ecoclub）网站，目的是通过生态旅游支持环境保护、促进环境及文化教育、辅助当地人民得益。2001 年 8 月，联合国在巴西召开美洲生态旅游可持续发展和管理会议，确定 2002 年为国际生态旅游年。2001 年 10 月，在哈萨克斯坦举行独联体国家、蒙古和中国"21 世纪可持续发展工具—生态旅游论坛"。2002 年 5 月，由联合国环境署(UNEP)和世界旅游组织(WTO)发起，魁北克市旅游局和加拿大旅游委员会共同主办的世界生态旅游峰会在加拿大魁北克召开，来自 132 个国家的 1000 多名代表包括 40 个国家的部长参加了会议，并发表了《魁北克生态旅游宣言》。同年 10 月，在马来西亚科塔基纳巴卢举行亚太生态旅游会议。2005 年 2 月，阿曼同世界旅游组织和联合国教科文组织共同主办了世界生态旅游会议。受此影响，生态旅游逐渐向世界各国拓展。

随着生态旅游的发展，生态旅游的标准呈现多样化的特征。多样化标准对生态旅游发展起到了引导、促进和革新的作用，同时也给生态旅游实践带来了不便。为了将生态旅游的概念贯彻落实，世界上许多国家和地区都出台了生态旅游法规和政策。世界旅游组织于 1999 年在联合国第七届可持续发展委员会全体会议上提出，需要关注旅游生态标签的效力问题。于 2002 年构建了欧洲的 VISIT（Voluntary Initiatives for Sustainable in Tourism）认证体系，2003 年建立了美洲的可持续旅游认证网络，2004 年建立了绿色环球 21 世纪生态旅游认证，成为世界统一的生态旅游认证标准的三大中心。该标准体系包括国际生态旅游标准、旅游企业标准、旅游社区标准、景点设计与建设标准和景区规划与设计标准等，从而推动了世界生态旅游发展的进程和研究进展。这些规范和标准的制定，为推动世界生态旅游的实践和发展做出了重要贡献。

21 世纪以来，国际范围的生态旅游研究不断深入。在强调生态旅游对人类社会发展和环境保护所做贡献的同时，越来越多的专家不断提醒人们，"生态旅游本身不可能拯救正在不断退化消亡的生态系统，除非生态旅游经过规划保证使环境破坏减少到最低限度，获得最大的经济收益并使当地公众参与，否则它确实会有损于环境和当地人民的利益"。于是，有关生态旅游兴起的原因、核心思想、作用、规划、管理以及区域生态旅游发展等研究成为热点。澳大利亚学者 Haether D. Zeppel（2005）在其著作《原住民旅游可持续开发与管理》中系统阐述了生态旅游与原住民社区、土著文化及生态环保之间协调可持续发展和管理路径。

不仅如此，在旅游实践中，各国均形成了生态旅游的巨大热潮，生态旅游活动有了全面发展，并取得了显著的经济、社会和生态效益。随着环境保护和可持续发展的理念日益深入人心，生态旅游已经成为旅游发展的方向和潮流，生态旅游发展取得了明显成效。根据世界旅游组织统计，1994 年到非洲的国际旅游者为 1857.73 万人次，其中生态旅游者占相当大的比例。在西方发达国家，周末和节假日到大自然去旅游已成为一种时尚。1997 年世界生态旅游已占全球旅游的 10%～15%的份额。1999 年以来，生态旅游的年增长率达 22%～25%。

（五）生态旅游全新发展阶段（2011～现今）

该阶段最明显的特征是，科技信息时代、知识经济时代、大数据时代、散客时代、高铁时代（"五代"）的蜂拥而至和叠加效应及其对传统生态旅游的影响。"五代"来临及其叠加效应，造成了该阶段生态旅游发展具有与传统生态旅游完全不同的发展环境和条件，即在新形式、新背景、新环境、新条件、新市场、新理念、新机遇、新趋势等全新背景下的全新发展，亦即生态旅游转型升级的全新发展阶段。因而，这一阶段的生态旅游发展具有全球同时性、全球一体化、全球对比性、全球动态性、全球共享性特点。它将打破传统生态旅游发展原有惯性和系统，革新传统生态旅游理念、原则、框架和体系，创新生态旅游新格局、新常态、新形态、新业态、新生态和新文态。该阶段对传统生态旅游发展的影响是彻底的、革命性的。这种影响程度和效果随着"五代"的不断叠加而愈加明显。

科技信息时代的到来，尤其是移动互联网、物联网技术、云计算技术、地理信息系统和人工智能的产生对生态旅游业具有重要影响。云计算对旅游产业的影响将是深远的，云计算技术在旅游信息化和未来"智慧旅游"的建设中必将具有广阔的应用前景；大数据有助于生态旅游市场精确定位、旅游市场营销、旅游收益管理、创新旅游需求开发、新增海外旅游服务功能等；地理信息系统对旅游业旅游信息查询、旅游专题制图、旅游开发与规划、旅游资源普查与评价、旅游动态监测等传统方面带来冲击；人工智能技术为游客提供了更丰富、更真实的旅游信息及旅游体验，促进旅游产业全域发展、推进旅游行政可持续管理，对旅游产业的影响将是深远的；物联网通过全新的方式将智能设备、系统、处理器与人联系在一起，在飞机、宾馆、景区、游览车、出租车等资源之间实现共享，为游客提供更私人化的服务,增强游客的旅游体验;移动互联网随时随地的使用性正契合了生态旅游出行的需求,不仅可随时随地搜索附近的景区景点和酒店,还可直接预订酒店和机票,从根本上改变了旅游习惯和方式。

随着散客时代的来临,旅游方式从团队游向散客游转变,要求旅游从资源开发、产品规划、线路设计、项目策划、市场营销、基础配套设施、旅游服务设施、旅游安全保障到旅游管理体制,以及从旅游主体到旅游客体、从旅游媒体到旅游载体要发生一场革命。首先,散客时代游客出游方式发生重大变化;其次,散客时代的游客消费行为发生变化;再次,传统景区管理体制难以满足散客时代的要求;最后,散客时代景区内部建设亟待提升。尤其是自驾游形式的出现,不仅冲击了传统生态旅游系统,改变了传统生态旅游方式,而且造成了相关的新型旅游业态。高铁具有快速、便宜、客运量大,便捷、全天候、公交化,相对安全可靠,舒适、噪声低,智能网络覆盖,方便办公与交流等特点。高铁时代的到来改变了旅游客源流向及分布,扩大了旅游资源配置的市场空间,拓展了区域旅游发展新格局,拉近了与区域性国际市场的距离,促进了旅游产业大发展,有利于实现区域旅游无障碍合作、创新旅游方式和旅游要素。同时,高铁加剧了区域旅游景区、交通工具、旅游发展模式之间的竞争,从而给传统生态旅游系统、运营框架和管理体系带来了巨大冲击。

生态旅游在面临全新的全球环境时,也迎来了前所未有的发展动因和机遇。2014 年11 月,以"保护地、人类和地球:激发策略"为主题的第六届世界公园大会在澳大利亚悉尼奥林匹克公园举行。本次大会由世界自然保护联盟、世界保护区委员会与澳大利亚政府共同主办。来自联合国教科文组织、联合国环境规划署、联合国防治荒漠化公约组织、联合国生物多样性公约组织、全球环境基金、世界银行的代表及多个国家的领导人也出席了会议。来自世界 160 个国家和地区及国际组织的 5000 多名代表与会,共同探讨世界保护区的未来。会议发布了世界上第一份保护区评价国际标准和第一份对世界自然遗产进行评估的《世界自然遗产展望》报告。此次第六届世界公园大会的举行给世界生态旅游发展开辟了广阔前景。

2016 年 5 月 18~21 日,主题为"旅游促进和平与发展"的首届世界旅游发展大会在北京召开。来自美洲、欧洲、非洲、亚洲、大洋洲的 107 个国家的旅游部长、部分国家政要、联合国等国际和地区性组织负责人以及国外旅游界专家学者等 600 名外国代表来华出席大会。主要致力于促进和发展旅游,促进经济发展、国际间相互理解、和平、繁荣,以及不分种族、性别、语言和宗教信仰,广泛尊重并遵守所有人的人权和基本自由。主要议题包括旅游促进发展、旅游促进扶贫及旅游促进和平,并将 2017 年确定为"国际可持续旅游发展年"。大会通过了《北京宣言》,其宗旨是共同推动世界旅游业发展,发挥旅游业在全球经济社会发展和促进世界和平方面的重要作用,落实旅游业在贯彻《2030 年可持续发展议程》、促进可持续发展、包容性发展方面所肩负的责任。首届世界旅游发展大会的召开为世界生态旅游发展带来了前所未有的机遇。

二、中国生态旅游的演进

尽管世界生态旅游概念早在 1983 年就已提出,但生态旅游概念真正引入我国是在

1992年。我国旅游发展大致经历了20世纪60年代～1978年的政治化、1979～1991年的事业化、1992～2001年的市场化、2002～2010年的产业化、2011～现今的社会化五个发展阶段(图1-2)，但大众旅游真正的初始发展是在进入市场化阶段(1992～2001年)以后。可见，我国生态旅游与大众旅游发展阶段近乎相同。自1992年生态旅游概念引入我国以来，我国生态旅游主要经历了从理论介绍到本土化探索的过程，并不断推动我国生态旅游的实践发展(钟林生等，2016)，使我国生态旅游实践和研究成果大量涌现。

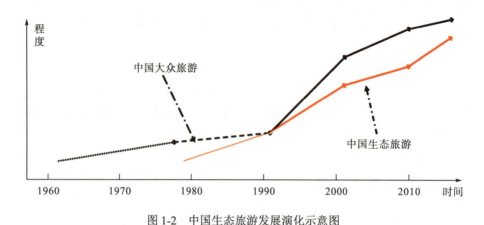

图1-2　中国生态旅游发展演化示意图

(一)可持续发展的客观要求

多样化的自然地理条件及区域空间差异决定了我国工业化发展模式无法完美地解决中国区域发展问题。改革开放近40年来，工业化道路促进了我国经济快速发展，我国已成为世界第二大经济体。但因工业化发展模式主要适宜于沿海地区和内地平原地区，我国沿海地区和平原地区经济飞速发展的同时，广大的中西部山区经济发展则明显滞后，从而造成了我国沿海—山区之间、内地—山区之间、城镇—乡村之间区域发展的不平衡，即所谓的三大"二元结构"问题。显然，三大"二元结构"问题的最终解决，将落脚到山区发展问题上，亦即老少边穷地区和乡村区域的经济社会发展。这是涉及发展道路和模式的重大战略问题。

如何解决发展中的三个"二元结构"问题。我国山区主要分布于中西部地区，由于难以享受到工业发展带来的成果，这些地区长期以来，既是我国重要的生态旅游资源富集区，同时又是我国老少边穷地区和山地乡村区域，长期以来一直处于经济欠发达与落后的状态。因而，我国亟待解决的重大战略及现实问题，一是通过什么样的发展道路，促进中国中西部山区经济快速发展，甚至使沿海地区、内地平原和中西部山区都同时受益；二是通过怎样的发展模式，既能充分发挥中西部生态旅游资源环境特色优势，又能确保在中西部原有地理面貌和独特城乡空间结构前提下带动中西部地区经济社会生态协调可持续发展。这是涉及如何破解上述三个"二元结构"难题的核心问题。国内外发展实践也已证实，工业化是推动我国社会经济发展的主要发展方式，旅游化也是推动我国经济社会的一种发展方式，尤其适宜我国中西部山区区域经济社会发展。由于生态旅游的产业性质和特征，发展生态旅游业不仅能促进中西部山区经济社会快速发展，推动山区对外开放、文化传播和交流、提高国民素质和国民自豪感，而且有利于保护当地自然资源、生态环境和历史文化资源。

我国区域可持续发展客观要求发展生态旅游模式。通过发展生态旅游，中西部山区生物多样性和文化多样性及其相关的丰富的原生态自然山地和人文景观旅游资源，与平原地区形成了明显的比较优势，可通过不成为沿海地区经济飞地的形式，获得区域经济社会的发展(张辉，2017)。通过发展生态旅游，乡村独特的生态资源和环境形成了沿海大都市和内陆平原城市所不具备的比较优势，在保持固有乡村风貌基础上，通过旅游提升农业生产的附加值，提高农业生产的能力，推动农业现代化发展。通过发展生态旅游业，使中西部山区扬长避短，发挥山区自然生态和人文景观资源的特色和优势，使中西部山区旅游资源向旅游产业再向生态旅游经济转化，实现工业化以外我国另一种可持续发展方式——生态旅游经济发展模式。通过生态旅游发展，不仅弥补了工业化"不能上山"的短处，而且发扬了中西部山区生态旅游资源富集的长处，并能很好地实现发展与保护的协调统一。从而很好地解决了我国中西部山区长期以来发展的核心问题——三个"二元结构"问题。

(二)生态旅游在我国的实践和发展

我国生态旅游实践早于生态旅游理论研究。早在 20 世纪 70 年代末，我国生态旅游观光已在森林公园、自然保护区以及风景名胜区等开展。1978 年，九寨沟成为我国第一个以保护自然风景为主要目的的国家级自然保护区。1982 年，我国第一个国家级森林公园——张家界国家森林公园建立，将旅游开发与生态环境保护有机结合起来。1992 年 12 月，九寨沟和张家界一同成为世界自然遗产，并成为我国最早开展自然生态旅游的地区和世界生态旅游示范地。总的来讲，我国生态旅游发展起步相对较晚，主要是借鉴国外的经验，但总体来看，发展势头非常迅猛(图 1-3)，主要经历了起步时期(1992～2001 年)、稳定发展时期(2002～2010 年)、全新发展时期(2011～现今)三个发展阶段(图 1-2)。

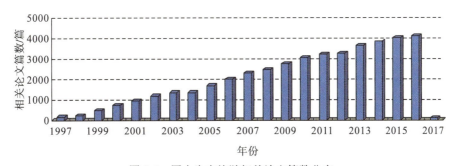

图 1-3　国内生态旅游相关论文篇数分布

(数据来源：Elsevier Science Direct 全文期刊数据库，截至 2017 年 2 月)

首先是生态旅游起步阶段(1992～2001 年)，与我国旅游发展市场化阶段(1992～2001 年)相一致。这一时期，中国旅游企业逐步实行企业化管理，有利于促进生态旅游业发展。主要的旅游事件包括：①1993 年 9 月，第一届东亚地区国家公园和保护区会议在北京召开，首次在我国提出生态旅游的概念；②1994 年，我国成立了"中国生态旅游协会"（CETA），以及以中国科学院各生态科研单位为基础的中国旅游协会生态旅游专业委员会；③1995 年 1 月，在云南西双版纳召开全国首届生态旅游发展研讨会，会上发布了《发展我国生态旅游的倡议》，对我国的生态旅游发展起到了极大的推动作用；④1995 年，在台湾召开了东亚生态旅游暨海峡两岸生态旅游研讨会；⑤1996 年 6 月，在武汉召开了国际生态旅游规划与发展研讨会，同年 10 月《中国 21 世纪议程优先项目》颁布；⑥1997 年 12 月，"旅游业可持续发展研讨会"在北京召开，会议认为生态旅游对中国旅游业可持续发展有重要意义；⑦1999 年，国家旅游局首次承办了主题为"人与自然"的"中国昆明世界园艺博览会"，联合举办了主题为"走向自然、认识自然、保护自然"的"99 中国生态环境游"活动；⑧2001 年 3 月，国家旅游局、国家计委和国家环保总局共同提出建立第一批国家生态旅游示范区，共同制定认定标准和经相关程序共同评定的荣誉称号，将生态旅游示范区划分为山地型、森林型、草原型、湿地型、海洋型、沙漠戈壁型、人文生态型等七种类型。

其次是生态旅游稳定发展阶段（2002～2010 年）。随着加入世界贸易组织，中国旅游业进入了产业化时期，并刺激、促进了生态旅游业多元化发展。重要纪要主要包括：①2002 年 11 月，由中国社会科学院旅游研究中心发起的"中国生态旅游论坛"通过了《关于中国生态旅游发展的倡议书》；②2003 年 11 月，在成都召开了"国际 NGO 中国项目生态旅游座谈会"；③2004 年 9 月，PECC 第二届生态旅游论坛在云南省香格里拉举行；④2006 年 8 月，国家旅游局、国家环保总局和建设部在四川九寨沟召开了全国生态旅游现场会；⑤2007 年 7 月，举办"2007 中国国际生态旅游博览会"，授予华侨城"国家生态旅游示范区"称号；⑥2008 年底，国家旅游局发布了《全国生态旅游发展纲要（2008—2015）》，并将 2009 年定为"中国生态旅游年"；⑦2009 年 8 月，"中国青海国际生态旅游高峰论坛"在青海省西宁市成功召开；⑧2011 年 9 月，国家旅游局和环境保护部联合制定了《国家生态旅游示范区建设与运营规范》，印发了《国家生态旅游示范区管理规程》和《国家生态旅游示范区建设与运营规范评分实施细则》；⑨2012 年 9 月，国家旅游局制定了《国家生态旅游示范区管理规程》和《国家生态旅游示范区建设与运营规范评分实施细则》。

目前，中国生态旅游客体范围已从自然生态资源拓展到各种人文生态景观，生态旅游形式除了传统经典的自然生态旅游外，还包括游览、观赏、科考、探险、狩猎、垂钓、田园采摘及生态农业主体活动等，各种新兴生态旅游方式正渗透到各种旅游产品及业态中。

（三）我国生态旅游发展新常态

与世界生态旅游一样，我国生态旅游自 2011 年便开始其全新的发展阶段。一方面，随着云计算、物联网、大数据、人工智能等现代信息技术在旅游业更加广泛的应用，我国生态旅游发展正呈现全球同时性、全球一体化和全球共享化等特点。另一方面，随着知识经济、高铁和散客时代的到来，自助游、自驾游成为主要出游方式，加之受"一带一路"、全国扶贫、全域旅游、《北京宣言》、全国生态旅游发展规划等的影响，我国生态旅游发展将呈现产品本土化、消费大众化、需求品质化、竞争国际化、发展全域化、产业现代化等特点，并迎来全新的发展新常态和新机遇。

1. "一带一路"国家倡议

2015 年 3 月，国家发改委、外交部、商务部联合发布了《推动共建丝绸之路经济带和 21 世纪海上丝绸之路的愿景与行动》，"一带一路"（缩写 B&R）成为国家顶层战略。丝绸之路经济带通过东南亚和东北亚经济整合，最终融合在一起通向欧洲，形成欧亚大陆跨洲经济整合体；21 世纪海上丝绸之路经济带从海上联通欧、亚、非三大洲和丝绸之路经济带形成环海上、陆地经济带。沿线相关国家共 49 个。

生态旅游将在沿线双—多边机制、区域合作平台、经济协作关系框架下，在共同打造政治互信、经济融合、文化包容的利益共同体、命运共同体和责任共同体等方面，发挥独特作用。同时，将全方位推动"一带一路"沿线城市经济社会发展和文化旅游交流，以及在旅游发展、节庆活动、品牌培育、市场开发、客源互送、媒体宣传等方面发挥重要作用。

2. 全国扶贫国家战略

根据《中国农村扶贫开发纲要(2011—2020 年)》、《"十三五"脱贫攻坚规划(2016—2020 年)》，扶贫范围包括六盘山区、秦巴山区、武陵山区、乌蒙山区、滇桂黔石漠化区、滇西边境山区、大兴安岭南麓山区、燕山太行山区、吕梁山区、大别山区、罗霄山区、西藏区、四川省藏区、新疆南疆三地州，涉及 21 省、680 县。要求到 2020 年实现全国全面建设小康社会目标。

由于旅游产业的性质和特征，生态旅游业在全国扶贫战略中将发挥独特作用：①扶贫作为帮助贫困地区开发经济、发展生产、摆脱贫困的一项系统工程，涉及资源、环境、生态、经济、社会、文化、民族、卫生、教育、就业等各行各业，客观上要求生态旅游发挥其他产业所不及的独特作用；②扶贫地区是我国国家—世界级遗产聚集区、生态旅游资源富集区以及少数民族聚集区、革命老区、边远边境山区及经济欠发达地区，生态旅游对其经济社会发展、资源环境及民族文化保护将发挥重要作用；③扶贫地区作为我国限制开发区和禁止开发区、江河源地区、生态安全屏障区，生态旅游在处理贫困地区经济与资源环境保护关系中发挥独特作用。

3. 世界旅游发展《北京宣言》

首届世界旅游发展大会于 2016 年 5 月 19 日通过了以"旅游促进发展与和平"为主题的《北京宣言》[①]，内容包括回顾、鉴于、呼吁三个部分，共 45 条。

生态旅游将在如下方面发挥或行使其责任、权利和利益：①各国处在不同发展阶段，应尊重并鼓励各个国家、地区探索适合自身情况的旅游发展模式，本着开放、创新、互利共赢的精神，参与国际与区域旅游合作，共同推动旅游业包容、可持续发展；②各国政府制定全面的旅游政策，体现旅游跨部门属性，发挥旅游产业对拉动经济的乘数效应，通过实施国家旅游政策，实现经济、自然与社会文化资源有机整合，促进融合与公平，鼓励全域旅游发展；③各国政府在进行国家规划和政策制定时，优先考虑包括旅游在内的可持续

---

① 首届世界旅游发展大会.《北京宣言》(全文).中国网, http://www.china.com.cn/travel/txt/2016-05/19/content_38491632.html.

消费和生产方式,从而加快向可持续消费和生产模式的转型;④各国政府在发展旅游过程中,坚持以负责任和可持续的方式制定规划、科学决策,确保包括私营部门和当地社区在内的所有利益攸关方的共同参与;⑤各国政府结合国家减贫战略,将减贫目标纳入旅游政策和战略,确保贫困和边缘社区成为旅游发展进程中的关键利益攸关方,共同分享旅游发展机遇和成果。

4. 全域旅游国家战略

在 2016 年全国旅游工作会议上,国家旅游局局长李金早提出,要推动我国旅游从"景点旅游"向"全域旅游"转变。发展全域旅游的核心是要从原来孤立的点向全社会、多领域、综合性的方向迈进,让旅游的理念融入经济社会发展全局。截至 2016 年 11 月,国家旅游局已公布了两批国家全域旅游示范区共 500 家,在全域旅游示范区内先行试施国家信息化相关政策。先后发布了《国家全域旅游示范区认定标准》《全域旅游示范区创建验收标准》等,以全域旅游开创旅游发展新格局。

生态旅游将在全域旅游理念创新、产品创新、业态创新、技术创新、主体创新、优化布局、服务提升、产业结构提升、绿色消费、区域合作、国际影响力提升、群众满意度、文明旅游、持续发展等方面,发挥其支撑、带头、示范作用。

5. 全国生态旅游发展规划

《"十三五"旅游业发展规划》首次上升到国家层面。《全国生态旅游发展规划(2016-2025 年)》[①]提出了全国生态旅游"8·20·200·50 发展战略"[②]。将全国生态旅游发展划分为:东北平原漫岗、黄河中下游、北方荒漠与草原、青藏高原、长江上中游、东部平原丘陵、珠江流域和海洋海岛生态旅游片区等八大片区,以及燕山太行山、环渤海、陕蒙晋豫黄河大峡谷、大小兴安岭、长白山图们江、浙皖闽赣、罗霄山、大巴山、大别山、武陵山、长江中游、乌蒙山、滇黔桂喀斯特山水、北部湾、西江、青甘川三江源、祁连山、昆仑山、大香格里拉、贺兰山等 20 个生态旅游协作区。

《全国生态旅游发展规划(2016—2025 年)》为我国生态旅游发展提出了战略目标、总体定位、时空框架、重大工程、发展思路和路径。

三、国内外生态旅游背景差异

我国多样化的自然地理条件、多元化的历史文化及独特的体制机制,决定了我国生态旅游与欧美生态旅游在产生背景、发展特征、演化进程、功能作用、研究基础和理论方法等方面的差异性。

---

① 国家发改委,国家旅游局. 全国生态旅游发展规划(2016—2025 年),2016.
② 全国生态旅游"8·20·200·50 发展战略":8 个片区、20 个生态旅游协作区、200 个生态旅游目的地、50 条国际生态旅游精品线.

（一）生态旅游发展的成因背景不同

欧美旅游业的发展是在国家经济发展水平达到一定高度的产物，主要是随着城乡经济社会发展而发展起来的，是城乡发展和区域科学发展的结果，然后通过旅游业发展，发挥其在环保、扶贫和文化交流中的作用。即国外生态旅游业发展是一个符合区域城乡发展规律的自然的过程，是随着城乡发展奠定了旅游所需的基础配套服务设施，是在国家经济发展达到一定水平使国民具备了旅游的需求和条件后，自然而然发展起来的。可见，欧美旅游业发展并未承担其他过多的经济社会使命。

与国外旅游发展的背景不同，我国旅游业的发展主要是在国家经济处于初级发展阶段的产物，是在经济发展处于低谷时期政府主导的产物，目的是借助旅游业的功能和特点，通过旅游业的发展，充分发挥旅游业在我国经济社会发展中的独特作用，带动区域经济社会发展。我国旅游发展是国家经济社会发展客观要求的产物，主要是根据国家经济发展的客观需求，由政府主导发展起来的，目的是通过旅游业发展，促进其在地方经济社会发展中的重要作用。我国生态旅游发展不像欧美那样先有了经济发展和城乡发展才发展旅游业，我国旅游业发展往往是在国民经济处于初级阶段由政府主导发展起来的，目的是通过旅游业发展促进经济发展。可见，我国旅游业承担了比欧美更多的历史责任。

（二）生态旅游形成发展演化特征不同

欧美旅游业在二战后，随着工业革命带来的经济飞速发展，以及喷气式飞机的广泛应用，使 20 世纪 50～70 年代成为欧美旅游大爆发时期，即世界大众旅游阶段。之后，随着逐渐意识到工业化和大众旅游带来的负面影响，70 年代中末期提出了绿色革命、绿色文明和可持续发展理念，于 80 年代促使生态旅游概念的诞生和发展，进入 90 年代后，全球生态旅游处于稳定发展时期。我国旅游业起步主要是在计划经济向市场经济过渡阶段，当时我国经济社会发展正处于初级阶段。我国旅游业真正起步是从 1992 年开始的，大众旅游与生态旅游发展具有相近的发展阶段，1992～2009 年处于起步阶段，2010 年至今是我国大众旅游和生态旅游竞相蓬勃发展时期，呈现出生态旅游比重逐年增大的趋势。

可见，我国大众旅游和生态旅游稳定发展时期，正是全球生态旅游蓬勃发展时期。也就是说，我国生态旅游发展不像欧美那样，生态旅游之前经历了比较漫长的大众旅游发展阶段，以及循序渐进的生态旅游萌芽和起步发展过程，并经历诸多的大众旅游发展理论和成功经验教训。我国生态旅游之前缺乏大众旅游过渡到生态旅游发展的缓冲阶段，没有深厚的大众旅游实践和理论作指导。

（三）生态旅游承担的责任义务不同

生态旅游的功能作用本身没有什么不同，但随着所处国家背景和体制的不同而呈现差异性。我国生态旅游承担着产业发展和促进经济社会发展的双重责任。在改革开放之初，是旅游业成了排头兵；在我国经济恢复发展之初，是旅游业走在了前面；在我国扩大内需之时，是旅游业发挥了巨大作用；在地震恢复重建期间，是旅游业发挥了其独特作用；在旅游扶贫攻坚之际，是旅游业走在了最前列。所有这些，归因于我国旅游业的"穷苦身世"，我国旅游业产生于我国危难之际，更多的主要是在国家经济发展需要的关键时刻由政府主导产生的。这是我国与欧美生态旅游业最主要的差异，虽然欧美也强调生态旅游对社区的贡献。

尽管欧美国家在二战后也将旅游业作为经济恢复发展的重要途径，但国外旅游业发展的重中之重就是为国内外游客服务，提供多元化的旅游产品体系，其次才是发挥旅游业在地方国民教育、游憩休闲、资源环境保护、弘扬文化等方面的作用。我国的旅游业，从获取外汇、对外开放、增加收入、增大就业机会，到产业结构调整、扩大内需、地震恢复重建、弘扬民族文化，再到扶贫攻坚、增强国家软实力、民族地区和谐发展、区域经济社会持续发展等，发挥了重要而独特的作用，为国家做出了应有的贡献。可见，与国外旅游业相比，我国旅游业承担了更多的社会义务和历史责任。

(四)生态旅游研究基础和理论方法不同

欧美旅游理论研究始于19世纪末，20世纪50年代以前主要是基于统计学对旅游现象的统计研究，主要局限于德国、意大利、奥地利、瑞士、法国等国家，20世纪60年代主要是基于经济学原理对旅游成本、旅游效益进行研究，由西欧逐渐拓展至波兰、南斯拉夫、捷克、北美、澳大利亚等国家和地区，进入70年代以后，伴随着欧美大众旅游的蓬勃发展带来的各种负面影响，研究领域不断扩大，研究的国家和地区涉及南亚、东亚、东南亚以及东欧等，并且研究领域逐渐向人文地理、社会学、人类学、文化学、心理学、环境科学和生态学等方向拓展，以及跨学科和多技术的综合研究，并从早期的偏重应用研究逐渐向基础理论研究拓展。

欧美旅游理论研究起步早，生态旅游具有漫长的研究历史和深厚的研究理论，为生态旅游发展积累了重要经验和理论体系。我国生态旅游主要是由借鉴国外发展经验产生的。我国生态旅游发展研究从20世纪90年代初至今大约30年时间，研究基础相对薄弱、研究理论相对滞后、研究技术有待进步。当前我国生态旅游研究领域主要集中在：①以地质学、地理学为主的地学研究领域；②以环境科学和生态学为主的风景园林类研究领域；③以历史学、文化学为主的人文类研究领域；④以经济学、管理学、社会学为主的经济管理研究领域。

第二节　生态旅游的困惑

一、什么是真正的生态旅游主体

在过去很长时期里，国内外学者从各自观点出发提出了生态旅游者的许多定义。一般而言，生态旅游者主要是指在自然生态旅游景区(特指各种自然保护区、风景名胜区、森林公园、地质公园等)消费的旅游者群体，这就是传统、经典的生态旅游者的定义。针对这一定义，值得商榷的问题主要有两个方面：一是到自然生态旅游区旅游的游客都是生态旅游者吗？二是不去自然生态旅游区消费的游客难道就不是生态旅游者了吗？

就第一个问题而言，假设那些去自然生态旅游区消费的游客，在消费过程中其行为对自然生态环境有不同程度的副作用或者有明显消极影响的，那么这些游客属于生态旅游者吗？显然，这类游客不应归为生态旅游者。引申的含义还有，假设这些游客在自然生态旅游区消费过程中对生态环境是负责的，但（出景区后）对社会环境（如附近的社区）的行为是消极的，那么这种游客算不算生态旅游者呢？作者以为也不应归为生态旅游者。所以，把游客是否去自然生态旅游区旅游（或是否消费了自然生态旅游产品）作为判断是否是生态旅游者的标准，这是值得商榷的。事实上，去自然生态旅游区消费的游客可能有两种：一是消费过程中自始至终对环境（自然和社会）有积极作用的游客，这属于生态旅游者；另一种是诸如上述的非生态旅游者。因此，基于旅游主体的生态旅游研究，最根本的还是旅游者，亦即旅游者的行为学本身。可见，生态旅游者行为学、行为规范和行为标准研究，至关重要。

这种资源决定论或者产品决定论：即认为到自然生态旅游区旅游的旅游者或者消费自然生态旅游产品的旅游者就是生态旅游者，显然存在不足。一是其忽视了旅游者的行为特征、规范和责任，而行为规范和责任正是生态旅游者必须具备的最核心、最关键的要素；二是以是否到自然生态旅游区旅游或者是否消费自然生态旅游产品作为判定是否是生态旅游者的依据，一方面对生态旅游者的科学定义带来误导，另一方面让没有到自然生态旅游区旅游（或没有消费自然生态旅游产品）但自始至终对环境自觉负责任的真正的生态旅游者产生误解。

针对第二个问题，不去自然生态旅游区消费的游客到底是不是生态旅游者的问题。亦即除了自然生态区域以外的其他旅游地的旅游者是否属于生态旅游者。分为几种情况：第一种是国外的原住民（土著）领地等原生态社区，如太平洋岛屿—热带雨林社区、拉丁美洲—安第斯山及印度大陆雨林区、东非—马赛族（the Maasai）社区部落、南非—原始资源保护区、西非—原始森林地区原生态社区、东南亚—山区（土著民、原住民）部落与岛屿国家等；第二种是我国广大少数民族地区，这些地区往往体现为原生态的自然环境和原生态的社区人文融为一体；第三种情况是作为自然生态区域与城市区域之间过渡的广大乡村区域；第四种情况是广大城市区域特色街区和古城镇等。按照传统的生态旅游定义，到这些区域旅游的游客或者没有以自然生态旅游产品为消费对象的旅游者不属于真正的生态旅游者。但事实上，前往上述区域旅游的游客群体，往往是具有比较高的环境生态伦理和文化素养的自觉负责任的旅游者，难道他们不属于生态旅游者吗？诚然，不能武断地认为到自然生态旅游区去旅游的都是生态旅游者，把没有消费自然生态旅游产品（未去自然生态旅游区旅游）的旅游者断定为非生态旅游者。从消费者行为学角度，真正的生态旅游者与是否去自然生态旅游区旅行或者是否消费自然生态旅游产品关系不大。事实上，真正的生态旅游者更喜好消费各种生态旅游产品，包括自然生态产品和人文生态产品。

作者以为，是否是真正的生态旅游者，关键是在旅游过程中是否对环境（包括自然环境和社会环境）产生积极影响的始终自觉负责任。严格来讲，真正的生态旅游者其主要判别依据应该是旅游者自身的行为规范和准则及其环境责任心，而不应该主要归结于其是否到自然生态旅游区去旅游或者归结于是否消费了自然生态旅游产品，亦即不能将是否去自然生态旅游区去旅游或者是否消费自然生态旅游产品作为判断生态旅游者的标准。真正的生态旅游者应具有如下特点：一是绿色旅游者，这些旅游者以保护地球、热心环保和热爱和平为己任；二是自觉负责任的旅游者，即积极的、主动的、始终的可持续旅游者；三是高端的旅游者，即具有较高环境伦理和人文素养、有利于资源环境和社会进步的友好型旅游者。可见，应将生态旅游者的能动性与生态旅游资源的受限性区别开来，亦即应正确看待自然生态旅游区(旅游地)与生态旅游者，不应把前者作为定义后者的前提。

二、什么是真正的生态旅游客体

传统上，通常将生态旅游客体指定为生态旅游资源，这是国内长期以来形成的共识。总体而言，主要有如下两个方面值得商榷：一是生态旅游客体的外延问题，二是就生态旅游客体视为生态旅游资源的相关问题。

针对第一种情况，用生态旅游资源来代替或者等同于生态旅游客体是否科学的问题。从旅游系统的角度看，生态旅游客体应该是指生态旅游者旅游或者消费的对象，亦或进行生态旅游活动的区域或场所。从此意义上讲，生态旅游客体就应该是旅游景区(包括度假区或旅游城镇/乡村等)或者旅游(目的)地，即生态旅游客体所指的应该是已建好的以供生态旅游者消费的旅游项目产品(旅游景区或目的地)，而非尚待建设的生态旅游资源。进一步延伸，生态旅游客体实际上就是指旅游者去进行生态旅游活动或者消费生态旅游产品的地方，即生态旅游(目的)地，具体包括了旅游(目的)地的生态旅游资源(自然和人文旅游吸引物)或生态旅游景区(或乡村或城镇)、当地社区和生态环境等诸方面。

针对第二种情况，就生态旅游客体视为生态旅游资源而言，主要涉及三个不同方面的问题：①传统经典生态旅游概念的局限性导致了生态旅游资源局限性从而造成了生态旅游客体内涵的局限性。沿袭生态旅游就是到自然生态旅游区旅游的传统经典定义，生态旅游客体就是指诸如自然保护区、森林公园、风景名胜区、地质公园、国家公园等的自然生态区域。这是古典的生态旅游视角下的生态旅游资源或生态旅游客体的概念，显然有其局限性。②由于上述生态旅游资源概念的局限性导致了生态旅游客体概念的不足。事实上，除了传统的自然生态旅游区外，还有许多区域或者领域同样可以作为生态旅游资源。比如，原生态自然环境和原生态人文背景融为一体的特殊区域(如非洲原始部落、澳大利亚土著居民地、南亚原住地、太平洋岛屿、美洲原住民地区以及我国广大少数民族地区等)，又如作为自然生态区域与都市区域之间过渡的广大乡村区域。③城市区域同样分布有不同成因类型的生态旅游资源，比如广大城市或都市区域古城镇、特色街区、生态区域等生态旅游资源。应该注意的是，不应将生态旅游资源内涵的延伸和外延的拓展与判别是否是生态旅游者的依据混淆起来。

在传统经典生态旅游、生态旅游资源(客体)概念研究成果基础上，作者认为：①生态旅游客体称为生态旅游地更为科学合理，可以是生态旅游景区(包括旅游城镇、乡村)，也可以是旅游度假区(营地或基地)甚至旅游目的地，因为在旅游系统中旅游者去旅游的对象或者消费的对象不是旅游资源而是旅游产品，是发生生态旅游活动的地区或者场所，既包括那里的生态旅游资源(生态旅游吸引物)，同时也包括那里的人文生态要素和自然生态环境。②生态旅游资源应只作为生态旅游客体的重要内容，两者不应等同。尽管旅游资源与旅游产品有时是可以等同和转换的(如人造景区)，但旅游者消费的是旅游产品而不是旅游资源，而且旅游资源和旅游产品属于不同层次的概念，两者的外延和内涵不同。③生态旅游资源不应只是特定的传统的经典自然生态旅游区，还应包括原生态自然和人文融合地区、乡村区域和城市区域的生态旅游资源，拓展到除传统旅游资源外的社区、环境、人文、生活、设施乃至特色街区等。就此意义而言，生态旅游客体显然比生态旅游资源的外延更广，内涵更丰富，研究视角也不同。④生态旅游客体(或生态旅游地)在生态旅游系统中主要是被动的概念，而生态旅游者是主动的概念。不应将是否去生态旅游客体(或生态旅游地)去进行消费作为判断是否是生态旅游者的标准，反过来也不能将是否是生态旅游者曾经去消费的地方作为判断此地是否是生态旅游客体(或生态旅游地)的依据。

三、什么是真正的生态旅游媒介

　　生态旅游业是生态旅游系统中连接生态旅游主体和生态旅游客体之间的媒介，是由众多部门和相关行业组成的向生态旅游者提供各种服务的社会综合体，在推动生态旅游发展方面主要起着供给和组织的作用。生态旅游业是以生态旅游资源为依托，以生态旅游设施为基础，为生态旅游者创造便利条件并提供所需产品和服务的综合性产业。生态旅游资源、生态旅游设施和生态旅游服务是生态旅游业实现的三大要素，其中生态旅游资源是生态旅游业发展的基础，与生态旅游设施一起通过动态加工变成生态旅游产品，旅游服务体系是旅游经营者借助特定的旅游经济实体和生态旅游政策，借助生态旅游设施和一定手段向生态旅游者提供便利的活动，旅游服务体系是生态旅游业实现和持续发展的关键因素。

　　传统的旅游业通常简称为旅游企事业。与传统大众旅游业相比，生态旅游业在追求目标、管理方式、综合效益等方面存在差异，主要表现在：①目标上强调经济—社会—生态三者利益的协调，维持天—地—人的统一；②管理上强调生态管理和可持续管理；③利益上强调游客—社区—企业等各个环节的共享；④创造可持续就业机会，促进区域可持续发展。生态旅游业除了具有一般旅游业的依赖性、敏感性、带动性和涉外性等特点外，还具有综合性、责任性、动态性、可持续性等自身特点。正因为这些特点，生态旅游业具有生态旅游、资源保护、环境教育及扶贫致富等四大显著特色功能(陈玲玲等，2012)。

　　综合性：生态旅游业生产原料、生产过程、生产产品和生产效益的综合性。生产原料的综合性是指资源既有自然的又有人文的，既有历史遗留的又有现今人造的；生产过程的综合性是指多个相关部门或相关因素协调配合、共同努力，既涉及旅游部门的旅行社、住宿业和交通客运业，又涉及国民经济中的一些物质资料生产部门(如轻工业、建筑业、农业、林业、畜牧业等)，以及一些非物质资料生产部门(如文化、宗教、园林、卫生、科技、邮电、教育、商业、金融、海关、公安、环保、保险等)或环节；生产产品的综合性是指所需要的设施条件既包括旅行社设施又包括餐饮住宿设施和交通客运设施，以及所提供的服务是由吃、住、行、游、娱、购等多种服务项目构成的综合体；生产效益的综合性是指生态旅游业追求的是经济、社会及生态等效益的综合。生态旅游业是从生产原料—生产过程—生产产品—生产效益链条中每一细节和整个环节必须"生态达标"的综合生态产业。

责任性：生态旅游业的生产、实现和持续发展，离不开绿色的原材料、友好的生产方式、绿色的生产过程、生态的旅游产品和综合的生态效益。这就要求生态旅游业在生产过程中相关部门和机构要具有创新的精神、绿色的思维、协调的思想、开放的态度和共享的理念，以及高度的责任感、持续的领导力和科学的发展观，亦即需要可持续管理和科学体制机制。生态旅游业发展过程中上述任一环节出现问题，将导致生态旅游业不同侧面、不同程度的"失真"。就现有发展阶段来看，国内旅游主管部门、旅游企事业单位甚至旅游业协会，其服务管理条件和水平参差不齐，与真正的生态旅游规范和标准要求还存在不同程度的差距。尤其是生态旅游业发展的生态理念不同程度的缺失，比如政府机构管理水平参差不齐、旅游企事业单位人员理念和视角不同、旅游协会人员认知水平和要求标准差异等，从而造成我国现阶段生态旅游业不同程度地"失真"。就真正的生态旅游系统理念而言，国内外差距最大的子系统就是生态旅游媒体即生态旅游业的差距，亟待政府机构、企事业单位、行业协会、社区等的鼎力协助，其中政府是前提，企事业单位是根本，行业部分是关键，社区是基础。

动态性：与其他产业相比，生态旅游业具有明显的动态性，即表现在时空的动态性和动力系统的动态性。时空条件的动态变化造成了生态旅游业独特的发展和演化规律：空间动态变化主要是指生态旅游者的生态旅游活动与旅游地生态环境之间的互动过程，即相互影响、相互关联、相互制约的动态关系；时间动态变化是指生态旅游业的季节性，由于纬度、地势、气候、海拔等自然条件会引起生态旅游地旅游价值随季节变化，进而导致生态旅游业的旺季、淡季和平季。动力系统的动态性，系指生态旅游系统四个子系统以及上述各因子之间的相互作用和相互影响随着时间和空间的变化而造成的生态旅游业发展状态的差异。如生态旅游主体、客体、媒体、载体四大子系统之间，任何一个子系统的能动力不足或持续度不同，将造成整个生态旅游系统的"失真"或"缺失"。又如在生态旅游业子系统内部，政府、企事业、行业、社区各因子之间的相互作用和影响及其能动性和责任性程度差异，会带来生态旅游业不同的发展状态。

可持续性：生态旅游把生态环境的承受能力放在第一位，强调生态旅游者、社区居民及从业人员对保护生态环境的贡献，重视旅游环境容量的研究和维持措施，注重旅游与社区经济发展、环境保护紧密结合，是公认的达到旅游持续发展目标的有效手段和途径，是可持续发展原则相协调的旅游形式。生态旅游业在实现经济、社会和美学价值的同时，寻求适宜的利润和环境资源价值的维持，开发商、游客、社区及居民都是直接受益者，环境得到有效的保护，是可持续旅游业，属于资源节约型、环境友好型产业。

作者以为，生态旅游业不是传统意义上的旅游企事业，不应简单地理解为旅游相关企业和事业机构的组合。生态旅游业与传统旅游业最大的差异主要表现在生态旅游业的责任性和能动性，即生态旅游业的生产者、管理者、监督者应是对环境极端负责的社会精英，彼此组成具有高端环境伦理素养、高度自觉负责任的生态旅游服务体系，生态旅游服务体系涉及政府的科学管理、事业机构的正确引导、企业单位的产品创新、行业团体的行业监督、社区居民的大力支持以及生态旅游者和全社会的积极配合，只有上述政府、事业、企业、行业、社区、游客乃至全社会的自觉负责任的协调配合和鼎力相助，生态旅游资源才能转化为真正的生态旅游业亦即可持续的生态旅游业。生态旅游业作为资源节约型、环境友好型产业，它代表了时代新潮流和新方向，它与人类正在经历的生态时代相适应。反过来，要实现生态旅游业的本来目标——可持续发展，关键是要确保可持续的管理体制，即绿色政府主管机构、生态企事业单位、生态旅游业机构、生态旅游地(社区)和生态旅游者的共同努力。其中，任意环节或者子系统出现问题或缺失，将会造成整个生态旅游系统的瘫痪，从而导致生态旅游业的倒退。生态旅游业的实施和实现需要全社会乃至全人类综合人文素质的不断提高和进步，需要生态旅游环境的培育和保护。这其中生态旅游媒体与生态旅游载体(环境)处于相容状态。

四、什么是真正的生态旅游环境

杨桂华等(2000)和陈玲玲等(2012)较早地提出了生态旅游系统的"四体"理念，并从生态旅游地自然生态环境、生态旅游环境容量和生态旅游环境保育三方面，对生态旅游载体(或生态旅游环境)进行了阐述。

生态旅游的产生、管理与持续发展不仅与生态旅游地环境(自然生态和社会人文)密切相关，同时受到所在地区、国家乃至全球综合环境和"大气候"的影响。从此意义上讲，生态旅游环境实际上包括了生态旅游地(社区)的微观环境和区域上的宏观环境。前者是指旅游地所在地区的自然环境和人文环境，是生态旅游业发展的基础支撑；后者是指更广泛的、间接的外部宏观环境，是影响一个地区生态旅游发展的大背景和"大气候"，是生态旅游业持续发展的重要保障。区域上的宏观环境又包含了国际大环境以及国家、省级、地市等不同层次的区域环境。显然，生态旅游系统中的生态旅游载体不只是指旅游目的地的自然生态环境条件，而且是指生态旅游系统实施实现过程中，为旅游主体和旅游客体之间互动以及旅游业(媒体)发展提供支撑保障的各种背景和环境要素的综合。

生态旅游地(社区)环境包括自然生态环境、人文生态环境和社会生态环境。从某种意义上讲，生态旅游地(社区)环境构成生态旅游客体的重要组成部分，是生态旅游主体与生态旅游客体之间友好互动的重要保障，是生态旅游业可持续发展的重要支撑和载体。

旅游地自然生态环境涉及地质地理、地形地貌、水文环境、气候条件、环境生态、动植物、土壤特质、区位条件等。可见，生态旅游环境容量、生态旅游承载力等概念应归属于生态旅游地旅游环境的范畴；旅游地人文生态环境涉及旅游地所在社区历史背景、地域文化、民族文化自豪感、共同价值观、生活方式、人口状况、文化传统、教育程度、风俗习惯、宗教信仰等；社会生态环境包括交通条件、通信条件、经济状况和条件、城镇分布与功能、基础设施环境、投融资环境、竞争环境等。区域上的外部宏观环境可能是全国范围的，也可能是国际范围的，主要涉及政治(political)、经济(economic)、社会文化(socio-cultural)和技术(technological)环境(亦即 PEST 环境理论，John Swarbrooke et al.，2012)。

作者以为，生态旅游载体(即生态旅游环境)是一个决定生态旅游发展水平、高度和质量的重要前提，从生态旅游系统的角度，生态旅游环境就是生态旅游主体、客体和媒体三个子系统相互作用进而促进生态旅游可持续发展所赖以发生的基础和前提，或者是生态旅游产生和可持续发展的各种软、硬环境的综合。具体涉及生态旅游主体环境、生态旅游客体环境、生态旅游媒体环境以及旅游主体-客体-媒体之间相互作用、持续发展的外部宏观环境。其中，生态旅游客体环境同样包含自然生态和人文社会要素，尤其是生态旅游者的经济条件、教育背景和区域发展水平，它对生态旅游者的旅游动机、旅游方式和旅游目标产生直接影响；生态旅游客体环境亦即生态旅游地的自然和人文社会环境，它直接影响着生态旅游客体的质量进而间接影响着生态旅游者的旅游动机；生态旅游媒体环境涉及一个区域生态旅游业发展的政治、经济、文化和科技环境，直接影响着当地生态旅游业发展的纯粹性、真实性和持续性。上述各环境没有明显的界线和范围，彼此相互作用、相互影响，构成生态旅游业可持续发展的宏观动态系统。

五、什么是真正的生态旅游

生态旅游概念源于国外，对其定义的过程就是不断了解和逐渐认识的过程。国内外学者从不同角度、基于不同学科，各自对生态旅游进行了定义和论述（Moulin，1980；Boo，1990；Ecotourism Scioety，1992；Wight，1993；Wallace，1993；王献浦，1995；Elpler，1996；Goodwin，1996；世界保护联合会，1996；王兴国和王建军，1998；王尔康，1998；Bridge，1999；杨文杰，1999；牛亚菲，1996；杨桂华等，2000；吴楚材和吴章文，2000；杨开忠等，2001；张建萍，2001；郭舒，2002；余艳红等，2006；卢云亭等，2006；张建春，2007；高峻，2010；乌兰等，2010；陈玲玲等，2012；高峻等，2013），为生态旅游概念的丰富和发展奠定了重要基础。

（一）旅游主体论

即主要围绕旅游主体系统进行的生态旅游定义。旅游主体论强调生态旅游主体在生态旅游定义中的地位和作用。主要代表是保护中心论（Moulin，1980；Wight，1993；杨文杰，1999；牛亚菲，1999）和负责任论（Elpler，1996；世界保护联合会，1996；王兴国等，1998；郭舒，2002；余艳红等，2006）。保护中心论强调旅游者对旅游资源和环境的保护，负责任论在"保护中心论"强调对旅游资源和环境进行保护的基础上，强调将生态与旅游的有机结合。这里涉及两个值得商榷的问题：一是什么是真正的生态旅游者？二是作为真正的生态旅游者所参与的旅游活动和过程一定就可以定义为真正的生态旅游吗？

关于第一个问题，前述已进行了明确定义。真正的生态旅游者就是自觉负责任的旅游者（在消费生态旅游产品的同时，热心周围资源环境保护和社区协调发展的旅游者）、绿色的旅游者（在旅游的整个过程中，食住行游购娱等均遵循绿色行为规范标准的旅游者）、高端的旅游者——旅游者精英（旅游过程中除了接受生态启示和责任教育，还能自觉传播生态环保意识的旅游者）。是否是真正的生态旅游者，其主要判别依据应该是旅游者自身的行为规范和准则及其环境自觉责任心，而不应主要归结于其是否到自然生态旅游区去旅游或者是否消费了自然生态旅游产品，亦即不应将是否去自然生态旅游区去旅游或者是否消费自然生态旅游产品作为判断生态旅游者的标准。

关于第二个问题，上述符合标准的真正生态旅游者所经历的旅游活动和过程是否就是真正的生态旅游呢？可分为三种情况进行分析：第一，若真正生态旅游者消费的是真正的生态旅游产品，则就是真正的生态旅游。要强调的是这里所谓的真正的生态旅游产品包含如下信息，真正的生态旅游产品是指真正的生态旅游资源或者吸引物，经过真正的生态旅游媒体(旅游企业、旅游事业、旅游业等)，在真正的生态旅游环境(自然环境和人文环境)中，经过真正的生态加工过程所形成的生态旅游产品。第二，即使真正生态旅游者消费的是所谓的生态旅游产品，也未必是真正的生态旅游。例如，该生态旅游产品可能并非真正的生态旅游吸引物改进的，或生产者——旅游媒体不全都是生态旅游业，或生产过程不全是真正的生态过程，或生产环境不一定是真正的生态旅游载体，亦或是它们各种变量或因素的组合并不反映真正的生态意义。第三，若真正生态旅游者消费的不是真正的生态旅游产品，则显然不是真正的生态旅游。这本身说明了，非真正生态旅游产品自身就意味着旅游客体—旅游媒体—旅游载体之间某一环节存在问题。亦即，生态旅游者若体验或消费了非生态旅游产品，该旅游活动或过程肯定不属于生态旅游范畴，即使生态旅游者是真正的生态旅游者。可见，真正的生态旅游的定义不应仅与旅游主体密切相关，而且涉及旅游客体、旅游媒体、旅游载体及其相互关系。

(二)旅游客体论

生态旅游就是从生态旅游资源、生态旅游地或生态旅游客体开始，逐渐产生、拓展和发展起来的，有关生态旅游定义、概念的讨论绝大多数都是以生态旅游客体为核心的，上述保护中心论、社区利益论(Ecotourism Australia，2000；Goodwin，1996；杨桂华等，2000)、回归自然论(Bridge，1999；王献浦，1995；杨开忠，2001)、原始荒野论(Boo，1990；Wallace，1993；王尔康，1998)、环境资源论(吴楚材等，2000)等，均无不以旅游客体为中心。

生态旅游资源或者生态旅游客体概念在生态旅游概念的产生和发展中发挥了重要作用。最早的生态旅游概念大致经历了从"等同自然旅游"时期到"负责任的自然生态旅游"时期。"等同自然旅游"将生态旅游视为自然旅游。"负责任的自然生态旅游"将生态旅游定义为：生态旅游者到自然生态旅游区消费生态旅游产品的短暂经历或过程并强调环保责任，也就是说只有生态旅游者到自然生态旅游区进行旅游活动的短暂经历或过程才称之为生态旅游。在生态旅游发展早期，甚至将"被吸引到自然生态旅游区消费生态旅游产品的旅游者"称为生态旅游者，可见，生态旅游客体的重要性。

针对旅游客体论，有三个方面值得探讨。一是旅游客体的内涵与外延，及其与旅游资源的关系；二是什么是真正的生态旅游资源，以及生态旅游资源的范畴；三是生态旅游者到生态旅游客体消费生态旅游产品是否是真正的生态旅游定义。

关于第一个方面，生态旅游客体不等于也不只是生态旅游资源，而是以生态旅游资源或吸引物为核心的区域空间，是一个综合的产品概念，除了生态旅游资源或吸引物外，还包含有建设项目、活动项目、旅游社区、旅游设施、旅游环境，甚至旅游服务。

关于第二个方面，前面已作明晰阐述，生态旅游资源是以原生态美吸引游客，被开发利用产生生态旅游综合效益的各种物质和精神事物的统称。狭义的生态旅游资源定义是：以原生态美吸引游客，被开发利用产生生态旅游综合效益的各种自然及人文生态资源。原生态美即生态旅游资源所独具的原生态、原始性、原本性、原真性、原创性和民族性。生态旅游资源除了传统的自然生态旅游景区资源，还包括原住民领地或土著旅游地或少数民族聚集区、乡村资源环境、城市生态旅游资源等，只要符合生态旅游资源的要求和特征。

关于第三个方面，即生态旅游者到生态旅游客体消费生态旅游产品是否是真正的生态旅游定义，该问题已在旅游主体论中进行了讨论。

旅游客体是生态旅游的前提和核心支撑。旅游客体论的核心就是强调生态旅游客体在生态旅游定义中的作用和重要性。不足之处，一是过分强调生态旅游资源(客体)在生态旅游定义中的地位和作用，即过分强调了生态旅游资源、生态旅游地或生态旅游产品在生态旅游系统中的作用，而可能冲淡了旅游主体、旅游媒体、旅游载体在生态旅游中的原有的功能和作用，但生态旅游的产生、实践和实现离不开旅游主体、旅游媒体、旅游载体的协同努力；二是过分强调了生态旅游客体(资源)在生态旅游者定义中的作用和重要性。这种观点认为，被吸引到自然生态旅游区体验或者消费旅游产品的旅游者叫作生态旅游者。针对该定义带来了另外相关的思考：一是到自然生态旅游区消费旅游产品的旅游者未必是真正的生态旅游者；二是不应单凭是否到自然生态旅游区旅游或者是否消费自然生态旅游产品作为判定是否是生态旅游者的终极依据；三是忽视了旅游者的行为特征、规范和责任，而行为规范和责任正是生态旅游者必须具备的最核心、最关键的要素。

综上，基于旅游客体论的生态旅游定义有其局限性，生态旅游客体只是生态旅游定义的必要条件，而并非生态旅游的充要条件，亦即只提供了作为生态旅游系统四个子系统中的旅游客体子系统，生态旅游要求旅游客体与旅游主体、旅游媒体和旅游载体之间的紧密协作和共同努力，生态旅游是一个有生态旅游主体、生态旅游客体、生态旅游媒体和生态旅游载体有机构成的复杂综合系统。真正的生态旅游的定义不应只局限于生态旅游客体。

(三)现代生态旅游论

综上，无论是旅游主体论还是旅游客体论，均存在其局限性：①过分强调自身在生态旅游定义中的作用和重要性；②过分强调了生态旅游是单一的"一种行为""一种经历""一种过程""一种理念""一种方式""一种方法""一个分支""一种模式"；③忽视了生态旅游系统中旅游媒体和旅游载体在生态旅游定义中的功能和作用；④忽视了当地社区居民的参与和利益的功能效应；⑤忽视了生态旅游是复杂、动态的系统动力学系统，以及负责任的可持续旅游。

这里的"现代生态旅游"并非传统的"现代农业生态旅游"，亦非狭义的通过现代科技产生的其他形式的现代生态旅游资源。现代生态旅游指的是生态旅游发展的全新阶段和全新层面，是在生态文明观指导下，真正的生态旅游资源或者吸引物，经过真正的生态旅游媒体(旅游企业、旅游事业、旅游业等)，在真正的生态旅游环境(自然环境和人文环境)中，经过真正的生态加工过程所形成的真正的生态旅游产品(生态旅游区或生态旅游目的地)，在此基础上，经过真正的生态旅游者采取生态友好方式，进行负责任的生态旅游活动，所产生的全新形式的旅游——这种旅游，可持续发展理念贯穿其始终，不仅贯穿于生态旅游资源经过科学规划设计和绿色开发建设→真正的生态旅游产品→生态旅游媒体的绿色旅游经营管理→生态旅游可持续发展的始终，而且贯穿于真正的生态旅游者离开旅游客源地到达生态旅游目的地，进行真正的生态旅游活动，然后返回旅游客源地的整个过程的各个环节和层面。

现代生态旅游的定义，应是以生态文明观为指导，以可持续发展为目标，建立在系统理论之上，即在旅游系统理论框架下，将可持续发展理念贯穿于生态旅游系统各个子系统、各个层面、各个环节的全新的旅游。现在生态旅游定义同时涉及生态旅游主体、生态旅游客体、生态旅游媒体、生态旅游载体四个端元，任何一个、两个或三个端元之间的相互作用无法定义真正的生态旅游。现在生态旅游定义应该是，真正的生态旅游主体、真正的生态旅游客体、真正的生态旅游媒体、真正的生态旅游载体之间相互影响，共同作用而形成的可持续旅游，是复杂、综合、动态的系统动力综合体，是真正的生态旅游。

现代生态旅游并非单一定义的简单概念，而是客观存在的复杂综合体。这个综合体，在理论上是一个系统动力学理论，在实践中是一个系统动力综合体。它建立在生态旅游主体、生态旅游客体、生态旅游媒体、生态旅游载体四个子系统之上，而每一个子系统又是由亚系统、小系统、微系统、变量、因子等不同级别、不同层级和类型的更次一级微系统所组成。所以，现代生态旅游在横向上或空间上具有各自分布的异质性或规律性，在纵向上或时间上是具有成因连续性或者层级性。但应强调的是，现代生态旅游不只是由纵向和横向两个方向维度的变量构成的，而是由多维、全域、多元化、多成因、多期性、动态性的变量有机组合而成的复杂综合体。

现代生态旅游的真正实现，需要一个过程。关于现代生态旅游实践标准问题，国内生态旅游与国外之间存在明显的差异。国外通过国际生态旅游认证的相关生态旅游属于真正的生态旅游，但同一种标准在国内的实践中情况则有所不同。现代生态旅游在国内的具体实施和实现，需要国外生态旅游认证标准与国内具体实践的科学结合。这就涉及国内认证机构及其监督过程，以及标准的具体实施、实施的真实性和实施的有效性等问题。现代生态旅游理论体系的复杂性和多维性，决定了现代生态旅游实践中的难度，即现代生态旅游的实践与实现，需要相关部门机构、人员、行业等以全新的方式鼎力相助和有机协作。即需要全方位、全领域朝着可持续发展这一目标共同努力，这就是全域生态旅游实践的概念。

现代生态旅游不应只是"一种行为""一种经历""一种过程"，还应是"一种原理""一种理念""一种理论""一种方式""一种方法""一个分支""一种模式"等，更是复杂、综合、动态的系统动力综合体，是负责任的绿色旅游和可持续旅游，是全新时代的全新生态旅游。一方面现代生态旅游不等同于生态旅游系统，不应与生态旅游系统混淆。另一方面，在参与、研究、实施、实践现代生态旅游的过程中，不能忽视了生态旅游系统理论的指导。"负责任旅游"并非"有责任旅游"，"负责任旅游"不只是针对旅游主体，而是针对旅游主体、旅游客体、旅游媒体、旅游载体构成的生态旅游系统所有相关领域的"自觉负责任的旅游主体"，负责任旅游不是被动或强迫式的"有责任旅游"，而是乐于负责任、热心负责任、主动负责任的友好、节约、绿色、可持续旅游。

应该提及的是，现代生态旅游不应该是唯自然生态旅游区是论，而应该是在可持续发展原则下全域开放的和敞开胸怀的，只要符合生态文明、可持续发展、原生态美的特质，以及是资源节约的、环境友好的、对社区自觉负责任的，无论是自然的还是人文的，都应该纳入现代生态旅游客体范畴中。如国外的原住民领地、我国的少数民族聚集区都应是典型的现代生态旅游客体。有关原住民旅游、土著旅游、民族旅游与生态旅游之间的关系的讨论详见下文。

六、生态旅游相关概念辨析

生态旅游相关的概念包括可持续旅游、绿色旅游、低碳旅游，还有原住民旅游或土著旅游、民族旅游等，了解这些概念特征、内涵及其研究方法技术，以及它们与生态旅游的关系，对从不同侧面了解生态旅游、丰富和发展生态旅游理论，具有重要意义。

（一）原生态旅游与生态旅游

澳大利亚学者 Haether D. Zeppel（2005）在其著作《原住民旅游可持续开发与管理》（《Indigenous Ecotourism Sustainable Development and Management》）中，对非洲原始部落、澳大利亚土著居民地、南亚原住地、太平洋岛屿、美洲原住民地区进行了深入研究，就原住民旅游或土著旅游及其与原住民关系做了细致、深刻的阐述。在此基础上，提出了原住民旅游或土著旅游(indigenous tourism)、原住民生态旅游或土著生态旅游(indigenous ecotourism)及其相关概念，如土著人群(indigenous peoples)、土著社区(indigenous communities)、原住部落(indigenous tribal)、土著族群(indigenous groups)、原住民领地(indigenous territory)等。这里将国外这种原住民旅游或土著旅游等相似概念统称为原生态旅游，即到原生态自然和原生态人文共生组合成的原生态区域空间，参与最原始、最原真的接触与交流的旅游。原生态旅游具有原始性、原本性、原生性、原真性等特点。

1. 原住民与文化和生物多样性

Haether D. Zeppel(2005)提出，世界不同地区和国家其原住民的称谓有别，包括部落（非洲和美洲）、山区部落（泰国）、部落或原住民（印度）、印第安人或美洲印第安人（北美和南美）、土著（拉丁美洲）、原住民（澳大利亚、加拿大、中国台湾）、第一民族（加拿大），以及少数民族（中国、越南和菲律宾）。但应该说明的是，这里的原住民或土著(indigenous)与中国的少数民族(ethnic 或 national)有着本质的不同。

原住居民通常被认为是一直生活在他们故土的部落或当地群体，最初居住于某一个特定的地区或国家的种族的现存后代(Furze et al., 1996)，是原始或首先拥有这种独特的文化信仰，并且与当地的生态系统相依存，利用当地自然资源生活生产的民族(Price, 1998)。联合国(2004)把土著社区(communities)、原住部落(tribal)或土著族群(groups)定义为：生活在某一地区或国家特定地理区域范围内，基于祖传的土地、共同的祖先、文化、语言、灵性、生活经验，保留自己部分或全部社会、经济、文化和政治制度的社区。部落或族群（国际劳工组织，1991）。土著居民特别依恋他们的土地或领土，他们想要维护、发展他们的领土和民族认同感，并把这些传播给未来的后代。当然这一历史连续性是基于祖传的土地、共同的祖先、共同的文化实践和语言。

全球估计有 4 亿的原住民(Weaver, 2001)，世界上有 5000 个部落或土著群体，约占世界人口的 5%。其中，1.5 亿分布在中国和印度，印度有 6776 万的人口被公认为部落族群，居住在占印度土地面积 20%的地区；美洲 3000 万(Healey, 1993)。虽然原住民仅占世界人口的 5%，但却包含了全球 80%的文化多样性。据估计，他们所居住的祖传土地和领地占全球土地面积的 20%，养育了世界上 80%的生物物种。全球一半以上的原住民都分布在亚马孙、中非、亚洲和美拉尼西亚的雨林地区以及青藏高原周边山区。同时，某些生物多样性最高的物种也生长在这些雨林地区(联合国可持续发展委员会，2002)。主要集中在森林、丘陵、山区和岛屿(Bhengra et al.，2002)。联合国可持续发展委员会突出强调，原住民在其本土自然区域和物种保护方面发挥着关键作用。原住民的土地实践和文化知识为全球生物多样性保护提供了基础。原住民生物多样性网络于 1997 年在秘鲁成立，认为土著民族是"生物多样性的创造者和保护者"。

　　2. 原住民旅游或土著旅游

　　原住民旅游主要是指澳大利亚的土著居民(或原住民)旅游、加拿大的土著(或原住民)旅游、美国的印第安(或美洲原住民)旅游，亦被称作人类学旅游、文化旅游、民族旅游或部落旅游，是指以原住民文化为旅游景观精髓的各种原住民相关的旅游活动(Hinch and Butler，1996)。在加拿大，Parker(2005)将原住民旅游定义为"原住民所拥有并由原住民经营的任何旅游产品或服务"。在澳大利亚，原住民或土著民族旅游被定义为"原住民完全或部分所有并雇用原住民或允许接触土著民族、土著文化或原住民土地的旅游产品"(澳大利亚旅游局，1999)。Swain(2004)将巴拿马的库纳印第安人原住民旅游视为"以原住民群体的土地和文化身份为基础并由该群体进行管理的旅游"。美国新墨西哥州阿科马普韦布洛的部落旅游包括了"为某所有人、某家族或某小部落拥有的小型劳动密集型企业"。

　　Hinch 和 Butler(1996)对原住民控制旅游(indigenous-controlled)和原住民主题旅游(indigenous-themed)进行了区分。由原住民经营、所有的土著文化旅游景观代表了"文化控制"或原住民文化旅游，而被土著民族控制但不以土著文化为旅游主题的其他旅游企业则代表了原住民旅游的多样性。其中，原住民所有的多样化旅游景观和旅游设施包括度假村、船舶运输或游艇、客栈、野营地和其他游客服务。这些包括运输和食宿在内的基础设施是加拿大、美国和新西兰原住民旅游业的一个重要组成部分。Ryan(2004)建立了原住民旅游关于企业的土著所有权和企业规模以及游客体验度模型，并描绘了大量的土著文化。旅游业原住民所有权和从基于文化向基于服务发展的原住民旅游事业主要出现在 20 世纪90 年代以后，其中包括在传统土地上成长起来的生态旅游(Notzke，2006)。

　　原住民旅游景点包括本地博物馆、文化村、自然之旅、本土节日或活动以及土著艺术画廊。土著遗产和传统的文化、环境和精神尤其能够显示出原住民旅游的特点。原住民旅游已经发展成为被土著拥有和管理的文化、自然景点和其他设施细分的新型游客市场(Ryan and Aicken，2005)。原住民旅游企业主要以社群为本，由居住在本地社群中的土著乐队、部落群体、部落领导或企业家开发。虽然文化遗产旅游包含独特的土著历史和文化传统，而与土地和自然资源使用相关的原住民旅游则是自然旅游和生态旅游的一部分(Scheyvens，1999)。原住民旅游企业通常位于农村或偏远地区，这制约了其游客市场的发展(Getz et al.，1997)。

　　原住民本土旅游或生态旅游在发展过程中遇到的主要问题包括：原住民领地上的土著民族的法定权利；土著文化实践旅游商品化；土著民族传统文化、重要设计或生物学知识用于旅游业时涉及的知识产权。原住民民族自决权和对原住民领地范围内的旅游业的控制权主要依赖于传统土地所有权(Hinch，2004)。原住民旅游可持续发展取决于以下几个关键要素：土地所有权；社群旅游控制权；政府对旅游开发的支持；原住民家园使用权；恢复旅游业利用的自然或文化资源(Zeppel，1998)。在土著民族运营旅行和文化中心、提供游客设施，管理游客进入文化遗址、自然资源和部落土地时，就意味着原住民旅游得到了发展。

3. 原住民旅游与生态旅游

原住民生态旅游(indigenous ecotourism)首次出现在 20 世纪 90 年代中期,用于描述在拉丁美洲、澳大利亚和加拿大土著领地的社区生态旅游项目开发。Schaller(1996)和Wesche(1996)在厄瓜多尔的印第安部落中以社区为基础的生态旅游项目研究中首次使用"原住民生态旅游"或"土著生态旅游"(下文统称"土著生态旅游")。此外，澳大利亚国家培训局(ANTA，2001)开发了一套土著生态旅游的技术包，包括案例研究示例和为社区建立自己的生态旅游项目的商业计划。土著生态旅游的卖点包括天然的产品、本土环境和文化知识。生态旅游包括土著居民及其传统，因原住民文化和自然环境之间的紧密依附关系，这种依附关系包括文化、精神和身体，是原住民与传统的土地或自然资源之间的天然纽带。原住民文化旅游或生态文化旅游应引导游客尊重当地习俗文化，谨慎处理好与土著居民的关系，认同彼此之间的差异性以及土著居民对其领地的感情，以及让土著居民有回归土著社区的权利。土著生态旅游亦即关心环境问题、土著居民参与旅游策划和管理的旅游业，包括土著居民提供的自然旅游产品或住宿和土著文化游或自然环境景点。土著生态旅游主要指能让土著居民受益的以社区为基础的生态旅游。土著社区生态旅游是生态旅游项目受土著居民管理和参与的自然旅游景点，社区部落通过生态旅游企业使用这些土著社区的自然资源和传统土地从旅游业中获得收入。本土生态旅游企业通过自然保护、旅游企业运营和合理利用收入发展社区(Fennell，2003)。打猎和钓鱼之旅也是本土生态旅游的一部分，尽管消费活动通常不被认为是"真正的"生态旅游。

原住民给生态旅游提供的支持包括"以土著知识体系和土著价值观为基础的旅游弘扬了土著地区的风俗习惯，促进了其谋生之道"(Johnston，2000)。从土著生态旅游的文化层面来说，它以生计活动为基础，包括土著民族和环境之间的紧密联系以及土地和动植物之间的精神纽带。

土著生态旅游刺激、促进了就业与收入的增加，通常还带有政治动机。对于很多原住民社群而言，生态旅游只是他们强化土地权益、认同文化身份和土地所有权、重新获得部落土地及资源使用权的一个途径。此外，生态旅游还表明，部落土地的利用卓有成效，不仅增加了原住民群体的收入，还提高了自我治理和业务管理能力(Weaver，2001；2005)。在原住民看来，生态旅游可持续发展以"保护资源和赋权当地原住民获得直接收益并管理生态旅游活动"为基础(Schelens，2002)。

土著生态旅游具有如下特征：①生态旅游基于本土知识体系和价值观；②在生态旅游的基础上促进本土习惯做法和生计；③生态旅游用于恢复权利访问、管理和使用传统的土地和资源；④生态旅游用于管理文化财产如历史圣地；⑤控制与当地土著居民的积极参与；⑥包括原住民社区生态旅游规划开发和操作；⑦管理本土文化财产的土地、传统和资源；

⑧协商利用自然生态旅游资源和人文资源。

国际生态旅游协会(2004)将生态旅游定义为"在自然区域旅游并保护环境和提高当地人民生活水平的负责任的旅游"。Honey(2002)认为，生态旅游是直接给当地社区的经济发展和政治权力带来好处，并培养对不同文化差异和人权的尊重。在加拿大，人们喜欢用土著旅游这个词来代替生态旅游(Hasimoto and Telfer，2004)。部分当地社区居民认为生态旅游是文化生态旅游或生态文化旅游，并强调自然环境和资源管理都以土色土香的方式呈现。

(二)民族旅游与生态旅游

国内民俗旅游研究成果颇丰，但民族旅游相关著述寥寥无几，至今仍无专门的民族旅游学专著问世，这与我国民族旅游学研究滞后有关。国内外学者针对民族旅游概念，从各自研究领域提出了自己的观点。

1. 民族旅游的概念

关于民族旅游主要有如下观点：①民族旅游就是把古雅的土著风俗以及土著居民包装成旅游商品以满足旅游者的消费需求(刘晖，2009)；②民族旅游主要是以土著居民的奇特风俗来吸引外国或外面的游客(Valene L Smith，1989)；③民族旅游指这样一些情形：从外国或本地来的旅游者在旅游中可以观察其他民族，这些民族不仅被认为有明显的身份特性、独特文化和生活方式，而且通常被贴上种族的、民族的、原始的、部落的、乡下的或农民的标签(爱德华·布鲁纳，2001)；④民族旅游是：a.观光旅游的一种变体；b.其目标群体在文化、社会或政治等不完全属于他们所居住国的主体民族；c.由于自然生态和文化方面的独特性、差异性而被贴上旅游的标志(科恩，2001)；⑤国内学者潘盛之(1997)将旅游划分为两种类型：民族旅游和族内旅游。民族旅游是指游客和旅游对象分处于两种以上的不同文化氛围，换句话说，游客和旅游对象分属于不同的民族，游客是一个民族的成员，而各旅游对象则是另一个甚至另外几个民族文化的产物。族内旅游则是指游客和旅游对象同处于一种文化氛围，或者说他们同属于一个民族。在此，民族旅游的概念相当于跨民族旅游；⑥"民族旅游的内容包括以民族文化为特色的观赏活动、商品及服务，开发方式可以为建立民族旅游点(主体园、民族村)、开辟民族旅游线直至规划民族旅游区"(徐新建，2000)；⑦民族旅游是指旅游者通过对某一民族的独特文化或生活方式的参与、观察和体验，来实现其审美需求的过程。一般说来，这一民族常常是历史形成的边缘性"少数"族群，或者是在当代民族国家的政治—经济框架中处于相对弱势的文化群体。而民族旅游的本质也相应体现为一种族际的交流或一种跨文化的观察与体验(光映炯，2002)。

刘晖(2009)认为，民族旅游是指游客被异域具有独特的自然生态和民族文化的少数民族所吸引，而前往"异文化"人群去体验异域风情的一种短暂旅游经历。并提出民族旅游概念的几个基本要件：①民族旅游统属于旅游的一种，它是一种特殊的旅游经历或旅游体验；②民族旅游资源是特定的地域、特定的人群和特定的文化，即少数民族聚集区；③民族旅游目的地即民族旅游地位于少数民族聚集区；④民族旅游是文化的旅游，也是自然的旅游，是二者的综合；⑤民族是文化的民族，文化是民族的文化；⑥民族旅游具有特定的旅游系统：民族旅游系统。

民族旅游与民俗旅游、民族文化旅游、民族地区旅游不同。民俗旅游是以一个国家或地区的民俗事务或民俗活动为开发对象的旅游。民族文化旅游是以一个国家或地区的民族文化为旅游资源，利用民族文化开发旅游项目。民族旅游主要发生在民族地区，但民族旅游不等同于少数民族地区旅游，如深圳的锦绣中华属于民族旅游产品，但不位于少数民族地区。民族文化旅游和民俗旅游都属于文化旅游，即主要以参与和感受地方文化为主的旅游。

作者以为，民族旅游有广义和狭义之分。但通常主要指的是狭义的民族旅游，狭义的民族旅游是真正的民族旅游。民族旅游系指游客被少数民族地区独特的原生态文化和自然资源所吸引，而前往旅游的一种短暂经历。这里强调：①民族旅游的观光、休闲、体验、度假等活动项目都发生在少数民族聚集区；②民族旅游资源构成民族旅游的核心和关键，没有民族旅游资源就没有民族旅游产品，就没有民族旅游。广义的民族旅游包括民族地区旅游（即狭义的民族旅游）和"非民族地区民族旅游"（特指发生在民族地区以外的，如深圳锦绣中华等以民族旅游产品或民族主题旅游地）。

2. 民族旅游的本质及特征

真正的民族旅游强调：一是吸引物为少数民族聚集区旅游资源；二是民族旅游活动和体验场所在少数民族聚集区。可见，民族旅游资源构成民族旅游的基础和核心。民族旅游资源系少数民族地区自然、历史、文化、社会等因素的总称，是吸引游客前往少数民族地区参加民族旅游的旅游资源，具有审美性、区域性、多样性、综合性、稀缺性、脆弱性等特点。少数民族文化是民族旅游资源的核心内涵（覃建雄，2011）。民族旅游资源包括自然、人文和社会旅游资源三种类型。其中，自然旅游资源指少数民族地区的生态环境和自然风光，是民族旅游活动发生的自然环境；人文旅游资源特指少数民族演进历程中沉淀的物质财富和精神财富的总和，更多的是反映历史和强调过去；社会旅游资源是指在特定社会区域中，对异域人群及其生产生活紧密相关的事物和活动（王克起，1998），主要强调当代生活与现代文化。

民族旅游的特征主要包括：①民族性：越是民族的，越是世界的。各民族由于其历史演进、自然条件和人文环境不同，形成了不同民族特有文化内涵，造就了民族差别和特征，这些差别和特征造成了民族旅游的民族性和稀缺性。②神秘性：由于少数民族聚集区主要位于边远山区，相对远离现代大都市，比较缺少与现代社会的交往，加之所具备的民族性、稀缺性，就代表了某种神秘和未知，这些正满足人们好奇、求新、求异的心理。③乡土性：一是民族旅游资源浓郁的地域特色；二是少数民族聚集区原始、原真、古朴、原生态的旅游环境；三是少数民族地区非官方和非上层的、伴随民间生活需求而形成的文化形态。④参与性：民族旅游资源就是少数民族聚集区原生态自然和人文环境以及真实、现实的生活生产状态，民族旅游产品的多元化和深层次性，民族旅游的真正实现不仅要观看、欣赏，更需要参与和体验。⑤文化性：民族旅游本质上是一种文化活动。民族旅游资源的核心内涵是民族文化，民族旅游是一种跨文化的观察与体验，民族旅游是更高层次的文化行为。⑥原则性：民族旅游是人们在不同文化模式之间的流动，"入乡随俗""入国问禁"十分重要。应当尊重、敬畏、关爱当地环境、民俗和文化。

民族旅游的本质主要表现在(窦开龙，2008)：①"朝圣说"。MacGannell(1965)认为民族旅游作为一种影响人们的文化心态和精神世界的活动具有深刻的精神含义，"旅游就是一种现代朝圣"，因为它还吸收了现代社会的宗教功能。②"休闲观光与朝圣说"。Turner(1967)认为民族旅游一方面是休闲观光，另一方面又是去寻找神圣的东西，观光和朝圣两者具有融和的趋势。③"仪式说"。Graburn(1972)认为民族旅游既是"神圣的旅程"，也是"世俗的仪式"，民族旅游的目的不但在于玩耍和休闲，也在于从一种状态转到另一种状态，如同生命仪式。④"经济活动说"。Vonschllard(1973)认为民族旅游是外来民族进入非定居地并且在其中逗留或移动引起的经济活动的总和。主流学者 Cooper、Mcintosh、Medlik 和 Holloway 也支持这种观点。⑤"社会文化现象说"。Jafari(1978)定义民族旅游是离开常住地的游人、满足游人需要的产业，以及游人、产业和旅游地三者间的社会交换给旅游地带来综合影响的一种社会文化现象。⑥"休闲娱乐说"。Burns(1976)、Boostin(1978)、Barthes(1982)认为民族旅游不是"朝圣"，是一种"非真实"的虚假事件。因为"朝圣"具有资本主义社会的性质，是对过去的一种深远而神圣的追求，而民族旅游的目的是快乐，因此两者在交流和互动中表现的意义不同。⑦"策略说"。廖杨(1994)认为民族旅游本质其实就是一种当代民族、国家以经济发展为载体来实现"政治一体化"和"文化大同"理想的策略。

3. 民族旅游与原住民旅游及生态旅游

国外有学者也将原住民旅游当作民族旅游(Moscardo et al.，1999)。Smith(2003)认为，民族旅游主要出现在偏远地区的部落群体中，而且游人数量较为有限。民族旅游和部落旅游都是原住民文化旅游的一种形式。游人会在其目的地接触到非当地土著居民或原住民的移民群体。凭借参观位于其领地之外的文化遗迹、土著保护区，或依靠参加部落活动，原住民本人也可成为"民族"游客。生态环境、遗产、历史和手工艺是原住民旅游的重要吸引物，土著文化知识、所有权和控制权是原住民旅游的关键因素。原住民旅游与社群旅游、文化旅游、遗产观光旅游、负责任旅游、扶贫旅游、自然旅游及生态旅游相关。

事实上，原住民(土著)旅游中的"原住民"或"土著"具有固定用法，即"indigenous"，具有原始、来源、成因、传承的意思，即具有原生态、特定领地、特定空间的含义，主要相关概念包括土著人群(indigenous peoples)、土著社区(indigenous communities)、原住部落(indigenous tribal)、土著族群(indigenous groups)、原住民领地(indigenous territory)、土著旅游(indigenous tourism)、土著生态旅游(indigenous ecotourism)等，原住民旅游与土著旅游实为同一含义(可能不同的是国家称呼侧重而已)。而民族旅游中的"民族"相应的英语表达通常是"ethnic"，少数用"national"，尤其在我国特指少数民族(minority nationality)，没有特定空间、特定地域的含义，民族旅游通常是指少数民族聚居区(ethnic minority areas)旅游。从上述概念的比较，可推知原住民旅游与民族旅游之间的比较：①原住民和原住民旅游为西方多数国家所特有，民族旅游主要指我国少数民族旅游(还有越南和菲律宾)；②原住民不一定是这个国家的少数民族，甚至可能是该国的主要民族如玻利维亚，但民族旅游中的"民族"在我国肯定是少数民族；③原住民旅游与民族旅游之间的相同之处是它们的原生态性、民族性、乡土性、参与性、文化性和神秘性。

关于民族生态旅游与土著生态旅游。两者词型相似，但含义有所区别。土著生态旅游于 20 世纪 90 年代中期，首次用于阐述拉丁美洲、澳大利亚和加拿大土著土地和领地的社区生态旅游项目开发。土著生态旅游的卖点包括天然的产品、本土环境和文化知识。土著生态旅游主要关心环境问题、土著居民参与旅游策划和管理的旅游业，包括土著居民提供的自然旅游产品或住宿和土著文化游或自然环境景点，具有独特的内涵。民族生态旅游可以理解为我国少数民族聚集区民族旅游系统中的生态旅游，是生态旅游理念在民族旅游中的应用，是民族旅游与生态旅游的有机组合。民族生态旅游是一种具有浓郁文化特色，融入当地真实朴质生活，欣赏当地的自然风光，体验当地独特的生产生活方式，并为当地提供有效经济支持的新型旅游形式(郭茜，2004)。民族生态旅游总体上包含两个层面(马晓京，2003)：一是具有民族旅游特性的社会文化生态；二是生态学意义上的自然生态。因而，民族生态旅游作为一种全新的旅游发展模式，在满足游客欣赏自然并进行异文化体验与获得教育的同时，也满足旅游地经济发展需求，具有多重价值。

民族生态旅游以保护和发展当地的民族文化和生态环境为前提，为游客提供体验性旅游价值，为村民和地方提供经济价值，在村寨和地域上体现社会和生态价值(郭茜，2004)。民族生态旅游是在民族旅游和生态旅游作为一种概念和理论体系实践的基础上，通过反思传统旅游而提出的全新的概念。一般理解为"在民族旅游中进行生态旅游开发"，是对民族传统和乡土文化破坏性旅游开发的批判和修正，要求在民族旅游中保护民族原生态文化，同时兼顾自然生态资源的保护与利用。民族生态旅游强调保护当地自然生态环境，保护当地的文化生态环境，尊重与维护当地民族传统文化完整性，保护当地居民的利益，提高当地居民的收入水平和生活质量，带动当地经济发展。民族生态旅游为目的地居民主动、自觉地保护、传承民族文化提供了内在的动力和支撑。民族生态旅游是保护性开发民族旅游的最佳选择模式。为了保护民族文化生态的原生性和真实性，实现民族生态旅游的目标，构建民族生态旅游项目至少要遵守以下原则：小规模开发、限制游客人数、民族文化局部对外开放。比较受欢迎的民族生态旅游项目主要有：①欣赏自然风光；观察、参与当地少数民族同胞的劳动生产；②体验当地少数民族的日常生活；③感受多姿多彩的民族文化等。

综上，民族旅游与原住民旅游具有原生态性、民族性、乡土性、参与性、文化性和神秘性的共同特点，其本质特征就是"返璞归真"的旅行，是跨文化交流和跨地域共享，是最神圣的人类灵魂触碰和精神升华，因而是低碳旅游和绿色旅游，是生态旅游和可持续旅游，是全球可持续发展的实施路径和具体实践。可见，民族旅游实际上也属于原生态旅游范畴。民族生态旅游是民族旅游的最佳选择和最有效的发展模式。

(三)可持续旅游与生态旅游

1. 可持续旅游源起

可持续旅游(sustainable tourism)基于旅游业发展中产生的日益突出的环境、经济和社会问题应运而生。可持续旅游概念随着可持续发展观念的出现而被提出，是可持续发展思想在旅游这一特定经济和文化领域的延伸，并随着可持续发展理论在旅游研究领域的广泛应用而不断丰富和发展。

可持续发展观强调发展必须以不破坏或少破坏人类赖以生存的环境和资源为前提。实现这种发展需要通过有效的资源管理，使资源使用的速度低于更新的速度，从利用不可再生资源或再生速度较慢的资源转向利用可再生资源和再生速度较快的资源，保证现代社会和后代社会发展有充足的可利用的资源(牛亚菲，1996)。

可持续旅游否定了以"物"为中心、片面追求旅游经济增长的发展观，强调将旅游资源环境作为发展的有机组成部分，承认并体现旅游资源环境对旅游经济增长固有的不可替代的价值。可持续旅游强调在保证当代人从事旅游开发的同时，不损害后代为满足其旅游需求而进行旅游开发的可能性。可持续旅游发展理念的核心在于：以旅游资源环境可持续为前提，以旅游经济持续增长为手段，以旅游地社会持续进步为目的，使旅游地社会、旅游经济与旅游资源环境系统协调发展。

2. 可持续旅游概念框架

可持续旅游理论主要包括五个方面：①增进人们对旅游所产生的环境与经济影响的理解，加强人们的生态意识；②促进旅游的公平发展；③改善旅游接待地区的生活质量；④向旅游者提供高质量的旅游服务；⑤保护未来旅游开发赖以生存的环境质量。

可持续发展的基本原则包括：①维持生态环境的平衡性；②提高经济、社会和文化之间的协调性；③保持经济效益的可持续获得性与可持续发展目标相对应。可持续旅游的核心目标是：在为旅游者提供高质量的旅游环境的同时，改善当地居民生活水平，并在发展过程中保持生态环境的良性循环，增强社会和经济的未来发展能力。达到这一核心目标的基本前提是通过对旅游资源的合理利用、旅游业发展方式和规模的合理规划和管理，保持旅游供给地区环境的协调性和文化完整性。

可持续旅游的衡量标准主要体现在经济、社会、生态三大旅游效益的统一。在传统旅游业中，旅游业是目标单一的经济行业，旅游业、生态环境保护和社会发展相互分离。可持续旅游将三者有机结合，将社区发展作为发展旅游业的主要目标，将旅游环境保护作为旅游业发展的基本条件，达到社会、经济和环境的共同发展。评价旅游业可持续性的基本标准是：①旅游经济标准：旅游业经济能否实现持续增长，不断为地方经济注入新的发展资金；②社会发展标准：旅游业能否保证开发成本和收益的公平分配，当地居民能否从旅游业中获得经济利益和就业机会；社区能否参与旅游决策；旅游业是否可以增进对优良文化传统的保护；③环境保护标准：旅游业能否对自然环境的保护和管理给予资金支持，促进对自然和文化资源的保护；旅游业的发展能否促使旅游者和当地居民对自然环境保护持支持态度。

3. 可持续旅游与生态旅游比较

生态旅游与可持续旅游有相近的起源背景，都是在可持续利用资源和生态环境背景下产生，都以可持续思想为指导原则，都强调对旅游地旅游资源、生态环境和当地传统文化的保护，重视旅游地社区居民的利益和参与，强调当代人和后代人在享用旅游资源上的公平性，旅游各方应遵守相关规定和旅游环境伦理。生态旅游与可持续旅游之间的差异主要表现在：

(1)生态旅游从大众旅游中发展而来，是一种特殊的旅游形式或旅游产品，强调以原生态自然环境资源为主要基础的旅游。而可持续旅游既可看作是一种理念、发展目标或指导原则，也可是任何一项经过可持续旅游标准认证的旅游项目或旅游形式(成克武等，2008)。可持续旅游强调以可持续发展理念为指导，无论何种旅游资源和旅游形式，只要满足可持续标准，均属于可持续旅游。因此，可持续旅游涉及的范围要大于生态旅游。

(2)生态旅游的目的主要是了解、学习和保护自然环境。而可持续旅游的目的多种多样，既可以是了解自然生态知识，也可以是人文历史、科学文化或者消遣娱乐等。此外，生态旅游主张通过高质量的旅游环境和解说系统，强调其环境和生态方面的教育功能。但这些并非可持续旅游强调的重点(成克武等，2008)。

(3)生态旅游是在以自然旅游资源为主的开发和利用方面达到可持续旅游目标的有效手段和途径，而可持续旅游则主要被认为是从可持续发展概念引申出来的旅游发展的一种原则或者理念，适用于所有与自然、社会及文化环境保持和谐发展的旅游形式。因此，生态旅游可看作是可持续旅游的一种特殊形式和实现可持续旅游的一种方法，它是可持续发展理念在特定生态旅游区的具体运用和实践。而可持续旅游形式既包括生态旅游，亦涵盖符合可持续旅游标准的民俗旅游、探险旅游、工业旅游和农业旅游等形式。

生态旅游与可持续发展旅游有许多共同的特点，包括：①将对环境的冲击减到最小，维护生态的永续性；②以最尊重的态度对待当地文化，以最大的经济利润回馈地方；③给参与游客最大的旅游满足；④通常出现于相对少受干扰的原生态自然区域或文化区域；⑤游客应成为对资源和自然环境保护、管理的正面贡献者；⑥以建立一套适合当地的经营管理制度为目标。

应该提及的是，在西欧提得最多的是可持续旅游或乡村(生态)旅游，而生态旅游概念本身不太普及。主要是由于欧洲人口密度大、人类活动频繁，自然生态区域面积小，生态旅游经常与当地传统文化结合在一起，包含在"乡村旅游"和"可持续旅游"中，用可持续旅游概念更能促进这些目的地的保护(陈玲玲等，2012)。

(四)绿色旅游、低碳旅游与生态旅游

1. 关于低碳旅游

2003年英国政府首先提出了低碳经济的概念，出台了能源白皮书《我们能源的未来：创建低碳经济》，引起了国际社会的广泛关注。低碳旅游(low-carbon tourism)是在应对全球气候变化背景下顺应低碳经济的发展应运而生的。低碳旅游是一种在旅游活动中计算碳排放量并且采取行动降低碳排放量的旅游，是一种低耗能、低污染、低排放的绿色环保旅游。

在国外尤其在欧美，低碳旅游研究起步最早、方法技术最先进，取得的成果和进展最显著。最典型的案例就是新西兰旅游交通和旅游区或旅游地碳排放测量控制、美国低碳旅游景区认证制度建立、英国旅游资源的低碳开发理念、澳大利亚低碳旅游产品设计方法、德国低碳旅游经营管理方法、法国低碳旅游消费市场培养等。由于低碳旅游能够降低旅游过程中的碳排放量、保护旅游地生态环境，能带动相关产业低碳化运行、降低能源投资成本，有利于提高旅游者的环保素质、培育低碳消费市场。因此，低碳旅游是转变现有经济模式、加强旅游智能发展，最终形成全产链循环经济发展的最佳模式和途径。

低碳旅游是指在旅游发展过程中，通过运用低碳技术、推行碳汇机制和倡导低碳旅游消费方式，以获得更高的旅游体验质量和更大的旅游经济、社会、环境效益的一种可持续旅游发展方式。低碳旅游是借用低碳经济的理念，以低能耗、低污染为基础的可持续旅游（sustainable tourism）。低碳旅游是一种全新的旅游理念，是一种低碳生活方式，低碳已经形成国际共识。它是在旅游过程中通过食、住、行、游、购、娱的每一个环节来体现节约能源、降低污染的理念，以行动来诠释和谐社会、节约社会和文明社会的建设目标。与生态旅游相比，低碳旅游有着更为明确的定义及目标，有利于指导低碳旅游各项实践工作的开展。

可通过建立各项标准及指标评价体系，并将其融入低碳旅游全过程，从而实现低碳旅游的标准化，最终体现低碳旅游量化及可操作性的优势。低碳旅游指标体系关系构建的重点在于实现低碳理念、低碳参与者及低碳实践三个方面的有机结合。从低碳理念出发，通过标准化规范参与者，指导其实践活动并最终反馈完善低碳理念的发展。低碳理念、低碳参与者及低碳实践三者之间相互依存，构成低碳旅游系统。

低碳理念。低碳理念主要是指在低碳旅游过程中在低碳理念指导下通过运用低碳技术，推行碳汇机制、倡导低碳旅游消费方式，以获得更高的旅游体验质量和更大的旅游经济、社会、环境效益。低碳技术主要是指碳中和（carbon-neutral）技术，包括温室气体捕集技术、填埋技术及低碳或零碳新能源技术等。将低碳理念融入景区基础设施建设，降低交通碳排放等低碳实践中，为低碳旅游奠定了坚实的理论基础。

低碳参与者。低碳参与者主要指参与低碳旅游的利益相关方，在我国主要体现为政府、旅游企业和旅游者三大部分。政府作为政策的制定和执行者，承担着推进低碳政策法规、标准建设、创建市场、引导企业及公众转变生产方式和消费方式的责任。旅游企业是低碳旅游的主要力量，低碳产业体系中的相应旅游企业通过低碳设施建设、旅游路线设计引导并转变旅游者的消费方式。旅游者作为最直接的低碳旅游行为者，其行为通过市场反馈直接决定了低碳旅游的实现程度。

低碳实践。低碳实践主要指低碳参与者在低碳理念指导下开展的一切实践活动。在低碳实践过程中，低碳旅游标准化的制度化尤为重要。具体表现在旅游企业开展低碳评价定级活动、低碳景区建设、使用绿色节能建筑、提倡公共交通及人力驱动交通、酒店减少一次性物品的使用，提倡旅游者在衣、食、住、行、游全过程中坚持低碳理念等。

2. 关于绿色旅游

由于工业革命给自然环境资源造成的巨大破坏和灾难，"绿色革命[①]"理念随之出现，绿色革命即希望能够建立一种社会经济与自然环境和平共处的"绿色文明[②]"。在此背景

---

① 绿色革命是指在环境学科、生态学科等基本学科理论的指导下，人类适应并与环境和谐发展所创造的一切文化和活动。
② 绿色文明是一种能够使人类持续感觉到幸福的文明。

下，"绿色旅游(green tourism)"概念应运而生。所以，绿色旅游最早主要活跃在欧洲，随后美国、日本、韩国等国家陆续推出绿色旅游产品，在欧美一些发达国家，绿色旅游已显示出极强的生命力和越来越大的发展潜力。绿色旅游是一种提倡绿色消费理念、倡导绿色消费行为、坚持旅游实现可持续发展模式的一种旅游方式。

绿色旅游是旅游系统在运行过程中依据减量投入、重复利用与再循环的原则开发利用资源与环境，实现资源利用的高效低耗与对环境损害最小化的经济发展模式(邹统钎，2005)。苏格兰的绿色企业计划(Green Tourism Business Scheme)指出：绿色旅游是一个用来描述旅游部门最佳环境实践的用词，它包括经营效率、环境管理、废物、交通以及社会责任与生物多样性等话题。通过认同绿色旅游企业计划的行为准则以及对其行为的独立审计，使企业承诺减少其对环境的影响。

国外非政府组织通过认证、培训与奖励等方法引导旅游产业向绿色产业方向发展，对绿色旅游产业发展提出了一系列的指导方针(邹统钎，2005)。欧洲的旅游生态标志标准(Ecolabel criteria)包括：绿色环球21(Green Globe 21)、绿色旅游企业计划(Green Tourism Business Scheme)、可持续旅游环球90年代行动战略(Globe 90 Action Strategy for Sustainable Tourism)、北欧生态酒店标志(Nordic Ecolabelling of Hotels)和绿色承诺(Committed to Green)。这些是清洁不列颠集团海滨奖(Tidy Britain Group Seaside Award)和欧洲环境教育基金(FEEE)蓝旗奖评奖的重要参考标准。世界著名的绿色旅游组织有：多伦多绿色旅游协会、绿色环球21及英国旅游与环境论坛。

多伦多绿色旅游协会的宗旨是：引导多伦多旅游业走向可持续的未来，把旅游业发展成为生态良好、促进与支持地方经济、欣赏与尊重多元文化与自然遗产的产业(邹统钎，2005)。该协会认为绿色意味着：①生态的责任；②地方经济的活力；③文化的敏感与体验的丰富。多伦多绿色旅游协会倡导的绿色旅游的十条途径是：①想绿色梦绿色：时刻准备，为它发狂；②准备生态游的行装；③绿色行走：选择绿色交通(步行、乘坐人力车、火车、公共汽车、自行车等)；④绿色驻留：选择绿色住宿；⑤绿色饮食：食用当地有机食品；⑥"3R"：减量化、再使用与循环利用；⑦绿色购物、绿色消费与做绿色生意；⑧沉湎于绿色与健康的事物(与大自然交往)；⑨传播分享绿色旅游理念；⑩采取相应行动。

绿色旅游的概念有广义旅游与狭义旅游之分(赵肖肖，2011)。狭义的绿色旅游是指远离喧嚣和污染、亲近大自然、获得健康的精神乐趣的一种时尚旅游，这种时尚旅游是以保护环境和生态平衡为前提的，狭义的绿色旅游通常指的是乡村旅游，也就是发生在偏远地区的一种旅游活动。广义的绿色旅游是指旅游业提供的在能够亲近环境的同时还能具有环保功能的各种旅游产品和服务的总称。因此，绿色旅游强调旅游经营者、旅游管理者、旅游者在整个旅游活动的参与的各个环节都要尊重自然、保护环境，以实现旅游的健康、绿色的可持续发展。绿色旅游主要包括三个方面的内容：第一，绿色旅游在整个旅游活动中都要贯穿可持续发展的理念；第二，绿色旅游充分体现了人类与周围自然环境和平共处共同发展的一种思想；第三，绿色旅游是一种保护环境、尊重自然的新的经济发展模式。

3. 低碳旅游、绿色旅游与生态旅游比较

既不能将生态旅游简单地认为是一种绿色旅游或自然旅游产品，也不能将生态旅游概

念完全等同于可持续旅游和绿色旅游。绿色旅游是用一种对社会和环境负责任的态度，强调在科学合理开发资源的同时保护周围的生态环境。与生态旅游、可持续发展旅游的概念有相似之处，绿色旅游是用一种绿色的概念融入可持续发展的理念，贯穿于人与周围自然环境和平共处的一种思想和理念。

从生态旅游到低碳旅游是旅游业发展历程中从理念到实践的重要突破，具有里程碑式的意义。一方面，低碳旅游比生态旅游有着更为明确的定义及目标，有利于指导低碳旅游各项实践工作的开展。另一方面，由于低碳旅游更具针对性，具有更为具体的目标和减少碳排放量，这从根本上确定了低碳旅游量化的可能。将量化工作落实到各项标准及相应指标体系的建立，体现出低碳旅游强大的可操作性，解决生态旅游在实践中的一系列问题。在实践过程中加强低碳管理，避免出现生态旅游存在的诸如生态旅游标签等问题，坚持从低碳理念出发，通过标准化规范参与者，指导其实践活动，反馈并完善低碳理念的发展模式，促进旅游业的可持续发展。

绿色旅游、生态旅游和低碳旅游的相同之处表现为：①绿色旅游、生态旅游和低碳旅游均主张可持续发展思想指导下的旅游发展模式；②绿色旅游、生态旅游和低碳旅游都要求旅游经营者和旅游者要有极强的环境保护意识，在环保理念的指导下进行旅游活动；③绿色旅游、生态旅游和低碳旅游都是环境保护的旅游，均以实现旅游业的可持续发展为目标。

绿色旅游、生态旅游和低碳旅游之间的差异主要体现在：首先，对象与范围不同。绿色旅游和生态游都是有载体的旅游方式，要么是以自然资源为载体，要么是以特定的文化资源为载体，而低碳旅游没有特定的资源类型的限制，任何类型的旅游资源均可进行低碳化建设。其次，是否可以量化。低碳旅游是一种可以量化的计算碳排放量的旅游，而绿色旅游和生态旅游却难以量化(赵肖肖，2011)。

第三节　生态旅游发展趋势及展望

一、信息时代引领生态旅游新变革

随着现代科技发展和信息时代的到来，传统旅游通信、联络方式发生了翻天覆地的变化，尤其是移动互联网、物联网技术、云计算技术、地理信息系统和人工智能的产生对生态旅游业具有重要影响，从而造成了生态旅游发展新变革。

（一）地理信息系统与生态旅游

地理信息系统是由计算机硬件、软件和不同方式组成的系统，该设计系统用来支持空间数据采集、管理、处理、分析、建模和显示，以便解决复杂的规划和管理问题。旅游地理信息系统(TGIS)是以旅游管理和服务为目的的地理信息系统。即以旅游地理信息数据库为基础，在计算机硬软件支持下，运用系统工程和信息科学的理论和方法，对旅游数据进行采集、更新、管理、显示、查询、分析、制图输出等操作，而开发出的集获取、存储、管理、分析和应用功能于一体的旅游多媒体信息服务系统。

基于不同表达方式的地理信息系统包括二维地理信息系统、三维地理信息系统和二三维一体化地理信息系统；基于不同系统平台的地理信息系统包括桌面地理信息系统、互联网地理信息系统、移动地理信息系统；基于不同开发与服务模式的地理信息系统包括组件式地理信息系统、服务式地理信息系统、基于云计算的地理信息系统。

通过计算机技术、数据库技术以及空间信息技术，可建立为旅游业服务的地理信息，在旅游产业发展中发挥愈加重要的作用。地理信息系统对旅游业具有旅游信息查询、旅游专题制图、旅游开发与规划、旅游资源普查与评价、旅游动态监测等传统方面的影响。地理信息系统对生态旅游业的促进主要包括：①有助于旅游信息查询；②旅游专题制图的重要支撑；③旅游资源普查和评估的最佳利器；④有利于旅游开发与规划；④在旅游动态监测方面的应用。

(二)云计算技术与生态旅游

由于云计算的特征、技术特点，其对旅游产业的计算资源、信息资源、服务模式和商业模式带来了巨大变化。通过云计算可为游客提供丰富多彩的智能化、个性化的全新旅游体验。云计算对整个旅游产业带来的变革性影响包括两个方面：一是依托云计算技术的海量资源整合与处理能力实现对旅游产业链的调整与优化；二是借助云计算平台的基础服务能力，不断创新服务于游客旅游体验的云端应用。可见，云计算对旅游产业的影响是深远的，云计算技术应用在旅游信息化和未来"智慧旅游"的建设中正在呈现愈加明显的应用前景：①云计算有助于实现旅游信息资源的整合，实现全社会旅游资源的共享；②依托 SaaS 技术，可实现"长尾"旅游资源的云覆盖；③通过云计算有利于实现政府旅游管理部门的服务与管理决策科学化；④通过云计算提供各项服务，加快旅游产品创新发展；⑤云计算技术的引入为智慧旅游建设具有动态资源的高可用旅游资源与服务平台提供了有益的借鉴和思路。其意义在于全社会旅游资源的利用率、服务效率、服务可用性的极大提高。总之，云计算不论从信息技术还是商业模式的角度，都正在给整个旅游业带来巨大变革。

(三)人工智能与生态旅游

移动、机器学习、人工智能及大数据都将成为未来几年发展的主流趋势。从信息化到智能化、用机器替代人工，这是任何行业的必然趋势。高效、零成本的智能个性化定制一定会让旅游业效率发生颠覆性变化。携程已在呼叫中心逐步应用人工智能技术，利用机器与客人沟通交流，帮助客人解决问题。

(1)人工智能技术为游客提供了更丰富、更真实的旅游信息及旅游体验，为旅游服务提供者和代理商提供了更科学、更合理的旅游服务模式和旅游决策模式，为旅游监管部门提供了更高效、更准确的监管手段。

(2)提升旅游体验。数据挖掘、机器学习、搜索等人工智能技术实现了文本、视频、图像、音频等多种信息的大数据自动处理、分析、提取和呈现，使用户可更精确地获得所需的知识。

（3）促进旅游产业全域发展。人工智能技术在企业中有着广泛的应用，很多商业决策系统的技术核心就是人工智能技术。

（4）促进旅游行政可持续管理。近年来人工智能技术在旅游企业、游客服务中都得到广泛、快速的应用。人工智能技术今后在旅游需求预测、监管调度、突发事件预警等方面，可获得更为广泛的应用。

（四）物联网与生态旅游

通过物联网无须钥匙即可进入宾馆房间，可以帮助游客在世界各地寻路，可监控飞机引擎，物联网在旅游业中具有极大的发展与应用空间。物联网通过全新的方式将智能设备、系统、处理器与人联系在一起，在飞机、宾馆、景区、游览车、出租车之间形成串流。同时，这些联系之中产生的数据可帮助市场为游客提供更私人化的服务，从而增强游客的旅游体验。

无论是大型连锁酒店还是航空公司，几乎所有与旅游业相关的公司都或多或少地会从物联网中受益。许多已部署物联网的公司都提升了工作效率。宾馆利用物联网控制暖气、通风装置、空调、安保、水管、电梯及其他设施。航空公司则利用物联网收集飞机部件与飞行系统相关的数据信息，并最优化油耗与维护的问题。

科技成本正在降低，而科技力量却在不断壮大。物联网可帮助旅游公司从不同来源的数据中收集整合游客体验相关的大量数据，物联网有潜力在几乎每个层面都对旅游体验形成改变。旅游业在物联网上的平均花费最高，物联网给航空业务带来明显好处，越来越多的旅游公司已将物联网纳入预算。旅游公司一直致力于为游客提供尽可能低的价格与更优质的服务。

（五）移动终端与生态旅游

生态旅游与移动互联网有着天然结合，移动互联网发展正在为生态旅游发展带来难得机会。随着网民增加及渗透率增长趋缓，智能手机及移动终端日趋普及，旅游无线互联网业务正进入爆发期。

通过移动终端，随时访问酒店预订客户端，搜索目的地酒店，看评价、比价格、下订单，然后很快收到预订成功短信。随着生态旅游与移动互联网结合愈加紧密，以前需要花费很多时间设计的行程，现在依靠一部手机即可完全搞定。正是这样一种畅快又便捷的体验，使得移动客户端预订市场迅速壮大，各大在线旅游商纷纷加大客户端研发的投入。

生态旅游就是在不停地移动中得到体验，而移动互联网的重要属性——随时随地使用，正契合了生态旅游出行的需求，使用旅游移动客户端，不仅可随时随地搜索附近的酒店，还可直接预订酒店和机票，更可查看附近重要的景区景点，从根本上改变了外出旅游的习惯。从移动客户端的下载量、激活量以及预订成交量看，无线预订开始不断成长壮大成为主流，在包括移动支付等各种配套服务成熟的过程中，移动互联网正在改变人们的生活，促成生态旅游消费模式出现新的变革。

二、大数据时代促成生态旅游新格局

信息科技发展的一个重要特征就是大数据时代的到来,给人们带来前所未有的环境和条件——即生活在大数据包围之中。由于大数据具有提高服务质量、改善经营管理、改变营销策略、改变旅游市场定位等功能,因此通过大数据可以精准市场定位、成为市场营销的利器、支撑旅游业收益管理、创新旅游业需求开发以及完善海外旅游服务功能。

(一)大数据的旅游业功能

一是提高服务质量。利用旅游业数据库进行分析,建立纵向和横向的纬度进行分析建模,依托行业数据分析推演,可以有效地获知旅游政府部门和景区的公共服务体系建设,真正提高旅游公共服务满意度。二是改善经营管理。通过对大量数据的挖掘和分析,有效指导旅游局和景区企业的管理工作。根据游客的特征和偏好,提供有力的旅游产品和服务,利用大数据进行产业运行状况分析,有效的运行监测对产业实施有效的管理,更好地推动旅游产业发展。三是改变营销策略。通过大数据可以了解用户画像数据、掌握游客的行为和偏好,真正地实现“投其所好”,实现推广资源效率和效果的最大化。

大数据对旅游业的影响主要体现在:①省旅游局和 5A 景区的应用。旅游大数据发展带动了旅游产业的全面升级,通过大数据深挖游客的心理和旅游产品体验,一切以游客需求为关注点,通过数据分析反映旅游客源地域,哪些产品是消费者关注的,关注些什么,从中提取新的深刻见解,为旅游目的地品牌的提升、营销推广和舆情监测等提供可视化的数据服务。②旅行社和 OTA 的应用。通过大数据的分析,准确掌握旅游客源,了解游客喜欢什么样的产品,从而开发迎合市场需求的产品线路。③大数据有助于生态旅游业市场定位和策略建议。

(二)大数据在生态旅游业中的应用

1. 大数据有助于旅游市场精确定位

一是旅游品牌市场定位个性化。成功的旅游品牌离不开精准的市场定位,而基于市场数据分析和调研是进行品牌定位的前提。在旅游业中充分挖掘品牌价值,需要架构大数据战略,拓宽旅游调研数据的广度和深度,从中了解旅游市场构成、市场特征、消费者需求和竞争者状况等,在系统的信息数据收集、管理、分析基础上,提出解决问题的方案和建议。二是旅游项目评估和可行性分析。旅游企事业要开拓某一区域旅游业市场,首先要进行项目评估和可行性分析,方能最终决定开拓市场的必要性。三是构建满足市场需求的旅游产品。通过项目评估报告,收集海量信息构成旅游业市场调研大数据,对这些大数据的分析就是市场定位过程。只有定位准确才能构建出满足市场需求的旅游产品,使旅游品牌在竞争中立于不败之地。

2. 大数据有助于旅游市场营销

一是数据获取及分析。通过获取数据统计和分析，了解市场信息，掌握竞争者动态，知晓产品在竞争群中所处的市场地位。二是数据积累及挖掘。企业通过积累和挖掘旅游消费者档案数据，有助于分析游客的消费行为和价值趣向，便于更好地引导潜在目标游客，让游客得到更好的旅游体验。

通过对游客消费行为和趣向的分析，可收集和整理游客消费行为方面的信息数据，如游客以往购买旅游产品的花费、选择产品渠道、类型和偏好、对旅游目的地的品牌印象等。收集到这些数据，建立游客大数据库，便可通过统计和分析来掌握消费者的消费行为、兴趣偏好和产品市场口碑现状，再根据这些总结出来的行为、兴趣爱好和产品口碑现状，制定有针对性的营销方案和营销战略，投消费者所好，那么带来的营销效应是可想而知的。

3. 大数据有利于旅游收益管理

要达到收益管理的目标，需求预测、细分市场和敏感度分析是此项工作的三个重要环节，而这三个环节推进的基础就是大数据。一是需求预测，通过对建构的大数据统计与分析，采取科学的预测推演方法，通过建立数学模型，了解旅游潜在的市场需求，未来一段时间每个细分市场的产品销售量和产品价格走势，在不同市场波动周期以合适的产品和价格投放市场，获得潜在收益。二是细分市场，为企业预测销售量和实行差别定价提供条件，其科学性体现在通过旅游市场需求预测来制定和更新价格，使各个细分市场的收益最大化。三是敏感度分析，通过需求价格弹性分析技术，对不同细分市场的价格进行优化，最大限度地挖掘市场潜在的收入。

4. 大数据创新旅游需求开发

首先是互联网交互性大数据蕴藏巨大的价值。随着论坛、博客、微博、微信、电商平台、点评网等媒介在 PC 端和移动端的创新和发展，公众分享信息变得更加便捷自由，而公众分享信息的主动性促使了"网络评论"这一新型舆论形式的发展。成千上亿的网络评论形成了交互性大数据，其中蕴藏了巨大的旅游业需求开发价值。

其次，对互联网评论数据的搜集和分析，能有效提高市场竞争力和收益能力。作为旅游局和企业，如果能对网上旅游业的评论数据进行收集，建立网评大数据库，然后再利用分词、聚类、情感分析了解消费者的消费行为、价值趣向、评论中体现的新消费需求和旅游品质中存在的问题，以此来改进和创新产品，制订合理的价格及提高服务质量，都会有效地提高市场竞争力和收益能力。

5. 大数据新增海外旅游服务功能

①旅游传播数据分析。提供全天候实时、精准的多维度数据挖掘和分析，提供丰富直观的数据查询、分析和预测服务。②竞品市场数据监测。通过深层次的数据挖掘，透析竞争格局，实现多种数据维度的汇聚沉淀，准确展现宏观市场状态。③海外用户市场调研。通过多种语言维度、多地域维度、多时间维度、多数据维度、多竞争维度、多平

台维度的海外数据分析，从中了解目标市场构成、细分市场特征、游客特征和兴趣爱好等。④旅游舆情监测服务。一是舆情监测：基于全球互联网采集监控技术，可在第一时间发现负面舆情，全面了解民意民情动态，及时反映最新舆情信息；二是口碑监测：由于网民数量庞大，论坛、微博、博客、新闻评论等发表信息无门槛，相关信息传播速度极快，形成的舆论力量正深刻改变着网民的思想形态和社会面貌。⑤旅游品牌影响力评估。基于整个市场现状分析，从细分市场、营销策略定位、竞争定位、传播渠道等方面来分析，具体包括游客关注度、品牌美誉度、品牌影响力等。

三、散客时代带来生态旅游新业态

目前欧美主要旅游接待国的散客市场份额达到了70%～80%。近年来，我国散客旅游市场也发展迅速，已超过市场的半壁江山，特别是一些大中城市和沿海地区，散客比例更大。世界旅游市场呈现出"散客化"趋势。经营和接待散客旅游的能力，已成为衡量一个国家或地区旅游发展成熟度的重要标准。随着散客时代的到来，散客旅游成为主体，高铁和自驾成为"双翼"，共同推动生态旅游创新发展。

(一)散客旅游特点及影响因素

散客旅游是由游客自行安排旅游行程、零星现付各项旅游费用的旅游形式。也可以由旅行社为游客提供一项或多项旅游服务，散客旅游又称自助旅游或半自助旅游。散客旅游者一般需求面广且需求差异大，消费数量低但消费频率高，选择偏好流动性强。散客旅游的特点是预定期短，规模小，要求多，变化大，自由度高，但费用较高。

①批量小。由于散客旅游多为旅游者本人外出或与其家人、朋友结伴而行，因此与团体游相比，其人数规模小。对旅行社而言，接待散客旅游的批量比接待团队旅游的批量小很多。②批次多。散客要求旅行社提供的服务不是一次性的，有时同一散客多次要求旅行社为其提供服务，增加了旅行社的工作量。③预定期短。由于散客旅游要求旅行社提供的不是全套旅游服务，因此要求旅行社能够在较短的时间内为其提供有关的旅游服务。④要求多。散客中有大量的公务和商务旅客，由于旅行费用多由单位承担，所以在旅游中的应酬及商务、公务活动，不仅要求水平高，且对服务的要求也较多、较高。⑤变化多。散客往往由于旅游经验较欠缺，在出游前对其旅游计划缺乏周密安排，会出现很多临时变化情况：求自主，反包办；求自由，反干预；警惕性高，提防心重；对价格敏感；偏爱特色旅游产品的消费。

中国旅游进入了"散客"时代，游客不再满足基于成本考虑的团队观光旅游，中国旅游发展从以观光为主向观光和度假转变。在这个改变过程中，游客消费行为的改变必将带来社会公共管理、景区内部管理等相应的改变。

影响散客旅游者旅游选择的主要因素有：第一，文化因素。文化是人类欲望和行为的最基本的决定因素。相同文化背景下的散客旅游者，具有相似的信念、价值观、风俗习惯和行为方式，同样具有相似的出游偏好。第二，社会因素。社会因素对散客旅游者旅游选择的影响也是非常重要的，这些社会因素包括相关群体、家庭、社会角色与地位等。第三，个人因素。包括年龄阶段、职业、经济环境、生活方式、个性等。个人因素的不同表现在旅游行为和习惯的千差万别。第四，心理因素。包括需求动机、直觉、学习及信念和态度等。

(二)散客时代对旅游业的影响

旅游市场正在进入"散客时代"。在此背景下，旅游业以旅行社为主要渠道、专注于团队市场的营销模式和传统理念正面临着巨大的挑战。面对旅游市场"散客化"时代的到来，相应机构正加大面向散客的基础设施建设、旅游信息化服务建设、政府企业共同推广旅游目的地、景区运营管理体制创新，在这过程中相应地造成生态旅游业深刻的变革。所有这些应该成为生态旅游未来发展的重要趋势。

从团队旅游时代向散客旅游时代的转变，要求旅游从资源开发、产品规划、线路设计、项目策划、市场营销、基础配套设施、旅游服务设施、旅游安全保障到旅游管理体制，以及从旅游主体到旅游客体、从旅游媒体到旅游载体发生一场革命。散客时代的旅游发展诉求包括游客旅游体验质量、游客空间行为特征、游客行为动机、旅游服务机制、旅游服务满意度、基础设施建设(旅游道路、游览线路、集散中心等)、公共配套服务设施、旅游信息化服务建设、旅游营销、游客旅游意向影响因素、旅游地功能提升、旅游规划、旅游安全、旅游保险、旅游管理等相关环节资源的重新配置。

首先，散客时代游客出游方式发生重大变化。成本、时间、交通构成影响生态旅游的主要因素。

其次，散客时代的游客消费行为发生变化。团队观光游中，每个团队由领队和导游人员管理，团队的行程固定，团队纪律和旅游秩序维护较好。而散客旅游往往是小团体构成，追求的是行程自由和旅程安排相对宽松。

再次，传统景区管理体制难以满足散客时代的要求。一直以来，景区的管理模式都是以接待团队游客为主、单一强化对景区内管理、缺乏区域统筹与政府多部门联动。在当前由团队旅游为主向散客旅游为主的转变过程中，游客多方式、多批次、小群体进入景区，涉及景区内、景区周边区域的管理等，单纯依赖景区管理部门显然力不从心。

最后，散客时代景区内部建设亟待提升。在散客时代，景区内部的建设必须与之相适应。景区内部建设主要包括人力资源建设、景区设施建设、景区通道建设、景区危机预警与处理等多个方面。

(三)自驾游相关新业态

由于自驾游的灵活性，自驾游可随时按照旅游者的意愿驻停、改变线路、增减项目。由于自驾游客需求的多元化，导致自驾游目的地呈现分散点状分布，在条件允许的情况下，自驾游客可到达一般团队游无法到达的旅游区域。由于自驾游客需求的多样化，使自驾游相关的业态丰富多样、异彩纷呈。自驾游不仅有利于旅游产业联动发展，促进结构优化，而且有利于引导旅游投资，优化旅游投资结构。自驾游极大地促进了产业内部要素的创新。

自驾游促进生态旅游业转型升级(俞娜，2013)。自驾游是一种新型休闲旅游方式，是一项新的旅游产品，有利于促进生态旅游转型升级。自驾游需要大量的旅游信息，如地理信息、当地人文风情、自驾游产品信息等，自驾游发展促进旅游信息网的建设。此外，还对交通信息系统、汽车旅馆业、游览服务提出了更高的要求。要满足这种综合消费水平高、服务质量要求严格的新型旅游项目，相关企业、部门、景点需要完善旅游服务各环节，大力提高旅游服务质量，从而使整个旅游服务体系得到改善，有利于完善旅游服务体系，促进旅游业发展。

自驾游促进地方经济发展。自驾游涉及的行业很广，如公路、汽车租赁公司、汽车俱乐部、修车行业、饭店、旅行社、景区等。自驾游的持续增加，促进这些相关产业发展，带动乡村产业的发展，形成产业链，促进经济的快速稳定发展。还创造就业机会，解决就业问题，缓解社会就业压力，提高人们收入，提升人们消费能力，给予更多人自驾游的可能，形成收入提高增进旅游、增进旅游提高收入的良性互动机制。

自驾游可提升旅客的旅游体验。自驾游是一种新兴的休闲旅游方式，与跟团旅游相比有很多不同之处。团队游模式下，游客往往不会主动了解目的地的景点和风土人情，只是被动地接受。而自驾车旅游不同，出行前必须事先了解清楚，比如出行线路、当地饮食、景点状况等，这样在游玩景点的同时，加深对旅游目的地的了解，掌握更深更丰富的旅游内容，增加了旅游体验。

各地自驾游活动纷纷开展，协会组织不断壮大，道路、营地和公共服务不断提升，汽车俱乐部、旅行社、电商、保险救援、汽车租赁企业等应运而生，从而有利于自驾游汽车俱乐部、旅行社与电商、汽车租赁行业、自驾游信息服务、自驾游保险服务等新型业态的产生。

四、高铁时代造就生态旅游新形态

20 世纪 50 年代中期喷气飞机在国际民航交通中的广泛应用，给人们的旅游空间概念和旅游交通带来了革命性的影响。随着我国高铁时代的到来，高铁旅游和高铁经济应运而生。高铁不仅有利于促进生态旅游发展，而且给生态旅游发展带来新机遇，给生态旅游提出了新的使命、新课题、新要求，从而促进了生态旅游转型升级和创新发展。

(一)对生态旅游的影响

1. 对旅游空间格局的影响

谢萍等(2015)认为，四通八达的高铁交通网拉近了各城市的距离，使时间距离取代了空间距离，降低了城市间人们的感知距离，同城效应逐渐显现。同时也意味着旅游资源吸引力范围的扩张和城市休闲资源基础的加强。同时，旅游空间格局的变化还体现在城市之间的功能与吸引力转变上。旅游集散中心将呈现多极化，一些处于"神经末梢"的城市将会转变为面向全国或者海外的前沿旅游城市。一些省会城市，即使旅游资源匮乏、产品缺乏品位，但凭借交通优势，可成为游客蜂拥而至的地方。高铁带来了资源的重组定位，一些资源禀赋好的二线城市由于交通不再局限于省会城市和特大城市，将会出现新的跨越式发展。高铁沿线的城市旅游将会出现井喷式发展。旅游空间格局由以往的点式发展转变为线状发展、甚至块状发展。

2. 对旅游者行为的影响

邹统钎(2005)认为，高铁网络极大地影响了旅游者的旅游行为，主要表现在如下几方面：①出行频率增加，短途旅行兴起。高铁因其舒适性、快捷性、安全性，使游客选择高铁出游的频率越来越高。高铁1000千米最快不超过3小时到达的现实更有助于激发人们轻松出游的兴趣。②散客自由行越来越受到青睐。高铁的方便快捷使游客可自主制定旅游线路，且方便的订票系统使游客不必担心旅程中交通工具问题，而有更多时间用在旅程的制定选择上。③出游时间分散化。高铁分散了旅游黄金周游客不平衡的趋势，使短时间内长距离旅行变为可能。高铁带来的旅游时间比降低可能促使一日游、两日游游客数量的增加，因而周末市场将会扩大，出游率也将会增加，出游次数变得更为频繁。

3. 对沿线城市竞争力的影响

邹统钎(2005)认为，高铁开通后人们出行方便，交通瓶颈性影响大为减弱。某些仅凭其地理位置而赢得客源市场的城市优势已不再明显。那些原来资源禀赋好的城市将会重整旅游资源，"各显神通"。"无限风光在险峰"，过去很多旅游景区，资源丰富、品质高，具有很高的旅游吸引力，由于交通不便，多年来旅游一直发展不起来，从而造成"待在深闺人未识"。随着高铁开通后，这些景点能够借助机会大力发展起来。高铁由此形成的"过道"效应和"博弈效应"使得城市之间既竞争又合作，在合作中竞争，积极寻找差异化道路，以吸引客源。可以预见，未来几年由于高铁的开通，一些新的景点将逐渐兴起并兴盛成为新的旅游增长点。

4. 对生态旅游的促进作用

高铁的开通极大地缩短了时空距离，大大拓展了旅游客源地。高铁有利于转变发展理念，提升旅游目的地的形象。高铁增加了旅游城市的客流量，促使各城市改造旅游景点，完善旅游设施，实行整体旅游，有利于提高整体形象和旅游竞争力。高铁将加快区域旅游合作进程。高铁推动了区域旅游资源整合，实现区域旅游一体化，增强旅游综合吸引力。高铁缩短了城市之间的空间感知距离，同时意味着旅游资源吸引力范围的扩张，增加了城市休闲旅游资源的需求基础。高铁必将促使沿线景区转变传统的自我发展的理念。区域旅游资源通过高铁串联能得到有效整合，大大增强本地区的旅游竞争力。

(二)给生态旅游发展带来新机遇

高铁将大大促进区域旅游经济发展，将扩大沿线城市的旅游产品辐射半径，带来旅游地的空间重组和功能转型。

1. "快旅慢游"成为趋势

"旅游时间比"缩小，旅游可达性提高。借助高铁，旅游客源地将大幅扩展客源流量，市场规模将呈现增长态势。高铁改变了游客"旅游时间比"，提高了游客出行质量，进而缩小了游客对目的地的距离感知，在一定程度上延长了游客在目的地的停留时间，激发了远程游客的潜在需求，催生"快旅慢游"现象。

2. 新兴高价值客源群体涌现

高铁不仅能促进客流量大幅增长，还将助力旅游消费人群、旅游产品、旅游形式的转变。大量高端商务旅客、商务旅游、会议旅游、会展旅游也将随之涌现。

其次，以家庭为单位的自助旅行及以高端消费者为主力军的散客游，将成为高铁时代最具价值的潜在消费人群。大规模中高端商务、休闲人员极易转化为高价值游客，对调整旅游产业结构十分有利。

3. 催生旅游产业新兴增长点

随着高铁网贯通，一些从未纳入旅游线路的县区将转变为面向全国和海外市场的旅游前沿地区，一大批桥头堡式的旅游产业增长即将不断涌现。同时高铁运营加强了全国各地的经济、文化、人员交流，实现客源的高速流动，随之而来的是不同城市间旅游智慧、信息、文化、机遇等一系列旅游战略合作的软资源交换。高铁运营将优化资源配置，有效促使各地旅游经济社会发展协同，推动旅游业升级。

4. 促进高铁旅游经济发展模式

一是对于高铁的直接消费即高铁刚性需求；二是衍生消费业态，乘坐高铁的餐饮消费、购物消费、文化消费；三是车站候车消费；四是围绕铁路有利于形成服务圈、商业圈及相关经济形态，进而产生配套的旅游经济形态，及相应的休闲设施、旅游景点服务业态等。

此外，有利于推动高铁车站与地方航空、公交等其他交通的"零换乘"服务，实现高铁站点与景区的无缝对接。有利于发展汽车租赁业，在高铁出入口设置自驾游服务中心。有利于高铁住宿、餐饮的发展，开展适合家庭住宿的主题酒店、经济型酒店，适合商务客人的特色度假村、专项俱乐部。有利于高铁相关的购物、娱乐业态的形成和发展。

(三)对生态旅游提出了新的要求

1. 延长游客停留时间

高铁使跨区域旅游变为感知上的短途游，高效率的现代旅游会大大降低游客在景区的停留时间，过夜游客数量将大幅减少。另外，激烈的竞争会淘汰大批档次较低的景区。这就要求在旅游业发展中，应重点支持那些知名度高、能够代表区域旅游形象的景区，同时建设一批创意新颖、特色鲜明、能够留住游客的旅游项目。

2. 提高城市接待能力

高铁带来游客剧增要求提高高铁所到城市的接待能力，逐步减轻大量游客对城市的压力。高铁时代要求旅游业涵盖的"食、住、行、游、购、娱"等诸多企业向集团化方向发展，并通过互联网得以实现，构建一个庞大的、彼此联系的集团化电子网络系统。

3. 注重品牌建设

高速铁路使各地区之间的联系越来越密切。加强与其他地区之间的联系，在高铁大动脉周围辅以高速公路、城际铁路，使各大景区之间的交通连线畅通无阻，加强区域景区间的合作，使区域内各大景区形成一个互惠共赢的利益联合体，打破各自为政的僵化局面，形成规模效应，统一"打包"推向市场。

4. 探索建立临站经济区

注重临站经济区的提升和完善，"临站经济区[①]"是继临空经济区、临港经济区之后新派生出来的一个概念，这就要求创新发展理念，大力发展临港(临站)旅游经济发展模式。

(四)给生态旅游提出了新课题

1. 加剧了区域旅游合作竞争

高铁拉近了各景区之间的空间距离。市场竞争的结果是那些资源禀赋好、项目吸引人的景区会越做越强，而档次较低的景区会面临被淘汰的危险，从而增加景区景点的生存和竞争压力。

2. 加剧了旅游交通工具竞争

面临最大挑战的就是航空业，火车与飞机的竞争会日益白热化，良性竞争的结果是双方定价的降低及服务质量的提高，进而带来游客数量的增长，旅游交通工具硬件和软件的升级将有利于旅游业的蓬勃发展。另一方面，高铁使机场之间的竞争更加激烈，机场的客源少了，势必会引起机场之间的竞争，各个机场会为了吸引乘客而采取措施，增强自己的市场竞争力。

3. 对传统旅游目的地提出了挑战

高铁对"只靠景区发展"的旅游目的地提出了挑战，单纯依靠门票收入的旅游目的地将可能成为高铁旅游经济的中转站，游客停留"片刻"即离开，以至于无法分享高铁速度下城市客源的增加所带来的更大效益，从而成为单纯的"人气城市"。

五、全域理念促成生态旅游新常态

(一)全域旅游理念和模式

全域旅游是指在一定区域内，以旅游业为优势产业，通过对区域内经济社会资源尤其是旅游资源、相关产业、生态环境、公共服务、体制机制、政策法规、文明素质等进行全方位、系统化的优化提升，实现区域资源有机整合、产业融合发展、社会共建共享，以旅

---

① 大西高铁给旅游带来什么.山西日报，2014-07-09 08：10：36

游业带动和促进经济社会协调发展的一种新的区域协调发展理念和模式(李金早，2016)。首届世界旅游发展大会《北京宣言》[①]提出，各国政府制定全面的旅游政策，体现旅游跨部门属性，发挥旅游产业对拉动经济的乘数效应，通过实施国家旅游政策，实现经济、自然与社会文化资源有机整合，促进融合与公平，鼓励全域旅游发展。

推进全域旅游是我国新阶段旅游发展战略的再定位，是一场具有深远意义的变革。从景点旅游模式走向全域旅游模式，具体要实现九大转变：

从单一景点景区建设和管理到综合目的地统筹发展转变。破除景点景区内外的体制壁垒和管理围墙，实行多规合一，实行公共服务一体化，旅游监管全覆盖，实现产品营销与目的地推广的有效结合。旅游基础设施和公共服务建设从景点景区拓展到全域。

从门票经济向产业经济转变。实行分类改革，公益性景区要实行低价或免费开放，市场性投资开发的景点景区门票价格也要限高，遏制景点景区门票价格上涨过快势头，打击乱涨价和价格欺诈行为，从旅游过度依赖门票收入的阶段走出来。

从导游必须由旅行社委派的封闭式管理体制向导游依法自由有序流动的开放式管理转变。实现导游执业的法制化和市场化。

从粗放低效旅游向精细高效旅游转变。加大供给侧结构性改革，增加有效供给，引导旅游需求，实现旅游供求的积极平衡。

从封闭的旅游自循环向开放的"旅游+"融合发展方式转变。加大旅游与农业、林业、工业、商贸、金融、文化、体育、医药等产业的融合力度，形成综合新产能。

从旅游企业单打独享到社会共建共享转变。充分调动各方发展旅游的积极性，以旅游为导向整合资源，强化企业社会责任，推动建立旅游发展共建共享机制。

从景点景区围墙内的"民团式"治安管理、社会管理向全域旅游依法治理转变。旅游、公安、工商、物价、交通等部门各司其职。

从部门行为向政府统筹推进转变。形成综合产业综合抓的局面。

从景点景区接待国际游客和狭窄的国际合作向全域接待国际游客、全方位、多层次国际交流合作转变。

最终实现从小旅游格局向大旅游格局转变。这是区域发展走向成熟的标志，是旅游业提质增效和可持续发展的客观要求，也是世界旅游发展的共同规律和大趋势，代表着现代旅游发展的新方向。

(二)全域生态旅游的产生及内涵

现代生态旅游强调生态旅游主体、生态旅游客体、生态旅游媒体和生态旅游载体的有机统一，强调相关主体的自觉责任和自觉义务。尤其是强调生态旅游者的资源环境保护和绿色消费的义务，强调相关主体的资源环境保护和服务周边的责任，强调对社区居民根本利益的责任。全域旅游理念和模式与现代生态旅游的共通之处是主张以生态文明观为指导，走可持续发展之路。全域旅游理念和模式的提出对生态旅游的重要影响就是全域生态旅游概念的产生，具体主要表现在：

---

① 首届世界旅游发展大会发布《北京宣言》第 24 条，2016.5.

从生态旅游主体角度看，全域生态旅游观点认为生态旅游者就是真正的生态旅游者或者生态旅游者精英，全域生态旅游者作为比较完美的生态旅游者，必须具备三个条件：一是高度的自觉责任感；二是低碳的旅游消费；三是高度的人文情怀。即全域生态旅游者就是具有全域观念的自觉负责任的生态旅游者。

从生态旅游客体视角看，全域生态旅游认为生态旅游客体不止是指生态旅游资源，而是指旅游地特定空间区域内一切具有原生态美吸引力的一切事物，包括旅游资源、旅游产品、旅游社区、生态环境、旅游设施、软件服务、人文氛围、精神要素等，既包括自然环境，也包含人文景观，既涵盖乡村资源，也涉及城市生态景观，只要是具有原生态美吸引力。即全域生态旅游客体是全域发展观念的自觉负责任的生态旅游客体。

从生态旅游媒体的观点看，全域生态旅游认为生态旅游媒体不止是指生态旅游业，还要涵盖旅游组织管理机构，包括旅游管理部门、旅游组织机构、旅游协会等，真正的生态旅游业发展离不开旅游组织管理机构的监督和管理。尤其是旅游业各部门和行业之间的全方位、立体、无缝对接，包括旅行社业、以宾馆为代表的住宿业、交通运输业、餐饮业、游览娱乐行业、旅游用品和纪念品销售行业、旅游组织管理机构之间的无缝衔接。即全域生态旅游媒体是全域发展观念的自觉负责任的生态旅游媒体。

从生态旅游载体的观点看，全域生态旅游载体认为生态旅游载体不止是指旅游地的自然生态环境，也不止包括旅游区的环境容量管理，而是指整个全域生态旅游业运营、管理、发展所依托的各种环境的综合，包括旅游地环境、客源地环境，也包括区域、跨区域、国内乃至世界环境，既包括自然环境、文化环境、经济环境和社会环境，更包括投资环境和人文氛围，尤其是生态旅游业运营管理过程中的各种要素环境的相互关系和影响。即全域生态旅游载体是全域发展观念的自觉负责任的生态旅游载体。

从全域生态旅游系统的观点看，全域生态旅游发展不止是全域生态旅游者和全域生态旅游客体，也不止是全域生态旅游媒体和全域生态旅游载体单方面的事情，而是全域生态旅游者、全域生态旅游客体、全域生态旅游媒体和全域生态旅游载体诸方面的有机统一、全面融合和鼎力相助。只有从全域生态旅游者—全域生态旅游客体—全域生态旅游媒体—全域生态旅游载体这一综合、动态系统的视角去把握，才能科学、全面地把握全域生态旅游的定义。全域生态旅游系统就是以生态文明观为指导，走可持续发展之路，实现经济社会文化生态全域健康协调发展。

综上，全域生态旅游与现代生态旅游均强调生态文明观和可持续发展理念。全域生态旅游系统是在全域生态旅游概念基础上发展起来的全新理念，也是全域生态旅游实施和实现的客观要求。全域生态旅游系统要求从全域的理念和系统理论视角对生态旅游进行指导。

第四节　生态旅游研究进展及前瞻

一、生态旅游理论研究现状

如前所述，自生态旅游概念诞生以来，生态旅游研究已取得了重要进展。近几年来，随着生态旅游发展的瓶颈凸显和发展环境日新月异，生态旅游转型升级研究已成为国内外生态旅游研究亟待解决的重大问题。纵观生态旅游转型升级这一问题的研究，目前国内外已有的文献形成了三个主要的范式。

(一)从不同视角进行生态旅游理论研究

综合前人研究成果，主要从如下六个方面进行生态旅游理论研究：①从产品、营销和市场三方面进行生态旅游发展研究，提出生态旅游产品多元化、营销深化、市场细分策略；②根据现代产业经济理论，提出促进生态旅游产业发展的路径和方法；③通过生态旅游专业合作发展研究，指出生态旅游转型升级和发展模式构建；④从产业、产品、市场、合作组织和教育培训五个层面，提出生态旅游转型发展的对策建议；⑤从生态理念视角，进行生态旅游发展的动力机制、途径、目标及对策研究；⑥从产业融合的角度，对传统农业与生态旅游融合对乡村生态旅游影响进行研究，认为新型城镇化、新农村建设和精准扶贫为我国乡村生态旅游转型升级提供了重要契机和发展空间。

基于该范式的文献从不同理论视角进行了生态旅游转型升级研究。但仍存不足，主要表现在：①由于自然地理环境多样性、区域空间结构异质性、旅游资源分布差异性和经济社会特殊性，决定生态旅游具有自身的独特性以及与其他地区的差异性，很难解决不同地区生态旅游的特殊性问题——生态旅游时空格局异质性和成因机理的复杂性，这些问题的解决需要跨学科理论和多方法技术的鼎力相助；②上述现有理论仅从某一侧面或某一视角阐述了生态旅游发展，只能解决生态旅游的表象性问题，而很难系统解决不同地区生态旅游面临的核心问题——因区域空间异质性和同质化管理造成不同地区生态旅游产品同质化现象和区域不协调性问题；③国内外至今仍缺乏有关生态旅游内在规律、时空格局、成因机理及空间管控模型研究文献，而这方面研究对引导不同地区生态旅游可持续发展至关重要。

(二)针对不同案例进行生态旅游实证研究

国内外该范式的研究文献颇多，主要是针对不同地区(或景区)生态旅游发展背景和转型升级原因以及存在的问题提出相应的一般性对策建议，归纳起来主要包括：①认为从产品开发、规范管理、政策支持等途径可实现生态旅游科学发展和转型升级；②认为社区权能建设有利于推动生态旅游社区发展和社区生态旅游转型升级；③认为通过科学规划、产业发展、业态创新、人才培养等方面可探寻生态旅游科学发展和转型升级的路径；④认为产业协同和城乡统筹发展是促进生态旅游转型发展的重要途径；⑤认为生态旅游可持续发展包括产品、管理、服务、市场和功能的转型升级；⑥认为生态旅游转型升级就是拓展生态旅游产业链条实现产业价值增值；⑦认为传统农业与生态旅游融合有利于推动乡村生态旅游的转型升级；⑧认为生态旅游转型升级关键在于转变经营模式和创新体制机制。

基于这一范式的研究文献，从中可了解到国内外不同地区不同生态旅游地生态旅游研究的现状、问题及进展情况。但不足之处是，这些研究大多集中在发展条件有利的传统典型的生态旅游资源富集地区，且主要立足于单一的生态旅游产业发展和经济价值视角，尚缺乏宏观性、综合性、系统性和实质性研究。

（三）基于一般旅游研究文献中所涉及的生态旅游研究

近几年来，国内外该类文献的名称中虽未明确提及"生态旅游"，但文献的内容中却有生态旅游的相关表述，诸如国内外有关研究文献中多有述及生态旅游转型升级就是要转变旅游发展方式、模式和形态，从而向集约型、效益型和综合功能转变。在国内，与"生态旅游转型升级"相关的研究论文大有愈加增多的趋势。但在国外，由于受欧美生态旅游发展相对成熟因素的影响，仅有生态旅游"提升"的论述而没有"转型升级"的专门提法，至今国外 Elsevier Science Direct 等相关期刊数据库中，未能检索出"transformation upgrading（转型升级）"相关的研究文献。国外生态旅游提升研究主要"分散"在欧洲诸多国家乡村生态旅游的服务质量、乡村旅游品质、社区参与、旅游者动机、偏好与满意度、乡村旅游产品及乡村旅游网络营销等方面的研究中。国外生态旅游提升相关研究在内容上更加广泛，在研究方法上理论和实践的结合更加深入。与其他形式的旅游相结合及协调发展是国外生态旅游发展的重要趋势，也是生态旅游转型升级的主要路径。

综上所述，国内外现有的研究文献大多集中在生态旅游研究的某一侧面或某一视角或某一程度，仅从单一的经济管理学角度研究同时兼具人文社科和自然科学双重属性的生态旅游发展问题，许多研究仅限于从表象上分析生态旅游发展途径与对策，尚缺乏系统性、综合性和实质性研究。特别是缺乏针对自然地理多样性、区域空间异质性和经济社会特殊性的不同地区生态旅游发展和转型升级研究，尤其是针对我国长期以来因同质化政府对异质性区域进行同质化管理而引发的不同地区生态旅游同质化现象问题，国内外至今缺乏从内在规律、成因机理和动力机制角度进行的深入研究，尤其是关于生态旅游发展时空格局与空间管控模型研究，以及生态旅游转型升级内在规律与成因机理研究。

二、生态旅游理论研究趋势

目前，生态旅游研究在资源评价、景区、目的地、社区、产品、产业、环境、市场、营销、管理等传统领域取得了明显进展。今后，随着生态旅游研究的不断深入和研究技术方法的不断融合，尤其是随着互联网、大数据、人工智能、散客时代、旅游时代的到来，全新背景下生态旅游在内在机理、演化规律、发展模式、动力机制以及生态旅游转型升级等方面的研究，将成为重要趋势和方向。

（一）生态旅游空间结构及特征分析

不同地理空间和环境条件，生态旅游资源发育特征、空间分布和组合规律存在差异。不同地区不同地理背景的生态旅游空间结构类型和特征研究，将成为未来生态旅游研究的重要趋势之一。目前国内提出的优化开发区、重点开发区、限制开发区和禁止开发区构建的主体功能区研究框架，为生态旅游主体功能区空间结构类型及特征研究提供了重要基础。通过不同主体功能区中生态旅游资源分布特征及规律，可进行生态旅游空间区划。在此基础上，结合自然环境、经济社会、资源特征，以及资源环境承载力、旅游发展适宜性、旅游发展的潜力和差异性等方面，从而进行生态旅游空间结构类型划分和旅游空间结构特征研究。

(二)生态旅游影响因素与发展规律研究

科学掌握生态旅游影响因素和内在规律对生态旅游可持续发展具有重要意义。但至今有关不同地理空间背景的生态旅游影响因素及其内在规律研究，仍显不足。自然地理环境和区域空间结构差异性导致生态旅游空间结构类型及特征的不同，从而造成不同空间结构类型生态旅游呈现各自不同的影响因素和发展规律。因而，根据不同地区的自然条件、环境状况和地理区位，以及旅游资源条件、开发利用现状和旅游业及经济社会发展的差异性，结合自然、经济、社会、环境、生态、旅游资源差异性等方面，综合考虑相应空间结构类型生态旅游的主体、客体、媒介和支撑环境，可分析研究不同空间结构类型生态旅游的形成机理、发育特征，进而阐述其分布规律、演化趋势及其影响因素。

(三)生态旅游发展框架与时空格局研究

通过对生态旅游时空格局及演化特征的研究，有助于解决生态旅游同质化现象及区域不协调问题，并为生态旅游发展空间管控模型研究提供重要基础。生态旅游发展演化在同一时期不同区域具有空间差异性，在同一区域不同时期具有成因连续性，即生态旅游发展的时间连续性、空间差异性和成因关联性。通过不同地区生态旅游空间结构类型及特征、内在规律及演化趋势研究，从空间区域差异性和成因(时间)连续性角度，确定不同地区生态旅游空间结构类型、发展形态、框架和序次，分析生态旅游不同发展阶段的时空格局及其演化特征，构建生态旅游时空框架模型，为生态旅游发展战略和政策制定提供科学依据。

(四)生态旅游转型升级模式研究

不同地区不同类型空间结构生态旅游，因其内在规律、时空格局及驱动因素不同，生态旅游转型升级模式存在差异。在生态旅游发展框架及时空格局研究基础上，主要从旅游产业、旅游地、旅游媒体和旅游环境四个方面，进行不同地区不同空间结构类型生态旅游转型升级模式研究：①生态旅游产业转型升级研究，包括产业结构、产业集群和产业空间优化；②生态旅游地转型升级研究，包括景区产品、生态环境和社区参与提升；③生态旅游媒介转型升级研究，包括政府综合管理、企业综合经济和基础服务设施提升；④生态旅游环境转型升级研究，包括自然生态环境、经济社会环境和区域竞争环境等的提升。

(五)生态旅游系统动力学机制研究

主要从系统动力学角度解决不同地区之间，生态旅游在类型特征、内在规律、时空格局、发展模式等方面存在差异的根本原因，进而为构建不同地区差异化的生态旅游发展空间管控模型提供关键支撑。将生态旅游视为一个由内、外动力(旅游消费动力子系统和生态发展子系统)引起，由旅游环境子系统作为发展条件，以旅游支持子系统作为宏观调控，而形成的多个因素相互联系、相互影响的综合动力学系统。从系统动力学角度，进行如下相关变量的动力学关系研究：①内部动力机制(社区居民参与)；②外部动力机制(旅游消费需求)；③支持系统(硬环境和软环境)；④中观组织机制(中介系统)；⑤宏观调控机制(政府行为)。一是研究不同地区生态旅游系统动力学机制;二是研究不同空间结构类型之间的生态旅游发展动力学关系。

(六)生态旅游发展空间管控模型研究

生态旅游空间管控的本质在于针对异质性区域构建差异化的区域空间管控框架,有效提高政府的调控与运行效益,发挥非政府组织参与生态旅游的作用,提高生态旅游转型升级的科学性、社会性、可操作性,有利于旅游资源的合理开发利用,从而确保区域有序发展和区域效益最大化。具体思路:在不同地区生态旅游空间结构类型及特征、内在规律、时空格局、发展模式和动力机制研究成果基础上,运用区域分异政策框架理论,进行区域空间结构优化,制定差异化的分类区域政策、发展战略和开发对策,建立差异化的分区分级管制体制,实施差异化的实现路径和管控措施,构建基于生态旅游主体功能区的生态旅游发展空间管控模型,确保生态旅游科学转型、绿色升级和低碳发展,进而促进区域经济社会、资源环境的协调可持续发展。

三、生态旅游研究技术方法进展

生态旅游学作为一门新兴的交叉学科,随着学科间的相互融合和现代信息技术的应用,除了传统的生态学研究方法(通过统计、实验、监测等手段和技术对生态环境和生态系统变化进行指标化和数量化)和旅游学方法(主要建立在对旅游市场、游客流量等资料分析的基础上)以外,跨学科多技术的现代综合研究方法正在越来越多地应用于生态旅游研究中。

(一)空间结构研究方法

该方法主要是解决地理空间差异化带来的生态旅游发展空间差异化管控模型问题。如运用主体功能区框架理论可划分为优先开发区、重点开发区、限制开发区和禁止开发区,不同开发区域的生态旅游资源空间分布、发展规律及其影响因素是不同的。遵从自然区域分异规律,从生态旅游资源组合特征及空间分布规律、地理空间结构、旅游发展战略和功能布局等方面,提出优化开发、重点开发、限制开发区和禁止开发区等不同主体功能区域的生态旅游空间结构类型划分方案,进而构建差异化的生态旅游发展空间管控模型和实施对策。

(二)成因旅游学研究方法

生态旅游资源的传承性和原生态美是生态旅游的标志性特点。生态旅游景观资源成因的(自然、人文及其综合)研究和了解,对生态旅游规划开发、科学保护和可持续发展意义重大。在进行生态旅游研究过程中,遵循乡村旅游形成、发展、演化的一般规律,即自然地理环境条件不同→区域空间结构差异性→历史人文与经济社会背景差异性→乡村旅游转型升级时空差异性这一时间维的成因相关性,运用地质学、地理学、地貌学等地球科学理论,结合管理学、经济学等其他相关理论方法,研究生态旅游发展时空格局及其影响因素、成因机理和演化规律。

（三）系统动力学研究方法

综合系统论、控制论、信息论等，并与经济学交叉，使人们清晰认识和深入处理产生于现代社会的非线性和时变现象，进行长期、动态、战略性分析与研究。生态旅游转型升级作为一个多维、立体、动态的综合系统。要求从系统论研究方法，结合区域产业升级、战略管理、经济地理、旅游发展理论等，从旅游产业、支持系统、旅游地、旅游环境四个方面，进行不同空间结构类型乡村旅游转型升级发展模式研究。具体从内部动力机制、外部动力机制、支持系统、旅游环境、宏观调控机制五个方面研究其动力学关系，构建生态旅游系统动力机制模型。

（四）可持续发展研究方法

主要是根据 William Rees（1992）的生态足迹理论提出的基于生态足迹的旅游地生态旅游可持续评价研究方法。具体就是基于游客活动对自然生态环境留下的"足迹"，建立指标体系、构建计算模型、采用定量化手段进行研究，通过计算结果和生态容量的比较可判断生态旅游地可持续发展状况。旅游生态足迹是生态足迹模型应用于旅游研究的具体体现，基于足迹视角讨论旅游活动对资源的消耗和对环境的影响。根据不同的情况和旅游活动的特点，旅游生态足迹的消费项目一般主要由"食、住、行、游、购、娱"六部分组成，即旅游餐饮、旅游住宿、旅游交通、旅游游览、旅游购物和旅游娱乐六种模型。

（五）定量系统分析研究方法

这是通过对生态旅游的数量特征、数量关系与数量变化进行分析的方法。具体对生态旅游相关数据，使用数学模块对可量化数据进行分析，按照某种数理方式进行加工整理、评价并做出投资判断，进而揭示和描述生态旅游相关变量之间的相互作用和发展趋势。主要的方法技术有：空间计量模型方法、数理统计方法、数学模型或计算机模型方法、图像数据分析处理等。如运用模糊数学法、聚类分析法、指数评价法结合相关定性方法，可对生态旅游空间结构类型、划分方案及特征进行定量分析和比较研究。

（六）跨学科研究方法与"3S"技术

现代研究手段、技术进步、方法创新，使跨学科综合研究方法成为生态旅游研究最重要的方法之一。基于地理学、管理学、经济学等跨学科理论，以地理空间数据库为基础，在计算机软硬件的支持下，运用系统工程和信息科学的理论，科学管理和综合分析具有空间内涵的地理数据，构建 GIS 空间数据模型，以提供管理、决策等所需信息的技术系统。主要用于：①分析生态旅游的资源组合类型、空间结构、展布特征及演化规律；②构建生态旅游转型升级发展框架、时空格局和空间管控模型。

第二章　生态旅游基础理论

生态旅游系统包括生态旅游者、生态旅游目的地、生态旅游企事业和生态旅游环境，涉及自然、经济、生态、社会、人文、管理等诸方面，生态旅游实践研究与理论框架的建立离不开地质、地理、地貌、环境、生态、经济、社会、文化、管理、可持续发展等相关领域学科的鼎力相助。这里主要介绍与生态旅游密切相关的可持续发展理念、成因旅游理论、应用生态学、生态人类学、生态经济学、环境哲学等六个方面的内容。

第一节　可持续发展理论

可持续发展理论是生态旅游理念产生的前提，是生态旅游发展的总体目标和要求，生态旅游是可持续发展理论的重要内容，也是可持续发展的具体实现和体现。生态旅游开发、规划、建设、经营、管理必须以可持续发展理论为指导并在可持续发展框架下进行。

一、可持续发展源起

我国早有人地关系、天地人系统等古代朴素的自然态度和哲学思考。二战后欧洲工业革命带来的工业经济迅猛发展和生态环境负面影响，通过对人类生存方式、人口增长极限及纯粹科学主义的反思和重新审视，《寂静的春天》《环境危机研究》《人类环境宣言》《世界自然保护大纲》《我们共同的未来》《21世纪议程》相继问世，可持续发展理念应运而生、不断丰富和发展。

可持续发展是人类正在面临的重大问题，它直接关系到人类文明的延续和发展，并直接参与国家最高决策的基本要素。可持续发展强调人与自然的高度统一、人与人的高度和谐、自然—社会—经济复合系统协调发展、可持续发展的本源性、时空耦合和演化规律。可持续发展战略思想是鼓励经济增长、提倡资源永续利用和保持良好的生态环境、谋求社会的全面进步。

二、可持续发展核心内容

可持续发展(sustainable development)是"既满足当代人的需要，又不对后代人满足其需要构成危害的发展"(Gro Harlem Brundtland，1987)。可持续发展解决的核心问题有人口问题、资源问题、环境问题与发展问题，简称 PRED 问题。可持续发展的核心思想是：人类应协调人口、资源、环境和发展之间的相互关系，在不损害他人和后代利益的前提下追求发展。可持续发展的目的是保证世界上所有的国家、地区、个人拥有平等的发展机会，保证子孙后代同样拥有发展的条件和机会。可持续发展要求人与自然和谐相处，认识到对自然、社会和子孙后代应负的责任，并有与之相应的道德水准(图 2-1)。

可持续发展的内涵包括三方面：①公平性(fairness)，包括本代人公平、代际公平、公平分配有限资源；②持续性(sustainability)，即人类经济和社会发展不能超越资源与环境的承载能力；③共同性(common)，可持续发展作为全球发展总目标，其体现的公平性、持续性、责任感原则是共同的。

可持续发展的刚性约束包括地球的有限空间(生态系统的有限性)、资源稀缺的日益加剧、环境自净能力限制、人类科技水平与调控自然的能力。可持续发展能力(支持体系)包括：人口承载能力—生存支持系统(基础)、区域生产能力—发展支持系统(动力)、环境缓冲能力—环境支持系统(约束)、社会稳定能力—社会支持系统(组织)、科技创新能力—智力支持系统(支撑)。

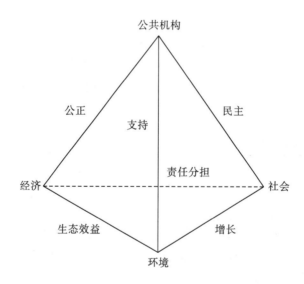

图 2-1　可持续性棱柱图

(Jaime A. Seba, 2012)

三、可持续发展本质特征

可持续发展系指在保持和增强未来发展机会的同时满足当代居民需求，并通过现有资源可持续经营管理，在确保文化完整性、基本生态过程、生物多样性和生命保障系统的同时，实现经济、社会效益和审美需求的发展模式(WTTC, 1997)。可持续发展具有三个最为明显的特征，即数量维(发展度)、质量维(协调度)、时间维(持续度)，从本质上表征了对可持续发展战略目标的完美追求(图 2-2)。由上述三维空间所构建的可持续发展战略，其最大贡献是从理论构架和操作方式上对可持续发展的"指标体系"进行了符合理性的深层次解析。其实质就是人与自然、发展与环境之间的辩证关系,其研究核心就是强调发展的协调度、发展度和持续度,并以经济、社会、资源、环境相关参数作为衡量指标。

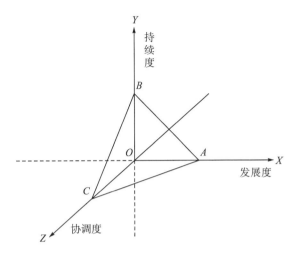

图 2-2 可持续发展体系示意图

(图中 X 轴为数量维,Y 轴为时间维,Z 轴为质量维。四面体 OABC 即为可持续发展体系)

(一)发展度

所谓发展度,指保持和提高经济增长的质量和满足就业、粮食、能源、饮用水和健康的基本生存需求。表达如何衡量一个国家或区域的"发展度"(数量维),即能够判别一个国家或地区是否在真正地发展,是否在健康地发展,是否在保证生活质量和生存空间不断改善的前提下发展,那种认为可持续发展就是为了追求生态环境保护而不强调经济增长、社会进步和财富积累的看法,显然不是可持续发展理论的本质特征。

(二)协调度

可持续发展应能衡量一个国家或地区的"协调度"(质量维),即要求在统一尺度比较下定量地诊断能否维持环境与发展之间的平衡,能否维持效率与公平之间的平衡,能否维持市场发育与政府调控之间的平衡,能否维持当代与后代之间利益分配上的平衡,这一特征与区域的"发展度"相比有所侧重,如果说发展度更加强调"量"的概念,协调度则更加强调内在的效率和"质"的概念,即强调合理优化资源的配置,调控经济增长方式,采取合理的财富积聚,建立财富的公平分配制度以及财富在满足全人类需求中的行为规范。

(三)持续度

持续度由维持、扩大和保护地球的资源基础与集中关注科技进步对于发展瓶颈的突破两方面去体现。一方面通过物质基础的储备,另一方面通过知识基础的储备,为健康延续可持续发展提供潜在的能力,以此实现可持续发展战略的持续性。可持续发展应能衡量一个国家或地区的"持续度"(时间维),即判断一个国家或地区在发展上的长期合理性。持续度更加注重从"时间维"去把握发展度和协调度。换言之，可持续发展战略目标中所关注的发展度和协调度，不应只是在短时间内的发展速度和发展质量，应建立在充分长"时间维"的调控之中。

第二节　成因旅游理论

随着生态旅游需求层次的不断提高和需求的个性化，不仅要满足传统旅游要素的需求，还有精神的满足，如生态科普、生态教育、生态伦理等。显然，传统生态旅游产品难以满足游客的需求，亟待生态旅游研究的不断深入，需要从成因、背景、时空的角度去认知生态旅游及其深刻含义。成因旅游学理论主要为人们解决生态旅游景观成因来源、成因背景和时空分布的问题，从而为生态旅游可持续发展提供科学依据和理论指导。

一、成因旅游学意义

随着旅游需求的个性化和知识化，越来越多的游客除了传统的食、住、行、游、购、娱需求外，对旅游产品背后的科学问题深感兴趣。如九寨沟作为地球经过至少两亿年的沧桑和炼狱，成为众人向往的世界著名的生态旅游目的地。然而，作为旅游者，你是否想到过，九寨沟景区是怎么来的？年龄有多大？是本来就有的吗？经过了什么漫长的过程？为什么九寨沟景区与其他景区不同？为什么九寨沟"长成"这样？九寨沟的"六绝"何来？为什么守护这片神奇土地的是神奇、神秘的藏、羌民族？九寨沟景区会衰老吗？如果也会变老，那它还会持续多久？怎样才能滞缓它衰老的过程？万里长城是世界修建时间最长、工程量最大的古代防御工程，作为著名的世界文化遗产旅游目的地，曾经给世人展示了雄伟和壮丽。但作为游客，在观光游览的同时，你是否曾想过长城是怎么来的？什么时候开始修筑的以及经过了哪些历史事件？为什么古人这么修？为什么"长成"这个形状？为什么修那么长？为什么不同朝代长城的起点和终点不同？为何西起嘉峪关、东达鸭绿江畔？与我国民族分布和地理有何关系？对我国经济结构和历史演变有何影响？更深层意义是万里长城的地位、作用和意义怎样？

上述两例子所提到的和没有提及的深层次问题，就是成因旅游学家需要解决的问题。只有对每一个景区或景观资源的成因和形成演化有了充分的了解，在此基础上进行的旅游开发建设和管理才更科学且可持续，这就是成因旅游学家的责任！也只有在对旅游对象有了充分了解基础之上的旅游者，才能真正主动去思考上述问题，并自觉地去规范自身的旅游行为！只有在对自然资源不可再生性和生态旅游特殊性的足够了解基础上的旅游媒体，才能在生态旅游发展中真正做到可持续开发和科学保护！

成因旅游理论(genetic tourism)强调以系统理论为指导，从成因的视角去审视旅游景观资源，从宏观的角度去认知旅游景观资源，从动态的观点去阐述旅游景观资源，从综合的眼光去研究旅游景观资源—开发—管理体系，从而实现旅游资源科学评价、旅游产品科学开发、旅游产业科学发展和科学管理以及资源背景和生态环境的科学保护。成因旅游学理论最大的特点就是,注重从成因的角度、科学的眼光、高端的视角去欣赏旅游景观、开展旅游活动、开发旅游产品或参加旅游项目、进行旅游产业发展管理和生态环境保护。这里主要简述成因旅游学中的旅游地学和环境地学。

二、旅游地学

旅游地学(tourism earthscience)系指运用地质学、地理学、旅游学等研究方法和手段,以地质遗迹(geo-relics)景观资源为研究对象,以旅游地学景观资源保护—开发—管理整合关系为研究核心,以地质资源可持续发展为研究目标的学科体系。旅游地学系可持续发展理论在地球科学和旅游科学中综合应用的产物,是旅游科学与地球科学之间相互交叉渗透、相互支撑、互为基础、互为整合的结果。旅游地学理论的发展将地学研究与环保,生态旅游与科普旅游,大众旅游与专项旅游结合起来,从而为旅游科学发展提供广阔前景并赋予新的使命。

旅游地学强调以地质遗迹和自然生态环境为主要研究对象,它们构成全球可持续发展的基础。作为可持续发展科学体系的重要组成部分,旅游地学的最大特点就是,从成因背景和形成过程角度去发现问题、从演化机理和发展趋势视野去分析问题、从可持续发展的理念去解决问题。从狭义讲,旅游地学是大地学(地质学和地理学)与旅游科学交叉综合的科学;从广义讲,旅游地学是地球科学、旅游科学与其他相关科学交叉综合的科学,涉及天文学、生物学、经济学、社会学、管理学、文化学等,从不同科学视角均有不同侧重。从地球科学角度看,旅游地学就是研究地质遗迹景观发生、发展及其演化规律的科学,主要侧重于地质遗迹景观的发现、开发与保护;从天文学视野看,旅游地学主张从宇宙的视野看地球,它更注重从纷繁复杂的系统中发现事物的内在本质;从环境生态角度看,旅游地学侧重于从地质生态和成因环境学的角度看事物,并强调环境成因和生态保护的根本方法论;从旅游科学视角看,旅游地学善于从更深层次的眼光看旅游资源,更感兴趣的是旅游景观的成因背景和来龙去脉,更在乎的是景观的过去研究,从而预测未来;从文化科学的角度讲,旅游地学是科技与文化的契合模范,它更强调科技与文化的融合,更侧重于从自然科学文化的角度看事物;从经济科学的角度看,旅游地学更强调资源经济、环境经济乃至可持续经济研究,并侧重于环境友好型、资源节约型的绿色经济发展模式;从社会科学角度看,旅游地学更注重"天、地、人"的和谐统一,并强调包括地球在内的整个宇宙是一个和谐的系统;从管理科学角度看,旅游地学善于从事物的来源和背景发现解决问题的办法,并强调长效机制和可持续管理。

作为地学科技哲学观,旅游地学概念和理论的提出具有划时代的意义,主要表现在:①创新地学发展观。强调地学资源的大众化、社会化、产业化,从而为地球科学可持续发展开辟了广阔前景。②创新旅游资源观。首次把地质遗迹作为新型旅游资源加以开发利用,拓宽了旅游开发新领域,提供了旅游发展新途径。③创新世界遗产观。首次将地质遗迹作为世界遗产保护体系的重要组成部分,是全球可持续发展的重要前提。④创新经济发展观。首次强调资源节约型、环境友好型产业的绿色发展模式,为地方经济社会可持续发展提供了难得机遇和科学尝试。⑤创新地球保护观。地质公园强调保护与开发的辩证关系，注重合理利用自然资源，重视地球价值的公众意识，主张以维护人与自然协调平衡为己任。⑥创新人地系统观。首次将地质—经济—社会作为一个有机整体进行研究，强调天地人的协调发展，是衡量一个地区乃至国家地质遗迹保护与开发能力的示踪器。

正如一位美国战略家说过的，未来战争可能是非军事性的，敌人可能是资源枯竭和环境恶化，制胜战略可能取决于对地球系统的整体了解。地质遗迹作为地球演化过程中的"史前记录"，提供了"回访"地质历史、了解地球系统的捷径。旅游地学研究的理论框架体系为：①旅游地学资源系统调查与评价研究；②旅游地学资源成因机制系统研究；③旅游地学资源定性、定量评价系统研究；④旅游地学资源的旅游开发体系研究；⑤地质遗迹与地质景观资源保护体系研究；⑥地质生态环境保护体系研究；⑦旅游地学资源开发—保护—管理整合体系研究；⑧旅游地学资源可持续发展体系研究。

三、环境地学

环境地学（environmental geology）是研究地球表层生态变化特征及生态发展规律的新兴学科。其研究对象是地球表层的岩石圈、水圈、土壤圈、大气圈及生物圈，研究方法是野外调查与室内分析相结合。环境地学有助于研究生态旅游资源成因、分布及其演化规律，有助于指导生态旅游资源开发、规划和管理，与成因旅游学结合可以从成因上了解生态旅游资源时空展布规律。

环境地学以生态学、环境科学与地质科学相结合为特点。其产生既有当代全球环境问题挑战的需要，也有其历史渊源；既受现代生产实践的驱动，也是各学科针对各种实际问题交叉、融合，从而形成新的前缘学科的必然结果。生态地学是地质科学与生态环境科学相交叉的产物，属地质科学的分支学科；生态环境科学以"人类生存环境是一个自然—社会—经济复合生态系统的基本原理"为基础，以"人类—环境系统"为研究对象，主要研究"环境的负效应，特别是次生环境问题"，因此又把生态环境地学视为环境科学的重要组成部分。

环境地学理论的核心是地质环境效应与以人类为中心的生态系统动态平衡。主要内容包括：①整个地球表层的岩石圈、土壤圈、水圈、大气圈和生物圈，是一个最大的生态系统；②它是一个开放系统，各因子不断地同外界进行物质和能量的交换；③它是一个运动的系统，只有在相互适应的调节状态下，它才呈现出有节奏的相对稳定状态和适应外界变化的弹性，即生态平衡；④它具有恢复调节的能力，由平衡到不平衡，再由不平衡返回到平衡状态；⑤岩石圈是土圈、水圈、大气圈和生物圈的载体，其生态平衡对其他各因子的平衡起着决定性的作用。

环境地学不仅研究自然环境变化所引起的次生环境问题，也研究人类活动作用于周围环境所引起的次生环境问题。其次，它不仅研究生态系统、生物多样性等内容，也从地学角度研究生物多样性减少等生态问题。作为旅游资源调查和评价的重要基础，环境地学野外工作具体可通过1∶5万生态地质调查实现。其目的是通过填制1∶5万生态地质系列图件，查明区内森林、动植物、土壤、大气、地表（下）水、岩石、地质灾害（地质污染）、地貌等因子的变化特征及发展规律，研究其属性、形成环境因子和发展历史。并对每个环境因子进行质量评价，从而得出该区生态地质环境质量的综合评价，为农业、林业、矿业、交通、旅游、卫生、水利等部门提供所需的基础性资料。保护生态环境、维持生态平衡，既是环境地学实践的出发点，又是其归宿。

环境地学是研究各种生态问题或生态过程产生的地学机理、地质过程及其背景的一门学科。环境地学大多采用植被地理学、地质学、水文地质学的方法和遥感技术研究植物(生物)与地质因子之间的相互作用。今后将更侧重于地学与生态学的渗透与融合，在植物(生物)与地质因子之间建立沟通的桥梁，突出两者的协同效应。

环境地学是主要研究客观实体性质的生态地质环境与生态环境地质问题的学科，重点是生态环境地质问题，目的是寻求受损生态地质环境系统的恢复、保护和治理对策，求得人与自然和谐相处和可持续发展。主要包括：研究生态地质环境的组成、结构与各要素功能、历史演化、现状及其运动变化与未来发展趋势；生态环境地质问题产生的现代地质作用、地球动力作用与地球化学作用以及与其他因素的相互作用机制与模式；生态地质环境保护、治理、调节控制的技术措施。

环境地学主要研究生态地质环境的过去、现状与未来发展趋向。所谓过去，即古生态地质环境演变，主要研究其在时间上的变化规律和引起这些变化的原因。通过信息提取，重建古生态地质环境演化历史，寻求其演变的准周期规律，以预测生态地质环境未来变化趋势，为经济、社会可持续发展服务。生态地质环境现状观测与研究的重点是在揭示较小时间尺度生态地质环境变化规律的基础上，着力探讨生态环境地质问题与生态地质环境恶化的机理与地质原因。生态地质环境变化预测研究，应通过高度思维把复杂的生态地质环境系统予以抽象化，在保留其主要特性的同时，抓住生态地质环境系统本质上的特征，建立概念模型，再采用数学工具进行分析，以地质学、生态学、生态伦理学、地球系统科学与可持续发展理论为指导，建立预测、预警的数学模型和目标，进而提出切实可行的防治对策。

第三节　应用生态学

应用生态学(applied ecology)将理论生态学研究所得到的基本规律和关系应用到生态保护、生态管理和生态建设实践中，使人类社会实践符合自然生态规律，使人与自然和谐相处、协调发展。对与人类生产、生活密切相关的生态系统的组成、形态、结构、功能、环境及其变化引起的生态系统生产能力的波动，生态环境的变迁，生态灾害的形成与防范，生态系统管理与调控等进行探讨，了解生态系统合理、安全运行机制，以求生态系统处于最佳运行状态，为人类谋求可持续发展。

应用生态学主要通过物物相关与相生相克规律、能量流动与物质循环规律、物质收入输出动态平衡、环境资源有效极限规律、相互适应与补偿协同进化规律等原理，发挥其在生态旅游实践和研究中的重要作用。这里主要介绍生态位理论、景观生态学、恢复生态学及其在生态旅游中应用的基本原理。

一、生态位理论

R.H.约翰逊(1910)首次在生态学论述中使用生态位(ecological niche)，内容包含区域范围和生物本身在生态系统中的功能与作用。J.格林内尔(J. Grinell，1917)首次提出空间生态位概念，强调其空间概念和区域上的意义，侧重从生物分布的角度解释生态位。埃尔顿(Charles Elton，1927)将其内涵进一步发展，增加了确定该种生物在其群落中机能作用和地位的内容，并主要强调该生物体对其他种的营养关系，即首次把生态位概念转到生物群落上，并提出功能生态位的概念"一种动物的生态位是指它在生物环境中的地位，指它与食物和天敌的关系。"在自然环境里，每一个特定位置都有不同种类的生物，其活动以及与其他生物的关系取决于其特殊结构、生理和行为，故具有自己独特的生态位。如每一种生物占有各自的空间，在群落中具有各自的功能和营养位置，以及在温度、湿度、土壤等环境变化梯度中占据的地位。一个种的生态位，是按其食物和生境来确定的。按竞争排斥原理，任何两个种一般不能处于同一生态龛。在特定生态环境中赢得竞争的胜利者，是能够最有效地利用食物资源和生存空间的种，其种群以出生率高、死亡率低而较快增长。具有相似食物或空间要求的数群近缘种，因处不同生态位，彼此并不竞争。G.E.哈钦森(1957)首先使用数学语言、抽象空间来描绘生态位。认为生态位是由相关环境要素组成的多维空间，提出了基本生态位和实际生态位的概念。

生态位是指每一个体或种群在种群或群落中的时空位置及功能关系，表示生态系统中每种生物生存所必需的生境最小阈值。生态位又称小生境，是一个物种所处的环境及其生活习性的总称。每个物种都有自己独特的生态位。生态位包括该物种觅食的地点、食物的种类和大小，还有其日夜和季节性的生物节律。大自然中凡存在者就有自己的"生态位"，亲缘关系接近的，具有同样生活习性的物种，不会在同一地方竞争同一生存空间。若同在一个区域必有空间分割，即使弱者与强者共处于同一生存空间，弱者仍能够容易生存，鹰击长空，鱼翔浅底，没有两个物种的生态位是完全相同的。大自然给每一个或每一群人都提供了一个适应其生长的特殊环境——生态位，且每一个生态位都具备一定的优势，亦即要发现自己的生态位，这也是哲学探究的最高目标——认识自我是实现自我的第一条件(图2-3)。

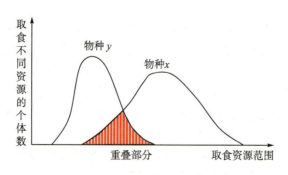

图2-3　物种间生态位示意图

生态位也称格乌司原理或价值链法则，最初是在研究生物物种间竞争关系中产生的。生态位理论源于描述物种竞争共生关系，主要是指在生物群落或生态系统中，每一个物种都拥有自己的角色和地位，即占据一定的空间，发挥一定的功能。在自然生态系统中，随着系统的演替，在向顶级群落阶段发展时，其生态位数目渐增，空白生态位逐渐被填充，生态位逐渐被饱和，从而构成了复杂稳定的具有网络结构的生态系统。生态位重叠(niche overlap)是生态位理论的中心问题之一，它是指不同物种的生态位之间的重叠现象或共有的生态位空间。生态位是生态学研究生物之间的竞争性、生物对环境的适应性、生态系统的多样性和稳定性等问题的重要理论。生态位现象对所有生命现象而言具有普遍性，生态位原理不仅适用于生物界，同样适用于人类社会。发展中的现代生态学已越来越从关注生物发展到以人为研究中心，从以自然生态系统为研究对象发展到以人类生态系统为研究对象。20世纪70年代以来，生态学思想正向经济管理领域渗透融合，把生态学思想、理论和方法应用于社会学研究已成为前沿课题和研究趋势，如城市生态位、人类生态位、品牌生态位、企业生态位、旅游生态位等。

自然生态系统中的物种或种群首先只有生活在适宜的微环境中才能得以延续，随着有机体的发育，它们能改变生态位。生态位现象对所有生命现象而言是具有普遍性的一般原理，对所有生命现象都具有普适性，不仅适用于生物界(包括动物、植物、微生物)，也适用于人(包括由人组成的集团、社会、国家)，因为生物所具有的各种属性人类都具有。每个人都必须找到适合自己的生态位，即根据自己的爱好、特长、经验、行业趋势、社会资源等，确定自己的位置。应用在企业经营上就是，同质产品或相似的服务，在同一市场区间竞争难以同时生存。

二、景观生态学

景观生态学(landscape ecology)主要来源于地理学景观理论和生物学生态理论。景观生态学是研究在一个相当大的区域内，由许多不同生态系统所组成的整体(即景观)的空间结构、相互作用、协调功能及动态变化的一门生态学新分支。广义的景观包括从微观到宏观不同尺度上、具有异质性或缀块性的室间单元，而空间格局及其变化如何影响各种生态学过程一直都是景观生态学中的核心问题。

景观生态学原理强调，一是景观结构与功能互动原理：在景观规模上，任一景观要素(或生态系统)均可看作是一个具有相当宽度的嵌块体、狭长的廊道、背景或基质，嵌块体—廊道—基质模式(patch-corridor-matrix model)是景观组成的基本模式；二是生态流聚集与扩散原理：物质、能量、生物有机体和信息等在景观要素间的流动被称为生态流，它们是景观过程的具体体现。不同性质的生态流可能有不同的发生机制，但往往是几种流同时发生。受景观格局的影响，生态流体现为聚集与扩散，属于跨生态系统间的流动。

在景观生态学中，景观基本结构单元不外乎三种：缀块(patch)、廊道(corridor)和基底(matrix)。缀块泛指与周围环境在外貌或性质上不同，并具有一定内部均质性的空间单位。具体地讲，缀块可以是植物群落、湖泊、草原、农田或居民区等。因此，不同类型缀块的大小、形状、边界以及内部均质程度都会表现出很大差异性。廊道是指景观中与相邻两边环境不同的线性或带状结构，常见的廊道包括农田间的防风林带、河流、道路、峡谷、输电线路等。基底则是景观中分布最广、连续性最大的背景结构。常见的有森林基底、草原基底、农田基底、城市用地基底等。但在实际研究中，要确切区分缀块、廊道和基底有时是很困难的，也是不必要的。因为景观结构单元的划分总是与观察尺度相联系，所以这三者的区分往往也是相对的。

景观生态学的基本任务可概括为：一是景观生态系统结构和功能研究。包括对自然景观生态系统和人工景观生态系统的研究。二是景观生态监测和预警研究。这方面的研究是对人类活动影响和干预下自然环境变化的监测，以及对景观生态系统结构和功能的可能改变和环境变化的预报。三是景观生态设计与规划研究。景观生态规划通过分析景观特性以及对其判释、综合和评价，提出景观最优利用方案。四是景观生态保护与管理研究。运用生态学原理和方法探讨合理利用、保护和管理景观生态系统的途径。

根据景观生态学的基本结构单元，生态旅游区可看作是由缀块、廊道和基底构成的异质性景观，由于这三者相互影响、相互作用，共同影响着生态景观的美学质量和观赏价值。因此，根据生态旅游区具体特征，将景观各要素进行合理组合，形成效益优良、景观美学效果良好的生态旅游景观格局便成了生态旅游景观规划与设计的核心内容。此外，缀块的数量、大小及形状，缀块与缀块之间的空间关联性和功能联系性，景观类型的性质、多少、比例及空间分布等都极大地影响着景观在空间结构、功能机制和时间动态等方面的多样性和变异性。景观多样性是维持物种多样性和生态环境稳定性的基础，在土地利用规划、景观评价与设计、野生动植物保护和自然保护区建设等方面均有重要意义。因此，在生态旅游开发时，应通过对生态旅游区的林带、绿地、水域、小径、生态建筑等景观要素的巧妙布置与适当增减，充分利用生态旅游区景观的缀块、廊道、基底之间的关系，从而使生态旅游区的生物多样性保持在较高的水平上，并且提高区域生态环境的稳定性与抗干扰能力。

景观生态学主要通过景观结构及功能理论、生态整体性与空间异质性理论、景观多样性及稳定性理论、景观变化理论等，发挥其在生态旅游实践和理论研究中的重要作用。

三、恢复生态学

恢复生态学(restoration ecology)是研究生态系统退化的原因、退化生态系统恢复与重建的技术和方法及其生态学过程和机理的学科，主要致力于在自然灾变和人类活动压力下受到破坏的自然生态系统的恢复与重建。它所应用的是生态学基本原理，尤其是生态系统演替理论。恢复生态学在加强生态系统建设和优化管理以及生物多样性的保护方面具有重要的理论和实践意义。

生态恢复重建是指根据生态学原理，通过一定的生物、生态以及工程的技术与方法，人为地改变和切断生态系统退化的主导因子或过程，调整配置和优化系统内部及其与外界的物质、能量和信息的流动过程及时空秩序，使生态系统结构、功能和生态学潜力尽快恢复到原有乃至更高水平。恢复生态学强调，生态系统恢复重建要求在遵循自然规律的基础上，根据技术上适当、经济上可行、社会接受的原则，使受害或退化的生态系统重新获得健康并有益于人类生存与生活的生态系统重构或再生过程。

根据生态系统退化的不同程度和类型，可采取不同的恢复、重建和保护形式：①恢复在生态系统结构和功能已受到严重干扰和破坏，影响经济发展，采用人为措施恢复。②重建在生态系统结构和功能已受到严重干扰和破坏，自然恢复有困难，进行人工生态设计，实行生态改建或重建。③对生态敏感、景观好、有重要生物资源的地区采用保护的方式。

退化生态系统恢复重建的基本目标或要求，主要包括：①实现生态系统的地表基底稳定性。因为地表基底(地质地貌)是生态系统发育与存在的载体，基底不稳定(如滑坡)，就不可能保证生态系统的持续演替与发展。②恢复植被和土壤，保证一定的植被覆盖率和土壤肥力。③增加种类组成和生物多样性。④实现生物群落的恢复，提高生态系统的生产力和自我维持能力。⑤减少或控制环境污染。⑥增加生态景观视觉和美学享受。

任海和彭少麟(2001)提出，恢复生态学研究内容主要包括：①退化生态系统的形成原因与机理；②包括森林、草地、农田、湿地、海岛和水体等退化生态系统的恢复原理与方法；③生态系统的服务功能；④外来种入侵和全球变化对退化生态系统的影响；⑤生态系统健康；⑥生态系统管理等。

恢复生态学原理对优化生态旅游的开发、规划与管理以及恢复受损的生态旅游资源，具有十分重要的价值。生态旅游开发与规划对象即为自然生态系统，但是，随着近年来旅游资源大规模开发、旅游市场极度膨胀，以及人类活动对自然系统的破坏，已很难找到完整的、没有被损坏的生态系统。在此背景下，如果开发者不了解生态系统本身的规律以及生物、非生物因子相互作用的机理过程，生态旅游开发将进一步导致生态环境的恶化。国内外很多生态恢复实践表明，生态恢复如果缺乏正确的指导，其恢复往往是盲目的，并且成功率很低。因此，生态旅游开发与实践应遵循生态系统恢复的相关规律，尤其是已遭受破坏的区域，依靠科学、有计划的恢复、重建或保护，最终促使生态旅游不仅成为旅游业可持续发展的支柱，也成为生态环境保护与恢复的重要途径。

恢复生态学在生态旅游研究中主要解决如下相关问题：①生态旅游资源开发与规划需要恢复生态理论的指导；②恢复生态理论能更科学地指导生态旅游产品开发、旅游线路组织以及旅游设施建设；③恢复生态理论是人工重建生态旅游区开发与规划的主要依据；④有助于解决生态旅游系统管理中效益型目标和区间型目标管控问题，从而有利于生态旅游可持续发展。

第四节　生态人类学

生态人类学(eco-anthropology)一词由美国学者维达(Vayda)和拉帕波特(Rappaport)[①]于1968年首次提出，主要致力于人与环境之间复杂关系的研究。生态人类学是一门跨学科的研究领域，它借用生态学知识，运用人类学方法，分析人类、文化与自然环境的相互关系。生态人类学的主要理论包括环境决定论、环境可能论、文化生态学、文化唯物论、

---

① 唐纳德，L.哈迪斯蒂.生态人类学[M]. 郭凡，邹和，译. 北京：文物出版社，2002.

生态系统论以及民族生态学。它反对极端的文化相对论，批判现代主义的自然与人文的二分法，并强调对当代生态环境的研究。

　　人类生存发展与邻近的土地、气候、植物以及动物种群密切相关，并对其产生影响，环境因素亦反过来作用于人类。生态人类学试图探讨人类群体如何适应塑造其生存环境并伴随此过程形成相应的风俗习惯以及社会、经济、政治生活。简言之，生态人类学希望对人类社会文化作为适应环境的产物做出唯物的说明。生态人类学研究的核心是可持续发展理论。人类生态学以"自然—社会—经济"复合的生态人类系统作为研究对象，以城市生态系统和农业生态系统的可持续发展作为人类社会与经济可持续发展的目标。

　　作为"连接自然科学与社会科学的桥梁"，生态人类学正是顺应时代发展、承担上述重任、由生态学派生出来的新学科。人作为生物的人和社会的人，既具有生物生态属性又具有社会生态属性。人类之所以成为世界最广布的生物种，就因为人类具有文化。作为生物的人，人对环境的生物生态适应使人类形成了不同的人种和不同的体质形态。作为社会的人，人对环境的社会生态适应形成了不同的文化。由于环境多样化，人类文化也是多样化。环境与文化是相互制约、相互影响的。为使环境朝着有利于人类文明进化的方向发展，人类必须调整自己的文化来修复由于旧文化的不适应而造成的环境退化，创造新的文化以与环境协同共进，实现可持续发展。

　　生态人类学研究人与生物圈相互作用、人与环境、人与自然协调发展，研究人类与环境间的关系，研究人类在其对环境的选择力、分配力和调节力的影响下所形成的时空关联。生态人类学致力于人与环境之间复杂关系的研究。在生态人类系统中，人类在与地球环境进行物质、能量、信息交换过程中存在和发展，人类构成了食物网中最重要的一环，是人类生态系统中最活跃的因素，地球环境保证并制约着人类社会的存在和发展，人类必须同地球环境协同发展、和谐共进。通过对原始部落在生态学范畴的调查研究，人类学者认识到诸多关于人与环境相互作用的隐秘知识。20 世纪 90 年代，由亚马孙河流域开发导致的诸多问题提升了人类学的感知能力。

　　生态人类学相关概念体系有：①文化生态学(cultural ecology)——关注人类社会或某个族群对其生存环境适应的问题，强调人对自然世界的体验，通过文化的媒介形成配置、经济、社会组织这些载体。②环境决定论(environmental determinism)——指某个因素会造成决定性影响。文化和自然有紧密关联的客观事实是环境决定论的前提和基础，文化是对特定环境的适应，环境决定人类的社会文化形式。③民族生态学(ethno-ecology)——探讨原住民如何认识自然环境现象。民族生态学往往把视野置于当地人的等级制度，因为等级划分制度往往暗示了环境状况。④历史生态学(historical ecology)——探讨文化和环境在不同的历史阶段如何相互作用。历史生态学强调人类的生存一定伴随着文化，更全面地阐明人类族群与物质环境之间的关系。

　　生态人类学在生态旅游相关问题研究中可能发挥的重要作用：①旅游人类学；②人文景观成因研究；③民族旅游产生背景；④民族旅游发展和演化；⑤旅游与东道主关系；⑥民族文化多样性的原因；⑦旅游对民族文化的影响等。

第五节　生态经济学

生态经济学(ecological economics)从经济学、生态学、资源学等多个角度，重新审视人类经济社会与自然生态环境的关系，探索管理人类生活和地球环境，保护人类经济和生态协调发展的理论与途径。作为生态学与经济学融合而成的交叉学科，生态经济学是研究生态经济社会系统运动规律的科学，是从自然和社会的双重视角来观察客观世界，通过全面、深入研究自然生态和人类社会经济活动的相互作用，探索生态经济社会复合系统的协调和可持续发展的规律性。生态经济社会系统是由社会经济系统和自然生态系统组成的，只有社会经济系统和自然生态系统相互促进、协调发展，才是真正意义上的可持续发展。

生态经济学具有如下主要特点：①综合性。生态经济学是以自然科学与社会科学相结合来研究经济问题，从生态经济系统的整体上研究社会经济与自然生态之间的关系。②层次性。涉及全社会生态经济、各层次区域生态经济及各专业类型生态经济问题研究，如农田生态经济、森林生态经济、草原生态经济、水域生态经济和城市生态经济等。还可进一步划分，如农田生态经济，又包括水田生态经济、旱田生态经济，并可再按主要作物分别研究其生态经济问题。③地域性。生态经济问题具有明显的地域特殊性，生态经济学研究应以一个国家或一个地区的国情或地区情况为依据。④战略性。社会经济发展不仅满足人们的物质需求，而且要保护自然资源的再生能力，不仅追求局部和近期的经济效益，而且要保持全局和长远的经济效益，永久保持人类生存、发展的良好生态环境。生态经济研究的目标是使生态经济系统整体效益优化，从宏观上为社会经济发展指出方向。

王晓梅(2011)认为，生态经济学研究内容除了经济发展与环境保护之间的关系外，还有环境污染、生态退化、资源浪费的产生原因与控制方法，环境治理的经济评价以及经济活动的环境效应等，具体包括生态经济系统理论、生态经济平衡理论、生态经济效益理论和生态经济产业理论，它们之间相互联系、相互制约，对生态经济理论体系的建立以及指导实践起到重要的作用。生态经济系统是一切经济活动的载体，是生态经济学研究的对象。作为生态系统与经济系统结合所形成的生态经济系统，具有由生态系统和经济系统的组成要素复合而成的生态经济系统要素和复合形成的生态经济系统的结构与功能。

生态经济平衡是生态平衡和经济平衡的有机结合。生态经济系统应依靠科技进步，集约利用自然资源来实现积极的生态经济平衡，它具有普遍性、相对性、动态性和可控性。生态平衡、经济平衡和生态经济平衡都是客观规律性的表现。应发挥主观能动性，使之保持原有的生态经济平衡，或建立新的生态经济平衡。

生态经济效益是生态效益和经济效益共同组成的综合效益。应用生态经济效益基本理论范畴指导和规范经济行为，以获得最大的生态经济效益。旅游业发展中存在着许多生态经济效益问题。旅游业发展所追求的应该是生态经济效益，用生态经济效益理论来指导旅游业的发展。生态经济产业是一种按照循环经济规律组织起来的基于生态系统承载能力，具有完整的生命周期、高效的代谢过程及和谐的生态功能的网络型、进化型、复合型产业(王如松，2002)。生态经济产业运作的基本单元是产业生态系统，将生产、流通、消费、回收、环保及能力建设纵向结合，将不同行业的生产工艺横向耦合，将生产基地与周边环境包括物质生产、社区发展、区域环保纳入生态经济产业园统一管理，谋求资源的高效利用、社会的充分就业和有害废弃物在外界的零排放。

生态经济学为揭示生态旅游经济发展和运动规律，寻找人类经济发展和自然生态发展相互适应、保持平衡提供对策途径。更重要的是，生态经济学的研究结果为解决环境资源问题、制定正确的发展战略和经济政策提供了科学依据。

第六节　环　境　哲　学

环境哲学(environmental philosophy)视野下的生态旅游是人与自然的和谐统一。环境哲学强调人与自然和社会是一个有机联系的整体，彼此共生共存，协调发展。作为在自然生态环境中人类的一种旅游形式——生态旅游，是人类直接作用于自然的一种旅游活动形式，其价值理念是尊重自然，敬畏生命，而这种生命是人与自然共有的属性。自然环境为生态旅游创造的是环境价值，环境价值是非消费性价值，即"存在性价值"。人类只有保持其存在时，方能实现其生态旅游的价值和目标。生态旅游强调的永远是自然的环境价值而非消费性价值，并以此与大众旅游和其他另类旅游加以区分。

生态旅游提出的背景、原则、目标与方向以及面临的问题，很大程度上可在对世界终极问题不断地进行反思、追问和探索的哲学宝库中寻觅到思想理论的源泉。当代环境哲学的基础、出发点、评价标准、最终目的和核心，是人与自然的协同进化，其实质就是尊重自然，即不仅要对人类自然承担生态义务，而且也要对非人类自然尽责任。生态旅游所追求的终极目标是可持续发展，而环境哲学为可持续发展提供了理论基础。环境哲学及其确立的生态伦理学所探讨的人与自然协同进化的生态世界观、生态价值观、生态权利观和生态方法论等概念，是生态旅游理论体系的重要组成部分。张建春（2007）从生态世界观、生态价值观、生态权利观去理解环境哲学理论背景下的生态旅游。

生态世界观。环境哲学可以定义为连接人类、自然和价值的一般理论。环境哲学是通过反思人与自然的关系，以全新的眼光来解释世界，把自然、人和社会所构成的整个世界视为一个辩证发展的整体。从生态哲学的角度，即用生态学整体性的观点去认识和解释世界。人与自然紧密相连、密不可分。因此，人类肩负有对自然的道德责任。保护自然、珍爱自然是人类义不容辞的责任。

生态价值观。生态价值观和权利观认为不仅人具有价值，生命和自然界也具有价值，包括外在价值和内在价值。Holmes Rolston(1986)概括了自然具有经济、生存、消遣、科学、美学、生命、多样性和统一性、持续稳定性和偶然波动性、辩证统一、精神价值十大价值，其中很多价值正是旅游和生态旅游追求的目标。生态价值观同时还认为自然也与人一样具有平等的内在价值，即自然也有自己生存、繁衍的最高生命价值。必须建立一种人类在自然界中的责任感，社会生态学家提出了一种以"补偿伦理"作为核心的道德价值理念，即要求人类在延续生物圈的完整性中发挥支柱作用。人类不仅要进行生态重建，还要进行社会重建，即建设生态社会。

　　生态权利观。环境哲学认为大自然与人一样拥有权利，一切生物皆按生态学规律存在并应当受到人类的尊重和道德的关怀。于是动物权利论认为动物具有天赋权利；生物中心主义认为一切生物都有天赋权利。大地伦理学的创始人莱昂波德提出一切物种和整个生态系统都拥有天赋权利。而人类中心主义很显然否认自然的权利。环境哲学从生态世界观的角度认为自然的"生存权"与人的"环境权利"是一致的。对"自然权利"的承认促使人们自觉承担起约束自身行为、维护自身生存环境的责任。

　　生态方法论。生态方法论以生态学的方式思考。如将自然—人—社会系统视为一个有机联系的整体，具有一定的结构和功能。人类只是自然大系统中的一部分，人地系统是一种共生共处的动态平衡关系，存在着物质、信息与能量的流动。人对自然的破坏必将打破现有的平衡，其结果是遭到自然的报复。

　　目前的生态文明时代需要转变传统大众旅游的旅游方式，作为替代旅游的一种形式，生态旅游理所当然地成为最佳选择(张建春，2007)。衡量生态旅游的唯一必要条件是旅游者的环境伦理道德意识和水平，其他条件则是实现生态旅游的充分条件。人类是否具有环境伦理道德意识或对环境负有责任是生态旅游的核心价值观念。故生态旅游完全可以定义为具有较高现代环境伦理道德修养和水平的旅游者在自然环境中的旅游活动。随着人类社会生态文明水平的提高，生态旅游范围将扩大到所有的自然旅游，并最终将失去生态旅游存在的意义，因为到那时地球上人与自然达到了充分和谐。

第三章　生态旅游动力系统

第一节　生态旅游系统沿革

一、生态旅游系统形成及演化

(一)生态旅游系统源于旅游系统

美国旅游规划专家 Gunn 教授于 1972 年提出了旅游系统的概念，并于 2002 年提出了旅游功能系统模型。Leiper(1979)的旅游地理系统模型将旅游视为客源地与目的地之间通过旅游通道相连而形成的空间体系。Mathieson 和 Wall(1982)的旅游概念综合模型从旅游需求、旅游目的地、客源特点、旅游的影响及控制等，阐释了旅游客源地和旅游目的地之间的相互作用、相互影响及其管控机制。Gunn(1994)提出由需求和供给板块构成的旅游功能系统概念。Sessa(1988)的旅游抽象系统模型认为旅游系统就是一个与区域全球化发展相联系的全球系统(global system)。吴必虎(1998；2001)提出旅游系统应包括客源市场系统、出行系统、目的地系统和支持系统四个组成部分，每个子系统又包括很多要素，这些要素相互作用、相互影响，从而构成特定的区域旅游系统。杨新军等(1998)将旅游功能系统作为分析市场导向下旅游规划的理论工具。Leiper(1979)认为旅游系统要素包括旅游者、旅游客源地、交通通道和旅游目的地以及旅游产业要素(旅行社、航空公司、交通部门、宾馆、餐厅、娱乐部门等一切为旅游者提供服务的机构)。Gunn(1994)的区域旅游发展模型和旅游系统功能模型通过区分供给与需求来定义旅游系统，其区域旅游发展模型显示出旅游供给与需求是如何相互作用以促进区域旅游发展的。王家骏(1999)的旅游系统模型把旅游系统分为客源市场系统、目的地系统、出行系统和支持系统四个部分。D.A. Fennell(2002)的旅游要素系统模型认为旅游系统就是休闲—游憩—体验—度假—旅游共同构成的综合系统。王迪云(2006)的旅游耗散结构系统模型把旅游耗散结构与外部环境之间的各种交互作用综合定义为一个完整的旅游耗散结构系统。Walker 等(1999)的旅游发展模型包括了经济模型、资源需求模型、市场模型、旅游者行为模型。"六要素"旅游系统模型以旅游者为中心，将旅游者在旅游活动中的旅游行为归纳为"吃、住、行、游、购、娱"六大要素子系统。"三体"旅游系统模型以旅游活动为中心，将旅游活动实施实现的所有影响因子概括为主体、客体和媒体三方面。杨桂华等(2000)及陈玲玲等(2012)提出了生态旅游"四体"系统模型。

此外，郭来喜(1997)、彭华(1998)、保继刚(1986)、孙多勇等(1990)、吴必虎(1998；1999)、吴人韦(1999)、刘锋(1999；2000)、钟韵和彭华(2001)等，从不同角度对旅游系统和生态旅游系统进行了不同程度的研究。2002 年，Gunn 提出了一个新的旅游功能系统模型,在此模型中,供给和需求两个最基本要素之间的相互匹配构成了生态旅游系统的基本结构,在供给子系统中,吸引物、促销、交通、信息和服务之间存在着相互依赖关系。黎雪琳等(2006)从系统工程角度出发认为旅游系统是由游客系统、旅游服务设施系统、生态系统和旅游管理者系统四部分组成。邓超颖和张建萍 (2012)依据自组织理论和动力学基本原理构建了生态旅游可持续发展动力系统。

(二)生态旅游系统随着生态旅游发展日臻完善

综上,旅游系统源于系统理论在旅游研究中的应用,而生态旅游系统(eco-tourism system)则随着旅游系统和生态旅游研究的不断深入应运而生。国际自然保护联盟(IUCN)特别顾问谢贝洛斯•拉斯喀瑞(Ceballos Lascurain)自 1983 年首次提出生态旅游概念以来,国内外有关生态旅游发展对策分析和实证研究取得了重要进展,但生态旅游理论尤其是生态旅游系统理论研究亟待深入与拓展。

生态旅游系统是自然生态系统、社会系统和经济系统的叠加部分,是由生态旅游者、生态旅游资源、生态旅游业以及生态旅游环境四个要素组成并按一定旅游市场运行机制而构成的动态有机整体。生态旅游区开发和生态旅游研究,必须从生态旅游系统的角度出发,综合多种因素采取整体思维和行动,才能促进系统的优化和良性运转,从而促进生态旅游的可持续发展(邓超颖和张建萍,2012)。

生态旅游系统论要求把生态旅游视为一个相互依赖又相互作用的系统平衡推进、协调发展的旅游综合体。国内外不同学者基于不同学科背景出于不同的研究目的,从不同视角提出了各自的旅游系统模型,对生态旅游系统尤其是各子系统具体内涵及其界定的认识,争论较大。这一问题越来越受到旅游学界的极大关注。

随着研究的不断深入,国内外有关旅游系统和生态旅游系统研究取得了重要进展,基于不同学科背景和视角的旅游系统理论模型不断涌现,使生态旅游系统理论得到了不断充实和发展。旅游系统和生态旅游理论研究的不断深入和取得的进展,为生态旅游系统研究奠定了重要基础和理论框架。目前,我国最具代表性的生态旅游系统理论模型是杨桂华等(2000)及陈玲玲等(2012)提出的“四体”生态旅游系统模式,该模型认为生态旅游系统由主体(生态旅游者)、客体(生态旅游资源)、媒体(生态旅游业)和载体(生态旅游环境)四要素构成。该成果为生态旅游动力学和生态旅游动力系统研究搭建了重要框架。

这里主要基于“四体”生态旅游系统模型框架,从系统动力学角度,结合概念、定义、理念、内涵、外延等方面,对生态旅游系统进行尝试讨论和重新审视,进一步明确、厘定生态旅游系统各子系统的定义和内涵,阐述各子系统之间及其影响因子之间的动力学关系,在此基础上进一步明确生态旅游系统的本质,并提出生态旅游动力系统概念性框架。

二、生态旅游主要系统模型

旅游系统是旅游管理研究的对象,不同学科背景的研究者出于不同研究目的,从不同角度提出了各自的旅游系统模型。对这些模型进行分析、比较和评述,有助于进一步拓展旅游理论的研究。现有的旅游系统模型,主要包括旅游功能模型、旅游地理模型、旅游复杂模型、旅游发展模型、旅游动力模型等。这些模型都从不同侧面揭示了旅游系统的特点。

(一)旅游功能系统

岗恩(Gunn，1972)最早提出了旅游功能系统(functioning tourism system)。旅游功能系统模型的主要特点为：强调旅游系统的功能，侧重于决定旅游系统功能的系统结构和影响旅游系统结构的外部环境分析。该模型认为，系统功能决定于系统结构，外部环境会影响系统结构。代表主要有：Gunn(1972)、Mill 和 Morrison(1992)、杨新军和刘家明(1998)、Gunn(2002)等，如图 3-1～图 3-4 所示。若说 1972 年 Gunn 建立的模型对供给和需求的描述很大程度上仅停留在对旅游者、信息、促销、交通、吸引物和服务进行分类，则 2002 年他建立的模型则更体现了旅游系统的本质。

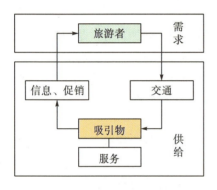

图 3-1　旅游功能系统模型

(Gunn，1972)

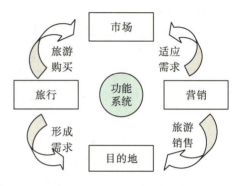

图 3-2　旅游功能系统模型

(Mill，Morrison，1992. 有微调)

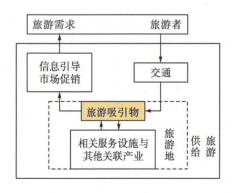

图 3-3　旅游功能系统模型

(杨新军，刘家明，1998)

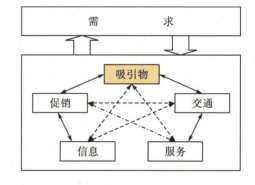

图 3-4　旅游功能系统模型

(Gunn，2002)

(二)旅游地理系统

1972 年苏联地理学家 B. C. 普列奥布拉任斯基首先提出地域旅游系统是一个社会地理系统(图 3-5)。Leiper(1979；1990)的模型包括旅游者、旅游业、客源地、旅游通道和目的地等五个要素，Leiper 重点突出了客源地、目的地和旅游通道三个要素，把旅游描述为由客源地到目的地的旅游流（图 3-6）。旅游者在客源地和目的地的推拉作用下，在空间上流动。旅游业不同部门分布于客源地、目的地或旅游通道等不同的空间，共同为旅游者提供一个完整的旅游产品（图 3-7、图 3-8）。

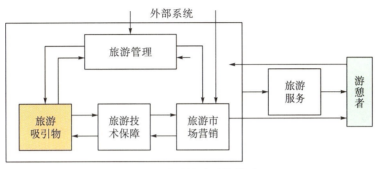

图 3-5　地域旅游系统模型

（B.C. 普列奥布拉任斯基，1972）

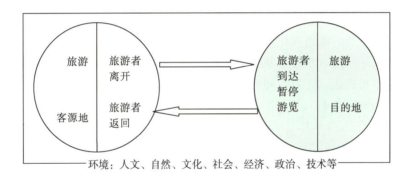

图 3-6　旅游地理系统模型

（Leiper N[①]，1979）

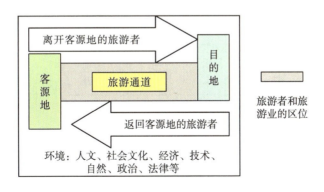

图 3-7　O-D 对系统模型

（Leiper N，1979）

---

① Leiper. 1979.The framework of tourism. Annals of Tourism Research [J]. 6（4）：390-407.

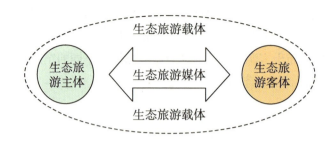

图 3-8　生态旅游系统

（Leiper N，1979；陈玲玲等，2012. 有补充）

（三）旅游复杂系统

复杂系统理论包括耗散结构理论、协同理论、超循环理论、突变理论、混沌动力学理论、分形理论和复杂适应系统理论等，其组成部件之间或者子系统之间有很强的耦合作用和非线性特点。多层次性是造成系统复杂性的关键所在。多层次性至少需要从两个层次角度去考量一个现象，层级关系越多，系统越复杂，系统越往高层越表现出宏观特征，反之越往底层系统则会分解成无数的微观主体（郭利利，2015）。复杂系统规模较大，子系统较多，各要素之间相互作用。旅游由食、住、行、游、购、娱六要素构成，其中的每一个要素本身就是一个复杂系统。复杂系统理论主要通过自组织与它组织理论对旅游系统进行描述和表达。代表主要有 Mathieson 和 Wall（1982）、米切尔（1987）、吴必虎（1998）等（图 3-9～图 3-11）。

	需求	供给	联系	
目的	1	2	3	理念 价值观
结构	4	5	6	类型 等级
区位	7	8	9	定位 布局
	动机 行为	环境 管理 影响	交通 互补	

图 3-9　概念矩阵模型

（米切尔，1987）

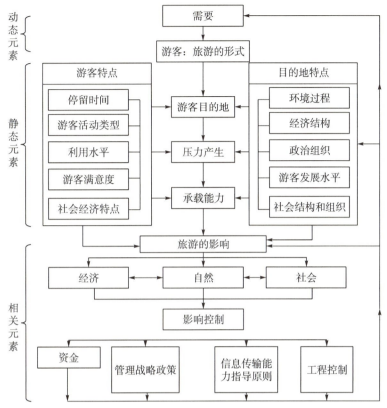

图 3-10　旅游概念性综合模型

（Mathieson et al.，1982）

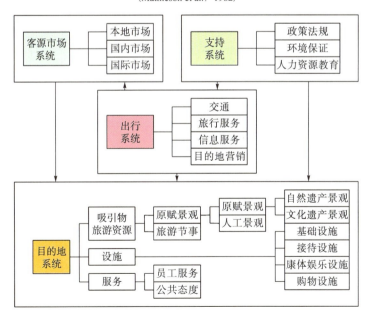

图 3-11　游憩系统

（吴必虎，1998）

（四）旅游发展系统

该模型从旅游发展视角探讨并构建旅游系统模型（图 3-12～图 3-14）。旅游发展系统强调旅游发展动力、动力机制以及旅游发展环境诸要素。旅游发展动力是一个由旅游消费牵动和旅游产品吸引所构成的、由中介系统和发展条件所联系的互动型动力系统（彭华，1998）。旅游发展驱动机制就是旅游发展各要素的协调互动程序。旅游要持续发展，首先要有持续的需求和吸引，要有良好的大环境支持和积极主动的中介引导。旅游发展机制是一个多因子、综合性的驱动程序，应将旅游发展因素作为一个动力系统，去评估旅游发展的能力，在需求与消费的对立统一关系中寻求培育旅游发展的持续动力。

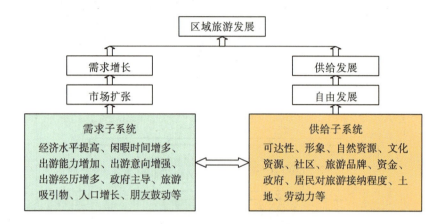

图 3-12　区域旅游发展模型

(Gunn，1994；彭华，1998. 有修改补充)

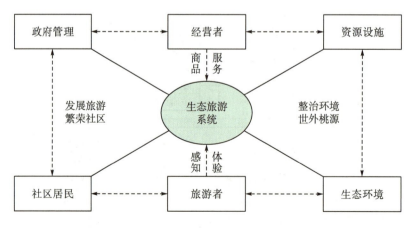

图 3-13　生态旅游和谐发展模型

(孙根年，2010)

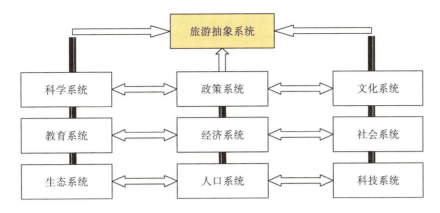

图 3-14　旅游抽象系统模型

(Sessa，1988；彭华，1998. 有修改补充)

(五)旅游动力系统

该模式强调旅游系统是动态的动力学系统，主要代表包括：王家骏(1999)、Mc
Kercher(1999)、王迪云(2006)、柴寿升等(2016)。该模式认为，外界环境的变化会使旅
游供给或需求发生改变，并通过供给与需求间的关系，把这一变化传递到系统中的任何一
部分。影响供给的外部因素包括文化资源、自然资源、政府政策、竞争者、社区、企业家
精神、劳动力、金融、组织领导能力等。对需求而言，可支配收入和闲暇时间无疑是最重
要的两个因素，而这两个因素又决定于全社会的劳动生产率。此外，人口因素、社会因素、
政府管制政策等也是影响旅游需求的因素(李天元，2002；胡平，2002)。该动力系统模式
为生态旅游动力系统构建提出了初步设想(图 3-15～图 3-17)。

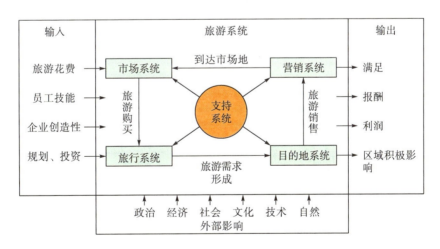

图 3-15　旅游动力系统模型

(王家骏，1999)

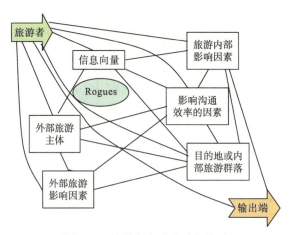

图 3-16　旅游复杂动力系统模型

(Mc Kercher，1998)

　　上述旅游功能系统、旅游地理系统、旅游复杂系统、旅游发展系统、旅游动力系统等相关研究成果，分别从旅游功能、空间地理、复杂关系、旅游发展、系统动力等角度对旅游系统进行了不同侧重的阐述，为生态旅游系统理论的构建奠定了重要基础，并为生态旅游动力系统的进一步深入研究提供了基础框架、研究思路和发展方向。然而，有关生态旅游系统的理论有待于进一步讨论，生态旅游系统各子系统的概念、定义和内涵有待于进一步明确和厘定，尤其是生态旅游动力系统与各子系统之间、子系统与更次一级微系统之间、微系统与各变量及其影响因子之间的动力学关系有待于深入研究。

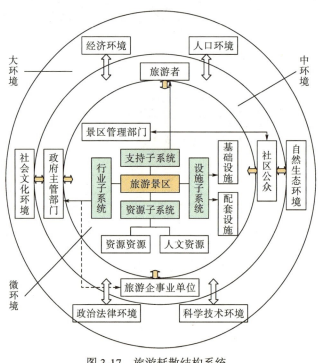

图 3-17　旅游耗散结构系统

(柴寿升等，2016.有补充修改)

第二节　生态旅游系统动力学

一、系统动力学概念及特征

系统动力学(system dynamics，SD)系最早由美国麻省理工学院福瑞斯特(J. W. Forrester)教授于1956年创立的一门主要研究复杂系统问题的科学。最初是为分析生产管理及库存管理等企业问题而提出的系统仿真方法，称为工业动态学。之后，相继出版了《工业动学》《系统原理》《城市动力学》《世界动力学》等一系列相关专著。

1972年，罗马俱乐部(Club of Rome)发表了关于人类困境问题的研究报告《增长的极限》。该研究考察了关于全球增长的五个基本因素：人口、农业生产、自然资源、工业生产和污染的相互制约关系及其发展的种种可能后果，认为如果按照当时的模式任其发展下去，世界必定达到某种极限：超出这个极限，整个世界就有可能崩溃。必须调整和控制这些因素之间的相互关系、发展速度，使全世界的发展趋向某种均衡状态。

系统动力学是以系统论、控制论、信息论为基础的一门综合自然科学和社会科学的横向学科。系统动力学从系统的角度出发，研究系统内各个要素以及各要素之间相互联系、相互影响的整体关系，基于信息反馈环节，将系统的内部和外部信息相融合并通过反馈环节优化系统功能，进而分析出系统的动力来源。动力与机制相结合形成动力机制，从而促进事物的运行和发展(邓超颖和张建萍，2012)。

系统动力学是以计算机模拟技术为主要手段，通过结构—功能分析，研究和解决复杂动态反馈性系统问题的仿真方法。系统动力学基于系统论、吸收了控制论和信息论的精髓，通过结构—功能和信息反馈来认识系统问题和解决系统难题。总体来说，系统动力学是结构方法、功能方法和历史方法的统一，具有如下基本特征(蔡琳，2008)：

(1)系统动力学的研究对象主要是开放系统。它强调系统、联系、发展与运动的观点，认为系统的行为模式与特性主要根植于其内部的动态结构与反馈机制。

(2)系统动力学可用于研究处理社会、经济、生态环境等高度非线性、高阶次、多变量、多重反馈、复杂时变大系统问题。它可在宏观与微观层次上对复杂的多层次、多部门的大系统进行综合研究。

(3)系统动力学解决问题的方法是一种定性与定量相结合，系统思考、分析、综合与推理的方法，有相对标准的建模方法，可把复杂问题简单化，便于实现建模专家、决策者和实际管理部门的应用。

二、系统动力学与生态旅游

系统动力学自创立以来，其理论、方法和工具不断完善，应用方向日益扩展，在处理工业、经济、生态、环境、能源、管理、农业、军事等诸多人类社会复杂问题中发挥了重要作用。随着现代社会复杂性、动态性、多变性等问题的逐步加剧，更加需要像系统动力学这样的方法，综合系统论、控制论、信息论等，并与经济学交叉，使人们清晰认识和深入处理产生于现代社会的非线性和时变现象，进行长期、动态、战略性分析与研究(蔡琳，2008)。

(一)系统动力学应用历程

福瑞斯特(1961；1968；1969；1970；1971)将系统动力学广泛应用于企业管理分析、城市发展演化、城市资源规划、社会科学领域中，效果良好。依据世界未来发展前景研究，基于世界未来发展模型Ⅱ(SD WORLD Ⅱ)，他在1971年出版了《世界动力学》。

受此影响，罗马俱乐部(Club of Rome)从系统动力学思维，对世界未来发展前景和可能的困境进行了重新审视，发表了《发展的极限》，其中很多观点引起了世界的震惊，并由此引发了可持续发展的新理念(蔡琳，2008)。

1972年，以福瑞斯特为首的麻省理工学院系统动力学研究组，开始研究美国全国经济模型，该模型把美国社会经济问题作为一个整体加以研究，揭示了美国与西方国家经济兴衰产生的内在机制，解决了一些在经济方面长期存在的、令经济学家们困惑不解的难题。该模型和长波理论研究成果，使系统动力学方法得到了世界许多国家的认可和广泛应用。如苏联自20世纪70年代以来陆续翻译了福瑞斯特和其他人关于系统动力学方面的著作，1974年开发了全苏联首个系统动力学模型。美国研究开发了"21世纪国家可持续发展计算机模拟模型"。意大利系统动力学和生物工程研究所(Systems Dynamics and Bioengineering Research Institute)及奥地利国际应用系统分析研究所(IIASA)共同研发了多项全球与地区的生态与环境保护模型等(蔡琳，2008)。

20世纪80年代初我国开始引进系统动力学。到80年代中期，初步完成了东北海伦市的规划、中国2000年环境模型和全国社会经济整体定量模型(SDNMC)等。在众多的院校中开设了系统动力学课程，培训了大量的研究人员(蔡琳，2008)。

进入20世纪90年代，系统动力学在我国自然科学、人文社会科学和工程技术等领域，得到了广泛应用。特别是在人口、资源、环境与社会经济可持续发展问题研究方面，取得了巨大进展。到2006年，发表相关文献500多篇，初步形成了自身的应用体系和理论特色。

(二)系统动力学之于旅游研究

国外学者较早地将系统动力学应用于旅游研究中，主要体现在旅游地研究、生态环境、旅游发展、社会经济系统、旅游供应链、国家政治等的系统动力学建模分析上。如Leiper(1978)提出地域旅游系统之后，Karin Schianetz(1979)以系统动力学模型作为工具，对学习型旅游地战略规划和促进组织学习两个方面进行了分析，并结合案例研究，说明运用系统动力学模型能够促进利益相关者之间的沟通和组织。Erik Cohen(1979)认为在传统旅游研究过程中，系统动力学更适于动态变化过程、多样性类型和非线性问题的解决。Haemoonoh(1979)等运用系统动力学方法，以会议策划者满意度作为研究视角，构建了基于饭店业服务绩效分析的会议策划者满意度的结构动态模型，为饭店业会议旅游发展提供决策依据。

巴勒特(1980)开创了旅游地生命周期理论，认为旅游地复杂系统是由具有空间和功能联系的子系统组成的复杂适应系统。Gunn(1994)运用复杂系统理论和系统动力学方法，分析城市旅游的增长模式，构建城市旅游增长的基本模型，为城市旅游政策的制定提供参考。Leiper(1977)认为旅游系统要素包括旅游者、旅游客源地、交通通道和旅游目的地，以及旅游产业要素(旅行社、航空公司、交通部门、宾馆、餐厅、娱乐部门等一切为旅游者提供服务的机构)。邹慧萍(1997)对现代旅游生产服务进行了系统模式构建研究。McKercher(1999)运用复杂性理论和混沌理论构建了旅游地复杂系统概念性系统模型。彭华(1998)进行了旅游发展驱动机制及动力模型探析，建立了城市旅游动力系统结构模型。

王云才(2002)对旅游经济系统运行动力学过程与机制进行了探讨。李文兵(2003)从控制论角度分析了旅游系统的要素构成、功能结构和区域结构，剖析了旅游控制系统的特征，揭示了旅游系统及其在运行过程中的内在规律。徐红罡等(2001)探讨了系统动力学在潜在游客市场与旅游产品生命周期及旅游规划中运用的理论意义和科学价值。徐红罡和保继刚(2003)认为，系统动力学在旅游业中主要用于旅游规划、市场分析、旅游经济效益评估、旅游生态系统研究、旅游景区门票定价等。安德列斯·帕塞奥佐鲁(2004)从经济地理角度提出了旅游进化模式即内生变化导致市场和空间互相作用的二元结构模型。张慧等(2004)从旅游系统角度研究了旅游地生命周期并建立了旅游演化模型，提出旅游地复杂系统演化过程不可逆，表现在旅游地复杂系统演化曲线出现短期振荡和长期周期发展的演化规律。王强(2007)进行了旅行社旅游产品同质化竞争的系统动力学仿真研究，并应用于旅游效益分析中。王立国等(2008)利用系统论探讨了乡村旅游与新农村建设的互动关系。黄小军等(2008)进行了旅行社旅游产品 Bertrand 价格竞争系统动力学分析。尚天成等(2009)运用系统动力学理论对各子系统承载力和生态旅游系统承载力进行分析。赵明(2009)进行了基于系统动力学的旅游市场发展机制的理论研究。

王雪芳(2009)认为旅游目的地系统包括旅游吸引物、旅游设施和服务系统。杨春宁等(2009)通过研究认为旅游地复杂系统有主体性、适应性和动态平衡性，并认为耦合力是旅游地复杂系统演化的动力来源。范春(2009)将农业旅游系统划分为供给子系统、需求子系统、通道子系统、控制子系统和保障子系统进行研究，认为游客需求、农业发展、政府政策等是农业旅游系统运行和演化的动力，农业旅游系统的有效运行需要有完备的投入机制、转换机制、调控机制、产出机制及反馈机制。卞显红(2004，2005)从旅游系统发展的视角研究了旅游核心-边缘空间结构的形成机制，认为区域旅游空间结构和形态的主要解释模型是核心—边缘结构。杨春宁(2009)运用复杂系统理论研究了旅游地环境承载力(tourism environment carrying capacity，TECC)阈值量测，并在研究 TECC 与旅游地生命周期之间耦合关系基础上建立了旅游地动态演化模型。叶程青(2009)运用系统动力学方法研究了人地系统的优化调控，建立了人地系统演化的动态调控模式，为地区可持续发展提供依据。赵明(2009)利用系统动力学研究了旅游市场发展机制，指出旅游市场发展的两个动力分别是市场动力即旅游供需发展系统和外部因素即旅游发展支持系统。邵一琨等(2010)运用系统动力学的理论和方法，建立了旅游经济增收系统的动力学模型，探讨了系统的内在因果关系、系统响应与过程。邱厌庆等(2011)利用复杂系统控制理论研究了景区游客时空分流导航管理，结合仿真调度引擎缓解景区旅游环境承载力与游客规模之间的矛盾。张蓓(2011)运用系统动力学原理和方法，分析都市农业旅游可持续发展各子系统的因果反馈关系，构建都市农业旅游可持续发展系统动力学模型。章杰宽(2011)进行了旅游投资经济影响和区域旅游可持续发展系统的动态仿真研究。苏章全等(2011)运用复杂系统理论研究了休闲度假目的地系统的运行机制、结构特征、发展条件及影响因素，并在此基础上构建了休闲度假目的地的反馈模型。庞闻等(2012)采用复杂系统理论研究了关中核心边缘旅游区域的空间结构及其动态演化过程，研究结论认为区域旅游的空间合力以集聚力为主。阎友兵和张颖辉(2012)把来自外界物质、能量及信息进入单元子系统之后，经过系统要素之间的竞合作用产生出新的物质、能量和信息的过程称为基本的反应循环，然后经过催化循环最终达到超循环。吴文智等(2012)利用系统动力学进行旅游系统非线性成长机制研究，认为国内旅游系统和入境旅游系统具有显著的非线性成长经济效应。章杰宽等(2013)从人口、资源、环境与旅游四个子系统，进行旅游业可持续发展系统动力学分析，建立了旅游系统系统动力学模型。方海霞等(2014)基于系统动力学的城市旅游发展环境研究。郭利利(2015)运用复杂系统理论对旅游食、住、行、游、购、娱六要素复杂系统进行了研究。柴寿升等(2015)基于耗散结构理论对我国旅游景区发展进行研究，建立了旅游景区耗散结构系统模型。肖岚(2015)运用系统动力学进行低碳旅游系统研究，并建立了低碳旅游系统模型。

　　(三)系统动力学之于生态旅游研究

　　基于信息反馈机制、系统结构化及动力机制的系统动力学理论已成为研究生态旅游可持续发展动力系统的有力工具，并主要用于旅游业的规划、市场分析、旅游经济效益评估、旅游生态系统研究、旅游景区门票定价等。应用系统动力学方法进行生态旅游研究主要集中在生态旅游资源的分类与评价、生态旅游环境问题的研究，主要包括生态旅游环境容量与环境承载力研究、生态旅游环境影响评价研究、生态足迹与生态效应研究、生态旅游管理研究、生态旅游景区开发和保护研究等方面。如刘静艳(2006)从系统动力学"内生"理论角度分析，认为生态旅游可持续发展的关键就是要建立各利益相关者之间的利益均衡机制，从而形成一体化的共生系统。吕君等(2006)构建了基于目标、资本、状态、权力、精神合理耦合与系统搭配的旅游发展生态安全动力学机制。尚天成等(2009)从系统论角度，提出生态旅游系统承载力由生态旅游资源承载力子系统、生态旅游环境承载力子系统、生态旅游参与者承载力子系统以及生态旅游业承载力子系统四部分组成。张凤玲等(2008)以旅游学与景观生态学融合理论及系统动力学思想为指导，突出发展旅游业和保护生态环境两大目标，设计构建了基于 AHP 和模糊数学的旅游景观生态环境评价模型。林明水等(2009)从系统动力学方法入手，探讨风景区旅游环境容量(TECC)管理的动力学机制，旨在为景区旅游规划的政策参考和日常容量管理提供依据。吕龙等(2009)试图运用非线性科学理论来研究景区内游客活动量及外界环境变化等人类活动与景区旅游生态容量之间的动力学关系，以期对合理安排景区建设资金、人员调动，特别是对旅游环境容量进行有效调控具有一定的指导意义。王妙妙(2010)将系统动力学方法应用于旅游企业、区域旅游、城市规划、生态环境、旅游可持续发展、旅行社供应链等方面的研究评述。邓超颖和张建萍(2012)依据自组织理论、系统动力学基本原理，构建了包含需求系统、吸引系统、中介系统、支持系统以及监管系统的生态旅游可持续发展动力系统。

上述系统动力学在旅游和生态旅游相关领域的研究成果，为生态旅游系统动力学研究和生态旅游动力系统的建立奠定了重要基础。纵观上述国内外现有的研究文献，系统动力学研究范围和深度远超生态旅游，主要运用于旅游研究各个方面。生态旅游动力学研究仍处于初级阶段，大多集中于系统动力学在生态旅游研究的某一侧面或某一视角或某一程度，仅从单一的经济管理学角度研究同时兼具人文社科和自然科学双重属性的生态旅游系统动力学问题，仅限于从表象上分析生态旅游动力学涉及的方面和范围及其影响因素，尚缺乏生态旅游系统动力学系统性、综合性和实质性研究。

三、生态旅游发展动力系统

邓超颖和张建萍(2012)基于生态旅游发展理论和实践研究，结合生态旅游研究成果、生态旅游"四体学说"和旅游系统理论，依据自组织理论、系统动力学的基本原理构建了包含需求系统、吸引系统、中介系统、支持系统及监管系统的生态旅游可持续发展动力系统(图3-18)。并认为，生态旅游可持续发展动力系统的构成涵盖需求系统、吸引系统、中介系统、支撑系统及监管系统。应侧重监管方面的研究，特别是对生态旅游资源开发保护、生态旅游活动发展以及影响方面加强管理和监督的作用。

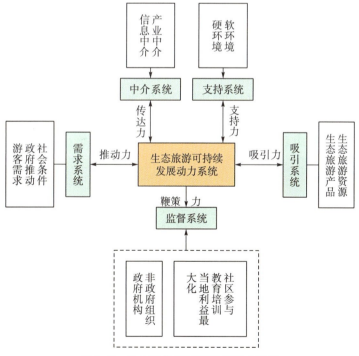

图 3-18　生态旅游可持续发展动力系统

(邓超颖和张建萍，2012)

（一）需求系统

需求系统所形成的推动力是生态旅游可持续发展的直接推动力，是其发展的内因，生态旅游市场的存在是生态旅游发展的根本。旅游者需求、政府推动和旅游发展，使生态旅游已经成为旅游发展的主要趋势，成为亲朋好友推荐的时尚，社会舆论的导向，产生了巨大的生态旅游需求，从而形成一种合力来推动生态旅游的可持续发展。

（二）吸引系统

生态旅游吸引系统包含旅游资源和旅游产品。生态旅游资源是基础和依托，即原生态旅游吸引物对旅游者形成的原生吸引力。旅游产品是对旅游资源开发、加工和利用的结果，是提升生态旅游特殊性的手段，是通过旅游地更新而对旅游者产生的次生吸引力。这种吸引力可以源于原有景区景点的更新和旅游生态环境的提升，也可源于旅游社区环境和旅游服务的完善。吸引系统对生态旅游可持续发展产生的作用不可替代。

（三）中介系统

中介系统不仅包括传统的旅游产业中介、交通运输系统和旅游产业发展的实践者及推动者，同时也包含了信息中介、旅游活动的广告宣传、口碑以及起主要影响作用的娱乐信息。该系统是实现旅游空间位移的保证。旅行社是生态旅游发展的重要组织者，是生态旅游产品的销售者。新兴的大数据平台，在提供方便的同时，也为旅游业的发展提供了新方向。中介系统所产生的传送力在生态旅游可持续发展进程中不可或缺。

（四）支持系统

生态旅游支持系统分为硬环境和软环境两部分。硬环境主要包括生态旅游区的区位条件、服务设施及基础设施，这些是景区发展生态旅游的基本要素，成为生态旅游区旅游质量和承载力的重要影响因素。软环境包含经济环境、社会环境（道德风尚、社会治安、文化氛围、人力资源）、居民态度、公共服务等。支持系统对生态旅游可持续发展具有重要作用。

（五）监管系统

监管系统分为监督系统和管理系统。监督系统分为政府和非政府组织，其中政府包括中央政府和地方政府。非政府组织则包括专家学者、媒体、志愿者组织、保护机构等。管理系统通过围绕包括社区参与管理、教育与培训、当地利益最大化展开，建立完善的环境教育和解说系统。其中，社区参与管理模式指社区参与到生态旅游的决策规划、经营管理和社区服务三个主要方面；教育和培训主要包括当地人开设企业培训、社区管理人员培训、环境教育课程设计、基础旅游理论授课等；当地利益最大化包括当地劳动力就业优先、当地商品进入市场、收入返还当地、当地专长得以发挥等。

第三节　生态旅游系统动力学模型

一、建模方法与指标体系

系统动力学能定性与定量地分析研究系统，具有突出的结构—功能模拟特点。它一反过去常用的功能模拟法，采用模拟技术，从系统的微观结构入手建模，构造系统的基本结构，进而模拟与分析系统的动态行为。蔡琳(2008)在其专著《系统动力学在可持续发展研究中的应用》中，阐述了可持续发展系统动力学模型构建原则、方法和步骤，为生态旅游系统动力学建模提供了重要基础和借鉴。

(一)建模基本原则

1. 系统因果关系原则

从前述系统一般特性分析推知，系统作为相互影响、相互作用的各种元素的综合体，其内部元素之间以及与外部环境之间处于相互联系的动态过程中。主要体现为输入—输出关系和因—果关系。其中，输入—输出是系统的基元；因果关系是系统各部分联系的纽带。

系统动力学把系统中一个元素当作一个水平变量，该水平变量的输入被称为输入速率变量，而输出速率表示为输出速率变量。水平变量是输入速率与输出速率的矛盾统一体，它们构成系统动力学最基本的结构单元。

2. 结构决定功能原则

系统是结构和功能的统一体。结构是系统内各单元之间相互联系、相互作用的方式；功能是各单元活动的秩序或单元间相互作用的总体效应。

系统外因并非是导致系统状态变动的根源，系统行为的根源在系统内部。在特定环境条件下，系统功能主要取决于系统结构。系统结构是功能的基础，同时功能反作用于结构，在一定条件下会导致结构的变化。

3. 信息反馈原则

系统动力学通过反馈回路，将元素与元素之间、子结构与子结构之间联系起来，构成一个完整的模型，完成一定的功能。

反馈回路构成系统的基本结构，反馈回路包括正反馈回路和负反馈回路。反馈结构是导致事物随时间变化的根源，反馈回路特性及连接方式决定系统的行为。正反馈回路具有发散性特征，导致系统不稳定；负反馈回路具有收敛性特征，当系统受到干扰偏离原来状态时，能使系统逐渐恢复到原有稳定状态。

4. 主导结构原则

在系统内部发展运动的各个阶段,总存在一个或一个以上的主要回路,这些主要回路,构成了系统的主导结构。主导结构主要决定了系统的行为性质和变化方向。

主导结构因系统内某些非线性变量、敏感变量的变化而呈现动态变化,其具体内容在系统整体结构新旧更迭前后不同,在特定时空条件下同一系统结构中,主导与非主导结构部分之间可以相互转化。

5. 参变量敏感性原则

系统中总有某些相对重要的参变量,对系统的结构与行为影响较大,这些参变量被称为敏感参变量。

敏感参变量对干扰与涨落的反应极其敏感而强烈,一旦系统处于临界状态,敏感参变量会因涨落的影响而可能会导致系统由有序变为无序,或导致系统内部结构发生质的变化。这些敏感参变量的变化,可能会使主回路发生转移,从而致使系统反馈回路极性发生逆转。

6. 动态定义问题原则

系统动力学研究的是系统动态反馈问题。通常用随时间变化的变量图来描述研究对象和进行思考,从中发现重要变量的动态行为,并推论和绘制出这些重要变量相关函数的相应变化,从而比较准确地把握亟待研究问题的动态趋势与轮廓,为模型构筑提供参考和依据。

动态定义问题主要是研究对象随时间变化的模式和趋势,包括周期的增减、变量的相位差、波峰、波谷等。

7. 系统整体行为与结构层次分析互动原理

系统动力学认为,系统是结构与行为的统一体,系统的行为是系统整体结构的行为,如果模拟系统的行为不能正确地反映真实系统的运行规律,那一定是模拟系统的结构设置不合理,需要作出调整。在系统的结构分析时,适合采用分解原则;在系统的行为分析时,则要采用综合的原则。通过分解与综合的互动,建立完善的模型。

8. 系统行为反直观性原则

系统动力学研究的是复杂动态反馈性系统问题,系统内存在着非线性、高阶次的多重反馈性结构,系统的行为往往出现反直观性现象,大大超出人们的想象。因此,需要将系统放在足够长的时间跨度里进行考察,只有这样才能揭示系统行为的全貌,以免得出错误的结论。

9. 系统抗干扰性原则

复杂系统的另外一项特征就是系统的抗干扰性。即对大多数参数变动的不敏感性和对变更政策的抵抗性。如若想对系统进行有效的调控，就需要努力去寻找系统中的敏感参数和敏感结构。

10. 系统同构与相似性原则

根据结构决定功能原则，结构相似的系统一般具有相似的功能或行为。具有同构特征的不同类型系统，具有相似的功能或行为，在结构上都包含相互关联的正反馈和负反馈结构，在时间上具有延迟特性。因而可推断，其动态行为是相似的。这样，不仅可以沟通不同领域系统的规律和特性，还可使系统之间的模型对比参考和互借成为可能。

(二)建模方法与步骤

系统动力学依据系统的性质和特征，遵循以下的基本原则，构筑自己的模型。系统动力学认为，系统由单元、单元的运动和信息组成。单元是系统存在的现实基础，而信息反馈是单元运动的根源。系统的基本结构是反馈回路，反馈回路决定了系统的动态行为。系统状态可用水平变量来描述，水平变量起着积累的作用，受输入和输出流率的影响。输入和输出是决策变量，它只依赖于水平变量的现值和决策参变量。状态变量的变化是系统动力学的核心。据系统动力学原理，J.W. Forrester(1968)等创建了一种系统建模语言——DYNAMO，通过利用一系列的符号和编程规则，建立真实系统的仿真系模型，进行系统结构、功能和动态行为的模拟，以实现系统的有效调控。

系统动力学建模的方法主要包括状态变量方程、变速变量方程、辅助变量方程、常量方程、表函数、初始值方程、源于汇、物流与信息流、筑模和测试函数、控制语句等。系统动力学建模主要包括两种模式，即传统的建模方式和基于树结构理论的建模方式(蔡琳，2008)。传统建模方式是指系统动力学创建时间所确定的建模方式，其基本过程包括五个步骤，即系统综合分析、系统机构分析、建立数字规范模型、模型试运行与调整、模型检验与评估。

基于树结构理论的建模方式是通过因果关系图、流图建立结构模型，然后建立方程模型。基本过程：确定建模目的、群体定性分析和边界确定、建立流位流率系、确定因果关系图、流图或流率基本入树模型、进行反馈环分析、写出全部方案、调控或决策方案模型、与专家用户多次对话，反复进行计算机调试，实现综合集成(蔡琳，2008)。系统动力学建模方式改进与拓展过程包括系统动力学模型参数的选取与处理、决策方法优化、模型进化、仿真结果的多维展示(蔡琳，2008)。

(三)指标体系构建

可持续发展动力学系统包含人口、资源、环境、社会与经济五个要素(蔡琳，2008)。作为建立在可持续发展动力学系统背景框架下的专项系统，生态旅游动力学系统涉及人口、资源、环境、社会与经济诸方面，其系统构建受可持续发展动力学系统的界定，并主要以生态旅游系统理论指导进行，主要包括生态旅游主体、客体、媒体和载体四个系统要素。

生态旅游系统动力学从概念具体落实到操作层面，必须构建生态旅游系统动力学的指标体系。借助目前可持续发展指标系统并结合生态旅游系统自身特点，生态旅游系统动力学指标体系构建主要涉及四个方面：①生态环境子系统，其代表有生态足迹(EF)、价值化"生态服务"指标(ES)、国家尺度生态指标、生态系统健康力指数等；②经济发展子系统，其代表是"国民财富"指标即真实储蓄率(GSR)、绿色净国内生产总值(AEANDP)即绿色 GDP 核算体系；③社会人文子系统，最具有代表性的是联合国开发计划署(UNDP)的"人文发展指标"(HDI)、真实发展指数(GPI)和可持续经济福利指数(ISEW)；④系统框架子系统，其代表是中国科学院可持续发展研究组提出的"可持续能力"(SC)指标体系、联合国可持续发展委员会(UNCSD)国家尺度主题指标体系、压力—状态—响应(PSR)及驱动力—压力—状态—影响—响应(DPSIR)框架体系等(蔡琳，2008)。

除上述综合性的可持续发展指标体系外，还有众多的研究机构和研究者推出了部门、专门研究对象和地域性的可持续发展指标体系，如农业可持续发展指标体系、土地资源可持续发展指标体系、城市可持续发展指标体系等(蔡琳，2008)。这些指标体系既为度量生态旅游可持续发展水平提供了依据，也为构筑生态旅游可持续发展模型的变量集和目标集提供了指导。蔡琳(2008)指出，从具体国情出发，在模型构筑时，应更多地考虑中国科学院可持续发展战略研究组建立的可持续发展指标体系中的内容。

中国科学院可持续发展战略研究组在世界上首次开辟了可持续发展研究的系统学方向，依据此理论内涵，设计了一套"五级叠加，逐层收敛，规范权重，统一排序"的可持续发展指标体系(蔡琳，2008)。该指标体系分为总体层、系统层、状态层、变量层和要素层五个等级。相对应的生态旅游动力学系统指标体系如图 3-19 所示。

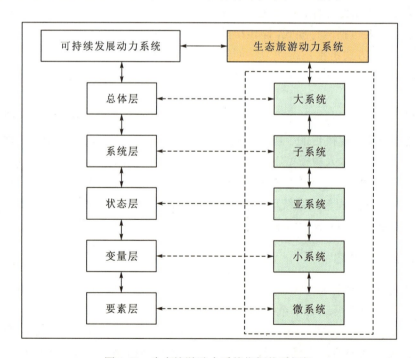

图 3-19　生态旅游动力系统指标体系框架

1. 大系统

相当于可持续发展动力学系统中的总体层。大系统即生态旅游动力学系统，综合表达生态旅游可持续发展的总体能力，代表着生态旅游可持续发展总体运行态势和战略实施的总体效果。

2. 子系统

相当于可持续发展动力学系统中的系统层。子系统将生态旅游可持续发展动力子系统解析为内部具有逻辑关系的四大子系统，即旅游主体子系统、旅游客体子系统、旅游媒体子系统、旅游载体子系统。

3. 亚系统

相当于可持续发展动力学系统中的状态层。亚系统在每一个子系统内能够表征系统行为的关系结构。以某一时刻为断面表现为静态，随着时间变化呈现动态特征。

4. 小系统

相当于可持续发展动力学系统中的变量层。小系统在亚系统中采用一定数量的"变量"加以代表。它们从本质上反映、揭示系统状态的行为、关系、变化等的原因和动力。

5. 微系统

相当于可持续发展动力学系统中的要素层。微系统在亚系统中采用可测的、可比的、可以获得的指标和指标体系，对小系统的数量表现、强度表现、速率表现给予直接地度量。小系采用一定数量的"因子"，全面系统地对小系统的"变量"进行定量描述，构成指标体系的最基层要素。

二、生态旅游动力系统建模

(一)系统模型构建

生态旅游动力学系统的最大特征是强调系统的能量守恒与动力学特点，亦即构成生态旅游大系统的各个子系统之间相互作用、相互影响所形成的完全不同的全新动力学系统——生态旅游动力学系统，一个完整的旅游耗散的结构系统。生态旅游系统中不同子系统及其变量和影响因子之间的相互作用，会产生不同类型、方式和程度的动力学效果，可以用端元函数来表达彼此之间的动力学关系(图3-20)。

生态旅游可持续发展实施和实现客观要求从全域、动态的理念和系统理论视角对生态旅游动力学系统进行研究和指导。生态旅游动力学系统包含生态旅游主体(H)、生态旅游客体(O)、生态旅游媒体(M)和生态旅游载体(E)四个子系统(图3-20)。其中，生态旅游主体子系统是驱动生态旅游动力学系统发展变化的驱动力，主要依托客源地生态游客群主动到旅游地区进行生态旅游活动加以维持，故称为生态旅游消费动力学子系统；生态旅游客体子系统是生态旅游动力学系统发展的前提和基础，没有旅游客源地吸引力就没有生态旅游发生的前提，亦称为生态旅游吸引力子系统；生态旅游媒体子系统是生态旅游动力学系统运行的支持保障，没有旅游企事业就很难实现旅游客源地与旅游目的地之间的互动，亦称为生态旅游支持动力学子系统；生态旅游载体子系统则是生态旅游动力学系统实施与实现的背景支撑和环境条件，没有适当的旅游发展环境作为背景和条件，生态旅游动力学系统则难以实现，亦称为生态旅游环境动力学子系统。具体地说，生态旅游者是生态旅游消费的决策者和生态旅游业形成发展的驱动力，是生态旅游动力学系统运行的推动者；生态旅游资源或景区是生态旅游者经历、体验和消费的对象，是生态旅游动力学系统运行的物质基础；生态旅游业是为满足生态旅游者消费需求而创造条件的企事业，是生态旅游动力学系统运行的支持和保障；生态旅游载体子系统由不同层级的旅游环境有机构成，是政治、自然、经济、社会、技术的综合集成，是生态旅游业发展的硬软件环境条件，也是生态旅游系统生存运行发展的环境基础(图 3-20)。

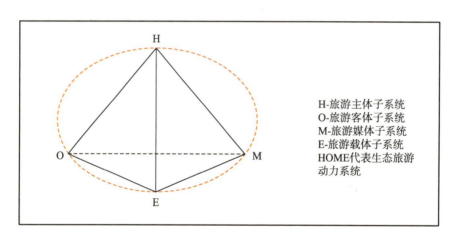

H-旅游主体子系统
O-旅游客体子系统
M-旅游媒体子系统
E-旅游载体子系统
HOME代表生态旅游
动力系统

图 3-20　生态旅游动力系统 HOME 模型

　　从系统动力学观点来看，生态旅游动力学系统 HOME 模型中，H、O、M、E 这四个子系统之间相互联系、相互作用，构成了一个复杂的大系统，即生态旅游动力学系统(ecotourism dynamic system，EDS)，可称之为生态旅游主体、客体、媒体与载体协调发展系统(简称 HOME 系统)。EDS 或 HOME 系统作为一个非线性、高阶次的四面体和动态综合体，旅游系统具有复杂性、功能多样性、层次性、地域性、动态性、自组织性、自相似性等特征。它不仅具有可持续发展系统的一般特征，而且系统内部结构及子系统之间相互作用机制比一般系统要复杂得多，生态旅游业可持续发展依赖于 EDS 或 HOME 系统内各子系统内部诸变量之间的动力学关系：彼此间的协调程度(协调度)、发展程度(发展度)、持续程度(持续度)。

　　EDS 或 HOME 系统是一个高度开放的系统，无论是生态旅游主体、生态旅游客体，还是生态旅游媒体和生态旅游载体，都与外界存在着千丝万缕的联系。如生态旅游主体子系统的生态旅游者存在着迁移产生的生态旅游流，涵盖生态旅游信息流、生态旅游物流、生态旅游能流和生态旅游价值流的一个复杂子系统。此外，生态旅游客体子系统的旅游资源或生态旅游产品存在着市场交换；生态旅游媒体子系统的旅游业其经济本质，就是以"游客搬运"为前提，在异地(旅游地)进行终端消费的经济效果，并促进旅游地经济产业发展；生态旅游载体子系统中的生态环境存在着相互影响，社会环境存在着比较和借鉴，经济环境存在着资金的流动和货物的进出口等。正是上述各种子系统、微系统、各种变量和影响因子之间，不同层级、不同方向、不同角度、不同功能等的沟通和交流，组成了动态性、高阶次、多元化的生态动力学系统。

生态旅游动力学系统是一项复杂的系统工程，不仅涉及经济社会的方方面面，而且涉及经济活动、社会活动和自然界的复杂关系，涉及人与经济社会环境、自然环境的相互作用。这就需要采取系统科学的方法来进行研究，即复杂的生态旅游系统理论构建与解决，需要系统论、信息论、控制论、协同论、结构耗散理论等的结合，才能充分发挥其应有的作用。

所谓系统科学的方法，就是按照客观事物本身的系统性，把研究对象放在系统的框架中加以科学考察的方法。即把研究对象作为一个有一定组成、结构与功能的整体，从系统的观点出发，通过分析整体与部分(不同级别小系统)之间、整体与外部环境之间、部分(不同级别小系统)之间的相互作用和相互制约关系，综合地、精确地、动态地考察对象，求得整体功能最佳的科学方法。其显著特征是整体性、综合性、联系性、动态性和最佳化。

(二)系统模型特征

蔡琳(2008)在其专著《系统动力学在可持续发展研究中的应用》中，系统阐述了可持续发展系统模型特征。尽管系统是复杂多样的，但大部分系统都有其共性。作为各种系统集合而成的特殊系统，生态旅游动力学系统模型具有这些系统的一般共性。其中包括：系统性、整体性、结构性、层次性、目的性、自组织性、相似性、稳定性和突变性等。

1. 系统性

系统性系指生态旅游动力学系统中旅游主体、旅游客体、旅游媒体、旅游载体四个子系统及其诸变量和影响因子之间相互作用的统一性。生态旅游动力学系统是指处于相互作用并与环境相互联系中的各种变量与因子的集合体，表现为生态旅游系统诸变量及因子之间普遍的相互作用规律，即生态旅游动力学系统是一个由旅游相关的各要素之间相互作用、相互制约而形成的综合动态动力学系统。

2. 整体性

系统整体性是指生态旅游动力学系统由所有相关要素组成的具有一定功能的有机整体，各个要素一旦组成系统，即表现出独立要素所不具备的性质和功能，共同构成新系统的质的规定性，从而表现出整体的性质和功能，不等于各个要素的性质和功能的简单相加，即生态旅游系统中各个子系统之间是相对独立且相互作用形成的统一的动力学系统。

3. 结构性

系统的结构性是指生态旅游动力学系统中构成系统的各变量和因子，按照一定的秩序、方式和关系结合起来。系统结构与功能的关系表达了系统的结构性。结构是系统诸元素相互联系、相互关系的总和，也是系统存在的组织形式。功能是系统与环境相互关系中所表现的属性以及所具有的能力和所起的作用，即构成生态旅游动力学系统的各个子系统是由诸变量和因子按照一定的秩序、方式和关系有机组合而成的。

4. 层次性

所谓层次性系指系统的层次或等级，层次性是系统中不同级别子系统的一种垂直结构关系。一个系统内部要素本身可能就是一个个很小的系统，这些小系统常被称为这个系统的"子系统"。如图 3-19 所示的，生态旅游动力学系统就是由大系统、子系统、亚系统、小系统、微系统至少五个层级的次级系统构成。系统的层次与系统的运动状态相适应，系统运动状态的改变引起系统层次的突变，并且高层次系统从低层次系统中产生，并以低层次系统作为基础与载体。

5. 目的性

生态旅游动力学系统是客观存在的。任何一个系统的发生和发展都具有很强的目的性。目的是一个系统的主导，它决定着系统要素的组成和结构。自然系统的目的性反映了系统内在的客观要求，人工系统的目的性体现了人们对客观规律的认识和运用，生物系统的目的性就是增殖个体、繁衍物种、不断进化，使生命得以延续。

生态旅游动力学系统更为高级和复杂，是通过对生态旅游者和旅游业的控制，确保旅游业发展与环境的和谐相处，不仅使旅游业发展得以延续，而且还要取得更佳的发展质量。

6. 自组织性

系统的有序与无序关系表达了系统的自组织性。系统自组织性表示系统的运动是自发的。也就是说，在一定条件下，系统能够自动地从有序程度低的比较简单的系统，演化成为有序程度高的比较复杂的系统。

生态旅游动力学系统自组织性主要发生在开放系统之中，系统的自组织离不开与环境的互动。系统的自组织性具有自发的特点，同时强调自发运动过程也是自发形成一定的组织结构的过程，即系统的自组织包括了系统的进化与优化。

7. 相似性

系统相似性是指系统具有同构和同态的性质，在系统结构、存在方式和演化过程具有共同性。系统的整体性、层次性、目的性等都是系统统一性的体现。生态旅游动力学系统也具有相似性，即生态旅游动力学系统的同构和同态的性质，如生态旅游客体子系统中旅游资源或者旅游产品小系统就体现出系统结构、存在方式和演化过程的相似性。同理，旅游主体子系统、旅游媒体子系统、旅游载体子系统中，各自都存在系统结构、存在形态和演化阶段的相似性。

8. 稳定性

系统的稳定性指的是在外界作用下开放系统具有一定的自我稳定能力，能够在一定范围内自我调节，从而保持和恢复原有的有序状态，维持和恢复原有结构和功能。

系统的稳定性是系统在发展和演化之中的相对稳定性。开放是系统发展变化的前提，系统的稳定性都是动态中的稳定性。系统的稳定性源于系统内存在着负反馈调节机制。

生态旅游动力学系统与系统的负反馈能力有关，与在负反馈基础上的自我调节、自我稳定能力相联系。正是由于系统的这种内在能力，使系统得以消灭偏离稳定状态的失稳因素而稳定存在，使系统保持整体性、目的性。

9. 突变性

系统的突变性是指系统通过失稳(instability)从一种状态进入另一种状态的一种剧烈变化过程(蔡琳, 2008)。突变成为系统发展过程中的非平衡因素，是稳定中的不稳定、同一之中出现的差异。当系统个别要素的运动状态或结构功能的变异得到其他要素的响应时，子系统之间的差异进一步扩大，加大了系统内的非平衡性。特别是得到整个系统的响应时，系统发生质变，从而进入新的状态。

系统突变的方式是多种多样的。系统突变方式的多样性，造成了系统质变和系统发展的多样性。突变是一种普遍的自然现象和社会现象，如自然界中突然的火山爆发、地震、气候的急剧变化、生物灭绝等造成的某一区域生态旅游目的地旅游动力学系统的崩溃，战争动乱、经济危机、社会体制转型等造成的生态旅游动力学系统的破坏等。

三、生态旅游系统动力学关系

图 3-20 表明四个不同层次的动力学关系。最低层次是单一端元(子系统)内部的动力学关系，第二个层次是任意两个端元(子系统)之间的动力学关系，第三个层次是任意三个端元(子系统)之间的动力学关系，最高层次的是同时由四个端元(子系统)之间所形成的动力学关系 HOME。一个端元(子系统)在生态旅游动力学系统中，同时受到三个层次多种变量的影响。从端元之间的关系看，就受到三种端元子系统的影响；从平面关系上看，一个端元就受到三个平面的影响；从多维关系上看，就是与其他三个端元一起构成由四个面组成的一个四面体。应该说明的是，生态旅游动力学系统是一个不同级别、各类变量之间全方位、多元化、立体性的动态综合体，现实中是很难厘清彼此间那种具体、直接的动力学关系的。这里为便于理解，暂且分为线状、平面和多维三种动力学关系加以阐述。

(一)线状动力学关系

即两端元(子系统)之间相互影响所产生的动力学关系。为避免"线性"、"非线性"等可能带来的误解，这里将点一点之间的线性关系称为"线状动力学关系"。任意两个端元之间，彼此连成一条直线，彼此之间相互作用、方向相反，表示直线式的一次函数关系，表达彼此之间的直接互动关系。这种直线关系是最简单、最直接的关系，如主体—客体之间、主体—媒体、主体—载体之间、客体—媒体之间、客体—载体之间、媒体—载体之间的关系。从图 3-20 中可以看出，任意端元的直线关系包括三种，如主体端元除了主体—客体之间关系外，还有主体—媒体、主体—载体关系，亦即任何一种端元之间的关系只是针对某主端元而言三种关系中的一种，这说明某一端元在生态旅游系统中的稳定性同时受到另外三个端元不同程度和形式的动力学影响。

1. 主体—客体的动力学关系

旅游主体与旅游客体之间的关系(即图 3-20 中的 HO 关系)是生态旅游系统中最为重要、关键、起决定性作用的动态平衡关系。所有其他端元之间的关系 HM、HE、OE、OM、EM 关系均围绕着 HO 关系发挥作用。没有 HO 关系，HM、HE、OE、OM、EM 关系就无法构成完整的生态旅游系统。

生态旅游者(H)到旅游目的地(O)消费生态旅游产品，是生态旅游业产生和发展的必要前提。前者是主动的、自由的、活跃的，后者是相对被动的、受限的、静止的。前者对后者产生的作用主要包括：①由于旅游者差异化的需求、欲望和动机，迫使自己到所需的旅游地去旅行，生态旅游者相关的生态旅游流本身即为一种多向的动力学系统，所带来的资金流、信息流、物质流、能量流、价值流对旅游地具有特定的吸引力，这种无形的吸引力会转化为无形的冲击波；②旅游者在旅游地体验生态旅游过程中，对旅游地产生的有形的作用力，包括对旅游地自然生态的影响，对生态社区的影响，对当地文化及景观资源变迁的影响，对当地人文精神、理念和价值观的冲击，从而影响旅游地经济、社会、文化和自然诸方面；③最大的冲击力就是由于旅游业的非生态化和城镇化发展，大量开发休闲房地产、旅游房地产，导致旅游目的地新型城镇乃至城市的诞生，意味着原有自然—人文综合生态系统的消亡。

生态旅游客体(O)对生态旅游主体(H)的反作用力主要包括：①生态旅游地具有原生态美的生态旅游资源或者生态旅游产品对不同类型生态旅游者产生不同类型和程度的吸引力，这种吸引力大小取决于旅游资源或产品的吸引力大小，而吸引力大小又取决于资源或产品的比较特色和比较优势。②生态旅游地的吸引力不是一成不变的，而是随着时空的变化和周围环境的变化而变化的，这与旅游地生命周期的利用、经营管理成效密切相关。同一个旅游地，不同的经营管理者所带来的吸引力大小、生命周期长短是不同的：善于科学管理和更新产品的经营管理者，旅游地的吸引力是独特的，目的地产品周期是持久的。反之，则吸引力很弱小、周期是短暂的。③生态旅游地对旅游者的反作用力。若生态旅游地一方面具有明显吸引力的生态旅游资源或产品，还具有良好的生态旅游社区、生态旅游环境、经济社会环境和人文环境，则生态旅游地不仅对客源地具有明显的吸引力，而且对客源地生态旅游发展具有促进作用。④生态旅游地具有明显的教育功能。包括激发、引导、启迪、激励、示范、警示、带动和教育功能，传播美学功能、科教科普功能，生态旅游目的地良好的遗产保护、生态环保意识、科学发展观理念、和谐的人文氛围，不仅对社区发展意义重大，更重要的是通过其辐射、散布、影响和带动作用，影响着广大旅游者，对客源地人文教育和社会进步具有重要意义。

　　2. 其他端元之间的线状关系

　　即旅游主体—媒体(HM)、旅游主体—载体(HE)、旅游客体—载体(OE)、旅游客体—媒体(OM)、旅游媒体—载体(EM)的直线关系，这些关系均围绕着(HO)关系发挥作用。同样，没有其他直线关系，旅游主体—客体(HO)关系很难起作用，产生真正的生态旅游业。上述关系中，旅游主体—媒体(HM)说明了旅游者与旅游业之间的互动关系；旅游客体—载体(OE)关系表明旅游过程中，旅游目的地与旅游发展环境之间的各种直接与间接关系；旅游客体—媒体(OM)关系说明旅游地与旅游业之间各种要素的互动关系；旅游媒体—载体(EM)关系表明旅游业与旅游环境之间的直接与间接的关系。正是上述的这些关系的相互作用和相互促进，才促进了旅游主体—客体(HO)的产生乃至生态旅游系统的稳定。这里仅以旅游主体—媒体(HM)为例进行具体阐述。

　　旅游主体—媒体(HM)，即旅游主体与旅游媒体之间的直线关系。亦即旅游者与食、住、行、游、购、娱要素中某一相关部门发生的直接关系，彼此关系互动过程中产生的作用力也是相互的。若旅游者与旅游媒体各要素之间彼此都是正能量、建设性的，则彼此产生的作用力是正能量的、建设性的，将大大促进生态旅游业的发展。反之，若彼此之间是负能量的、非建设性的，则不利于生态旅游业的发展。举个例子，旅游者 A 到某地 B 去旅游，过程中就直接涉及旅游媒体小系统中的食、住、行、游、购、娱各个环节，并间接与旅游组织部门(如旅游协会、旅游组织机构等)有关。下面分几种情况进行说明。

　　(1)旅游者是生态旅游者，即自觉负责任的旅游者。主要存在三种情况：

　　一是在旅游过程中，如果食、住、行、游、购、娱各个服务环节都是满意的、友好的、绿色的，这说明旅游主体(H)与旅游媒体(M)之间是正能量的相互关系，合作过程中会产生相互信任、相互鼓励、相互促进、共同发展前进的动力，这就会有利于生态旅游业的发展。这是一种理想状态。

　　二是在旅游过程中，如果食、住、行、游、购、娱各个服务环节都是不满意的、不友好的、不节约的，这说明旅游主体(H)与旅游媒体(M)之间是非正能量的相互关系，合作过程中旅游者对旅游媒体会产生不信任感，甚至打消再去旅游的念头，其结果就会不利于生态旅游业的发展。

　　三是通常情况，食、住、行、游、购、娱各个服务环节中，往往遇到一种或几种环节不如意，这也会影响到生态旅游者的心情甚至不满情绪，从而影响到旅游者与旅游媒体之间的关系，结果会带来生态旅游业的不利影响。要改变这种不利状况，首先是旅游媒体相关环节要加强自身建设，其次是相关旅游组织部门的监督管理等。

　　(2)旅游者是不称职或不负责任的旅游者。主要存在三种情况：

　　第一种情况是在旅游过程中，如果食、住、行、游、购、娱各个服务环节都是满意的、友好的、绿色的，该旅游者可能会"大开眼界"，会不同程度地被各个环节的真诚和热情所感染，受到教育并取得进步。但对于旅游媒体(M)而言，很可能是消极的一面，即受到挫折打击。这说明旅游主体(H)与旅游媒体(M)之间是负能量与正能量的相互关系，这需要加强旅游者的培训与教育，提高自身的环境伦理道德和人文修养。

　　第二种情况是在旅游过程中，若食、住、行、游、购、娱任一环节都是不满意的、不友好的、不节约的,这说明旅游主体(H)与旅游媒体(M)之间是负能量、非建设性的相互关系,很显然其结果就会极大地阻碍生态旅游业的发展。这说明旅游者不是生态旅游者,旅游媒体不是生态旅游媒体,均没有达到生态旅游的门槛。

第三种情况是在旅游过程中,如果食、住、行、游、购、娱各个服务环节中,往往遇到一种或几种环节不如意,这说明旅游主体(H)与旅游媒体(M)之间并非正能量的相互关系,合作过程中彼此会产生不信任感,其结果就会不利于生态旅游业的发展。

(二)平面动力学关系

即三端元(子系统)之间相互作用所形成的基于平面的综合动力学关系(图3-20)。任意三个端元彼此联系构成一个完整的三角平面,如旅游主体(H)、旅游客体(O)、旅游环境(E)之间,可以构成一个三角平面HOE。若以旅游主体(H)为主端元与另外两个端元任意组合,可以构成两个三角平面,分别是 HOM 和 HEM,表达的是三个端元互为函数,其中之一端元作为函数时与另两个端元之间的关系,构成完整的二次函数关系。同理,若以旅游客体为主端元,则其与另两个端元组成的三个三角平面分别为:OHE、OHM、OEM,分别代表三个不同的二次函数。同理,若以 M 为主端元,则形成的三个三角平面分别为:MHO、MHE、MEO;而以 E 为主端元所形成的三个三角平面分别为:EOH、EOM、EHM。若分别减去一个重复的三角平面 OHE、MHO、MEO、EOH、EHM,则共存有 4 个三角平面,即 HOE、HOM、HEM 和 OEM,这表明由四个端元任意组合形成四个不同的三角平面,即四个二次函数。

首先,HOE 即旅游主体(H)—旅游客体(O)—旅游环境(E)组合构成的三角平面关系,代表的是以 H 为函数,以 O 和 E 为变量构成的二元方程式,即 H=aO+bE,该式子表明旅游主体这个变量随着旅游客体和旅游环境而变化。同理可得,O=aH+bE 和 E=aO+bH。同样的,旅游客体也随着旅游主体和旅游环境而变化,旅游环境也随着旅游客体和旅游主体而发生变化。

其次,HOM 即旅游主体(H)—旅游客体(O)—旅游媒体(M)组合构成的三角平面关系,代表的是以 H 为函数,以 O 和 M 为变量构成的二元方程式,即 H=aO+bM,该式子表明旅游主体这个变量随着旅游客体和旅游媒体而变化。同理可得,O=aH+bM 和 M=aO+bH。同样的,旅游客体也随着旅游主体和旅游媒体而变化,旅游媒体也随着旅游主体和旅游客体而发生变化。

再次,HEM 即旅游主体(H)—旅游环境(E)—旅游媒体(M)组合构成的三角平面关系,代表的是以 H 为函数,以 M 和 E 为变量构成的二元方程式,即 H=M+E,该式子表明旅游主体这个变量随着旅游媒体和旅游环境而变化。同理可得,M=H+E 和 E=M+H。同样的,旅游媒体也随着旅游主体和旅游环境而变化,旅游环境也随着旅游媒体和旅游主体而发生变化。

最后,OEM 即旅游客体(O)—旅游环境(E)—旅游媒体(M)组合构成的三角平面关系,代表的是以 O 为函数,以 M 和 E 为变量构成的二元方程式,即 O=M+E,该式子表明旅游客体这个变量随着旅游媒体和旅游环境而变化。同理可得,M=O+E 和 E=O+M。同样的,旅游媒体也随着旅游客体和旅游环境而变化,旅游环境也随着旅游客体和旅游媒体而发生变化。该式子成立的前提是在生态旅游系统中。

上述二次函数关系的意义是，任一个主端元(函数)随着另外两个次端元(变量)的变化而变化，在三者共享的同一个三角平面中，这个三角平面即为一个动态的平面，随着另外两个端元或其中任一端元的变化而变化。如旅游主体—旅游客体—旅游媒体构成的生态旅游业体系(HOM)中，可以看成三种情况：一是旅游主体是标准的生态旅游者，旅游客体和旅游媒体都是规范的生态旅游客体和生态旅游媒体，则该旅游系统才是真正意义上的生态旅游系统；二是旅游主体是合格的生态旅游者，旅游客体和旅游媒体中某一个是规范的而另一个是不合格的，则说明该旅游系统不是真正意义上的生态旅游系统，最多是一个准生态旅游系统；三是旅游主体不是合格的生态旅游者，旅游客体和旅游媒体都不合格，则说明该旅游系统根本不是生态旅游系统。生态旅游系统与非生态旅游系统之间是动态变化的，是可以通过函数和变量的修正而相互转换的，即生态旅游系统可以转变为非生态旅游系统，同样非生态旅游系统可以转变为生态旅游系统。

(三)多维动力学关系

即生态旅游动力学系统中四端元(子系统)之间的多元、高阶、复杂的动态动力学关系。从图 3-20 中可看出，四个端元任意组合形成六个代表一次函数的直线关系，六个代表一次函数的直线任意组合形成代表四个二次函数关系的三角平面 HOE、HOM、HEM 和 OEM，四个二次函数关系的三角平面 HOE、HOM、HEM 和 OEM 相互联系、有机组合，彼此共同构成一个完整的四面体 HOME，这个四面体就是通过旅游主体—旅游客体—旅游媒体—旅游环境四个端元(函数)之间，经过不同类型、级别、能量的变量之间相互影响、有机构建而彼此共同构成的一个多元、动态的动力学体系，就很好地表达了一个完整的生态旅游动力学系统，含义主要包括：①一个完整的生态旅游动力学系统包括旅游主体(H)、旅游客体(O)、旅游媒体(M)、旅游环境(E)四个端元函数及其相关变量和影响因子；②四个端元之间通过点、线、面等形式的相互作用、相互影响，构成一个不可分割、有机统一的完整体系，即生态旅游动力学系统；③这个生态旅游系统是一个多元、动态、综合的有机动力学系统，任何一个端元函数或者相关因子的变化，均导致整个生态旅游动力学系统不同侧面、不同层次和程度的变化。

以旅游主体(H)为主端元的四面体 HOME 这个三次函数，可以简单表达成：H=HOE+HOM+HEM+OEM。其成因意义是，任一主端元三次函数(立体)等于其他三个代表二次函数的次端元之间的相互作用和相互影响的结果。其中任意三个端元之间的面函数的变化都会带来主端元的立体变化。如在四面体 HOME 这个三次函数关系中，旅游主体(H)端元不仅以指数变化的形式影响着其他三个端元，即客源市场的变化不仅带来旅游客源地的变化、旅游媒体部门机构的变化，还影响着生态旅游发展环境及其变化。这种变化是从客源市场引起，可以说旅游业的发展不仅给旅游目的地、旅游企事业带来变化，同时也改善了整个旅游发展环境即整个社会经济环境。同样，另外三个端元作为二次函数引起的各自三个三角面的变化，从而引起整个四面体的变化，即生态旅游系统动力学体系的变化。

从四面体 HOME，可以看出：

(1)一个地区、一个国家，乃至全世界生态旅游业，可看成是一个四面体结构的生态旅游系统，生态旅游业可持续发展涉及各个方面，只有每个方面都保持良好的支持状态，这个旅游业才是真正的生态旅游业，或者说这个地区或者国家的生态旅游业才是真正的生态旅游业和健康发展的生态旅游业。单一的客源地、单一的旅游客体、单一的旅游媒体或单一的旅游发展环境状况，不能代表、衡量这个地区或国家的生态旅游业。

(2)生态旅游系统是一个时刻处于动态平衡的动力学系统，这种系统保持动态平衡的前提是构成这个系统的各级亚系统、小系统、微系统及其相关函数、变量、影响因子之间达到某种动态平衡。同样，假如这个大系统中，某一个亚系统、小系统亦或是微系统或者其中的函数、变量、影响因子发生了变化，则这个大系统的稳定状态就受到影响。真正意义上的生态旅游系统，是相关各级子系统、各函数、诸变量、诸因子之间达到动态平衡的结果。

(3)从影响方式和程度上看，无论是大系统、子系统、小系统、微系统，还是函数、变量和影响因子，彼此之间的影响方式不是简单的单向或双向的，而是多向、多面、多方位的，是立体的和综合的，影响的程度不是简单、直接的一次函数式的，而是高次方、指数式的变量影响程度，这种多方位、指数式的立体、动态影响，带来的后果是剧烈的、爆炸式的。亦即所谓的"蝴蝶效应"，微小的副作用或负能量，会带来整个生态旅游系统的崩溃。同样，正能量、建设性、友好型的影响因子，哪怕是微不足道的，其结果对生态旅游系统的促进作用也是巨大的。

(四)生态旅游系统动力机制

综上所述，需求系统产生的推动力、吸引系统产生的吸引力、中介系统产生的传送力、支持系统产生的支撑力、监管系统产生的鞭策力是构成生态旅游可持续发展动力系统的五个动力因子(邓超颖和张建萍，2012)。但每一个动力因子都是在一定的承载力范围内才能产生正向的推动作用，促进生态旅游的可持续发展，一旦超出了这个承载力范围则会产生阻碍生态旅游发展的阻力。如需求系统中收入增加的幅度小于旅游支出时，金钱即成为阻力；吸引系统中，资源破坏严重或者社会文化差异过大，这也将成为阻力；中介系统中交通的通达度也可能成为阻力；支持系统中旅游目的地较差的社会环境安全性等将成为阻力；监管系统中负面信息也将成为阻力。在生态旅游可持续发展的动力系统中要考虑阻力的存在。融阻力和动力为矛盾统一体的生态旅游可持续发展动力系统是一个多维、多方位的动力学系统。

生态旅游可持续发展动力系统是一个复杂的巨系统，包含多种动力因子，各动力因子在系统的作用下，产生相应的推动力，同时也不可避免的产生一定的阻碍力，当推动力大于阻碍力的时候，就会形成正向的推动力，推动生态旅游系统的可持续发展(邓超颖和张建萍，2012)。当推动力小于阻碍力时，相应的会形成负的阻碍力，导致生态旅游系统的停滞和衰落。两种情况下系统都会形成反馈信息传送到系统的内部，从而对系统进行优化(图3-21)。

邓超颖和张建萍(2012)将生态旅游可持续发展动力因子归纳为五种主要的力量作用，即推动力、吸引力、传送力、支撑力以及鞭策力。内因是事物运动发展的决定力量，外因通过内因起作用。推动力和吸引力是生态旅游可持续发展的最直接动力，旅游需求的产生以及目的地的吸引是生态旅游可持续发展的内因，起到决定性作用。传送力、支撑力以及鞭策力，是生态旅游可持续发展的间接动力，通过作用于内因起到辅助作用，从而推动生态旅游的发展。

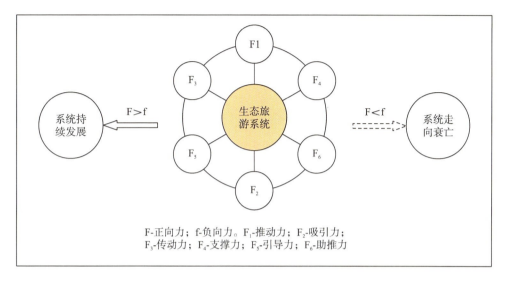

图 3-21　生态旅游系统动力机制

第四节　生态旅游动力系统特征

一、生态旅游主体子系统

从生态旅游动力学系统的观点看，生态旅游主体就是客源地生态旅游者相关各因素相互影响、相互作用的动态综合体，它构成生态旅游动力学系统的生态旅游主体子系统。该子系统由不同层级、不同类型的亚系统组成，各亚系统又由各种微系统所构成，而各微系统又由各种变量和因子所组成，统称旅游消费动力子系统。

生态旅游者的旅游活动过程并非偶然、独立的单一行为过程，而是一个受周围客观、主观、硬环境、软环境等各种因素相互影响、相互作用的一个错综复杂的过程，是随时受到个人动因、外界因素和旅游地三大变量同时作用影响的复杂系统。该子系统认为，生态旅游者并非独立的游客个体或者单纯的游客群体，而是随时随地受到所在环境各种因素综合作用的复杂综合体。该子系统并非生态旅游者自身独立、静止的子系统，而是随时受到外界和旅游地因素影响的动态综合子系统。该系统通过生态旅游客体子系统、媒体子系统和载体子系统的相互作用，从而促进生态旅游业这个大系统的运行和发展（图 3-22）。

该子系统具体涉及三个变量或者三个更次一级的亚系统，即游客亚系统、外界因素亚系统和旅游地亚系统（图 3-22）。其中，游客亚系统即由游客自身及其影响因素组合形成的小系统，外界因素亚系统特指游客所在区域影响游客亚系统的各种外界因素的综合体，旅游地亚系统特指旅游目的地各种因素的变化对游客行为动机所产生的各种行为变化的影响因素的综合体。

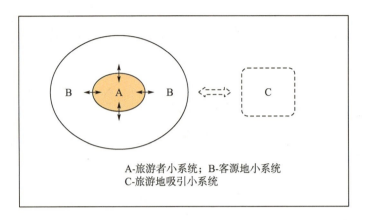

A-旅游者小系统；B-客源地小系统
C-旅游地吸引小系统

图 3-22　生态旅游主体子系统

(一)游客亚系统

游客亚系统即游客自身各种因素相互作用、相互影响，最终造成游客某种动机行为的综合复杂过程。游客的动机和行为具体表现在生态旅游活动过程各个环节中。但其小系统的影响因素复杂多样。游客自身的能动性影响因素，包括可自由支配收入、休闲时间、身体状况、家庭人口结构、社会阶层、受教育程度等。

游客需求动机通常分成五个层次，生理需求、安全需求、爱的需求、尊重的需求和自我实现的需求。前两者属于物质性的需求，后三者属于精神方面的需求。这些需求通过生态旅游可以体现为各种具体形式，包括从对宁静环境、新鲜空气、绿色食物、清澈水源、朴实交往等的生理需求，到亲近自然、了解自然、寻找净心、轻身健体、休闲娱乐、学习培训，以及生态审美、获得友谊、得到尊重、实现理想等的精神需求。

相应的影响因素涉及生态旅游者自身的知识、艺术、法律、道德、习俗等，具体包括生态文化、民族习俗、宗教文化、价值观等，这与个人的家庭结构、社会阶层有关。生态旅游者培训，尤其是自然知识、环境意识、环境教育等方面的培训。生态旅游者行为，保护性旅游行为及其转化，如游客行为从亲近自然、学习自然到保护自然的转化。

(二)外界因素亚系统

属于被动性的综合环境影响因素，如当地经济水平、社会环境、出游数量、出游频次及特征、人口结构特征、对旅游业的支持程度、相关政策法规(带薪休假制等)、旅游习惯和传统、生活水准和品质要求等，对旅游者出游动机和行为会产生各种方式或程度的影响。

旅游市场因素包括：①游客人口特征环境因子。包括年龄层次、性别、家庭生命周期(单身、新婚夫妇、中年、老年)、职业、受教育程度、宗教信仰、种族民族、国籍等。②心理因素环境因子。如社会阶层、生活方式、个性特征等。③游客行为因素环境因子。包括购买动机(观光、休闲度假、商务会议、奖励、探亲访友)、个人旅游、结伴旅游、家庭旅游、单位旅游，以及旺季、淡季、寒暑假、节假日等。

（三）旅游地亚系统

其影响因素如自然资源环境、社会环境、可进入性、信息资料及物质条件，更具体的是旅游地旅游产品的更新、可进入性的改善、旅游环境的提升，尤其是价廉物美的旅游产品的产出等，会相应的对旅游者产生各种吸引力。

可见，基于旅游主体需求系统所形成的推动力是生态旅游可持续发展的直接推动力，是其发展的内因，生态旅游需求市场的存在是生态旅游发展的根本。旅游者的需求，政府推动，旅游发展，使生态旅游已经成为旅游发展的趋势和潮流，成了一种时尚。亲朋好友的推荐，社会舆论的导向等使人们产生了对生态旅游的巨大需求，从而形成一种合力推动生态旅游可持续发展。

二、生态旅游客体子系统

从生态旅游动力学系统的观点看，生态旅游客体并非单一的生态旅游资源，而是指旅游目的地范围内具有原生态美吸引力的一切事物的总和，即生态旅游客体亚系统，包括旅游资源（旅游景区）或旅游产品（狭义）、旅游社区、生态环境、旅游设施、软件服务、人文氛围、精神要素等，既包括自然环境，也包含人文景观，既涵盖乡村资源，也涉及城市生态景观，一切具有原生态美吸引力的硬软件。正是上述不同级别、不同类型变量和因素相互作用和影响，才组合构成了旅游地吸引力综合体（图 3-23），统称旅游吸引动力子系统。

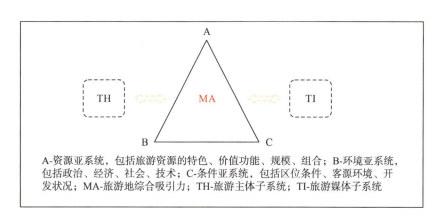

图 3-23　生态旅游客体子系统

传统的生态旅游客体就是旅游资源即旅游吸引物。依此含义，这里的旅游客体子系统就是旅游地各种旅游吸引物（和旅游产品）及其影响因素的综合体。广义的旅游客体就是旅游者旅游活动和消费旅游产品的场所诸要素相互关系的统称，包括旅游景区景点景观（旅游吸引物）和旅游环境。对自然旅游区而言，旅游景区景点是旅游客体的核心，是游客到此地旅游的核心吸引物，属于狭义的生态旅游客体。周围的旅游社区和生态环境可统称为旅游环境(即旅游发展微环境)。但随着旅游发展和游客需求个性化和多元化,旅游社区和生态环境与旅游景区组合在一起,构成了统一的生态旅游客体,即广义的生态旅游客体。

对人文型旅游区而言,人文景区景点属于核心旅游吸引物,周围的旅游社区和生态环境可统称为其旅游环境。对城镇型旅游区而言,特色街巷、街区、路段、社区等属于核心旅游吸引物,而周围的城区和城市社区则可统称为其旅游环境。对乡村型旅游客体而言,核心吸引物与旅游环境往往是协调统一不可分的综合体。旅游区与周围的自然及人文环境是渐变的。

旅游客体吸引力属于综合吸引力的概念,是各种自然、人文,硬件、软件,物质和非物质的复杂的综合体,或者是各种要素吸引力相互作用、相互影响形成的综合吸引力。旅游客体吸引力子系统包括三个方面的亚系统,即旅游景区(资源)亚系统、旅游环境亚系统和条件要素亚系统。这三个亚系统吸引力相互作用、相互影响,形成旅游客体综合吸引力亚系统。

(一)旅游资源亚系统

旅游资源亚系统中,旅游景区(资源或吸引物)自身小系统涉及资源特色、资源价值、资源功能、资源规模、资源组合、资源容量等吸引力变量。资源特色包括特殊度和奇特度;旅游价值包括观赏价值、科学价值、文化价值、美学价值、市场价值;功能价值涉及功能性、功能多样性、功能协调性;资源规模包括景点数量、景点大小、景区面积及其关系;景区组合涉及相异度、协调度和丰度;资源容量涉及容人量、容时量、环境容量、气氛容量等。

(二)旅游环境亚系统

旅游资源环境亚系统涵盖自然生态条件、经济社会条件、区位条件等变量。其中,自然生态条件系指旅游客体除了旅游资源或景区以外周边相关自然生态环境,包括气候、植被、动物、水文、地质地貌等自然条件,生态环境涉及环境的分带性、生物多样性、成分特殊性、生态原始性、系统协调性、景点多样性、景观美观等。

社会环境条件包括:交通条件、通信条件、政治环境、经济条件、城镇分布与功能、基础设施、投资环境、施工条件等。评价指标主要有可进入性、接待可行性、供需调节度、游览适宜度、社会安全系数、工程建设难易度等。

(三)条件要素亚系统

包括区位条件、客源环境、开发现状和开发序次。其中,区位条件评价指标包括地理区位条件、交通区位条件、市场区位条件以及与其他资源地之间的关联区位条件。客源环境条件评价指标有客源范围、辐射半径、客源层次、客源回馈和客源季节性变化等。开发情况涵盖开发度、成熟度、投资大小、开发顺序等。

以上所述三个亚系统,即旅游资源小系统、旅游环境小系统和条件要素小系统之间,彼此相互作用、相互影响构成相对独立、相互影响的旅游客体子系统,形成旅游客体子系统综合吸引力。

应该说明的是旅游客体子系统是生态旅游动力大系统中吸引旅游者以及旅游者消费旅游产品的区域空间综合体，随着该子系统各个变量或者部分变量的更新变化，会重新激活、激发旅游客源地的旅游吸引力，从而影响到旅游主体子系统及其他子系统。

三、生态旅游媒体子系统

从生态旅游动力学系统的观点看，生态旅游业发展所需的支持保障体系并非旅游企事业机构的简单相加，而是这些支持保障机构的全方位无缝衔接和鼎力相助。因而，生态旅游企事业在这里被称为生态旅游媒体子系统。生态旅游媒体并非传统单一的旅游业务部门，如旅游经营商、批发商、零售代理商、会议安排组织商、预订代理服务商，而是涵盖了旅游消费子系统和旅游吸引子系统之间发生作用所需要的相关机构、部门和单位，包括旅游交通部门、住宿接待部门、餐饮服务部门、旅游商品经营部门、旅游娱乐场所经营部门和目的地各级各类旅游组织部门等，以及上述诸机构和部门之间的全方位、立体性、无缝对接，共同构成旅游业发展的旅游媒体系统，统称为旅游媒体子系统(图 3-24)。

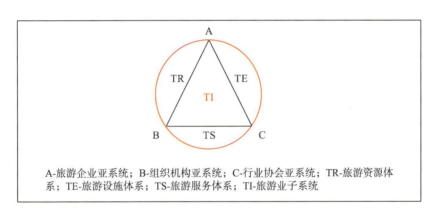

A-旅游企业亚系统；B-组织机构亚系统；C-行业协会亚系统；TR-旅游资源体系；TE-旅游设施体系；TS-旅游服务体系；TI-旅游业子系统

图 3-24　生态旅游媒体子系统

该子系统是构建旅游主体与旅游客体两个不同地理空间子系统之间的旅游活动相关的支持保障体系各种变量和要素的综合体。生态旅游媒体子系统的实现过程中，生态旅游资源(景区)、旅游设施和旅游服务构成生态旅游经营管理的三大核心要素体系。其中，生态旅游资源的开发利用综合过程，为生态旅游者需求提供前提和基础；生态旅游设施体系是旅游活动实现的一系列硬件支持，为生态旅游者需求提供实现条件；旅游服务体系包括旅游活动过程中的一系列劳动、管理和政策支持。生态旅游媒体子系统的具体实施与实现，需要上述诸机构和部门之间的多元化、全方位、立体性的综合作用和鼎力相助，这个过程就是旅游管理体制。

(一)旅游企业亚系统

即旅游业务、旅游交通、住宿接待、餐饮服务、旅游商品经营、旅游娱乐场所经营部门等各种部门构成的相应的小系统。其中，旅游业务包括旅游业务部门、旅游经营商、旅游批发商、旅游零售代理商、会议安排组织商、预订服务代理商等；交通运输部门涉及航空公司、海运公司、铁路公司、城市公共汽车公司、长途汽车公司等；住宿接待部门包括涉外饭店、宾馆、农场出租住房、出租公寓或别墅、度假村、野营营地等；餐饮服务部门涉及旅游定点餐厅、宾馆餐饮部、老字号特色小吃、民间美食城、餐饮摊点、商贩；旅游商品经营部门涉及旅游定点购物商店、旅游商品直销厂家、大型商场、商店、超级市场、纪念品摊点、商贩等；旅游娱乐场所经营部门涉及国家公园或花园、主题公园、博物馆、娱乐城或休闲中心、自然历史文化遗产等。

作为旅游业子系统的亚系统，尽管这些部门大小、性质、功能、组织类型、服务范围皆不同，但它们都是在一致目标下谋求发展，相互间存在不可分割的紧密联系。Middleton(1998)认为旅行社业、旅游饭店业和旅游交通业构成了旅游业的三大支柱。但随着网络技术、大数据、自驾游、自由行时代的到来，生态旅游企业子系统正在转变成涉及所有相关要素之间复杂的关系综合体。

(二)旅游机构亚系统

国外许多国家都有专门的政府机构负责旅游业管理，这些机构统称为国家旅游组织(National Tourism Organization，NTO)。NTO主要是制定、执行旅游法规，规范市场竞争秩序，保护旅游业的良性发展。日本的中央旅游管理机构分为内阁、运输省、观光部三个层次。日本的地方旅游管理机构没有统一的模式，而是因地制宜灵活设置，或隶属于劳动部门，或隶属于林业或文化部门。

泰国旅游管理最高机构是旅游管理委员会，它由内务部、交通部、外交部、国家环境委员会、国家经济和发展委员会、立法委员会的高级官员和泰国航空公司总裁、泰国旅游局局长以及行业工会领袖等组成，管理和监督旅游局的工作。泰国旅游局是旅游委员会领导下的旅游行政管理机构，其职责包括市场促销、投资引导、信息统计、教育培训、行业管理、景点开发、受理游客投诉等。

英国的旅游总局主要负责向国外宣传推销旅游业。英国的基层旅游管理机构是地区旅游委员会，其经费由私人企业、地方政府和旅游局共同承担。还有很多民间协会积极维护本行业的利益。这些协会制定本行业的条例准则，为行业内的企业提供信息服务，为行业内的人员进行培训等。

我国以旅游组织的职能范围为划分标准，划分为国家级旅游组织和地方性旅游组织，涉及国家、地方、集体、个人和外资企业以及活跃在旅游经济的各个领域，成为我国旅游业的有机组成部分，具体包括所在地区或者国家各级旅游管理机构、国家旅游组织、地区或市州旅游组织、地方旅游组织等。我国旅游业发展的最大障碍是管理体制滞后性与旅游发展超前性之间的矛盾。应根据旅游产业的关联性、综合性和边缘性较强的特点，分别建立全国旅游管理机构、地方旅游管理机构及旅游企业的管理体制，不同机构采用不同的管理模式，结合自身特点，建立有自身特色的管理体制(郝索，2001；昂文尼玛，2011)。

(三)旅游业协会亚系统

日本、泰国、英国等的行业协会在旅游经济活动中的作用十分显著，既是企业之间的横向联结点，又是政府与企业之间的中介。政府通过行业协会对旅游业实行间接管理，既有利于企业间的信息交流和横向联合，增加行业的保险功能，又有利于发挥行业协会的作用，处理好国家与企业之间的关系。

我国的旅游业协会分门别类，与国外相比具有如下不同的特点(表 3-1)。

表 3-1　中外生态旅游协会的比较

指标	国外的旅游协会	中国的旅游协会
国家地位	横向的社会中介类组织，与其他组织无隶属关系	呈现纵向层级关系的社会中介类组织，有一定的隶属关系
组织性质	民间自治性质的非营利组织	准民间性质的非营利组织
对分行业会员的管理方式	间接管理，多以劝告为主	直接管理为主
领导人身份	企业家出身，民选为主	行政人员兼任的多，官方任命的多
与政府的关系	无直接领导关系，政府影响力弱	受政府行为影响大
经费来源	大部分自筹，筹款方式多样	部分自筹和政府的财力
扮演的角色功能	为企业服务，同时为政府咨询	为企业和政府双向服务，兼统战性作用
是否参与政治	不参与政党政治	一定程度参与国家的政治生活
会员对组织的认可度	强	弱

四、生态旅游载体子系统

从生态旅游动力学系统的观点看，生态旅游载体不仅仅是旅游地的自然生态环境，更不仅仅是旅游区的环境容量管理，而是指整个生态旅游业从形成、运营、管理、发展所依托的各种外界环境要素的综合，既包括旅游地环境，也包括客源地环境，更包括区域、跨区域、国内乃至世界环境，既包括自然环境，又包括文化环境、经济环境和社会环境，更包括投资环境和人文氛围，尤其是生态旅游业运营管理过程中的各种要素环境的相互关系和影响。上述各种级别、各种要素之间全方位、多元化、立体性的相互作用和相互影响所形成的复合体，构成生态旅游载体，亦即生态旅游载体子系统。

首先是国际大环境亚系统。大环境主要是指国际局势和国家间关系状况，国际战略环境、国家战略政策、国内外旅游大环境、国际关系和国际交流情况、国际政治环境(法律环境)、经济、文化、体育、商务、民间交往等。国际大环境对于旅游业发展的影响，主要表现在具有一定的周期性。国际大环境与中环境即各国旅游发展环境之间相互作用、相互影响，形成不同层级之间环境变量的作用力(图 3-25)。如二战影响的是全世界的旅游业发展，伊拉克战争对中东地区旅游业发展产生影响，当然除了目前欧美流行的"战争旅行"。当前国际矛盾的特点、世界战略格局的调整方向、国际地缘政治的变化趋势，以及经济全球化进程中出现的各种问题，使当代旅游业发展存在许多不确定性。

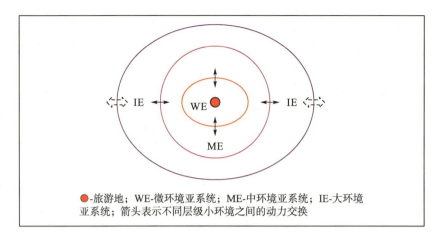

●-旅游地；WE-微环境亚系统；ME-中环境亚系统；IE-大环境
亚系统；箭头表示不同层级小环境之间的动力交换

图 3-25　生态旅游载体子系统

其次是中环境亚系统。包括两个层次，一是国家环境。主要表现在国家大的方针政策是否有利于旅游业的发展，从十一届三中全会以来，我国的旅游业发展政策是坚定和一致的，把旅游业作为我国国民经济发展的先导产业和人民最满意的服务业，从而促进了我国30多年来旅游业稳定飞速发展。二是地方环境。由于我国自然条件的特殊性、生态环境的复杂性以及经济发展条件的差异性，不同省份、市州乃至县区，具有各自不同的旅游发展禀赋和基础，当地政府会采取不同的旅游发展政策和导向，进而造成不同地区旅游发展状况的参差不齐。根据中国的体制政策，除了国家外，省(市、区)级、市(州)级、县(市、区)级对旅游发展产生不同程度的影响。通常包括省级、市级、县级三个层次。中环境对当地旅游业发展具有关键性意义。变量主要是政治、经济、社会、文化、技术等，具体涉及国家政局的稳定性和法律法规的一致性、经济环境的持续性、社会安全与治安状况、文化包容性和好客度、科技水平等因素。

最后是微环境亚系统。它是旅游目的地除了旅游客体子系统以外其他环境影响要素的统称，如历史文化、人文要素、经济要素、社会因素、整体生态环境状况等，都会对旅游地生态旅游吸引力产生一定的影响。尤其在我国，由于旅游业发展的历史原因，旅游地周边综合环境与景区环境往往差距较大，具有很大的治理、提升空间，如基础配套和服务设施、旅游人文环境、旅游环境卫生、旅游氛围等，周围综合环境提升和完善是提高旅游地综合吸引力和旅游景区产品更新的重要环节和路径。不同地区旅游地存在差异，尤其是世界各大洲的原住民旅游地。由于旅游地的千差万别，使旅游地微环境成为当今研究的热点。旅游地微环境亚系统与旅游客体子系统互为独立统一的整体，彼此之间有时功能互补，有时角色互换，共同促进地方旅游经济社会生态的协调发展。

大环境—中环境—微环境不同层级小系统之间彼此相互作用构成梯级环境系统，与不同类型要素变化带来其他层级环境的动力学影响。旅游载体子系统不同层级之间的动力学关系与可持续发展指标等级体系具有可对比性：大环境亚系统层对应于总体层，代表着可持续发展总体运行态势和效果；中环境亚系统中的国家级、省级、市县级分别对应于系统层、状态层、变量层；微环境系统层对应于要素层，是可测、可比、可获得的指标体系层。

综上，生态旅游发展不止是生态旅游主体，不止是生态旅游客体，更不单是生态旅游媒体和生态旅游载体单方面的事情，而是生态旅游主体、生态旅游客体、生态旅游媒体和生态旅游载体诸方面的有机统一、全面融合和鼎力相助。只有从生态旅游主体—生态旅游客体—生态旅游媒体—生态旅游载体这一复杂综合、动态系统的视角去把握，才能科学、全面地进行生态旅游动力学系统的定义。生态旅游动力学系统就是以系统动力学理论指导生态旅游开发，走可持续发展之路，促进经济社会文化生态全域健康协调发展。

五、生态旅游系统的本质

(一)生态旅游系统实质上为一综合的旅游动力系统

综上分析，生态旅游系统实为一个随着外界条件和时间而变化的动态平衡的动力学系统。构成生态旅游系统的旅游主体、旅游客体、旅游媒体、旅游环境四个端元本身，分别就是随着环境和时间而变化的动态端元变量，而且每一端元变量又由许多动态要素所组成的动态函数，这些变量和函数是具有多层级的、多功能的、多结构的综合动态系统。生态旅游系统本身是一个多层次、多要素、多目标开放的复杂系统，基于耗散结构论、协同学以及突变理论的自组织理论，应用于生态旅游可持续发展动力系统研究，从复杂性、协同竞争性、突变性三个角度来研究动力系统的结构、各要素的竞争与协同过程，以及突变的各种情况，为生态旅游可持续发展动力系统的优化提供理论和实践方面的指导(邓超颖和张建萍，2012)。

生态旅游系统的最大特征是强调系统的能量守恒与动力学特点，亦即构成生态旅游大系统的各子系统之间相互作用、相互影响所形成的完全不同的全新动力系统——生态旅游动力学系统，一个完整的旅游耗散结构系统。生态旅游系统中不同子系统及其影响因子之间的相互作用(作用力及其方向和大小)，会产生不同类型、方式和程度的动力学效果，可以用端元函数来表达彼此之间的相互关系。

首先是上述四端元变量中任意两个端元彼此连成一条直线，如旅游主体与旅游客体之间、旅游主体与旅游媒体之间、旅游主体与旅游环境之间(其他以此类推)，表示线状的一次函数关系，表达彼此之间的直接互动关系。

其次是任意三个端元彼此联系构成一个完整的三角平面，如旅游主体(H)、旅游客体(O)、旅游环境(E)之间构成的三角平面 HOE，同理还有三角平面 HOM、HEM、OEM 等，表达的是三个端元互为函数，其中之一端元作为函数时与另两个端元之间的关系，构成完整的二次函数关系。

再次是四个三角平面 HOE、HOM、HEM、OEM 相互联系，彼此共同构成一个完整的四面体，这个四面体就很好地表达了一个完整的生态旅游动力学系统，含义包括：①一个完整的生态旅游动力学系统包括旅游主体(H)、旅游客体(O)、旅游媒体(M)、旅游环境(E)四个端元函数及其相关影响因子；②四个端元之间通过点、线、面等形式的相互作用、相互影响，构成一个不可分割、有机的完整系统，即生态旅游动力学系统；③这个生态旅游系统是一个多元、动态、综合的有机动力学系统，任何一个端元函数或者相关因子的变化，均导致整个生态旅游动力学系统不同侧面、不同层次和程度的变化。

(二)生态旅游系统的本质就是自觉负责任的旅游系统

生态旅游系统与传统旅游系统的最大差别，不仅表现在两者之间对应的各子系统的含义、特征、级别、层次、标准、要求的不同，更重要的是生态旅游系统强调的是自觉责任性，具体要求行业管理者和企事业机构对生态旅游发展的主动性和能动性；要求生态旅游业可持续发展的持续性、协调性和责任性；要求旅游者、社区乃至地球公民对自然生态环境和人文社会环境的积极贡献。

真正的生态旅游系统理念要求，一是构成生态旅游的主体、客体、媒体和载体四个子系统都要达到真正的"生态"条件，并缺一不可；二是在真正的生态旅游系统理念指导下，"达标"的四个子系统相互作用、相互影响，实现真正的生态旅游产业和生态旅游经济的可持续循环，进而实现自然—经济—社会大系统乃至天—地—人巨系统的可持续发展。

当今，国内外正在迈向生态旅游发展的道路上，但距离真正的生态旅游系统理念的要求还有较长的路要走，尤其是国内。总体而言，目前国内生态旅游发展如火如荼，但实际上仅仅相当于真正生态旅游发展的初级阶段，主要表现在如下几个方面。

一是生态旅游的认识论问题。首先是作为生态旅游主体的旅游者因对生态旅游缺乏了解导致对生态旅游的误解；其次是作为生态旅游媒体尤其是主管机构、旅游企业、行业协会等由于知识水平有限对生态旅游的理解不到位；然后生态旅游客体——社区居民普遍对生态旅游缺乏了解；最后是主管部门、旅游企事业、行业机构、社区居民等利益各方对生态旅游产业缺乏了解。

二是生态旅游的世界观问题。缺乏从系统论观点去看待生态旅游，以为在生态旅游主体、客体、媒体和载体四个子系统中，只要其中三个、两个甚至是一个是"生态"的，就认为是生态旅游系统，如将生态旅游简单理解为在自然生态区(如森林公园或自然保护区)进行消费的生态旅游相关活动项目，将生态旅游系统简单理解为自然生态旅游景区或者目的地的旅游系统。

三是生态旅游方法论问题。在现实的所谓生态旅游系统中，往往只有旅游客体达到了"生态"标准，而其他子系统没有达到"生态"标准。常见的是旅游企业(旅行社、旅游住宿)生态服务不到位。其次是旅游主体(游客群体)在旅游过程中不自觉负责任的行为。更有甚者，生态旅游目的地政府由于急于注重经济发展规模或者旅游扶贫作用效果，做出一系列有损生态旅游发展的政策，如忽略生态旅游目的地固有的生态环境容量和承载力，"暴力"增加旅游人次数以获取更多的门票经济。

(三)生态旅游系统的本质就是可持续旅游系统

生态旅游动力学系统是在生态旅游系统理论基础上发展起来的新兴理念，是可持续发展理念和系统科学理论在生态旅游中应用的产物。可持续发展的实施与实现离不开生态旅游，生态旅游离不开生态旅游动力学系统理论的指导。生态旅游动力学系统是指在特定区域内，以生态旅游业为优势产业，通过对区域内经济社会资源尤其是生态旅游资源、相关产业、生态环境、公共服务、体制机制、政策法规、文明素质等进行全方位、系统化的优化提升，实现区域资源有机整合、产业融合发展、社会共建共享，以生态旅游业带动和促进经济社会协调发展的一种新的区域协调发展理念和模式，亦即所谓的全域生态旅游系统。

生态旅游系统的理论核心是自然—社会—经济复合系统的协调发展，就是人与自然的和谐和高度统一。生态旅游发展理念要求改变"高投入、高消耗、高污染"的生产和消费模式，提高资源利用效率，从思想到行动要有改变。生态旅游发展不仅重视增长数量，更追求改善质量、提高效益、节约能源、保护环境，改变传统的生产和消费模式，实施清洁生产和文明消费。生态旅游显示了环境与发展的辩证关系，即环境和发展两者密不可分，相辅相成。生态旅游发展强调以保护自然为基础，与资源和环境的承载能力相适应。因此，发展的同时必须保护环境，包括控制环境污染、改善环境质量、保护生命保障系统、保护生物多样性、保持地球生态的完整性，保证以持续的方式使用可再生资源，使人类的发展保持在地球承载能力之内。

生态旅游系统正是可持续发展的具体实施和体现。提倡、构建生态旅游系统是实现全球可持续发展的重要路径和方式，也是全人类素养提高和文明程度提高的重要途径，是全人类的共同理想和奋斗目标。但要真正实现生态旅游系统，还需要一个过程，首先是要求全人类解放思想——坚持环保、热爱地球的理念，其次是全人类素质的共同提高——绿色消费、绿色生活、绿色生产，再次是全人类发展方式的革新——可持续发展方式。

生态旅游系统强调以改善和提高生活质量为目的，与社会进步相适应。生态旅游系统的内涵应包括改善人类生活质量，提高人类健康水平，并创造一个保障人们享有平等、自由、教育的社会环境。生态旅游作为一种典型的可持续旅游系统，强调生态持续、经济持续和社会持续，它们之间互相关联和相互促进。生态持续是基础，经济持续是条件，社会持续是目的。人类共同追求的应该是自然—社会—经济复合系统的持续、稳定、健康发展。

第四章　生态旅游主体系统

第一节　生态旅游主体概述

旅游者的比例高低反映一个国家或地区的发展阶段和经济发展水平,其中生态旅游者的比例大小直接反映这个地区或者国家整体国民素质和文明程度。生态旅游者的数量、类型和分布不仅是客源地国家或地区整体国民素质、文明程度、思想境界高低的重要标志,而且影响着整个旅游业发展的质量和效益,并通过生态旅游活动过程影响着生态旅游客源地国家或地区的经济、社会、人文、生态和环境,生态旅游主体研究具有重大意义。

生态旅游者是生态旅游系统的重要组成部分,是生态旅游活动的主体,是生态旅游形成和发展的关键和前提。生态旅游活动作为人类生活、休闲及社会实践活动的重要组成部分,由于有生态旅游者的参加,其规模才不断扩大,并逐渐成为一种社会现象,从而形成具有一定规模的市场,出现专为生态旅游者服务的行业——生态旅游业。生态旅游活动的发展历史表明,生态旅游首先有生态旅游者的旅游活动,后有为旅游者服务的生态旅游业。所以,作为生态旅游主体的人是生态旅游活动的主体,生态旅游者数量及其消费水平是决定生态旅游业发展程度及各种内在关系的主要因素。从这点上讲,对生态旅游者有关问题的研究是生态旅游学的一个重要内容。

一、广义的生态旅游者

国内外学者对生态旅游者概念进行了大量研究,取得了重要进展,但对于"谁是生态旅游者"这个看似简单的问题,至今尚未达成共识。主要原因在于对于生态旅游定义的理解差异很大。更重要的是,生态旅游者并不是同质的,各种不同的产品或者经历都可以称作生态旅游,消费这种产品或者购买这种经历的人都可以称自己为生态旅游者,而这些人在动机、活动、市场特征、需求等方面的差异很大(高峻,2010)。

生态旅游主体即生态旅游者,是生态旅游的主要部分,是生态旅游产生的前提,是生态旅游系统的发动机和引领者,没有生态旅游者,生态旅游就无从谈起。生态旅游消费者,也是生态旅游的发动者和前提。从引申意义讲,生态旅游者不断积累产生生态旅游群体,进而形成生态旅游市场,从而构成生态旅游客源地。

那么,何为生态旅游者?根据国内外一些专家学者的论述,生态旅游者分为广义的生态旅游者和狭义的生态旅游者。

大多数学者认为广义的生态旅游者,就是指到生态旅游区进行旅行的所有游客。当然不同学者在不同历史条件下，提出不同的见解，促进了生态旅游的发展。这类界定的代表性论述主要有：

怀特（C. Wild）（1994）认为生态旅游者的范围既包括有特殊兴趣的专家组，如鸟类观察者、摄影师和科学家，又包括对自然区域与不同文化感兴趣的普通人。

林达贝格（Kreg Lindberg）与莱皮斯康波（Neil Lipscomble）（1996）认为，生态旅游者是指那些作为娱乐者或旅游者来参观自然保护区的人。

文尼嘎德（Glen. T. Hvenegaard）与迪尔登（Philip Dearden）（1998）指出，生态旅游者包括所有参加生态旅游活动（如观鸟、赏鲸等）或参观生态旅游区的人。

刘佳明等（1998）认为，到生态旅游区的所有旅游者，这种界定便于统计上的可操作性。此外，钟林生（2000）也对生态旅游者的形成和教育进行了研究。

张广瑞（1999）等认为，生态旅游市场应定位于"精英旅游者"或倾向于狭义的生态旅游者，即对生态旅游区的环境保护和经济发展负有责任的旅游者。

高峻（2010）从市场角度出发，认为广义的生态旅游者定义为到生态旅游区旅游，以消费生态旅游产品为其旅游活动主要内容的旅游者。

上述各种关于广义生态旅游者的定义只是对旅游者行为现象的部分概括，并不能真正体现生态旅游的内涵和本质，将生态旅游与自然旅游等同起来，忽视了生态旅游兴起与发展是人们环境意识增强的结果，没有体现旅游者对保护生态环境方面应做的贡献，也没有真正对生态旅游系统的理解和认识。其实，"到生态旅游区旅游的所有游客"不一定都是生态旅游者。而到其他旅游区或所谓的非生态旅游区旅游且对环境保护和当地文化资源保护有利的那些自觉负责任的旅游者，也是生态旅游者。而即使到所谓的生态旅游区去旅游，但其行为不利于环境保护和人文资源的保护，这类旅游者不应算作为生态旅游者。

作者认为，关于生态旅游者的广义定义，值得去认真思考和重新审视。

问题一：什么是生态旅游区？生态旅游区就只是指那些自然生态旅游区吗？即使限制在自然生态旅游区范围之内讨论，所有的自然旅游区都称得上生态旅游区吗？若按此意义延伸，那么我国西部山区中广大的原生态民族村落和乡镇，难道就不属于生态旅游区吗？答案肯定是属于生态旅游区。

问题二：去生态旅游区旅游的那部分游客难道都是生态旅游者吗？很显然这个问题是多解的。一种是生态旅游者，前提是这部分游客在旅游活动过程中对环境是友好的、对社区是负责任的，也就是常说的对生态环境是自觉负责任的，或者说对周围自然环境和人文景观是无害的，或者是友善的、有贡献的。另一种答案——并非生态旅游者，如果这部分游客在自然生态旅游区活动过程中，对环境和社区是不友好的，甚至是有害的则并非生态旅游者。

问题三：去传统大众旅游区（即没有去自然生态旅游区）旅游的那部分游客难道就不算生态旅游者吗？作为一个旅游者，其一生中要去体验的旅游区或者目的地又不只是自然生态旅游区，肯定还有所谓的传统大众旅游区（如所谓的人文旅游区），那么去传统大众旅游区旅游的那段时期难道就属于大众旅游者而不是生态旅游者吗？比如说，上星期去九寨沟、张家界去旅游的时候还是一个生态旅游者，这个星期去了海南三亚旅游就变成了传统大众旅游者了？

综上，作者更倾向于广义的生态旅游者定义，除了"就是指到生态旅游区的所有游客"外，还要附加"在生态旅游区活动期间其行为特征符合生态旅游规范要求的游客"。广义的生态旅游者的定义，应该与广义的生态旅游区定义联系起来。广义的生态旅游区不应该只是传统的自然生态旅游区，而应该是指这样一种生态旅游区：在这种旅游区中所发生的旅游六要素或者相关的旅游客体要素（包括景区产品、旅游设施、政府管理、社区居民、自然生态环境、经济社会背景、人文环境等）都是环境友好的、对当地社区环境各要素是进步有益的、负责任的。从这个意义上讲，广义的生态旅游区就是负责任的旅游区，除了自然生态旅游区，还包括人文生态旅游区，甚至都市生态旅游区形态。

二、狭义的生态旅游者

大多数学者均用狭义的生态旅游者来代表真正意义上的生态旅游者，并认为狭义的生态旅游者是指对生态旅游区的环境保护和经济发展负有一定责任的那部分旅游者。根据这个定义，生态旅游者主要是指来到生态旅游区并对环保与经济发展负有一定责任的那部分游客。代表性论述主要有：

黄羊山（1995）提出，生态旅游者对旅游环境的质量要求很高，同时也非常自觉地、有意识地保护旅游环境。生态旅游者还协助旅游部门和管理机构进行资源保护。

方晓亮（1996）在《中国旅游报》载文指出，真正意义上的生态旅游者是指有益于自然环境健康发展的旅游者。

葛岳静（1998）针对如何最大限度减少生态旅游业的负面影响等问题，提出"生态旅游家"的概念，认为"生态旅游家"是"能够对生态旅游业进行严格评估和不断监测的人"。

陈玲玲等（2012）在其编著的教材《生态旅游——理论与实践》中认为，尽管生态旅游者的产生与传统的大众旅游者有密切的联系，但传统大众旅游者主要进行传统的游览观光和度假，生态旅游者则是传统大众旅游者当中不满足于那些受人为影响过多的旅游景观，而把目光投向原始古朴的自然区域、原汁原味的特色文化，从事符合生态旅游原则的旅游活动的那一部分。

狭义的生态旅游者反映了生态旅游的内涵，同时也触及到了生态旅游者的本质特征，把生态旅游者与传统旅游者区别开来。生态旅游者不仅是回归自然，即到自然生态环境中去享受自然和文化遗产，更重要的是对自然生态环境保护有促进作用。高峻（2010）认为，无论是广义的还是狭义的生态旅游者，都不是判定严格意义上生态旅游者的最重要条件，最关键的因素是旅游者追求高层次的需求体验，努力感悟自然，把关于自然的感悟、独特的理解传播给身旁的人。是否遵守保护环境准则不是衡量生态旅游者的唯一有效准则，因为能否遵守这些准则的原因不仅在旅游者自身，还在于旅游区环境保护的现状和文化氛围，以及旅游者的期望满意程度等因素。

笔者认为，生态旅游者的科学定义应该把旅游者的行为特征与规范作为重要衡量指标，如果旅游者的行为（观光、休闲、度假、体验、参与等）对周围自然经济社会及人文环境是友好、协调的，那么这类旅游者就应该是生态旅游者。反之，如果旅游者自身的行为是不友好的甚至对资源和环境是不利的，那么此类旅游者即使是在生态旅游区旅游，也不能称作生态旅游者。只要抓住了旅游者自身的行为特征与规范(亦即是自觉负责任的还是不负责任的)，那么生态旅游者的定义就迎刃而解，就不会去花太多的时间和精力去讨论旅游区的特征和性质。不应总是将生态旅游者定义紧紧桎梏于是否是去自然生态旅游区旅游。

　　生态旅游者作为旅游活动的主体，是促进生态旅游发展的主要力量。生态旅游者应将生态理念贯穿于整个旅游过程即吃、住、行、游、购、娱之中，实现其自身真正的生态旅游。在吃方面，旅游者可选择以蔬菜和植物性食物等低碳食物为主。在住方面，旅游者可选择绿色饭店、小规模酒店或青年旅馆等，减少能源消耗。在行方面，旅游者可选择环保型交通方式，不乘或少乘飞机，减少自驾游，选择徒步旅行或自行车旅行，尽可能减少乘坐出租车的频率。在游方面，旅游者可选择生态旅游景区或去郊外旅行，自觉处理垃圾，维护环境，在享受自然风光的同时，为低碳做出贡献。在购方面，不购买过度包装的旅游纪念品，使用帆布购物袋，减少一次性用品的使用率。在娱方面，去一些放松心情的生态娱乐场所，享受生态环保的娱乐方式。这样，旅游者在享受健康的旅游环境的同时，也创造了健康的环境，有利于促进生态旅游的良性发展。

三、生态旅游者界定

　　在前人成果基础上，结合自身研究体验，认为生态旅游者的理解要从以下几个方面入手：

　　在界定生态旅游者定义上，旅游者的自觉责任心是衡量其是否是生态旅游者最重要的指标，而不应以是否到过所谓的生态旅游区去旅游作为衡量标准。一定要有一个考核的指标体系，以及各个体系之间的相对重要性。在相关指标当中，旅游者自身素质、思想境界和行为特征是第一位的，也就是对生态旅游系统各个方面是否具有自觉责任心以及积极影响，也就是对旅游周围环境(经济、社会、生态、人文等)是否有建设性作用，或者有无害处。旅游过程中对周围环境有负面影响的旅游者肯定不属于生态旅游者，哪怕其旅游地是生态旅游区以及消费的是所谓的生态旅游产品。反之，如果一个旅游者在旅游过程中，对周围环境是有保护意义或者是有益的，那这个旅游者应该属于生态旅游者范畴，哪怕经历的旅游过程不是发生在所谓的自然生态旅游区。至于是真正的生态旅游者、一般的生态旅游者还是初级的生态旅游者，另文探讨。

　　生态旅游者定义的提出并非简单地认为只是旅游的一种活动形式，或者简单认为是到自然生态旅游区旅游的那部分游客，比如说作为自然旅游、人文旅游形式的区分。更是一种旅游发展理念和目标，即环境友好的绿色旅游、自觉负责任的可持续旅游。某种程度上讲，生态旅游者就不只是一般的到生态旅游区旅游的游客，而更是那些通过旅游活动过程倡导绿色旅游、低碳旅游和可持续旅游的负责任的旅游者。从此意义上讲，生态旅游者就是通常所谓的"精英类型的生态旅游者"，这类生态旅游者自始至终都是真正、地道的生态旅游者，哪怕他们并没有真正到所谓的生态旅游区去旅游，而只是去一般的所谓大众旅游区进行消费！

　　要从系统论的视角去理解生态旅游者，一个生态旅游系统包括了生态旅游者、生态旅游客体、生态旅游媒体和生态旅游环境。生态旅游者与生态旅游系统之间的关系就是既统一又独立的关系。所谓"独立关系"就是真正的生态旅游者主要与自身的人文素质、思想境界和行为规范有关，而与其是否去生态旅游目的地去旅游关系不大。所谓"统一关系"就是，一个生态旅游系统的形成与发展离不开真正的生态旅游者，一个真正的生态旅游者的产生和实现，也离不开与生态旅游客体、生态旅游媒介、生态旅游环境相互作用产生的生态旅游产品和生态旅游系统。从此意义上讲，生态旅游系统是旅游业发展的目标和要求，生态旅游系统的形成离不开整个社会的努力，而生态旅游者是整个系统的主体。

要同时从时间维和空间维的角度去定义生态旅游者。就时间维而言，就是要强调生态旅游者的形成需要一定的实践过程，初期可能不是真正的生态旅游者，后期通过不断学习使自身修养和境界不断提高，从而对环境、社区、社会逐渐产生责任感，最终体现在进行旅游活动过程中自觉、不自觉地表现出友好、负责任的行为举止，此时此刻开始，就成了真正的生态旅游者。从此意义上讲，生态旅游者是可以培养、教化的，生态旅游者的形成需要一个过程，甚至整个地区、整个国家国民素质的综合提升。就空间来说，一旦成为一位真正的生态旅游者，那么其行为特点和规范是受到生态旅游者所要达到的人文素质和思想境界的制约，那么这个生态旅游者将是终生的，具有恒久的特点，无论到自然生态旅游区去体验，还是去一般的传统大众旅游区去经历，都是真正的生态旅游者，而不会因为去不同性质的旅游区旅游而改变其生态旅游者的身份。其友好行为不会随着时间和空间的变化而变化。

应从旅游者自觉性角度去认识生态旅游者，生态旅游者到生态旅游区去体验经历，可能包括几种情况：一是因为较高的自身人文素质和思想境界自觉地严格要求自己的行为规范，完全符合生态旅游体系规范要求的游客群体；二是虽然到了生态旅游区消费产品，但因自身素质等原因，在旅游活动过程中自己的行为举止没有达到生态旅游规范要求；三是虽然自己的行为举止勉强达到了生态旅游规范要求，但主要是"被逼"的而不是自觉的。很显然，这三种类型中，第一种是真正的生态旅游者，第二种不算生态旅游者，第三种只能算作潜在的生态旅游者。

综上所述，作者关于生态旅游者的界定如下：生态旅游者就是具有尊重周围环境（硬环境和软环境）的自觉性和公共责任心的旅游者，就是自己的行为特征和规范符合生态旅游体系相关要求的旅游者，就是在旅游活动过程中对周围环境（自然生态和人文环境）友好、友善的旅游者，就是将自己的旅游活动与过程行为与产生结果作为统一整体看待的旅游者，就是将自己旅游活动与旅游客体持续发展紧密结合的旅游者，就是通过旅游活动传播可持续发展理念进而有利于整个社会协调发展的旅游者。而生态旅游者往往是以具备一定的人文素质、思想境界和行为规范特征为前提的。正因为如此，生态旅游者的可持续发展理念和生态行为是相对稳定不变的。不会因为今天经历了高层次的生态旅游产品才能成为生态旅游者，也不会因为明天消费了传统的大众旅游产品就不是生态旅游者。

第二节　生态旅游者类型及特征

一、生态旅游者特点

梅里克等(1998)对美国北卡罗来纳州生态旅游者激励因素和社会人口特征研究显示，生态旅游者大多为中年，受教育程度高，收入水平也比一般旅游者要高，所偏好的旅行活动类型为参观国家公园、野生动物保护区、历史遗迹、徒步旅行等。杨桂华(2000)等学者指出生态旅游者具有自然性、责任性和特定性的特点。高峻(2010)认为生态旅游者主要具有三个方面的特点：一是尊重自然；二是追求高层次旅游体验；三是抱着追求个性的心情前去造访。陈玲玲等(2012)认为，生态旅游者除了一般旅游者所具备的目的地的异地性、经济上的消费性、时间安排上的业余性、地域上的差异性等特点外，还有不同于传统大众旅游者的特殊特征，包括具有高度的环境责任感、高素质和高品位高水平消费。

作者认为，生态旅游作为大众旅游的高级形式和可持续旅游理念，其主体生态旅游者与大众旅游者相比较，最明显的特点是具备对环境高度自觉的责任感、高层次人文素质和思想境界，以及可持续发展伦理教育的自觉性。从某种程度上讲，生态旅游者是传统大众旅游群体中具有更高责任感和自觉性、更高层次人文素养和思想境界的那部分"精英阶层"。所以，生态旅游者与大众旅游者差异之处还表现在，具有更高的受教育程度和更高的人文素养，具体表现在具备特定的成长背景和主客观条件，需要一定时期的培育和培养过程，以及承担相应的环境和社会责任和义务（表4-1）。

陈玲玲等(2012)认为，生态旅游者的特点包括：希望获得具有深度的"真正经历"，追求身体和精神享受，渴望与当地居民交流，学习当地文化历史知识，对服务水平要求低，居住条件简单，能忍受不适，愿意接受挑战以及追求对个人和社会有益。总体而言，生态旅游者主要呈现以下三方面的特征。

(一)高度的自觉责任感

生态旅游是针对环境恶化问题而产生的一种旅游方式和理念，其发展目标的基本特点之一是保护性(陈玲玲等，2012)。生态旅游者作为生态旅游活动主体，应该在生态旅游发展中发挥重要作用，要求生态旅游者有生态意识，掌握生态环保知识，关注生态环境，在旅游活动中尽到保护生态环境的责任和义务。

高度的自觉责任感是指旅游者在旅游活动过程中将其行为举止与周围的环境(硬环境和软环境)融为一体，将周围环境各种要素视为自己家园一样。不但自己这样做，而且通过自己的引领、示范甚至教育，将这种对周围环境的高度自觉责任感扩散给更多的旅游者，以便确保周围环境的原生态、原真性、原本性，即生态旅游者的自然性。

生态旅游者的自然性包括生态旅游者消费对象和旅游服务的自然性。旅游对象的自然性不但指自然环境形态，还指原汁原味的、人与自然和谐的特色文化。生态旅游者对环境污染的认识越来越深刻，同时对过于人工雕琢的旅游感到乏味、单调，热衷于回归到大自然天然本真的"原始"生态环境中去，探索大自然的奥秘，领略特色文化的神秘，并由此感受到其中的美学、科学、哲学等价值，体验人与自然的和谐，激发对文化生态的热爱。

旅游服务的自然性是指生态旅游者在旅游过程中的吃、住、行、游、娱、购等环节，对所接受的服务项目要求原汁原味、自然，比如吃、住入乡随俗。生态旅游者以背起行囊徒步为主，走进大自然，在大自然的怀抱中享受旅游的乐趣，与大自然对话，增强热爱自然、保护自然的意识，且参与当地社区民族的经济和文化发展及生态环境保护等活动。

(二)低碳的旅游消费

陈玲玲等(2012)提出，生态旅游者三个特点之一就是高水平的旅游消费。相对于传统大众旅游者来说，生态旅游者对旅游环境的要求更高，进入门槛也更高。生态旅游者除了具有生态意识和环保知识外，还要为保护环境支付应该承担的费用。

诚然，生态旅游者在旅游活动过程中可能要支付更高的经济支出，但高消费不能成为生态旅游者的特点。相反，生态旅游者往往强调通过相对低廉的经济消费获得真正的生态旅游体验，通常倡导通过相对简陋的出行方式以获得真正的生态旅游经历。

低碳旅游消费构成生态旅游者的一个重要特征。所谓真正的生态旅游产品属于高层次的"高端产品"，并非真正高端上档次的旅游基础条件、豪华奢侈的旅游服务设施，以及昂贵的软件条件，而是强调生态旅游产品的原生态所体现出来的高端产品。生态旅游者最大的特点之一就是低碳消费，就是这样一种特殊的旅游经历：在要求获得称心如意的旅游享受的同时，要求对周围环境友好程度的最大化，把旅游消费过程中可能对周围环境造成的不利影响降到最低程度。

表 4-1 生态旅游者与传统大众旅游者的比较

项目	大众旅游者	生态旅游者
责任心	有心或无心	自觉责任心是前提：环保的自觉责任心；低碳旅游的自觉责任心；友善、和谐游的责任心；可持续发展的责任心
自觉性	自觉或不自觉	自觉性很重要：尊重周遭环境的自觉性，热爱周围环境的自觉性(这种环境包括各种硬环境和软环境，或者自然环境和各种社会环境)
动机与理念	实现旅游作为生活组成部分为目的	在旅游过程中实现"天地人"的和谐相处：引领、示范、带动、教育
旅游形式	常规的观光、休闲、度假等，将旅游作为日常生活的一部分	对周围环境(硬环境和软环境)友好、负责的一切旅游方式，寓教于乐。环保旅游、科普旅游、教育旅游、修学旅游等是生态旅游的典型方式
旅游体验	日常生活休闲的一部分，随心所欲	积极地亲近大自然，接受生态环境保护熏陶，心灵与自然共鸣，人的情感得到升华，使保护生态环境成为自觉行动
自身素质	一般旅游者均能完成传统的大众旅游活动	具备较高的人文素养、综合素质和思想境界，接受过相关知识的教育，对大自然与特色文化充满热爱，有较强的环保意识、良好的体力和情感准备
旅客来源	普通的国内外游客	各种"游客精英——生态旅游者"，共同特点是较高的人文素养、思想境界，较强的自觉性和公共责任心
数量比例	大规模	少数或部分。生态旅游者规模与国民人文素质和思想境界高低成正比：随着人文素质的提高，生态旅游者数量不断增多。反之，亦然
旅游目的地	不限：各种类型旅游目的地	不限。但尤其在自然生态旅游区、原生态人文旅游区，更应注重旅游者的行为规范性

续表

项目	大众旅游者	生态旅游者
旅游参与	被动式,一般不参加旅游环境的保护工作	旅游者置身于整个综合生态系统中,达到"天人合一"的境界,主动、自觉参与到生态环境保护中去
行为约束	无行为约束	自我约束保护环境、关心社区

(三)高度的人文情怀

具备一定的人文素养是成为生态旅游者的基本条件。高尚的人文素养往往能够带来更高层次的思想境界,更高层次的思想境界往往带来高度的自觉责任感。生态旅游者的自觉责任感是指旅游活动具有促进环境保护和社区经济发展责任的活动,广袤的大自然与博大精深的特色文化给生态旅游者提供了广阔的天地,既在其中进行丰富多彩的生态旅游活动,又在责任感的驱使下,自觉要求自己的行为不对生态环境产生破坏,尊重和维护与自然和谐的特色文化,并为所在社区经济和文化可持续发展担负应尽职责。

陈玲玲等(2012)认为,生态旅游是一种高素质、高知识和高层次的旅游。一般来讲,生态旅游者具有高度的生态觉悟,严格掌握专业的生态环保知识,在行动上体现环境和谐,是具有高素质的特定人群。生态旅游者大多是被大自然的美丽和神秘所吸引,想亲近大自然,了解大自然,希望在与大自然的接触中交流,探索大自然的奥秘,学习新知识,开阔视野,增长见闻。生态旅游者大多是知识广博、人格独立、生活品质高,同时追求新知识和独特体验的自然爱好者。

印开蒲和鄢和琳(2003)将生态旅游者人文素养相关事宜归结为生态旅游者的特定性,并认为生态旅游者的特定性是指其自身素质要求的特定性。由于生态旅游不仅用来表征旅游的区域和对象是自然物,而且更强调被旅游的区域和对象不受到损害,要达到这个目标,生态旅游者必须具备一定的素质要求,包括身体素质、道德素质、环保知识及文化修养等各个方面,如了解大自然生态平衡的原理,懂得民俗风情的文化内涵,懂得可持续发展战略的内涵、基本思想和重要性等,能非常自觉地、有意识地参与到保护生态环境和旅游资源的行列中。

当然,更高的人文素质要求并非意味着只有高素质、高品位,或者经济承受能力较高的旅游者才能进行生态旅游,这只是旅游者自我培养和发展的方向。

二、生态旅游者分类

(一)现有分类方案

生态旅游者的分类标准及方案研究一直是学界研究的热点,主要围绕动机、价值、行为、利益、产品、市场、人口学特征等进行研究。在国外,Lindberg(2000)提出将生态旅游者分为核心生态旅游者(hard core ecotourists)、专门生态旅游者(dedicated ecotourists)、主流生态旅游者(mainstream ecotourists)三类;皮尔斯(Pearce)和莫斯卡多(Moscardo)将生态旅游者划分为自然体验欣赏型(nature experience & appreciation)、到自然放松型(get away, relax with nature)、新鲜阳光追随型(novelty sun seekers)三类;查普曼(Chapman)

认为生态旅游者可细分为自然参与者(nature involvement)、个人发展者(personal development)、放松自己者(laidback)和社会交往者(social activity)四类；帕拉西亚(Palacio)和麦克库尔(McCool)认为，生态旅游者包括生态旅游者(ecotourists)、自然逃避者(nature escapists)、舒适的自然主义者(comfortable naturalists)和被动的参与者(passive players)四类；戴尔曼迪斯(Diamantics)提出生态旅游者可分为经常性(frequent ecotourists)和偶尔型(casual ecotourists)参与者两类；韦佛(Weaver)和劳顿(Lawton)则提出了将生态旅游者细分为比较严格的生态旅游者(harder ecotourists)、组织性生态旅游者(structured ecotourists)和比较不严格的生态旅游者(softer ecotourists)。另外，Eubanks(2003)以美国的观鸟生态旅游者为研究对象，从旅游者的人口学特征、旅行动机、行为模式、旅游花费和支付意愿等方面，将生态旅游者划分为 8 种不同类型。

在国内，目前学者对生态旅游者的研究无论在理论层面，还是在实证方面都相对缺乏。主要集中在生态旅游者的行为研究，相关研究表明环境态度是预测环境行为的重要前因(陈玲玲等，2012)，并与环境行为之间存在显著的联系。目前尚未出版根据生态旅游景区旅游者环境态度与环境行为来细分旅游市场的有关著作。罗芬和钟永德(2011)以世界自然遗产地武陵源风景名胜区为例，从生态旅游者的态度与行为两维度探讨生态旅游者的细分市场及其类型特征，将武陵源世界自然遗产地旅游者划分为生态观光旅游者、严格生态旅游者和一般生态旅游者三类。并针对武陵源世界自然遗产旅游者环境态度与环境行为现状，综合旅游景区经营与管理，提出相关建设性建议：一是加强细分市场研究；二是强化景区环境解说；三是提高旅游者管理水平。

纵观国内外关于生态旅游者分类研究，总体而言主要有如下几种方案(表4-2)。

表 4-2　生态旅游者分类标准与方案现状

方案	内容	备注
以国界为标准分类	国际生态旅游者：暂时离开自己的定居国或长居国，入境到其他国家进行生态旅游的游客。可细分为跨国生态旅游者、洲际生态旅游者和环球生态旅游者	陈玲玲等(2012)
	国内生态旅游者：暂时离开自己定居地或长住地前往本国其他地区去进行生态旅游的游客。可细分为地方性生态旅游者、区域性生态旅游者和全国性生态旅游者	
以组织形式为标准分类	团体生态旅游者 ：团体包价生态旅游者，一般不少于 15 人。优点：安全、可靠、方便、舒适且费用相对便宜。又称为团体包价旅游者	陈玲玲等(2012)
	散客生态旅游者：又称个体生态旅游者、自助生态旅游者，15 人以下自愿组合结伴而行。优点：自主性强，充分实现旅游动机	
以目的方式为标准分类	观光型生态旅游者：以游览观赏自然生态系统为主要目的	印开蒲等(2003)；陈玲玲等(2012)
	参与型生态旅游者：积极参与旅游活动的生态旅游者	
	专门型生态旅游者：为某一特殊的动机外出旅游的生态旅游者	
	综合型生态旅游者：观光、参与或专门等旅游目的或方式两种以上的有机组合	
以层次为标准划分方案	严格的生态旅游者：这类生态旅游者具有如下特点：具有强烈的生态意识；具有深刻的环境责任感；旅游行为不同于大众旅游者	Laarman 和 Durst(2001)；陈玲玲等(2012)
	一般的生态旅游者：这类生态旅游者具有如下特点：具有中等的或表层的生态意识；具有浅显的环境责任感；旅游行为类似大众旅游者	

续表

方案	内容	备注
	组织型生态旅游者：介于严格型和一般型生态旅游者之间的过渡性团体。拥有学习和了解自然环境的旅游动机，具有较强的环境责任感。要求一定的旅游服务条件	Weaver 和 Lawton（2002）；高峻（2010）
其他标准的分类方案	按旅游对象标准：自然生态旅游者和文化生态旅游者	
	按费用来源标准：自费生态旅游者和公费生态旅游者	
	按旅游内容标准：宗教生态旅游者、考古生态旅游者、民俗风情生态旅游者、探险生态旅游者、登山生态旅游者、森林生态旅游者、野生动植物观赏生态旅游者、科考生态旅游者和乡村生态旅游者	
	按年龄来源标准：青少年生态旅游者、中年生态旅游者、老年生态旅游者	
	按旅游距离标准：短程生态旅游者和远程生态旅游者	

1. 按国界分类

（1）国际生态旅游者。国际生态旅游者是指暂时离开自己的定居国或长居国，入境到其他国家进行生态旅游的游客。在我国，暂时离开定居国或长住国入境到我国境内进行生态旅游的游客，都可称之为国际生态旅游者。可细分为跨国生态旅游者、洲际生态旅游者和环球生态旅游者。

（2）国内生态旅游者。国内生态旅游者是指暂时离开自己的定居地或长住地前往本国境内其他地区去进行生态旅游的游客。国内生态旅游者，既可以是取得所住国国籍的居民，又可以是没有取得所住国国籍而长期在所住国学习、工作、疗养、休息或从事其他活动的人。可细分为地方性生态旅游者、区域性生态旅游者和全国性生态旅游者。

国际生态旅游者与国内生态旅游者的区别主要表现在消费层次、停留时间、方便程度、文化影响四个方面的差异。两者之间的相同点主要是：都呈现相同的旅游发展规律；从经济作用上说，二者都对旅居国或旅居地相关生产部门的生产有促进作用。

2. 按组织形式分类

（1）团体生态旅游者。团体生态旅游者又称为团体包价生态旅游者，是指参与通过旅行社或其他旅游组织事先计划、统一组织、精心编排的生态旅游项目，提供相关服务工作并以总价格形式一次性地收取旅游费用的生态旅游团体的生态旅游者，其团体人数一般不少于 15 人。其主要优点是安全、可靠、方便、舒适，旅游费用相对便宜。但是，一切活动都需要按旅行社或其他旅游组织的统一计划集体进行，欠缺灵活机动性。

（2）散客生态旅游者。散客生态旅游者又称个体生态旅游者、自助生态旅游者，是相对团体生态旅游者而言的，指个体、家庭或自行结伴进行生态旅游的人。与团体生态旅游者相比，时间上能够灵活掌握，生态旅游项目的选择上自主独立，且具灵活性，易于充分实现旅游动机。但由于一切活动都需要自己联系，不够方便，较为费钱、费时。

3. 按目的方式分类

（1）观光型生态旅游者。观光型生态旅游者是指以旅游观赏自然生态系统为主要目的的生态旅游者，如观赏山地、冰川、火山迹地、溶洞、沙漠、湖泊、江河、森林、草原、湿地、海洋、植物园、野生动物园等。主要目的地为"世界遗产"地、自然保护区、国家森林公园、风景名胜区等。其特点是渴望走进大自然、认识大自然，了解特色文化，开阔视野，一般逗留时间较短，花销不高。

(2) 参与型生态旅游者。参与型生态旅游者是指积极参与旅游有关活动的生态旅游者，如直接参与有组织的类似植树造林、清理环境、环保宣传之类的生态保育活动，或者登山、骑自行车、野营、漂流、滑雪、垂钓、观鸟、民风民俗活动等寓教于乐的活动之中。其特点包括：外出旅游的季节性强，不拘泥于具体的旅游地点与时间，更加在意活动本身，一般逗留时间较长，花费较多。

(3) 专题型生态旅游者。专题型生态旅游者是指为某一特殊的动机外出旅游的生态旅游者，这类动机包括参加特殊的科学考察旅游活动，如野生动物与植物考察、地貌奇观考察、森林探险、宗教名山考察、香格里拉探秘、生态农业旅游等。生态旅游者借助于特殊的旅游资源和生态环境，增长知识、丰富见闻，锻炼体魄等。其特点是受过良好的教育，求知欲强，具有某种专长或特殊兴趣，有一定的经济基础，不限于某一个旅游目的地，事先安排较为周密。

(4) 综合型生态旅游者。综合型生态旅游者是指观光、参与、专题等两种以上旅游目的或方式有机组合的生态旅游者，这类生态旅游者是生态旅游者类型中的主体，占多数，主要原因是生态旅游者的出游一般都是多种动机或方式并存，通过多样化的生态旅游项目达到综合效果。此类型生态旅游者成为生态旅游者的主要群体。

4. 按生态程度分类

该分类由 Laarman 和 Durast(1987)首次提出，分为严格的和一般的生态旅游者。这一概念作为一个基本体系在生态旅游学术界得到了广泛的支持。目前，我国大量研究成果中对生态旅游者的分类，均以此作为标准。

陈玲玲等(2012)在其教材《生态旅游：理论与实践》中，对该分类方案进行了提升和完善。进一步认为，严格的生态旅游者(hard ecotourists)具有如下特点：①具有强烈的生态意识；②具有深刻的环境责任感；③旅游行为不同于大众旅游者。而一般的生态旅游者具有如下特点：①具有中等的或表层的生态意识；②具有浅显的环境责任感；③旅游行为类似大众旅游者。

(二)建议的生态旅游者分类——层次标准分类方案

对于生态旅游者的分类，无论是学术理论界还是实际工作部门，目前尚无统一的划分标准。由于人们研究问题的角度、方法和目的不同，其标准及方案也各异。关于生态旅游者分类标准与方案，笔者赞成 Laarman 和 Durast(1987)以及陈玲玲等(2012)关于严格和一般生态旅游者的分类思路，并认为应主要从生态旅游者自身特质出发，重点考虑旅游者的人文素养、责任心、行为特征、环境态度、对周围环境(硬环境和软环境)的贡献等方面。

从生态旅游系统而言，一个真正意义上的生态旅游是包括了生态旅游者、生态旅游客体、生态旅游媒体(生态旅游政府、生态旅游企业及其相关的生态旅游业)和生态旅游(发展)环境(生态的自然环境、友好的人文环境、生态的旅游社区或者旅游区、友善的社区环境、热情的目的地居民、负责任的当地政府及和谐的旅游地环境等)，涉及一个旅游区、一个地区乃至一个国家方方面面，从这一点上讲，生态旅游就是一种可持续旅游，它涉及一个旅游区、一个地区乃至一个国家的可持续发展。从这个观点上讲，生态旅游可持续发展需要的不只是生态旅游者的贡献，同时需要旅游地社区居民和当地政府乃至企业等的努力，尤其是旅游主管部门的责任、管理水平和管理理念等方面。

另一方面，在上述生态旅游系统中，旅游者与旅游客体、旅游媒体、旅游环境之间既是一对一的双向、平面关系，同时又是四个子系统之间多向、立体动态关系。但无论是双向平面关系，还是多向、立体动态关系，它们都表现为分工与合作的关系，而最为重要的是各个子系统的分工、作用与责任，只有各个子系统的分工、作用和责任达到了一定程度，由各个子系统相互作用构成的生态旅游大系统才能实现可持续合作，从而实现可持续发展。从这个意义上讲，作为生态旅游大系统其中一个端元的生态旅游者，其分类研究除了考虑其他三个子系统及其关系外，更重要的是生态旅游者这个端元自身的问题。也就是说，生态旅游者分类研究应该主要从自身研究出发，而不应"喧宾夺主"地以其他子系统或端元作为生态旅游者的划分依据或划分标准，这样划分有可能导致"避重就轻"的后果。例如，从旅游时间、旅游动机、旅游花费、旅游季节、旅游产品、旅游景区性质等作为生态旅游者划分标准来进行研究，意义不大。甚至从旅游客体、旅游政府、旅游企业、旅游环境、旅游区作为生态旅游者划分的依据，其意义和作用也不明显。

综上所述，以国界作为标准进行划分，主要解决了生态旅游者客源国问题；以目的方式作为标准划分，主要从旅游功能和方式的角度进行生态旅游者划分；以组织形式作为标准划分，主要解决了生态旅游者的旅游合作形式。以上生态旅游者分类标准与方案，为以后生态旅游者分类研究奠定了重要基础，但并不能揭示生态旅游者的本质，还不能反映生态旅游者的真正含义，更不能解释生态旅游这门学科的本质规律和目标。而从生态旅游者的严格和一般的两类划分，从一定程度上涉及了生态旅游者的真正本质，这为生态旅游者划分研究提供了基本方法和方向。在前人研究成果基础上，笔者倾向于按层次标准划分思路对生态旅游者进行划分，即高端生态旅游者(生态旅游精英)、普通生态旅游者(生态旅游者)、潜在生态旅游者(准生态旅游者)三种类型。

1. 高端生态旅游者或"生态旅游精英"

相当于 Laarman 和 Durast(1987)分类中的严格生态旅游者(hard ecotourists)，也相当于"生态旅游精英"。在人与大自然关系的价值取向上，高端生态旅游者信仰环境中心论，对大自然充满了尊重、敬畏与关爱，认为人与自然是一种平等的朋友关系，倡导天地人和谐统一。这种人群构成唤醒地球村民觉醒的引领者、全球可持续发展的先行者和地球大家庭的守护者。高端生态旅游者最大的特点之一是其作为坚定的生态旅游主义者，不会因为周围环境的影响而受到明显影响。其主要特征表现为如下几点：

(1)具有强烈的自觉责任感。

高端生态旅游者是真正意义上的严格的生态旅游者，他们不会因为曾经去过所谓的非生态旅游区旅游就曾经是非生态旅游者，也不会因为正在经历所谓的非生态旅游区旅游而正在成为非生态旅游者,也不会因为将要到非生态旅游区去进行旅游消费就退变为非生态旅游者或者退变为传统的大众旅游者。这种层次的生态旅游者立志以保护周围环境(硬环境和软环境)为己任,以全球可持续发展为目标。在他们的理念中,旅游者是天—地—人这个巨系统中的一个组成部分,旅游者有责任和义务维护这个巨系统的友好、协调可持续发展。他们不会因为某个旅游区是所谓的非生态旅游区而不热衷前往去体验旅游活动,也并不会因为去了这种非生态旅游区去体验,就退变成了非生态旅游者。

强烈的责任意识使高端生态旅游者表现出深刻的环境责任感和特别的社区利益责任感,他们认为个人行为将促进自然和社区的保护,他们不仅以身作则,更加乐于帮助他人改正对环境和社区不负责任的行为。

(2)具有强烈的生态意识。

高端生态旅游者与其居住地、向往地甚至旅游区的性质没有直接关系。这种生态旅游者所在的地区或者国家,可能其国民生态意识较强或者较弱,但并不会从本质上影响其成为高端生态旅游者。这种生态旅游者曾经经历的旅游地给他们带来的只是不同的旅游体验,而不会从根本上改变他们作为高端生态旅游者的本质。相反,他们会在旅游过程中有意或无意地传递、扩散生态理念,间接或者直接地影响、加深甚至引领旅游地社区的生态意识,从而有利于所谓的非生态旅游地向生态旅游地转化或者促进生态旅游地向更严格层次的生态旅游地发展。

高端生态旅游者具有强烈的生态意识,所以他们对旅游舒适度的要求很低,例如他们不会为了自身的方便要求修筑公路、索道,不会偏爱大型酒店住宿,而更愿意住在当地社区开办的家庭旅馆或民宿里。他们还希望在旅行过程中有体力上的挑战,偏爱富有挑战性的生态旅游体验,他们更强调个人对自然和社区的体验,希望能亲自了解当地的生态环境和人文社区。

(3)具有低碳的旅游行为。

高端生态旅游者具有不同于大众旅游者的旅游行为,最大的特点是具有低碳、友好、与环境和谐沟通的旅游行为。他们拥有完全主动、自觉的旅游态度,主动接近大自然和社区,喜欢关注和思考环境问题。正因如此,他们往往喜欢那些距离遥远、保持着相对原始状态的自然区域。高端的生态旅游者喜欢自己安排旅游过程,或者以最低环境影响程度的方式进行,或者进行专业化的旅行。真正意义上的生态旅游者真正体现了生态旅游的核心思想,他们具有充分的生态意义与生态道德,强调自身安全与环境安全的统一。在旅游花销方面,凡是不利于环境保护和社区的事情,他们会斤斤计较。相反,凡是有利于周围环境和社区保护的支出,他们会慷慨解囊。他们坚守自己的信念和人生观,他们对自己勤俭节约、不喧哗、不炫耀,极低调。他们对周围环境慷慨大方,乐行好施,不会人云亦云,更不会改变自己的环保理念和生态信念。

2. 普通生态旅游者或"生态旅游者"

普通生态旅游者构成生态旅游者市场的重要组成部分,随着人类经济社会发展和文明进步,普通旅游者数量不断增多。他们是高端生态旅游者的强大后盾,相当于 Laarman 和 Durast(1987)分类中的一般生态旅游者(soft ecotourists)。他们基本具备生态旅游者的条件，相当于高端生态旅游者的中、低级形式。在人与自然和社区关系的价值取向上，普通生态旅游者初步了解并认可环境中心论，对大自然和社区具有一定程度的尊重与关爱，认为人与自然是一种平等的朋友关系。其主要特征表现为以下三个方面。

(1) 具有一定的自觉责任感。

普通生态旅游者属于真正意义上的生态旅游者，他们具有一定程度的人文素养、思想境界和环保意识。普通生态旅游者学会了尽力保护周围环境(硬环境和软环境)和社区利益，他们乐于学习，努力了解可持续发展理念。他们明白旅游者应该有责任和义务维护各种生态旅游区。他们了解生态旅游相关知识和生态旅游相关原则和技能。他们正在努力成为高端生态旅游者的奋斗路上。

普通生态旅游者由于具备一定的自觉意识，使其表现出一定的环境和社区责任感，他们认识到个人行为将促进自然和社区的保护，他们学会以身作则，也开始乐于帮助他人改正对环境和社区不负责任的行为。

(2) 具有一定的生态意识。

作为高端生态旅游者的中低级形式，普通生态旅游者初步具备不同旅游地和环境对其生态理念的影响。普通生态旅游者经历的旅游地给他们带来的只是不同的旅游体验，一般不会改变他们作为生态旅游者的本质。他们会在旅游过程中呈现一定自觉性的言行举止，可能间接或者直接地影响到旅游地社区的生态意识。

普通生态旅游者具有一定的生态意识，所以他们对旅游舒适度的要求一般，例如他们不会为了自身的方便要求修筑公路、索道，可以没有大型酒店住宿，可以住在当地社区开办的家庭旅馆或民宿里。而且，他们在旅行过程中可以适应体力上的挑战，偏爱具有挑战性的生态旅游体验，他们有愿望增加个人对自然的体验，也希望能亲自了解当地的生态环境和社区。

(3) 具有一定的生态旅游行为。

普通生态旅游者具有不同于大众旅游者的旅游行为，其特征主要表现在具有一定的低碳、友好、与环境及社区和谐沟通的理念。他们具有一定的环保和社区主动性和自觉性，不排斥接近大自然和社区，比较关心和思考环境和社区问题。普通生态旅游者可以自己安排旅游过程，在履行过程中注意到环保和社区问题。

普通生态旅游者存有生态旅游的核心思想，他们具有一定的生态意识与生态道德，提倡自身安全与环境安全的统一。在旅游花销方面，能同时考虑到自身旅游活动所带来的经济效益、社会效益和生态效益。他们已具备一定的环保理念、生态道德和社区利益保护意识。

3. 潜在生态旅游者或"准生态旅游者"

潜在生态旅游者是绝大多数普通大众旅游者成为真正生态旅游者的重要阶段。相当于真正的生态旅游者的初级形式，或者称为准生态旅游者。潜在的生态旅游者在人与自然关系的价值取向上，现阶段他们具有明显的人类中心论倾向，认为人类优于自然界，或独立于自然界，他们只是把大自然当作一种旅游消费对象。潜在生态旅游者的主要来源：一是大众旅游者中具有一定人文素养、通过自身锤炼、自修和努力而转变为生态旅游者的那部分游客；二是普通的大众旅游者中通过生态旅游者感染或者受到后期培训教育转变而来的那部分游客；三是新兴的潜在生态旅游者。与前两类相比，潜在生态旅游者最大的特点之一就是其正处在摇摆不定的状态——即在普通生态旅游者和大众旅游者之间摇摆不定，受到周边环境的影响很大。其主要特征表现为以下三个方面。

(1) 具有一定或表层的生态意识。

潜在的生态旅游者往往只有中等或者表层的生态意识，所以对旅游舒适度的要求较高。他们希望景区能提供足够的设施和服务条件，希望在旅行途中也获得都市中的享受。潜在的生态旅游者的生态旅游体验是以一日游为基础的短途旅游体验，他们更喜欢通过导游解说、小径上的指示标牌或解译中心来获得有关自然的知识，而不愿自己去了解相关的生态知识。

(2) 具有浅显的自觉责任感。

潜在的生态旅游者对保护环境和社区所具有的责任感不像真正的生态旅游者那样深刻，他们可能会约束自己不做破坏环境的事情，但通常对别人破坏环境的行为置之不理。通常有意识、无意识地表现出浅显的自觉责任感。

(3) 旅游行为类似大众旅游者。

潜在的生态旅游者的旅游态度是被动的，他们跟随旅游团队来到生态旅游景区，只停留短暂的时间。通常他们不喜欢那些需要长途跋涉的生态旅游目的地，更愿意选择交通便利、距离较短的目的地。他们对大自然和社区只是轻微的接触，缺乏与自然环境和社区的深入交流。潜在的生态旅游者喜欢由旅行社或旅游经营机构替他们安排行程，以大规模旅游团队的旅游方式旅行。一般的大众生态旅游者在本质上其实是大众旅游者，两者是可以互相转换的。潜在的生态旅游者通过偶尔与自然环境和社区的接触，以显示与其他选择普通旅游方式的旅游者有所不同。当然，潜在的生态旅游者占了整个生态旅游者市场的大部分。

第三节　生态旅游者行为规范与责任

一、生态旅游者行为特征

生态旅游者的自觉责任性概念是随着可持续发展背景和全球保护环境进程而兴起的。生态旅游者行为影响因素主要包括政府、社会文化、旅游目的地社区和非正式组织、生态旅游从业人员、经济环境、旅游动机、生态意识等诸方面（王琳，2007）。生态旅游者除了具有一般旅游者的目的地的异地性、经济上的消费性、时间安排上的闲暇性、地域上的差异性等共同特点外，还具有有别于传统大众旅游者的特殊特征。鄢和琳等（2003）、陈玲玲等（2012）对生态旅游者行为特征进行了如下阐述。

(一) 责任性

自觉责任性是生态旅游者最重要的特征标志之一，包括四个方面的内容：一是环保的自觉责任性；二是维护社区根本利益的自觉责任性；三是自然人文生态资源保护的自觉责任性；四是影响和传播生态意识的自觉责任性。生态旅游者的自觉责任性是指旅游活动具有促进环境保护和社区经济发展的自觉责任性，广袤的大自然与博大精深的特色文化给生态旅游者提供了宽阔的天地，他们既在其中进行丰富多彩的生态旅游活动，又在责任感的驱使下，自觉要求自己的行为不对生态环境产生破坏，尊重和维护人与自然和谐的特色文化，并为所在社区经济和文化可持续发展担负应尽职责。

(二)环保性

环保性是生态旅游者最基本、最典型的特征之一。环保性是指保护性旅游行为有益于环境保护的活动形式，无论是把生态旅游作为一种旅游形式，还是作为一种旅游思想，都强调生态旅游者对旅游环境及资源的保护。生态旅游者明了保护大自然的重要意义，有较强的生态环保意识，能遵循维护生态道德，自觉地、有意识地去保护生态环境，并将其贯穿到整个生态旅游过程。如参与生态旅游目的地的自然与文化旅游的同时对自然与生态文化资源进行保护，是一种绿色的旅游形式。

(三)知识性

知识性是指自觉责任性旅游行为具有较高科学知识和文化信息含量的活动形式，因为生态旅游区包含着大量的地质、地貌、气象、水文、植物、动物、历史、人文、艺术等科学文化知识体系。这就决定了生态旅游是一种高层次、高品位的旅游活动。生态旅游者通过观察、体验、分析、研究，可直接感受并获得丰富的科学文化知识，达到科学普及的目的。生态旅游者必须具备一定的素质要求，包括身体素质、道德素质、环保知识及文化修养等各个方面，如理解大自然生态平衡的原理，懂得民俗风情的文化内涵，懂得可持续发展战略的内涵、基本思想和重要性等。

(四)参与性

生态旅游具有很强的参与性，首先表现在生态旅游活动中旅游者不再是走马观花，而是深入自然环境，用心感受、用耳倾听、用眼观察、用身心去实践。通过步行、骑自行车、骑马、探险、登山、驾驶山地车、漂流、划船、户外野营等参与性活动，认识自然，体验大自然提供的阳光、空气、水体、山岳、绿色及人与自然和谐的文化等诸多价值，从中获得贴近大自然的情趣，达到自然化、美化与智化的境界，促进体魄的健康、精力的旺盛、知识的丰富、视野的开阔。同时，生态旅游者还直接或间接地参与生态旅游区的保护事业，促进人与自然的可持续发展。

(五)替代性

替代性是指旅游经历的可代替性，反映在旅游时间、交通工具、目的地及活动方式发生变化的情况下，旅游者对旅游经历的满意程度。可替代性越强，说明游客越容易接受旅游要素的改变，对旅游环境或服务的依赖性就越小，也就更能按照生态环境特点合理布局，对资源的游憩利用方式进行调整或转变，从而更有利于生态脆弱地段受到保护。例如，在山地生态系统天然"本底"脆弱地段不宜修建公路，否则对环境的破坏太大。如果进入方式改为徒步或骑马，就能使环境影响减少到较低的程度。若旅游者可替代性强，则有利于新的进入方式的实施。生态旅游者旅游行为的替代性比传统大众旅游者高。此外，旅游替代性与旅游动机和旅游目的地类型也有关系，以自然环境和野生生物为旅游动机的旅游者比以文化和民俗风情为旅游动机的旅游者替代性高。

(六)成长性

生态旅游者的行为特点培养是一个系统的综合过程，需要社会和个人的共同努力，有效途径主要有游客的自我学习、社会教育和生态旅游区的现场教育。学习是指通过直接的书本内容学习与间接的实践活动学习，提高环境意识，自觉去认识自然、享受自然，保护自然、保护生态环境与旅游资源。生态环境恶化是全球性的问题之一，应该从社会教育的途径，促进人们去了解、认识并关心环境及有关问题．使其成为潜在的生态旅游者。如开设环境保护、生态学、可持续发展理论等课程，采取丰富多样、生动活泼的教育方式。生态旅游区的现场教育主要是通过建立环境解译系统，利用环境解译的各种方式进行生动活泼的教育培养。

二、生态旅游者权益和责任

鄢和林等(2003)、陈玲玲等(2012)认为，生态旅游者在生态旅游活动中，应明确其享有的权益与负有的责任，权益和责任充分体现了生态旅游的特点，同时也是与传统大众旅游者的主要区别所在。生态旅游者主要的权益和责任如下。

(一)生态旅游者的权益

1. 知情权和选择权

生态旅游者在旅行和逗留期间，旅游组织与生态旅游企业应提供客观、准确和完整的旅游信息，包括旅游线路、旅游景点、旅游活动项目、价格等情况，还应积极提供生态旅游区状况和环境保护教育的相关信息资料。生态旅游者在购买生态旅游产品时，有自主选择按自己旅游目的和兴趣购买，并进行比较、鉴别和挑选的权利。对于进行广告宣传的旅游经营者应承担相应的法律责任。

2. 受保护的权益

人身、财产安全基本权利是受法律保护的，生态旅游经营者不能侵犯生态旅游者的权利，同时生态旅游经营者所提供的生态旅游产品必须符合保障人身、财产安全的要求。生态旅游者在旅游活动中遭受的人身、财产损失，只要同生态旅游管理者有直接或间接的关系，或是由于生态旅游产品和服务的缺陷造成的，生态旅游者有权要求责任单位或个人进行赔偿。

3. 公平服务的权益

生态旅游者对购买的产品和服务要求有质量保障，同时也要求价格合理、公平，购买的生态旅游产品和服务要与其价格相符。生态旅游在住宿、餐饮、参与生态旅游项目类型等方面的差价反映了生态环境、服务内容、服务水准和生态旅游活动内容和内涵等的差异，其价格应与实际相符。

(二)生态旅游者的责任

1. 以生态环保为己任

生态旅游的产生背景是由于传统大众旅游活动对自然、文化、社会等环境产生了多种多样的负面影响，损害了旅游业赖以生存的环境质量，威胁旅游业的可持续发展。生态旅游作为一种维护环境的旅游活动，生态旅游者应该热爱大自然，具有较强的环保意识，对旅游目的地的生态环境维护具有责任感，且应为其做出自己的贡献。

(1)尊重旅游目的地的生命。尊重生命是人类文明永恒的主旋律。按生态学的观点，地球上的所有生命是一个共同体，相互有着极为复杂的生态关系，生命面前生物平等，而人类仅仅只是这个共同体中的一员，人与其他生物均享有平等的权利。因此，人类尊重生命的范围应该扩大到所有的生命，而且这种尊重要立足于生命的创造性和维持性等价值，从生命物种的保存、进化和生态系统的完整、平衡、完美出发，遵循生态规律，尊重各种生物享有的生命共存、特有生活方式以及生物维持种类进化所必需的生态条件不受人类破坏等权利。生态旅游者应按"生态旅游指南"参与生态旅游。

(2)尊重旅游目的地的自然生态系统。生物及其生存环境构成了自然生态系统，整个生态旅游目的地是由多样、多层的生态系统所组成，生态旅游者进入目的地后，也只是生态系统中的一个组成部分，生态系统的稳定性、完整性和完美性包含着有益于人类生存的环境价值，值得尊重。要尊重生态系统，就得按照生态规律来理智地行动，注意保护生态系统中内在的相互依存的自然生态关系。此外还应注意保护生态系统中的关键物种以及尽力保持生物多样性。

(3)尊重旅游目的地的生态过程。应充分认识到生态过程的形成是大自然生物圈几十亿年优化选择的结果，生态旅游者应关注生态过程，尊重生态过程。维护物质与能量流动以及生态系统的自我调节，以达到生态平衡。

(4)尊重旅游目的地的文化。应维护当地文化的自然性，生态旅游者应以学习了解当地的文化、风俗习惯、民族风情为目的，不应将自己的文化价值观强加于人，不要强求过分的舒适，要在了解民族礼仪、习俗及禁忌的基础上，"入境问禁"、"入乡随俗"，尊重当地的风俗习惯，在当地居民允许的范围内参与其活动，体验其文化，以求自我充实和提高。

2. 促进旅游社区协调发展的责任

生态旅游区与其所在的社区经济发展有一定的联系，生态旅游区应制定相应的资源保护政策：限制社区居民对自然资源的传统性利用，旅游的开发对社区有不同程度的影响。这些问题如果不加以处理，就会激发生态旅游区与社区居民之间的矛盾，生态旅游区将常常处于一个不稳定的状态，从长远看，解决这一问题的主要途径如下所述。

(1)促进旅游社区经济发展。吸收当地居民参与到生态旅游区从事第三产业、保护、管理等工作，如导游、餐饮、护林、防火、巡视等。生态旅游不仅给当地社区群众带来更多的就业机会，而且促进地方经济的持续发展，生态旅游者应支持当地社区群众的工作，为旅游目的地社区脱贫致富尽职。例如，科技工作者参与生态旅游时为当地社区提供科技咨询服务，甚至指导协助工作。

(2)促进旅游社区传统文化的保护和提高。生态旅游社区的传统文化，如富有特色的建筑风格，当地的舞蹈、音乐、戏剧、风俗习惯等对生态旅游者颇具魅力，生态旅游者应注意行为规范，尽量减少对当地传统文化的负面影响，同时应积极为旅游地社会传统文化继续保存并持续发展尽其职责。

三、生态旅游者行动指南

李正欢和李祝舜(2004)在界定生态旅游者概念基础上，从生态旅游者的生态行为意识角度出发，将其划分为自在、自觉、自为三个层次，并根据实践的需要探讨了提升生态行为意识层次的几个措施：制订生态旅游者的行为准则、实施生态伦理教育和进行生态行为引导。生态伦理是协调人与自然等诸多需要旅游者处理关系的不可或缺的规范，旅游可持续发展需要生态伦理来规范旅游者的行为。生态伦理对旅游者行为规范可以从生态伦理对行为准则制定、教育规范行为、观念内化形成行为自觉规范三个方面实现(孙猛和陈丽军，2007)。生态旅游者来到类型各异的生态旅游区，可以有丰富多彩的保护性旅游活动，如在森林公园里，可以进行野生动植物考察、登山探险、垂钓、森林浴、空气负离子浴、野营、绿色夏令营、营造纪念林、滑雪、骑马、骑山地自行车、远足、漂流等活动。

但在保护性旅游行为过程中，要贯穿环保意识，环保意识要落实到行为中去。至于具体做法，有些国家提出了自己的方案，如美国旅行代理商协会(American Society of Travel Agents)制定了关于生态旅游的十条戒律。我国人与生物圈国家委员会也在组织出版的《中国生物圈保护》杂志里介绍了关于生态旅游者的旅行要求。这些戒律与要求，是保护性旅游行为过程中的保护行动指南，可以归结为以下几个要点：

(一)旅行准备

生态旅游者一旦决定要访问某个生态旅游区，在出发之前要在有关信息册和宣传材料中学习关于该地的自然、习俗、礼仪和文化知识，如该地的生态系统特点、生物多样性状况、珍稀濒危物种名单、当地居民的宗教信仰、民族传统文化等，以明确生态旅游者对环境保护所负有的责任与义务；为自己的旅行准备好必要的旅游与环保工具，如装垃圾的塑料袋、野营帐篷；此外还应学习有关安全救助的措施。

(二)旅行途中

生态旅游者在旅行中所涉及的吃、住、行、游、娱、购六个环节都有保护的内涵要求。

1. 吃与住

首先是吃,要入乡随俗,尊重当地居民饮食习俗,拒绝食用珍稀濒危动植物烹饪的食品,如我国的大鲵(娃娃鱼)、穿山甲等,以免加速该物种的灭绝。其次是住,以方便简单为原则,督促生态旅游经营者不将住宿设施建在生态系统脆弱地带。

2. 行与游

首先是行,尽可能徒步或使用对环境无害的交通工具,自带的机动车辆在停车时关闭发动机;注意沿设定的旅游通道走,不打扰动物(如不要穿色彩鲜艳、图案杂乱的外衣等),不侵犯其自然栖息地,自觉不踏踩珍贵植物的群落系统;沿途若有居民,应虚心向当地居民了解他们的风俗习惯,遵循当地的民风民俗,并努力融入其中。其次是游,应不采集被保护的生物物种,不要折断树枝,不要乱扔杂物;在当地居民允许的前提下参加有关文化习俗的活动,尊重他人的隐私;要征得他人的同意方可拍照;可以积极致力于当地自然保护事业。

3. 娱与购

娱乐活动应遵守有关的规定,保持"干扰距离",不投喂、不恐吓、不搂抱参与娱乐的野生动物。购买纪念品时,拒绝购买被保护物种的制品,如象牙、龟甲、皮革等。生态旅游者如果购买被保护生物或其制品,将会导致被保护生物物种的灭绝。生态旅游者购买当地的纪念品,要本着支援当地人生活、有利于物种保护的态度,购买经认可的纪念品。

另外,还应积极参加新兴的自然保护的有益活动。人类只有一个地球,保护自然,爱护环境,人人有责。生态旅游者应参与到改善人类生存环境的工作中去,如向目的地捐助资金,提供知识技术,参加保护环境的宣传和植树造林、清扫环境等义务劳动。

(三)旅行结束

生态旅游者离开旅游目的地时,该带走的东西一定要带走,不该拿走的东西一定要留下。如应将杂物或垃圾带走,不要随便丢弃,以免污染自然环境,增加生态旅游区的环境清理与保护的负担;而非法"纪念品"不允许携归。正如美国国家公园提出的口号,"除了脚印,什么也不留;除了摄影,什么也不取",带走的只有你的照片和欢笑。同时,如果对旅游目的地的环保措施有什么见解或建议,应积极把信息反馈给经营者,以促进生态旅游事业的可持续发展。

第五章 生态旅游客体系统

在生态旅游动力系统中，生态旅游客体就是由旅游通道所连接、与生态旅游主体子系统之间相对应的端元概念。生态旅游客体是所有端元中界限最为清晰、范围比较明确的区域空间。该空间区域就是由各种自然、人文、经济、社会等要素有机组合而成的复杂综合体，故称为生态旅游客体子系统。作为一个复杂综合的概念，生态旅游客体子系统本身就是一个复杂、综合、动态的生态旅游目的地产品体系，实际涵盖了生态旅游资源或生态旅游景区或旅游目的地、生态旅游环境及生态旅游社区等。其中，生态旅游目的地通常包含旅游景区和旅游社区，生态旅游景区与生态旅游资源相对应。这里强调的是，生态旅游资源与生态旅游不是同一个概念，前者为一明确指向的具体的定义，后者为一综合的空间区域概念。鉴于生态旅游景区、生态旅游产品、生态旅游目的地等在其他章节都有专门论述，本章节重点阐述生态旅游资源。

第一节 生态旅游资源概述

一、生态旅游资源辨析

(一)生态旅游资源范畴

生态旅游资源概念从早期相对狭义的自然保护区、国家公园、森林公园，到自然人文综合型生态旅游资源，再到城市生态旅游资源，生态旅游资源理论得到了丰富和发展。但目前关于生态旅游资源属性和范畴的争议仍然很明显。这不只是生态旅游资源自身的问题，尤其对于"到生态旅游区旅行的那部分游客就是生态旅游者"这种传统生态旅游者概念而言，这个问题研究显得尤为重要。究竟什么旅游资源才属于真正的生态旅游资源？生态旅游资源究竟如何定义？其依据和指标在哪里？

在进行生态旅游研究过程中，时常遇到如下相关的具体问题。问题一：我国自然保护区、森林公园、地质公园是典型的生态旅游资源，那么至今未列入体制内保护体系的各种大草原、森林、山地、水域、沙漠等，是否属于生态旅游资源范畴？显然答案是属于生态旅游资源。那么所有具有吸引力的自然旅游资源都属于生态旅游资源吗？问题二：包括国外原住民领地(indigenous territorries)和我国少数民族聚集区(ethnic minority areas)在内的原生态旅游区(包括各种建筑、民居以及各种物质、非物质文化遗产)属于典型的生态旅游资源，那么其他地区旅游城镇及其周边的乡村旅游资源属于生态旅游资源吗？问题三：关于产品和服务问题。原生态民族地区的土特产品等特色旅游商品显然可以归入生态旅游资源范畴，那么民族地区歌舞、节庆等各种特色服务是否属于生态旅游资源呢？问题四：生态旅游资源与生态旅游客体的关系问题。生态旅游客体只包含生态旅游资源吗？生态旅游客体是否就是生态旅游目的地，亦即包括了旅游地区域的生态旅游资源(或生态旅游景区或产品)、当地社区、旅游地环境(硬环境和软环境)？

(二)关于自然和人文

在生态旅游最初概念的界定中，明确了生态旅游资源的对象，即生态旅游资源是"自然景物"，西方不少国家也严格按此来规定生态旅游资源，尤其是美国、加拿大、澳大利亚等几个生态旅游发展较早的国家，更是把生态旅游的对象限制在"国家公园""野生动物园""原始森林"等纯"自然"的区域。然而，随着生态旅游的不断普及和发展，一些历史悠久的国家，如中国自然和文化往往无法分开，在传统"天人合一"的哲学思想指导下，这些区域处处体现着人与自然和谐的"原生态美"。因此，在实际操作中，有的学者逐渐将生态旅游资源的范畴进行拓展，包括了与自然和谐、充满生态美的文化景观。最典型的例子就是我国西部民族地区的生态旅游资源，不仅只是具有"自然美"的大自然，还应包括与自然和谐、充满生态美的人文景观。

实际上，通过这么多年的发展，包含自然、人文和综合类型的生态旅游资源定义，已经成为不争的事实。亟待解决、难以解决的核心问题：一是如何从自然旅游资源中分离出自然生态旅游资源；二是如何从人文旅游资源中分离出人文生态旅游资源；三是如何从综合旅游资源中分离出综合生态旅游资源。作者认为，具有原生态美的那部分自然资源、人文资源和综合资源，应该属于生态旅游资源。

(三)关于物质和精神

物质性的自然保护区、森林公园、地质公园等是生态旅游资源，对此争论不大。但"精神"是不是生态旅游资源却存在争议。事实上，附着于物质景观上的精神，不仅是生态旅游资源，而且还是其灵魂，是旅游资源开发时需要发掘的、深层次的旅游吸引物。只是和物质相比，它是无形的。据此，可将生态旅游资源的物质部分视为"有形生态旅游资源"，精神部分视为"无形生态旅游资源"。其中，无形生态旅游资源的内涵是蕴藏于有形生态旅游资源中的美学价值、科学价值、文化价值及环境教育价值叠加的核心部分。

仔细考虑，实际上这是一个生态旅游系统的问题，同时也是生态旅游资源和生态旅游客体之间内涵与外延的关系问题。最典型的案例，如美国西部的印第安部落、太平洋岛屿—热带雨林社区、拉丁美洲—安第斯山及印度大陆雨林区、东非—马赛族(the Maasai)社区部落原野森林、南非—原始资源保护区生物群居地、西非—原始森林地区原生态社区、东南亚—山区部落与岛屿国家山地森林、青藏高原东南缘的少数民族地区等原生态旅游区，游客到这些地区体验生态旅游除了体验这里的原生态自然环境和原生态人文景观，还有这里的独具特色的"跨区域跨文化""世外桃源""异国风情"等非物质文化遗产氛围。严格意义上讲，"精神""意识"或物质类的旅游资源或旅游吸引物，构成生态旅游资源不可分割的重要组成部分。这正是生态旅游有别于大众旅游资源的一个很重要的内容。

（四）关于设施与服务

生态旅游基础设施从大的方面看应归为旅游业，但一些具有地方特色的旅游基础设施对游客有特别的吸引力，如住宿设施范畴的青年旅馆、汽车营地、小木屋、帐篷等，实际上属于生态旅游产品中的旅游项目，也可以看成是一种新兴的生态旅游资源。又如交通设施范畴的马、索道、溜索、吊桥、景观大桥等，从其对游客的吸引力这一点看，不能否认它的资源价值性。因此，凡是具有地方特色、能烘托生态旅游气氛，具有当地生态特色的旅游接待设施都应该视为生态旅游资源。

从旅游产品构成上看，设施和服务往往构成旅游产品体系的有形产品和拓展产品部分，问题是这部分有形—拓展产品是否属于生态旅游资源呢？如少数民族地区的民族歌舞接待（藏族迎宾献哈达、羌族迎宾献红绸、彝族迎宾喝竿竿酒等），一方面作为一种旅游服务的软性旅游产品项目，但这种民族风情对游客具有吸引力，能够体现当地生态旅游氛围，亦可视为新兴的生态旅游资源的重要组成部分。

这种具有地域文化特色的看得见、摸不着的"服务类"的"软性"东西，相当于地方地域生态文化体系的重要组成部分，有点类似于各地少数民族地区的各种民间技艺、民俗文化类旅游资源，也是吸引生态旅游者前往经历和体验的重要生态旅游吸引物。

（五）关于资源和产品

有的学者认为，"资源"一词应解释为"生产资源和生产资料"的天然来源，即资源是指未经开发的天然的物质资源。也就是说，只有原始的生态系统才能算生态旅游资源，而已经开发的（如旅游景区）就不能列入生态旅游资源的范畴。但有的学者却持不同的观点，认为只要对生态游客有吸引能力，生态旅游业利用以后能够产生效益的各种实物均可视为生态旅游资源。印开蒲等（1992）、陈玲玲等（2012）认为，可把未经开发、但对游客有吸引力的生态系统视为"潜在的生态旅游资源"，如一系列未开发的山川田野；而把已开发、对游客有吸引力，旅游业已经利用并产生了效益的生态系统视为"现实生态旅游资源"。

其实，这里就这个问题进行讨论已经没有太大的意义，这是千差万别的旅游资源特征中的一个常见问题。这里实际上就像生态旅游资源、生态旅游吸引物、生态旅游景区或生态旅游产品的相关性之争一样。事实上，广义的生态旅游资源可以包括生态旅游吸引物、生态旅游景区或生态旅游产品。比如说中国万里长城，既是生态旅游资源或生态旅游吸引物，也可以是生态旅游景区或生态旅游产品。再比如，现今各种世界遗产、国家公园以及我国自然保护区、森林公园、地质公园、风景名胜区、湿地公园等各类国家遗产，既属于生态旅游资源，也属于生态旅游产品。

二、生态旅游资源界定

生态旅游资源是吸引生态旅游的客体，又是生态旅游活动得以实施、生态旅游得以实现的物质基础。这就需要对生态旅游资源的概念进行讨论。但在生态旅游发展不够成熟的今天，作为生态旅游对象的生态旅游资源还没有一个被普遍认同的概念，人们在理论上的认识因人而异，有的干脆避免讨论生态旅游资源的定义。

随着社会进步，生态旅游在空间和时间领域扩展，生态旅游资源范围不断扩大。目前，生态旅游资源的科学含义界定比较复杂，对什么是生态旅游资源还没有公认一致的定义。学术界对生态旅游资源概念的界定具有代表性的有以下几种。

杨桂华(1999)依据旅游资源的定义延伸出生态旅游资源的含义：以生态美吸引旅游者前来进行生态旅游活动，为旅游业利用，在保护前提下，能够产生可持续的生态旅游综合效益的客体。

汪华斌和周玲(2000)提出，生态旅游资源主要以生态旅游系统为主要内容，其开发利用的主要目的是为了加强自然环境的保护，促进社区经济可持续发展，生态旅游目的地主要包括自然保护区、森林公园、风景名胜区、自然动植物园、复合生态区以及人工模拟生态区等，而以上各目的地旅游资源主要以动物、植物以及特殊的自然景观、自然生态系统为主，都是旅游者游览观光的主要内容。

卢云亭(2001)的定义是，在自然场所或自然与历史文化相融合的场所中，可供生态旅游者感知、享受、体验自然生态功能与价值的资源。

白光润(2002)认为，生态旅游资源就是生态旅游产业的初始投入，是吸引生态旅游者"回归大自然"的客体，也是生态旅游得以形成和发展的物质基础。

赛江涛和张宝军(2004)提出，凡是能够对生态旅游者具有吸引力环境的自然事物和具有生态文化内涵的其他任何客观事物，都可以构成生态旅游资源。

张建萍(2007)把生态旅游资源定义为：以生态美(自然生态、人文生态)吸引旅游者前来进行生态旅游活动，为生态旅游业所利用，在保护前提下，能实现环境的优化组合、物质和能量的良性循环、经济和社会协调发展，能够产生可持续的生态旅游综合效益，具有较高观光、欣赏价值的生态旅游活动对象，可供生态旅游者感知、享受、体验自然生态功能与价值的资源。

周文丽(2007)的定义，以生态美吸引旅游者前来进行生态旅游活动，为旅游业所利用，在保护的前提下，能够产生可持续的经济、社会、环境综合效益的自然生态区，其中并不排除与其相关的人文因素。

高峻(2010)认为，生态旅游资源是自然和人文生态系统中具有生态美的特征要素，对旅游者具有吸引力，通过适当的开发可以产生经济社会效益的自然客体，以及人工建造的各种生态旅游设施、服务等。

在吸取一些学者对生态旅游资源概念理解的基础上，作者认为广义的生态旅游资源定义为：以原生态美吸引游客，被开发利用产生生态旅游综合效益的各种物质和精神事物的统称。狭义的生态旅游资源定义是：以原生态美吸引游客，被开发利用产生生态旅游综合效益的各种自然及人文生态资源。原生态美即生态旅游资源所独具的原生态、原始性、原本性、原真性、原创性和民族性。

第二节　生态旅游资源内涵及特征

一、生态旅游资源内涵

目前，对生态旅游资源的概念认识各有不同，不同概念各有其侧重点，多数较为认同的是以生态旅游系统的"四端元"分析为基础，将生态旅游资源定义为以原生态美吸引游客前往进行生态旅游活动，为生态旅游业所利用，在保护的前提下，能够产生可持续的生态旅游综合效益的一切事物。其内涵如下所述：

(1)原生态美。即旅游资源的原始性、原本性和原真性，这是区别于传统大众旅游资源的根本。生态旅游资源具备一种特殊的生态美学功能，这种生命与环境之间相互支持互惠共生所表现出来的美学形式成为生态旅游吸引物。无论是世界自然遗产、国家自然遗产及普通自然生态保护区域，还是世界文化遗产、国家文化遗产还是其他类型的物质和非物质文化遗产，亦或是世界各地的原住民社区或我国少数民族地区融为一体的自然人文生态系统，原生态美是核心和本质。

(2)吸引功能。凡属生态旅游资源都应具有吸引生态旅游者"返璞归真"的能力，生态旅游资源的吸引力源于其原生态美，只有具备原生态美的生态系统才能吸引和满足人们"返璞归真"的旅游需求。这里的"返璞归真"包括"回归大自然"和"回归原人文"，前者系指自然生态环境，后者针对历史古城镇、古街区、古村落等。

(3)效益功能。生态旅游资源作为一种资源，必须具备经旅游业开发利用后能够产生经济、社会、生态三大效益的基本条件，这三大效益的发挥不仅注意横向的三大效益的协同发展，更应重视纵向上的可持续发展。

(4)客体属性。能够满足上述三大功能基本条件的客体均属于生态旅游资源。生态旅游资源与客源地之间存在空间距离，通过旅游通道构成既独立又统一的整体。但在实际操作中，生态旅游资源的范畴争论相当大。不同国家、不同学者有不同的认识，同一国家不同地区、不同学者均有不同的认识，这也是生态旅游研究中争论的焦点，后面将作论述。

(5)保护需要。生态旅游资源及环境是生态旅游者"返璞归真"的对象，均为原生或保护较好的自然生态系统或人文生态系统或自然人文生态综合系统，优质但脆弱，易被破坏，需要保护。这一基本特点也是生态旅游资源区别于传统大众旅游资源的关键。生态旅游资源必须在保护的前提下进行开发利用。

(6)教育功能。特指生态旅游资源具有潜在或明显的教育功能，包括暗示、提示、警示、引导、激发、教育作用。生态旅游资源最大特征就是吸引物自身的原生态美，原生态美的事物总是具有明显的脆弱性，为了维护吸引物的长久性和可持续性，围绕生态旅游吸引物附加的旅游项目、旅游设施和旅游服务等，具有不同程度的暗示、引导、激发的教育功能，或者是潜在的或者是明显的。

二、生态旅游资源特征

生态旅游资源是吸引生态旅游者"返璞归真"（这里不提"回归大自然"就是要避免生态旅游资源的自然资源属性的误解）的客体，又是生态旅游活动得以实施和生态旅游得以形成和发展的物质基础。生态旅游资源作为生态旅游吸引游客的"资源"，其本身又源于自然和人文历史过程，在经济、社会、生态和自然四个方面都具有自己的属性特征。

（一）生态特征

生态旅游资源作为一个生态系统，在其形成上具有原生性与和谐性特征。在其构成上具有整体性和系统性特征。因其自身的脆弱性，故需保护。

1. 原生性与和谐性

原生性是指生态旅游资源作为一个生态系统是原本自然形成的。原生自然生态系统既包括让人赏心悦目的山清水秀的森林生态系统，也应包括一望无际、荒无人烟的荒漠。原生自然生态旅游资源是大自然经过几十亿年的演化，生命与当地环境磨合而成的，除了其感观上丰富的美学外，还有科学及文化内涵吸引游客。和谐性是指遵循生态学规律，与自然共同创造的、与自然和谐的文化生态系统。这些文化生态系统都有一个共同的特征，即人与自然和谐，或者说具有和谐之美。

2. 整体性与系统性

整体性是指生态旅游资源是由地形、地貌、气候、水文、植物、动物及当地民族风情等生态因子所组成的一个综合体。如森林，其生长离不开当地的气候及土壤等生态因子，其内有与之相互依存的动物，当地人也依靠它生存和发展。系统性是指生态旅游资源系统各部分之间，系统的内部存在着相互联系、相互依存、相互限制的关系，正是这种关系使其构成一个有机的系统。在这个系统中存在着自己特有的生态结构特征与能量流、物质循环和信息流，游客参与到这一系统当中的同时，也对这一生态系统的演替产生重要影响。

3. 脆弱性与保护性

脆弱性是指生态旅游资源系统对作为外界干扰的旅游开发和旅游活动的承受能力是有限的，超出这一限度就会影响和破坏这一系统的稳定性。从旅游开发方面看，不了解生态旅游资源的这一特征会造成对生态旅游资源的影响和破坏。若开发者和经营者只顾眼前旅游经济效益，进行不顾生态旅游资源的承载力的超载经营，必将对生态旅游资源造成破坏。针对生态旅游资源的脆弱性，为了生态旅游资源的可持续利用，保护成为必然。在旅游开发、经营和管理中有效地保护生态旅游资源，就必须遵循生态学规律，在开发上应坚持保护性开发原则；在经营和管理上应杜绝游客超容量情况。

（二）自然特征

生态旅游资源作为生态旅游系统中的客体，存在着时空分布规律，在空间上具有广泛性与地域性特征，在时间上有季节性与时代性特征。

1. 广泛性与地域性

广泛性是指生态旅游资源作为客观存在，分布极为广泛。从空间规模来看，不仅地球上存在生态旅游资源，在宇宙空间也存在吸引人们前去探索大自然之秘的资源，当然在目前的经济发展水平下只能作为"潜在"的生态旅游资源；从地球空间规模来看，整个地球，从赤道到两极，从海洋到内陆，从平原到高山都存在生态旅游资源。随着科技和经济的发展，过去无人涉及的南极、北极也逐渐由科考转为生态旅游之地；从区域空间规模来看，不仅人烟稀少的山区，城市附近甚至城市内也都存在生态旅游资源。地域性是指任何生态旅游资源都是在当地特有的自然及文化生态环境下形成的，具有与其他地方不同的地方性特征，即大自然中无法找到完全一致的两个地方。正是这种不同，这种地域性差异构成了吸引游客的真正动力。

2. 季节性与时代性

季节性是指生态旅游资源景致在一年中随季节而变化的特征（即季相），这一特征决定了生态旅游活动的季节变化。例如，草原生态系统有明显的季节变化，春季草原一片崭新娇绿、夏季草原绿草如茵、秋季花卉争奇斗艳……时代性是指在不同的历史时期，不同的社会经济条件下，由于旅游者兴趣的变化，一些红极一时的景观会因为对游客失去吸引力而从旅游资源的范畴中隐去，而另一些旅游资源则成为时尚。例如，近年自驾生态旅游兴起，自然生态旅游资源魅力增强。

（三）经济特征

生态旅游资源作为旅游业获得效益的基础，从资源的角度上看有不可移置性与可更新性特征。从市场需求上看有多样性特征。从旅游经营上看，具有资源及市场的垄断性特征。

1. 不可移置性与可更新性

不可移置性是指生态旅游资源由于其地域性的特征决定了在空间上不可能完全原样移位的特征。任何生态旅游资源都是在特定的自然地域及社会经济条件下形成的，不可能移动其周围的环境及相互间的关系，故整个生态系统是不可能移置的。可更新性是指生态旅游资源由于其生态系统内生物组分的可更新性决定了在生态规律下可以重新形成新的生态系统的特征。正是因为这一特点，在生态旅游开发时，人们可对受影响甚至被破坏的生态景观进行恢复重建。也正是因为这一特征，使旅游业具有保护和治理的责任。

2. 市场需求的多样性

市场需求的多样性是指生态旅游者对生态旅游资源的类型、品位及空间距离的需求是不尽相同的，各种各样的。从资源类型上看，有的喜欢秀美的山水景观；有的喜欢一望无际的大海、平原、沙漠景观；有的喜欢高耸入云的雪山冰川景观；有的喜欢秀丽的田园景观……从品位上看，由于高品位的生态旅游目的地意味着高价值，游客各自经济上的差异就决定了有的出入于世界自然遗产地，有的仅到田园风光旅游目的地。从空间距离看，游客的旅游需求是由其剩余经济和闲暇时间所决定的，一些经济剩余丰足、闲暇时间多的人往往喜欢远距离旅游，反之则寻求近距离旅游。生态旅游资源需求的多样性决定了生态旅游开发也应以满足游客的多样需求来规划设计。

3. 旅游经营的垄断性

生态旅游资源的原生态、原始性、原本性、原真性、民族性决定了其垄断性。资源的垄断性决定了其旅游经营的垄断性。旅游经营的垄断性是指生态旅游资源由于其地域性和不可移置性决定了经营者具有独家经营的垄断性特征。生态旅游资源的"专利权"也应受到法律保护，杜绝侵犯。如四川的九寨沟、黄龙风景区由四川经营，任何其他地方都不可能推出第二个九寨沟和黄龙。历史文化遗产和自然旅游资源等典型的生态旅游资源，都因为地理上的不可移动性而具有垄断性的特点。

(四)社会特征

生态旅游资源在社会方面具有精神价值的无限性和不同地域上的特异民族性两大特征。

1. 精神价值的无限性

生态旅游资源的精神价值是指其资源带给旅游者的精神力量的不可估计性，包括美学价值、科学价值、文化价值以及环境教育价值。生态旅游资源的开发最重要的是从有形的生态旅游资源中发掘出精神价值。精神价值的无限性是指渗透于有形生态旅游资源内的无形的精神价值留给人们的创造和想象的空间，与有形生态旅游资源在空间上的有限性相比，这一创造和想象的空间是无限的。

2. 地域上的特异民族性

特异的民族性是指受文化熏染的自然或人文生态旅游资源，在当地自然和文化的作用下，人与自然融为一体的特征。一些风情较为浓郁的少数民族地区，都有自己的民风民俗、自己特有的生活方式，这些民族性各地不同，因而特异的、绚丽多彩的民族性成为吸引游客的所在。

第三节　生态旅游资源空间分布规律

一、生态旅游资源空间结构

生态旅游资源系统作为复杂、奇特的天—地—人巨大空间系统中独具原生态美的一切资源，系整个地球乃至宇宙各种要素相互作用、相互影响的产物。从传统的环境空间属性分类看，可分为自然生态旅游资源和人文生态旅游资源两大系统。在此基础上，分别再进行细分。然而，生态旅游系统是自然界与人类之间相互作用、相互影响复杂过程的结果，其具有明显的自然区域空间分布规律和人文地理空间结构特征，即具有明显的时空关联属性，如从空间上讲，由自然区域到城市(人类活动聚集区)包括几个具有明显规律特征的区域空间分区，即自然生态区域到乡村生态区域再到城市生态区域，并在此空间区域的转换过程中呈现自然要素和人文要素在空间上有规律的变化。另一方面从时间上讲，生态旅游资源的形成、发展与演化，具有明显的成因先后关系，即从地质过程(深部过程)—地貌过程(地表过程)—地理过程(地文过程)，在这个复杂过程中，生态旅游资源同样呈现明显的自然要素和人文要素在时间上的有规律变化(图 5-1)。

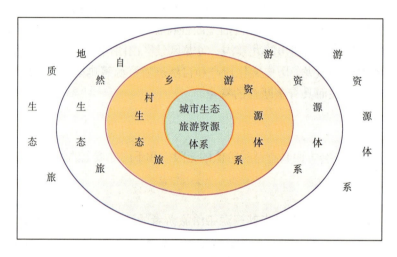

图 5-1　生态旅游资源空间结构系统

生态旅游资源独具原始性、原本性、原真性、民族性构成的原生态美，按此思路追根溯源下去，就是生态旅游资源的成因问题，也就是说生态旅游是讲究成因特点的。因此，关于生态旅游资源系统的讨论不应只是停留在传统的自然生态旅游系统上，也不能只停留在自然生态旅游区和人文生态旅游区上，应考虑到地表的看得见的生态景观和摸得着的人文景观资源，而且还要深入到生态景观资源背后更深层次的另一种生态旅游资源——地质生态旅游资源，还要深入到生态人文景观资源背后看不见、摸不着的"另类生态旅游资源"——意境生态旅游资源。无论是地质生态旅游资源还是意境生态旅游资源，它们构成生态旅游资源系统重要的组成部分。这两种类型的"资源"是潜伏在生态旅游资源背景、通常被人们忽略、价值巨大的生态旅游资源类型。

尊重自然过程、人地过程和人文过程的发展规律及其成因关系，从自然地理区域分布与人文地理空间结构的视角，将生态旅游资源分为四种成因系统，即地质生态旅游资源、自然生态旅游资源、乡村生态旅游资源和城市生态旅游资源。显然，从地质生态旅游资源→自然生态旅游资源→乡村生态旅游资源→城市生态旅游资源空间系统，自然要素的影响逐渐减弱，相关人文因素的影响程度不断显现。相应的各种级别和类型的变量和因子之间也随着上述区域空间的变化而呈现有规律的变化。

二、地质生态旅游资源系统

地质生态旅游资源这里特指地质遗迹景观资源,是指由于地质作用形成的,具有观赏、游乐、考察、科普等价值的地质遗迹和与地质体直接有关的人类活动遗迹,又称地质地貌旅游资源,是一种重要的自然旅游资源。它们散布于地球岩石圈内,是岩石圈中具有造景功能和观赏价值的要素,可以构成一个旅游地的地表总体形象,是旅游地风景总特征的基本骨架,是具有旅游价值和旅游功能的地质类型和地貌景观。

(一)构造地貌景观

1. 构造综合地貌

地壳由于受内力地质作用影响,发生变形、变位的构造运动,具体表现为地壳隆起、地壳凹陷、褶皱、断裂,随之产生海洋、陆地、高山、深谷等各式各样的地表形态(即地貌),留下地质构造运动的印迹。明显的印迹可以用来研究、推断当地地质体的历史变化,并预测未来发展趋势,具有重要的科学价值。有些构造遗址还具有观赏价值,让游客在观光过程中能获取科学知识。这些具有科学性、观赏性的地质形迹遗址可进行旅游开发。

2. 褶皱构造地貌

褶皱构造地貌指岩层在构造运动过程中受挤压形成的连续弯曲的构造地貌样式。包括两种基本形式:一是背斜,即岩层向上凸曲的构造;二是向斜,即岩层向下凹曲的构造。即所谓"背斜成山,向斜成谷"。然而,自然界地貌景观通常是表现为由背斜和向斜组合而成的复杂的地貌景观。褶皱构造地貌通常是地表起伏地区常见的地质景观类型。

3. 断裂构造地貌

断裂构造是地壳岩石受力后其连续完整性发生破坏的一种变形,是岩石破裂的总称。从旅游价值的角度讲,主要包括两种形式:一是造型优美的节理,二是雄伟多姿的断层。岩石受力发生破坏后,破裂面两侧岩块未发生显著位移的断裂构造为节理,若发生了显著位移则为断层。节理的存在加速了各种外营力的侵蚀过程,形成多种风景地貌,断层则形成陡崖峭壁和沟壑深谷,给人以陡峭、险峻、雄伟、幽深的美感。

(二)岩石地貌景观

1. 花岗岩地貌

花岗岩地貌是通过各种外动力形成的形态特殊的景观地貌类型。花岗岩由于坚硬,组成颗粒粗,自然雕塑具有质朴、浑厚、线条简洁和形象大方的特点。景观类型主要包括石蛋及其垒砌造型,石柱、孤峰及峰林,绝壁、陡崖、一线天、洞穴、石窟等。我国一些著名风景名山如三清山、黄山、华山、泰山、普陀山等皆为花岗岩山体。

2. 石灰岩地貌

即常言的喀斯特景观,石灰岩通过溶蚀作用所形成的地表和地下形态的总称,在地表常见有石芽、溶沟、石林、漏斗、落水洞、溶蚀洼地、坡立谷、盲谷、峰林等地貌形态,而地下则发育为溶洞、地下河等各种洞穴系统以及洞中石钟乳、石笋、石柱、石瀑布等。

作为世界自然遗产地,中国南方喀斯特发育的多轮回和地带性特点,形成了各具特色、千姿百态的喀斯特地貌景观和巧夺天工的洞穴奇景,是中国重要的旅游资源。最典型的有广西桂林、云南石林、四川九寨沟、重庆武隆、济南趵突泉、北京拒马河、贵州黄果树和荔波水上喀斯特等,都已成为闻名世界的游览胜地。

3. 石英砂岩地貌

常见的砂岩相关地貌包括砂岩峰林地貌、嶂石岩地貌和部分丹霞地貌。我国最典型的石英砂岩景区就是以奇而著称天下,被誉为“天然雕塑博物馆”的武陵源风景区、武夷山风景名胜区。区内峰高体窄、突兀尖耸,远望气势磅礴、郁郁葱葱,如海市蜃楼之壮丽,近看嶙峋古怪、拔地参天,有鬼斧神工之奇妙。由于石柱尺度高,线条粗犷,有森然之感,被称之为“鬼景”。

4. 流纹岩地貌

流纹质火山岩在外动力作用下形成叠嶂、锐峰、柱峰、方山、石门、岩洞等组合,如我国著名的雁荡山地区,故又称为雁荡山地貌。灵峰为雁荡山一主景区,但随观赏气候及时间变化分别以“合掌峰”“双乳峰”“雄鹰峰”“观音峰”“夫妻峰”等景观出现,丰富了游人的想象力。又如美国黄石国家地质公园、日本阿苏破火山、俄罗斯锡霍特一阿林火山带等,流纹岩在中国东南沿海各省广有分布。

5. 玄武岩地貌

常见的特殊形态有桌状山(或称方山)、玄武岩(熔岩)高原和玄武岩(熔岩)台地等。广东湛江南面的洲岛为一典型的玄武岩陡崖,崖面由许多石柱排列而成,柱体直径约50cm,每边长约16cm,是国内规模最大的玄武岩石柱林。此外,南京六合柱子山、福建澄海牛首山、四川峨眉山等,亦有玄武岩柱状节理景观。

6. 冰川地貌

主要指由于第四纪冰川在沿山坡或河谷运动过程中,对地表进行刨蚀、磨蚀作用后,遗留下来的各种冰斗、平直的 U 型谷、尖峭的角峰、单薄的冰脊、匍匐状的羊脊石、冰窟、冰桌以及波光粼粼的冰斗湖等景观类型。典型的如我国四川贡嘎山、海螺沟,江西庐山和浙江天目山等。冰川地貌以其形象奇特、稀有罕见,对旅游者有巨大的吸引力,同时也是研究第四纪环境和气候变化的重要依据。

（三）综合地貌景观

1. 地震遗迹景观

地震遗迹是一种独特的地质生态资源，其实质是破坏性的地震作用造成的具有旅游功能的自然遗迹景观。地震遗迹景观多种多样，呈现不同的震迹面貌，形成震迹景观的多样性和复杂性。震迹资源除自然震迹外，还有人类改造震迹而形成的震后建设新貌及各种纪念性的地震标志，如地震纪念塔、碑、展览馆等，使地震旧迹新貌旅游资源增加了重叠特征。震迹生态资源类型可分为：陷落型，如琼州海底村庄；现代建筑遗址型，如唐山地震后留下的各种地震遗迹，错动的树行、楼馆遗址；古建筑遗址型；河流堰塞型地震遗迹；山地构造断裂型。

2. 火山遗迹景观

火山景物的形成是由喷出熔岩的性质、喷发强度、喷发次数以及原始地面形态所决定的。火山同其他山相比，缺少脉络层次，但具有山圆、拔地而起、点点分布、排列成阵、错落有致的特色。国内外有许多以火山喷发景点和火山活动遗留物为经典的旅游胜地，如美国夏威夷的拉韦厄火山、意大利的斯特朗博利火山，其岩浆定期喷出，景象异常壮观。日本的富士山则是一座高大的休眠火山，我国最负盛名的则是长白山五大连池火山地貌。

3. 海蚀和海积遗迹

海岸地带是大陆与海水交互作用的地带，由于波浪、潮汐、洋流的作用，海岸不断沉降和隆起，形成各式各样的海岸遗迹，如海蚀穴、海蚀崖、海蚀拱桥、海蚀柱、海滩等。这些遗址不仅具有指示环境的古地理意义，而且是发展观赏性旅游的重要场所，如山东成山头的海蚀崖，青岛"石老人"等。

4. 雅丹地貌

主要分布于降雨稀少、植被稀疏、风蚀作用强烈的干旱区和极端干旱区的沙漠边缘，如西亚(特别是阿拉伯半岛)和中亚，非洲撒哈拉沙漠和纳米布沙漠，北美西部荒漠地区、南美洲西部海岸荒漠区，欧洲西班牙的埃布罗低地。中国主要分布在新疆罗布泊、哈密、疏勒河中下游地区、柴达木盆地和内蒙古乌蒙等地。具有较大旅游意义的景观类型主要有沙漠、戈壁和雅丹地貌。其中，甘肃敦煌地质公园主要以雅丹地貌为主。

5. 丹霞地貌

作为世界遗产"中国丹霞地貌"所在地，中国最典型的丹霞地貌主要包括湖南崀山、宁夏西吉火石寨、广东丹霞山、福建泰宁、江西龙虎山、贵州赤水、浙江江郎山，主要发育在中生代至第三纪的水平或缓倾斜的厚层而坚硬的红色碎屑岩系之中，有四大特点：一是色红，古人曾用"色如渥丹，灿若明霞"形容；二是多洞穴；三是郁郁葱葱，植被繁茂；四是多有顶平、身陡、麓缓的独特外形。这种地貌具有奇、险、秀、美的丹崖赤壁及千姿百态的造型。

6. 峡谷景观

峡谷景观指谷地深狭,两坡陡峻的河谷地貌景观。是由于地壳上升,流水或冰川强烈下切侵蚀而形成的。峡谷风光以气势磅礴为总体特征,以"险、雄、幽、隐"为主要美学特征。谷坡陡峻,水急而险,谓之险;谷坡连绵,高陡出众,峡夹其间,气势磅礴,谓之雄;谷地深邃,寂静,人烟稀少,谓之幽;谷地狭窄、曲折、视线不畅,谓之隐。我国西部地区,峡谷地貌突出,如金沙江虎跳峡、怒江峡谷、大渡河峡谷、长江三峡等。

(四)遗址地貌景观

1. 标准地质剖面

地层标准剖面是地质旅游资源的重要组成部分,是指在地质营力作用下,所形成的各种成层岩石的总称。其第一位功能是科学考察价值,第二位功能是科普知识价值,二者结合,使之具有专项旅游意义。如北京十三陵盆地元古界剖面、长江三峡震旦纪至第三纪的地质剖面等,这些被誉为"天然地质博物馆"的地层剖面及其所含的古生物化石,为游客提供了科学考察和观赏的景点。天津蓟县地质公园的元古界剖面是一个反映地球早期 38 亿至 8.5 亿年漫长历史的地质剖面,在这里可以看到连续 10 亿年的沉积物,出露完整,找到了 10 亿年前的动物遗迹,还发现了距今 18 亿年的藻类真核生物化石,为生命科学研究提供了极其宝贵的资料。

2. 重要化石产地

指保存在地层中的地质时期的生物遗体、遗物和遗迹。许多典型的化石产地,已成为重要的旅游点。黑龙江嘉荫、四川自贡、甘肃刘家峡均以恐龙化石著称,其中四川自贡是世界中侏罗纪时期最具代表的恐龙化石产地。山东山旺古生物化石产地,为研究我国东部中新世纪时期生物群、古地理环境及地层对比提供了重要依据,被列为"世界遗产之最"。云南澄江动物群化石是目前世界上发现最古老、保存最完整的软体动物化石群,对研究 5.3 亿年前的寒武纪早期生物演化提供了重要的依据,被联合国教科文组织列为世界级文化遗产。

(五)地质遗迹资源旅游功能

1. 科学教育功能

地质旅游资源是各种典型的地质类型和地貌形态,因此往往是地质研究和科普教育的重要素材。利用该功能可开展各种专业性旅游,如丹霞地貌旅游、化石博物旅游、岩溶地貌旅游、震迹旅游等。

2. 造景功能

所谓造景功能实际上指事物的美学特色和可供人们观赏的价值,是一项事物或现象作为旅游资源的基本功能。地质旅游资源的造景功能可概括为形态美、奇特美、壮观美、意境美和协调美五个方面。

3. 健身功能

主要包括两个方面：一是疗养功能，主要利用山地与其他自然要素，如气候、水域、森林等的协调组合，为旅游者提供避暑、消夏、健身、休憩等疗养服务；二是体育锻炼功能，主要是利用地表起伏，配以其他必要的自然要素，如冰雪、溪流等，为旅游者提供登山、攀岩、滑雪、探险、漂流等活动场所。

4. 衬景功能

与其他自然因素相比，地质旅游资源的衬景功能更普遍。在自然环境中，地貌直接影响风景的总体特征、地表水的分布体系，还造成某些独特的天气和生物景观。可见，任何一项自然旅游资源都有其地质地貌基础。

三、自然生态旅游资源系统

地球表面上除了城市区域和乡村区域以外的其他地理单元空间区域是自然生态环境资源分布的空间区域。在陆地生态系统中具有较高生态旅游价值的是森林、草原及荒漠，其中尤以森林的生态旅游价值最高。世界及我国自然保护区中，半数以上均为森林生态系统。一望无际的草原也有较高的生态旅游价值，尤其是牧业利用草原后更增强其旅游价值。荒漠似乎荒凉沧桑，但其广漠之美、生物为抗争不利生存环境而具备的适应特性中蕴含的生命活力之美，仍有生态旅游价值。水体生态旅游资源是和陆地生态旅游资源相对应的另一大生态旅游资源，也是自然形成的。在众多的水体生态系统中，海滨、湖泊、温泉及河流具有较高的旅游价值。

(一)山地型

山地型生态旅游资源指以山地环境为主体的生态环境资源集合体,包括了地貌、气候、植被、河流、野生生物及其组合，也包括了山地人文环境资源。适合于开展科考、登山、探险、攀岩、观光、漂流、滑雪等活动。据统计分析，在全球旅游者最感兴趣的旅游地类型中，山地旅游是仅次于海滨而居于第二位的旅游地类型。

山地旅游资源包括山体、丘陵、陡坡、悬崖、峡谷、沟壑等形式多样的地貌组合，构成山地景观的硬质骨架；山谷中分布的河流和湖泊与山体骨架形成刚柔并济的景观对照；受水平和垂直气候带的影响，山地形成丰富多样的生物景观。此外，复杂的地形变化所形成的山地小气候及由此衍生的山地天象景观也是构成山地旅游资源的重要部分。山地人文旅游资源主要指山地居民适应山地环境所形成的社会文化生活习惯，包括民风民俗、宗教文化、山地农耕文化等内容。

山地旅游资源具有如下特点：①资源原生性强；②生态环境优越；③历史文化积淀深厚；④旅游综合效益明显；⑤旅游资源相对脆弱；⑥旅游活动具有一定的危险性。

(二)森林型

从生态学角度来看,森林是一个生态系统,是指以乔木为主体的生物系统与环境系统之间进行能量流动、物质循环和信息传递,并具有一定结构的特定功能总体。从环境保护的角度,森林具有涵养水源、保持水土、防风固沙、调节气候、净化空气、防止噪声、防止污染、保护和美化环境等多种功能。森林旅游价值如下:①由于富含负离子氧,使人消除疲劳,促进新陈代谢,提高人体免疫能力;②一些植物分泌的芬芳和气味能够杀菌和治疗某些人体疾病;③森林的美景能给人以美的享受,陶冶情操;④森林中千姿百态的景物可以激发人的想象力和创造力;⑤森林中蕴含的大自然奥秘能够激发人更深层次地认识生命的价值,热爱自然,树立自然的环境意识,是回归大自然的理想场所。从分布上看,森林可分为热带森林、亚热带森林、温带森林和寒带森林,其中尤以热带森林的旅游价值较高:一是因为热带雨林生长繁茂,二是因为当今旅游客源多不位于热带,热带林的不少生态现象均为"奇观",从而对游客有吸引力。从外貌上看,森林可以分为常绿阔叶林、常绿针叶林、落叶阔叶林、落叶针叶林及针阔混交林,其中针叶林树种的平展树枝、塔形橢冠具有较高的旅游审美价值。

森林公园指以森林生态系统为主体的旅游区域,我国专指由原林业部、国家林业局及各级政府批准建立的森林旅游区域,并定义"森林公园是以良好的森林景观和生态环境为主体,融合自然景观与人文景观,利用森林的多种功能,以开展森林旅游为宗旨,为人民提供具有一定规模的游览、度假、休憩、保健疗养、科学教育、文化娱乐的场所"。

(三)沙漠戈壁型

以沙漠或戈壁为主体构成的生态旅游资源,构成了独特的地貌景观、气候景观、生物景观及其各种组合景观资源,适于开展观光、探险和科考旅游活动。荒漠是指在干旱、极端干旱地区年降雨量不足200毫米的条件下,地表裸露或植物生长极为贫乏之地,即所谓的"不毛之地"。按其地表组成物质,分岩漠、砾漠、沙漠、泥漠、卦漠等,其中以沙漠分布最广,砾漠(戈壁滩)次之。荒漠作为生态旅游资源不是以生态景观引发人们感观的愉悦,而是以它一望无际的旷远之美吸引游客。更为重要的是在荒漠生态系统中,生命在"逆境"中所表现出来的惊人的适应环境的能力,蕴含着深刻的人生哲理,即丰富的"生态美"内涵。过去对荒漠的生态旅游价值认识不够,随着游客文化素养提高、科学环境意识增强,荒漠的生态旅游价值将日益提高。

世界上荒漠分布的面积较广,撒哈拉、中亚、西亚、南非、大洋洲等地都有大面积荒漠分布。我国的荒漠属于亚荒漠的一部分,分布于西北各省区,其中尤以新疆分布面积最广。近几年新疆旅游业正积极开拓荒漠的生态旅游,如吐鲁番沙漠生态旅游风景区等。

(四)河湖型

内陆水域主要包括河流、湖泊和温泉。河流从其段位上,可分为源头、上游、中游、下游及入海口(外流河)。其中最有旅游价值的是源头、上游及入海口。大河的源头往往位于高海拔的高原地区,如我国的长江、黄河的源头均位于青藏高原,不仅源头特有的青山秀水对游人有吸引力，而且探大江大河之源，具有较高的科考价值；上游河流多呈"V"形态，与两侧近乎直立的山地构成具有险峻之美的峡谷景观，是人们探险、漂流、观光向往的地方，如我国长江三峡。上游河流往往多瀑布，气势宏大的瀑布历来都被视为旅游之佳品。部分河流入海口与海潮共同构成了巨大的潮差，显示了自然界的壮丽之美，如我国的钱塘江大潮。世界著名的亚马孙河、恒河、多瑙河均有较高的旅游价值，我国的长江、黄河也被辟为黄金旅游线路。

湖泊以其烟波浩渺的旷远之美及与周围山地森林共同构成的"青山秀水"的景色，再加上湖水所具有的潜在的游泳、潜水等水上娱乐功能，使之成为对游客具有很大吸引力的旅游目的地。中国咸水湖中面积最大的青海湖、淡水湖中面积最大的鄱阳湖、最深的长白山天池等湖泊所在地都是著名的旅游胜地。

(五)湿地型

湿地是水陆相互作用而形成的特殊景观生态系统，也是重要的自然资源。湿地生态系统是介于陆地生态系统和水体生态系统之间的过渡生态系统。它具有很高的初级生产力，是陆地生态系统的 35 倍。湿地的生态功能是独特、多样的，如调蓄水源、调节气候、净化水源、保存物种、旅游等。湿地能吸收潜在的有害物质，有利于沉积物的沉降和排除。

湿地是介予陆地和水体生态系统之间的过渡带，《国际湿地公约》规定的重要湿地是指潮湿或漫水状的土地类型，它是一种处于水陆交接带的特殊生态系统，主要包括淡水和咸水沼泽、草泽、泥沼、滩涂、洼地积水区等，以其高度的多样性和独特性与农田、森林并列为世界三大生态系统。湿地生态系统物种丰富，不但在维持当地生态平衡和为一些珍稀动植物(特别是水鸟)提供野生生境等方面有不可替代的作用，而且也显示出了其作为旅游资源的开发潜力。我国湿地类型多、数量大、分布广、区域差异显著、生物多样性丰富，为湿地生态旅游提供了优越的资源基础。如四川若尔盖、黑龙江扎龙、杭州两溪、江苏盐城、江西鄱阳湖湿地等都是湿地生态旅游的代表。

(六)海洋型

海洋和海岸在生态旅游中作用最突出的是海滨地带。海滨是指滨海的狭长地带，主要指平均低潮线与波浪作用所能达高潮线之间的地带，由四部分组成：①固态的海滩，据其质地分为砾滩、沙滩和泥滩；②液态的海水；③气态的空气；④绿色的腹地，据其温度差异分为热带、温带、寒带。海滨的旅游价值较早为人们所认识和利用，其中热带优质沙滩海滨所特有的充足的阳光(sun)、温暖的海水(sea)及优质的沙滩(sand)及性感(sex)被誉为旅游资源中的上品"4S"。"4S"特有的度假功能使不少海滨地成为世界著名旅游胜地，如美国的夏威夷、泰国的帕堤亚。中国近几年也大力开发海滨旅游资源，我国 12 个国家级旅游度假区，除少量在内陆地区，绝大部分均建在东南沿海的海滨地区。

海洋型生态旅游资源是指以海洋、海岛为主，也包括众多的海洋生物和岛屿生物在内为主体组合形成的生态旅游资源，适于开展休闲度假、水上运动、科普观光等活动。海洋旅游资源的显著特点是具有较强的参与性，近年来沿海各地相继开展了海滨浴场、摩托艇冲浪、海上跳伞、帆板、赛艇、潜水、海中垂钓、滨海滩涂、海底观光、海底生物调研等活动。

(七)潜在型

北极、南极及高海拔山岳冰川区域，这些区域原生生态系统随着人类科技、经济及旅游发展，已日益成为一种重要的潜在生态旅游资源。

北极圈主要岛屿有格陵兰岛、斯匹次卑尔根岛、维多利亚岛等。生物种类极少，植物以地衣、苔藓为主，动物主要有北极熊、海象、海豹、鹿、鲸等。生活在那里的人主要为爱斯基摩人，爱斯基摩人的日常生产生活极具特色，对生活于温暖地区的人具有巨大的吸引力。南极洲是世界七大洲中最寒冷的冰雪大陆，南极地区是目前地球上唯一没有常住居民的大洲，只有一些科学考察站。我国于 1985 年也在此建了科学考察站。现在有不少国家成批地组织科学家去进行科学考察。这一未开垦的处女地，对生态旅游者有较大的吸引力。

在地球表面高海拔山地区域，由于气候寒冷，当降雪积累的量越过消融量，积雪逐年增厚，经一系列物理过程，冰在重力的作用下向下滑动形成山岳冰川。山岳冰川的寒冻风化和侵蚀作用，使所在地的山峰棱角分明，山脊呈"刃"状，山谷呈"斗"状，在白雪和冰川覆盖下具有极高的观赏价值。如青藏高原喜马拉雅山脉的珠穆朗玛峰是世界最高的山岳冰川，被当地人奉为"朗玛"女神峰。位于尼泊尔东侧的喜马拉雅山已经开发了以直升机为交通工具的生态旅游。欧洲著名的阿尔卑斯山岳冰川很早就成为旅游胜地。

四、乡村生态旅游资源系统

自然地理环境中，乡村构成最为独特的人文生态单元。该单元空间上介于自然界与城市之间，同时兼具自然和城镇的特点。乡村区域是人类活动与原生态文化的重要的活化石，也是人类与自然和谐相处最典型的模板。因此，乡村区域中产生的乡村生态旅游资源独具特色，也是生态旅游活动最重要区域之一。由于乡村区域的地理环境和人文特点，乡村生态旅游资源通常表现为乡村自然生态与乡村人文风情相融合的复杂综合形态。就开发规模的空间级别而言，单一的乡村人文生态旅游资源或者单一的乡村自然生态旅游资源，相对较少。为了便于讨论，这里依据王文才(2009)划分的两种类型进行讨论，即乡村具象生态旅游景观和乡村意境生态旅游景观，阐述乡村生态旅游资源的时空分布规律。

(一)乡村自然与人文旅游资源

主要包括地文景观类资源、水域风光类资源、生物景观类资源和自然景象类资源。在乡村自然景观旅游资源体系中，国家标准中划分的所有亚类和基本类型都涵盖了乡村范围内的自然旅游资源亚类和基本类型。乡村自然景观旅游资源是乡村旅游资源的基本构成(王文才，2009)。

乡村人文类旅游资源是以乡村农耕文明与乡村生活景观为核心的资源体系，主要划分为乡村聚落与村落文化、乡村宗族文化、乡村民俗文化、乡村农耕文化、乡村物质和非物质文化遗产、乡村历史重大事件和人物、乡村传统工艺和历史遗迹等，如(表5-1)。不同于国家旅游资源标准划分的是乡村旅游资源不仅仅是旅游资源的单体，而是由单体构成的整体的文化内涵，不仅单体是旅游资源，而且形成的独特的整体格局同样是旅游资源。因此，乡村农事活动、宗族活动、传统工艺和聚落文化成为重要的乡村旅游资源，弥补了国家标准旅游资源分类的不足（王文才，2009）。

表 5-1　乡村物质景观要素资源分布

景观要素	要素包括的范围
聚落	卫星城、小城镇、中心镇、中心村、自然村 民居、民宅
建筑物	现代建筑：城市现代建筑类型的乡村建筑、现代乡村特色建筑 乡村古建筑和古建筑遗址 乡村宗教建筑、民俗建筑、纪念性建筑、标志性建筑
交通道路	公路交通：高速公路、国道、省道、乡间道路、村间道路和山间小道 乡村民间机场 道路硬化条件：水泥路面、沥青路面、砂石路面和土路 交通工具：自行车、人力车、手推车、机动车 河流水运交通、干渠交通、人工运河交通、湖泊和水库交通
农田基本建设	农田土地形态、农业设施、农田灌溉、农业机械化
水利设施	农田灌溉网、农用提水设施、泄洪设施等
乡村工业	生产厂房、水塔等；分布特征：集中分布，以村为单元
农业生产	旱作农业和水田农业，种植业或畜牧业，原始耕作、传统农业和现代农业，单一农业、多种经营。粮食生产为主或是经济作物生产为主
农作物	五谷、油料、蔬菜、瓜果等
乡村旅游接待	接待设施：乡村旅馆、乡村餐饮等设施；观光设施：乡村景点
乡村居民	居民服饰、居民饮食习俗、特色饮食、地方民俗

资料来源：王文才. 2009.乡村旅游规划原理[M].北京：科学出版社.

（二）乡村景观意境旅游资源

景观意境是对整体景观的感受，是超越物质景观资源实体的旅游资源。由景观实体所形成的整体人文生态系统的有机性、整体性、完整性和和谐性都体现在乡村景观意境之中，是人们对乡村景观的整体感受。乡村景观意境旅游资源主要包括两个类型：①通道型乡村空间景观及其意境组成。乡村景观大分散、小集中的景观格局决定了通道是大大小小乡村旅游地内重要的景观类型，也是乡村范围内各个乡村旅游地的连接通道。主要类型包括乡村交通通道、乡村文化河道、乡村景观生态廊道和乡村文化遗产廊道等。通道型空间通常由多样化的景观组成了一个特定景观群和特定景观意境空间，形成了景观意境旅游资源。②区域型乡村整体景观意境旅游资源。地方性是乡村最重要和最明显的特征。区域型乡村景观整体特征就是这种地方性特征的集合特征并体现出其整体性、完整性和有机性，是乡村历史演变与发展过程中不断继承、发扬与改进的结果（如表 5-2）。

表 5-2　乡村意境景观要素资源分布

景观要素	景观要素分布与特征
乡村环境观	我国传统的"天人合一"的思想,是环境协调观 人生活在自然环境中,对自然环境有绝对的依赖性,环境是提供居住和食物的来源,具有"靠山吃山,靠水吃水"的环境观 崇尚环境的安全性、丰富性和多样性
乡村生活观	传统的乡村生活具有"日出而作,日落而息"的自然节律特征,人对环境和自然的依赖较多 人们的欲望较低,多以温饱为中心,对现状容易满足 现代乡村的生活观念正经历城市生活观念的冲击,城市生活方式正在乡村快速扩散,夜生活逐步普及,自然节律性下降
乡村道德观	传统道德观念具有较强的秉承性 与城市现代、时尚、流行的道德观念有较大差异,而传统的乡村道德观念则有历史的文化根底,受冲击后变化大
乡村审美观	与乡村环境观、生活观和道德观具有一脉相承的特点,以自然审美为基调,具有淳朴、自然、鲜明的特点
乡村生产观	现代经济时代,乡村进入市场化生产,由单一的农业生产扩展到农业、工业、建筑业和服务业等
乡村风土民情	是乡村地方文化的集中反映,主要体现在地方节庆活动、丰收庆典、婚丧嫁娶风俗、饮食习惯等,是构成乡村景观的重要景观要素
宗教信仰	道教、佛教、伊斯兰教、天主教、基督教等中西宗教,民间各种祭祀活动
乡村财富观	具有"粮食观""土地观""房产观"和"货币观"的差异

资料来源:王文才.2009.乡村旅游规划原理[M].北京:科学出版社.

区域型乡村景观是由乡村自然景观环境及其特定组成、乡村聚落特征及其民俗文化、乡村区域性文化的特征及其内部分化等共同构成的完整有机体。乡村景观意境就是乡村景观所蕴含的独特的景观文化感受,这种感受是地方性的和区别于其他乡村地区文化体系的认知特征的,往往成为旅游资源体系中最具有吸引力特征的资源类型,但同样也成为乡村旅游资源体系中最难以维护、继承和发展的资源,也是最容易破坏和改变的资源,具有不可再生的资源特点。乡村景观意境旅游资源主要包括乡村山水环境意境、乡村聚落文化意境、乡村农耕田园生活意境和乡村区域整体景观意境。

应该强调的是,乡村生态旅游资源往往是物质与意境、自然与人文、资源与环境等的有机统一,最典型的生态旅游资源包括中国历史文化名村、全国休闲农业与乡村旅游示范点、全国农业旅游示范点、中国少数民族特色村寨、各级各类旅游主题特色村寨、各级各类旅游示范村等。

五、城市生态旅游资源系统

(一)城市生态旅游与城市生态旅游系统

1995 年 9 月,英国伦敦南岸大学举办的"城市生态旅游"会议,围绕城市旅游的目标、发展中的城市旅游产物、城市复兴、建筑师在城市旅游中所起的作用、城市生态旅游、文化和城市旅游、城市形象等内容展开,标志着城市生态旅游研究开始受到外界的关注。马英华和张玉钧(2014)对城市生态旅游进行了研究,提出了城市生态旅游的定义,广义是以城市地域内的自然风光和文化风情为基础,为满足城市居民和外来旅游者的需要,同时维护城市环境生态平衡和树立环保观念的一种大众化的旅游活动体系。狭义上说城市生态旅游是以突出的历史文化等特色形成的人文生态及其生境为主,主要适于历史学、文化学、社会学、人类学等学科的综合研究,以及适当的特种旅游项目及活动。

城市生态旅游系统是一个相对发展的概念,随城市社会经济以及生态空间的发展而变化。它包括城市生态旅游产品吸引系统、城市生态旅游设施支持系统、城市生态旅游环境承载系统、城市生态旅游形象认知系统、城市生态旅游运营保障系统(孙萍,2009)。

(二)城市生态旅游资源类型及分布

张萌(2010)等认为城市生态旅游资源是城市自然生态环境与社会文化领域中体现城市自然风貌,反映城市历史文化特征,对旅游者具有一定吸引力的各种事物与要素的总和。田迎芳(2007)将城市生态旅游资源分为城市地域内保护较好的自然景观、新开发的自然风景区和强调城市地域特色的文化风光三个方面。城市生态旅游是指以城市地域内的自然风光和文化风情为基础,满足城市居民和外来旅客旅游的需要,同时维护城市环境生态平衡和促进环保观念的一种大众化的旅游活动体系。

作者以为,城市生态旅游资源是指城镇区域范围内以原生态美吸引游客,被开发利用产生生态旅游综合效益的各种物质和精神事物的统称。各种各级别文化遗产是城市生态旅游资源最核心的内容。联合国教科文《The Unesco Courier》杂志 1997 年 12 期把"文化遗产"描述为:文化遗产(cultural heritage)是具有历史、美学、考古、科学、文化人类学或人类学价值的古迹、建筑群和遗址。当时,文化遗产的内容主要是指"不可移动"的物质,类似的名称还有:"世界遗产"(文化遗产是其中一部分)"文化财产""历史遗产""艺术遗产""文化财"(日本的提法)等。典型的城市生态旅游资源总体可划分为如下几种类型。

1. 历史文化名城名镇型

包括国家法律保护的国外历史文化古城、古镇,以及我国历史文化名城名镇。是城市人文生态旅游资源系统中规模最大、历史最为悠久的文化生态景观。按层级包括两类:一是历史文化名城,包括历史古都型、传统风貌型、一般史迹型、风景名胜型、地域特色型、近代史迹型、特殊职能型七种类型;二是历史文化名镇,保存文物特别丰富,且具有重大历史价值或纪念意义的,能较完整地反映一些历史时期传统风貌和地方民族特色。

2. 历史城区(文化街区或地段)型

主要包括:①历史城区,即城镇中能体现其历史发展过程或某一发展时期风貌的地区;②历史地段,即保留遗存较为丰富,能够比较完整、真实地反映一定历史时期传统风貌或民族、地方特色,存有较多文物古迹、近现代史迹和历史建筑,并具有一定规模的地区;③历史文化街区,即经省、自治区、直辖市人民政府核定公布应予重点保护的历史地段;④文物古迹,即人类在历史上创造的具有价值的不可移动的实物遗存,包括地面与地下的古遗址、古建筑、古墓葬、石窟寺、古碑石刻、近代代表性建筑、革命纪念建筑等;⑤文物保护单位,即经县以上人民政府核定公布应予重点保护的文物古迹;⑥地下文物埋藏区,即地下文物集中分布的地区,由城市人民政府或行政主管部门公布为地下文物埋藏区。

3. 特色主题街区

特色街区一般是指承载城市历史、时代文化和地域民族、自然特色，具有满足人们集会、购物、餐饮、休闲、娱乐、旅游等多种需求功能特质的开放式街区。其实质是以城市道路为骨架、以同质(主题)元素聚集或因某种突出元素的存在而吸引大量相关元素聚集而形成的具有一定商业、文化、生态和活动魅力的人格化的城市公共空间。典型案例如三里屯 village、世贸天阶、蓝色港湾、上海新天地、南京 1912、成都锦里、天津鼓楼文化街、南锣鼓巷、798 艺术区、天津音乐主题商业街、美国 City Walk、日本秋叶原动漫商业街等。

4. 都市滨水休闲游憩区(BRD)

世界古代城市大都依傍于江河湖海等水域发展而成，都市滨水区通常构成城市景观、城市休闲、广场、商场、购物、娱乐等区域。国外如伦敦、悉尼、多伦多、巴尔的摩等。国内如上海新天地、陆家嘴滨江大道、重庆朝天门广场、珠海市情侣路、成都锦江滨水景观带、武汉东湖滨水休闲区等。

5. 都市环城游憩带(ReBAM)

ReBAM 是指发生于大城市郊区，主要为城市居民光顾的游憩设施、场所和公共空间，特定情况下还包括位于城郊的外来旅游者经常光顾的各级旅游目的地，一起形成的环大都市游憩活动频发地带。

6. 中心商务区(CBD)

CBD 是随着城市发展自然形成的产物，构成城市发展的细胞核。适于旅游发展较为高级、商务活动频繁、商务酒店档次高的城市，适于商务、会展、金融、文化、酒店。

7. 都市游憩商务区(RBD)

可归纳为大型购物中心型、特色购物步行街型、旧城历史文化改造区型、新城文化旅游区型等。

8. 城市社区型

以社区文化为主题，以居民参与为核心，以都市传统人文景观型社区为载体，发生在都市中心城区内，通过整合社区传统历史建筑、社区整体环境和基础设施，为游客提供社区观光、街巷游览、娱乐游憩、城市休闲、生活体验和文化交流的综合需求的新型旅游产品的一种都市旅游社区。

9. 总部基地或特色产业园区

以智能化、低密度、生态型的总部楼群，形成集办公、科研、中试、产业于一体的旅游企业总部聚集基地，如国家软件产业园、西部旅游总部基地、国家创意中心、西部智慧旅游城等。

10. 都市旅游主体功能区

国际化大城市和世界性大都市通常是各种资源和要素时空配置最高阶段的产物,因而国际旅游大都市往往构成世界经济活动的集聚地、金融商贸中心、科技文化和信息中心、科技创新"孵化器"、国际交通中心,如纽约、伦敦、东京、巴黎、北京、上海、香港等,往往构成国际现代都市旅游主体功能区发展模式最佳试验地和示范区。

(三)城市生态旅游资源演变

城市旅游发展之初,主要以都市风光、都市文化和都市商业为旅游吸引物,以标志性城市建筑、历史文化街区、城市商业中心为主,都市景区是零星的、点线展开的,是呈现一定面积范围的、具有独立旅游服务中心和管理机构的,是收门票的。随着旅游活动由观光游览向休闲度假和都市文化体验的不断转变和发展,以及游客需求的个性化和多元化,都市旅游吸引要素开始向城市每个角落渗透和延伸,直至涵盖整个都市区域。越来越多受欢迎的都市开放型景区如雨后春笋般不断涌现,如北京前门大街、太古里、南新仓文化休闲街区和大栅栏商业街区,以及上海徐家汇景区、外滩、陆家嘴等。这些源于城市自然状态的景区景点,分散在城市各个街巷和角落,与城市、市民、游客同呼吸共命运,以其独特的都市文化、风俗民情以及充满活力的现代文明招徕天下游客。由此可见,游离于传统景区评价体制之外的都市开放式景区,是都市旅游景区的重要组成部分,是都市旅游文化的象征与标志,是都市旅游可持续发展的重要基础和支撑。

都市开放型景区亦称都市无边界型景区,都市开放型景区发展模式突破了传统意义的体制内的旅游景区概念。目前,越来越多的开放式景区已呈现中心城区覆盖态势,市民、游客穿梭于城市的大街小巷,共享开放,分享时空,并与景区积极互动。他们既是都市开放型景区的积极享用者,也是都市开放型景区的发现者和创造者。开放型景区构成了都市旅游景区的新形态和新业态。开放型景区具有全覆盖、开放共享、持续发展和人景互动的特点(江丽芳和王晓云,2010)。如老成都的大慈寺—太古里—水井坊景区、新成都的中国软件名城—天府新城—会展中心片区。

第四节　生态旅游资源成因类型划分

一、地质生态旅游资源类型划分

(一)前人划分类型

联合国教科文组织(UNESCO)和国际地质科学联合会(IUGS)将地质遗迹划分为古生物类、地层和标准剖面类、古环境类、岩石类、地质构造类、地貌景观类、经济地质类、其他类型重要地质现象、地球科学教学的典型区域9个大类。美国内政部国土局(The Bureau of

Land Management of DOI)把地质遗迹划分为 15 种类型。英国自然保护委员会(Nature Conservancy Council)将地质遗迹分为出露性景点(Exposure site)和完整性景点(Integrity site),再按照重要性分为国家和国际性、区域性、其他重要性以及其他四个级别。

邓霭松(1994)将地质遗迹资源划分为地质构造、生物化石、地质景观及地质灾害遗迹 4 大类,以及地质剖面、地质构造形迹等 31 个亚类。《地质遗迹保护管理规定》将地质遗迹分为 6 种类型。《中国自然保护区图说明》以保护区中的保护对象为基础,综合考虑地质科学的系统性,将地质遗迹分为 20 种类型。李烈军和姜建军等(2002)根据《地质遗迹保护规定》对地质遗迹保护内容的规定,将地质遗迹划分为地质地貌景观、地质剖面和构造形迹、古人类遗迹、古生物化石遗迹、矿物岩石、奇石及典型产地、地质灾害景观 7 大类,以及 29 亚类和若干类型。

赵汀和赵逊(2009)提出了地质遗迹学科分类系统。该系统先按学科划分出大类,再结合学科的不同特点及自身的分类原则作进一步划分。按照该系统,可将我国国家级地质公园的主要地质遗迹划分为 8 种类型:①地层学、地史学和古地理学类;②古生物学和古人类;③火山学和火成岩石学类;④大地构造和构造地质学类;⑤地貌学地质遗迹类(包括丹霞地貌、雅丹地貌、土林地貌、喀斯特地貌、云台地貌等 5 类);⑥水文地质学类;⑦环境地质学和地质灾害类;⑧工程地质学类。

(二)采用的分类方案

在国内外研究成果基础上,结合成因、影响因素、成分及空间分布,将地质生态旅游资源划分为 4 大类、19 类和若干亚类(表 5-3)。

表 5-3 地质生态旅游资源分类

大类	类	亚类
1.地质构造现象大类	(1)地层类	层型剖面
		区域标准剖面
		典型沉积层序剖面
		事件地层剖面
	(2)构造类	典型全球性构造
		典型区域性构造
	(3)岩石类	典型中小型构造
		典型火成岩(区、体)
		典型沉积岩(区)
		典型变质岩(区)
	(4)矿物类	典型金属矿物(产地)
		典型非金属矿物(产地)
	(5)矿床类	典型金属矿床(坑)
		典型非金属矿床(坑)

续表

大类	类	亚类
2.古生物大类	(6)古人类	古人类遗迹
	(7)古动物类	古脊椎动物埋藏地
		古无脊椎动物埋藏地
	(8)古植物类	古植物化石埋藏地
		古孑遗植物产出地
	(9)古生物群落	古生物群落埋藏地
	(10)古生物遗迹或可疑古生物遗迹类	古生物遗迹埋藏地
		可疑古生物遗迹埋藏地
3.环境地质现象大类	(11)地震类	古地震遗迹
		历史地震遗迹
	(12)火山类	古火山遗迹
		现代火山
	(13)冰川类	古冰川遗迹
		现代冰川
	(14)陨石坑	古陨石坑
		现代陨石坑
	(15)其他环境地质现象类	滑坡遗址
		泥石流遗址
		地面沉降遗迹
		花岗岩景区(点)
		火山岩景区(点)
		层状硅铝质岩景区(点)
		碳酸盐岩景区(点)
4.风景地貌	(16)山石景类	黄土景区(点)
		沙积景区(点)
		变质岩景区(点)
		其他山石景(点)
	(17)洞穴类	可溶性景区(点)
		非可溶性景区(点)
	(18)峡谷景区	峡谷景区
		风景河流
		风景湖泊
		风景海湾(岸)
	(19)水景类	瀑布
		泉水
		温泉
		泥火山与泥泉
		其他水景

根据赵汀和赵逊(2009)资料汇总。

二、自然生态旅游资源分类体系

（一）已有的分类方案

根据资源类型结合旅游活动，可将生态旅游区分为七种类型：①山地型；②森林型；③草原型；④湿地型；⑤海洋型；⑥沙漠戈壁型；⑦人文生态型。

根据差异逐渐分类的方法，具体采用三级分类，第一级分为 2 个生态景观系（A 陆地生态旅游资源景观类和 B 水域生态旅游资源景观类），第二级分为 9 个生态景观区，第三级分为 40 个生态景观型，形成了自然生态旅游资源的分类系（王力峰等，2006）。周文丽（2007）以景观生态学相关理论为依据，综合前人研究成果，对自然生态旅游资源进行了系统分类，构建了 2 个景观系、10 个景观区、39 个景观型的分类体系。

（二）采用的分类体系

根据以上原则，采用三级划分，第一级分为 3 个大类，第二级分为 8 种类，第三级分为 27 亚类，形成了生态旅游资源的分类系统（表 5-4）。

表 5-4　自然生态旅游资源分类

大类	类	亚类
自然生态旅游资源	陆地生态旅游资源	森林生态旅游资源 草原生态旅游资源 荒漠生态旅游资源
	水体生态旅游资源	海滨生态旅游资源 湖泊生态旅游资源 温泉生态旅游资源 河流生态旅游资源
综合生态旅游资源	农业生态旅游资源	田园风光生态旅游资源 牧场生态旅游资源 渔区生态旅游资源 农林生态旅游资源
	园林生态旅游资源	中国园林 西方园林
	科普生态旅游资源	植物园 野生动物园 世界园艺博览园 自然博物馆
保护生态旅游资源	自然保护生态旅游资源	北极生态旅游资源 南极生态旅游资源 山岳冰川生态旅游资源
	文化保护生态旅游资源	中华五岳名山生态旅游资源 宗教名山生态旅游资源 "龙山"生态旅游资源
	法律保护生态旅游资源	世界自然文化遗产 自然保护区（国家公园） 森林公园 风景名胜区

三、乡村生态旅游资源划分方案

王云才等(2009)在《乡村旅游规划原理与方法》一书中，对乡村旅游资源进行了系统研究，对乡村生态旅游资源进行研究和系统构建。在此基础上，依据国家标准(GBT—2003)，将乡村旅游资源划分为 9 个主类、51 个亚类和 266 个基本类型，尝试构成了乡村生态旅游资源的完整体系(表 5-5)。

表 5-5　乡村生态旅游资源系统

主类	亚类	基本类型
A 乡村环境 与地文景观	AA 地质过程形迹	AAA 断层　AAB 褶曲　AAC 地层剖面　AAD 生物化石点
	AB 造型山体与 石体	ABA 凸峰　ABB 峰林(丛)　ABC 独立山石　ABD 造型山 ABE 奇特石与象形石　ABF 岩壁与陡崖
	AC 蚀余景观	ACA 石林　ACB 土林　ACC 沟壑地　ACD 丹霞　ACE 雅丹
	AD 自然灾变遗迹	ADA 滑坡体　ADB 泥石流堆积　ADC 地震遗迹　ADD 火山活动遗迹 ADE 山崩堆积　ADF 冰川活动遗迹　ADG 过火林遗迹　ADH 洪水遗迹
	AE 沙石地	AEA 沙丘地　AEB 沙地　AEC 戈壁　AED 沙滩　AEE 砾石滩
	AF 岛礁	AFA 岛屿　AFB 礁
	AG 洞穴	AGA 地下石洞　AGB 带地下河的溶洞　AGC 落水洞与竖井 AGD 穿洞与天生桥　AGE 重力堆石洞
B 乡村水域风光	BA 河段	BAA 峡谷　BAB 宽谷　BAC 古河道
	BB 湖泊与池沼	BBA 天然湖泊　BBB 沼泽与湿地　BBC 潭池
	BC 瀑布	BCA 悬瀑　BCB 跌水
	BD 泉	BDA 冷泉　BDB 温泉
	BE 海面	BEA 观光海域　BEB 游憩海域
	BF 冰雪地	BFA 冰川　BFB 冰盖与冰原　BFC 积雪地
C 乡村生物景观	CA 树木	CAA 森林(树林)　CAB 丛树(丛林)　CAC 独树
	CB 花卉地	CBA 野生花卉群落
	CC 草原与草地	CCA 草甸　CCB 草原和草地　CCC 疏林草地
	CD 动物栖息地	CDA 水生动物栖息地　CDB 哺乳动物栖息地　CDC 鸟类栖息地 CDD 爬行动物栖息地　CDE 蝶类栖息地
D 自然景象	DA 天象与气象	DAA 极光　DAB 彩虹　DAC 佛光　DAD 霞光　DAE 海市　DAF 蜃楼
	DB 天气与气候	DBA 云海　DBB 雾区　DBC 雾凇　DBD 雨凇　DBE 极端与特殊气候显示地
	DC 水文现象	DCA 海潮　DCB 波浪
	DD 自然现象与 自然事件	DDA 动物活动事件　DDB 植物物候景观　DDC 特殊自然现象 DDD 垂直自然带　DDE 自然标志地
E 乡村历史遗址 和遗迹	EA 史前人类活动 遗址	EAA 文化层　EAB 文物散落地
	EB 历史事件发生地	EBA 事件发生地　EBB 惨案发生地
	EC 居住地遗址	ECA 原始村落或活动地　ECB 洞居遗址　ECC 地穴遗址　ECD 古崖居

主类	亚类	基本类型
	ED 生产地遗址	EDA 矿址　EDB 窑址　EDC 冶炼场遗址　EDD 工艺作坊址
	EE 城址和军事遗址	EEA 长城　EEB 城(堡)　EEC 烽燧　EEI 战场遗址　EEF 地道遗址
	EF 商贸遗址	EFA 海关遗址　EFB 古会馆　EFC 古商号
	EG 科学教育文化遗址	EGA 古书院学堂　EGB 科教实验场所遗址　EGC 园林遗址
	EH 交通通信遗址	EHA 古驿(邮)道　EHB 废驿(邮)站　EHC 古栈道
	EI 水工遗址	EIA 废港口　EIB 古运河　EIC 古水渠　EID 古井　EIE 古灌区　EIF 废堤坝 EIG 废提水工程
F 乡村建筑、设施与乡村聚落文化	FA 宗教与礼制活动场所	FAA 佛寺　FAB 道观　FA: 清真寺　FAD 教堂　FAE 乡土庙宇 FAF 宗祠　FAG 坛　FAH 祭祀地
	FB 艺术与附属景观建筑	FBA 塔　FBB 塔形建筑物　FBC 殿、厅(堂)　FBD 楼阁 FBE 石窟　FBF 摩崖字画　FBG 雕塑　FBH 牌坊　FBI 戏台 FBJ 碑碣(林)　FBK 阙　FBL 廊　FBM 亭　FBN 榭　FBO 表 FBP 舫　FBQ 影壁　FBR 经幢　FBS 广场　FBT 喷泉 FBU 观景地　FBV 标志性建筑　FBW 人文标志地
	FC 归葬地	FCA 陵寝陵园　FCB 墓　FCC 悬棺
	FD 交通设施	FEA 桥　FDB 车站　FDC 航空港　FDD 港口
	FE 水工设施	FEA 水库　FEB 运河　FEC 堤坝　FED 渠道　FEE 灌区　FEF 提水设施
	FF 传统乡土建筑	FFA 特色聚落　FFB 民居　FFC 传统街区
	FG 科学教育文化艺术场所	FGA 研究所　FGB 实验基地　FGC 学校　FGD 幼儿园　FGE 图书馆 FGF 展览馆　FGG 博物馆　FGH 文化馆　FHI 书画院 FGJ 科技馆　FGK 纪念地
	FH 工农业生产观光区和生产线	FHA 厂矿　FHB 作坊　FHC 农场　FHD 菜田　FHE 渔场 FHF 林场　FHG 果园　FHH 牧场　FHI 茶园　FHJ 花卉园 FHK 苗圃　FHL 饲养场
	FI 社会福利场所	FIA 养老院　FIB 福利院
	FJ 游憩场所	FJA 主题公园　FJB 动物园　FJC 植物园　FJD 歌舞场所　FJE 影剧院 FJF 游乐园　FJG 狩猎场　FJH 漂流河段　FJI 俱乐部 FJJ 度假村　FJK 疗养院　FJL 洗浴按摩场所
	FK 体育健身运动场所	FKA 球场(馆)　FKB 棋牌馆　FKC 游泳场(馆)　FKD 田径场(馆) FKE 健身房(馆)　FKF 雪场　FKG 冰场(馆) FKH 垂钓场(馆)　FKI 水上运动场　FKJ 动物竞技场 FKK 极限与探险运动场
	FL 购物场所	FLA 店铺　FLB 市场　FLC 商品街
	FM 聚落文化	FMA 聚落形态　FMB 聚落传说与传承　FMC 聚落风水 FMD 聚落的给排水系统　FME 聚落防火防灾系统
G 乡村旅游商品与传统工艺	GA 地方旅游商品	GAA 名优百货　GAB 菜系看馔　GAC 名点饮品　GAD 海味山珍 GAE 干鲜果品　GAF 名烟名茶　GAG 药材补品　GAH 雕塑制品 GAI 陶瓷漆器　GAJ 编织刺绣　GAK 文房四宝 GAL 美术作品　GAM 纪念制品
	GB 传统工艺	GBA 粮食加工　GBB 传统铁匠铺工艺　GBC 传统酒酿造工艺 GBD 干货工艺　GBE 传统纺织工艺　GBF 传统造纸工艺 GBG 传统印刷工艺　GBH 传统印染工艺　GNI 传统耕作工艺 GBJ 民间剪纸等

续表

主类	亚类	基本类型
H 乡村人文活动与民俗活动	HA 人事纪录	HAA 人物　HAB 事件
	HB 文艺团体	HBA 剧团　HBB 歌舞团　HBC 曲艺杂技团
	HC 民间习俗	HCA 礼仪　HCB 民间演艺　HCC 特色饮食风俗　HCD 民族节日 HCE 宗教活动与庙会　HCF 民间赛事　HCG 民间集会 HCH 宗族活动　HCI 农事活动　HNJ 传统物资交流会
	HD 现代活动	HDA 旅游节　HDB 文化节庆活动　HDC 商贸节庆活动　HDD 体育赛事活动
I 乡村景观意境旅游资源	IA 乡村景观通道	IAA 乡村交通通道　IAB 乡村景观生态廊道　IAC 乡村遗产廊道 IAD 乡村河道
	IB 乡村景观意境	IBA 乡村山水环境意境　IBB 乡村聚落文化意境　IBC 乡村农耕田园生活意境　IBD 乡村区域整体景观意境

资料来源：王文才. 2009. 乡村旅游规划原理[M]. 北京：科学出版社. 有修改补充.

四、城市生态旅游资源划分方案

综合分析上述城市旅游资源成因、演化与发展特点，将城市生态旅游资源分类体系可划分为 9 主类、28 亚类和若干基本类型。详见表 5-6 所示。

表 5-6　城市旅游生态资源分类表

主类	亚类	基本类型
A 城市地文景观	AA 综合人地景观	AAA 山地城市旅游地　　AAB 滨海城市旅游地　　AAC 生态(园林)城市旅游地 AAD 现代城市旅游地　　AAE 遗产城市旅游地　　AAF 其他特色城市旅游地 AAG 城市标志地　　AAH 地震遗迹　　AAI 重大事件场址
B 城市水域风光	BA 河段	BAA 观光游憩河段　　BAB 暗河河段　　BAC 古河道段落
	BB 人工湖泊与池沼	BBA 人工游憩湖区　　BBB 沼泽与湿地　　BBC 潭池
	BC 瀑布	BCA 悬瀑　　BCB 跌水
	BD 泉	BDA 冷泉　　BDB 地热与温泉
C 城市生物景观	CA 树木	CAA 林地　　CAB 丛树　　CAC 独树
	CB 城市生态草坪	CBA 草坪　　CBB 疏林草坪　　CBC 城市其他草坪
	CC 花卉地	CCA 草场花卉地　　CCB 林间花卉地
	CD 野生动物公园	CDA 水生动物公园　　CDB 陆地动物公园　　CDC 鸟类栖息公园　　CDE 蝶类公园
D 天象与气候景观	DA 光现象	DAA 日月星辰观察地　　DAB 光环现象观察地　　DAC 海市蜃楼现象多发地
	DB 天气与气候现象	DBA 云雾多发区　　DBB 避暑气候地　　DBC 避寒气候地 DBD 极端与特殊气候显示地　　DBE 物候景观
E 城市遗址遗迹	EA 史前人类活动场所	EAA 人类活动遗址　　EAB 文化层　　EAC 文物散落地　　EAD 原始聚落
	EB 社会经济文化活动遗址遗迹	EBA 历史事件发生地　　EBB 军事遗址与古战场　　EBC 废弃寺庙 EBD 废弃生产地　　EBE 交通遗迹　　EBF 废城与聚落遗迹　　EBG 城市遗迹 EBH 烽燧
F 城市生态产业	FA 工业遗迹景观	FAA 都市工业公园　　FAB 都市工业艺术园　　FAC 都市工业创意园 FAD 科技创意文化园　　FAE 科技文化产业园

续表

主类	亚类	基本类型
	FB 生态农业景观	FBA 农业公园　　FBB 观光农园　　FBC 市民农园　　FBD 休闲农场 FBE 高科技农业园区　　FBF 森林公园　　FBG 民俗观光园　　FBH 民俗农庄
	FC 城市创意文化景观	FCA 文化休闲　　FCB 文化会展　　FCC 教育培训　　FCD 艺术产品 FCE 现代传媒、设计服务　　FCF 动漫游戏　　FCG 信息服务
G 城市建筑与设施	GA 综合人文旅游地	GAA 教学科研实验场所　　GAB 康体游乐休闲度假地　　GAC 宗教与祭祀活动场所 GAD 园林游憩区域　　GAE 文化活动场所　　GAF 建设工程与生产地 GAG 社会与商贸活动场所　　GAH 动物与植物展示地　　GAI 军事观光地 GAJ 边境口岸　　FAK 景物观赏点
	GB 单体活动场馆	GBA 聚会接待厅堂(室)　　GBB 祭拜场馆　　GBC 展示演示场馆 GBD 体育健身馆场　　GBE 歌舞游乐场馆
	GC 景观建筑与附属型建筑	GCA 佛塔　　GCB 塔形建筑物　　GCC 楼阁　　GCD 石窟　　GCE 城市段落　GCF 城(堡)　　GCG 摩崖字画　　GCH 碑碣(林)　　GCI 广场　　GCJ 建筑小品
	GD 居住地与社区	GDA 传统建筑　　GDB 特色街巷　　GDC 特色街区 GDD 名人故居与历史纪念建筑　　GDE 书院　　GDF 会馆　　GDG 特色店铺 GDH 特色市场
	GE 归葬地	GEA 陵区陵园　　GEB 墓(群)
	FF 交通建筑	GFA 桥　　FFB 车站　　GFC 港口渡口与码头　　GFD 航空港　　GFE 栈道
	FG 水工建筑	GGA 水库观光游憩区段　　GGB 水井　　GGC 运河与渠道段落 GGD 堤坝段落　　GGE 灌区　　GGF 提水设施
H 旅游商品	HA 地方旅游商品	HAA 菜品饮食　　HAB 农林畜产品与制品　　HAC 水产品与制品 HAD 中草药材及制品　　HAE 传统手工产品与工艺品　　HAF 日用工业品 HAG 其他物品
I 城市人文活动	IA 人事记录	IAA 人物　　IAB 事件
	IB 艺术	IBA 文艺团体　　IBB 文学艺术作品
	IC 民间习俗	ICA 地方风俗与民间礼仪　　ICB 民间节庆　　ICC 民间演艺 ICD 民间健身活动与赛事　　ICE 宗教活动　　ICF 庙会与民间集会 ICG 饮食习俗　　IGH 特色服饰
	ID 现代节庆	IDA 旅游节　　IDB 文化节　　IDC 商贸农事节　　IDD 体育节

第六章　生态旅游媒体系统

生态旅游业是生态旅游系统中促使生态旅游主体与生态旅游客体之间相互作用的中介和桥梁，是由众多机构和相关行业中各种类型、不同级别的生态旅游业函数、变量和因子相互作用相互影响而形成的复杂的经济社会综合体，故称为生态旅游媒体系统。生态旅游业应发展具有地方特色的产业结构，提倡服务产业生态化，发展生态饭店、生态旅馆、生态商店、生态交通和生态商品。生态旅游业持续发展除了直接相关的企业以及间接相关的辅助性服务行业外，还包括政府旅游机构、旅游协会生态旅游专业委员会、生态旅游培训机构等，这些开发、协调、组织、管理机构至关重要，旅游组织机构管理应纳入到生态旅游媒体系统讨论中。

在信息技术、大数据背景和散客旅游时代，受到最明显冲击的无疑是生态旅游业，无论是旅游业务、交通运输、住宿接待部门，还是旅游机构、旅游餐饮、旅游商品等。可见，生态旅游媒体理论在信息网络和散客时代背景下发生了翻天覆地的变化。这里除了系统阐述传统生态旅游业外，还重点介绍新形势下随着无线网络、大数据、人工智能和散客旅游时代应运而生的生态旅游转型升级以及新型生态旅游业，即现代生态旅游业。

第一节　生态旅游媒体概述

一、生态旅游业要素体系

生态旅游业是以生态旅游资源为依托，以旅游设施为基础，为生态旅游者的生态旅游活动创造便利条件并提供所需商品和服务的综合性行业。从定义不难看出，生态旅游资源、旅游设施和旅游服务是生态旅游经营管理的三大要素。生态旅游资源是生态旅游业生存和发展的基础和依据，而旅游服务体系是旅游经营者借助旅游设施和一定手段向生态旅游者提供便利的活劳动，为利用和发挥生态旅游资源的效用创造了必要条件，并通过一定的旅游经济实体和生态旅游政策的实施，为生态旅游活动提供服务而实现其旅游、保护、扶贫及环境教育四大功能。生态旅游业是一种新兴的旅游业。

（一）生态旅游业范围及任务

从生态旅游活动过程来看，生态旅游业范围所涉及的相关行业包括三方面内容：①有关生态旅游"准备"的行业，如办理生态旅游咨询与预定业务的旅行社、出售旅游用品的商业、传播生态旅游及目的地信息的信息业等；②有关生态旅游"移动"的行业，如铁路、航空、汽车、轮船、自行车等；③与生态旅游"逗留"有关的行业，如饮食业、旅馆业、娱乐业等。

从生态旅游活动的组织和经营管理角度来看，生态旅游业的范围更加广泛，涉及许多经济部门和非经济部门：

①直接与生态旅游有关的企业，如旅行社、饭店、餐馆、信息、交通（包括民航、铁路、汽车公司、特色交通或专向交通管理站等）。

②辅助性服务行业，如大型商场、商店、超级市场、旅游购物商店、纪念品摊点、特色小吃、民间美食城、食品店、洗衣店等。

③开发性组织，如政府旅游机构、旅游协会生态旅游专业委员会、生态旅游培训机构等。

第①、②类属经济部门，可归入生态旅游业的范畴。第③类然属非经济部门，似乎不应划入生态旅游业，但对生态旅游业发展有着十分重要的作用，这些组织担负着生态旅游业的开发和管理工作，比日常性的生态旅游服务和生产更加广泛和复杂。因此，也应纳入生态旅游业的范畴当中。

生态旅游业的范围包括各种各样的企业和组织，除了旅行社、旅游目的地管理机构等实体外，其他各行各业自然而然地渗透到生态旅游业中，很难划清产业界线。因此还应考虑通过这些企业和组织联系的纽带，这个纽带就是为生态旅游活动提供便利，通过提供各自的产品和服务满足生态旅游者的需要，这也是生态旅游业的任务。

生态旅游业是在传统大众旅游业发展过程基础上兴起的，它与人类正在经历的生态文明时代相适应，代表了旅游发展的新潮流，是旅游发展的一个新阶段，与传统大众旅游业相比，在追求目标、管理方式、受益者和影响方式等方面具有不同的特征。

对于传统旅游业，利润最大化是开发商追求的目标，而追求享乐是旅游者的主要目标，其最大受益者是开发商和旅游者，由旅游活动所带来的环境代价则主要由社区居民承担，它以牺牲环境资源的持续价值来获取短期经济效益，这种旅游是不可能持续发展的。生态旅游业在实现经济、社会和美学价值的同时，寻求适宜的利润和环境资源价值的维持，开发商、旅游者、社区及其居民都是直接受益者，环境得到保护，是可持续发展的旅游业。

(二)生态旅游业要素体系

旅游业是以旅游者为对象，为旅游活动创造便利条件，并为旅游者提供所需商品和服务的综合性产业。如果说旅游是旅游主体的一种主观需求，那么旅游业则是支持和满足这种需求的供给体系，是联系旅游者和旅游资源的桥梁，亦即旅游主体和旅游客体的纽带。作为传统旅游业发展起来的生态旅游业，其构成要素体系与传统旅游业是相一致的（图6-1）。

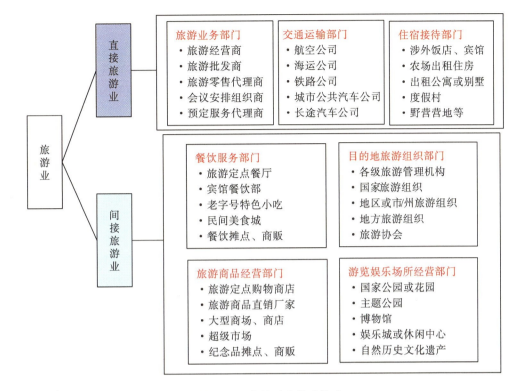

图 6-1　传统旅游业体系构成

资料来源：根据维克多·米德尔顿《旅游市场营销》

（Victor T`.C. Middleton，Tourism Marketing，London. 1998）中有关内容扩充整理而成

图 6-1 将旅游业划分为包括直接旅游业和间接旅游业的七个组成部分,包括旅行社业、以宾馆为代表的住宿业、交通运输业、餐饮业、游览娱乐行业、旅游用品和纪念品销售行业、各级旅游管理机构及行业组织等。作为旅游业的子系统,尽管这些部门大小、性质、功能、组织类型、服务范围皆不同,但它们都是在一致目标下谋求发展,相互间存在不可分割的紧密联系。Middleton(1998)认为旅行社业、旅游饭店和旅游交通构成了旅游业的三大支柱。

二、生态旅游业内涵及特征

(一)生态旅游业内涵

由于生态旅游业的综合性和多样性,目前理论界还没有一个十分确切的定义。世界生物基金会环保专家提出了"生态旅游业"概念,即"基于自然资源又为保护自然资源作出贡献的旅游业"。生态旅游业是以生态旅游资源为依托,以生态旅游设施为基础,为生态旅游者的生态旅游活动创造便利条件,并提供所需商品和服务的综合性行业。从定义可看出,生态旅游资源、生态旅游设施和生态旅游服务是生态旅游业的三大要素。其中,生态旅游设施和生态旅游服务是向生态旅游者提供的活劳动,是为利用和发挥生态旅游资源效用的必要条件，并通过一定的旅游经济实体和生态旅游政策的实施，为生态旅游活动提供服务而实现其旅游、保护、扶贫及环境教育等功能。

基于以上分析，作者认为生态旅游业是生态旅游系统中沟通生态旅游主体和生态旅游客体之间的媒介，在推动生态旅游的发展方面起到了供给、组织和便利的作用，它是由众多部门和相关行业组成的向生态旅游者提供各种服务的社会综合体。

(二)生态旅游业属性

传统旅游业是文化性的经济事业，生态旅游业在传统旅游业的基础上强调了生态性，是兼有经济性、文化性和生态性的事业。生态旅游业的本质属性是一项具有文化内涵的注重生态效果的经济产业。生态旅游业的业态由住宿业、餐饮业、旅行社业、交通运输业、娱乐业等各种行业组成，是一种具有特殊使用价值的综合消费品。从产品生产和经营角度看，它是商品经济的一个组成部分，同时受商品生产、商品交换等一系列经济规律的制约，但同时在经营发展中注重对资源循环利用、对环境保持原有风貌的生态效果。生态旅游业为了获取最佳经济效益和社会效益，必须进行投入、产出比较，一方面加强经济核算，改善经营管理，强化商品意识和市场营销观念，尽可能降低成本，同时运用各种营销手段扩大产品销路，积极参与国内外市场竞争，努力增加创收，以求实现盈利目的。另一方面，使旅游业发展走生态旅游、可持续发展之路。

生态旅游业的经济性。生态旅游业是一项高度分散的行业，它由各种大小不同、地点不同、组织类型不同、服务范围不同的企业组成。这些企业是以盈利为目的，并进行独立核算的经济组织。发展生态旅游业不仅能够增加外汇收入、回笼货币，并且能促进第一、第二、第三产业的融合发展，对繁荣和促进地区经济的发展具有重要意义。生态旅游业从根本上说是一项具有经济性质的服务行业。经济性是生态旅游业的根本性质。

生态旅游业的文化性。从生态旅游者的角度看，在整个生态旅游过程中，他们在物质享受的同时得到精神享受，在精神追求中得到物质享受，精神活动和物质活动相互依存，互为条件。因此，生态旅游者所进行的一切活动实际上都是社会文化活动，他们在生态旅游过程中可以陶冶情操，丰富文化知识，增长见识。生态旅游业是一项具有较高文化素质和高度人文情怀的文化产业。文化性是生态旅游业的基本性质。

生态旅游业的生态性。生态旅游作为一种以协调旅游开发和环保之间关系为核心内容的新型旅游模式和经营理念，具有生态的性质。生态学思想是生态旅游运作和发展的指导思想，有关行业部门的管理与运行都要求生态化，如生态旅游区要实行功能分区管理和旅游容量限制原则。旅行社导游要有专业知识、环保责任感，吃绿色食品，住宿设施的建设符合生态保护的原则等。生态性是生态旅游业的关键性质。

(三)生态旅游业作用及特征

从范围来看，生态旅游业是整个旅游业的一个分支，除了具备旅游业的依赖性、敏感性、带动性和涉外性等一般特点外，其显著特点有综合性、动态性和可持续性(陈玲玲等，2012)。具体内容见表6-1。

表 6-1　生态旅游业特征

	特征	具体内容
综合性	行业综合性	产业需要多个相关部门或相关因素协调配合
	产品综合性	是由吃、住、行、游、购、娱等多种服务项目构成的综合体
	效益综合性	追求经济、社会及生态等效益的综合
动态性	空间的动态性	生态旅游活动与旅游目的地生态环境之间的互动过程
	时间的动态性	由生态旅游活动的季节性决定
可持续性		在发展中首先把生态环境的承受能力放在首位考虑，注重旅游发展与社区经济发展、环保紧密结合，是一种与可持续发展原则相协调的旅游形式

这主要体现在推动旅游业发展与保护环境及社区相统一，主要表现为：①供给作用。生态旅游活动的顺利进行，离不开旅游需求和旅游供给。因此，如果只有生态旅游者的需求，而无生态旅游业保证旅游供给，那么生态旅游活动就无法存在与发展。②组织作用。根据对市场的调查分析，生态旅游业一方面组织一系列配套产品满足供给，另一方面通过各种方式为自己的产品组织客源，以满足需要。正是这一组织作用，使旅游业能从无到有，从小到大，从经济效益到社会效益的迅速发展。③便利作用。旅游者外出旅行常常会遇到各种各样的困难和不便。将生态旅游活动发展成为一种规范化的旅游模式，通过生态旅游业提供方便、快捷的服务，使旅游者达到顺利出行的目的。

（四）新形势下生态旅游业变化

应该说明的是，在无线网络、大数据背景和自助散客游时代，旅游业结构体系发生了重大变化，旅行社业、旅游饭店和旅游交通三大要素在旅游业体系中的重要作用发生了明显变化。事实上，在团队游和散客游发生反转的今天，旅行社最多能够承担 1%～10%的小众市场份额，很难起到旅游业三大支柱的作用；作为旅行社另一端重要业务的旅游饭店，随着旅行社所占市场份额的明显降低，其作为游客第二个家的传统作用也明显削弱，代之以自驾营地、民居、民宿、特色住宿等。就连作为联系旅游主体和客体的旅游交通业，其内部产业结构也发生了重大变化，主要表现在：交通运输业、运输设施业明显下降，而作为交通核心的旅游通道承载力则成倍增加，因为传统90%以上团体游转变为90%以上的自助散客游，需要旅游通道承载力增加至原来的90%以上，但这种需求是难以满足的。

可见，随着大数据时代的来临和逐渐成熟，上述直接旅游业和间接旅游业以及相关的七个组成部分之间的界限、层次、性质、功能、组织等将变得越加模糊，如直接旅游业和间接旅游业之间的区别显得更加混淆，旅游业务部门和交通运输公司的作用逐渐降低，住宿接待部门的份额将逐渐缩小。相反，传统认为是间接旅游业的要素则逐渐显得作用明显。

第二节 传统生态旅游业

一、低碳旅游交通业

(一)传统旅游交通问题

旅游交通在旅游业中的重要性不言而喻,但随着旅游业可持续发展的潮流,传统旅游交通的弊端日益显现,主要体现在以下几个方面(陈玲玲等,2012)。

1. 交通通道建设造成的资源环境影响

铁路和公路建设对于自然环境的直接影响。铁路运输的发达意味着更多的地面被占,这些地面可能是良田,或是野生草地,或是自然生态系统极其脆弱的原生态区域。公路建设也存在与铁路相似的缺点。航空业的发展对资源环境同样产生明显影响。飞机场建设往往需要大片的土地面积,且飞机在空中高速飞行也会对一些鸟类和昆虫的生存造成一定影响。

2. 交通工具对于自然生态环境的影响

交通工具是交通业对自然生态环境产生负面作用的主要来源。主要包括以下几个方面。

(1)废气污染。汽车尾气含有多种有害气体和固体颗粒,如一氧化碳、二氧化硫、烟尘等,从而直接污染大气。早期火车采用煤作为燃料,直接造成对大气的污染。现今火车绝大部分以电力作为能源,但主要是燃烧煤来发电的,也会间接对环境造成污染。飞机尾气会破坏臭氧层,对人体健康和其他生物造成伤害。

(2)噪声污染。所有的交通工具在运行时都会发出噪声,有的还非常大,如飞机、火车和汽车。噪声影响人的睡眠,高分贝的噪声会使人烦躁不安,从而影响人体健康和精神状态。噪声影响野生动物的休息和繁殖,从而打破生态平衡。

(3)安全隐患。现代交通工具的运行迅速,交通事故发生率明显增多,而且还会影响生态环境。如汽车在草原或荒漠的公路上行驶,会影响动物正常繁殖和生存,造成生态系统的失衡。火车、飞机会影响自然生态系统的平衡性。

3. 交通给自然资源造成压力

无论是汽车、火车还是飞机,其动力来源是靠直接或间接燃烧地球上有限的自然资源,如煤炭、石油、天然气等。这些能源是不可再生的。生态旅游业的发展相对减缓交通给资源带来的压力。随着环境保护意识增强和可持续发展思想在世界范围内的广泛传播,发展生态化旅游交通便成为生态旅游业的必然选择。

交通是旅游全过程的起点,没有交通这个起点,也就不会有旅游者到目的地旅游的终点或继续到其他目的地的中间点。而绝大部分旅游业的构成部分又都在旅游的终点——旅游目的地，如饭店、景区经营管理企业或机构、旅游商品企业等。因此，旅游交通在生态旅游业发展中地位突出，作用明显。而发展生态化旅游交通也就成了顺利开展生态旅游业最重要的决定性因素之一。

（二）关于低碳旅游交通

1. 低碳旅游交通概念

低碳交通是指以适应低碳经济发展模式为主要前提的、以实现交通可持续发展为基本理念、以降低交通运输工具温室气体排放为直接目标的低能耗、低污染、低排放的交通发展模式（黄少卿，2010）。低碳交通是人类社会在低碳发展背景下体现在交通领域中的一种新的发展理念，以及为实现这个理念而使用的方式和执行的结果，是体现在交通运输领域的人与自然可持续发展的目标（宿凤鸣，2010）。低碳交通是在对全球气候变化及其对人类社会严重影响的认识不断加深的背景下，以节约能源资源和减少碳排放、实现社会经济可持续发展和保护人类生存环境为根本出发点，根据各种运输方式的现代经济技术特征，采用系统调节与创新应用绿色技术等方法，实现单种运输方式效率提升、交通需求有效调控、交通运输结构优化、交通运输组织管理创新等目标，最终实现交通领域的全产业链的低碳发展，促进社会经济发展的低碳转型（金龙星，2012）。

低碳交通实质上是一种以低能耗、低污染、低排放为特征的新型交通发展模式。作为旅游的重要支撑，交通存有较大的节能空间。发展低碳旅游需要提倡公共汽车、电动车、自行车等低碳或无碳的旅游交通方式，对于需要燃料的交通工具，要采用无污染的新能源。对于一些短程旅游者，在可能的情况下，可适当选择徒步旅行或自行车旅行，这种环保的旅游方式既可让人接近自然、放松心情，又可最大限度地减少碳排放量，从而为低碳旅游创造了更多机会（蔡萌和汪宇明，2010）。

一般交通包括公共交通与私人交通。公共交通广义而言，包括铁路、公路、民航、水运等交通方式；狭义公共交通是指城市范围内定线定点运营的公共汽车及轨道交通、渡轮等交通方式（图6-2）。公共交通是人们日常出行的主要方式。私人交通主要指个人交通工

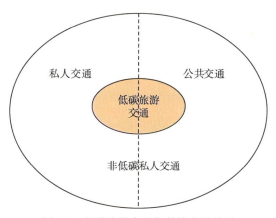

图6-2　低碳旅游交通与传统交通关系

（金龙星，2012）

具，一般包括自行车、电动车、摩托车、小轿车等。公共交通与私人交通方式低碳程度不一，但两种方式都有低碳交通部分的存在。一般而言，公共交通工具低碳程度要好于私人交通，这主要体现在公共交通是多人乘坐，平均每人能耗、碳排放量就低。若不考虑平均能耗及碳排放，公共交通与私人交通的低碳程度要视具体交通工具而定，都存在低碳的也存在非低碳的。如公共交通中纯电动车属低碳交通工具，而普通渡轮却是高碳的。私人交通工具的能耗及碳排放量更是不一。

2. 低碳旅游交通行为内涵

旅游过程也是消费过程，即通过一定的费用支出获得一定的服务，这种服务在旅游交通上的体现就是旅游空间上的位移。所以说提供给旅游者的旅游交通也是旅游产品的一部分，其旅游交通行为也是消费行为（金龙星，2012）。

旅游交通作为整体交通的一部分，低碳旅游交通也是低碳交通的一部分。低碳旅游交通行为属于个体行为，但低碳交通属于整个社会。个体低碳旅游交通行为必须遵循整个社会低碳交通的要求，即节约资源和减少碳排放，以实现社会经济可持续发展和保护人类生存环境。在低碳旅游交通行为中，就要做到节约能源、减少碳排放（金龙星，2012）。

低碳旅游交通行为应当是游客个人的自觉行为。旅游业能否低碳，旅游者能否贯彻低碳旅游理念，最终是由经营者及旅游市场主体决定的，也就是经营者与旅游者能在多大程度上支持低碳旅游并践行低碳旅游。低碳游客就是指在旅游活动中以零碳排放或低碳排放为标准的，主动承担旅游过程中节能减排的社会责任的游客，自愿选择能耗低、污染小的旅游体验过程，如自行车、徒步、乡村生活体验游客等（金龙星，2012）。

低碳旅游交通行为的研究关注个人行为，以特定、个体的低碳旅游交通行为为研究重点，而不关注整个客观的社会力量，如技术创新、交通需求有效调控、交通运输结构优化等（金龙星，2012）。广义上，所有在旅游交通过程中选择低碳交通工具及有利于减少碳排放的行为都是低碳旅游交通行为。具体来说，包括低碳旅游交通决策及低碳乘（驾）车行为。

需要说明的是，尽管目前全球基本达成了低碳发展的共识，但由于区域发展阶段不同、国家立场不同、地区环境不一，造成对低碳交通的评价衡量标准不同，低碳交通没有一个统一的执行准绳，而是一个逐步接近的终极目标，是一个动态的过程（金龙星，2012）。因此，低碳旅游交通行为也是个相对的观念。由于低碳是个相对的概念，所以低碳旅游交通行为就意味着游客在旅游交通行为方面是可选择的。

3. 低碳旅游交通行为特征

低碳旅游交通行为游客类型多种，从旅游意识来看，可分为无意识低碳及有目的低碳。前者包含没有选择或对可选择但不加以选择的低碳旅游交通行为，后者为存在选择性的低碳行为。从低碳程度来看，可分为绝对低碳与相对低碳。绝对低碳主要是大家公认的行为，如交通工具上选择零碳排放或新型燃料的交通工具（所谓低碳交通工具，指以替代燃料或新能源为动力源的节能与新能源汽车）。相对低碳又可细分为两种，一种是个人的相对低碳，即个人有多种碳排放交通工具时，选择排放量较低的那一个；另一种是人与人之间的相对低碳，如一个人选择的是燃油公交车，另外一个人的选择是电车，那么选择电车的就比选择燃油公交车的低碳(金龙星，2012)。

低碳旅游交通行为是一种特殊的游客旅游交通行为，它不等同于一般意义上的游客旅游交通行为。这可以从以下几个方面区别开来。首先，从行为实施成本来看，低碳旅游交通行为既可能导致物质成本(如购买新燃料交通工具)，也可能导致非物质成本(如时间、精力、便利性、舒适度等)，一般来说非物质成本是主要的。而一般性的旅游交通行为成本也包括非物质成本，但大多数情况下更主要地体现为物质成本，表现出来的就是购买一张车票所花的费用(金龙星，2012)。

其次，从行为预期收益来看，低碳旅游交通行为的预期收益是不明显、很难测度的，但其行为目标单一明确。游客在选择低碳旅游交通工具时，其目标是低碳节能，但对碳排放减少的量不清楚，也就是这一行为对个人的预期收益是不可内化、不显著的。而一般旅游交通行为，其预期收益是显著、明确、可测度的，如空间位移、快捷等，只不过其行为目标可能多样，如既考虑安全又考虑舒适等(金龙星，2012)。

表 6-2　低碳旅游交通行为与一般旅游交通行为比较

指标	低碳旅游交通行为	一般旅游交通行为
行为实施成本	主要为非物质成本	主要为物质成本
行为预期收益	不显著、不明确、难测度的	明确、可测度的
考虑因素	低能耗、低碳排放	时间、价格、舒适度、安全度、方便程度、准时
目标清晰度	单一明确(达到低碳节能)	多维：求快、求便宜、求方便、求安全、求舒适等

注：资料源于金龙星(2012)，有补充。

再次，从发生复杂程度来看，低碳旅游交通行为属于简单、习惯性的消费行为，其行为决策无须像普通游客一样遵循复杂的信息收集、方案评估、方案选择等过程，如一般旅游交通行为会考虑交通快捷性、安全性、舒适度、经济性、方便程度等因素，通过综合评价来确定旅游交通工具。而低碳旅游交通行为考虑的只是是否低碳环保。

(三)生态旅游交通实施途径

交通系统包括交通道路和交通工具两部分，可从此两方面探讨生态旅游交通实现路径。这里仅重点阐述生态旅游道路交通，包括生态旅游通道交通和生态旅游目的地交通(陈玲玲等，2012)。

1. 生态旅游通道交通

从旅游通道来看，道路系统建设在我国属于政府行为，生态旅游业任何企业和部门通常无法涉入。随着我国民主制度进一步完善，生态旅游业的企业、部门、组织和利益团体可通过民主参与的方式对交通道路系统建设和管理产生影响。假设有一条国家公路必须通过某一正在酝酿发展中的生态旅游景区，那么生态旅游业的有关部门即可要求道路建设必须按照对自然环境和生态系统产生最小影响的原则进行,并可对道路宽度、经过的地理环境等提出意见和理由。若道路须经野生动物迁徙的路径,则应建议和要求建设部门采取切实有效的办法解决,如果修建一条地下通道供动物迁徙之用,如在动物迁徙的时候,当地生态旅游业的相关部门可在车辆燃料消耗和尾气排放、车内硬件的构造和设计以及乘务人员的服务质量等方面,提出自己的意见和要求,使其运行和经营管理逐渐与生态旅游的理念和原则相符。

2. 生态旅游目的地交通

生态旅游景区内往往在很大程度上属于生态旅游业自己的“地盘”,因此更有能力根据自己产业的特点和原则来规范交通通道的建设和交通工具的使用。在景区内交通通道的建设方面,道路的建设要尽可能不破坏地理环境生态的完整性,如绕开植物生长的脆弱地带、远离动物的栖息和繁殖地等。在交通工具使用上,要采用节能型、环保型以及具有当地特色的交通工具,尽最大可能把交通工具使用所引起的污染和对生态系统的破坏减到最小。对于进入景区的私人车辆的管理方面,要让驾车者把车辆停放在景区之外,不应该允许私人车辆进入生态旅游景区。对于旅游团队乘坐的巴士等交通工具也要采取类似的限制。

总之,旅游交通方式的改变,尤其是景区内交通方式的改变,对于生态旅游景区的自然环境保护和维持生态系统的平衡具有相当重要的意义,对于促进生态旅游业遵循自己的发展理念和原则成长也具有关键性的作用。景区交通方式的改变,不仅可以增加生态景区的特色和文化内涵,还可以成为当地特殊的旅游线路和旅游体验产品,从而直接增加生态旅游目的地的经济效益。

二、绿色酒店住宿业

旅游之初,旅游住宿设施主要是客栈和旅馆。随着大众旅游业迅速发展,饭店规模迅速扩大,服务项目不断增多,建筑装饰要求推陈出新。旅游景区饭店主要是接待旅游者,但为迎合追求舒适、高级享受以及高消费的心理,更是成了资源消耗和环境污染的“肇事者”。随着环境保护意识的增强,对旅游业理解的深入以及对自身健康状况的关注,“绿色饭店”便应运而生。

随着旅游业发展、游客需求个性化及环境条件的变化,旅游住宿相关业态不断涌现,酒店业或饭店业定义难以科学囊括旅游发展六要素中“住”的概念。这里将饭店业或者酒店业改称为酒店住宿业。

(一)绿色饭店作用及实现途径

1. 绿色饭店与生态旅游业

饭店是生态旅游业的主要组成之一。生态旅游业对饭店的环境效益要求更加强烈,所以绿色饭店是生态旅游业要重点发展的领域之一(陈玲玲等,2012)。

　　绿色饭店一般指那些为游客提供的产品与服务符合充分利用资源、保护生态环境和社区根本利益要求并对人体无害的酒店。其经营宗旨是在提供带有绿色标志的产品和服务的同时，保护资源环境和社区利益并有利于人类健康。同时使顾客感受到一种绿色企业文化，增强其环保意识。绿色饭店建设和周围环境营造的要求包括：一是建筑材料和装饰材料的选择要做到自然化，不能使用可能损害人体健康的材料和涂料；二是污染物排放要达到国家相关标准，室内外环境的绿化面积要符合有关规定；三是饭店建设不应影响社区根本利益。

　　绿色饭店主要通过达到以上要求和清洁过程，对生态旅游业发展作出贡献，主要表现在如下几个方面。

　　(1)绿色饭店建设对周围环境及社区的破坏最小。饭店建设需要使用土地、绿地、森林、水体等资源，饭店风格也会影响到自然景观和城市景观质量以及社区质量，饭店建设和经营生产的废弃物排放也会影响生态环境的质量。绿色饭店通过综合考虑自然和人文因素以及执行国标、国家相关环境标准，在建设过程中经过科学的论证、合理的规划设计，将会使自然资源得到充分利用，减少人为的影响和破坏，从而达到对环境和社区影响最小的目的。

　　(2)绿色饭店生产过程对环境和社区的影响最小。饭店生产过程对环境和社区的破坏主要在于：通过消耗传统能源(如煤炭、天然气等)排放"三废"污染物；通过消耗大量电能和使用电器设备加剧环境污染。绿色饭店选择使用节能设备和环保产品来减少环境污染，采用先进科学和管理技术，减少物资消耗，提高设备使用效率，从而减少环境污染物的排放。

　　(3)绿色饭店物资消耗将会大幅度降低。现代饭店服务项目繁多，对各种物资需求巨大，如餐饮相关的粮食、果品蔬菜，洗浴所需的大量水资源及洗浴用品，客房清洁卫生需要水和清洁用品等，会对资源形成需求压力和环境污染。绿色饭店主动减少这些物资消耗，减少房间清洁维护，减少提供免费用品，尽量地降低物资消耗程度。

　　(4)绿色饭店提供对人体健康无害的产品。饭店是为游客提供暂时生活、休憩和娱乐服务的场所，其内部生存空间质量是饭店产品质量的重要组成部分，直接关系到游客建康。所以，绿色饭店保持室内外环境安全卫生标准，同时开发各种环保型产品、绿色产品以满足游客最新需求。绿色饭店通过室内外环境绿化来提高游客生活的环境质量。

　　(5)绿色饭店通过参与社会环境保护活动提高生态旅游业对环境保护和人类社会发展，有着巨大的贡献。环境保护是一项全社会工作，个人、团体和企业都有为环境保护和实现可持续发展贡献的职责和义务。绿色饭店对环境保护的贡献在于严格执行各项环保法规，积极配合进行各项环境整治，主动为环境保护发挥作用。

　　2. 绿色饭店实现途径

　　(1)树立绿色理念。

　　绿色饭店"绿色"理念旨在树立保护环境、崇尚自然和促进可持续发展的意识，这是饭店实行绿色管理的前提条件。主要包括：一是领导层面，这是绿色饭店建设的关键；二是员工层面，这是饭店真正实现绿色管理的关键所在，可通过饭店外部硬件设施的改善来营造"绿色"氛围，并通过建立具体的规章制度、员工培训以及奖励制度等强化员工意识。

（2）采用清洁技术和环保设备。

尽量少用原料和能源，排放最少污染废弃物，主要通过采用先进的节能型环保设备实现。如使用天然气做燃料就比使用煤炭对环境的污染小。要尽量减少不可回收物品和一次性物品，在达到卫生标准情况下减少清洁的次数和清洁剂的使用量。应变一次性利用为多次利用，减少客房设施的更换。

（3）实施绿色营销。

绿色营销是饭店以环境保护观念作为其经营指导思想，以绿色消费为出发点，为满足顾客绿色消费需求而进行的营销活动。绿色饭店应围绕绿色营销主题经营管理。首先要取得"绿色认证"，其次是实行绿色价格促销，最后要提供细致周到的绿色服务，切实从环境和顾客的利益出发，并对客人加以适当地消费引导。除了绿色意识和绿色生产外，还应注重饭店企业组织结构的转变和企业文化的转变。

（二）中国酒店住宿业态

随着酒店住宿业市场环境持续改善，中国酒店住宿业发展进入新常态，传统酒店服务业、酒店管理业在酒店地产业和资本市场的簇拥下亟待加快转型与创新。张楠[1]（2016）在其"中国酒店住宿业的业态格局与趋势"中，提出了中国酒店住宿业新常态下的业态创新。

1. 高端酒店

作为现代服务业龙头，高端酒店是引领中国酒店住宿业发展的主旋律。高端酒店存在阶段性、结构性、区域性和局部性过剩的特点，随着市场转型升级和创新，未来仍有空间潜力。打造一批中国自有品牌的世界级高端酒店，是引领现代服务业回归行业核心竞争力的主旋律。

目前我国高端酒店现状主要是：①星级酒店支撑半壁江山，国家星级标准支撑着高端酒店市场发展；②因与经济发展关联度紧密，高星级酒店经营效益下滑，经营效益进入低谷时期；③高端酒店发展减慢，本土高端酒店品牌正悄然崛起。

2. 中档酒店

中端酒店摒弃星级酒店的"大而全"经营理念，以及经济型酒店"千店一面"的市场现状，致力于客人生活方式的体验，围绕顾客需求设计产品，创造附加值，跨界产品融合体验。中端酒店对高端和经济型酒店带来冲击，通过市场细分及品牌多元化策略，规模迅速发展。中端酒店精选服务的高品质、高文化附加值和个性化主题设计较难复制。以精选服务模式为需求特征的中端酒店，改变了三、四星级酒店产品及服务设施布局，突出以商务客人为主要对象的最核心的服务及设施。

① 张楠. 中国酒店住宿业的业态格局与趋势[EB/OL]. 2016. http://www.360doc.com/content/16/0322/15/31676396_544331543.Shtml.

中端酒店相对于经济型酒店产品，更注重差异化，强调多元化，时尚、主题、智能、设计等，中端酒店品牌孕育了精选服务型的商务、度假、社交、生活方式等酒店，丰富了传统酒店业态。

3. 经济型酒店

经济型酒店以其"四化"（品牌连锁化、产品标准化、客源会员化、市场网络化）分流传统星级酒店市场客源。目前，经济型酒店集团经济型品牌已占据中国经济型酒店市场的绝大部分份额。兼并和强强联合成为经济型酒店集团化的必由之路，采用轻资产运营模式，大幅提升加盟店比例，加速布局中高端市场，追求全品牌化发展。

随着市场发展细分（产品定制化、风格时尚化、功能智能化、服务人文化），精致型快捷酒店（如民宿、公寓）将大量涌入酒店住宿业态，可预见经济型酒店的转型升级在所难免。经济型酒店需要以创新重塑市场形象：产品升级创新、服务流程创新、组织结构创新，亟待适度特色化逐步替代高度标准化；地域差异化为经济型酒店提供了产品特色化的市场基础。

4. 智能酒店

智能酒店是指以通信新技术计算机智能化信息处理，宽带交互式多媒体网络技术为核心的信息网络系统，能为消费者提供周到、便捷、舒适称心的服务，满足消费者"个性化服务，信息化服务"的需要。智能酒店的核心包括内部管理智能化、客服管理的智能化和酒店对外界宣传的智能化。

酒店智能化系统包括安防系统、网络电话系统、电视广播系统、设备能源管理系统、运营系统、会议系统、套房智能化系统、娱乐系统、信息发布系统。智能酒店的优势主要包括：①提升服务水平，更人性化的服务；②加强内部管理，杜绝管理漏洞；③提升酒店的安全性；④真正做到节能、节省投资；节省人力、提高工作效率。

5. 精品酒店

从形式上看 Boutique 酒店、设计师酒店、部分文化主题酒店都可涵括在这一概念下，精品酒店以其"规模小、设施精、风格特"已成为精品酒店的市场形象标识，它是文化与艺术的融合产物，不会轻易被市场模仿和替代。

精品酒店的时代已经到来，作为小众消费的细分市场，精品酒店的核心理念：文化原创性、产品独特性、经营创新性。国际和本土著名酒店集团均已推出自己的精品酒店品牌。

国内近年涌现出一批连锁化发展的独立精品酒店集团，既有定位较高端的品牌，又有定位于中端的品牌。类似"世界小型奢华精品酒店组织（SLH）"的品牌性联盟组织，是促进中国精品酒店快速发展壮大的市场选择。

6. 度假酒店

以休闲度假为旅游目的的度假酒店住宿业态，其度假酒店本身可能就是旅游目的地，一座度假旅游服务综合体通过独到设计、周到服务、观光和休闲产品配套、特色食宿、娱乐、养生、康疗等一系列体验性项目和度假环境营造，为旅游业与酒店住宿业之间构筑了新的度假酒店业态链。度假酒店业态应从高端消费导向中低端消费，应大力发展服务于中低收入者的平价度假酒店(欧美"住宿+早餐"度假旅馆)，以及全国各地疗养院的市场转型。

度假俱乐部和一般度假酒店的差异在于其综合性的娱乐设施和会员接待体系。创新的度假租赁模式，整合分散、闲散的个人房产资源，集中进行租赁经营，提供线下酒店运营的延伸服务，打造性价比较高的旅游度假住宿体验。将新的住宿形态纳入度假住宿设施体系正在蓬勃发展，如自驾车营地酒店、内陆游船、远洋邮轮、度假租赁模式、众筹分权度假模式等。

作为不同区域和时段的度假资源进行优化配置分时度假模式，在国外有着完善的管理体系和成熟的运营模式，随着国内旅游度假的快速发展和社会及消费者信用体系的逐步完善，未来在国内酒店住宿业将获新生。

7. 露营地房车酒店

国家旅游政策支持在少数民族地区和丝绸之路沿线、长江经济带等重点旅游地区建设自驾车房车营地，已将房车、邮轮、游艇等产业作为旅游项目制造业纳入国家鼓励类产业目录，房车营地已成为国家大力支持发展的旅游项目，提出支持汽车旅馆、自驾车房车营地、邮轮游艇码头等旅游休闲基础建设。中国将有望形成一个巨大的房车露营地消费市场。

房车旅游在欧美国家已成为休闲旅游甚至日常生活的一部分，并形成了完整的房车经济产业链。房车露营地逐渐从单一停靠式营地向综合服务营地发展，并被世界旅游组织列为"露营地酒店"(camping hotel)业态。通过法规、市场调节，逐步改变房车运营模式，以房车营地带动式非常规发展房车产业市场，集合房车展览、销售、培训等于一身，房车营地依托景区环境围合建设，既可发展景区客源为房车露营地客源，也可将景区设施作为房车露营地的延伸性服务设施及产品，同时延长游客观光逗留时间、提高景区旅游收益。

8. 度假租赁

度假租赁以个人或企业自有住宅为依托，借助在线平台或在线度假租赁运营商，向以度假为目的的游客提供短租住宿和有限服务的酒店住宿新业态，是融金融、贸易、服务为一体的知识密集型产业。度假租赁业态凭借"分享经济"市场理念，迎合"大众创新、万众创业"时代主旋律，通过互联网和在线平台达成线上线下交易，为酒店住宿业创造了新的市场机会。

欧洲和北美住宿业40%的营收来自非传统酒店的度假租赁，30%以上的旅行者选择居停下榻度假租赁而非酒店。服务公寓、酒店式公寓、度假公寓等分布在城市和旅行目的地的非传统酒店住宿业态，迎合了目前旅游市场的大趋势，而度假租赁酒店住宿业态创造了有别于传统酒店式公寓，集酒店、家庭于一身的住宿环境，强调居家体验、物超所值、房型多样、自在私密、更加自由、多元个性等业态特点。

一是以互联网平台整合分散的住宿设施：这是度假租赁业态不同于传统酒店住宿业的分水岭，使其在运营管理中不必租用房地产和设施设备，对传统高端酒店市场形成较大冲击；二是独特的管理运营模式支撑酒店住宿新业态的社交分享和居家体验：度假租赁基本上以"互联网在线服务+客房租赁+"为主流商业运作模式，属于知识和资金密集型行业，特别强调文化、技术、体验、分享，是"分享经济"在"住宿"领域的完美体现。

（三）中国酒店住宿业态创新

中国酒店住宿业态已形成以星级标准酒店市场为核心，以品牌标准酒店市场为基础，非标准旅游住宿设施为基础增长点的三重业态结构并存的行业格局，形成经济型→中端→精品→豪华→奢华、从低到高的酒店等级酒店划分方法。主要涉及商务会议酒店、休闲度假酒店、综合观光酒店、主题文化酒店、精品设计酒店、服务公寓酒店、社会家庭旅馆、民宿客栈，以及邮轮、房车、帐篷、集装箱、蒙古包等。互联网分享经济模式则演绎了度假租赁、民宿短租等非标住宿业态的快速兴起。

国家鼓励发展养老地产、乡村旅馆、商业模式（产权式酒店、分权度假、分时度假）、新技术应用（OTO、智能酒店）、新兴市场兴起（会议奖励/租赁民宿）、新生活方式（房车/帐篷）、品牌塑造、地产转型等。住宿业与航空、游轮、博彩、餐饮、在线旅游等相关产业的业态整合中，找到了"需求侧"与"供给侧"的市场平衡点。主题化、精品化、特色化将逐步替代标准化，主导未来酒店住宿业态的可持续发展。

国家旅游度假区、省级旅游度假区兴起，健康养生养老产业及专业细分下的精品酒店市场和非标住宿及租赁市场兴起。在体验经济下的商务休闲者的新型住宿需求，让中国酒店住宿业和具有创新意识的企业家发现了新的投资机会。张楠[①]（2016）在其"中国酒店住宿业的业态格局与趋势"中，提出了中国酒店业十大走势。

（1）基于旅游资源整合的全新酒店时代正在到来。酒店管理公司轻资产运作的商业模式决定了它们仅能扮演酒店投资"供给侧"晴雨表的"点睛"作用。国际、本土著名品牌进入二三线城市，以地方公共投资和商业投资存量为前提。非标民宿设施通过"度假租赁"线上交易、线下服务的商业模式不断融入并整合传统酒店业态，"轻资产"委托管理的市场领域有待拓宽。

（2）中国酒店住宿业的竞争不断加剧。在缺乏市场存量和商业模式情况下，酒店集团或管理公司等专业机构，若缺乏创新竞争力，很难在中国酒店住宿业新领域，如旅游地产、会展展览、养生养老、保健医疗等，快速取得商业成功。

（3）拥有国际视野和投资力量的"资本+专业"团队将成为决定中国酒店住宿业从产业投资、品牌创设到产品创新的市场核心力量。在中国酒店住宿业增量配置上发挥战略投资者的作用，并从根本上改变酒店职业经理人群体结构及话语权。

（4）国民旅游休闲潜在需求和中小微企业创业创新活动，正填补政府和国有企事业公共消费的市场空白。由此带动酒店新增量、装修改造、品牌创设及连锁加盟、市场推广及渠道建设等，将成为中国乃至全球酒店市场最值得关注的投资领域与成长空间。

（5）新锐酒店品牌颠覆了传统酒店投资模式，如主题酒店、精品酒店、中端酒店等。

---

① 张楠. 中国酒店住宿业的业态格局与趋势[EB/OL]. 2016. http://www.360doc.com/content/16/0322/15/31676396_544331543.Shtml.

以特许加盟的市场扩张方式，将投资运营重点放在品牌设计、市场推广、销售渠道及会员体系维护等"软实力"上，并成为酒店投资方向的引领者和市场增量的推动者。

（6）酒店投资经营者需要从酒店设计、资金筹措、委托管理开始，将销售渠道和网络平台建设置于与酒店硬件投入相同的重要位置。销售渠道、会员体系、品牌形象等酒店无形资产，在未来并购重组等资本运营中将具有相当的市场含金量，而以酒店集团会员体系为代表的自主销售渠道，与以线上旅行代理商（OTA）为代表的第三方销售渠道之间展开的市场博弈愈加激烈。

（7）以"80后""90后"为代表的新一代生活方式和消费观念的变迁演绎，将是未来中国酒店住宿业产业格局变化和酒店市场竞争的关键变量。具有时尚特色的新锐酒店，尤其是连锁化运营的品牌酒店将成为资本追逐的首选对象。永恒不变的仍然是对服务品质的极致追求：体验、愉悦、惊喜、感动。

（8）中国酒店投资尤其是高端酒店领域经过35年高速增长，在重新审视旅游市场基础后，正在进入一个理性投资的新常态。

（9）高速增长的中国出境旅游市场，在"一带一路""亚投行"等国家倡议驱动下，将会引导中国投资海外酒店的区域流向与酒店流量流向。以金融资本、产业资本及风险投资为代表的资本市场正在成为主导中国酒店住宿业发展格局的决定性力量。

三、生态旅行社业

作为旅游业三大核心要素之一，旅行社在生态旅游业中起着沟通生态旅游目的地与生态旅游市场的媒介作用。旅行社有旅行代理商（travel agency）、旅游批发商（tour wholesaller）和旅游经营商（tour operator）等多种称谓。旅行社业特指为旅行提供服务的专门机构的相关行业。旅行社业的产生是商品经济、科学技术和社会分工的直接结果，同时也是旅行社长期发展成为大众经常性活动的必然产物（黄安民，2007）。

（一）概念、分类及特征

1. 旅行社概述

世界旅游组织（WTO）将旅行社定义为"零售代理机构向公众提供关于可能的旅行、居住和相关服务，包括服务酬金和条件的信息。旅行组织者或制作批发商或批发商在旅游需求提出前，以组织交通运输，预订不同的住宿和提出所有其他服务为旅行和旅居做准备"。我国《旅行社条例》（2009修订）中指出：旅行社是指以营利为目的，从事旅游业务的企业。其中，旅游业务是指为旅游者代办出境、入境和签证手续，招徕、接待旅游者，为旅游者安排食宿等有偿服务的经营活动。我国旅行社的责任和权益由《旅游法》和《旅行社条例》具体界定。

旅行社业是旅游业的集中代表，是经济性和服务性的充分体现，尤以中介性为重要特色。它将原来分散的旅游活动进一步社会化，把旅游产生地与目的地连接起来，在不同国家和地区的旅游者和旅游经营者之间架起了一座桥梁，并把各有关旅游企业联系在一起，创造了一种新的信息传递方式和资源组合方式(黄安民,2007)。因此,旅行社不仅是旅游者与旅游对象的中介体,而且在不同旅游企业之间起着联络和协调作用。旅行社业的本质就是提供与旅行有关的服务作为其主要职能,以营利为目的决定了旅行社的企业性质(黄安民,2007)。

作为专为旅行者旅游提供服务的机构,旅行社是旅游业中"最纯粹"的旅游企业。首先,旅行社是联系旅游产品供给者和旅游消费者的中间商。这是因为旅行社并不是真正的旅游产品生产者,而是根据旅游者的需求和偏好将现有的旅游产品进行重组,从而"生产"出自己的旅游产品,且这种生产是通过旅游者的参与才能实现的。其次,旅行社是通过销售旅游产品来获取利润的企业。旅行社作为独立的经营实体,具有旅游活动自主经营权,它自我约束、自我发展、自负盈亏和独立核算。一般情况下,旅行社代理其他旅游供应商生产的产品,要支付各种费用。旅行社利润的来源主要是手续费收入再扣除其各项开支后剩余的部分。

2. 旅行社分类及特征

由于各国旅行社行业发展水平和经营环境的不同,世界各国旅行社行业分工的形成机制和具体分工状况存在着较大的差异,这种差异决定了各旅行社企业的经营范围的差异性。因此,人们往往将旅行社划分为不同的类型。

按业务类型划分旅行社类型主要是欧美国家旅行社的分类方法。在欧美国家中,人们根据旅行社所经营的业务类型,即是经营批发业务还是经营零售业务,将旅行社划分为旅游批发经营商和旅游代理商(旅游零售商)两大类(黄安民,2007)。

(1)旅游批发经营商。

旅游批发经营商即主要经营批发业务的旅行社或旅游公司。旅游批发经营商是指以组织和批发包价旅游产品为主要经营业务的旅行社,有的兼营旅游产品零售业务。旅游经营商在经营活动中,先与交通运输、饭店、旅游景点等旅游环节部门签订协议,以批量购买的价格订购各种单项旅游服务。然后,在对市场行情调查、分析和预测的基础上,将这些单项旅游服务包装、组合成包价旅游产品或其他旅游产品,再把这些旅游产品通过旅游代理商或者直接出售给旅游消费者。旅游批发经营商的规模一般都比较大,企业的数量相对较少。如在组团来华旅游的欧美旅行社中,绝大多数都是旅游批发经营商。

(2)旅游零售商(旅游代理商)。

旅游零售商即主要经营零售业务的旅行社。旅游零售商主要以旅行代理商(travel agent)为典型代表,当然也包括其他有关的代理预订机构。一般来讲,旅行代理商的角色是代表顾客向旅游批发经营商及各有关行、宿、游、娱方面的旅游企业购买其产品。同样,旅行代理商的业务是代理上述旅游企业向顾客销售其各自的产品。旅行代理商提供的服务不向顾客收费,其收入主要来自被代理企业支付的佣金。

20世纪初,旅行代理商主要服务于商务旅行市场,为其代理车船票务,代理商的数目较少,规模也不大。直到20世纪五六十年代,航空交通运输发展促进了大众旅游业发展,由此旅行代理商开始大量出现和发展。旅行代理商数量的增加与旅游批发商急欲扩大自己占有的市场份额有关。随着时间的发展,很多旅游批发商和其他旅游企业不愿再向旅行代理商支付佣金而削弱自己的产品价格竞争力,尤其是电子计算机和网络技术在旅游问询及预订方面的应用,增强了自己直接销售的力量,这给旅行代理商的发展前景带来了不利影响。

（二）旅行社的业务和作用

旅行社业在旅游业中犹如一座桥梁和纽带,把旅游过程中的食、宿、行、游、购、娱等环节联结起来,并通过旅游客源组织和旅游产品的组合,将旅游业各个部门之间紧密地联系在一起,从而使旅游业内部形成了一个相互依存、相互制约的有机整体。

1. 旅行社主要业务

（1）承接旅游有关委托代办业务。

委托代办业务主要是针对散客需要开办的。旅行社与相关单位和企业有着良好的业务关系,并从这些部门及企业得到廉价的合同价格和各项旅游服务,如客房、各类交通票等。代办业务根据游客的具体需要,提供多样化的服务,如代客订房、代办签证、代购车（船、机）票、代租汽车、接站送站等（黄安民,2007）。

（2）设计、组织和促销旅游产品。

根据不同的旅游市场设计不同的旅游线路,并通过向游客提供服务的部门或企业,如交通、住宿、餐饮、娱乐、旅游景区（点）、保险等,购买旅游要素,或直接购买接待社旅游产品,将其包装成自己的旅游产品,并进行宣传、促销活动,出售给旅游者,这种产品的业务形式称为包价旅游。包价旅游一般以团体旅游者为主（黄安民,2007）。

（3）综合接待服务。

接待服务包括两个方面,即团队旅游接待服务和散客旅游接待服务。团队旅游接待服务包括组团旅游业务和接团旅游业务。

①组团旅游业务。这种业务是指旅行社预先制定旅游目的地、日程、交通或住宿服务内容、旅游费用的旅游计划,通过广告推销方式招徕旅游者,组织旅游团队,为旅游者办理签证、保险等手续,并通过接待计划的形式与接团旅游业务进行衔接（黄安民,2007）。

②接团旅游业务。这种业务是指根据旅游接待计划安排,为旅游者在某一地方或某一区域提供翻译导游,安排旅游者旅行游览活动,并负责订房、订餐、订票、与各旅游目的地的联络等,为旅游者提供满意的综合服务（黄安民,2007）。

③散客接待服务。所谓散客是相对于团体而言的,主要是指个人、家庭及15人以内的自行结伴旅游者。散客旅游者通常只委托旅行社购买单项旅游产品或旅游线路产品中的部分项目。但实际上,有些旅游散客也委托旅行社专门为其组织一套综合旅游产品。如有的散客也要求有关旅行社为其安排一整套全程旅游;有的则根据自己的意愿和兴趣,提出自己的旅游线路、活动项目及食宿交通的方式和等级,要求旅行社据此协助安排;有的则要求旅行社提供部分服务,例如要求提供交通食宿安排,而不需要其他服务（黄安民,2007）。

不同国家和地区,旅行社在经营规模、经营方式、经营职能、经营范围等方面存在着较大的差异,但不同旅行社在经营的业务内容上还是有许多相同之处的。一般而言,作为旅游中间商,旅行社最具代表性的业务主要包括:①组合产品、重组路线;②促销产品、传递信息；③销售产品、招徕客源；④组织协调、安排客源；⑤实地接待、提供服务。

2. 旅行社的作用

作为旅游企业的重要组成部分，旅行社在生态旅游中扮演着重要角色。首先，旅行社要积极开发设计生态旅游产品，倡导低碳、绿色旅游等新兴旅游形式。其次，设计低碳旅游路线，以资源节约、环境友好型景区景点为重点，可适当设计徒步旅行线路、自驾游线路等，引导旅游者走向自然，热爱自然、保护自然，减少碳排放，从而促进旅游的可持续发展。

旅行社的作用主要包括：①旅游活动的组织者；②旅游供应商的产品销售渠道；③目的地旅游业的前锋。旅行社营运的项目通常包括各种交通运输票券(如机票、汽车票与船票)、套装行程、旅行保险、旅行书籍等，与国际旅行所需的证照(如护照、签证)的咨询代办。最小的旅行社可能只有一人，最大的旅行社则全球都有分店。从旅行社衍生的职业有领队、导游、票务员、签证专员、计调员(旅游操作)等。经营旅行社必须持有当局发出的有效牌照，并且必须是某指定旅行社商会会员才能经营旅行团，进行带团旅行。

陈玲玲等(2012)在《生态旅游理论与实践》中，系统阐述了旅行社业务、要求以及与生态旅游的关系。旅行社在生态旅游业中有以下两个方面的作用：

(1)旅游活动的组织者。

从旅游者需求角度看，旅游者在旅游活动中，需要各种旅游服务，如交通、住宿、餐饮、游览、购物、娱乐等。而提供这些服务的部门和企业分别属于不同的行业，相互之间联系比较松散。旅行社在经营活动中，从分属于不同部门的企业购买各种旅游服务产品，再把这些产品组合起来系统地提供给旅游者，使旅游者旅游活动得以顺利开展。旅游企业之间的相互联系和衔接，有赖于旅行社的组织和协调。可见，旅行社不仅为旅游者组织旅游活动，还在旅游业各个组成部门之间起着组织和协调作用。旅行社既是旅游客源的组织者，也是旅游市场的开拓者。

(2)旅游产品的销售渠道。

从旅游目的地的供给角度看，旅行社是旅游产品的销售渠道。与旅游活动有关的行业和部门，如交通运输部门、住宿业、酒楼、餐馆、商业购物等部门，虽也直接向旅游者出售自己的产品，但其大多数的产品是通过旅行社销售给旅游者，旅行社通过其产品生产将其他相关行业和部门的产品也销售给旅游者，成为这些企业旅游产品的销售渠道。

(三)生态旅行社责任及要求

1. 生态旅行社的责任

(1)生态旅游目的地宣传促销。

在推介生态旅游产品过程中，旅行社有责任让消费者了解生态旅游活动目的和职责。应利用宣传手册、促销材料、工作人员等向游客介绍生态旅游地，使游客了解生态旅游相关要求及注意事项，使潜在的生态旅游者意识到参与生态旅游是一种对环境、社区、文化负责任的行为，是一种更高层次的旅游消费，从而在吸引消费者购买生态旅游产品过程中，提高消费者的环境保护意识。

（2）生态旅游线路组合设计。

第一，生态旅游目地选择要符合生态旅游要求。应选择那些原生态、受人为因素影响较少的景区作为生态旅游目的地。

第二，住宿设施选择。应建有生态型饭店如"绿色饭店"、乡村小旅馆及民宿等，这些设施有利于保护环境，具有浓郁的乡土气息，旅游者能与当地居民进行直接接触和交流，从而能够更好地实现生态旅游的目的。

第三，饮食安排。安排一些不以珍稀野生动植物为原料但又能体现当地特色的菜肴。此外，在旅游过程中，导游人员应注意对游客的引导，不推荐或不选用由珍稀野生动植物制成的菜肴。

第四，娱乐活动安排。旅行社可为游客安排一些既有益身心健康又不会对当地自然文化资源产生破坏作用的娱乐活动，如垂钓、森林浴、划水、泡温泉、蹦极、滑雪、漂流等。

第五，旅游购物的引导。导游人员应注意引导游客不去购买野生保护动物的皮毛及其他野生动物禁卖品，不让游客去收集野生动植物、生物标本。导游人员应事先告知哪些动植物是濒危的，哪些商品是禁购的。

第六，交通工具选择。应尽量少安排或者不安排游客乘坐机动车辆，减少对环境的污染与破坏。如路程较远，导游可选择具备环保性、自然性、地方特色的交通工具，如人力车、牛车、电力车、船筏等。

（3）对游客进行生态伦理教育。

在参与生态旅游活动之前，旅行社要对游客进行事前教育。内容包括生态旅游行为规范及注意事项、旅游目的地环保政策法规等。另外，由于目前我国生态旅游市场还不太成熟，真正意义上的生态旅游者尚未形成。因此，可制定有关生态旅游的规章制度，以便在旅游途中对旅游者行为进行约束。

2. 生态旅行社经营要求

（1）组团人数。

生态旅游是以不破坏环境、社区、文化为前提的，但以人为主体的旅游活动不可避免地会对环境产生影响。应将旅游者的活动对环境的影响控制在环境的承载力之内，参加生态旅游的人数不宜过多，以避免加大对环境的压力。国外研究者指出，野外出游 8～10人的团体就算是大团了。

（2）导游素质。

生态旅游价值体现主要由导游来完成，导游素质对生态旅游活动的成功与否具有重要意义。旅行社应通过多种方式对导游进行培训，提高导游的环保意识，丰富导游的生态学知识以及急救技能，加深对生态旅游地文化、自然资源的理解，使其在导游过程中，既能为生态旅游者提供高质量服务，又能帮助旅游者树立或加强环保意识。

（3）环保意识。

要不断提高旅行社内部各级人员的环保意识，使生态旅游概念和内涵深入人心，在企业中营造以生态旅游为宗旨的企业文化，并形成制度，这样才能为消费者提供始终如一、高质量的生态旅游体验。

（4）加强联系。

加强与生态旅游地资源管理者以及当地社区之间的联系。力争取得社区居民对生态旅游的支持和理解。可通过聘请社区居民作为生态旅游的导游，这不仅能使旅游者欣赏到自然的美丽，并能更好地融入当地的人文景观之中，也能使生态旅游目的地居民感受到保护生态资源的重要性。

（5）生态教育。

生态旅游产品只是旅行社经营的众多旅游产品中的一项。旅行社不应仅仅在经营生态旅游产品时才强调对环境的保护，还应对其经营的其他旅游产品关注环保内容，使没有参加生态旅游的大众游客也能接受环境保护教育，从而通过旅游业壮大环保队伍。

四、生态旅游餐饮业

餐饮业与旅游业同属于服务业，餐饮业与旅游业相互影响、互相促进，因此，需要促进旅游餐饮业发展。旅游餐饮业包括了酒店业、餐饮业和旅游房产业，前者包括了酒店服务和酒店管理，后者包括了旅游公司和旅游房地产业。广义的旅游业包含餐饮业，旅游六大要素中，"食"即为餐饮业范畴。餐饮业可促进、带动旅游业的发展。同样，旅游业发展不仅可以带动餐饮业的发展，还可拉动一个地区餐饮业的转型升级。在大旅游视野下，餐饮业是指参与从餐饮原材料生产、加工、烹饪到饮食服务提供等全过程中任一环节的行业和部门的集合。可见，餐饮业是由餐饮行业和其他众多与餐饮行业发展紧密相关的行业组成的行业群。从业态上讲，既有中高级的酒店、宾馆，也有大量的酒吧、小餐厅、咖啡馆、茶社等休闲主题餐厅。从规模上讲，既有大型饮食集团，也有中小型餐饮企业和个体工商户。

（一）绿色餐饮及餐饮业态

因餐饮业在经济社会发展过程中的普遍性、永续性、适应性强、易避风险性、集市效应、市场稳定、收益保障、升值空间大等特点，餐饮业对旅游业的贡献巨大，尤其是生态、绿色和持续的餐饮业对生态旅游业发展的质量和可持续性具有重要影响。餐饮业在目前条件下仍是最具活力、门槛低、最易进入、最具发展前途的行业。

1. 绿色餐饮业

培育自然、健康、环保的饮食习惯已经成为当前消费的时尚主流。绿色食品作为无污染、安全、优质、天然和营养食品，成为首要选择。绿色餐饮警醒人们增强环境保护意识，控制、减少各种方式造成的污染和对环境的破坏，共同净化赖以生存的生活空间。绿色餐饮概念告诫人们要用科学合理、经济简洁的加工生产方法，激发保护原料自身营养，减少、杜绝对人体的污染、伤害，尽可能为消费者提供简朴自然的餐饮服务。

所谓"绿色餐饮"，可理解为以安全、健康、环保为理念，坚持绿色经营，倡导绿色消费，以维持生态环境的平衡性和资源的可持续利用性（曹进冬，2013）。因此，"绿色餐饮"不仅要求食物本身的天然与营养,还要求食物的生产和消费过程的绿色环保。与常规餐饮相比,绿色餐饮应具备安全、健康、环保的特点,保证食品在采购、生产与服务过程中的绿色化,应坚持原料选择绿色化、制作工艺绿色化、餐饮价格绿色化、消费服务绿色化及餐具消毒清洗和餐饮垃圾处理绿色化(表6-3)。

餐饮业作为大众消费场所,每天需要消耗大量的资源,同时会排放大量污染物,并不断产生大量餐厨垃圾,成为污染物排放源。积极发展"节能减排、绿色环保"绿色餐饮,已成为餐饮业发展的新趋势。发展低碳餐饮,应制定餐饮业低碳化的行业规范,积极推广使用节能减排新技术和新设备。可在饭店建筑装潢设计、室内空调和照明、各种设备使用和水资源利用等,尽量采用节能技术或节能产品,以有效提高节能减排水平(曹进冬,2013)。

表6-3 绿色餐饮业与传统餐饮业的区别

指标	传统餐饮业	绿色餐饮业
原料安全	可能污染,食品安全条件较低	非污染食品原料,绝对安全
生产过程	生产过程简单,缺乏严格的设备技术和标准要求,缺乏相关标准和要求	按照绿色食品标准,严苛的生产技术要求,生产全程质量控制,绿色食品标志
餐饮特征	传统大众餐饮特点	天然、优质、安全、健康、环保
环境关系	基本不考虑环境效应	环境友好、环保型餐饮业
效益目标	主要强调经济效益	生态、社会、经济三大效益统一

2. 餐饮业态类型

餐饮业态是指为满足不同目标市场的饮食消费需求而形成的不同经营形态。餐饮业态的选择主要依据餐饮业的位置空间、规模诉求、目标顾客、产品结构、店堂设施、经营方式、服务功能、技术条件等。餐饮业态内在组合要素包括目标市场、产品结构、服务方式、硬件设施、价格策略等(杨柳,2011)。新型业态产生于市场需求者,而形成于市场供给者,是供给者满足差异性需求的市场行为。杨柳(2011)根据餐馆经营特色,将我国餐饮市场的业态格局做以下划分:

(1)大众餐馆类业态。

目标市场为普通工薪阶层,菜单和菜式大众化、家常化,价格较低,菜量大、上菜速度快,能满足百姓日常饮食需求。这类餐馆星罗棋布,多分布在交通便利,流动人口多或居民区、机关企事业团体较为集中的地区。

(2)快餐类业态。

可分为中式快餐和西式快餐,中式快餐以价格便宜、菜品简单、简洁实惠为特点。西式快餐则因食品可口、服务快捷、环境个性化、营销手段新颖等特点而深受年轻人和儿童的喜爱。

(3)高档正餐类业态。

中式正餐主要是指具有鲜明菜系特征的高档次餐馆,分为国有老字号、新兴的民营餐馆。新兴的民营餐馆以服务周到、菜品多样、环境高档、促销灵活的特点吸引许多高档消费群体。西式正餐主要以高层次、高收入群体为主,环境典雅、服务细致,是喜欢西餐人士的最佳选择。

(4)星级饭店餐饮业态。

依托星级酒店宾馆提供各类餐饮服务。与社会餐饮业态相比，成本更高，通常酒店的服务更标准更规范，礼貌礼仪周到。环境综合配套是酒店的另一个优势，酒店有客房、会议室、酒吧、西餐厅、茶室和娱乐场所。

(5)主题类餐饮业态。

人们求新、求异的心态培育出一批极具个性的主题餐厅，这些餐厅或怀旧、或浪漫、或休闲、或运动、或冷酷、或激情，成为白领阶层聚会交友放松消遣的绝佳场所。

(6)自助类餐饮业态。

自助餐厅类同于自选超市，消费者可以根据自己的喜好，对所有的菜品自由选择，随意享用，较受年轻人的欢迎。

(7)休闲类餐饮业态。

这类餐厅菜品很少，而以经营饮料、点心、小吃、零食为主，主要以休闲环境为卖点。

(8)娱乐类餐饮业态。

不仅局限于对餐饮的单纯需要，多彩的视听享受赋予了餐厅更广泛的内涵。包含餐饮、音乐、舞蹈、表演的所有服务项目，让人们在就餐的同时，享受到舞蹈、音乐等声、光、色、味的一体享受。

(9)餐饮街类业态。

经营者抓住餐饮消费从众心理，在商机深厚的地区扎堆经营，如目前颇具规模的“餐饮一条街”。食街上各餐馆各有所长、价格有高有低、菜品丰富多样，可满足各种口味需求。各大商场餐饮美食广场亦属此类。

(10)移动消费的餐饮业态。

为满足人们快节奏的生活方式，移动服务和移动消费的移动餐饮业态应运而生。汽车餐厅可谓是没有餐桌的餐厅。食品外送服务也是移动消费的重要组成部分。移动消费市场潜伏着巨大的商机，代表了餐饮业重要的发展方向。

(二)餐饮业与旅游业关系

餐饮业与旅游业作为服务业中的一个重要组成部分，对促进区域经济发展、吸纳就业、稳定社会秩序、提高城乡居民生活质量以及传播民族文化等，发挥着越来越重要的作用。旅游业与餐饮业的良性互动有助于旅游目的地发展和旅游者旅游体验质量的提升。饮食不仅是旅游者旅游的基本需要，而且还是旅游活动的重要内容之一。丁继琼(2012)对旅游业与餐饮业之间的关系进行了研究。

1. 旅游业与餐饮业的特殊关系

(1)旅游业影响餐饮业的发展。

旅游业相关餐饮业态可划分为两大类：一类服务于旅游者，包括旅游饭店的餐厅、旅游定点餐馆、旅游景区内及周边的餐馆和小吃摊、旅游交通站点附近的餐馆等。另一类主要服务当地居民，也可为旅游者提供餐饮服务，包括各类正餐馆、快餐馆、小吃店、咖啡馆、茶馆、酒吧等。将为旅游者提供服务的餐饮业称为旅游餐饮业，它是旅游业和餐饮业的交叉业态。显然，外来旅游者的数量、结构、消费能力、增长速度，影响当地餐饮业的客源数量、业态结构、经营收入和发展速度。

(2) 餐饮业对旅游的影响。

民以食为天，吃是人类生存和生活的最基本需要。旅游是集食、宿、行、游、购、娱为一体的综合性社会文化活动，在旅游六大要素中，餐饮供应居首位，在旅游业活动中极为重要。旅游活动作为一种较高体力要求的特殊活动，需要较高或很高的能量，这当然更离不开餐饮的基本支持。

2. 餐饮业是旅游业的重要发展基础

(1) 餐饮消费是旅游活动的重要组成部分。

饮食消费在旅游收入中所占的比例越来越高。在国际旅游消费中仅次于购物消费，在国内消费中高居榜首。因此，开发美食旅游在丰富旅游活动、愉悦旅游者的同时，也是增加旅游创收的很好途径，并且其潜在作用和意义明显。

(2) 旅游餐饮业。

如果旅游餐饮业规模和结构合理，经营规范，地方特色鲜明，适应旅游客源市场对于餐饮产品的需求，则会提升旅游者旅游满意度，优化旅游目的地的口碑效应，旅游客源市场也会进一步扩大，旅游业和餐饮业均能从中受益。饮食文化旅游和旅游餐饮业的持续健康发展是实现旅游业与餐饮业良性互动的主要途径，旅行社和旅游餐饮业经营者应关注旅游者的消费满意度。

(3) 餐饮消费满意度影响旅游者的旅游体验质量。

旅游活动是一种持续时间较长的、全身心投入的运动，会消耗身体很多营养物质和能量，保证饮食质量才会让旅游者有旺盛的精力、充沛的体力顺利完成旅游活动。餐饮消费满意度影响旅游者的旅游体验质量，旅游体验质量的测量标准是"愉悦度或满意度"，影响因素众多。

(4) 餐饮业是饮食文化旅游资源的重要载体。

饮食文化是指食物原料开发利用、食品制作和饮食消费过程中的技术、科学、艺术以及以饮食为基础的习俗、传统、思想和哲学(丁继琼，2012)，即由食生产和食生活的方式、过程、功能等结构组合而成的全部食事的总和。旅游的实质是跨越地域空间的对自然和文化的生命体验，而不同地区的饮食文化反映了当地的自然环境和历史文化。

3. 餐饮美食旅游与旅游文化有效结合

(1) 美食文化与旅游文化互动。

饮食及饮食文化资源非常丰富、得天独厚，是不可多得的宝贵旅游资源。美食旅游不仅能让人心情得到放松，同时还可学到不同的经验知识，有着别样的体验。美食旅游特色突出，几乎对任何旅游对象都没有局限性，它与科技旅游、探险旅游等旅游方式相比更适合于普通大众。如与观光旅游很好地结合，则让人们在饱览大好河山、体验异地风情的同时，还能品尝到当地味道正宗、特色独具的美味汇。

(2)饮食文化与旅游业互相促进。

饮食文化渊远流长，由于地理环境、气候物产、民族习惯与宗教信仰的不同，使得美食原料物产极其丰富，烹调方法多样，各地风味独具特色，各大菜系独领风骚，各民族饮食特色鲜明，民族风味浓郁，美食美器美景美菜名，内涵丰富、艺术性强。正是这些特点让游客产生无限好奇。

美食旅游既顺应了旅游发展的必然趋势，又满足了游客的旅游饮食情结，还可能成为旅游业收益的新的突出增长点。所以美食旅游不但要研究开发，而且还要大力提倡推动，通过美食旅游来发展美食文化，扩大旅游资源，丰富人们的旅游内容。

(三)绿色餐饮发展路径

餐饮业不仅受到生产规模、结构和市场的制约，而且餐饮经营资源浪费巨大、环境污染严重。因而，开发绿色生产技术，综合利用资源，采用和推广无害或低害新工艺、新技术，降低原材料和能源的消耗成为餐饮业健康发展的当务之急。

1. 推进绿色餐饮经营

在循环经济模式下，要成功地发展绿色餐饮经营，循环经济推进绿色餐饮经营的机理、循环经济的"3R"原则，需贯穿于经营的始终。此外，绿色餐饮首先是一种产业状况或状态，即食物种养、生产加工、物流配送、餐桌消费及服务环境整个产业链条中的每个环节都保持一种天然、安全、无污染的状况，因而强调原料的自然性、生态性。其次，发展绿色餐饮不仅限于绿色食品的使用，还要求节能、节水即对资源的集约使用。再次，要求对环境进行保护，要求使用环保和可再生的材料，减少废气、噪声等对环境的污染，加强对废弃物的科学处理和循环利用。

以循环经济理念为指导发展绿色餐饮业。从生产、流通、消费过程中产生的废弃物，一部分经废物利用等技术加工分解形成新的资源返回到经济运行中，另一部分经环境无害化处理后形成无污染或低污染物质返回自然环境中，由自然环境对其进行净化处理。循环经济的建立还依赖于以"减量化、再利用、再循环"为内容的"3R"运行原则，每一个原则对循环经济的成功实施是必不可少的。

2. 促进绿色餐饮发展

(1)绿色食品生产。

首先，以生产基地为立足点，扩大生产规模，实现产品结构的多样化，促进绿色食品的产业发展。其次，通过建立多元化的投入体系，促进绿色食品的快速发展。第三，加大绿色科技投入力度，支持科研院所、大专院校开展跨学科、跨行业、跨地域的联合科技攻关，努力开发和创新绿色技术。选择引进国内外、省内外的先进绿色技术，提高技术引进中"软件"的比重。第四，按照质量安全和绿色生态的理念，加大对环境及绿色食品质量监测体系的投入，加快和完善绿色食品质监体系基础设施建设。建设安全流通渠道，推进农业生产源头的洁净化、质量安全监管的制度化。建立市场准入制度和质量安全追溯制度，保证绿色食品质量水平。

(2)企业清洁生产。

清洁生产指将整体预防的环境战略持续应用于生产过程、产品和服务中，以期提高生态效率，降低对人类和环境的风险。

绿色餐饮应从菜单制定开始，贯穿整个供、产、销的各个环节。对于餐饮企业来说，首先是生产中使用清洁的能源和各种节能技术的创新和运用等。其次，原料使用和加工不仅要注重原材料的绿色无公害，同时应减少运输成本及能源的浪费。第三，在餐桌消费环节推行分餐制，适当提醒顾客注意饮食合理，适量搭配，并能在餐后主动提醒客人打包。第四，服务环节注意将快乐服务和情感服务注入绿色餐饮建设中。第五，用餐环境方面，涉及环境装修、装饰材料、灯光色彩等，不仅是技术问题，还是经营理念问题。

(3)建立绿色餐饮生态园区。

生态产业园区是依据循环经济理念和产业生态学原理设计建立的一种新型产业组织形态。它仿照自然生态系统物质循环方式，使上游企业生产过程中产生的废物成为下游企业生产的原料，达到相互间资源的最优化配置，最终实现园区内污染物的"零排放"。

绿色餐饮生态园区构建可在产业链中引入餐饮企业、绿色农牧业、观光农业旅游及一些食品和生态食具加工业。在这样的产业链中，绿色农牧业为餐饮企业提供食品原料。生态食具加工业利用农业副产品生产食具，如利用秸秆生产的餐具既卫生又可降解和循环利用。绿色餐饮企业产生的餐厨垃圾可以为畜牧养殖提供饲料，而生态农业又可以作为旅游者观光游览的场所。通过合理的规划，发展绿色餐饮生态园区，为绿色餐饮发展提供新的途径。

3. 实行绿色餐饮管理

(1)强化绿色餐饮经营标准。

中国饭店协会于 2002 年正式颁布了《绿色饭店标准》。为更好地发展绿色餐饮经营，有必要在现有标准的基础上加以完善，并严格按照标准对相关企业进行监督和规范。此外，政府相关部门应承担相应的推介和引导责任，进一步加大宣传力度，充分利用各种渠道，开展形式多样的宣传活动，引导更多的餐饮企业参与"绿色餐饮"建设。消费者自身也应学习一些鉴别绿色食品的技能，摒弃奢侈浪费的习惯，共同促进绿色餐饮业的发展。

(2)政策支持减轻企业负担。

发展绿色餐饮经营必将提高企业经营成本和管理费用，而绿色餐饮的发展能切实保证消费者的饮食安全和卫生，并提高消费产品质量，因此政府应给予一定的税费优惠和政策支持。可通过适当降低"绿色餐饮"企业的税费标准，减免部分收费项目来减轻企业负担；通过表彰并适当奖励那些执行和实施情况较好的企业来调动企业的积极性。此外，可降低信贷门槛或建立相关发展基金，从资金环节给予支持将有助于企业的发展。

五、生态旅游商品业

"购"是生态旅游业六要素之一，生态旅游商品生产和经营可增加旅游收入，繁荣市场，传播传统优秀文化艺术，促进轻工业水平的提高，还能提高资源利用率。这里从商品、商品业和旅游业视角，阐述旅游商品业概念、分类及特征。在此基础上，提出生态旅游商品业发展的一般路径和策略。

（一）旅游商品业概述

旅游商品伴随着旅游业的产生和发展而出现。广义的旅游商品是指旅游者为旅游而购买的或在旅行游览过程中所购买的所有实物商品。这是一个开放式的概念，几乎包括所有商品，如服装鞋帽、食品饮料、日用百货、钟表首饰、电子产品、运动及户外活动用品、书籍地图、风物特产、文物书画等，能满足旅游者旅游生活基本需求和旅游活动需要，能满足旅游者求新、求名、求实、求廉等购物心理需求的商品都可以纳入旅游商品的范畴（盘晓愚，2009）。

商品业和旅游业是两个独立的产业，二者的交融形成旅游商品业。盘晓愚（2009）从这一角度阐述了旅游商品业三个层级的功能：一是基本功能——商品业补足旅游业，主要表现在满足旅途生活和旅游活动需求以及旅游者的购物需要；二是提升功能——实现旅游业—商品业双向促进，即旅游业助推商品业，商品业提高旅游业；三是衍生功能——塑造目的地形象，通过培育地域标志性商品，使之成为目的地重要地理标志之一，成为公众认知目的地的有效途径，这是旅游商品业的特殊功能，也是一个地方发展旅游商品业应确立的最高目标。

旅游商品是旅游业的一个重要组成部分，它与旅游吸引物、旅游服务设施、旅游交通共同构成旅游业的四大支柱。旅游商品收入在旅游业总收入中所占的比例，往往显示一个国家、一个地区旅游经济效益的好坏。世界旅游购物的平均消费指数是30%，在旅游业发达国家这一数字则达到了40%～60%（郭凯，2012）。我国总体的旅游商品收入只占旅游总收入的20%左右。

（二）生态旅游商品及特点

生态旅游商品特指生态旅游者在生态旅游过程中购买的实物商品。这些商品一般具有纪念、欣赏、保值、馈赠意义或实用价值。陈玲玲等（2012）进行了生态旅游商品分类和特征描述。

1. 生态旅游商品分类

生态旅游商品主要包括旅游纪念品、旅游工艺品、旅游用品及其他商品四大类。
（1）旅游纪念品。
旅游纪念品是以生态旅游的文化特色或自然风光为题材，利用当地特有的原材料，体现当地传统工艺和风格，富有纪念意义的小型纪念品。纪念品应标上产地地名，或用产地的人或事物特征做商标，以经常让游客引起美好的回忆。
（2）旅游工艺品。
旅游工艺品在我国历史悠久、技艺精良，如玉雕、木雕等雕塑工艺品，金银首饰等饰品，刺绣工艺品，天然植物纤维编织品等等。
（3）旅游用品。
旅游用品主要是指旅行途中的日用品，包括洗漱用具、旅游鞋帽、地图、美容化妆品、常备急救药品等。

(4)旅游食品。

生态旅游者外出旅游时,一般都想品尝一下当地的风味,或大餐或小吃,如云南的过桥米线,还有地方特色的名茶、药材或农副产品,也是必不可少的。

2. 生态旅游商品特点

生态旅游商品要突出其特色,主要体现在以下四点。

(1)地方性。

地方性是体现其特色的关键,地方性越强,越让游客引起长久的回忆,其纪念意义就越深远,主要表现在地方性的原材料、地方性的设计、地方性的文化内涵、地方性的艺术风格及地方性的包装。

(2)环保性。

生态旅游商品的制作、设计及包装都应体现生态旅游的环境保护特色,使之无污染无公害,符合环保、卫生的标准,相比传统的旅游商品品质更加优良。

(3)实用性。

实用性是指生态旅游商品做到实用化,能够满足生态旅游者的各种需求,如旅游食品要软包装,洗刷用品小型化、系列化,旅游鞋帽要舒适、轻便、安全等。

(4)方便性。

生态旅游者在目的地停留时间是短暂的,不可能有很多时间来购物,所以小巧玲珑、包装精美的商品更容易引起注意,而且为避免旅途负重累累,商品不宜过大、笨、重、粗,包装应牢固又轻便,以便于携带。

(三)生态旅游商品发展策略

针对我国生态旅游商品缺乏品牌、包装差、档次低、同质性、品质低等问题,提出生态旅游商品业发展的策略主要包括:

(1)对旅游商品业要重新认识和定位;

(2)政府对旅游商品产业要发挥主导作用、确立产业发展政策;

(3)围绕生态旅游商品业发展,旅游商品研发规划,明确发展目标;

(4)建立多元化投资渠道,加快推进旅游景点开发建设;

(5)整合资源,打造品牌,选准生态旅游主攻方向;

(6)构建旅游商品基地或产业园;

(7)对旅游市场立法管理、维护;

(8)创新旅游商品服务体系、提供购物配套服务;

(9)成立旅游商品产业发展基金;

(10)发挥旅游商品协会行业整合、协调管理的作用;

(11)加大宣传营销,拓展生态旅游市场;

(12)加强环境保护,确保生态资源有序利用。

六、生态旅游康乐业

康乐业随着旅游业发展应运而生，康乐业的欣欣向荣离不开旅游业市场的支持。康乐业是旅游业的一部分。康乐构成旅游娱乐生活中的重要组成部分，由此产生的康乐业是旅游业的一种表现形式。现在许多游客旅游动机就是以康乐为主的，如许多体育爱好者的体育旅游，就是以修身疗养为主的旅游。现代饭店也多设置康乐部，以满足人们对康乐的需求。

生态旅游康乐特指旅游企业为生态旅游者进行健身锻炼和文化娱乐活动提供各种设施服务，它与其他生态旅游业要素有机结合，构成生态旅游业体系。

(一)生态旅游康乐的意义

康乐活动是在闲暇时间进行的，它是一种非职业性的业余活动。康乐活动必须以一定的设施设备、场地为基础。康乐活动是休闲、消遣性活动。康乐的主要功能：①增加经历：陶醉其中，获得冒险刺激，获得兴奋感；②愉悦心情；③健身健美；④社会交流；⑤文化功能。

1. 满足生态旅游者心理需求

即满足生态旅游者求乐、求新、求知、健身的心理需求。生态旅游业的存在和发展是以满足生态旅游者的需求为条件，生态旅游者来到生态旅游目的地，除了了解大自然、保护大自然以外，还要以自然和社区为舞台，进行丰富多彩的生态旅游娱乐活动，如参与当地有民族特色的歌舞晚会、攀岩、登山探险、漂流、滑雪等。

2. 可用来调动客流、调整客源结构

生态旅游业具有动态性，在时间上有淡季、旺季和平季之分，在空间上有热点和冷点之分，而康乐活动的安排可以增加或减少生态旅游者在一地的逗留时间，在全局上起到均衡客流的作用，还可缓解季节对生态旅游业的不利影响，在旺季加速客流，在淡季吸引客源。如以文化交流为主旨的中俄青少年友好交流大会连续几年安排在冬季举行，起到补充淡季客源的作用。

3. 可增加旅游收入

生态旅游者参与生态旅游康乐活动，一方面有些活动本身需要交纳一定的费用，直接增加了旅游收入，另一方面也延长了游客在生态旅游区的逗留时间，对增加旅游收入也起到间接推动的作用。

(二)生态旅游康乐类型

康乐活动按活动功能可分为：康体休闲(健身器械、球类、游泳、户外运动等)、保健休闲(洗浴桑拿、按摩保健、护肤美容)、娱乐休闲(歌舞参与及表演类、游戏类、知识类娱乐、视听阅览类、附属类娱乐等)。生态旅游康乐活动按活动场所不同可以分为以下三类。

1. 旅游饭店的康乐活动

三星级以上的旅游饭店和旅游度假村一般都有比较完备的康乐设施，作为配套服务设施提供给生态旅游者，如歌舞厅、健身房、保龄球馆、桌球室、网球场等，生态旅游者在饭店休息之余，可借助这些设施进行自己喜爱的康乐活动。

2. 游乐园的康乐活动

在一些生态旅游区，设立了游乐园或游乐场，根据不同年龄层次、不同肤色、不同性别的需求来设计活动设施，例如适合儿童的童话世界、秋千、滑梯等，适合青年人的攀登人工岩壁、模拟野战等。

3. 专项旅游的康乐活动

生态旅游活动由丰富多彩的专项旅游构成，如自行车旅游、森林生态旅游、草原生态旅游、登山探险旅游等，在这些专项旅游过程中，不乏各式各样的康乐活动。以森林生态旅游为例，可以在森林生态环境中进行野营、野餐、钓鱼、野外生存、体能训练、骑马、划船、团体聚会、高尔夫球等活动。

(三)旅游康乐业发展对策

随着经济社会及旅游业发展，我国康乐业需求逐渐增强。主要表现在：①康乐经营在经济活动中所占比重将会增加；②康乐消费在生活消费中所占的比例将会增长；③康乐服务和管理水平将会明显提高；④康乐设备科技含量将会不断增加；⑤由高消费向大众化消费发展；⑥经营项目向文化性、高品位发展；⑦参与冒险性、康养性康乐活动增多；⑧现代科技的发展为新的康乐项目、设备设施的开发提供了技术保障；⑨康乐业与其他产业的融合将明显加强。旅游康乐业发展对策主要包括如下几个方面。

1. 整合资源丰富康乐项目

考虑与周围环境相整合，配套发展，设施和资源进行互补，形成特色。满足游客康乐、休闲、餐饮、购物相关综合性需求。

2. 突出康乐项目经营特色

康乐项目必须突出自己与众不同的地方和优势，同时要把独特的健康休闲氛围渗透到各个方面。要在产品上标新立异，更多地关注康乐产品的创新。

3. 提高康乐项目服务质量

一方面提高康乐硬件质量，包括设施的先进程度、舒适程度、方便程度、安全程度和完好程度；另一方面要提高康乐软件质量，做到服务态度最优化、服务技能专业化、服务效率高效化、服务方式灵活化、服务细节人性化，让热情待客、殷勤服务有形化。

4. 体现康乐项目文化性

康乐产品与文化的融合是旅游康乐业发展的必然趋势，这也是一种高层次的竞争手段，经营者应该把注意力转向提高康乐产品的文化品位和文化内涵，突出产品的知识化特点，充分体现产品结合文化价值的作用，应杜绝低级趣味的康乐消费行为。

第三节　生态旅游业转型升级

旅游业已成为当今世界一大成熟产业，在中国市场体系日趋成熟、产业规模逐步扩大、产业结构不断优化、产业能级不断提升的同时，旅游业中的各种新型业态也相应地开始大量涌现。这些新兴业态在原来传统旅游业态的基础上经过产业间不断发展、演变、融合、创新，逐渐成为构建整个全新旅游业的新生力量和主力军。生态旅游业转型升级，这里特指由于旅游发展环境变化及科技进步，所导致上述旅游住宿业、旅游交通业、旅游饭店业、旅行社业、旅游餐饮业、旅游商品业、旅游康乐业等传统生态旅游业的演变更新，以及由于信息技术、大数据、高铁、散客等新兴环境条件要素变化对旅游业影响所产生的新型旅游业。

一、生态旅游业与现代科技的融合

(一)信息技术与旅游业

随着虚拟现实技术、数字地球和智慧地球等概念的提出，以及信息技术在旅游业发展中的运用，与之相对应的数字旅游、虚拟旅游、智慧旅游等概念应运而生，相关理论不断丰富和发展。下面主要阐述移动互联网、物联网技术、云计算技术、地理信息系统和人工智能对生态旅游业的影响(覃建雄，2015)。

1. 地理信息系统对旅游业的影响

基于先进的计算机技术、数据库技术以及空间信息技术来建立为旅游业服务的旅游地理信息，在旅游产业发展中发挥愈加重要的作用。主要包括：旅游信息查询、旅游专题制图、旅游开发与规划、旅游资源普查与评价、旅游动态监测等。

(1)有助于旅游信息查询。

通过其管理数据的功能，建立详细的空间数据，随时调用数据库中的数据，即可在一张电子地图上集成极其丰富的空间、非空间信息，实现对旅游信息的统一管理和快速监测和查询；利用地理信息系统，互联网为用户提供包括旅游目的地和景点景区具体方位、最优化的交通路径选择、旅游目的地环境、旅游服务设施分布、旅游人群分布信息查询服务等；通过整合移动终端技术、移动定位技术、地理信息处理技术和计算机数据处理技术，用户可以通过手机或其他智能终端在电子地图上实时确定当前所在位置，并依托庞大、专业的旅游资源数据库，接收到全方位、全时域的空间位置信息和旅游资源信息。

　　(2)旅游专题制图的重要支撑。

　　利用地理信息系统软件可以实现图形的分层管理，将同类要素划归同一层，进行独立的图层要素修改，地理信息系统不仅可为用户输出全要素图，而且可以根据用户需要分层或叠加输出包括导游图、旅游线路图、旅游交通图等各种专项图件，满足个性化需求；自从数字地图在地理信息系统技术的支持下成为可能以后，旅游地图得到极大发展，与传统旅游地图相比，旅游数字地图有许多优势，包括声音、图文和数据的多媒体集成、双向交互式查询和检索功能、图形要素动态编辑功能、景区空间定位功能、多极比例尺之间的互换、良好的用户界面等。

　　(3)旅游资源普查评估最佳利器。

　　旅游资源普查通过旅游地理信息系统将各种来源的旅游资源数据汇集在一起，利用系统开发时建立的统计和覆盖分析功能，按多种边界和属性条件，提供各个旅游区域多种条件组合形式的资源统计和进行原始数据的快速再现。GIS 可以有效地解决旅游资源普查中旅游资源数量清查、分类、分布等庞杂问题；可用于旅游资源评价、旅游地开发利用可行性分析以及客源市场分析等；可综合考虑各方面的因素，对旅游地资源状况作出客观而有意义的综合评价，为管理部门提供数据支持；可对旅游资源的质量特征及其聚集程度进行分析，参考环境容纳量给出评价指标；可评估包括气候、交通、旅游服务设施的影响，综合考虑游客生理和心理需求；在客源市场方面主要通过对旅游地人口分布、吸引力以及目标群体分布等地理信息数据进行分析；可利用缓冲区分析和空间叠置分析，通过加权地图上找到归属地，划分服务范围，确定客源市场等。

　　(4)有助于指导旅游开发与规划。

　　地理信息系统具有强大的空间数据分析功能，可为旅游开发与规划提供必要的指导，有效解决旅游规划中的三大难题：一是对规划现状环境进行系统、量化、准确快速的数据信息表达；二是对规划设计现状环境及方案进行理性化、定量化、系统化的分析评价；三是在建设施工之前，根据规划设计方案建成之后可能出现的情形进行评估模拟。在区域旅游规划开发建设中，地理信息系统在如下五个方面可提供独特的应用：一是旅游资源空间分析；二是旅游地发展条件分析；三是旅游环境的空间分析；四是旅游景区空间配置分析；五是旅游客源市场分析。

　　(5)在旅游动态监测方面的应用。

　　一是旅游流量流向分析，地理信息系统提供了很好的动态监测旅游地旅游流向的技术，用时空刻度表达出的旅游地流向问题直观体现出来，更易于管理者从宏观角度及时采取应对补救措施；二是游客满意度分析，通过游客对旅游地交通情况以及各种服务设施的满意程度的定期检查，分类统计各种指标，可以进行旅游地服务质量的分析，通过确定游客满意度指标，综合考虑分类统计数据，结合旅游地现状，可以制定短期发展方案；三是旅游业发展对旅游地的经济社会影响研究，主要应用地理信息系统软件对各影响因素在地理空间图层中的体现进行叠加，分析在旅游地空间上体现出来的特征，了解旅游业发展过程中有利的与不利的方面，以便进行布局管理，优化发展战略。

2. 云计算技术对旅游业的影响

由于云计算的特征、技术特点，其对旅游业的计算资源、信息资源、服务模式和商业模式带来巨大变化。通过云计算提供的海量信息聚合与处理能力，结合物联网、人工智能和移动互联网技术，可为游客提供丰富多彩的智能化、个性化的全新旅游体验。总体而言，云计算对整个旅游产业带来的变革性影响包括两个方面：一是依托云计算技术的海量资源整合与处理能力实现对旅游产业链的调整与优化；二是借助云计算的平台基础服务能力，不断创新服务于游客旅游体验的丰富的云端应用。可见，云计算对旅游产业的影响将是深远的，云计算技术应用在旅游信息化和"智慧旅游"建设中充分发挥广阔的应用前景。

云计算有助于实现旅游信息资源的整合，实现全社会旅游资源的共享。通过云计算技术，可以搭建一个旅游信息进行整合并存放于云数据的中心，游客、旅游产品供应商、OAT 和政府监管部门可以在这个云平台上检索并分析、挖掘各类旅行信息。同时还可以作为公共基础服务来支撑面向旅游者、旅游组织（旅游相关企业、政府公共管理和服务等）获取、存储、处理、交换、查询、分析、利用的各种旅游应用（信息查询、网上预订、支付等）。从某种程度上讲，云计算平台正在旅游产业发展中体现旅游资源与社会资源的共享与充分利用以及一种资源优化的集约性智慧。

依托 SaaS 技术，可以实现"长尾"旅游资源的云覆盖。应用云计算的 SaaS 服务模式，由旅游目的地政府或专业的旅游云平台厂商建立一个目的地旅游资源云应用服务平台，面向小微旅游产品企业和个人经营者提供 SaaS 云应用服务，提供的功能可包括自助门户建站、云呼叫中心、在线酒店管理、在线 CRM 等。通过软件即服务的方式，以免费或按需服务的方式向广大中小旅游企业发布。基于云计算的旅游云服务平台，可大大降低中小型旅游资源拥有者的信息化建设投资与运营成本，只需通过互联网接入云计算旅游云平台，便可自主进行产品管理和发布旅游信息。引入云计算旅游云平台，是解决旅游中小企业和小微企业进行"智慧旅游"集约化建设的最佳方式。

云计算有利于实现政府旅游管理部门的服务与管理决策科学化。随着电子政务向构建服务型政府方向发展，旅游业政务息化的高级阶段必将是海量数据信息的充分应用、分析挖掘与辅助决策，以"旅游公共服务"为核心的服务与管理流程的无缝整合，实现旅游服务与管理的决策科学化。云计算的出现，正从一定程度上利用其海量数据整合、分析和挖掘处理能力，将全行业的旅游相关信息存储在云平台上，逐步构建覆盖各个维度的旅游数据仓库，并建设决策支持分析应用，依托云计算强大的计算和存储能力，重点实现基于历史数据趋势分析应用。如针对景区预测游客流量并给出流量疏导方案，面向旅游服务市场管理与监督，实时分析市场消费热点、服务投资热点并给出游客消费引导策略和调控重点。通过云计算应用不断提升旅游公共服务和管理科学决策能力。

通过云计算提供各项服务，加快旅游产品创新发展。云计算"一切皆服务"的宗旨正是未来通过云端推送到游客身边的，从基础的订房、订餐、GPS 导航服务，到实时多媒体导览，到机遇移动支付的导购，再到旅游过程的立体、实时个性化体验。面向游客的旅行类应用产品，正紧紧结合 LBS（基于位置的服务）、SNS（社会网络，随时获取好友推荐）甚至 AR（增强现实）等云计算应用服务，并深刻地植入旅游全过程的食住行游购娱中，实现无限的创新可能。

旅游业管理者和旅游服务提供者必须保持对用户需求变化的高度敏感，充分利用新的信息技术适应用户的需求变化。其中云计算就是旅游业提升服务能力和适应用户需求变化的新信息技术，云计算技术的引入为智慧旅游建设具有动态资源的高可用旅游资源与服务平台提供了有益的借鉴和思路。其意义在于全社会旅游资源的利用率、服务效率、服务可用性的极大提高。更重要的是，面向旅游产业的核心用户——游客，云计算及其相关新技术的出现，为打造具备优秀、个性化用户体验的旅游产品与服务提供了无限的创新可能性。总之，云计算不论从信息技术还是商业模式的角度，都正在给整个旅游业带来巨大变革。

3. 人工智能对旅游业的影响

旅游是人类追求新奇、追求自然、追求享受的过程，旅游业是高度依赖信息的服务行业，通过人工智能技术可以有机整合现有的割裂、独立的旅游业应用系统，更加有效地处理、充分地利用丰富的旅游信息资源，从而提高服务效率，降低成本，为游客带来更便捷、更完美的旅游体验。从服务主体来看，人工智能技术为游客提供了更丰富、更真实的旅游信息及旅游体验，为旅游服务提供者和代理商提供了更科学、更合理的旅游服务模式和旅游决策模式，为旅游监管部门提供了更高效、更准确的监管手段。

（1）提升旅游体验。

数据挖掘、机器学习、搜索等人工智能技术实现了文本、视频、图像、音频等多种信息的大数据自动处理、分析、提取和呈现，使得用户可以更精确地获得所需的知识。如游客可以获得关于目的地的综合介绍、基于游客评论的景区推荐、个性化形成定制、旅途中基于位置的信息服务等；随着自然语言处理、模式识别等技术的不断发展，可以更好地在知识层面理解信息，为游客提供基于知识的服务，如自动翻译软件让出国游不再困难、景区导游工作将被自助导游程序所代替等；模式识别、计算机视觉等技术是电子门票认证等旅游应用的技术基础，还可以应用在停车场进行自动监控等。通过人工智能技术，游客将在旅游全过程获得更加个性化、更加智能化的服务，从而加强旅游出行的深度体验。最典型的人工智能技术体现在旅游中的应用场景和游客体验，如旅游信息推送、资助导览功能、翻译软件、智能语音软件、智能语音助手等。

（2）促进旅游产业全域发展。

人工智能技术在企业中有着广泛的应用，很多商业决策系统的技术核心就是人工智能技术。对于旅游企业，可以引入商业智能系统，利用预测模型、推理等技术对旅游需求进行分析、提供决策支持、制作阅读年度报告等；对于景区、酒店等旅游服务提供商来说，可以提供新的管理、服务方式，如基于计算机视觉、模式识别等技术的自动监控系统可以智能分析区域范围内旅游客数量、饱和情况等，并根据实际情况和模型预测，作出合理的管理决策；人工智能技术还可以创造新的旅游企业商机，如旅游信息挖掘是新涌现的一个应用商机，搜索、知识理解等技术的应用，成就了一批垂直搜索旅游信息服务企业。此外，通过人工智能技术可以科学、有效地进行旅游线路规划和设计。不久的将来，专家系统、知识理解、自然语言处理等技术还将改变旅游预订、呼叫系统，呼叫中心人工模式将逐渐被智能系统所代替。

（3）促进旅游行政可持续管理。

在商业化驱动下，近年来人工智能技术在旅游企业、游客服务中都得到快速的应用。实际上，人工智能技术对大量信息的高效、快速处理能力在旅游业监管应用中可以大展拳脚，随着智能旅游的提出和推广，遗产算法、神经网络模型、智能调度等人工智能技术在旅游需求预测、监管调度、突发事件预警等方面，肯定可以获得更为广泛的应用。

4. 物联网技术对旅游业的影响

物联网可有效地整合旅游业，将链条型行业、集群型行业的服务链条连接。物联网对于旅游业来说，不仅可以打包处理出行、住宿、游览等相关需求，物联网的意义还在于它对旅游安全、旅游可持续发展、旅游便利性需求、旅游移动性搜索等方面的突出作用。

物联网正极大地改善旅游安全与可持续发展问题。首先是有助于有效地解决旅游紧急救援以及安全保障问题，如有效监控旅游驾驶状态、确定野外具体空间位置、寻找野外避难所、急救站，方便确定遇险游客位置，游客可以迅速获得旅游安全有关的信息，如旅行安全警告、旅游气象预报等相关资讯。物联网有助于有效地解决景区的管理问题，尤其是旅游景区内游客空间分布不均问题。游客通过物联网可以配售景区门票，景区更可以充分、完全地了解游客在景区的全时、全域分布，调整景区的管理力量配置，可以通过景区内配置的游客管理系统引导游客的空间流向，有助于加强对敏感地区的安全监测，尤其是我国山地型旅游区等的监测，游客还可以将自己的旅游体验通过物联网与更多的游客分享，增加对旅游景区的舆情监督。

物联网正极大地方便旅游者的出行。首先是有助于解决旅游行程计划管理问题，通过物联网可以自适应地建议旅游者调整相应行程，旅游者也可以自助进行与此有关的调整。其次是物联网有助于提高旅游行程中的诸多便利，诸如借助于移动终端，物联网也可以有助于消费者自主、便捷地处理诸如登机等事物。第三是有助于解决陌生环境中语言障碍带来的诸多不变。

物联网正极大地帮助游客进行移动旅游服务搜索。物联网可以提供更多基于位置的信息和服务。现在越来越多的在线旅游服务网站推出了移动版，推出移动预订服务，利用移动设备搜索相关的在线旅游信息正在成为现实。

5. 移动互联网对旅游业的影响

移动互联网对旅游业的改变是决定性的。在没有 3G 网络和智能手机之前，互联网上的旅游服务集中于游前信息获取和产品预订，以及游后的体验分享和目的地评价。而对旅游过程中的"体验问题"则无法解决。

兼具 SoLoMo 功能的移动互联网可以完美地解决上述问题，有助于在全新的自然和社会环境中，增加见闻（社会性）、体验目的地风光与文化（地域化）、自由地"自我旅游"，实现全新的虚拟旅游和智慧旅游体验，包括基于地图的路径导航与智慧旅游、基于增强现实技术的智慧导游、基于语音语意识别技术的即时翻译、基于社交网络的发现、记录与分享，基于移动支付技术的消费体验等。

(二)大数据与生态旅游业

随着网络信息化的日益普遍,移动互联、社交网络、电子商务大大拓展了互联网应用领域,正处在一个数据爆炸性增长的"大数据"时代。大数据已经不仅局限在数字领域和互联网领域,它正在影响着社会中的每一个角落。

1. 大数据背景及意义

大数据(big data)又称巨量资料,系指通过新兴处理模式产生的具有更强决策力、洞察力和流程优化能力的海量、高增长率和多样化的信息资产(孙诗靓,2015)。大数据样本并非抽样调查所随机选取的数据,而是全样本数据,在这样的模式之下,不管是方法还是结论都具有更为全面、真实的特点,也对现实具有更为重要的指导意义。

最早提出"大数据"时代的是全球知名咨询公司麦肯锡,麦肯锡称:"数据已经渗透到当今每一个行业和业务职能领域,成为重要的生产因素"。人们对海量数据的挖掘和运用,预示着新一轮生产率增长和消费者盈余浪潮的到来。自 2012 年,大数据(big data)一词越来越多地被提及,人们用它来描述和定义信息爆炸时代产生的海量数据,并命名与之相关的技术发展与创新。大数据的产生意味着对人类数据驾驭能力提出了新的挑战,也为人们获得更为深刻、全面的洞察能力提供了前所未有的空间与潜力。大数据或称巨量资料,是结构化与非结构化海量数据的集合。它有别于单纯结构化的传统统计数据,主要以视频、音频、图片、文字、符号等非结构化形态存在,具有数据量巨大(volume)、结构多元(variety)、增速很快(velocity)和价值密度低(value)等特征(蒋萍,2015)。

大数据技术的战略意义不在于掌握庞大的数据信息,而在于对这些含有意义的数据进行专业化处理。换言之,如果把大数据比作一种产业,那么这种产业实现盈利的关键,在于提高对数据的"加工能力",通过"加工"实现数据的"增值"。随着"大数据"的影响,增加了对信息管理专家的需求。事实上,大数据的影响并不仅仅限于信息通信产业,而正在"吞噬"和重构很多传统行业,广泛运用数据分析手段管理和优化运营的公司其实质都是一个数据公司。麦当劳、肯德基以及苹果公司等旗舰专卖店的位置都是建立在数据分析基础之上的精准选址。而在零售业中,数据分析的技术与手段更是得到广泛的应用,传统企业如沃尔玛通过数据挖掘重塑并优化供应链,新崛起的电商如卓越亚马逊、淘宝等,则通过对海量数据的掌握和分析,为用户提供更加专业化和个性化的服务。

旅游业综合性强、产业链长、关联行业多,是一个多方位、多层面、多维度的综合产业,涉及的数据非常巨大,旅游大数据的发展离不开关联行业提供数据支撑。旅游大数据要实现多行业多领域数据的汇聚整合和关联应用,需要整合行业力量,既要加强与气象、地质、交通、海关、公安等政府部门的横向合作,又要加强与运营商、搜索引擎、在线旅游等企业的纵向合作,统筹各级行政主管部门、各省市、各行业的大数据资源,形成数据互换和共享机制。作为我国重点扶持的战略性新兴产业,大数据产业已逐步从概念走向落地"大数据"和"虚拟化"两大热门领域,得到了广泛关注和重视,90%以上企业都在用大数据。大数据的应用将促进金融保险、信息技术、公共管理、贸易物流等领域获得极大的价值提升,大数据产业结构包括采集设备、存储设备、服务器、数据库软件、采集监测软件、智能搜索与分析软件、系统集成、IT 基础设施服务、咨询实施服务、信息安全以及云计算等 11 大类主要产品和服务(表 6-4)，从而进一步影响着生态旅游业发展。

表 6-4　大数据应用潜在价值的行业分类

行业大类	细分行业	整体价值潜力	企业平均潜力	绩效波动性	供销伙伴密度	交易密度	行业波动性
商品	制造业	E	C	C	E	D	C
	建筑业	E	D	E	D	C	C
	自然资源	C	B	B	E	B	D
	计算机/电子	B	A	C	E	C	B
	房地产	B	B	B	C	A	E
	批发贸易	A	C	E	B	A	A
	信息技术	A	A	A	D	B	B
服务	交运仓储	B	B	B	C	B	D
	零售	C	C	E	A	C	C
	废物管理与政治	E	E	D	C	D	C
	餐饮	D	E	D	A	E	
	其他服务	E	D	A	B	E	E
	娱乐休闲	D	E	B	A	C	E
	金融保险	A	A	A	D	A	B
	专业技术服务		E		D	B	A
	企业管理	B	D	C	C	A	
公共管理	政府	A	B		B		
	教育	D	D	A	A	E	
	医疗机构	B	C	C	B	E	A
	公用事业	D	A	D	E	B	D

注：A-前 20%；B-前 20%~40%；C-前 40%~60%；D-60%~80%；E 最后 20%；空格-缺相关数据。

2. 大数据对旅游业的影响

散客时代来临，游客出行模式已发生改变，旅游产业服务急需转型，传统的管理手段已很难应对市场的变化，而大数据技术可以化解目前面临的许多难题。在激烈的市场竞争中，谁能利用好这些大数据，谁就将占得市场先机。旅游业作为高度依赖数据信息的产业，是大数据应用前景最广阔的行业之一，很多企业已积累了游客的海量数据，并获取了大量有关游客消费习惯和偏好的信息，为大数据的应用打下了坚实的物质基础。蒋萍(2015)提出了大数据对旅游业影响的三个方面，即消费行为、搭建平台和宏观调控。

(1)改变游客的消费行为。

作为一种网络公共资源，它们不仅能为游客提供决策参考，还为旅游者提供了更加人性化、个性化的信息，同时产生巨大的经济效益。现代游客非常重视旅行活动的便利性以及旅游信息的对称性。在旅游消费领域，出游前看看评论和攻略已成为游客的习惯。因此，互联网上人们对酒店、景区、旅行线路等各种评论，以及网站用大数据技术形成的相关评分结果、推荐对象，都是游客旅行决策的重要依据，使游客们的旅行更为便捷。根据中国互联网络信息中心(CNNIC)《中国互联网络发展状况统计报告》数据，截至 2016 年 12 月，中国网民规模达 8.68 亿，全年新增网民 8698 万人。互联网普及率为 65.8%，较 2015 年年底提升了 5.7%。其中，中国企业在线采购和在线销售的比例分别为 43.5%和 46.8%，利用互联网开展营销推广活动的企业比例为 35.97%。

(2)为旅游企业搭建更好销售的平台。

大数据不仅有助于旅游企业改善产品和服务，也能为第三方的旅游服务评价提供依据。旅游企业通过数据挖掘和整合营销，在对游客兴趣爱好、生活品位等大致预测后，有针对性地对不同用户需求提出私人定制的线路规划，再根据消费者的生活水平提供具备"食、住、行、游、娱、购"基本要素的有效信息，这将大大减少消费者在出行前的准备工作量。旅游消费者在旅游目的地游览期间，对实时信息的需求也是全天候的，出行的天气情况、交通信息、景区的客流量信息等都是游客在旅行期间随时关注的。

基于大数据的智慧旅游管理系统，可将环境生态监控、旅游接待、视频监控等数据一并收录存储，并将数据图形化、可视化，消除大数据多样性的壁垒，实现大数据量与多元化数据的全面管理融合，合理调配旅游服务资源，并可对旅游业相关主体搜集到的游客消费动向、旅游资源状况、自然环境变化等数据进行量化分析，及时调整、制定相应的策略，为游客提供更好的服务。

(3)有利于政府部门公共管理和宏观调控。

大数据对旅游景区游客管理、疏导和预警意义明显。旅游管理部门可通过与移动、联通、电信三大运营商的手机信号，提供外省入境人员数据和客源分布情况。在景区通过对所有旅游者的所有游览路径、消费行为、景点选择、关注热点、兴趣爱好等的数据分析，可准确预知客流趋向，进而采取相应的措施疏导客流，充分体现政府、旅游管理部门的快速反应、主动服务、科学决策、办事效率、透彻感知。同时，通过加强与气象、地质、交通、海关、公安等部门的横向合作，形成数据互换和共享机制，建立旅游大数据交换平台，统筹行政主管部门与各省市的大数据资源，推进跨地区信息资源共享和业务协同。

3. 大数据在旅游业中的应用

(1)有助于旅游业市场精确定位。

旅游业要想屹立于激烈的市场竞争中，需要架构大数据战略，拓宽旅游业调研数据的广度和深度，从大数据中了解旅游业市场构成、细分市场特征、消费者需求和竞争者状况等众多因素，在科学系统的信息数据收集、管理、分析的基础上，提出更好的解决问题的方案和建议，保证企业品牌市场定位独具个性化，提高企业品牌市场定位的行业接受度。借助数据挖掘和信息采集技术不仅能给研究人员提供足够的样本量和数据信息，还能够建立基于大数据数学模型对未来市场进行预测。

可以预测，某一顾客是倾向于预订一家可携带宠物的酒店，还是更倾向于朋友曾有过消费体验的酒店。旅游企业研究消费者的出行线路和预订方案要比价格重要得多，消费者总是想寻觅满足自身偏好的独一无二的旅游目的地，有了大数据，满足这些需求都将不成问题。增强旅游产品的体验感，与旅游者进行充分交互。融入科技时代，拉近市场距离，由此提高客户满意度(李彦和赵瑾，2015)。

大数据能更好地了解和预测游客行为，进而改善游客体验。新的数字营销技术可以对互联网人群进行跟踪和定向，帮助企业以前所未有的速度收集用户的海量行为数据，在大数据的基础上分析、洞察和预测消费者的偏好，并据此为旅游者提供最能满足他们需求的产品、信息和服务，甚至可以实时跟踪和回馈，让旅游营销活动精确到每一个人(李彦和赵瑾，2015)。

(2)旅游业市场营销利器。

大数据让旅游营销实现"私人定制"。大数据的功用之一是为在各个细分市场上的消费者提供与之匹配的选择和个性化服务，使其做出更好的决策。从搜索引擎、社交网络的普及到人手一机的智能移动设备，互联网上Facebook、Twitter、微博、微信、论坛、新闻评论、电商平台上分享各种文本、照片、视频、音频、数据等信息暴涨，这些信息涵盖着商家信息、个人信息、行业资讯、产品使用体验、商品浏览记录、商品成交记录、产品价格动态等海量信息。这些数据通过聚类可以形成旅游业大数据，其背后隐藏的是旅游业的市场需求、竞争情报，闪现着巨大的财富价值。

在旅游业市场营销工作中，无论是产品、渠道、价格还是顾客，每一项工作都与大数据的采集和分析息息相关，而以下两个方面又是旅游业市场营销工作中的重中之重：一是通过获取数据并加以统计分析来充分了解市场信息，掌握竞争者的商情和动态，知晓产品在竞争群中所处的市场地位，来达到"知彼知己，百战不殆"的目的；二是企业通过积累和挖掘旅游业消费者档案数据，有助于分析顾客的消费行为和价值趣向，便于更好地为消费者服务和发展忠诚顾客。大数据中蕴含着出奇制胜的力量，如果企业管理者善于在市场营销中加以运用，将成为旅游业市场竞争中立于不败之地的利器。

(3)创新旅游业需求开发。

随着论坛、博客、微博、微信、电商平台、点评网等媒介在PC端和移动端的创新和发展，公众分享信息变得更加便捷自由，而公众分享信息的主动性促使了"网络评论"这一新型舆论形式的发展。微博、微信、点评网、评论版上成千上亿的网络评论形成了交互性大数据，其中蕴藏了巨大的旅游业需求开发价值，值得企业管理者重视。

作为旅游业企业，如果能对网上旅游业的评论数据进行收集，建立网评大数据库，然后再利用分词、聚类、情感，分析解消费者的消费行为、价值趣向、评论中体现的新消费需求和企业产品质量问题，以此来改进和创新产品，量化产品价值，制定合理的价格及提高服务质量，从而获取更大的收益。

"中国旅游国际传播舆情智库"和旅游大数据联盟，其主要目的是基于舆情监测、调查、行业统计等技术手段，构建旅游舆情大数据库，并联合各种新媒体机构为各地旅游部门、旅游企业提供大数据与新媒体整体解决方案。作为大数据库中的一分子，每一个旅游企业都应该利用好"大联盟"这个良好的宣传平台，通过各种方式增加自己在这个数据库中的信息量，同时对数据库中的数据进行深入挖掘和分析，从中获取市场商机。

旅游舆情智库和旅游大数据联盟的成立，不仅给了携程、途牛、去哪儿这样的OTA(在线旅游)企业更多发展的机会，也为旅行社、酒店及景区这样的实体旅游企业提供了转型发展的机遇，因为大数据的采集、发掘及运用能力已经成为所有旅游企业的核心竞争力。

(4)有助于差异化竞争和"智慧"服务。

大数据的特点不仅仅体现在数据量大上，更在于发现和理解信息内容及信息与信息之间的关系，以此帮助企业做出更为快速准确的决策、更好地指导企业下一步的行动。大数据已成为一种商业资本，通过大数据能巧妙地用它来"创造"新产品和开发新的服务。

大数据还可以帮助旅游企业提供差异化服务，与竞争对手区分开来。这可以使企业最优质的客户享受到更舒适的服务。国内外许多旅游集团企业充分利用其网站和各种相关数据库获得大量旅游消费者数据，为其最优质的客户提供独家优惠。透过大数据的深度处理，可优化旅游企业的渠道策略、收益策略、市场策略、竞争策略等，为企业的未来明晰发展方向。

通过大数据分析，可掌握旅游者的客流趋向、产品偏好、服务评价等，以便为改进旅游企业及相关部门的服务质量、产品设计提供建议，并为下一步的市场、产品决策提供预测依据。大数据可帮助旅游企业了解顾客的持续需求，找出消费者行为的模式，据此确定企业未来的产品。以 Hipmunk 公司为例，在启动旅游预订服务时，要分析客户的档案、社交网络、航空数据和相关评论，并根据每位顾客的需求，帮助消费者自助选择航班。

(5)支撑旅游业收益管理。

收益管理意在把合适的产品或服务，在合适的时间，以合适的价格，通过合适的销售渠道，出售给合适的顾客，最终实现企业收益最大化目标。要达到收益管理的目标，包括需求预测、细分市场和敏感度分析。需求预测可提高企业管理者对旅游业市场判断的前瞻性，并在不同的市场波动周期以合适的产品和价格投放市场，获得潜在的收益。细分市场为企业预测销售量和实行差别定价提供了条件，其科学性体现在通过旅游业市场需求预测来制定和更新价格，最大化各个细分市场的收益。敏感度分析是通过需求价格弹性分析技术，对不同细分市场的价格进行优化，最大限度地挖掘市场潜在的收入。大数据时代为企业收益管理工作的开展提供了更加广阔的空间。

(三)散客时代与生态旅游业

自 20 世纪 80 年代以来，世界旅游市场呈现出"散客化"趋势。目前欧美各主要旅游接待国的散客市场份额达到了 70%～80%，经营和接待散客旅游的能力，已经成为衡量一个国家或地区旅游业成熟度的主要标准。近年来，我国散客旅游市场也发展迅速，据权威部门预测，我国散客旅游的比例虽然低于旅游发达国家，但近年来发展十分迅速，已超过市场的半壁江山，特别是一些大中城市和沿海地区，散客比例更大。

由于出游的时间宝贵，人们对旅游质量要求越来越高，特别需要适合自己个性、主题的旅游线路。越来越多的人希望进行自助游、动态游，对一个城市进行认真品味，享受"发现"的惊喜、互动的乐趣。同时，旅游者日渐成熟，已开始不满足于规范化团队旅游对个性的压抑，而收入水平的提高、现代通信、交通、科技等手段及服务设施的完善，为这种个性化需求的实现提供了外部条件。由于许多地方政府开发旅游的力度不断加大，越来越多的景区被开发出来，使消费者有了更多的选择范围。

1. 散客旅游的特点

(1) 散客的定义

散客指除了预定国际机票及其他不属于包价旅游一部分服务的游客(新西兰旅游局, 2010); 散客指自己安排交通和食宿, 不选择购买事先安排好的包价旅行(Morrison et al, 1993); Hyde 等(2003)认为散客可包括那些仅从旅行社或网络上购买机票和住宿的度假旅游者。这里将散客界定为: 不购买包价旅游服务或仅从旅行社或网络事先购买部分旅游服务, 但行程完全自主安排和自己组织的旅游者。国外散客市场相对成熟, 具有如下特点: ①多为年轻群体; ②能够快速地吸收新知识并作出大胆尝试; ③线路安排比较灵活; ④喜欢远离拥挤的目的地; ⑤喜欢体验不同的事物; ⑥喜欢体验正在成长的线路; ⑦愿意在选择旅游元素方面承担一定的风险; ⑧希望获得一种前所未有的经验。

在我国, 由于旅游及散客旅游普及的历史相对较短, 游客的成熟度相对欧美游客来说相对较低。因此, 国内、外散客概念具有一定的差异。因此, 从目的地管理和服务的角度来看, 除了对游客自身特征加以描述外, 还应对其决策模式、旅游行为模式、时空分布格局等加以描述。散客的特征主要表现在: ①出行信息搜寻的自主性。信息量的多少和实用性取决于信息的可达性以及散客自身的信息搜寻技巧和能力。②旅游行为有一定的随意性和风险性。③时空分布的不均衡性。就这一点而言, 与包价旅游类似, 但不均衡性要低于包价旅游。影响散客时空分布不均衡的主要因素包括可接受的目的地信息的不均衡性和假日分布的不均衡性。

(2) 散客旅游特点。

散客旅游在国外称为自主旅游(independent tour), 是由游客自行安排旅游行程、零星现付各项旅游费用的旅游形式。也可以由旅行社为游客提供一项或多项旅游服务, 散客旅游又称自助旅游或半自助旅游。在客源竞争十分激烈的情况下, 散客旅游业务开展的成功与否, 对旅行社的发展和经济效益的好坏将起着非常重要的作用。"散客"并非只是单个游客, 可以是一个家庭、几个朋友, 或者是临时组织起来的散客旅游团, 一般人数在 9 人以下。"散客旅游"也不意味着全部的旅游事务都由游客自己办理而完全不依靠旅行社。实际上, 不少散客旅游活动均借助了旅行社的帮助, 如出游前的旅游咨询、交通票据、客房的代订等。散客旅游的特点是预定期短, 规模小, 要求多, 变化大, 自由度高, 但费用较高。

①批量小。由于散客旅游多为旅游者本人外出或与其家人、朋友结伴而行, 因此与团体旅游相比, 其人数规模小得多。对旅行社而言, 接待散客旅游的批量比接待团队旅游的批量小很多。

②批次多。散客要求旅行社提供的服务不是一次性的, 有时同一散客多次要求旅行社为其提供服务, 增加了旅行社的工作量。

③预定期短。由于散客旅游要求旅行社提供的不是全套旅游服务, 因此要求旅行社能够在较短的时间内为其提供有关的旅游服务。

④要求多。散客中有大量的公务和商务旅客, 由于他们的旅行费用多由公司承担, 所以他们在旅游中的应酬及商务、公务活动, 不仅要求水平高, 且对服务的要求也较多、

较高。

⑤变化多。散客往往由于旅游经验较欠缺，在出游前对其旅游计划缺乏周密安排，会出现很多临时变化情况。这些特征是时常发生：a) 求自主，反包办；b) 求自由，反干预；c) 警惕性高，提防心重；d) 对价格敏感；e) 偏爱特色旅游产品的消费。

2. 自驾游及相关行业

自驾游(self-drive tourism 或 car tourism、car trip、drive tourism、vehicle-based tourism、recreation vehicle tourism)已经成为散客时代的旅游消费热点，自驾游客成为散客愈加重要的组成部分。近年来，各地自驾游活动纷纷开展，协会组织不断壮大，道路、营地和公共服务不断提升，汽车俱乐部、旅行社、电商、保险救援、汽车租赁企业等应运而生。王小莉(2008)进行了四川自驾车旅游对旅游产业结构的影响研究。认为自驾游不仅有利于旅游产业联动发展，促进结构优化，而且有利于引导旅游投资，优化旅游投资结构。自驾游极大地促进了产业内部要素的创新，如随自驾游发展而诞生的汽车旅馆；同时促进了相关服务部门业务的深化，如汽车租赁业务的完善。马聪玲(2014)在其《自驾游及相关产业发展：热点与问题》中，对自驾游主要相关行业进行了阐述。

(1) 自驾游汽车俱乐部。

自驾游俱乐部发展呈现如下特征：①俱乐部的专业化、标准化、连锁化趋势凸显。经过多年发展，汽车俱乐部积累了大量实践经验，已开始进行经验总结和行业标准的制定。②自驾游俱乐部经营呈现多元化的趋势。中短途自驾旅游产品、出境自驾旅游产品开始受到市场青睐，自驾游俱乐部经营也开始呈现出多元化和专业化并重的局面，有的自驾游俱乐部专注国内产品开发，而有些自驾游俱乐部则推出了日本、韩国、埃及、欧洲、希腊等境外自驾游产品，自驾游俱乐部经营呈现出多元化发展格局。③自驾游俱乐部的联合化趋势明显。各地出现多家自驾游俱乐部联盟、自驾游联合会等组织，自驾游俱乐部在信息共享、市场互换、客户服务方面达成协作，整合资源，形成合力，共同开发自驾游市场。

(2) 自驾游旅行社与电商。

面对自驾游巨大的消费潜力，无论是传统旅行社还是电商都看好自驾游商机，纷纷加快在自驾游领域的布局。早在 2005 年国旅总社就设立了自驾游部门。近两年来，国旅加快了自驾游领域的布局，建立在全国系统内的自驾游销售网络，旅游类电子商务企业携程、乐途、马蜂窝等，已经提供海外自驾、国内自驾、自驾景区门票、租车服务、保险服务等一系列自驾游相关产品的预定。同时，互联网企业淘宝、京东、腾讯、百度也开始涉足旅游业，如京东就推出了国内租车服务。旅行社、电商的加盟，使自驾游市场经营主体更为多元，竞争日趋激烈。

(3) 汽车租赁行业。

国内汽车租赁行业一直处于平稳增长的态势，但随着近年来自驾游的火爆，汽车租赁行业也开始调整策略和重心：①个性化的短线租车预订服务提升。推出针对个人消费者的短线自驾游租车服务。如 2013 年首汽租赁公司推出新版网络预订系统，包括短租自驾预订、商务用车预订、顺风车预订、会员管理及相关服务，客户可实现网络预订，还可实现在线支付功能，系统升级解决了短租产品长期以来的在线预定和支付的销售瓶颈，对全国连锁化发展和拓展短租市场奠定了良好的基础。②长途飞机、高铁与租车的无缝化衔接服务正在紧锣密鼓的布局。不少省市开始围绕机场、高铁站、火车站等航空和交通枢纽筹建自驾游集散中心。③汽车租赁企业跨界融资合作加强。如首旅集团和银川市政府、北汽集团共同合作，以银川滨河旅游休闲区为自驾车营地，首旅集团在银川投资汽车租赁公司，为自驾游客提供去营地的自驾服务，探索了汽车租赁企业的跨界合作新模式。

（4）自驾游信息服务。

随着自驾游井喷式发展，自驾游信息服务机构应运而生并蓬勃发展。这些信息服务机构或者依托传统的自驾游相关杂志，或依托各类网站，或依托旅行社，利用新媒体的形式，进行自驾游信息提供、产品推介和线下活动的组织等。以微信公众号为例，近两年迅速涌现了 517 自驾游、太白自驾游、心动自驾游、汽车自驾游杂志、行者无忧自驾游、自驾游驴友旅游攻略等一大批提供自驾游信息公众号。新媒体在自驾游信息传播和产品推介方面的应用，彻底改变了以往短信、电话、邮件、QQ 等信息传递方式，转而更为依赖微信、微博等新媒体的信息传递和组织方式。

（5）自驾游保险服务。

作为一种涉及多个目的地的旅游服务，自驾游强调驾驶性及其休闲游憩体验和经历，自驾游相关保险服务至关重要。针对自驾车旅游者以及自驾车旅游俱乐部，保险公司推出了多种保险产品，为自驾游保驾护航。以平安公司为例，已开发出针对自驾车俱乐部的"自驾车俱乐部责任险""财产综合险、车险、物流责任险""境内、境外意外险"等多种产品，这些险种对俱乐部组织自驾游活动中出现的意外所带来的风险和损失、游客的人身、财产安全进行了保障，对自驾游健康平稳发展意义重大。

3. 散客旅游亟待关注的问题

旅游市场正在进入"散客时代"。在此背景下，旅游业以旅行社为主要渠道、专注于团队市场的营销模式和传统理念，正面临着巨大的挑战。面对旅游市场"散客化"时代的到来，大量外国游客将涌入我国。相关部门及旅游业如何加强研究，并提出相应对策以应对散客时代的变化，亟须引起关注（闫平，2011）。

第一，加大面向散客的基础设施建设力度。要提高对散客市场的认识，在航空、铁路、公路、海运以及宾馆住宿等方面，加大投入，制定相应对策，以应对正在到来的散客时代。

第二，应加强旅游信息化服务建设。加快建立城市综合服务网络和大环境的配套设施，如城市呼叫服务中心、旅游咨询服务中心等。对散客提供良好的服务，提供多语种的城市咨询、远程查询、远程交易等，向散客们提供公正性的咨询服务。

第三，政府企业共同进行旅游目的地推广。开发散客旅游市场，最重要的就是做好旅游目的地推广。除了政府部门外，旅游企业要暂时抛弃竞争概念，联合起来，共同进行城市推广，吸引散客。在进行目的地推广时要改变观念，推出适应客源市场需求的系列产品。

第四，景区营销应走出对旅行社的过度依赖，逐步向散客市场倾斜。散客旅游的关键词是"方便、自由"。因此，如何让游客方便、如何让游客自由自在地旅游是旅游业研究的重点。目前旅游者的出游方式趋向自主、自组、自助式，旅游产品的主导权正逐步转向消费者。不愿被动接受定型的标准化的产品，开始追求更能体现个性化、多样化、自由化的旅游。

第五，保证安全。旅行社要积极应对散客旅游时代，提高品质，确保游客安全，包括交通安全、饮食安全，要有良好的紧急联络体制和对应网络。

(四)高铁时代与生态旅游业

高铁具有快速、便宜、客运量大，便捷、全天候、公交化，相对安全可靠，舒适、噪音低，智能网络覆盖，方便办公与交流等特点。高铁是 21 世纪影响世界旅游的最显著因素之一，具有类似影响的因素还有 GDP 增长、闲暇增多、高速公路和民用航空发展等。高铁对一个国家和地区的旅游业发展至关重要，这已被日本新干线、韩国高铁等发展实践所证明。高铁对旅游业发展的影响不仅是明显的，而且关乎其走势乃至格局。尤其是我国高铁对旅游业的渗透和影响不断广泛而深入。高舜礼(2011)在其"高铁对旅游业走势与格局的影响"、朱葆琛(2011)在其"高铁对旅游业的影响及应对之策"以及李晨光(2010)在其"我国高铁发展及其对旅游业的影响"，将高铁对旅游业的影响大致归纳为如下八个方面。

1. 改变旅游客源流向及空间分布

高铁正明显影响国民旅游的传统流向与空间分布。以往呈现的点状辐射、近程为主、季节反差、畸冷畸热的客源流向，随着高铁出现逐步发生变化，陆续出现以高铁线路为主干、以停靠站点为集散地、以沿途周边为辐射的客源流向新格局(高舜礼，2011)。随着高铁主干和网络布局的铺开，旅游客源正顺势而动，并明显地流向中小城镇和广大中西部地区，这有利于全国客源流向的均衡与疏散。这种现象的实质，就是高铁运行所带来的影响，大大超越了客源流向的自然分布与缓慢调节，加速了全国客源流向与布局调整，由此快速影响到旅游市场开发与目的地建设，对旅游业转型升级具有重要的现实意义。据《中国铁路中长期发展规划》，2020 年我国将建成省会城市及大中城市间的快速客运通道，全国将形成"四纵四横"铁路快速客运通道以及三个城际快速客运系统。届时，全国旅游客源流向将更趋广泛和均衡，局部地区旅游过热或过冷的状况得以缓解，东部地区和大城市旅游压力逐步舒缓，中西部旅游开发将大大加快(高舜礼，2011)。

高铁对旅游业的另一个重大影响是促进旅游业向内陆地区扩张，缩小地区旅游发展程度上的差别。例如，全长 505 千米的郑西高铁是连接我国中西部的第一条高速铁路，它把郑州至西安两地间列车直达时间由过去的 6 个多小时缩短到 2 个小时以内。这条延展于中西部地区的"金腰带"，正深入推进"中部崛起"和"西部大开发"战略实施，首先受益的是豫陕两省的旅游业，若干年后高铁向更西北端的甘肃、宁夏、新疆和西南的云南、贵州、四川发展，将大大激活我国广阔的西部旅游市场。高铁也正推动我国东北地区的旅游业，使更多国内外游客得以领略无限好的北国风光(朱葆琛，2011)。

2. 扩大旅游资源配置的市场空间

高铁改变了传统的营销理念，空间距离不再是影响出游的关键因素，旅途时间则成为研究市场的最新要素。京沪高铁将1200多千米的行驶时间压缩为 5 小时，大幅度拉近了客源地与目的地的市场距离，成了名副其实的"短途游"。随着高铁的增多和普及，过去难以企及的客源市场拉近了，长期偏处一方的旅游目的地可迎来大量的中远程客源，基于日趋光明的旅游市场前景，投资者将热切审视旅游温冷地区，一些靠自然发展需一二十年才能迎来市场机遇的地区，随着高铁的开通而一跃成为投资热点，并很快发展为崭新的投资平台。这一切的加速改变，都源于高铁缩短了旅游投资市场的自然发育过程，扩大了市场配置资源的空间。高速铁路以其独特魅力有效吸引旅游市场中的高端商务人群，成为陆路交通的新秀，随着高铁网络的搭建和更高时速机车的试验，高铁的优势范围将会进一步扩大，成为陆路交通的后起之秀(李晨光，2010)。

高铁缩短了旅行地理距离，扩大旅游总量。京津高速铁路 2008 年对天津市旅游产业的增长贡献率为 35%，在全国带了一个好头。目前，全国已形成众多"小时经济圈""小时旅游圈"。截至 2012 年，已建成以北京为中心，到达全国绝大部分省会城市的 1 小时至 8 小时交通圈。旅游总量的迅速增长，势将推动我国旅游业的全面发展进程(朱葆琛，2011)。

3. 拓展区域旅游发展新格局

高铁带来了旅游空间的一场革命，有利于激发居民出游，也冲击了旅游开发和市场营销的传统理念(李晨光，2010)。一是城际旅游市场一体化：高铁拉近、融合了区域关系，促使城市之间、地区之间的旅游发展，由传统的松散型、概念性合作，变为实质性的同城化、一线式。二是城乡旅游市场紧密化：高铁所连贯的数百、上千千米沿线的停靠站点，形成了多点辐射、点线相连、连线成网的市场格局。三是东中西部旅游市场贯通化：高铁大大缩短了地理上的空间阻隔，使昔日遥不可及的中西部，变为一天或一昼夜可达的目的地。

4. 拉近与区域性国际市场的距离

边境旅游是我国旅游业的重要组成部分，具有促进边疆稳定、增进双边友谊、致富边疆百姓的特殊功能(高舜礼，2011)。随着我国高铁向边境地区开行和与邻国铁路的贯通，正大幅拓宽和提升边境旅游的交通条件，不仅运量猛增、时间缩短，还很可能催生或衍生一批旅游新亮点，丝绸之路、澜(沧江)湄(公河)跨国游等，可能成为真正意义的国际化旅游精品。兰新铁路第二双线建成后，正加宽兰州通往中亚、西亚、中东、欧洲的重要通道，提升亚欧大陆桥铁路通道的运输能力和质量；广西 2009 年底与铁道部签订协议，共推南宁—河内快速铁路建设，构建南宁—河内—万象—仰光国际铁路，2012 年南宁至凭祥通车，南宁至河内已缩短为 3 小时；全长 3900 千米的北起昆明、途经老挝万象，并延伸到泰国曼谷、马来西亚吉隆坡，终至新加坡的泛亚高铁，现昆明到新加坡段已开工，2020 年全线建成通车后，昆明到新加坡仅需 10 小时；据《南华早报》消息，我国计划修建两条通往北部边境的高铁，一是中亚线路，从新疆乌鲁木齐出发经由哈萨克斯坦、乌兹别克斯坦、土库曼斯坦、伊朗、土耳其等国家，最终到达德国；二是从黑龙江省进入俄罗斯，最终连接到西欧的俄罗斯横断高速铁路。上述国际快速铁路贯通后，客运和货运量的充足是维持经营的重要保障，必将带来边境旅游发展的新局面，促进边境旅游和跨国旅游的精品建设(高舜礼，2011)。

5. 促进旅游产业大发展

高舜礼(2011)指出，高铁大大有利于促进旅游业成为国民经济的战略性支柱产业和人民群众更加满意的现代服务业。一是掀起新一轮的旅游发展热潮。高铁缩短了客源地与目的地的距离，开阔了旅游业发展前景，扩大了市场配置资源空间，激发了各类资本投资旅游业的积极性，空前推动了中西部地区和城镇乡村旅游业发展，有利于更广泛深入地发挥旅游业综合功能，凸显旅游业的战略地位。二是加速城市和旅游公共服务建设。高铁开通以后，各地在积极抢抓机遇的同时，普遍遇到了公共服务短缺的尴尬，如信息服务差、集散能力弱、游客购票难、旅行社停车难、酒店不足、团队餐馆少、导游严重短缺等。随着高铁线路的逐步延伸，全国旅游公共服务正快速得以弥补与提高，公共信息图形、旅游问询系统、旅游预订系统、旅游集散中心、旅游应急体系等正加快建设与普及，这在几年前是不可想象的。三是大幅度提高了出游质量。高铁作为高档次的出行工具，相对于传统火车和其他出行方式，具有更快捷、更舒适、更卫生等优势，大大提高了城乡居民出游质量。资料显示，现日本人每年高铁出行 70 次，瑞士人 47 次，意大利有公司铁路专线，美国有从起点站到国家公园的全程铁路服务，而我国居民每年铁路出行人均仅 1 次多，说明还有很大的发展潜力和发展空间，随着更多的城乡居民选择高铁出游，人民群众的旅游满意度也将逐步提高。

6. 实现区域旅游无障碍合作

李晨光(2010)认为，区域旅游合作是区域之间的一种关系，虽然区域只是空间概念，真正起决策作用的是区域旅游主体，但区域交通条件的改善可以有效增加区域旅游主体合作的可能，为合作创造条件，使彼此的合作成为水到渠成的选择。石太高铁(石家庄—太原)的开通对华北地区的旅游合作产生了积极的影响，北京、石家庄、太原之间的距离大大缩短，未来几年内，北京—石家庄、太原—天津、太原—郑州、石家庄—济南等多条高铁将陆续开通，华北地区 2 小时交通圈成为现实。长城、赵州桥、西柏坡、坝上、五台山等不同行政区域旅游景点将形成周末旅游线路，华北地区"郊游时代"有望到来。由于高速铁路的开通，空间距离的缩短，可以有效打破地域限制，根据不同景区之间的相关性和差异性，整合旅游景点，联合开发旅游产品，设计旅游线路，进行旅游的策划和营销，有望实现"连点成线，以线带面"的共赢发展模式。

7. 创新旅游方式和旅游要素

高铁对国民旅游市场的直接影响，在花费少、运量大、通达性强，具有全域性、普适性、惠民性特征上，对不同发展层次的地区均有影响。一是全天候开行，运量很大；二是"公交化"运营，方便快捷；三是减少过夜，节省花费。高铁不仅提高了"行"的速度和质量，还拉动了"游""住"两大要素，使"快旅慢游"逐步变为现实，既缩短了旅途时间，也节省了旅途花销，可达到使周末双休变为 3 天长周末的效果，有利于激发中低收入或闲暇较少的群体出游，有利于提高国民出游率和普及率，其影响应类似于长周末和黄金周（高舜礼，2011）。

高铁正改变旅游者的出行方式。乘坐高铁较乘飞机具有舒适性、途中时间的可靠性等优势，中短程旅行时，旅客会首选高铁。鉴于游客出行方式的变化，国内旅行的火车+飞机+汽车的交通组合将更多改为火车+汽车。入境旅游者的飞机+汽车的交通组合也将有许多会改为火车+汽车组合（朱葆琛，2011）。

8. 对其他旅游产业链的影响

包括对酒店、景区、旅行社等的影响。高铁对旅行社具有明显影响。高铁的准时性要求进出车站的畅通性、捷便性，旅行社主动与铁路交通、公安等部门联系、协调这方面的合作。高铁对酒店业和旅游景点的影响，主要在流量的增减上。鉴于总量的增加和流速的提高，多数城市的酒店、餐馆、娱乐等行业将受益，但对局部城市，有可能因高铁的高速和准时而对过夜人数产生负面的影响。高铁的发展，实现了速度、便捷、优质的服务的统一，打破了空间距离，缩短了时间距离，拉近了心理距离，整合了人文距离，淡化了城市间形态边界。因此，增加了人才流动的可能性。

面对高铁时代，旅游业界要主动、积极地应对。各级旅游主管部门要从政策、措施、人力和软件等方面预做准备，同时与相应铁路等部门共同协商，明确方向、制定措施、分工协作，并根据实际情况，随时调整、改进。旅游协会更可以组织有关旅游业如何迎接高铁时代的研讨会，从思想、理论上做好准备。

二、生态旅游业与其他产业融合

现代生态旅游重要特点之一就是"旅游+"产业融合发展，使生态旅游业成为新常态下至关重要的综合性、战略性新增长点。生态旅游业通过与一、二、三产业的有机融合，可延伸生态旅游产业链，拓展生态旅游要素空间，从而促进生态旅游业向更深、更广的空间实现多元化发展。从而，充分发挥旅游业的强大渗透力、提升力和带动力，实现产业融合。

（一）生态旅游+第一产业

多方位推动旅游业与农业的融合发展，形成以农业资源为依托，以农业为根本，夯实基础，创新模式，发展集休闲、观光、教育、生态、旅游为一体的新型农业产业形态和消费业态，推进农旅相融，全面统筹城乡发展，打造各类农（林/畜/牧/鱼）业旅游示范园区，大力发展乡村旅游、林业生态旅游、水利旅游，打造品牌特色农业旅游商品。

1. 旅游业与高效特色农业

结合乡村旅游发展理念，可推进农业产业结构调整，结合生态产业特点，稳定发展粮食生产，扩大经济作物和林果种植面积，积极开展人工种草建设，大力发展草食畜牧业等特色畜牧水产业，按照规模化整合各农业景观资源，打造一批乡村旅游农业示范镇，发展集农家乐、国家农业公园、休闲农业公园、体验农业基地、农俗节庆等农业发展模式化、标准化、品牌化的要求，发展设施农业，建设地域特色旅游农业基地。

结合乡村生态旅游发展理念，可做大做优油橄榄、核桃、油茶、板栗、猕猴桃、脐橙、食用菌、蚕桑、茶叶、魔芋、杜仲、天麻、贝母、蔬菜、苗木花卉等优势产业，开发富硒农产品，依托特色农业产品发展，大力研发建设秦巴山区特色旅游产品。

结合生态旅游产品理念，可推动绿色和有机产品认证和国家地理保护标志的申请和认证。培育特色山珍、地道中药材、山地杂粮、经济林果等特色产业，扩大规模，创建市场品牌。大力发展生态畜牧业，健康水产养殖业，重点发展地方优良品种和特种养殖业，逐步形成特色农业旅游产业规模，培育高端市场。

2. 旅游业与农产品加工业

结合生态旅游业发展，建设一批农产品加工园区，重点发展木本油料、茶叶、干鲜果品、中药材、畜禽等五大农产品加工业。以龙头企业带动农林旅游产品基地建设，完善生产加工链条，提高产业核心竞争力。积极发展旅游农产品加工产业，形成地区特色农产品旅游商品，增加旅游综合效益。

3. 旅游业与农业市场体系

结合生态旅游市场理念，大力发展生产资料市场、农产品批发市场。推广农资连锁经营，规范农资市场秩序。建设一批农产品旅游集散中心、专业交易市场和跨区域加工配送中心，开展多种形式的产销对接，推进农产品网上推介、洽谈和交易，开辟特色农产品流通的绿色通道，完善市场中介服务，支持农业社会化服务组织、农村营销大户和农民经纪人积极参与农业旅游建设。

（二）生态旅游+第二产业

推进旅游业与新型工业化的融合发展，全面普查工业旅游资源，确定工业旅游重点企业与重点项目。利用现代工厂区景观、废弃矿区、工业遗产、工业科技基地等开发工业文化旅游产品，做精工业科技与工业遗产旅游。大力支持旅游装备制造本土化，引导建设一批房车露营、体育用品、户外装备、低空与水上旅游、智慧旅游、宾馆饭店用品的旅游装备本土制造示范企业。

1. 旅游业与生物产业

结合生态旅游产业理论，引进高新技术和现代制药企业，加工转化杜仲、天麻、连翘、丹参、绞股蓝、当归、黄姜、山茱萸、金银花、西洋参、秦艽等中药材，打造地区生物工业旅游品牌。

结合旅游生态学原理，利用现代生物提取技术，建设中药饮片和医药中间产品，提取生产线与生物工业观光旅游。充分发挥生物资源优势，积极发展食品、保健品、化妆品、化工原料、化工原料、肥料、饲料等相关产业。

2. 旅游业与特色工业

结合生态旅游业发展理论，推动传统特色工业转型升级，加大有色金属产业、冶炼加工产业与旅游业之间的融合发展，构建特色工业与旅游业相融的新型循环产业链条。

结合山地生态旅游发展理论，按照资源综合利用、清洁生产要求，建设国家尾矿资源综合利用产业基地、精细化工产业基地，建设矿山地质公园，发展特色工业旅游业。

结合生态旅游经济学理论，发展天然气精细化工业，提高资源开发和就地转化水平，建设国家天然气综合开发利用示范区，发展生态环保节能新型建材旅游产业。

(三)旅游业与文化产业

1. 重点旅游景区和旅游线路

结合生态旅游发展理论，充分发挥世界文化遗产、国家风景名胜区、国家级森林公园、重要历史文化古迹等资源，依托都市文化、古城镇旅游区、特色乡村、文化景区、名人故里、自然保护区等。

结合区域生态旅游发展理论，统筹兼顾区域开发与旅游发展，加强跨区域旅游热线的连接和旅游区域合作，增强旅游产业的整体活力和综合实力。

2. 加快文化旅游产业发展

结合文化生态旅游产业理论，依托丰富的文化资源，依托历史文化、特色文化、地域文化、民族文化、民俗文化资源，挖掘不同主题特色文化内涵，扶持影视文学作品的策划与创作生产，加快促进文化创意、演艺娱乐、新闻出版、会展与旅游产业融合发展。

结合生态旅游企业发展理念，打造各种主题文化产业园区。鼓励文化产业龙头企业以资本为纽带，跨区域、跨行业兼并重组，发展一批有特色、有实力的文化骨干企业，培育多元化的文化旅游市场主体。

(四)旅游业与现代服务业

1. 旅游业与现代物流业

按照统筹规划、布局集中、用地集约、产业集聚、功能集成、经营集约的原则，加快区域性物流园区和物流中心园区建设。推进与物流园区相配套的运输场站、仓储、配送、信息平台等设施建设。

积极发展第三方物流，培育和壮大一批骨干物流企业，推动物流业、制造业、旅游业等产业联动发展。积极推动农村物流、专业物流与旅游业之间的融合。

2. 旅游业与商贸服务业

引进现代旅游商贸服务企业，提升改造传统旅游商贸服务业。重点建设综合性旅游批发市场、特色街区和专业市场，推进超市和配送中心、乡村连锁农家店流通网络建设。积极发展旅游电子商务，引导旅游住宿餐饮业规范化发展。

依托乡村旅游资源，围绕消费需求，突出当地特色，规划建设集特色商品、餐饮住宿、休闲养生等功能为一体的乡村旅游综合体，打造特色农家乐集聚村社、街道，培育和引进相结合，大力发展完善特色突出、服务规范的商业服务企业，构建业态丰富、品种完备、功能齐全、满足需求且具有特色的商贸服务网络。

3. 旅游业与金融业

结合旅游业发展，提升城市金融综合服务能力，扶持地方性金融机构发展，增加乡村金融网点，开展乡村旅游与乡村金融创新试点。

培育多元化乡村金融机构，加快推进小额贷款公司和村镇银行建设，探索发展新型乡村资金互助组织。积极开展农业保险、小额贷款和贷款担保业务。

4. 旅游业与家庭服务业

大力发展家政服务、社区照料服务、养老服务和病患陪护服务业。大力发展乡村休闲业与乡村家庭服务业的融合发展。鼓励各种资本投资发展城乡休闲业和家庭服务企业，推进旅游休闲业和家庭服务业的市场化、产业化、社会化，规范市场秩序。

加快发展乡村健康养老产业不仅能够大力促进乡村旅游及休闲产业全面提升，助推保健品、生态农业、有机农业、医疗卫生及乡村旅游等快速发展，还能更好地解决城市人群养老问题、亚健康问题和城市病，是建立老年福利制度、完善社会保障体系、改善民生的必然要求。

(五)旅游业与产业结构调整

1. 推进低碳旅游业发展

以可持续旅游发展理念为指导，坚持环境友好型、资源节约型原则，加强资源节约和管理，实施节能减排科技示范工程，推广低碳技术。加快建设循环经济重点聚集区。强化资源综合利用，推进资源再生利用产业化。

全面推进清洁生产，严格控制高耗能、高排放行业，坚决淘汰落后产能，采取环境综合治理、生态建设保护等措施，最大限度地降低能源消耗，促进经济转型和产业结构优化升级。在具备条件的地方开展旅游碳汇交易与扶贫开发试点。

2. 旅游业与产业转移承接

利用当地的产业基础、人力资源和技术优势，积极承接产业转移，采取多种形式合作共建旅游产业园区，探索旅游承接产业转移新模式。

按照产业准入环境标准，合理确定承接发展重点，把承接产业转移与调整自身产业结构、建立现代产业体系与旅游业发展结合起来，促进产业转型升级，提升市场竞争能力。

3. 旅游业与产业园区集约发展

统筹规划产业园区，合理确定产业定位和发展方向，因地制宜发展特色产业园区，大力推进园区整合发展，形成布局优化、产业集聚、用地集约、配套完整、特色明显的产业园区体系。积极引进优秀管理人才和先进管理经验，提升园区基础设施建设水平，引导产业向园区集中。支持有条件的产业园区适当扩区调位，支持符合条件的产业园区创建省级开发区、国家级开发区。

4. 旅游业与相关产业协同发展

坚持市场导向，开发利用特色资源，积极承接产业转移，延伸拓展产业链条，构建旅游业与相关特色产业融合发展体系，提高经济发展质量，推动又好又快发展和特困山区脱贫致富。

促进产业优化布局，重点建设特色产业集聚区，引导企业集聚发展，形成资源共用、园区共建、利益共享的产业协作发展格局。支持异地兴办旅游工业园区，建立资源互补、基础共建、产业共有、利益共享、环保共担的机制。

三、生态旅游业与其他旅游业融合

生态旅游业在旅游业系统内部封闭式的融合和循环不是现代生态旅游业所主张的。但由于我国生态旅游尚处于初级发展阶段，通过"生态化"道路，实现生态旅游业与其他旅游业乃至服务业和第三产业内的融合发展具有重要意义，并成为近中期必须经历的过程。如生态旅游与工业旅游、生态旅游与农业旅游、生态旅游与文化旅游、生态旅游与乡村旅游、生态旅游与会展旅游、生态旅游与研学旅游、生态旅游与民族旅游，以及生态旅游与宗教旅游、度假旅游、探险旅游、体育旅游、疗养旅游、康养旅游、朝圣旅游、商务旅游、探访旅游、自驾游、专项旅游、地域文化旅游等，对促进生态旅游可持续发展，意义重大。

（一）生态旅游+文化体育娱乐

在旅游景区、旅游城镇、旅游通道的开发建设过程中，全面植入文化元素内涵，充分展示文化精髓；着力文化产业园区的开发建设，配套旅游设施，完善旅游要素，推动文化与旅游深度融合，打造主题鲜明、品味较高、综合效益突出的文化旅游产业园区。推动体育竞赛表演、健身休闲与旅游活动的融合发展，创建集训类、竞技类、民族类等多种类型的体育旅游示范基地，建设省(市)级山地户外登山(体育)旅游示范基地，支持建设低空旅游服务总部，试点直升机、热气球、固定翼飞机等低空旅游产品。结合地域特色和民俗、民族风情，举办音乐周、音乐季、音乐节等各类音乐品牌活动，加快旅游产业与音乐产业互动、融合发展。办好各类文化旅游节庆活动，不断形成新的文化体育旅游热点。

（二）生态旅游+餐饮住宿接待

以市场为导向，优化星级饭店的结构、档次与空间分布，加快发展经济型酒店、汽车旅馆、汽车营地、乡村民宿、家庭旅馆、主题酒店、青年旅社等多形式住宿设施，形成多样化、多层次的旅游住宿设施体系。发展特色餐饮、民族餐饮、健康餐饮，建设具有地域特色的美食街、美食城，满足游客对地域特色美食的需求。以标准化为抓手，大力提升旅游餐饮特别是旅游团队餐的服务质量，逐步建设统一规范的旅游团队餐馆，成立并充分发挥旅游餐饮协会作用，支持鼓励协会成员单位参与、帮助、扶持民俗示范户、乡村酒店、餐饮特色街区。联合卫生、食品药品监管等部门，加强旅游餐饮服务食品安全监管，保障游客饮食安全。

(三)生态旅游+休闲服务业

加快旅游业在物流园区相配套的运输场站、仓储、配送、信息平台发展中的独特作用。推动物流业、制造业、旅游业等产业联动发展。引进现代旅游商贸服务企业，提升改造传统旅游商贸服务业。重点建设综合性旅游批发市场、特色街区和专业市场，积极发展现代网络和旅游电子商务。结合旅游业发展提升城市金融综合服务能力，扶持地方性金融机构发展。开展生态旅游与乡村金融创新试点。大力发展乡村休闲业与乡村家庭服务业的融合发展。大力发展房地产、交通运输、商贸、餐饮等产业，引导旅游住宿餐饮业规范化发展。

第七章　生态旅游载体系统

第一节　生态旅游载体概述

如前所述，生态旅游的形成、管理与持续发展不仅与生态旅游地环境密切相关，同时受所在地区、国家乃至全球综合环境和"大气候"的影响。从此意义上讲，生态旅游环境实际上包括了生态旅游地的微观环境和区域上的宏观环境。前者是指旅游地所在地区的自然环境和人文环境，是生态旅游业发展的基础支撑；后者是指更广泛的、间接的外部宏观环境，是影响一个地区生态旅游发展的大背景和"大气候"，是生态旅游业持续发展的重要保障。本章节主要在探讨生态旅游发展的宏观环境基础上，重点阐述生态旅游微观环境，即生态旅游目的地的生态旅游环境。

一、生态旅游环境分类

生态旅游环境是一个决定生态旅游发展水平、高度和质量的前提，从生态旅游系统的角度，生态旅游环境就是生态旅游主体、客体和媒体三个子系统相互作用进而促进生态旅游可持续发展的基础和前提，或者是生态旅游产生和可持续发展的各种软、硬环境的综合（图 7-1）。具体涉及生态旅游主体环境、生态旅游客体环境、生态旅游媒体环境以及旅游主体—客体—媒体之间相互作用、持续发展的外部宏观环境。其中，生态旅游主体环境同样包含自然生态和人文社会要素，尤其是生态旅游者的经济条件、教育背景和区域发展水平，它对生态旅游者的旅游动机、旅游方式和旅游目标产生直接影响；生态旅游客体环境亦即生态旅游地的自然和人文社会环境，它直接影响着生态旅游客体的质量进而间接影响着生态旅游者的旅游动机；生态旅游媒体环境涉及一个区域生态旅游业发展的政治、经济、文化和科技环境，直接影响着当地生态旅游业发展的纯粹性、真实性和持续性。上述各自环境没有明显的界线和范围，彼此相互作用、相互影响，构成生态旅游业可持续发展的宏观动态系统。

可见，生态旅游环境就是特定历史背景下生态旅游发展所依托的自然、政治、生态、经济、社会、人文环境之间，按照生态旅游发展规律要求相互作用、有机组合而形成的综合协调的可持续发展大环境。根据生态旅游发展特点可进一步划分为旅游宏观环境和旅游微观环境（表 7-1）。旅游宏观环境主要是针对区域上的，涉及政治、经济、技术、社会文化、自然等五方面。可能是全国范围的，也可能是国际范围的。John Swarbrooke 和 Butterworth-Heinemann（2012）认为生态旅游宏观环境包括政治、经济、社会文化和技术环境，亦即 PEST 环境理论。

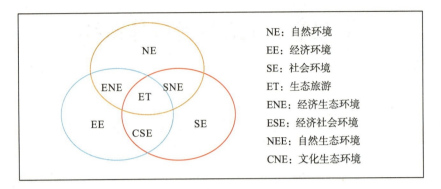

图 7-1　生态旅游环境与生态旅游关系

表 7-1　生态旅游环境分类表

大类	种类	基本类型
旅游地（微观）环境	区位环境	地质区位、地理区位、交通区位、经济区位、城镇依托关系、旅游区位、气候分区、旅游资源知名度、影响力和号召力等
	自然生态环境	地质地理、地貌地形、水文环境、气候条件、环境生态、动植物、土壤特质等
	历史文化背景	历史背景、地域文化、民族文化自豪感、共同价值观、生活方式、人口状况、文化传统、教育程度、风俗习惯、宗教信仰等
	经济环境	
	社会环境	交通条件、通信条件、经济状况和条件、城镇分布与功能、基础设施环境、投融资环境、竞争环境等
宏观环境	政治	政治局势、政治稳定性、法律法规及其国际关系对旅游发展的影响
	经济	经济战略、经济持续性及其国家、洲际乃至国际经济大环境对旅游的影响
	社会文化	社会安全、治安状况、文化战略等，主要是指一个国家乃至洲际的社会文化综合环境生态状况
	技术条件	特定历史条件下一个国家或者地区乃至世界的技术条件、技术水平和技术创新对旅游的影响

　　旅游微观环境特指旅游地或者旅游区所在地区生态旅游发展所依托的各种环境要素的综合，涉及自然、经济、社会、人文、生态等诸方面，总体而言进一步细分为自然生态环境、历史文化生态环境、经济生态环境和社会生态环境。从某种意义上讲，旅游微观环境构成生态旅游客体的重要组成部分，是生态旅游主体与生态旅游客体之间友好互动的重要保障，是生态旅游业可持续发展的重要支撑和载体。可见，生态旅游环境容量、生态旅游承载力等概念应归属于旅游微观环境的范畴。

　　宏观环境与微观环境的差异主要表现在：①范围的不同。微观环境特指旅游目的地或者旅游区所在地区或者区域，宏观环境则主要指旅游发展过程中的国内外环境，包括国内外形势、旅游发展环境和趋势、国内旅游发展方针政策，以及所在省、市旅游现状和背景等。②对象不同。微观环境特指旅游系统中的旅游客体环境单一方面，而宏观环境则指生态旅游发展所依托的综合环境，包括旅游客体环境、旅游主体环境、旅游媒体环境和旅游载体环境四个方面。③内涵不同。微观环境特指旅游目的地旅游发展的自然、经济、人文、社会综合环境，更具体、更有针对性，而宏观环境则指特定时期旅游发展的大环境和大气候，具有相对的稳定性，相对空泛和宏观。

二、生态旅游环境特点

生态旅游环境作为生态旅游发展赖以生存的自然—经济—社会—生态有机统一的特殊的综合环境。具有许多自身的特点，其主要特点如下。

(一) 资源性

迄今，资源概念被广泛应用于各个领域，其内涵和外延均有明显的变化，通常分为自然资源、人力资源、技术资源和资金资源等。而生态旅游环境资源具有如下特点：

1. 生态旅游环境资源的稀缺性

随着社会经济的发展，人们对环境资源的稀缺性认识更为深刻，这是因为，地球面积有限，环境自净能力有限，人类的科技水平和控制全球的能力发展速度有限，自然环境提供的资源有限，生态旅游环境能够承受旅游者产生的固体废弃物能力有限，尤其是生态旅游系统受损后的恢复和重建是困难且漫长的，抵抗或恢复旅游者所造成的生态系统破坏的能力有限，如旅游者对野生动物生存环境妨碍而导致的物种迁移，游客对珍稀植物采集而造成的品种退化或灭绝等。

2. 生态旅游环境资源价值的有效性

生态旅游环境作为资源而论，同样具有对社会的有效性。人类开发利用资源无一不是为了满足某一方面的需求，从而使其具有社会、经济价值。生态旅游环境同其他旅游环境一样都是有价值的，应当纳入成本核算当中。通过旅游开发既可获得经济效益，又有能让人们松弛紧张情绪、消除疲劳、健身求知等社会效益，从而促进社会、经济、环境协调发展。在旅游业运作中对生态旅游环境"成本"的耗损，应通过部分旅游收入给予补偿，也就是应将部分旅游收入用于保护环境事业当中。

3. 生态旅游环境资源的层次性和整体性

从生态旅游环境的空间层次来看，可以分为生态旅游发展的外部环境和生态旅游发展的内部环境，也可以分为全球生态旅游环境、国家和地区生态旅游环境、省区或区域生态旅游环境等。从时间层次上看，有些生态旅游环境要素是历史时期形成的，有的是现代才形成的，如天然生态旅游环境是经过几千万年、几百万年自然演化的结果。生态旅游气候环境则是上千年、几百年、几十年历史沉淀累积或历史与自然共同作用而形成的，使之区域旅游具有明显的地方特色、历史特色、民族特色。生态旅游环境的层次性反映了生态旅游环境的结构和功能，反映出生态旅游环境一定的资源价值性。同时，生态旅游环境也是作为系统存在的，是相互制约、相互联系的一个整体。只有整体功能得到良好的发挥，才能充分地实现其资源价值。

4. 生态旅游环境资源的可塑性

若生态旅游环境受到了人类活动的有利影响时，可改善其结构和功能，提高其利用价值或利用效益。反之，若受到不利影响时，可使生态旅游环境系统的结构和功能受到损害，降低其系统的功效，甚至成为生态旅游业发展的障碍因素或致命因素。生态旅游环境的这种优变与劣变的可能性，说明生态旅游环境具有一定的可塑性。人们可按环境生态学，对其进行定向引导培育，从而提高其质量水平。

5. 生态旅游环境具有利用的多功能性

生态旅游环境具有多功能、多用途和多效益的特征，这是自然资源所具有的明显特征之一。如森林生态旅游环境就具有土地利用效益、货币收益效益、原料效益、环境保护与调节效益、风景美化效益等(图 7-2)。

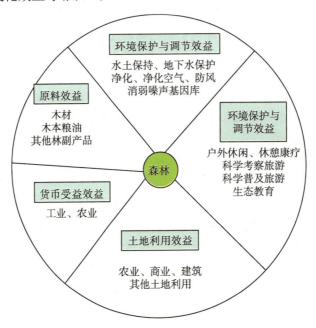

图 7-2 森林生态环境功能示意图

(资料来源：杨桂华等，2000)

(二)高端性

生态旅游作为一种自觉负责任的高端旅游，是指具有一定素养的旅游个体或群体在旅游消费水平、消费层次及消费方式等方面明显高于平均消费水平和消费层次，且明显不同于大众旅游的一种旅游形式。"高端旅游"包括四个含义，一是产品的高端化，二是消费的理性化，三是生产的生态化，四是旅游产品的品牌化。

产品高端化并非仅仅是高价、奢侈旅游产品，而是特色性的货真价实的生态产品。如徒步探奇寻幽之旅、背包探秘之旅等，尽管价位不高，但由于产品的特色、品味都独具一格，也属于"高端旅游"。特色、个性是高端旅游的标志，货真价实是本质，原生态性就是根本。个性是群体化的个性，而非单体化的个性。

消费的理性化是指游客为"高端消费者"，不等同于"高档消费者"，而是理性的、有品位的责任性消费者。客人要根据自己财力、爱好、需求、承受力，有针对性地选择生态旅游产品。不能简单用高消费奢侈休闲游的心态选择深度经历式的体验旅游，不能用低价大众旅游的价格要求得到"高端旅游"的享受。参与其中的游客更注重旅游过程的新鲜感、体验性和高品质。高端旅游者往往有不同于大众旅游消费者的特别需求，这样特别的要求，是常规旅游团难以做到的。高端旅游的消费者，一般都有比较高的文化品位，有深度化的体验需求，进而形成其特有的文化特质。

生产的专业化即生态旅游产品的生态化，是指旅游产品要由对旅游市场需求、旅游产品特色有较高把握力的专业化技术人才来设计。尤其是一些高端的专项旅游产品，设计人员还要精通专项活动的相关专业知识。

生态旅游者渴望返璞归真、回归大自然环境中去，通过各种生态旅游活动，活跃身体、充实心灵、增长知识、愉悦感情。由此可见生态旅游环境不仅要满足旅游者较高的生理需求，而且更要满足旅游者的心理和审美需求。因此，这种旅游环境应该是景观优美、空气新鲜、水体洁净、卫生良好、秩序井然、接待地居民热情好客，具有较高质量，使旅游者感到自然、轻松、舒适、愉快的旅游环境。

(三)脆弱性

即生态旅游环境容量的有限性，系指在某一时期、某种状态或条件下，某一生态旅游地环境的现存状态和结构组合不发生对当代人(包括旅游者和当地居民)及未来人有害变化(如环境美学价值的损减、生态系统的破坏等过程)的前提下，在一定时期内旅游地所能承受的旅游者数量是有限的，如果超出了极限值即视为"超载"，长此以往就会导致生态旅游环境系统的破坏。

在实际规划和管理中，往往是要求一个"最适值"或"合理值"，被称作为"最佳容量"，在此容量情况下，既能保证生态旅游环境系统功能发挥最好，获得满意的经济效益、社会效益，又不至于造成生态旅游环境的物质破坏，使生态旅游环境能够良性循环，保证生态旅游地实现旅游、资源、环境、社会、经济等之间的协调，促进生态旅游地可持续发展。这一有限容量范围的存在是因为生态旅游区域在一定时间内的生态旅游系统在结构、功能、信息等方面具有相对的稳定性。也正因为这一稳定性的存在，使得生态旅游环境容量目前可以通过一定的手段或方法来加以确定。

第二节　生态旅游宏观环境

生态旅游业的发展不仅受行业自身内部能力和发展潜力因素的影响，同时也受行业外部经营环境的影响。宏观环境根据性质可分为政治、经济、技术、社会、文化等五个方面。宏观环境从不同角度对任何行业都会产生不可估量的影响，它既为各行业的发展提供了机会，又对行业的发展构成了挑战。因此，在进行生态旅游研究及生态旅游发展制定决策时，首先一定要对其进行宏观环境分析。这里所涉及的生态旅游宏观环境特指某一个生态旅游目的地旅游业发展所依托的各种外部环境之间、环境各要素之间的综合关系的总和。这种宏观环境可能小到县区级环境或市州级环境或者省级环境，大到全国乃至国际环境。

一、政治环境

政治环境主要包括所在地区政权的性质和政权的稳定性、立法依据和立法体系的完备程度、所在地区是否加入政治联盟及政治联盟的有关条款，以及政府的宏观产业政策、政府开明程度等因素。生态旅游业是第三产业的重要组成部分，作为世界上发展最快的新兴产业之一，生态旅游业被誉为"朝阳产业"。世界各国政府都对旅游业发展加大了支持力度。我国提出要围绕小康社会建设目标和消费结构转型升级的要求，大力发展旅游、文化、体育和休闲娱乐等面向民生的服务业。旅游业的法律法规和行业管理制度日趋完善，执法行为更加规范，依法治理优胜劣汰的竞争机制和良好的旅游市场秩序，旅游发展环境将逐渐形成，旅游发展将逐渐步入有序化、规范化、法制化的轨道。政府将根据发展实际，借鉴国际经验，加强旅游法制建设和完善行业自律，侵犯旅游者合法权益的行为将会逐渐消除，消费环境会让旅游者更加放心舒心。另外，生态旅游业的脆弱性决定了旅游业对政府的依赖性，各种因素的稍微变动都会对旅游业产生影响，如国际关系的恶化、政府政策的恶化、政局的不稳、社会的动乱、恐怖活动的出现、战争的爆发等等都会导致旅游活动的萧条和旅游产业的停滞。

此外，随着现行休假制度的完善和带薪休假制度的落实，将形成巨大的国内旅游消费市场，这对旅游业的发展具有推动作用。我国扩大内需的经济发展方略和加快推动服务业的发展，将为旅游业进一步发展创造新的机遇。我国对外开放的进一步扩大，将使我国旅游业在国际市场和世界舞台更好地发挥作用，创造更为有利的条件。我国政通人和、社会安定，将成为世界上最安全的旅游目的地之一。

随着新型国际关系的构建和国际环境的变化，旅游业将启动新一轮的对外开放，国内外旅游市场一体化进程将加快，与国际市场、国际规则、国际水平将进一步接轨。中国入境旅游、出境旅游的规模不断扩大，旅游业将进一步发挥提升国家软实力的作用，我国旅游业在世界旅游界的话语权将继续增强，国际地位和影响力不断提升，参与国际规则、标准的制定与应用的空间进一步扩大。

二、经济环境

经济环境主要是指所在地区的社会经济制度、经济发展水平、产业结构、劳动力结构、物资资源状况、消费水平、消费结构及国际经济发展动态等，是指构成企业生存和发展的社会经济状况和国家经济政策，是影响消费者购买能力和支出模式的因素，它包括收入的变化、消费者支出模式的变化等。企业的经济环境是指企业面临的社会经济条件及其运行状况、发展趋势、产业结构、交通运输、资源等情况。经济环境是企业最直接感受到的环境因素。对经济环境的分析可以从以下四个方面展开：①经济总量分析；②可支配收入分析；③利率、汇率、投资率分析；④经济全球化趋势分析。

国民生产总值反应了经济整体实力。近几年来，我国国民生产总值都呈上升趋势。随着我国经济的不断发展，中国旅游业面临重大发展机遇：中国经济持续快速增长，必将对旅游需求增长发挥基础性的支撑作用。城乡居民收入稳定增长，这将进入世界旅游界公认的旅游业爆发性增长阶段。随着经济的发展，人民的生活水平日益提高，人们的可自由支配的金钱和闲暇的时间变多了，这为人们旅游动机的产生创造了条件，因为有可自由支配的金钱和闲暇的时间是旅游产生的条件。另外，人们的养生意识提高了，于是更多人开展了以健身疗养为目的的健康疗养旅游。还有，人们的受教育水平提高了，大家对精神文明的追求也上升了，于是更多人有了外出旅游的动机，为的是开阔眼界，或者是感受中国的悠久历史文化，或者进行科研考察。商业化程度的提高，商务旅游也随之发展起来了。

如人民币的升值与贬值，对旅游业产生很复杂的影响。从出境游、入境游及国内游三个方面进行分析。随着人民币升值，首先出境旅游将掀起新浪潮。居民境外消费能力相对变强，居民境外购物将进一步受到刺激，一些潜在游客也会在升值的心理下加入到出境游的队伍中去。其次，对入境游产生一定的影响。美元和欧元价值相对缩水，入境旅游价格相对抬升。因此入境旅游整体上会面临利空的局势。人民币汇率升值对国内旅游市场的影响表现在替代效应和收入效应两个方面：一方面，人民币汇率提高后，国内旅游价格相对于出境游价格上涨。原计划在国内旅游的居民受汇率上升的影响而选择出境旅游，分流的游客可能对国内饭店和景区的接待量产生影响，从而不利于旅游业的发展。另一方面，人民币升值带来的收入效应将有利于居民旅游消费的增长，主要表现在居民财产增加，消费能力提升。

三、社会文化环境

生态旅游发展离不开社会整体环境的支撑。旅游区的交通设施、社会治安状况、管理水平、用地状况、物价水平、居民的文化素质、文明程度及友好态度等都会影响旅游区的发展及空间布局。另外，国家休假制度对区域旅游空间布局也有较大影响。近年来，随着我国休假制度的改变，特别是双休日的实行、带薪假期及公共假日的增加，居民用于游憩休闲的时间越来越多，城市郊区的旅游资源得以有效开发，扩展了区域旅游网络，使区域空间布局发生了很大改变。

社会文化环境通过两个方面影响旅游企业和旅游行业：一是影响人口总量和人口分布、居民的价值观和生活方式，从而影响他们对产业和对企业的态度；二是影响旅游企业内部成员的价值观和工作态度，从而影响企业士气。现如今，社会文化呈现如下发展趋势：①更关心环境；②中老年顾客市场成长；③个性化需求增长；④生活节奏加快；⑤单亲家庭和没孩子的双亲家庭增多；⑥劳动力和市场的多样性增加。更关心环境，则旅游业在进行旅游规划和开发的时候要注意对旅游资源环境的美化和维护。中老年顾客市场成长，则旅游业要多开发些适合中老年的旅游产品，如疗养等。个性化需求增加则说明旅游者对旅游业的要求变高了。城市化进程加快，生活节奏加快，人们的生活压力增加，人们都渴望回归自然，则旅游业要多开发些自然、休闲、娱乐性质的旅游产品。

四、技术环境

资源依托、政府主导、市场导向、科技支撑，表明技术环境对生态旅游业发展的重要支撑作用。技术环境对经济及企业行业的影响是累计渐进的。技术环境分析的主要内容包括技术水平和技术发展趋势、技术对产业的影响以及技术的社会影响和信息化影响等四个方面。

随着技术水平的提高，交通随之发展起来了，如喷气式飞机、动车的快速发展和高速公路的发展，使旅游者的外出旅游具备了更为便利和快捷的条件。通过细胞技术或基因技术，对濒危动植物种形成有效保护，从而保持了旅游动植物环境的吸引力。高新技术的综合应用创造出新的旅游资源和产品，可以使一些原来不具备旅游吸引力的资源成为新的旅游吸引物或提升它们的吸引力，如主题公园和游乐场的各种高科技模拟技术和游乐设施。应用了高新技术后，许多文物古迹资源得到了保护，增强了它们可持续发展的能力。现代科技在促进社会经济发展的同时，会对社会产生负面影响，如环境污染、生态失衡、对传统伦理的挑战等，这些都会对旅游业产生不良影响，使旅游地的自然环境和人文环境受到严重的损害，旅游可持续发展变得艰难。因此要充分认识到现代科技给旅游业带来的机遇和挑战，在发展旅游中要善于应用现代科技手段，同时也要谨防现代科技对旅游业的负面影响。

尤其是科技创新能帮助旅游供应商们排除市场干扰，为客户提供相关的交易与更方便的客户服务；社交网络技术正在改变旅游业的形态；新技术使得企业能以更方便、更快捷、更低成本的方式提供客户服务；多平台数据提升了用户参与度；云技术供应商能帮助企业巩固市场；旅游分销企业需要在整个旅游周期中采取更新的做法；大数据让旅游更智能化；旅游企业正使用新工具来应对大量的数据，以便更好地分析公司业绩和预测未来市场趋势；近场通信技术改进旅游流程；新的内容趋势挑战产品分销模式。

第三节　生态旅游地环境

即旅游微观环境。相对旅游宏观环境而言，特指旅游目的地（旅游区）所在地区生态旅游发展环境，包括综合区位环境、自然生态环境、历史文化生态环境、经济生态环境、社会生态环境等五个方面。

一、综合区位环境

区位环境理论强调空间性、区域性、系统性，区域空间结构理论、区域经济增长理论、区域发展阶段理论等成为现代区位论的基础。不同的旅游开发对象，其规模及涉及区域大小不同,如区域旅游、旅游目的地、旅游区,其生态旅游发展的区位环境内容和要素不同。这里仅以旅游目的地为例进行综合区位环境条件分析阐述。

（一）地理区位

地理区位环境对旅游发展具有推动或制约作用,旅游客流的强度与方向决定旅游空间布局。良好的地理区位条件,能够吸引众多游客,以较低投资换取较高的旅游收入,推动旅游业的发展。旅游目的地区域旅游业发展涉及自然、生态、政治、经济、社会、文化等诸多因素,所以旅游目的地在不同区域范围内的自然、生态、政治、经济、社会、文化等因素框架中的位置至关重要。其中,地理区位一方面指生态旅游目的地的相对位置,另一方面指该生态旅游目的地与旅游发展其他要素(如地质、生态、政治、经济、社会、文化等)的空间联系。

生态旅游发展需要适宜的自然环境、社会环境和区位条件。自然环境通常指存在于人类社会周围的自然界,是旅游业的物质基础。自然环境是自然旅游资源开发和人文资源形成的基础。自然环境中风景秀丽、生机盎然、清洁无秽的生态环境对人会产生巨大的吸引力。另外,自然环境的地区差异是人们产生异地游动机的自然基础。所有这一切,都与地质背景、自然条件、地理区位和生态环境密不可分。从这一点讲,地理区位是基础的、根本的。

从旅游空间组织的角度来看,旅游区域的区位条件主要包括:旅游区与外部客源地间的区位关系、旅游区的内部区位条件、旅游区与其他旅游区间的空间关系。地理区位分析的要点就是,要从纷繁复杂的要素区位分析中,提取与旅游业发展相关的诸要素区位的各种特色有机结合形成的地理区位的比较优势,以及地理区位与交通区位、经济区位等要素之间的关系。

首先是纬度条件。影响太阳高度、昼长、太阳辐射量、气温日较差、年较差(低纬度地区气温日、年较差小于高纬度地区)。随着纬度的不同,自然生态环境条件有差异,生态旅游发展方式和模式不同。正因为纬度条件变化所带来的不同地理单元自然地理、生态环境、经济社会和文化环境的不同,才造成了全世界客源地与旅游地之间纷繁复杂的旅游网格现象,所以说纬度条件是决定性因素。

其次是地形(高度、地势)要素。包括地势起伏状况、主要地形分布状况。阴坡、阳坡,不同海拔高度的山地、平原、谷地、盆地,如谷地盆地地形热量不易散失,高大地形对冬季风阻挡,同纬度山地比平原日较差、年较差小等。地势平坦、土壤肥沃,便于农耕,有利于交通联系,节约建设投资,人口集中。热带地区城市分布在高原上;山区城市分布在河谷、开阔的低地。

再次是海拔条件。不同海拔条件的地理单元,如高原、山地、平原、谷地、盆地,其自然环境条件和经济社会背景存在差异,所在地区的旅游客源地和旅游地体不同。山地区域海拔越高,带谱可能越复杂。如青藏高原很多高山峡谷地区,之所以出现"一日游四季,十里不同天"的景象,是由于海拔的急剧变化所致。通常情况下,生态度假区产品最佳海拔在 1000～2000m。

最后是综合条件及其变化。即上述环境条件与气候、水文、土壤、生态、动植物、交通、经济、社会、人文之间的关系。

(二) 交通区位

交通条件对旅游业的发展有巨大的促进作用,交通区位条件直接影响客源地与生态旅游区之间的距离以及旅游目的地的旅游吸引力和可进入性,影响着旅游资源开发规模和开发质量,影响着旅游者旅游动机、旅游消费和旅游质量,进而影响生态旅游业可持续发展。旅游业发展中的交通问题主要包括公路等级差距、交通设施质量、交通服务质量、交通信息化数字化程度、交通环保理念。

旅游区与外部客源地的区位关系,主要是指客源地在旅游区周围的分布和相互距离。通常,客源地的分布相对集中,距旅游区较近,则易形成数量大、稳定性强的客流。这种现象从本质上看,是距离衰减规律在发挥作用。虽然旅游区与外部客源地间的直线距离是固定的,但随着科学技术的进步和交通条件的改善,交通费用开支所占比重可能降低,旅游交通所花费的时间也会越来越少,即旅游区与外部客源地间相对区位关系的改变影响着旅游空间的规划布局。

交通区位因素多种多样,主要包括交通方式、交通线的区位因素、交通点的区位因素三方面。其中就交通方式而言,包括铁路、公路、航空、水路等,不同交通方式其优缺点有差异。就交通线的区位因素而言,包括完善路网、经济发展需要、人口与城市分布需要、自然条件、科学技术等五个方面。其中社会经济条件是主导因素,自然条件是限制因素(主要是地形、地势、地质、河流、气候等)。就交通点的区位因素而言,包括交通点、车站、港口、航空港等,其建设也都要受到经济、社会、技术和自然等因素的影响和制约。

交通区位分析的重点是分析旅游目的地的交通区位优势。旅游目的地的交通区位通常与依托城市(镇)密切相关,主要包括三个方面。一是抵达依托城市(镇)的便捷程度。依托城市(镇)系指旅游景区直接的主要客源集散城市(镇),依托城市(镇)可跨越行政区划。主要包括:直达机场距依托城市(镇)距离远近。直达机场系指直达依托城市(镇)的民用机场,包括军、民两用机场。依托城市(镇)有高速公路进、出口,包括高速公路进、出口通达旅游景区。依托城市(镇)有客运火车站,包括旅游景区有客运火车站。二是依托城市(镇)是否有客用航运码头,包括旅游景区有客用码头。三是依托城市(镇)抵达旅游景区的便捷程度。包括生态旅游区是否在依托城市(镇)内或者周边。抵达公路或客运航道(干线)等级,是一级公路或最高级客运航道还是二级或者三级。抵达公路或客运航道(支线)情况,路面硬化或航道畅通、桥涵完整或航道有否障碍、护坡好坏。外部交通标识,是专用外部交通标识,还是一般外部交通标识。旅游专项交通方式,是直达旅游专线,还是公交通达。

(三) 经济区位

经济区位论是关于空间经济分布、结构及演变的理论。经济区位论主要包括:①关于区域空间结构,主要有“增长极核理论”;②关于区域经济增长,主要有“经济起飞理论”“协同发展理论”等;③关于区域发展模型,主要有“经济部门结构理论”“乘数效益理论”“基础—非基础分析模型”“投入—产出分析”以及各种规划模型和预测模型等。

经济区位特指某一经济体为其社会经济活动所占的场所。在经济空间系统中,区位概念则具有更为丰富的内涵。在一定的经济系统中,由于社会经济活动的相互依存性、资源空间布局的非均匀性和分工与交易的地域性等特征，各空间位置具有不同的市场约束、成本约束、资源约束、技术约束，从而具有不同的经济利益。在这一意义上，经济区位则更多地强调由地理坐标(空间位置)所标示的经济利益差别。

经济区位是地理范畴上的经济增长带或经济增长点及其辐射范围，区位是资本、技术及其他经济要素高度积聚的地区，也是经济快速发展的地区。在不同的经济区位上，人口分布、市场供求、资源分布等状况不同，其区位利益就存在差异，区位布局状况也就不同。正是各区位因素的差异，才决定各区位的优劣，从而才导致区位的差异性。

一个地区的区位条件优劣，主要取决于如下因素：①地区性投入：该区位上不易转移的投入的供应情况。它具体是指存在于某一区位、难以从他处移入的原料供应品或服务等。②地区性需求：该区位上对不易转移的产品的需求状况。③输入的投入：从外部供给源输入该区位的可转移投入的供应情况。④外部需求：从向外部市场销售可转移产出中得到的净收入情况。由于这些区位因素不同，其区位利益具有很大的差别，从而也就决定了各个区位的相对优劣。

经济区位理论在旅游业发展中的应用产生旅游经济区位理论。旅游经济区位理论认为，任何一个旅游目的地，都处于特定的旅游经济区域框架中，由于不同旅游目的地的自然条件、地理区位、交通区位等存在差异，其旅游经济区位存在不同。某一特定旅游目的地可能位于特定的经济圈、经济区或者特区特定的空间位置，而且这个位置由于其区位条件的不同而具有各自不同的旅游经济发展潜力，并随时间和周围经济区的变化而变化的。

较发达的区域经济和较强的旅游需求可以有力地推动区域旅游的发展，促使旅游开发的范围逐步扩大，区域旅游业的空间布局形态也可能由点发展到轴带再发展到成熟网络，甚至可能发展为类似于城市连绵区的旅游板块。区域内部不同旅游地的经济实力存在着差别，这使得某些旅游地凭借雄厚经济实力快速发展，导致其在区域旅游网络中的作用发生变化，形成新的区域旅游结构。这是经济实力影响旅游空间布局的典型特征。

(四)城镇依托关系

城镇是旅游业最有效的依托，凡是以城镇作为支撑点的旅游资源的开发程度就高，旅游活动内容就丰富，吸引的游客就多，旅游业发展就迅速。相反，如旅游业无城镇作为依靠，旅游活动就单调，旅游服务就会欠缺，势必影响旅游业的发展。因此，城镇是旅游业发展的后勤保障地，是旅游业发展的基地，是旅游业发展的重要依托，城镇化的有序推进有利于促进旅游业的迅速发展。反过来，旅游业又促进了城镇化的发展。因为旅游业的带动性强，旅游业的发展带来了活跃的人流、物流、资金流，带动了相关产业及城镇建设的发展。

城镇是人口与社会经济的聚集地，邻近资源区的中心城镇，既是客源市场的重要来源，也是信息中心、交通枢纽和技术、资金、能源、商品物资的供应源。大多数旅游者在前往旅游地的过程中，要经过这个"前院"。另外，资源区内部城镇居民点的作用不可低估，它常常是资源地开发的供应与保障中心，如通信、电力、加油、给水、污水处理等，一般离不开邻近村镇。它还提供劳力、物产、文娱、医疗、治安、养护管理等，从而成为资源区的"后院"。生态旅游资源丰富的地区，通常社会经济条件落后，因此应充分依托城市和乡镇。一般情况下，可因地制宜地采用"游山水之间，食村镇风味，住城镇中心"的模式，以解决我国现阶段资金短缺、设施落后、环境破坏、季节闲置的旅游发展通病。

同样，旅游业对城镇化发展具有明显的促进作用，主要表现在：旅游业改善了城镇的基础设施条件，使城镇化整体的综合水平得以提高。旅游业的发展为村民提供了更多的就业机会，使村民的收入得到增加，提高了旅游区的经济发展水平。旅游业的发展提高了村民的素质和价值观念，促进了其与现代社会的对接。旅游业的发展促使人们生活方式从传统型向现代型的转变。旅游业的发展带来了多种文化的冲击，使农民的视野得到开阔。

(五) 旅游区位

旅游区位论是研究旅游客源地、目的地和旅游交通的空间格局、地域组织形式的相互关系及旅游场所位置与经济效益关系的理论，是区位选择理论在旅游业上的具体的应用。旅游区位理论以区位选择理论为基础，对旅游业的区位选择，进行具体的分析，对旅游业发展来说，资源、资金、交通、市场、政府、社会经济是主要旅游区位因素，自然生态、土地利用、城镇分布、研究开发、经营管理及其他因素是次要旅游区位因子。

旅游区位是指旅游目的地或旅游景区与其客源地相互作用中的相关位置。可达性及相对意义，可以划分为客源区位、资源区位、交通区位和认知区位四种(孙根年，2001)。旅游区位研究内容主要包括：①明确旅游区位的含义、类型、研究意义；②旅游区位与其他产业区位的比较研究；③传统的区位理论与旅游区位理论的关系；④构筑旅游区位研究理论体系与方法等；⑤重视区位研究的方法论，在旅游区位研究中要导入计量的数理统计方法、借助行为与知觉科学发展的成果，"扬弃"传统的区位理论的指导意义；⑥结合旅游区域空间竞争研究，突出旅游区位研究特色。旅游产品生产与消费的同时性特点决定了旅游消费的"推—拉"效应，即旅游者消费行为(空间行为)与旅游地的市场域之间的竞争、适应关系以及不同旅游地的等级、规模与类型等的差异与相似性决定的旅游地"空间竞争"的关系，是旅游区位研究的基础与特色。

旅游中心地是指旅游区域内凭借旅游资源、旅游设施与旅游服务，为满足一定旅游市场需要的旅游供给中心(章锦河，2001)。包含四层具体含义：

(1) 旅游中心地是指旅游供给中心，亦即旅游需求释放中心(类似于旅游集散中心)，旅游中心地应以旅游区域内的中心城市(镇)为载体。

(2) 旅游中心地具有空间等级结构，表现为高级旅游中心地皆大于几个次级旅游中心地，随着旅游中心地的等级层次的变化，旅游区域也呈现等级结构的变化，旅游区域内城镇体系结构影响旅游中心地等级结构。

(3) 高级旅游中心地的竞争力大小主要取决于其对外交通的便捷性、旅游资源吸引力、旅游中心城市形象与旅游供给设施水平，而中、低级旅游中心地的竞争力大小主要取决于其与旅游区域内高级中心地之间的交通网络联系、旅游资源信息交换强度、旅游线路设计等因子。

(4) 旅游中心地的等级结构影响其间旅游流的等级结构。一般而言高级中心地与区内中级中心地之间的旅游流流量大于高级中心地与区内低级中心地、中级中心地与低级中心地、各低级中心地之间的旅游流流量。

二、自然生态环境

主要是自然地理情况，也有人称之为地脉。这些地理情况包括地质、地貌(形)、气候、水文、生物、土壤等六个方面。这些资料有助于了解目的地区的各种自然情况、有助于发现旅游资源，也有助利用这些地理资源。在规划布局、设施的选址、环境的保护、旅游资源的考察利用、绿化与植物的培植等许多方面将需要这些地理情况的资料。

(一)自然背景条件

特指生态旅游发展所依托的旅游地质地理环境条件。亦即生态旅游发展所依托的地质背景、地理环境和自然条件综合的统称，诸如地质、地貌、气候、土壤、动植物等所组成的自然环境综合体。主要涉及地质背景、地理条件、地形地貌、水文环境、气候条件、环境生态、动植物、土壤特质、区位条件等。

地质背景主要涉及所处地区的大地构造条件、构造格局及演化，不同地质年代地层岩性及时空分布，地质区位和地理区位，以及与旅游目的地旅游吸引物关系、地质安全、生态环境、土壤植被、水源、工程建设的关系。

地形地貌情况主要包括地理区位，地貌格局、地势特征及山水走势，山形地貌特征，最高海拔、最低海拔，平均海拔，以及这些山形地貌要素与旅游资源、环境条件，产品设计和基础设施建设之间的关系如图 7-3。

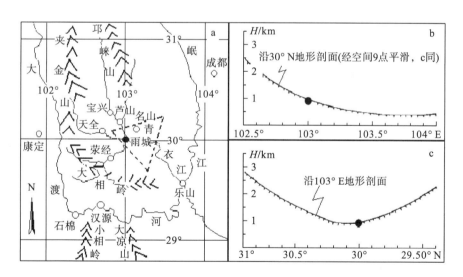

图 7-3　雅安上里古镇地形地貌横剖面图

水文环境主要涉及所在地区水系与区域水系环境之间的关系，河流、湖泊、湿地、水库、温泉等空间分布及特征，以及水系高差、水深、容量、流速、水质，水文条件与该区生产、生活、经济、社会发展之间的关系。

气候条件包括所处的区域气候区、气候带，温度、湿度、光照、雨量等情况，常年温度、雨量、湿度等参数的变化，不同季节不同月份的气候参数变化，气候条件与当地生产、生活、经济、社会发展之间的关系。

动植物资源条件与当地旅游资源和旅游环境密切相关。包括动植物的类型、分布，珍稀动植物保护级别，森林覆盖率大小，代表动物类型及分布等。

(二) 生态环境条件

生态环境条件 (natural environment) 是指存在于旅游目的地社区周围的对人类生存和生态旅游发展产生直接或间接影响的各种天然形成的物质和能量的总体。典型的自然生态系统有森林、草原、荒漠以及海洋生态系统，还有介于水陆之间的湿地生态系统。生态旅游发展所需的自然生态旅游环境主要包括天然生态旅游环境、生态旅游空间环境和自然资源环境。

1. 天然生态旅游环境

天然生态旅游环境是指由自然界的力量所形成的，受人类活动干扰少的生态旅游环境。主要包括自然保护区、森林公园、风景名胜区、植物园、动物园、林场及散布的一些古树名木等，其中又以自然保护区为主体。根据天然生态旅游环境的主体不同，可以划分为森林生态旅游环境、草原生态旅游环境、荒漠生态旅游环境、内陆湿地水域生态旅游环境、海洋生态旅游环境、自然遗迹生态旅游环境等。

2. 生态旅游空间环境

生态旅游空间环境主要指能开展生态旅游的旅游景点、景区、旅游地的自然地理空间区域范围。主要是指生态旅游资源储存地、生态旅游者的活动范围及生态旅游业发展所需空间，包括生态旅游者对旅游资源欣赏、享受，以及对空间和时间上的占有。

3. 自然资源环境

自然资源环境主要指水资源、土地资源、自然能源等自然资源对生态旅游业生存和发展的影响与作用，也包括自然资源对生态旅游活动的敏感程度，其作用主要体现在这些自然资源对生态旅游业生存和发展的有利或限制作用，也影响到旅游地环境容量的问题。

(三) 旅游舒适度分析

在进行生态旅游区或者旅游目的地开发、规划、研究中，旅游舒适度分析至关重要，构成旅游自然生态环境条件分析的重要组成部分，尤其是作为生态旅游重要内容之一的生态度假开发建设研究中，旅游舒适度情况分析必不可少。主要涉及生态环境、气候条件、空气质量、地表水质、森林覆盖面积等重要的因素分析。尤其是旅游度假区游憩考虑旅游舒适度情况，选址时主要考虑如下条件要素：

一是自然安全调查。生态旅游度假区所在地区地质条件稳定，应避开山地自然灾害多发区，没有重金属超标、辐射性元素、地方病等潜在威胁。

二是土壤本底调查。主要包括土壤的类型、性状、成分及分布，尤其是 F、I、Se、

Sa 等放射性是否在标准值以下，重金属含量是否超标，有无氟中毒、甲状腺病、克山病等地方病史。

三是生态环境舒适度分析。涉及森林种类、分布、闭郁度、森林覆盖率，以及与气候、山水、溪流、景观之间的组合配套关系。生态良好、环境优美、风光秀美、环境幽静等是旅游度假区所在地域的刚性要求。

四是空气质量情况分析。包括空气质量常年国家标准，包括空气中的负离子浓度。良好的生态环境带来优质的空气负离子和丰富的植物芬多精资源，植物芬多精资源的开发利用，前景广阔。优异的空气，对于人体健康和长寿十分有利。

五是水质情况分析。包括旅游目的地水系所在区域水系的分布，雨水分布情况，以及与气候、空气、水质之间的联系，地表水质国家标准等。

六是常年年均温度情况分析。通常是连续 30 年左右气候分布情况，包括平均温度、最高温度、最低温度，温度与湿度关系，以及与周围相似地区对比等。

七是常年相对湿度分析。包括空气常年相对湿度分布，以及湿度与温度之间的关系，及其对生态环境舒适度的影响。

八是云层分布情况分析。涉及所在区域全球层状云气候分布情况，及其与太阳紫外线强度关系分析。

九是日照风速情况分析。常年年均日照时数分布，每年冬、春、夏和秋的平均风速，以及与旅游人体感觉关系。

十是降雨量及降雨率分析。常年降雨量分布情况，包括雨量大小、雨日多少，下雨与旅游生态环境及旅游活动的关系。

十一是旅游舒适期分析。对比分析所在地区的旅游舒适程度及"旅游舒适期"持续天数，以及与周边相似地区的特色优势比较。

三、历史人文背景

这里特指所在地区的历史文化和人文生态旅游环境。主要是关于一个区域的历史文化情况，又称文脉。它是一个地方的文化脉络源流，了解一个区域的文脉特别有助于分析掌握它的人文类旅游资源。人文生态环境是一定条件下各种环境因子综合作用的结果，包括工作环境、物质条件、思维模式、行为方式、价值标准等因子。

(一)历史人文环境

历史人文环境可定义为：一定社会系统内外文化变量的函数，文化变量包括共同体的态度、观念、信仰系统、认知环境等。历史人文环境是专指由于人类活动不断演变的社会大环境，是人为因素造成的、社会性的，而非自然形成的；是人类的社会、文化和生产生活活动的地域组合；是社会本体中隐藏的无形环境，是一种潜移默化的民族灵魂。

历史人文环境涉及旅游目的地历史背景、地域文化、民族文化自豪感、共同价值观、生活方式、人口状况、文化传统、教育程度、风俗习惯、宗教信仰等。可以从区域历史沿革、人口、民族、文学、文艺、民俗、建筑、生活等方面来分析。

（二）传统文化

是所在地区居民及其祖先所创造的、世代所继承发展的、具有鲜明民族特色的、历史悠久、内涵博大精深、传统优良的文化。反映所在地区当地民族特质和风貌的民族文化，演化历史中的各种思想文化、观念形态等，除了儒家文化这个核心内容外，还包含有其他文化形态，如道家文化、佛教文化等。

传统文化具体包括文化传统、农业文化、诸子百家、棋琴书画、传统文学、传统节日、传统戏剧、传统建筑、传统中医、宗教哲学、民间工艺、中华武术、地域文化、民风民俗、衣冠服饰、器物藏品、饮食厨艺、传说神话、神妖鬼怪等。

（三）人文景观

人文景观是指具有一定历史性、文化性，一定的实物和精神等表现形式的旅游吸引物。最主要的体现即聚落，其次有服饰、建筑、音乐等。而建筑方面的特色反映即宗教建筑景观，如伊斯兰建筑景观、佛教建筑景观。人文景观具有如下主要特点：①有旅游吸引力；②历史性，要求要有一定的历史时期的积累；③文化性，需要有一定的文化内涵；④多种表现形式，可以是实物载体，像文物古迹；也可以是精神形式，像神话传说，民俗风情。旅游目的地历史人文景观可分为以下四类。

1. 文物古迹

包括古文化遗址、历史遗址和古墓、古建筑、古园林、古窟卉、摩崖石刻、古代文化设施和其他古代经济、文化、科学、军事活动遗物、遗址和纪念物。例如，北京的故宫、北海，西安的兵马俑，甘肃莫高窟石刻以及象征民族精神的古长城等等这些闻名于世的游览胜地，都是前人留下的宝贵人文景观。

2. 革命活动地

现代革命家和人民群众从事革命活动的纪念地、战场遗址、遗物、纪念物等。例如，新兴的旅游地井冈山除了具有如画的风景外，也有"中国革命的发源地、老一辈革命家曾战斗过的地方"这些人文因素，无疑使其成为特殊的人文景观。而大打"鲁迅牌"的旅游城市绍兴，起主导作用的鲁迅故居、三味书屋、鲁迅纪念堂等也都是这类人文景观。

3. 综合人文景观

历史文化与现代经济、技术、文化、艺术、科学活动场所形成的各种主题人文景观，如高水准的音乐厅、剧院及各种展览馆、博物馆。如农耕文化为主题的农业示范园、农业观光园这样把历史文化与科研、科普、观赏、参与结合为一体的符合新时代要求的历史人文观光地也是此类人文景观的一种。

4. 民族人文景观

包括地区特殊风俗习惯、民族风俗，特殊的生产、贸易、文化、艺术、体育和节目活动，民居、村寨、音乐、舞蹈、壁画、雕塑艺术及手工艺成就等丰富多彩的风土民情和地方风情。如云南各民族独特的婚俗习惯、劳作习俗、不同的村寨民居形式、服饰、节日活动等。

四、经济生态环境

主要是关于旅游目的地经济发展、经济计划、基础设施建设、对外交往等方面的情况。特别是一、二、三产业比值和产业结构。尤其是旅游目的地特色农业、特色工业与第三产业之间的关系。这些资料基本上都是二手资料，可以在相关的资料里找到，如地方志、统计资料、年鉴、政府报告等。了解这些情况，一方面可以看出一个地区投资和融资的能力、进行基础设施建设的能力，还可以了解人员的来往情况，大致的客源情况。

(一)经济环境与生态旅游

较发达的区域经济和较强的旅游需求可以有力地推动区域旅游的发展，促使旅游开发的范围逐步扩大，区域旅游业的空间布局形态也可能由点发展到轴带再发展到成熟网络，甚至可能发展为类似于城市连绵区的旅游板块。区域内部不同旅游地的经济实力存在着差别，这使得某些旅游地凭借雄厚经济实力快速发展，导致其在区域旅游网络中的作用发生变化，形成新的区域旅游结构。这是经济实力影响旅游空间布局的典型特征。

(二)外部生态经济旅游环境

经济生态环境，包括旅游目的地外部生态经济旅游环境和内部生态经济旅游环境。其中，外部生态经济旅游环境是指满足生态旅游者开展生态旅游活动的一切生态经济条件。经济环境是旅游活动的物质基础条件，包括基础设施条件、旅游服务设施条件以及旅游投资能力大小和接纳旅游投资能力大小等。在进行基础设施、旅游服务设施等建设过程中，甚至是整个旅游区经济发展中，是否遵循了生态学和生态经济学的基本原则，是否考虑了经济、资源、环境等协调发展，往往会影响到生态旅游业的发展。如果区域经济一味地强调经济发展，造成了环境破坏、资源损耗等，其结果往往是生态旅游不可持续发展。

(三)内部生态经济旅游环境

内部生态经济旅游环境主要指旅游业内部的政策倾向、管理制度、从业人员等对生态旅游的认识和责任程度。生态旅游同其他旅游形式一样，若有公平的市场环境、良好的市场秩序、规范的市场运行机制、有效的旅游市场主体等，就会有利于旅游企业在市场经济中竞争，有利于克服市场混乱、管理混乱等弊端，有利于建立良好的行业竞争环境，促进旅游产业各部门良性运行。同时，生态旅游发展也需要其他部门、其他旅游经济成分按生态经济原则运行，以利于协调统一发展。生态旅游还需要旅游行业内部对生态旅游有较高的认识、较好的理解、较高的责任，以使生态旅游正常运作。

五、社会生态环境

广义的社会环境包括整个社会经济文化体系，如生产力、生产关系、社会制度、社会意识和社会文化。地方政府对于旅游业的支持力度直接决定着当地旅游业的发展前景。社会生态环境包括旅游目的地交通条件、通信条件、经济状况和条件、城镇分布与功能、基础设施环境、投融资环境、竞争环境等。这里重点阐述政治生态环境、人文生态环境及人文生态氛围。

(一) 政治生态环境

生态旅游政治环境是指旅游目的地政府在区域旅游政策、旅游管理等方面影响生态旅游发展的软环境，能够对生态旅游发展起到一种促进或阻碍作用。区域旅游政治环境不仅影响到生态旅游业产业结构的资源配置，而且对生态旅游业快速健康稳定发展起着宏观调控作用。政策支持与否，对生态旅游业发展起着至关重要的作用。若国家和地区积极支持生态旅游业的发展，使得生态旅游业快速发展，旅游收入就会明显增长。而生态旅游管理技能水平往往关系到旅游地域能接纳生态旅游者的数量和生态旅游活动的强度。

(二) 文化生态环境

"天人合一"文化旅游环境是指在认识到人类与自然界互利、共生关系的思想指导下，在进行旅游开发，特别是生态旅游开发过程中，树立人与自然和谐发展的观念。"天人合一"的文化思想在我国古代思想中能找到其萌芽，且早已在实际生活中加以运用。人文生态环境，历史上一系列名胜古迹，特别是一些宗教名山就是祖先与自然共同创造"天人合一"人文生态环境的典范。在建寺之时，对一系列建筑作技术处理，不但不破坏自然，还使原有景观更加突出，创造出优于纯自然的"天人合一"环境。生态旅游之所以蓬勃发展，就是因其旅游活动对生态和文化有着特别强的责任感，能促进人类与自然界协调与共同发展。

(三) 人文生态氛围

人文生态氛围亦即生态旅游发展的人文生态软环境，包括区域生态旅游氛围、社区生态旅游氛围和旅游者生态旅游氛围。

1. 区域生态氛围

区域生态氛围主要指在洁净、优美的生态环境基础上，由历史和现代开发所形成的反映该区域历史生态、地方生态或民族生态的人文环境。区域生态氛围在一个旅游地域往往是独特的，是各种生态系统漫长的演替、社会发展以及社会与自然共生条件下所形成的，对旅游者充满着神秘的吸引氛围，往往也是一个生态旅游区域历史的、文化的、民族的特色在某些方面的体现，是旅游者所能感知的一种人文关怀。它由生态人文环境的各要素组成，并具有典型性、独特性和民族性，往往也是一个地区旅游生命力和灵魂之一。

2. 社区生态氛围

社区生态氛围是生态旅游社区居民对于生态旅游的观点、看法与行为等所形成的一种软环境。社区生态氛围除了涉及绿色环境质量、文化环境质量、交通环境质量，尤其包括旅游目的地社区对旅游业的支持程度、好客程度、友好程度和人文素质，其中生态旅游社区居民能否积极支持发展生态旅游，往往也是该地生态旅游发展至关重要的问题之一。主要涉及旅游目的地人口及分布，城镇化状况，各项社会事业的全面进步，人民生活水平等。

3. 旅游者生态氛围

旅游者生态氛围是指旅游者生态旅游素质和生态旅游者在进行旅游活动时反映出来的旅游氛围。生态旅游者应该是具有较高素质的文明旅游者。广泛宣传生态旅游，提高旅游者的生态意识和环境保护意识，规范和引导生态旅游者的行为是营造良好的旅游者生态旅游氛围的关键。

第八章　生态旅游产品体系

生态旅游产品概念随着生态旅游理论发展应运而生。生态旅游产品是从 20 世纪 70 年代开始，进入 20 世纪 90 年代以后迅速发展起来的新兴旅游产品。其传统特点是知识性要求高、参与体验性强、客源市场面广、细分市场多。因此，生态旅游产品是 21 世纪世界旅游发展的主流，具有良好的发展前景和潜力。生态旅游产品构成生态旅游理论框架中最重要的内容之一，在生态旅游系统中主要属于生态旅游客体(生态旅游目的地)子系统范畴。在诸多的论著和教材中，很少涉及生态旅游产品的内容或章节。以"生态旅游产品"为主题或关键词的研究文献较多，但在具体实证和研究过程中，通常把生态旅游与生态旅游产品相混淆。因生态旅游产品的复杂性和综合性，至今国内外尚无明确的生态旅游产品界定。本章节从成因、时空、系统的观点，力所能及地给予生态旅游产品科学的界定。生态旅游产品是一个综合、动态的概念，这里主要包括生态旅游产品概述、生态旅游产品开发、生态旅游产品认证和生态旅游产品营销。

第一节　生态旅游产品概述

一、生态旅游产品概念

根据旅游产品定义结合生态旅游特征，生态旅游产品总体包含广义和狭义两大类(图 8-1)。前者包括有形产品、无形产品、虚拟产品，其中无形产品特指旅游软件服务产品，虚拟产品特指依托大数据加工通过网络工具实现的虚拟产品。有形产品包括三种类型，一种是无法迁移的目的地型产品，一种是基于食住行游购娱六要素的要素产品，另一种是可搬动的旅游商品。狭义的生态旅游产品特指目的地型旅游产品，包括项目产品或景区产品、线路产品和综合产品。项目产品或景区产品、线路产品和综合产品三者之间，既可以独立存在，也可以组合成为一个综合整体而存在。

由于在生态旅游产品生产和消费过程中，具体的生态旅游产品消费过程最主要的形式是从客源地通过旅游通道到达目的地去消费目的地型旅游产品，这种形式往往伴随有其他类型生态旅游产品形式的消费，比如在进行生态旅游区功能活动的同时，离不开相应的食住行游购娱要素产品、旅游商品和软件服务的消费。而单纯从客源地出发到目的地去专门购买旅游商品或者消费要素产品或者经历旅游服务，这种旅游活动是非常少见的。至于无形产品的单纯消费，基本上不可能的。虚拟产品作为一种特殊的生态旅游产品，可以单独消费。可见，通常的生态旅游产品即指狭义的生态旅游产品或目的地型生态旅游产品(图 8-2)。这里主要讨论目的地型生态旅游产品。

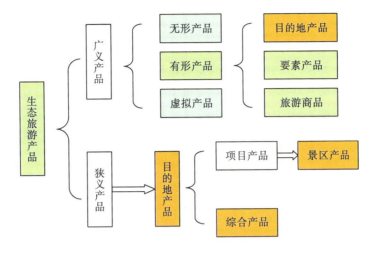

图 8-1 生态旅游产品概念框架

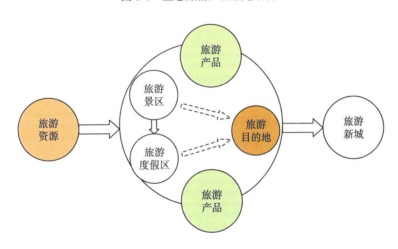

图 8-2 旅游景区产品开发演化规律

(一)生态旅游目的地与生态旅游区产品

生态旅游目的地产品与生态旅游区产品是基于产品资源属性的生态旅游产品称谓,构成生态旅游产品的核心产品和主要形式,可以是自然生态旅游(区)目的地,也可以是人文生态旅游(区)目的地。生态旅游目的地是开展生态旅游活动的基础,是吸引旅游者的生态旅游资源富集的特殊区域,也是生态旅游相关设施和服务的集聚地。生态旅游目的地大多是具有景观价值的,具有浓郁地方特色的自然生态型、乡村生态型或生态城镇等自然文化生态综合系统。生态旅游目的地是由生态旅游客体(生态旅游资源)与媒体(生态旅游产业)和载体(生态旅游环境)紧密联系而形成的一个能够接待旅游者的区域空间。生态旅游目的地在满足旅游者的"游"和"娱"的主要功能的基础上,还应满足其食、宿、行、购的旅游需求。生态旅游目的地的核心是生态旅游区,生态旅游区是生态旅游赖以开展的主体空间，也是生态旅游产品的具体承载者。除了生态旅游区外，还有为生态旅游者服务的相关设施，包括宾馆、餐厅、交通设施以及当地社区等。

与一般的旅游目的地不同，生态旅游目的地往往是在比较偏远的山区，距离大中城市较远，这些地区因交通条件不理想，人类干扰因素较少。在一些生态旅游目的地，往往有很多野生物栖息，如果为了强调交通的便利性开筑公路，结果就是破坏植被，且隔离了野生动物的迁移，从而对珍稀生物的生存造成了很大的影响。因此，在发展生态旅游的过程中，首先要考虑当地环境的保护，而不能强调为旅游者服务而破坏环境。从某种角度来说，生态旅游目的地可进入性的不足恰恰增添了旅游者的兴趣。同时，生态旅游目的地的交通工具也需要更多地考虑环保，确保对环境影响的最小化。

生态旅游目的地的功能是为旅游者提供旅游活动场所和服务，在六大旅游活动要素中，"游"和"娱"是核心。而这两个要素的吸引源及活动地均主要在生态旅游区。因此，生态旅游区是生态旅游目的地的核心功能区，是旅游者完成"游"和"娱"的主要场所。

生态旅游区产品是生态旅游目的地中由一系列景点组合而成的、具有生态美学特征的、主题和功能较为明确的旅游地域系统。生态旅游区产品具有如下几大特点。

首先，生态旅游区产品为一地域系统。在生态旅游目的地分级系统中，生态旅游区是生态旅游目的地系统中位于第二层次的旅游地域系统。

其次，生态旅游区产品是生态旅游点、吸引物相对集中的地域。在生态旅游目的地中，生态旅游区是生态旅游景观在空间上相对集中的地域，与一般旅游景区的区别是其吸引物主要是自然生态景观和文化生态旅游景观。每一个生态旅游区，都有自己的特色，一个旅游地往往有多个不同类型的生态旅游区，有的是纯自然的，有的是文化的。

最后，生态旅游区产品是一个管理系统。生态旅游区的景观、活动及环境均是受人管控的，最初始的管控就是生态旅游开发管理，进而是旅游经营管理。当然，这其中都贯穿了保护管理，这就是生态旅游区有别于一般旅游景区的关键。一般旅游景区管理的目的是效益，而生态旅游区管理则突出经济、社会和生态三大效益的协调，以旅游可持续发展为终极目标。

生态旅游目的地产品可进一步细分为生态旅游片区、生态旅游区、生态旅游景区、生态旅游景点、生态旅游景观等不同等级的生态旅游产品形态。

(二)生态旅游产品、生态旅游项目与生态旅游线路

生态旅游产品、生态旅游项目与生态旅游线路是基于产品形态(product form)和产品状态(product status)的生态旅游产品主要体现形式，生态旅游产品既是一种统称，也可以是成熟的具体的生态旅游产品，它涵盖生态旅游项目与生态旅游线路。生态旅游项目与生态旅游线路也是各自独立的生态旅游产品形态和状态，也可以进一步相互有机组合形成更为成熟的综合的生态旅游产品。生态旅游产品是利用生态资源开发旅游，通过旅游保护生态双向促进的高层次旅游产品。建立在生态旅游产品或产品群(product groups)相关联基础上的生态旅游产品品牌，它不仅有利于更好地识别某个或某些生态旅游产品销售者的产品或服务，并可作为与竞争对手的产品或服务区别开来的名称及其标志，更是生态旅游产品的质量、价值、满足旅游者效用的可靠程度以及产品所蕴含的文化内涵和旅游者对产品认可程度的综合体现，生态旅游产品同样是能给生态旅游者带来独特精神享受的一种利益承诺(周笑源，2007)。

生态旅游产品属于旅游产品的一种专项类型，是旅游产品体系中的特殊专项产品，因而它遵循一般旅游产品的概念，也是生态旅游供给者提供给生态旅游消费者的物质产品和各种服务的总和。这类产品以生态旅游吸引物为核心，具有满足旅游者以自然和人文生态为取向的各种需要和利益的功效。生态旅游产品和生态旅游项目是一种动态、综合的既对立又统一的关系。

生态旅游产品和生态旅游项目的关系。生态旅游产品包含生态旅游项目，生态旅游项目是生态旅游产品的重要组成部分。生态旅游产品范围广，涉及旅游六大要素。一般来说，生态旅游项目特指具体的建设项目或活动项目，建设项目如游客中心、生态厕所、森林酒店、旅游公路、户外基地、温泉基地、度假营地等，活动项目如划船、登山、骑马、漂流等，这些项目可以单独成为生态旅游景区的旅游产品。旅游规划涉及的生态旅游产品，其范围更广、内涵和外延更为丰富，如休闲度假旅游产品、科普旅游产品、观光旅游产品、节庆旅游产品等，包括的内容就比较多，生态旅游产品也可以是一个度假村或者生态景区，也可以是一条旅游线路，这条线把景区、景点联系在一起，如长江三峡生态观光游产品，就包括整个行程的吃、住、游、购、娱、行等。再如宗教旅游产品可以是整个景区甚至区域中的宗教朝拜的旅游线路，线路产品就涉及景点及旅游项目等。

（三）生态旅游产品的界定

以"生态旅游产品"为主题或关键词的文献较多，但在具体论述过程中，通常把生态旅游与生态旅游产品相混淆起来。大有将生态旅游相关方面内容都归结于生态旅游产品之势。高峻（2010）认为，生态旅游产品系指供生态旅游者消费、享受的物质与精神产品，包括生态旅游吸引物、生态旅游线路、生态旅游基础设施、生态旅游服务、生态旅游的可进入性等。

生态旅游吸引物是生态旅游产品的核心，包括自然生态旅游资源、人文生态旅游资源、当地社区吸引物等。通常谈论的生态旅游产品就是立足于生态旅游吸引物而开发出来的独具特色的旅游产品。

生态旅游基础设施包括各种住宿设施、餐饮设施、服务设施、娱乐设施等，其最大特点是能反映对资源的可持续利用、生态环境的最小影响以及环境污染的有效控制，它是生态旅游产品的核心价值。

生态旅游服务是旅游目的地为提供生态旅游产品消费而提供的配套服务，它是一种无形的产品形式，主要反映在环境解说系统、服务过程中对环境的影响，以及生态环境的宣传教育方面。

生态旅游可进入性是指从客源地到达生态旅游目的地之间的距离、交通条件、费用、时间等因素的总和，它包括了便捷性、区位条件、安全性和交通基础设施的生态化程度。

在上述内容基础上，结合其他学者的观点，作者提出生态旅游产品的定义如下。

生态旅游产品（ecotourism products）是指以可持续发展为理念，依托良好的自然生态环境和独特的人文生态系统，采取生态友好方式通过生态旅游资源的开发、利用和加工，提供满足旅游者消费需求的旅游项目、旅游设施和旅游服务的综合旅游产品，即向游客提供一次生态旅游经历所需要的各种物质和精神服务的总和。

生态旅游产品可从以下几个方面加以理解和认知。

(1)生态旅游产品是以生态旅游吸引物为核心,附加各种物质和精神服务而形成的具有原生态美的综合产品,具有明显的生态旅游资源继承性。

(2)生态旅游资源的开发、利用和加工方式,是以可持续发展为理念,以保护生态环境为前提,采取生态节约和友好方式进行的。

(3)生态旅游产品包括旅游项目、旅游设施和旅游服务三个基本方面。旅游项目包括各种旅游活动项目和建设项目,旅游设施包括各种基础、配套和服务设施,旅游服务包括各种管理和服务。

(4)生态旅游产品应该达到生态旅游相关认证标准的要求。开展的旅游项目是使旅游者获得心身愉悦的生态体验、生态教育、生态认知等生态友好项目,旅游设施是资源节约型和环境友好型的,旅游服务包括绿色管理和绿色服务。

二、生态旅游产品类型及分布

(一)基于资源属性和功能的分类

生态旅游产品属于典型的资源型旅游产品,具有明显的旅游资源传承特质。从成因属性和资源吸引要素角度来看,生态旅游产品包括以下两种类别:①自然景观生态旅游产品。自然景观旅游资源及其本质的释放是自然景观生态旅游产品表征或特色的展示,展示给旅游者的是能够构成景观的资源体,如草原、湖泊、河流、森林、峰丛、峡谷、沙滩、雪山等。②人文景观生态旅游产品。它以人文旅游资源开发作为旅游产品的一部分,如古城镇、古街区、寺院建筑、历史遗迹、古城、民族文化、民族风情等。③综合类型生态旅游产品。实践业已证实,生态旅游产品形成和分布往往不只是单一的自然景观资源或者单一的人文生态景观,而往往是两者的互为统一和有机结合,构成整一的原生态自然人文生态旅游综合产品。

按产品性质和功能划分,生态旅游产品可分为以下三大类:①生态观光旅游产品。生态观光旅游产品是供旅游者观赏、游览和参与体验的旅游产品,是供旅游者消费的自然风光、文化内涵的展示品和民族风情体验等方面的旅游经历。观光旅游产品是生态旅游产品的基础组成部分,它不会因为旅游向高级市场发展而失去市场的购买力。②生态度假旅游产品。生态度假旅游产品是以自然资源和生态环境为背景,可结合人文生态旅游项目,供游客在一定时间度假消费的旅游产品。③生态专项旅游产品。生态专项旅游产品是指以自然生态旅游资源或人文生态旅游景观的消费为主要内容的专项旅游产品,如民族生态旅游产品、自然探险旅游产品、民族节庆旅游产品等。

综上,基于成因属性和资源吸引力要素的分类,过于强调生态旅游产品的资源继承性,而忽视了生态旅游产品其他要素在分类中的作用,如旅游设施、旅游服务等。基于产品性质和功能的划分,则过于强调生态旅游产品的观光功能、度假功能和其他专项功能,而忽略了生态旅游产品的其他特色功能和综合功能,如康体度假、养生度假、居住度假等。两种分类均过于简单,未能涵盖生态旅游产品的综合特质和效果。

(二)基于资源特质和品级的分类及分布

依托资源品级和资源特征,结合自然地理与空间分布规律和管控机制,可以划分为世界遗产型生态旅游产品、国家遗产型生态旅游产品、其他类型生态旅游产品三种类型。该分类的作用和意义是通过基于资源品级、资源特征和管控机制的分类,从生态旅游资源空间分布规律和生态旅游产品管理体制的视角,阐述生态旅游产品在全世界的空间分布特征及规律。

1. 世界遗产型生态旅游产品

包括分布于地球上不同国家、地区中的所有世界遗产地,属于世界最高品质的典型的生态旅游精品。就我国而言,此类生态旅游精品主要包括世界自然遗产型、世界文化遗产型、世界自然文化双重遗产型、世界文化景观型以及可能的其他形式的世界遗产型。

其中,世界自然遗产型生态旅游产品,如黄龙、九寨沟、武陵源、三江并流保护区、大熊猫栖息地、中国南方喀斯特、三清山、中国丹霞、澄江化石遗址、新疆天山、湖北神农架等;世界文化遗产型生态旅游产品,如北京故宫、沈阳故宫、秦始皇陵、敦煌莫高窟、周口店北京人遗址、长城、武当山古建筑群、重庆大足等;世界自然与文化双重遗产型生态旅游产品,如泰山、乐山—峨眉山、青城山—都江堰、黄山、武夷山等;世界文化景观型生态旅游产品,如庐山、五台山、杭州西湖和哈尼梯田文化景观等。

可能的其他形式的世界遗产型生态旅游产品,包括:①线性遗产,如京杭大运河、丝绸之路、长征、蜀道等,以及国外的塞默林铁路(奥地利)、大吉岭喜马拉雅铁路(印度);②人类口述和非物质遗产,如非洲的艾法预言体系非物质文化遗产;③世界记忆遗产,如我国纳西东巴古籍文献;④世界农业遗产,如浙江青田稻鱼共生系统、江西万年稻作文化系统、贵州从江侗乡稻鱼鸭系统、云南普洱古茶园与茶文化、内蒙古敖汉旱作农业系统等;⑤世界湿地遗产,如青海湖、洞庭湖、泸沽湖等。

钟林生等(2006)根据地域分异规律与生态学原理,将世界生态旅游地域系统划分为6个生态旅游洲、29个生态旅游大区、71个生态旅游区以及若干生态旅游地。

2. 国家遗产型生态旅游产品

国家遗产型生态旅游产品是世界生态旅游产品的主要组成部分。根据管理体制和习惯,可分为三种情况进行阐述。一种是中国国家遗产型,一种是国外的国家公园型,还有一种是国立公园型。事实上,国家公园和国立公园近等同含义,但为了便于讨论,这里把国家公园型和国立公园型分开论述。

中国国家遗产型生态旅游产品特指中国现有体制管理框架下的各种国家自然和人文遗产分布区域。主要包括:国家自然保护区,国家风景名胜区,国家森林公园,国家地质公园,国家水利风景名胜区,国家湿地公园,国家水利风景名胜区,国家生态示范区,国家历史文化名城、名镇、名村,全国重点文物保护单位,国家自然遗产、国家文化遗产和国家自然与文化双重遗产等。他们都是我国生态旅游产品分布的最主要区域,总体呈现出多头管理、条块分割、机制滞后的特点和弊端。目前,除台湾地区外,我国黑龙江、云南省等,也提出并进行了各种国家公园的实践,但并非真正体制意义上的国家公园。2015

年,国家发改委、财政部、国土部、环保部、住建部、水利部、农业部、林业局、旅游局、文物局、海洋局、法制办等 13 个部门,联合印发了《建立国家公园体制试点方案》(以下简称《方案》),提出在 9 个省份开展"国家公园体制试点",但总体进展缓慢。

另一种是以美国为代表的世界大多数国家,包括美国、欧盟、英国、俄罗斯、澳大利亚、新西兰、非洲、北美洲、南美洲等实施的国家公园体系,包括各种国家公园、国家历史遗迹、历史公园、国家历史地标公园(national historic landmarks)等,它们保护着特别的自然、地理、地质、湿地、湖滨、河滨、海岸线、动植物、历史遗迹、古战场、建筑、纪念馆、原住民文化等。总体具有如下特点:①中央政府垂直管理,即由所在国家政府下属的国家公园管理局直接管理;②资源管理、处置权专一,国家公园内的土地资源只有经所在国家的国家公园管理局批准方可进行使用(国家公园管理部门不参与公园内的经营项目);③法律监督体系完善,美国的国家公园保护建立在较为完善的法律体系之上,几乎每一个国家公园都有独立立法。

第三种是以日本、韩国为代表的国立公园体系,代表了所在国家自然生态保护区或历史遗迹保护区所设置的国家公园,国立公园由国家管理。日本另有相当于"准国家公园"等级的国立公园,一样是由日本政府指定设置,但由各地方之都道府县政府进行管理。总体具有如下特点:①中央政府与地方政府、私人多方合作管理。日本很多土地属私人所有。日本的国立公园由环境厅与都道府县政府、市政府以及国立公园内各类土地所有者密切合作进行管理。②资源管理权、处置权排他性不强。根据日本的国家公园相关法律,规划出了"特别保护区""特别区"和"海洋公园"。未经环境厅批准,诸如建房、开矿、伐木、割除植物、收获植物、向河流排污等活动均不得进行。③法律监督体系完善。为有效地保护和充分利用自然风景区,日本颁布了《自然保护法》《自然公园法》等 16 项国家法律以及《自然环境保护条例》等法规文件,形成了日本自然保护和管理的法律制度体系。

3. 其他类型生态旅游产品

其他类型生态旅游产品既非世界遗产,亦非国家自然或人文遗产,而往往是由自然生态和人文生态构成的原生态自然人文综合系统产品。主要包括:

(1)国外的原住民领地原生态社区,如太平洋岛屿—热带雨林社区、拉丁美洲—安第斯山及印度大陆雨林区、东非—马赛族(the Maasai)社区部落、南非—原始资源保护区、西非—原始森林地区原生态社区、东南亚—山区(土著民、原住民)部落与岛屿国家等,这些地区表现为原始的自然环境与原始的部落社区组成的具有共生关系的原真性、原始性、原本性产品特点。

(2)我国广大少数民族聚集区,这些地区往往体现为原生态的自然环境和原生态的社区人文融为一体,如广西壮族自治区、西藏自治区、新疆维吾尔自治区、宁夏回族自治区、内蒙古自治区等省级民族自治区域,如以四川甘孜藏族自治州、阿坝藏族羌族自治州、凉山彝族自治州及湖南湘西土家族苗族自治州为代表的地区级民族自治区,以及以四川茂县等为代表的县级民族聚集区,都是这类生态旅游产品分布的主要区域。

(3)作为自然生态区域与都市区域之间的广大乡村区域,该区域是现代人群生产生活空间的边缘区域,是所在国家或地区农耕文明的现代活化石,该区域最大的特点是原生态的乡村自然资源和原生态的乡村人文景观富集,具体包括地文景观类资源、水域风光类资源、生物景观类资源和自然景象类资源,乡村自然景观资源是乡村生态旅游发展基础,乡村人文景观资源是以乡村农耕文明与乡村生活景观为核心的资源体系。

(4)城市区域中的各种古城、古镇、特色街区等。古城镇是先辈留下的珍贵的历史文化遗产,古城镇的存在意义不仅在于它本身的物质环境,还包括古镇所携带的历史信息。古城镇见证了千百年来历史的兴衰荣辱、沧海桑田,在高速发展的快节奏时代,古城镇以其传统的建筑风格、悠久的文化底蕴、隽美的景观风貌、悠闲慢谧的闲散时光,不仅具有重大的艺术、科研、科普价值,还具有重大的经济、社会和生态价值,吸引着无数游客。很多历史文化古街区昔日的繁华已不复存在,有些街区虽然部分保留古街区特色、街巷空间布局完整、古迹文物众多,但仍需要进行整体保护、修建与管理。遍布世界各国和地区的古城、古镇及古街区,往往是都市生态旅游目的地和旅游区分布的重要地区。

(三)基于系统理念的分类及分布

这里从系统理论和全域生态旅游理念,按照旅游资源吸引物空间形态和旅游产品构成要素组合特征,按从小到大,从简单到复杂,分为点、线、面、立体四个层级进行分类,分别对应于点状生态旅游产品、线状生态旅游产品、面状生态旅游产品和立体生态旅游产品四种。

1. 点状生态旅游产品

游客活动与消费的旅游产品相对限制在一个点状区域空间内,在空间形态上近似为一个点状,这个产品所在空间投影在平面上相当于一个点。这个点状旅游产品可以是一个景区或景点(由景观构成),由旅游吸引物、设施和服务构成(广义的景区产品);也可以是单一的旅游吸引物(景点或景观),不包括设施和服务,即狭义的景区产品;也可以是单一的旅游设施或者建设项目,如生态酒店、游客中心、生态广场、停车场、自驾营地、拓展营地、野战营地、运动公园、户外基地、度假营地等;也可以是单一的旅游活动项目,如观鸟、狩猎、垂钓、摄影、科考、探险、暴走、健行、徒步、登山、滑草、越野、溯溪、骑马、穿越、速降、摩托、溜索、攀爬、攀岩、岩降、溪降、探洞、田园采摘、生态农业活动等(表8-1),或是节庆晚会、节事活动、广场表演、竞赛活动、实景剧场等(图8-3)。

通常情况下,点状生态旅游产品规模主要是规模相对较小的旅游景区、景点或者景观,从组成上包括了旅游吸引物、旅游设施和旅游服务等,从成因属性上可以是自然生态景区如森林公园、湖泊景区等,或是人文生态景区如城镇、街道、乡村、寺庙等,也可以是人工生态产品如乡村公园、主题园等。

从大小层级上看,点状生态旅游产品大到一个旅游区的概念,或者一个建设项目如汽车营地、生态广场等,小到一个景点或景观吸引物,或者一个旅游服务设施如生态停车场或生态厕所,或者一个旅游活动,如垂钓、摄影、观鸟或者实景剧场等。点状生态旅游产品的特点就是以吸引物为核心,布局生态旅游设施和安排旅游服务,使旅游活动和旅游消费发生在特定的点状空间区域范围内,即呈现聚合形态。

除了上述点状生态旅游产品(旅游活动项目)外,旅游建设项目可以视为点状生态旅游产品,如全球十大生态度假酒店(度假村)就可以视为点状生态旅游产品:坦桑尼亚萨波拉营地酒店、南昆山十字水生态度假村、澳大利亚艾尔斯岩度假村、美国纳帕山谷盖亚酒店、斐济库塞斯特度假村、新西兰哈普库树顶屋酒店、银川月亮湖生态度假酒店、印度阿曼度假村、泰国苏梅岛上芒库莱潘酒店、三亚丽思卡尔顿酒店等。

表 8-1　全球各类典型线状生态旅游产品类型及分布

国家/地区	生态旅游产品	生态旅游项目(活动项目或建设项目)
南非	兰多罗兹自然保护区 (Londolozi Reserve)	实地野生动物考察；私人狩猎
	芬达私人野生动物自然保护区 (Phinda Private Game Reserve)	生态小木屋食宿；野生动植物观赏
	萨比萨比野生动物自然保护区 (Sabi Sabi Game Reserve)	野生动植物观赏；生态"泥屋"居住； 户外矿泉疗养浴；露营
	奇特瓦奇特瓦自然保护区 (Chitwa Chitwa Reserve)	露台观鸟；野生动物观赏；露营
	纳各拉度假和野生动物自然保护区 (Ngala Lodge and Game Reserve)	野生动物观赏；自然生态度假
	邦加尼山林度假区 (Bongani Mountain Lodge)	观赏野生动物；捕猎水牛；欣赏布须曼人(Bushman)艺术珍品；徒步穿越
	科瓦祖鲁—纳塔尔省自然保护区 (Kwazulu-Natal Conservation)	狩猎；钓鱼；露营；购买当地手工艺品
	麦迪科威野生动物自然保护区 (Madikwe Game Reserve)	观赏野生动物；狩猎；生态度假
坦桑尼亚	琼贝岛珊瑚公园 (Chumbe Island)	游泳；潜水；水下摄影；海洋研究
	奥利佛露营区 (Oliver's Camp，Tanzania)	长途徒步；露营
	纳戈熔戈火山口度假区 (Ngorongoro Crater Lodge)	野生动植物观赏；火山口深度游览、休闲度假
	多罗伯长途探险旅游生态系统保护区 (Dorobo Tours and Safairs，Tanzania)	汽车露营；徒步长途旅游
	阿玛尼自然保护区 (Amani Nature Reserve)	观赏鸟类、植物、蝴蝶和青蛙；了解当地自然和人文历史
	罗宾呼尔特 (Robin Hunting Safaris)	徒步；狩猎
博茨瓦纳	桑迪比度假区 (Sandibe Lodge)	生态摄影；狩猎；生态度假小屋食宿；木船垂钓与赏鸟；划玻璃纤维小船
	纳夏柏加度假区 (Nxabega Lodge)	水景观赏与体验；乘坐小游艇；水鸟等野生动物观赏
	杰克露营区 (Jake's Camp)	露营；观赏野生动物及其迁徙；观赏盐沼区；当地生态系统知识学习
赞比亚	卡桑卡国家公园 (Kasanka National Park)	野生动物观赏；生态摄影
津巴布韦	奇科文亚露营区 (Chikwenya Camp)	观赏野生动物；避暑露营；乘舟船游河；徒步旅行
	维多利亚瀑布谢尔渥特探险旅游区 (Victory Shearwater Adventures)	木筏激流；橡皮艇、木筏、独木舟漂流；水上雪橇；观赏野生动物；观赏鸟类；乘坐小艇、独木舟等；帐篷露营

国家/地区	生态旅游产品	生态旅游项目(活动项目或建设项目)
纳米比亚	斯皮茨库伯花岗岩区(Spitzkoppe)	休闲度假露营；欣赏当地民间艺术和文化；欣赏岩石雕刻绘画艺术品
	科亚第荷亚斯自然保护区 (Khoadi Hoas Conservancy)	赛马；私人狩猎
	那亚—那亚自然保护区 (Nyae-Nyae Conservancy)	赛马；狩猎；生态度假
塞舌尔	卡森岛、丹尼斯岛、佛莱加特岛 (Cousin Island，Denis Island，Fregate Island)	海鸟、海龟、玳瑁等观赏；海岛度假
乌干达	白尼罗河乌干达河(White Nile Uganda)	漂流；滑翔
	布文迪国家公园和马加辛加国家公园 (Bwindi and Mgahinga National Parks)	观赏丛林大猩猩；观赏鸟类、蝶类；森林徒步；帐篷露营
	布辛吉罗旅游区(Busingiro)	寻找黑猩猩；购买当地手工艺品；当地环境教育
塞内加尔	卡萨曼斯乡村旅游度假村 (Casamance Village Tourism，Senegal)	观赏野生动物；游玩海滩；与当地渔民捕鱼；和村民一起从事日常的农业生产劳作；游玩旅游俱乐部
肯尼亚	伊赛兰凯自然保护区 (Eselenkei Conservation Area)	观赏大象等野生动物；露营
	肯尼亚国家公园(National Park，Kenya)	垂钓；生态度假；观赏火烈鸟；湖畔赏鱼
加纳	卡库姆空中走廊 (Kakum Canopy Walkway)	行走空中走廊；欣赏雨林动植物景观；海滨休闲度假；露营；品尝当地美食；徒步旅行；观赏野生动物
马达加斯加	安塔那那利佛(Antananarivo)及其周围地区、罗西贝(Nosy Be)岛地区、埃圣玛丽(Ile St Marie)岛地区	海滨生态度假；观赏狐猴、鸟类、兰花等野生动植物
	马绍拉半岛(Masaola Peninsula)	徒步旅行；乘坐独木舟
所罗门群岛	拉皮塔生态小屋(Rapita Lodge)	灌木草药旅游；江河游猎旅游
菲律宾	巴拉望意勒尼都度假区 (El Nido Resort，Palawan)	野外跳水；居住沙滩小屋、水上小屋及森林小屋；划船等水上运动项目；观赏珊瑚、海龟等海洋生物
	苏拔峨—兰哥岛(Suba Olango Island)	观鸟；海岸远足；荡舟；潜水；游泳
	棉兰老岛 (Mindanao Island)	劳斯莱克树阴漫步(Noslek Arbor Canopy Walk)；宿营旅游；观赏瀑布
斐济	海龟岛(Turtle Island)	岛屿休闲度假；体验当地民间民俗
	阿巴卡娱乐休闲公园 (Abaca Village and Recreation Park)	徒步野营；游览雨林、火山地带和原始森林；体验当地历史和文化；体验家庭服务；参与当地农事工作
斐济	维提·利乌的纳武阿和怀尼克罗卢瓦上游 (Navua and Wainikoroiluva，Viti Levu)	急流冲浪；海滩生态旅游
	塔沃柔森林公园(Tavoro Forest Park)	游览雨林、瀑布；游泳；森林小溪戏水等亲水项目
	科罗亚尼图自然保护区 (Koroyanitu Conservation Area)	游览考古景点；观鸟；观赏干旱地森林

续表

国家/地区	生态旅游产品	生态旅游项目(活动项目或建设项目)
萨摩亚	萨纳尼冲浪度假区(Salani Surf Resort)	冲浪；体验当地民俗；居住当地民居
	乌波卢阿皮亚雨林生态小屋区(Rain-forest Eco-lodge，Apia，Upolu)	远足；海面漂流；居住海边吊脚楼；生态探险
	塔夫阿雨林(Tafua Rain-forest)	天篷路；观赏雨林等自然景观
	瓦法拖自然保护区(Uafato Conservation Area)	观赏瀑布、雨林景观；观鸟
	塔基图姆自然保护区(Takitumu Conservation Area)	浅水沙滩休闲度假；观鸟
	萨纳蒲—萨唐自然保护区(Saanapu-Sataoa Conservation Area)	沙滩休闲；穿越红树林；观鸟
尼泊尔	纳拉尼亚狩猎旅馆和生态小屋(Narayani Safari Hotel and Lodge)	狩猎；居住生态建筑
	喜马拉雅山脉安纳布尔纳地区(Annapurna)	远足；登山；木筏漂流；骑车；游艇游览；野生花卉考察游；自然和历史主体旅行；观察和拍摄野生动物
	喜马拉雅山脉埃佛勒斯地区(Everest)	远足；登山；急流漂流；林中小屋和茶室休闲
	上马斯唐(Upper Mustang)	观赏野生动植物；远足；露营
	巴格马拉社区森林(Baghmara Community Forest)	观赏野生生物；独木舟旅行；森林观景塔
	萨嘉玛莎峰国家公园(Sagarmatha National Park)	观赏杜鹃等高山植物；生态小屋休闲度假；徒步穿越；登山；攀岩
	马卡路巴润国家公园(Makalu—Barun National Park)	当地手工纺织品—阿娄(AllO)；徒步旅行；生态小屋
马来西亚	沙劳越州乌卢艾岛长屋(Ulu Ai Longhouse Sarawak)	参观长屋；观赏野猩猩等野生生物；乘坐游艇；购买当地手工艺品
	东海岸坎布格渔村(Coastal Kampung)	背包徒步；居民家庭接待；沙滩露营；乘坐渔船
	关丹"萤火虫观光旅行"(Kuantan Fireflies)	夜间观赏萤火虫；居住茅草生态小屋；红树林湿地景观观赏
印度尼西亚	托吉安群岛(Togian Islands)	潜水；珍稀生物观赏；居住当地民居；徒步；乘船
	布罗默峰(Mount Bromo)	观赏野生动物；山地探险；骑马；观赏火山口；火山口观看日出
	贡通哈利姆国家公园(Gunung Halimun National Park)	野生动植物观赏；生物考察；购买当地由竹子和藤制作的手工艺品
	科莫多国家公园(Komodo National Park)	专业野生生物旅游；乘坐船只；观看野生生物
	唐可可杜阿苏达拉(Tangkoko DuaSudara)	潜水；原始森林珍稀生物观赏；海岸、珊瑚、瀑布和山林观赏
瓦努阿图	瓦特艾自然保护区(Vatthe Conservation Area)	黑色沙滩休闲度假；观鸟；低纬度雨林景观

续表

国家/地区	生态旅游产品	生态旅游项目(活动项目或建设项目)
纽埃	胡瓦鹿森林保护区 (Huvalu Forest Conservation Area)	观赏珊瑚;观赏当地传统圣树;观赏椰子蟹、飞狐等动物
中国	喜马拉雅山流域的主要支流	乘坐皮筏;地球科学考察;体验自然、文化;探险
泰国	攀牙贝 (Phang Nga Bay)	乘坐充气筏;观赏特有动植物;红树林漂流;参观燕窝洞穴
	干乍那武里 (Kanchanaburi)	观赏瀑布;探索岩洞;体验当地手工艺品、园艺、传统医药;参加当地文化遗产保护活动
	考尧国家公园 (Khao Yai National Park)	观赏风景、瀑布和野生动物;野餐
印度	坎勒阿国家公园(Kanha National Park)	环境教育;森林夜景;观鸟
	玛那里和帕提里库尔 (Manali and Patlikul)	直升机滑雪;雪橇滑雪;喜马拉雅景观观赏
斯里兰卡	穆修拉甲威拉沼泽地 (Muthurajawela Wetlands)	游船旅游;沼泽地及礁湖景观
蒙古	古尔班塞克汗戈壁(Gobi Gurbansaikhan)	观赏野生动植物;峡谷景观;沙滩休闲
越南	库克芬、塔刀马、巴维、百马国家公园 (Cuc Phuong，Tam Dao，Ba Vi，Bach Ma National Park)	观赏珍惜动植物;观鸟;了解当地历史、文化;欣赏当地建筑
	下龙湾 (Halong Bay)	游览溶洞;溶洞探险;游船;潜游;背包徒步;环境教育
所罗门群岛	科马林蒂自然保护区 (Komarindi Conservation Area)	观鸟;森林生态景观;岩洞考古景点
	伦内尔岛 (Rennell Island)	潜水;二战遗迹;冲浪;生态度假屋;森林、瀑布、村庄一日游
澳大利亚	艾德雷德瓦拉旺(Warrawong，Adelaide)	观赏濒危物种;环境教育;生态摄影
	新南威尔士苏格提阿(Scotia，NSW)	野生生物旅游
	野生生物乐园——佛雷泽的选择 (Fraser's Selection，Land for Wildlife)	观赏野生生物;森林、原始雨林、瀑布景观
	安达拉火山国家公园 (Undara Volcanic National Park)	观赏独特的热带雨林景观;帐篷露营;安达拉岩浆旅店;居住世纪变迁火车车厢
	七神湾(Seven Spirit Bay)	航海;野生生物观赏;钓鱼;漫步
	布鲁姆观鸟台 (Broome Bird Observatory)	海洋鸟类游;红树林鸟类游;灌木鸟类驾车观赏;鸟类专业讲座;环境教育活动
	金伯利地区维拉里特角 (Cape Villaret，Kimberley)	垂钓;水上运动;野生生物观赏;露天淋浴;生态小屋食宿
	帕金卡山庄 (Pajinka Lodge)	自驾车旅行;灌木丛露营;土著文化、遗产、传统饮食和医药介绍
	奥瑞利宾馆(O'Reilly's Guesthouse)	森林度假;公园露营;野餐;鹦鹉、别墅鸟观赏

续表

国家/地区	生态旅游产品	生态旅游项目(活动项目或建设项目)
	宾纳布拉山庄(Binna Burra Lodge)	帐篷露营；溜索、钢丝秋千过河
澳大利亚	丝橡树山庄 (Silky Oaks Lodge)	徒步；就餐区鸭嘴兽观赏；温泉浴；生态小屋；环境教育 与解说
	登特利生态居 (Daintree Ecolodge)	独栋生态别墅居室；温泉浴；温泉治疗项目；当地动植物、 土著绘画解说
	克里斯托克里克亚雨林 (Crystal Creek Rain-forest Retreat)	玻璃生态小屋；雨林风景观赏；雨林漫步；救治受伤野生 生物活动；种植藤蔓
	科洛克戴勒斯村(Crocodylus Village)	背包旅游；自驾车旅游；雨林风景观赏；穿越雨林旅游环 线；游泳；夜间散步；海上赛艇
	莱蒙西姆山庄(Lemonthyme Lodge)	森林度假；个人温泉浴；湖泊观赏
	真贝—林加山庄(Jemby-Rinjah Lodge)	灌木生态小屋；森林度假
	中澳大利亚皮特简特加特加拉人 (Pitjantjatjara)和言昆特加特加拉人 (Yankunytjatjara)传统聚居区	凯夫希尔(Cave Hill)一日游；传统岩画欣赏三日游；永久 性野营基地七日游
	尤莫达克旅游区(Umorrduk Safaris)	小型露营旅行；岩石艺术画廊观赏；古代墓地观赏
	欣钦布鲁克岛(Hinchinbrook Island)	海上皮艇旅游；沙滩露营；海洋环境解说
	塔斯梅尼亚富兰克林河 (Franklin River，Tasmania)	漂流；划艇；远足；环境解说
	新南威尔士东北宁伊博伊达河 (Nymboida River，NSW)	漂流旅游；划艇；露营
	大堡礁海洋公园 (Great Barrier Reef Marine Park)	专业潜水旅游；海底潜游；跳水；直升机观景；水下珊瑚 观赏；动物习性、安全讲解；环境教育；海礁生态环境研 究和监测
	维多利亚公园(Victoria Park)	背包旅行；环保工作假期；土著文化旅游(Aboriginal Culture Tourism)
	曼亚拉卢克(Manyallaluk)	探险旅游；传统手工制品制作了解丛林中的食物和药品； 走访各类原始岩石地区篷车公园游览；露营
	杰诺伦洞穴保护区 (Jenolan Caves Reserve)	濒危物种观赏；洞穴游览
	菲利普岛企鹅保护区 (Phillip Island Penguin Reserve)	企鹅观赏；岛屿休闲度假；企鹅观景区；保护区解说标牌
	格林山空中走廊 (Green Mountain Canopy Walkway)	森林空中走廊；环境教育
	曼塔戈岛自然保护区 (Montague Island Nature Reserve)	森林景观观赏；乘坐游船；海水潜游
	罗特内斯特岛 (Rottnest Island)	考拉观赏；海滩冲浪；垂钓；潜水；自行车骑行；观鸟； 丛林小路漫步
	那拉古特山洞 (Naracoorte Caves)	夜间观赏弯翅蝙蝠；石灰岩山洞和化石观赏；山洞游客中 心；蝙蝠洞录像远程操作
	哈梅林叠层石(Hamelin Stromatolites)	叠层石及其微生物观赏；带有解说标识的木栈道

续表

国家/地区	生态旅游产品	生态旅游项目(活动项目或建设项目)
澳大利亚	乌鲁鲁—卡塔尤他 (Uluru-Kata Tjuta)	汽车营地；野营；攀岩；当地历史、土著传统文化和生活方式体验
	蒙瑞伯海龟 (Mon Repos Turtles)	海龟群栖地观赏；环境保护教育；海滩沙丘游客中心；木制走廊；海滩休闲
	西澳大利亚州树梢走廊(Tree Top Walk)	树梢空中走廊；桉树林景观观赏
	塔胡纳空中走廊(Tahuna Air-walk)	森林休闲；森林空中走廊；森林探险
	库兰科佛风景区 (Couran Cove Resort)	船舶式公寓、水上公寓、丛林矮屋参观与居住；捕鱼；游泳；乘坐电动车
	金鱼湾旅游胜地 (Kingfisher Bay Resort)	自助生态别墅、小屋食宿；海滩休闲度假；沙岛岛屿观光游览；湖泊、溪流观赏；当地历史文化体验
	绿岛旅游胜地(Green Island Resort)	珊瑚礁观赏；当地植物展览；林间漫步
新西兰	黄眼企鹅保护区 (Yellow-eyed Penguin Reserve)	20 分钟保护区多语种讲演和幻灯片放映；生物科学研究；隧道观赏黄眼企鹅
	维多摩蛇蜥洞(Waitomo Glow Worm Caves)	观看蛇蜥；徒步；乘坐小船；地下山洞游览
	泰阿若阿角(Taiaroa Head)	皇冠信天翁观赏；野生生物考察；动植物观赏
	凯库拉(Kaikoura)	海豹观赏；观抹香鲸表演；徒步背包
马尔代夫	马尔代夫岛屿 (Maldives Islands)	海滩休闲度假；海礁观赏；潜水；空中飞行；悬浮飞机登陆；海底鲨鱼观赏；冲浪；冬日阳光旅游；水上小屋观光与居住
哥斯达黎加	蒙特威尔德云雾林自然保护区 (Monteverde Cloud Forest Reserve)	云雾林观赏；克沙尔鸟群观赏；当地手工艺品展览
	拉拉阿维斯(Rara Avis)	乘坐拖拉机；观鸟；动植物知识展览；森林漫步；树冠攀爬；野生动物观赏；瀑布、池塘观赏
	托图格罗国家公园 (Tortuguer National Park)	水上漂流；参观与居住山区小屋、雨林河上小屋；体验私人农场篝火
	哥斯达黎加国家公园 (Costa Rica National Park)	水上漂流；森林观鸟；沙滩度假；蜜月旅行；探险旅游；徒步旅行；海上泛舟；浪上漂流
巴西	法兹恩达·里奥·内格罗 (Fazenda Rio Negro)	观鸟；野生动物观赏；乘坐独木舟；骑马垂钓；骑马放鱼；居住生态居室
	尤娜生态公园(Una Ecopark)	生态空中走廊；观鸟；森林野生动物观赏；攀岩
	克里斯塔里诺(Christalino Lodge)	观鸟；划舟；丛林小屋居室；森林景观
	普萨达巨鳄屋(Pousada Caiman)	观鸟；徒步穿越；骑马；泛舟；农场生态小屋
	加塔普河流(Jatapu River)	乘船、独木舟；近距离观赏野生动物；船上睡袋、树间吊床居住；野生动植物观赏
巴西	大西洋海岸森林 (Atlantic Coastal Forest)	动植物观赏；森林穿越；海滩避暑；户外野营；瀑布群观光；海湾游泳；垂钓；攀岩；乡村体验

续表

国家/地区	生态旅游产品	生态旅游项目(活动项目或建设项目)
巴拿马	威克索生态小屋 (Wekso Ecolodge)	乘坐传统木筏；观鸟；游览参观当地社区；居住小户型生态小屋；徒步穿越；居住瀑布小屋
玻利维亚	查拉兰生态小屋(Chalalan Ecolodge)	划船；徒步；观鸟；野生动物观赏；生态小屋
秘鲁	波萨达亚马孙和坦波帕塔自然保护区 (Posada Amazonas and Tambopata Reserve)	雨林生态小屋；野生动物观赏；原始云雾林遗迹观赏；树冠观赏塔观赏雨林景观；乘坐游筏；森林徒步
	花丝卡兰国家公园 (Huascaran National Park)	登山；攀岩；骑山地车；徒步旅行；滑雪；印加人遗址参观；传统安地文化体验
墨西哥	阿祖雷斯山地生物圈保护区 (Montes Azules Biosphere Reserve)	乘船；植物解说与展示；参观玛雅遗迹；动植物观赏
	卡特罗塞内加斯 (Cuatro Cienegas)	沙湖观光与体验；鱼类观赏；濒危野生动物观赏；地热喷泉观赏；湖泊、峡谷景观观赏
	瓜达拉哈拉(Guadalajara)	蝴蝶观赏、摄影；温泉康乐；山地森林度假
	基亚帕丝(Chiapas)	野生物种观赏；攀岩；观鸟
智利	普塔哥尼亚夫塔雷夫河 (Rio Futalerfu，Patagonia)	独木舟漂流；山地野营；垂钓；踩水；桑拿；居住河边宾馆和当地民居
	浮依河(Rio Fuy)	漂流；露营；垂钓
	飘飘河(Rio Bio Bio)	独木舟漂流；垂钓；居住河边宾馆
阿根廷	曼莎河(Rio Manso)	漂流；露营；垂钓
伯利兹	狒狒保护区 (Community Baboon Sanctuary)	面对面观赏狒狒；观鸟；森林穿越；居住民居
	南部的雨林区印第安玛雅村落 (Mayan Indian villages)	参观居住当地生态小屋；民居餐饮、住宿；当地歌舞观赏；森林游；当地手工艺品展销
	鸡冠花盆地野生动物保护区 (Cockscomb Basin Wildlife Sanctuary)	野生动物观赏；观鸟；当地纪念品展销；徒步穿越
厄瓜多尔	基瓜社区(Quichua Communities)	原始森林游；基瓜人歌舞观赏；社区参观；狩猎
	里堪西和拿波鲁那 (Riancie and the Napo Runa)	森林徒步；独木舟旅行；传统实地运动；传统口语知识；分享社区日常生活；当地手工艺品展销
	阿玛桑尼亚亚苏尼国家公园 (Amazonian Yasuni National Park)	社区参观；背包徒步；乘坐独木舟；野生动物观赏；自然环境知识教育
	考凡和库亚贝诺野生动物保护区 (Cofan and Cuyabeno Wildlife Reserve)	野生动物观赏；乘坐独木舟；观鸟；森林徒步穿越
	加拉帕哥斯群岛 (Galapagos Islands)	野生动植物观赏；珊瑚礁游览；环境教育
危地马拉	皮腾地区 (Pten)	玛雅遗址观赏；夜间观赏野生动物；观鸟；参观居住老式雨林社区；猩红金刚鹦鹉喂养
	圣彼得罗火山(San Pedro Volcano)	云雾林观赏；当地特色文化体验；火山观光游览

续表

国家/地区	生态旅游产品	生态旅游项目(活动项目或建设项目)
洪都拉斯	泰拉普恩塔萨尔国家公园 (Punta Sal National Park，Tela)	沟谷雨林观赏；野生动物观赏；湖泊水景观赏
加拿大	萨斯卡特湾红莓湖 (Redberry Lake，Saskatchewan)	观鸟；湖心岛游览；鹈鹕影像观赏
	阿鲁姆生态小屋 (Aurum Lodge)	越野，滑雪；踩雪；狩猎；骑马；乘坐雪橇车；山地车骑行；路外驾车；瀑布观赏；野生动物观赏；当地建筑及其文化游览体验；生态小屋、汽车旅馆居住
	圣劳伦斯河(St Lawrence River)	海上、海底白鲸观赏
	胡德森湾丘吉希尔和曼尼托巴 (Churchill and Manitoba，Hudson Bay)	陆地极地熊观赏；生态小屋居住；冻土带轻便马车旅行；乘直升飞机观赏熊；其他野生动植物观赏
	加拿大南部落基山脉 (Rockies)	直升机、雪板滑雪；徒步旅行；生态小屋居住；野生动物廊道观赏；森林景观观赏
	加斯帕国家公园 (Jasper National Park)	森林景观观赏；野生动植物观赏；登山；长途跋涉；钓鱼；漂流；泛舟；滑雪；骑车
美国	圣母玛利亚群岛玛奥湾 (Maho Bay，Virgin Island)	野营；潜水；潜泳；海中划独木舟；帆船驾驶；生态小屋、和谐小屋参观、居住；林间徒步
	加利弗尼亚野生动物保护区 (California Wildlife Reserve)	野生动物观赏；野生动物标识标牌解说；生态狩猎、捕鱼
	佛罗里达西部湿地	湿地、森林景观观赏；绿色小屋居住；当地文化体验
	华盛顿圣酋安岛(San juan Island)	海岸风光观赏游览；当地民居居住
	阿拉斯加威廉王子湾 (Prince William Sound，Alaska)	海上独木舟；野营；潜水
	阿拉斯加德那里国家公园 (Denali National Park，Alaska)	徒步旅行；野外露宿；保护区游览观赏；野外生存技能、技巧教育及评估
	黄石国家公园 (Yellowstone National Park)	森林景观观赏；大熊等野生动物观赏；特有、稀有植物观赏；登山；长途跋涉
俄罗斯	贝尔加湖(Lake Baikal)	湖泊观赏；环境教育水域珍稀物种观赏
	加波文尼克斯保护区 (Zapovedniks Reserve)	游猎观赏、观鸟、植物观赏游；乘牛车、划木筏、骑马旅行；考古、社区文化旅游；漂流；徒步穿越
	卡莱里亚沃德罗滋罗国家公园 (Vodlozero National Park，Karelia)	森林休闲度假；野外露营；环境教育
希腊	苏福里森林保护区 (Soufli Forest Reserve)	野生动植物观赏；观鸟；徒步旅行；野营；当地民居食宿；纪念品制作
	普莱斯帕(Prespa)	朗姆萨遗址观光游览；鹈鹕等濒危珍稀野生动物观赏
南极	南极和次南极地区	高空环游；游船航运；专家极地游；越野滑雪；登山；驾海上独木舟；乘航海快艇；露营；野生动物观赏；冰山、南极景观观赏
北极	北极地区	北极风管和冰川观赏；野生动物观赏；运动性垂钓；雪地车、自行车骑行

2. 线状生态旅游产品

游客活动与消费的旅游产品相对限制在一条线状区域空间内，在空间形态上近似为线状，该类产品所在空间投影在平面上相当于一条线。最典型的例子就是各种线性世界文化或自然遗产型生态旅游产品。线状生态旅游产品可包括线状项目产品和线状旅游产品：丝绸之路、茶马古道、非洲大裂谷、雅鲁藏布大峡谷、长城、长江、蜀道、黄河、秦岭造山带等，就是典型的线状项目产品；线状旅游产品如成都到西宁的"神奇天路"列车观光之旅、中国最美大道 318 国道之旅、长江游轮黄金游线、香格里拉自驾之旅、"世界屋脊"徒步之旅、"神奇天路"列车观光之旅、"雪域高原"越野之旅、"新丝路"自驾车之旅等，其最大的特点就是以汽车、火车、高铁、邮轮等为旅行工具，使旅游活动和消费过程相对限制在所经过的线路上。这条线有长有短，有粗有细，有相对笔直的，也有比较弯曲的(图 8-3)。长线状旅游产品通常为跨区域的，如丝绸之路旅游产品、环喜马拉雅生态旅游产品、茶马古道旅游产品、长江旅游产品、黄河风情产品等，大到跨洲际或者国家之间或者省级之间的；短线状旅游产品如旅游区内的生态旅游环线，乃至旅游景点内的生态游线等。

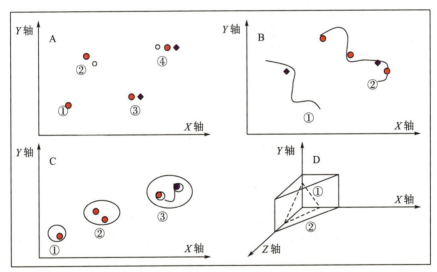

图 8-3 生态旅游产品空间结构类型

A-点状生态旅游产品图：①旅游吸引物产品；②吸引物+项目产品；③吸引物+旅游服务产品；④吸引物+项目+服务产品。B-线状生态旅游产品图：①相对均质的线状生态旅游产品；②异质性线状生态旅游产品。C-面状生态旅游产品图：①单一点状产品构成；②由两个以上同质点状产品构成；③由多个异质性点状产品构成。D-立体生态旅游产品图：①由点、线、面状生态旅游产品组合构成的立体旅游产品；②由点、线、面状旅游产品组合其他要素产品构成的综合立体生态旅游产品

与点状生态旅游产品不同，线状生态旅游产品的特点就是以生态旅游通道为核心，布局生态旅游设施和安排旅游服务，使旅游活动和旅游消费发生在特定的线状空间区域范围内，而旅游吸引物往往分布在旅游通道两侧的空间区域中，呈现线状展开形态。总之，线状生态旅游产品有跨洲际的、跨国的、跨区域的、跨省的以及目的地内的甚至景区内的游线或游览组织。目的地型线路产品主要是指旅行社推送的面向市场级别的旅游线路产品，

如自然遗产之旅、文怀遗产之旅、中国南方喀斯特之旅、红色文化之旅、三国文化之旅、熊猫生态之旅、世界屋脊探险之旅等。景区型线路产品特指旅游景区内部通道、游线或者环线，如四姑娘山国际专业登山游线、雅鲁藏布江国际生态穿越游线、九黄国际生态环线之旅等。全球典型的各类线状生态旅游产品详见表 8-1 所示。

综上，线状生态旅游产品可划分为跨区域型、目的地型和景区型三种类型。从大小层级上看，线状生态旅游产品大到一个跨洲际的线状生态旅游产品，如欧亚大陆桥之旅、丝绸之路旅游，或者一个区域线状旅游产品如长城游线、长江三峡游、黄河风情游，中到一个旅游目的地的旅游环线，或者旅游景区中的一条生态游线，小到一个旅游景点中的生态游线等。可暂定性划分为如下几个级别：世界级、洲际级、国际级（国家间）、跨省级、跨市级、跨县级、县级、目的地级等。我国《全国生态旅游发展规划（2016～2025 年）》提出的全国生态旅游"8·20·200·50 发展框架"中的 50 条生态旅游精品线路，主要相当于跨省级、跨市级。

3. 面状生态旅游产品

游客活动与消费的旅游产品相对限制在一定规模的区域空间中，在空间形态上表现为不同形状的空间区域，这个产品所在空间投影在平面上相当于一个面。面状生态旅游产品相当于旅游区型或者目的地型旅游产品。规模比景点式的点状生态旅游产品要大。为了区别点状与面状生态旅游产品体系，这里将旅游景区层级的作为判别临界，旅游景区、旅游景点、旅游景观等作为点状旅游产品，旅游区、旅游片区作为面状生态旅游产品。

与点状生态旅游产品最大的不同是，面状生态旅游产品的面积、规模和范围的差异大，明显大于点状生态旅游产品。另一个差异就是，由于面状生态旅游产品涉及范围广、空间大，其中的旅游要素更为丰富、组成更为复杂。面状生态旅游产品与线状旅游产品之间可能呈现的空间关系如下：①状生态旅游产品由多个同质的点状生态旅游产品组成，这种面状产品在投影平面上呈现多点构成的均衡面状；②一个面状生态旅游产品由多个非同质的点状生态旅游产品组成，这种面状产品在投影平面上呈现多点构成的非均质面状；③一个面状旅游产品由点状生态旅游产品（同质和非同质）与线状旅游产品有机交织构成，这种面状产品在投影平面上呈现多点与线状构成的面状（图 8-3）。

从规模上讲，面状生态旅游产品可以划分跨区域的、区域的、目的地的和景区型四个层次。《全国生态旅游发展规划（2016～2025 年）》提出的全国生态旅游"8·20·200·50发展框架"中，8 大生态旅游片区相当于跨区域的面状生态旅游产品（空间结构）；20 个生态旅游协作区即对应为区域性的面状生态旅游产品；200 个生态旅游目的地即为目的地型面状生态旅游产品。我国八大区域生态旅游区片区包括东北平原漫岗生态旅游片区、黄河中下游生态旅游片区、北方荒漠与草原生态旅游片区、青藏高原生态旅游片区、长江上中游生态旅游片区、东部平原丘陵生态旅游片区、珠江流域生态旅游片区和海洋海岛生态旅游片区。20 个生态旅游协作区如我国诸如跨区域旅游如大香格里拉生态旅游区、秦巴山区生态旅游区、高原藏区生态旅游区、三江并流生态旅游区等。

面状生态旅游产品按功能属性可以分为面状生态项目产品和面状生态旅游产品。面状生态项目产品如上述世界遗产型生态旅游产品和国家遗产型生态旅游产品，如自然文化遗产、风景名胜区、自然保护区、生态功能保护区、森林公园、地质公园、国家公园、国家历史文化名城(名镇)等。面状生态旅游产品如中国十大生态旅游景区：九寨沟(世界自然遗产名录)、吉林长白山("千年积雪万年松，直上人间第一峰")、浙江千岛湖(世界上岛屿最多的湖)、青海青海湖(中国最大内陆湖)、福建武夷山(世界文化与自然双重遗产)、西藏纳木错(世界上海拔最高的咸水湖)、香格里拉普达措国家公园(中国第一个国家公园)、湖南张家界(世界自然遗产)、湖北神农架("世界生物圈保护区")。

4. 立体生态旅游产品

立体生态旅游产品亦称综合生态旅游产品或者全域生态旅游产品。该类旅游产品通常由一系列点状的旅游活动项目和建设项目、一条以上旅游通道或者环线、一个旅游景区以上有机组合而成的多维产品形态，亦即复合型生态旅游产品。最典型的是目的地型生态旅游产品，或者生态旅游目的地产品。目的地型生态旅游产品由吸引物组团(旅游景区)、服务社区、中转通道和区内通道构成(Gunn，1998)。作为生态旅游活动的区域空间，旅游目的地是满足旅游者需求的旅游吸引物(旅游景区)、旅游社区、旅游设施和旅游服务(软件)的区域空间。立体旅游目的地产品按属性可分为城镇旅游目的地产品、景区旅游目的地产品、综合旅游目的地产品。这种旅游产品即相当于生态旅游系统中的生态旅游客体。

立体生态旅游产品与面状生态旅游产品最大的差异是概念的不同，面状生态旅游产品强调的是由点—点、点—线或点—线—面组成的平面区域的概念，相当于旅游区的概念；而立体生态旅游产品强调的是点—线—面多维构成的立体空间概念，相当于旅游目的地(体系)的概念。从成熟度上讲，立体生态旅游产品是所有生态旅游产品类型中的最高形式，兼具生态旅游产业或者全域生态旅游的含义，即具有立体、综合、多维的概念。通常是点状产品、线状产品乃至面状产品通过生态旅游业发展到一定程度，有机融合的产物。立体生态旅游产品(线状+面状或线状+点状)主要落脚于各种跨区域或区域主题生态旅游产品，如丝绸之路、世界遗产之旅、茶马古道、红色文化、大香格里拉、江南水乡游、中原民俗游、宗教文化游、穆斯林风情游、西南少数民族风情游、中国南方喀斯特游等。

作为旅游目的地(体系)的概念，立体生态旅游产品通常具有如下特点(图8-3)：①从空间上讲，综合生态旅游产品呈现"生态旅游区+"特征，不仅包括生态旅游区及其相关设施和服务，还包括生态旅游区周围相关区域空间，即旅游社区，如旅游城市、乡镇、乡村等；②从物质组成上讲，立体旅游产品不仅包括生态旅游吸引物(旅游景区或者景点)、生态旅游活动项目、生态旅游线路，还涵盖生态旅游设施、生态旅游服务，甚至生态旅游商品；③从发展程度上讲，立体生态旅游旅游产品具有发展的高端性，呈现"生态旅游业+"特征，如生态旅游业与第一产业、第二产业、第三产业的融合发展；④从旅游业态上讲，具有要素综合性，将景、城、村、人和交通线路五大要素融为一体，对全域进行景观符号装点，以景建城，以景绕村，以景绘线，实现旅游要素和服务的全域覆盖，形成处处是旅游环境，人人是旅游形象的旅游大格局。

典型的立体生态旅游产品如全球十大生态旅游目的地，具体包括澳大利亚大堡礁(世界最大最长的珊瑚礁群)、巴西伊瓜苏大瀑布(世界上最宽的瀑布)、美国黄石国家公园(世界上第一座认证国家公园、全美最大的野生动物保护区、"地球上最美丽的表面")、马尔代夫("上帝抛洒人间的项链""印度洋上人间最后的乐园")、瑞士少女峰-因特拉肯(欧洲著名的度假胜地)、加拿大落基山脉(北美洲的"脊骨")、日本箱根温泉度假地(日本著名的温泉之乡、疗养胜地)、博茨瓦纳奥卡万戈三角洲(非洲面积最大、风景最美的绿洲)、台湾东海岸(台湾的南北大道)、法国比利牛斯—珀杜山(欧洲西南部最大的山脉,世界文化与自然双重遗产)。

三、生态旅游产品的本质及特点

(一)生态旅游产品构成

生态旅游产品种类繁多,主题比较鲜明,涉及绝大多数类型的专项旅游产品。通常而言,成熟的生态旅游产品从构成要素上讲,主要包括以下几个方面:①生态旅游吸引物;②生态旅游活动项目;③生态旅游线路;④生态旅游设施;⑤生态旅游服务;⑥生态旅游商品。

不同类型的生态旅游产品,其物质组成稍有不同。如点状生态旅游产品——旅游景点而言,其组成要素就只有核心吸引物,或者旅游活动项目或建设项目。面状生态旅游产品包括了生态旅游吸引物、生态旅游活动项目、生态旅游线路、生态旅游设施、生态旅游服务。而立体生态旅游产品则同时涵盖了生态旅游吸引物、生态旅游活动项目、生态旅游线路、生态旅游设施、生态旅游服务、生态旅游商品及其他业态。

按产品构成要素的重要性,一项成熟的生态旅游景区产品通常包括核心层(A)、中间层(B)和拓展层(C)三个部分(图8-4)。

1. 核心层(A)

核心层即生态旅游景区的吸引物或称谓核心产品,亦即生态旅游景区产品的核心部分,如世界遗产地都江堰景区的水利工程景观,九寨沟景区的"六绝":翠海、叠瀑、彩林、雪峰、蓝冰、藏情等。这些要素分别构成所在生态旅游景区产品的吸引物或者核心产品,是第一重要的产品要素,起决定性作用的,是生态旅游景区产品的基础和根本,位于产品要素圈层构架的核心层。因而该核心层通常是保护的核心,是不允许或无须过多加工、修饰的,杜绝大规模的旅游开发建设。核心层是生态旅游景区产品可持续发展的基石。所有其他旅游建设项目或旅游活动项目、旅游配套设施、旅游服务设施、旅游接待配置、旅游商品等,均围绕核心层的功能和需求进行分布和配置资源。

2. 中间层(B)

中间层即生态旅游景区产品的旅游项目或称谓有形产品(或形式产品),构成生态旅游景区产品的重要组成部分,如都江堰景区除了水利工程这个吸引物或核心产品以外,生态旅游者进行旅游活动或消费生态旅游产品所必须的建设项目或活动项目或某一空间的旅游设施或旅游服务等,就是相当于中间层。又如九寨沟景区除了翠海、叠瀑、彩林、雪峰、蓝冰、藏情"六绝"外,生态旅游者进行旅游活动或消费生态旅游产品所必须的"硬件"和"软件"服务,如观景台、栈桥、生态步道等,就是必不可少的有形产品。有形产品位于生态旅游景区产品的中间层,该中间层对于依托吸引物构成成熟的生态旅游区产品而言,虽不起决定性作用,也不是核心基础,但是必要的。尤其是对生态旅游景区产品的多元化、个性化发展,乃至产品更新、创新发展和可持续发展,都是必不可少的,并起到承上启下的重要支撑作用。

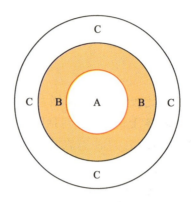

图 8-4　典型的生态旅游产品(生态旅游景区产品)要素构成

按产品组成的重要性,生态旅游景区产品组成包括:①核心层(A):生态旅游景区的吸引物或称谓核心产品;②中间层
(B):生态旅游景区产品的旅游项目或称谓有形产品;③拓展层(C):生态旅游景区产品的外围或称谓拓展项目

3. 拓展层(C)

拓展层即生态旅游景区产品的外围部分,故称为拓展项目(延伸产品),构成生态旅游景区产品的外围部分,或拓展或延伸部分。也是生态旅游景区产品未来转型升级、产品更新、创新发展的部分。该组成部分,不具有决定性作用,亦非必不可少的。但对于生态旅游景区产品转型升级和可持续发展具有重要意义。如都江堰景区除了水利工程和九寨沟景区除了"六绝"这个核心产品,以及必需的有形旅游项目或有形产品外,不同时期在其外围新增的"吃、住、行、游、购、娱"项目,对增强生态旅游区产品的吸引力、影响力具有重要作用。都江堰景区外围新增的餐饮、商务、休闲房地产项目,以及九寨沟景区外围增加的商务会议、生态度假项目,有利于这两个景区产品的转型升级和可持续发展。

核心层和中间层主要体现的是生态旅游产品的构成要素,而拓展层最大的不同是体现生态旅游产品利益及其复合性,其价值不仅拥有审美和愉悦的成分,而且还体现在旅游中间商的努力带来的追加利益和其自身的展现利益上。

(二)生态旅游产品特征

生态旅游相对于传统大众旅游而言,是一种原生态特质取向的旅游形式,并被认为是一种兼顾资源环境保护与旅游发展双重任务的活动。生态旅游产品除了具备综合性、无形性、不可转移性、易损性、不可储存性、生产和消费统一性等大众旅游产品的特性外,又具有自身特殊的性质。具体而言具有以下特征。

1. 原始自然性

即生态旅游产品的自然资源、生态环境、人文景观及人文环境的原始自然性。生态旅游产品构成的基本因素及其赖以生存的物质基础是原生态自然、人文旅游资源,生态旅游产品是对原生态自然、人文旅游资源进行开发利用的绿色产品,资源取向的自然生态性和人文生态性是生态旅游产品区别于其他旅游产品的本质特征。资源取向的原生态自然、人文特性表明生态旅游发生场所或运营空间是纯自然环境或受人为影响较小的自然环境或具有普遍价值的历史人文景观环境。

其中,纯自然环境是指具有原始特征的或相对原始状态的生态系统及生态环境,如基本保持自然生态系统特点的自然区,以及一些以保护为主、开放为辅的自然保护区、风景名胜区等。原生态历史人文景观环境是指那些与当地环境相互协调所产生的文化生态环境以及当地居民生活的社区。在这个区域内具有独特的历史和现实的文化,其生活方式和文化模式保留纯自然原始状态的系统,对于旅游者具有心理文化上的吸引力。因为使旅游者选择去旅游的共同心理特征是了解、观察、体验有别于本土文化模式的异域文化。

2. 环境教育和保护功能

生态旅游产品的使用价值除使旅游者对生态旅游资源及相关设施的享用外,还应使旅游者在消费过程中获得生态知识,学会保护环境。相对于一般的旅游者,生态旅游者在食、住、行、游、购、娱等方面对舒适、方便、快捷程度的要求会有所减弱,而对环境教育和保护方面的要求会有所增加。这就要求生态旅游产品相对于大众旅游产品而言具有更明显的环境教育和环保功能特性。

生态旅游产品开发集中于不同生态学特性的自然景观和不同历史阶段的人文资源。生态旅游产品开发在追求经济效益的同时,更强调其生态功能性,走的是经济效益、社会效益和生态效益相结合的路子,最终目标是实现整个人类和自然的和谐发展。与传统的旅游活动相比,现代生态旅游产品的最大特点就是其保护性功能。

现代生态旅游产品的保护性体现在旅游业中的方方面面。对旅游开发规划者来说,保护性体现在遵循自然生态规律和人与自然和谐统一的旅游产品开发设计上。对旅游开发商来说,保护性体现在充分认识旅游资源的经济价值,将资源的价值纳入成本核算,在科学的规划开发基础上谋求持续的投资效益。对管理者而言,保护性体现在资源环境容量范围内的旅游利用,杜绝短期经济行为,谋求可持续的三大效益协调发展。对广大生态旅游者而言,保护性体现在环境意识和自身的素质,珍视自然赋予人类的物质及精神价值,保护旅游资源及环境成为一种自觉行为。

3. 以资源环境可持续发展为目标

生态旅游产品的产品规模和组合方面服从于环境保护和可持续发展的目标。生态旅游产品开发属于保护性开发、节约型开发和绿色开发,更注重考虑经济效益、社会效益与生态效益的统一。因此,从旅游产品规模来看,生态旅游产品的容量相对较小。生态旅游的最高容量以不破坏生态系统平衡为目标，保持旅游环境的完整性、和谐性、平衡性是生态旅游产品开发的前提。此外，生态旅游产品组合主要源于自然本身，产品组合与构建也不再以游客的便利与舒适为前提，而是服从于生态保护和环境可持续发展。

产品资源取向为具有脆弱性的自然、人文生态旅游资源。生态旅游产品构成的基本因素及赖以存在的物质基础是原生态自然、人文旅游资源，生态旅游产品是对自然、人文旅游资源进行开发利用的产物。生态旅游产品的资源取向是自然原始性的生态资源系统和具有深厚人文背景的人文资源系统，它们对于作为外界干扰的旅游开发和旅游活动的承受力是有限的。资源取向的自然人文特征表明生态旅游的运作场所是纯自然环境或受人为影响较小的自然环境或具有普遍价值的历史人文景观环境。原始性自然资源系统是大自然经过几十亿年的演化，与当地地理、气候、水文、生物系统相互共生而形成的。不同生命系统与环境系统之间相互依赖、相互制约，构成了具有独特特质的由生态结构、能量流、信息流、物质流组成的有机系统，并与当地民族文化相互融合。旅游活动作为一种外来因素参与这一系统的同时，对这一自然生成系统的演绎也产生了潜移默化的影响。当这影响超过环境承载能力的时候，会引起系统的失调、紊乱，严重时甚至产生系统的崩溃。

4. 高品位性和专业性

产品层次上具有高品位性、资源利用上的可持续性和产品内容上的专业性，产品具有的高消费性。生态旅游产品具有高含量的自然、历史、文化和科学信息，在地质地貌、气象水文、动植物、建筑、环境、历史文化等方面具有较高的美学、科学、历史价值，能够使旅游者在进行旅游的同时。获取生态系统和人文传统方面的知识和信息，加深对自然人文现象的了解，相对于大众旅游产品，具有科学与文化方面的高品位性。层次上的高品位性意味着生态旅游产品不但应具备美学观赏价值，而且要富有科学普及和生态文化价值，这就要求在生态旅游产品开发中，应考虑给予旅游者足够的体验空间。就资源利用方式而言，生态旅游的开发是一种可持续开发，这种开发方式能更好地协调开发与保护的矛盾，更加注重和强调生态旅游产品的科普教育功能，这就决定了开展生态旅游内容上的专业性。生态旅游产品科技文化含量高，层次上的高品位性决定了其高消费性。对生态旅游产品的消费不鼓励消费者讨价还价，消费生态旅游产品应有一个起码的标准，这个标准应大大高于全国旅游人均消费水平。

生态旅游产品属于高层次的专业旅游产品，产品资源取向集中，于不同生态学特性的自然景观和不同历史阶段的人文景观之内。其自然资源形态可分为陆地生态系统、海洋生态系统等，其人文资源形态可分为古迹、文物、古建群、古城、遗址、民俗文化等，因此产品具有特定的专业功能指向。生态旅游产品是指以注重生态环境保护为基础进行的旅游活动。其主体是那些关心环境保护、追求回归自然，并希望了解旅游目的地生态状况和民族风情的旅游者。生态旅游产品主要特点是知识性要求较高、参与体验性强、客源市场面广、细分市场多(如森林旅游、农业旅游、乡村旅游、野营旅游、探险旅游、民俗旅游及环保科普旅游等都可以纳入生态旅游的范畴)。因此，生态旅游产品是 21 世纪世界旅游产品发展的主流，具有良好的发展前景和潜力。

5. 参与性与普遍性

生态旅游产品的参与性特点主要表现在两个方面：一方面，生态旅游可让旅游者亲自参与自然与文化生态系统之中，在实际体验中领会生态旅游的奥秘，更加热爱大自然，崇尚高雅文化，从而有利于自然与文化旅游资源的保护。同时，通过参与来保证旅游者获得与众不同的经历和充分的旅游体验。另一方面，生态旅游是旅游者、旅游地居民、旅游经营者和政府、社团组织及研究人员广泛参与的一种旅游活动。所以，生态旅游还要求旅游者、旅游地居民、旅游经营者和政府、社会组织及研究者广泛参与旅游决策与管理，从而提高旅游决策和管理的科学性、民主性，有利于地方经济和社会的发展。

生态旅游开展早期，生态旅游参与者多为特定族群，一般来说是具有较高的教育背景或文化素养的人，多是为大自然美景和奥秘所吸引，以观赏自然美景、获取自然生态知识和人文历史知识为主。现在，参加生态旅游的游客已不限于有经济和社会地位的上层人士，越来越多的普通的工人、职员、学生等都加入到生态旅游的队伍中。随着社会经济的发展，大众环境意识的提高，到大自然中呼吸新鲜空气、修身养性的生态旅游将成为人们如吃、穿、住一样的基本生活需求，生态旅游者的队伍还将不断扩大。由于现代生态旅游产生的特有的社会经济背景，在绿色消费浪潮中，绿色旅游在发达国家和地区已成为一种时尚、一种消费热潮，这种潮流将随着社会经济的发展、旅游业的飞速发展而席卷全球，成为一种势不可挡的全球性旅游时尚。

(三)生态旅游产品的本质

从构成要素上讲，作为生态旅游产品，最根本的是生态旅游吸引物，可以是具有原生态美的旅游景观、景点、景区、旅游区或旅游目的地(可视为广义的旅游吸引物)，也可以是具有原生态美的自然生态型旅游吸引物，或者是具有原生态美的城镇生态型旅游吸引物，或者是具有原生态美的乡村生态型旅游吸引物。其次，以生态旅游吸引物为核心，不同程度地配套硬件设施和软件服务，如生态旅游设施、生态旅游项目、生态旅游进入性、生态旅游商品、生态旅游服务等，通过有机构成的生态旅游综合体，这就是真正的完整、成熟的生态旅游产品。

从空间分布上讲，生态旅游产品分布范围与生态旅游资源分布区域往往具有相随性。可以是世界遗产型的生态旅游产品，包括世界文化遗产、世界自然遗产、世界双重遗产、其他类型世界遗产；也可以是国家遗产型的生态旅游产品，包括美国为主的国外国家公园、我国自然保护区、森林公园、地质公园等国家自然及文化遗产，日本和韩国为主的国立公园；也可以是国外如太平洋岛屿-热带雨林社区、拉丁美洲—安第斯山及印度大陆雨林区、东非—马赛族(the Maasai)社区部落、南非—原始资源保护区、西非-原始森林地区原生态社区、东南亚山区(土著民、原住民)部落与岛屿国家等原住民领地；也可以是我国西部广大少数民族地区，这些地区往往体现为原生态的自然环境和原生态的社区人文融为一体；也可以是作为自然生态区域与都市区域之间过渡的广大乡村生态区域；也可以是广大城市区域中具有原生态美的特色街区和古城镇等。

严格来讲，所谓的生态旅游产品应特指狭义的生态旅游产品。狭义的生态旅游产品系指经生态旅游资源加工形成的具有原生态美的生态旅游产品，即主要指的是景区型生态旅游产品或目的地型生态旅游产品，即生态旅游产品具有明显的资源继承性，或属于资源型旅游产品，如生态旅游区、生态旅游城市、生态旅游城镇、生态旅游乡村等。所谓的"人工生态旅游产品"如生态主题公园，生态旅游商品如土特产品或与食住行游购娱等旅游要素相关的旅游(软件)服务，应该纳入广义的生态旅游产品体系。所有这些广义产品，只有在与狭义的生态旅游景区产品结合时，才转型升级为真正的生态旅游产品。诸如作为主题产品的中国死海景区或迪士尼乐园很难称为真正的生态旅游产品；某地的单一的土特产品或特色餐饮，在没有与生态旅游景区作为核心产品支撑的情况下，这些广义的生态旅游产品很难成为真正意义上的生态旅游产品而被生态旅游者接受和消费。

总的来讲，真正的生态旅游产品主要是指由生态旅游资源加工形成的具有原生态美的生态旅游项目或生态旅游线路有机结合产生的景区型或目的地型生态旅游产品。作为生态旅游产品，最根本、核心的就是要有生态旅游资源(吸引物)，生态旅游资源或吸引物最核心的问题是强调这种资源或吸引物的原始性和原本性。至于活动、通道、线路、设施、服务等都是围绕生态旅游资源或吸引物而展开的。生态旅游产品与传统旅游产品最大的不同，就是作为生态旅游产品核心产品的生态旅游资源或吸引物的原生态性，包括原真性、原始性、原生性和原本性。通过生态旅游资源开发出来的真正的生态旅游产品，应该具有如下几方面的特质。

(1)原生态美——生态旅游产品的核心产品或者旅游吸引物具有原生态性，包括原真性、原始性、原生性和原本性，这是生态旅游产品最核心、最根本、决定性作用的部分，这是吸引生态旅游者消费的动因，也是区别于其他大众旅游产品的最基本的特质。原生态即"原汁原味"之意，是在自然状况下维持生存下来的一切东西。"原生态"本意是指生物和环境之间相和谐共生关系。原生态也可以是具有单一地域色彩或悠久传统的、被人们遗忘或抛弃的地域文化。

(2)教育功能——生态旅游产品最重要的特质之一就是生态文明与可持续发展的教育理念和功能，赋予更多的是责任的意义、启迪的意义和教育的意义。通过生态旅游体验和消费，让旅游者学会尊重原生态、保护原生态。对社区、企事业单位而言，培育环保理念和责任心、接受环境教育的引导、示范和榜样的力量。这种自身具备暗示、启迪、激发、引导、教育功能的旅游产品，就是生态旅游产品与传统大众旅游产品之间最主要差别之一。

(3)高端性——生态旅游产品应该是高端产品、高层次产品、专业高端产品，具有维持原生态美的能动效应，具有较高的科技含量和环保解说信息，具有知识性、科普性、启迪性，属于资源节约型、环境友好型、生态文明型旅游产品。马斯洛需求塔理论(Maslow's Hierarchy of Needs)将人类旅游需求划分成五个不同层次，生态旅游产品主要属于第五层次需求，属于一种生活方式的需求，是人类自我实现在旅游活动过程中的具体体现。

第二节 生态旅游产品开发

一、生态旅游产品开发概念

　　旅游开发是将可行性论证后已确定的运作项目，经过资金与人力的投入，把旅游资源转化成旅游产品的过程。旅游开发是指人们为了发掘、改善和提高旅游资源吸引力而致力从事的开拓和建设活动，旅游开发属于开发建设的范畴。旅游开发的主要对象是旅游资源富集区或旅游景区（包括自然景区、城镇、乡村等）。与之相似的概念是旅游发展，主要是针对某一特定区域的旅游发展，属于区域旅游概念体系。生态旅游产品开发就是从生态旅游资源经过加工转化成符合特定标准要求的生态旅游产品的过程，是从生态旅游资源→生态旅游产品→生态旅游产业→生态旅游经济的重要环节（图8-5）。

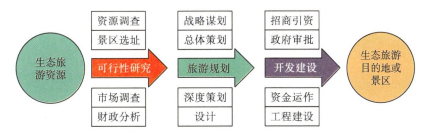

图 8-5　生态旅游规划-开发建设关系示意图

　　生态旅游是一个很宽广的产业体系。多产业的综合，成为生态旅游开发的基础。这一多产业、多专业技术的综合化，对生态旅游开发咨询提出了很高的要求。因此，生态旅游开发的咨询，需要进行产品策划、营销策划、投资运营策划、建设规划、景观设计、建筑设计、装修设计等，成为了一个跨专业技术的合作业务，要求进行多专业整合工作。

　　综上，生态旅游规划与生态旅游开发属于先后、因果的关系。生态旅游规划是生态旅游开发的前提，生态旅游开发需要生态旅游规划作为指导。生态旅游规划的目的是为了生态旅游开发建设，某种程度上，生态旅游开发是生态旅游规划的具体实施和体现，但现实中生态旅游规划不一定都已实现相应的生态旅游开发。这里主要阐述生态旅游产品开发的原则、方法、路径、流程及内容等。

二、生态旅游产品开发特点

　　生态旅游产品开发必须对潜在客源市场需求进行深入分析，同时对产品供给进行调查和评估，然后在确定社会、经济与环境承载力的基础上对生态旅游资源进行开发。此外，应对当地的社会经济条件和人文历史详加分析和调查，了解当地社区和居民的需求，妥善协调关系，以促进生态旅游的持续发展。高峻等（2010）总结出了生态旅游产品开发的如下主要特点。

1. 资源为国家所有

我国生态旅游资源为具备独特性的自然生态和人文生态资源，如自然保护区、风景名胜区、国家森林公园、国家地质公园及各类国家人文遗产景观资源等，其全部纳入了国家的法律保护，资产归国家所有。因此，生态旅游资源系最重要的资源，一般不能进入市场流通（高峻等，2010）。国外国家公园和世界遗产等重要的生态旅游资源，按所在国家法律法规结合世界遗产相关规定实施管理，属于所在国国家公园管理。

2. 高投入与持续回报

生态旅游产品开发投入涉及企业资本投入力度、回报率、投资商、商业模式等。就生态旅游项目而言，大量的资本投入，并不一定能产生快速的资金回报，因为生态旅游是一个持续回报的长效投资产业，生态旅游投资，涉及项目的综合性及复杂性。由于进入性投资的加大、竞争加剧及竞争环境的多元化，旅游逐渐从原来的低门槛发展到目前的中高门槛，特别是生态旅游，预计未来投资的门槛会进一步提高。

3. 开发风险较大

主要表现在两个方面：一是生态旅游目的地旅游者重游率往往较低。由于空间距离、产品特点与异地消费的共同作用，不少生态旅游项目市场表现出轰动开业之后的衰落，投资风险较大。二是生态旅游资源大多位于自然生态资源和人文生态资源重点保护区域，具有原生态性和脆弱性特点，生态旅游产品开发面临较大的生态及人文安全风险。因此，在建设项目可行性研究中，应强化风险研究和不确定性研究。

4. 区位的重要性

生态旅游产品是一些不可移动的景观，其消费特征是广大旅游者离开其常驻地、到达旅游项目所在地才能购买消费，因而距离成为影响生态旅游产品销售的重要因素，客源一般以 1~2.5 小时的最佳时间距离后随距离衰减现象。旅游市场在空间上呈现向心集聚而不是网络扩散，导致区位具有重要的意义。

5. 行业自身特殊性

不同类型和区位的生态旅游项目具有不同的客源规模，不同设计水平的旅游项目其市场前景不同。设计水平高的生态旅游产品重游率较高，客源量一般开业时较低，而后呈现逐渐上升曲线，表现出"引入期—成长期—成熟期"的市场发展特征。资源特点、设计能力与区位条件，三者共同决定生态旅游市场前景。

6. 复杂的系统工程

生态旅游产品需要在科学理论指导下进行详细严格的规划，明确生态旅游开发的目标和市场潜力，经过综合分析，确定实施计划并加以落实。生态旅游产品开发不只是单个项目的开发，而是需要在整体策划的基础上，分批逐步实施，在整体经营管理上注重可持续发展的特色，这样才能使生态旅游持续、健康发展。

三、生态旅游产品开发原则

生态旅游产品开发应突出地域性、多样性、综合性、永续性、文化性五大理念。生态旅游产品开发的真正意义在于充分发挥生态旅游教育功能，增强旅游资源吸引力，保证旅游者生态体验效果。因此，生态旅游产品开发的总原则主要有：保护前提、适度开发、保护—开发—管理相统一。

1. 保护优先原则

由于生态旅游产品明显的资源继承性特点，在生态旅游产品开发中，应始终坚持保护第一的原则。一是生态旅游活动项目应避开核心保护区；二是应坚持 3R 原则，即减量化原则（reduce）、重复利用原则（reuse）、循环原则（recycle）。

2. 地方特色原则

特色是旅游业的生命，有特色的旅游产品才会具有持久的吸引力。生态旅游产品是否具有特色，取决于开发者对当地自然生态和文化生态的认识和理解程度。与大众旅游相比，生态旅游者追求的是生态回归。应坚持生态美学思想，充分挖掘其科学文化内涵，设计出独具特色、原汁原味的产品，确保生态旅游产品的原生态、原真性、原始性和原本性。

3. 社区参与原则

生态旅游开发不仅要注意保护环境，同时也要注重其对当地社区经济发展的作用，两者是相辅相成的。没有社区的配合与参与，生态旅游产品的生产与销售将无法达到理想的效果。因此，在进行生态旅游产品开发时，应充分考虑社区参与并使其从中受益。

4. 市场导向原则

生态旅游产品开发需要瞄准市场的服务对象，根据市场要求设计产品。那种认为生态旅游重在教育、重在保护，不再以市场为导向的说法是一种狭隘的观点。没有市场就不会有生态旅游业。因此，在生态旅游产品设计中，应认真分析市场动向，把握好市场需求步伐，针对目标市场设计出适销对路的生态旅游产品。

5. 综合开发原则

在生态旅游产品设计中，应认真分析各组成要素的性质和特点，分析旅游者的生理、心理特征，并综合考虑当地社区的容纳能力，设计出系列化的生态旅游产品。让风格各异、搭配巧妙的生态旅游产品吸引更多的生态旅游者。

6. 旅游者参与原则

参与性强的旅游产品给予旅游者的是多感官的刺激以及较深的印象和生动的体验。旅游产品的参与性越强，带来的体验就越深刻。同时越来越多的旅游者希望从旅游中获得轻松愉快的消遣，以期恢复精神和体力。生态旅游产品开发要考虑对游客有一定的挑战性，提供给游客突破自己生命极限证明自己生命价值的旅游项目。

7. 创新性原则

生态旅游产品开发应以可持续发展为导向，全方位提高生态旅游产品质量，拓宽产品对生态旅游环境的保护功能。生态旅游产品创新是市场竞争的客观需要，也是技术进步的必然选择。产品创新符合生态旅游企业生存和发展的要求，这些项目能培养游客自豪感、使命感和责任感，通过不断挑战和超越身体极限而获得精神和心理的极大满足。

四、生态旅游产品开发途径

生态旅游资源开发方式主要包括新建、利用、修复、改造、挖掘等。不同国家生态旅游产品开发模式和方式有差别。我国生态旅游产品开发按开发主体可分为：政府主导型、企业主导型、民间投资型和外商投资型旅游资源开发模式。生态旅游资源开发途径主要如下。

1. 生态旅游开发条件评估

主要包括区位条件分析、旅游资源调查与特色、旅游承载力分析、旅游市场需求分析等，编制《生态旅游开发可行性报告》。

2. 旅游者生态意识培养

加强宣传工作，形成舆论监督，积极改善旅游地居民生活质量和旅游的环境质量。进行生态意识培养，提高生态旅游者的生态素质，塑造生态旅游者生态责任。

3. 生产经营者生态意识培养

利用产品引导旅游者的生态保护意识，为旅游者提供生态化服务设施和工具。在旅游时间和路线选择上，以不影响生态物发育生长为前提。以生态容量为旅游地最大容量。旅游服务者不仅是一般的旅游服务人员，又是生态环境的监督者，应制止旅游者的不良行为。

4. 科学编制生态旅游规划

生态旅游发展规划是以后旅游开发的依据。通过总体规划，限定旅游建设的程度，对旅游地进行有组织、有计划、有目的的开发。以生态为前提，进行旅游项目的可行性评价。

协调旅游项目之间的相互关系。强化建设过程的法制管理，确保投资建设有的放矢。

5. 策划特色生态旅游产品

随着经济发展、居民素质全面提高，崇尚自然、重返自然的需求越来越强烈。由于消费者的个体差异，市场需求差别明显，引导和适应市场，同时结合生态旅游产品特征，针对市场需要，选择一定的营销方式，注重品牌营销，宣传特色品牌，营造生态旅游氛围。

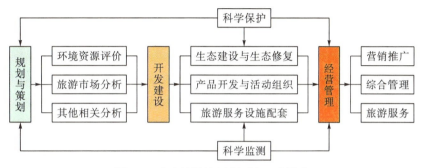

图 8-6 生态旅游资源(产品)开发模式

(黄震方，2007. 有修改)

6. 影响评估

环境影响评估就是在开发行为或政府政策可能对环境造成影响时，针对生活环境、自然环境、社会环境以及经济、文化、生态等不同层面可能受冲击的程度与范围，事前进行科学、客观、综合性的调查、预测、分析与评定，提出环境管理计划，并且公开说明及审查。以期能在环境被破坏之前，加以避免或减轻影响。并希望透过科学、客观的分析方式，在环境、经济和社会发展问题寻求平衡点。

7. 效益分析

主要分析产品开发后能带来多大经济效益，对环境保护和社区居民有多大贡献等。经济效益分析可以采用统计的、数学的等方法，这些方法是多种多样的，企业应该根据分析目的、企业特点以及掌握资料的性质和内容来决定。

五、生态旅游产品开发主要内容

生态旅游产品开发主要突出旅游资源由潜在向现实的转化、提高旅游资源所在地的可进入性、建设和完善生态旅游基础设施和配套设施、培训人才完善旅游服务等。生态旅游产品相关开发流程主要包括：

1. 投资决策

投资决策过程中，最重要的是对景区资源及开发价值进行整体评价。投资商在与景区所有者即政府签订合同前，可聘请旅游专家，通过初步的资源、市场、交通、环境、政策评估之后，提交《旅游项目投资可行性研究报告》或《旅游项目投资价值评价报告》，作为决策依据。

2. 合同签订

旅游景区开发一般涉及风景名胜区、自然保护区、重点文物保护单位、森林公园、地质公园甚至世界自然与文化遗产。对于这些资源，或多或少都会存在一些不适应市场经济发展要求的、非产业化的法律法规，对旅游投资商不利。旅游特许经营权是投资商必须合法控制的核心，其中包括门票收益权、景区开发与招商权、核心土地购买权等几个方面。如何签订合同，并要求政府负责配套设施建设(特别是交通、水电等)，是非常需要经验和技术的。另外，合同签订的同时，需划定红线，确定项目的开发用地和建设用地。

3. 组织管理架构

运营方应组建开发管理团队，并建立开发运作的管理构架与管理制度。管理构架应包括前期工作部、建设管理部、开业运营部三方面。前期工作部，主要负责项目开工建设前的准备工作，包括委托旅游规划设计公司进行市场调研、产品策划及规划设计。编撰文件向政府相关部门报批、向社会招商等。建设管理部，以项目经理为首，负责建设准备工作和工程施工期间的管理工作，保证工程按设计要求和合同要求完成。开业运营部，负责景区开业营销策划，办理开业手续，落实景区运营必备的人、财、物，提高景区的经济收益和社会影响力。

4. 产品项目策划

产品策划(项目设计)及项目运作策划不同于旅游规划，主要用来解决主题定位、市场定位、游憩方式设计、收入模式、营销模式、运作模式、盈利估算、投资分期等问题。必须聘请专业的旅游项目开发咨询顾问公司，提供《旅游项目总体策划报告》及《旅游项目开发运作计划》。为与国债申请、政府资金申请、银行融资、战略投资人及子项目投资人招商引资等方面的工作全面配合，应编制《旅游项目建设可行性研究报告》。

5. 规划

产品策划完成后，或与此同步进行，应该聘请专业机构，在《生态旅游发展规划》框架下，编制《旅游区总体规划》，进而编制控制性详细规划。新建项目要先进行旅游规划、确定规划条件，到规划主管部门办理建设用地规划许可证，方可委托专业机构进行景观与建筑设计。

6. 设计

在建设用地规划许可证办理后或是规划编制的同时，要委托专业的旅游规划设计单位进行旅游景区的景观及部分建筑设计。主要包括景区大门、游客服务中心、停车场、休闲及景观节点、景观小品等。旅游开发设计的基本程序为：勘察－规划－设计方案－初步设计－施工图设计。

7. 审批

通过政府的各项审批非常重要。主要涉及：①发改委立项，可行性研究报告审批；②规划评审，市级、省级、国家级重点扶持项目立项与申请；③国债项目、农业项目、旅游项目等特殊扶持申请；④规划委批准；⑤土地规划审批；⑥建设土地的招、拍、挂与征用；⑦合同中政府承诺的落实；⑧施工图的审查；⑨建设准备与报建批复。

8. 资金运作

项目建设资金不能全部靠企业自有资金，应积极进行融资和招商引资，用少量种子资金启动项目，利用项目融入建设资金。

9. 开业准备

以项目经理为首协调各方，监督、控制工程进度与质量，保证工程按设计要求和合同要求完成。旅游项目中主要有景区内基础设施建设、景观建设、接待设施建设、游乐项目建设四个方面。项目工程结束后，项目法人要组织验收工作。

10. 建设运营

项目完成工程建设，与开业运行，还有较大的差距，开业需要人财物齐备，并且还要有切实可行的营销方案。景区开业需全面配置大量的服务人员，包括导游(讲解员)、技术维护、环卫人员、保安、营销人员等，需建立完整的旅游标识系统、旅游卫生系统(厕所、垃圾箱、排污等)、旅游安全保障系统、游览服务系统、游客接待服务系统等。

以上大多属于软件建设，必须通过规则、流程、培训等管理工作，才能运行到位。尤其是建立专业的营销队伍，用以理清渠道、展开品牌推广、开展活动促销等。旅游景点一般在开业后的 1～3 个月可正式进入运营阶段。正式开业营运一年以上的旅游景区(点)，可向当地旅游主管部门申请景区等级评定。

第三节　生态旅游产品认证

一、认证来源及沿革

(一)产生背景及意义

越来越多的学者、环境保护机构和旅游组织期望通过严格的认证制度来规范生态旅游的发展。从世界范围来看，在生态旅游认证实施过程中，生态旅游迅速发展，规模不断扩大。实践业已证实，缺乏科学、完善的认证制度，一个旅游目的地，其生态多样性越丰富，环境越敏感，旅游发展越快，旅游接待量越大，旅游活动对生态环境的负面影响就越大。而在生态旅游认证制度比较健全的国家或地区，一般同时也拥有生态旅游战略、规划、法律条例等完善的制度体系，从而能够使生态旅游在一个严格的制度框架内进行。认证制度为人们解决上述问题提供了方法。

建立完善的规范体系和科学的认证方法对生态旅游发展具有非常重要的意义（钟林生等，2005），主要体现在：①为开展生态旅游的国家和地区在改善和保护环境方面提供监督与鼓励；②有助于对自然资源有效利用的同时实现对环境负面影响的最小化，确保生态旅游的可持续性；③有助于消费者将真正的生态旅游经营者和只把生态旅游作为一个市场营销口号而并不想真正向旅游者提供高质量生态旅游产品的自然旅游经营者区分开来；④有助于社区确定所参与的活动是否实现了经济、社会、生态效益三统一；⑤有助于改善旅游企业的社会形象，提升企业国际竞争力，吸引新旅游消费者；⑥对整个旅游业及相关产业也具有示范作用（于法稳等，2013）。

（二）生态旅游认证沿革

生态旅游认证体系开始于 20 世纪 90 年代初期，不断地把社会和经济以及环境标准纳入其中。目前的生态旅游认证体系覆盖了不同空间尺度，涉及范围广，如"绿色环球21（Green globe 21）"、澳大利亚的全国生态旅游认证项目（The National ecotourism accreditation program、欧洲蓝旗（European blue flag）、绿叶（the Green leaf）、奥地利旅游生态标识（Austrian eco-label for tourism）、丹麦的绿钥匙（Green key）、德国的绿色行李箱（Green suitcase）、英国的大卫·拜拉米奖（David Bellamy Award）、苏格兰的绿色旅游经营方案（the Green tourism business scheme）、英格兰的"绿色旅游经营项目（Green tourism business scheme）"，NEAP）、爱沙尼亚的"自然之路（The natural way）"、厄瓜多尔科隆群岛的"Smart voyager"、哥斯达黎加的"新钥匙指南（New key guide）"、泰国的绿叶（Green Leaf）等，都颁布自己国家的生态旅游产品认证制度，为规范、推动生态旅游的健康发展做出了积极贡献（Honey，2002）。

此外，韩国通过建立可持续生态旅游的规范标准，来帮助生态旅游经营者和消费者更好地了解和比较生态旅游的内容和质量。斯里兰卡为了发展生态旅游，政府和旅游部门对所有环境保护、民族风俗活动、导游讲解内容、游客通道和设施都制定标准并定期进行监控、检查和评估，以保证符合生态旅游可持续发展的要求。菲律宾也颁布了生态旅游标准。国外生态旅游认证在认证机构、法律效力、结构体系、内容设定以及管理模式和相关制度方面的经验，为我国提供了很好的借鉴。

二、生态旅游产品认证概述

生态旅游认证的概念就是"衡量企业提供的产品和服务在何种程度上符合行业标准的项目。它鼓励稳定地提供高质量的产品，并不断加以完善"（Issaverdis，2000）。依据一定的规范与标准，对生态旅游产品表现进行评估，并提出改进意见的过程就是生态旅游产品认证（ecotourism accreditation）。

(一)生态旅游产品标准

1. 《康德纳斯旅行者》标准

美国《康德纳斯旅行者》(Conde Nest Traveller)杂志社通过全美 100 多个生态旅游活动项目调查分析，最后提出了有关生态旅游产品的 7 条标准。

(1)把商业性的旅游业和旅游地生态旅游计划结合起来，帮助旅游地居民认识生态环境的价值，并有意识组织起来去保护它。

(2)为国家公园和自然保护区的建立和运营管理提供支持和实质性赞助。

(3)通过购买当地土特产品和服务，支持当地经济的发展。

(4)积极促进旅游者与旅游地居民进行直接、有意义的接触和交流。

(5)支持和赞助生态环境研究计划。

(6)支持发展地域特色的旅游文化设施，维系自然环境的和谐统一。

(7)协助恢复被损坏的自然生态环境。

2. 《莫霍克协定》标准

目前，国际上关于生态旅游产品评估标准主要以《莫霍克协定》[①]规定的生态旅游产品标准为基本要求，其内容至少应包含以下 11 条原则。

(1)生态旅游经营者公开承诺遵循生态旅游的原则，并制定管理体系，确保其实施效果。

(2)生态旅游要求游客亲身体验大自然。

(3)生态旅游为游客提供体验自然和文化的机会，并增进其对自然和文化的理解、欣赏和赞美。

(4)在生态可持续和了解潜在环境影响的基础上，确定合适的生态旅游经营方式。

(5)生态旅游产品在经营管理方面采取生态可持续的实践，保证经营活动不会使环境退化。

(6)生态旅游应该对自然区域的保护做出切实的贡献。

(7)生态旅游应该对当地社区的发展做出持续的贡献。

(8)生态旅游产品在开发和经营阶段都必须保持对当地文化的尊重和敏感。

(9)生态旅游产品应满足或超出顾客的期望。

(10)生态旅游应向顾客提供有关产品的真实准确的信息，使顾客对产品有符合实际的期望。

(11)生态旅游产品应对自然、社会、文化和环境的影响达到最小化，并且生态旅游者应依照确定的行为守则进行经营。

根据《莫霍克协定》原则，全球最具权威的可持续旅游认证组织"绿色环球 21"与澳大利亚生态旅游协会制定了《国际生态旅游标准》，这是目前判断生态旅游产品的国际权威标准，经这一标准认证通过的产品就是真正的国际生态旅游产品。

---

① 《莫霍克协定》：2000 年 11 月 17～19 日全球生态旅游认证机构以及来自联合国环境署(UNEP)、世界自然基金会、国际标准化组织(ISO)、"绿色环球 21"组织(Green Globe 21)、国际生态旅游学会(TIES)的专家学者聚集在美国纽约州莫霍克山庄(Mohonk Mountain House)，共同讨论制定了国际生态旅游认证的原则性指导文件，即《莫霍克协定》。

（二）生态旅游产品认证制度

20 世纪 60 年代开始，全球涌现出了各种各样的旅游认证(tourism certification)制度。认证制度在旅游业的实施大大促进了旅游管理水平的提高，为衡量、评判旅游产品、旅游企业、旅游目的地的质量，提供了一个客观、科学的标准。目前全球旅游业已经建立了一个涵盖旅游各个要素、涉及多个相关部门、辐射世界不同国家的完善的认证体系。

国外的旅游认证项目通常包括以下五个方面。

(1)自愿加入。大部分的认证项目都是自愿性的，由企业决定是否申请加入。企业之所以加入，是因为认为能够带来市场差异和更多的赢利，而并非强制使然。

(2)标志(logo)。所有的项目都实施一个或一套标志，便于消费者识别。

(3)遵守或者高于政府规范的标准。认证项目要求企业至少要遵循地方、国家、区域和国际规范，而大部分的要求都高出了政府规定的标准。

(4)评估和审计。由第一方(企业自己通过填写问卷)、第二方(行业协会)或者第三方(与申请的企业、批准认可的机构没有利益关系的独立的企业或者专家)来进行审计。因为避免了利益的冲突，所以第三方审计被认为是最严格、最可信的。由于成本和人力的原因，很多项目开始只进行书面而不是实地审计。

(5)成员制和收费。所收取的费用用于进行整体管理、推广标志以及为获得批准的企业开展广告和促销。

目前全球的各种旅游认证中，可分为国际级、洲际级、国家和地方级四个层次。属于国际级的有 5 个，但目前只有绿色环球(Green Globe)还作为一个涵盖整个旅游业的生态标志而存在。在洲际级，有欧洲环境教育基金组织的欧洲蓝旗(European Blue Flag)、亚太旅游协会的绿叶(the Green Leaf)、欧洲保护区可持续旅游宪章等。在国家级中，除了澳大利亚的 NEAP(自然与生态旅游认定计划)以外，英国、德国等国家在这方面也起步较早，发展迅速。另外，还有奥地利旅游生态标志(Austrian Ecolabel for Tourism)、丹麦的绿钥匙(Green Key)、泰国的绿叶(Green Leaf)、德国的绿色行李箱(Green Suitcase)和英国的大卫·拜拉米奖(David Bellamy Award)等。地方级的包括苏格兰的绿色旅游经营方案(the Green Tourism Business Scheme)等。

这些认证项目制度的实施，一方面使旅游企业有了动力和压力来提高其环境管理水平，减少旅游活动对生态环境的负面影响。另一方面，也唤起了旅游者对其旅游活动和消费行为的审视，使旅游者在选择旅游经营者、度假村、饭店和其他旅服务提供者时更加重视环境因素，能够购买那些对环境敏感的旅游企业的产品，从而直接、间接地为环境保护作出贡献。

三、国外生态旅游认证体系

目前，国外生态旅游产品认证体系可分为全球、洲际、国家和地方四个层次。

(一) 国际认证体系

WTTC 发起的"绿色环球(Green Globe)"是旅游业最早的生态认证制度,也是目前唯一涵盖了全球旅游业的认证标准。尽管很多国家政府、消费者和环境组织认为其缺乏操作性,世界旅游组织也未给予专门认可,但它对于推动旅游业的生态认证确实起到了重要的带头作用。2000 年,在原认证标准的基础上进行了改进,更名为"绿色环球 21(Green Globe 21)"。到目前为止,全世界已有超过 1500 家企业开展了"绿色环球 21"认证,涉及的企业范围包括航空公司、旅游列车、豪华游轮、观光缆车、宾馆饭店、旅游公司、度假村、会展中心、旅行社、博物馆、风景区、自然保护区、森林公园、旅游城市等。

2002 年,以"绿色环球 21"认证制度为基础,澳大利亚生态旅游协会和澳大利亚可持续旅游合作研究中心共同起草完成了《国际生态旅游标准》(The International Ecotourism Standard),并由"绿色环球 21"独家掌握执照发放和管理权。该标准是以澳大利亚全国生态旅游认证项目(NEAP)和《关于旅游业的 21 世纪议程》为基础而制定的,并按照生态旅游认证专家于 2001 年 11 月通过《莫霍克协议》中的生态旅游认证原则制定的。该标准被提交到 2002 年 5 月在加拿大魁北克召开的国际生态旅游高峰会议上讨论,在广泛征求意见的基础上,得到了进一步的完善,并于 2002 年 10 月在澳大利亚凯恩斯国际生态旅游大会上正式公布实施。

《国际生态旅游标准》提出了生态旅游产品的八大原则:①生态旅游的核心在于让旅游者亲身体验大自然;②生态旅游通过多种形式体验大自然来增进人们对大自然的了解、赞美和享受;③生态旅游代表环境可持续旅游的最佳实践;④生态旅游对自然区域的保护作出直接的贡献;⑤生态旅游应该对当地社区的发展作出持续的贡献;⑥生态旅游尊重当地现存文化并予以恰当的解释和参与;⑦生态旅游始终如一地满足消费者的愿望;⑧生态旅游坚持诚信为本、实事求是的市场营销策略,以形成符合实际的期望。

根据上述原则,设定了具体的详细指标,该标准分为三个部分:第一部分是生态旅游政策和框架;第二部分是生态旅游原则以及所确定的衡量方面和具体的内容;第三部分是行为准则。由于生态旅游活动多种多样,在企业提供的各种产品中,有些不适合或者不便于进行生态旅游认证(有的不是生态旅游产品,有的不符合标准),因此《国际生态旅游标准》针对产品而不是企业进行认证。这里的产品包括住宿设施(accommodation)、游览(tours)和吸引物(attractions)三类。

从 2003 年开始,"绿色环球 21"与我国国家环境保护总局联合推行"绿色环球 21"可持续旅游标准体系。目前,九寨沟、黄龙等 11 个保护区,浙江世界贸易中心大饭店等7 家饭店以及杭州国际丝绸城等 2 个街区,正式通过了"绿色环球 21"的评审,成为亚太地区首批通过"绿色环球 21"认证的自然保护区。这两个自然保护区按照"绿色环球 21"的标准在土地使用和管理、生态系统保护和管理、交通安全管理、危险品的保管和使用、环境管理体系、利益相关者的磋商和交流、废水管理、社会和文化管理、减少固体废弃物、噪声控制等方面做出了较大的改进。

"绿色环球 21"源于 1992 年在巴西里约热内卢举行的联合国环境与发展大会上形成

并得到世界 182 个国家的批准的《二十一世纪议程》中的可持续发展原则。"绿色环球21"的标准体系涵盖四大类，即旅游企业标准、旅游社区标准、旅游设计和建设标准以及生态旅游标准。认证费用：加盟"绿色环球21"费用 75 美元，还包括重新注册费、咨询服务费与认证费、年度评审费。

（二）洲际认证体系

洲际认证体系主要包括欧洲"蓝旗"可持续旅游认证体系和美洲的可持续旅游认证网络。这里主要介绍欧洲"蓝旗"可持续旅游认证体系"VISIT"。

1987 年是"欧洲环境年"，当年欧洲环境教育基金会（The Foundation for Environmental Education in Europe，FEEE）向欧洲委员会提出了"蓝旗"概念，并被同意将"蓝旗"运动列为"欧洲环境年"的活动项目。于是 1987 年欧洲有 10 个国家的 244 个海滩和 208 个游艇停泊港进行了可持续旅游认证。2004 年，有 2333 个海滩署和 605 个游艇停泊港获得了"蓝旗"认证，有 29 个国家参加了"蓝旗"活动。

"蓝旗"包括 27 个海滩特定标准和 15 个游艇停泊港特定标准。在这些标准中，一部分对所有国家具有强制性，一部分则根据具体情况仅具有指导性。这些标准主要覆盖 4 大领域：水体质量、环境教育与信息、环境管理、安全服务与设施等。欧洲"蓝旗"可持续旅游认证体系主要包括：

①"蓝旗"是欧洲旅游最古老和最成功的环境标志。

②"蓝旗"可持续旅游认证体系由欧洲环境教育基金委员会和一些非营利性的非政府组织掌管实施。

③27 个海滩特定标准和 15 个游艇停泊港特定标准。

④截至 2004 年，已有 2333 个海滩署和 605 个游艇停泊港获得了"蓝旗"认证，29 个国家参加了"蓝旗"活动。

⑤为了取得蓝旗标志，海滩必须满足如下 4 个独立领域的评价标准：水质量、安全、环境教育和信息以及环境管理系统。

⑥标志。

（三）国家认证制度

澳大利亚是最早实行全国性生态旅游认证的国家。1996 年开始了全国生态旅游认证项目（NEAP），2002 年已经正式修订了第二版。NEAP 是由两个非政府机构——澳大利亚生态旅游协会（Ecotourism Association of Australia，EAA）和澳大利亚旅游经营者网络（the Australian Tourism Operators Network，ATON）组织的，两个合作机构各出一名成员和一个独立的主席，共同组成小组，负责监督该项目。在资金上，NEAP 是完全自给的，所有的管理、评估和审计成本都由提出申请的经营者交纳的申请费和年使用费来补偿。该认证体系适用于自然旅游和生态旅游住宿设施、游览和吸引物产品，分为自然旅游、生态旅游和高级生态旅游三个等级，是世界首创（表 8-2）。

表 8-2 NEAP 生态旅游评估认证标准

级别	自然旅游	生态旅游	高级生态旅游
直接、亲自体验自然	√	√	√
提供给旅游者体验自然的机会，引导旅游者更好地理解、欣赏及享受自然	任选的	强制的，但不是旅游体验中必需的核心因素	旅游体验中的核心因素
为环境可持续旅游实施标准化操作	√	√	√
积极促进自然区域的保护	√	√	√
为当地社区提供积极、不间断的贡献		√	√
敏感对待并包含不同文化，特别是土著文化		√	√
与顾客的期望值相协调		√	√
正确进行营销并引导旅游者产生现实的期望值		√	√

资源来源：高峻. 生态旅游学. 北京：高等教育出版社，2010. 林水富. 福建省生态旅游产品开发研究. 福州：福建农林大学，2004.

NEAP 认证内容主要包括以下几个方面：①集中于自然区；②解说，包括解说的可获得性、信息的准确性、解说规划、工作人员的意识和理解、工作人员的培训；③环境可持续性，包括工作人员的知识、责任和意识、应急措施、环境规划影响评估、排水、土壤和水质管理、建筑方法和材料、视觉影响、采光和照明、废水处理、噪声、空气质量、垃圾最小化处理、能源利用、建筑、对野生动物、海洋哺乳动物的影响最小、各种活动以及交通设施的影响最小化；④使当地社区受益，包括和当地社区一起工作、对当地社区最小影响、社区参与；⑤文化尊重；⑥消费者满意；⑦负责任的市场营销等。

(四)地方认证体系

最典型的地方认证体系主要包括：①危地马拉生态旅游与可持续旅游认证体系；②哥斯达黎加的可持续旅游认证体系；③加拉帕戈斯群岛 Smart Voyager 认证项目。这里主要介绍加拉帕戈斯群岛 Smart Voyager 认证项目。

厄瓜多尔的科隆群岛(加拉帕戈斯群岛)是世界知名的国家公园、UNECSO 评定的世界遗产、世界最具生物多样性的地区，为达尔文进化论提供了直接的证据，同时也是公认的生态旅游发源地。生态旅游的发展在为厄瓜多尔带来外汇收入的同时，也面临着商业渔猎的过度发展、大量移民的迁入、其他物种的进入、生态环境的破坏、旅游者人数暴增等方面的威胁。为此，2000 年 5 月，一个致力于热带生态系统保护的国际非营利组织——热带雨林联盟和厄瓜多尔保护组织 C&D 建立了一个志愿性认证项目——科隆群岛(加拉帕戈斯群岛)认证项目(Smart Voyager)，专门对该国家公园内的船只进行认证。

科隆群岛(加拉帕戈斯群岛)认证项目的原则包括：①企业必须有一个管理政策来证明其遵守国际和国家法律以及本认证项目；②旅游经营者必须支持和促进对科隆群岛(加拉帕戈斯群岛)国家公园的保护；③必须避免、消除和补偿境内的负面影响；④减少外来物种的引入和散布；⑤公正和合理地对待工人；⑥旅游经营必须进行计划、监控和评估，所有相关人员必须接受环境教育和培训；⑦企业必须对群岛社区的社会经济发展和福利作出承诺；⑧船主必须计划和控制材料的使用、供给和储藏；⑨船只必须遵守垃圾处理计划，包括垃圾的控制、再利用和最终处理；⑩必须引导旅游者对保护作出贡献。

科隆群岛(加拉帕戈斯群岛)认证项目的程序包括以下几个方面：①提交申请表；②经营者自我评估；③作为自我评估的补充，有些情况下需要邀请 Smart Voyager 的评估师进行实地评估；④审计；⑤由独立的国际认证委员会授予等级认定；⑥签署认证合同，企业由此获得认证标志的使用权；⑦每年进行一次审核；⑧临时查访；⑨如果违反了标准，还将进行紧急评估。

四、国内生态旅游认证体系

根据《国际生态旅游标准》，"绿色环球 21"又制定了生态旅游达标评估指标体系，使得生态旅游产品的评估和认证有了量化标准。目前，我国已有九寨沟、黄龙、蜀南竹海等生态旅游景区通过了该认证。

(一)来源及进程

1997 年，国家旅游局、国家科委和中国科学院在北京联合召开了首届"全国旅游业可持续发展研讨会"，旅游可持续发展及其评价逐渐成为学术界研究的热点。崔凤军(1999)、王良健(2001)、于法稳(2002)、牛亚菲(2002)、钟林生(2005)、宋瑞(2004)等，对旅游可持续发展评价进行了研究。崔凤军等(1999)对区域旅游可持续发展评价指标体系进行了初步研究，王良健(2001)以张家界景区为例提出了较为完整的旅游可持续发展评价指标体系。

孙玉军(2001)、李群星(2004)等在其基础上提出了生态旅游评估标准，周玲强(2006)等通过专家咨询和因子分析，建立了由环境、社会、生态环境管理和旅游体验四个主题构成的生态旅游认证指标体系，并依据认证结果分为高级生态旅游、生态旅游和非生态旅游三个等级，该指标体系很具有代表性和典型性。

步玉艳(2008)通过对生态旅游理论和生态旅游认证分析研究，提出了生态旅游认证指标，建立了生态旅游认证体系，指标体系包括生态旅游资源、生态旅游设施、环境教育和相关利益者等 4 大类，共 31 个指标。在此基础上建立了生态旅游认证的评估标准和评估模型。高峻(2010)进行了生态旅游产品认证相关理论探讨。

(二)全国生态旅游示范区

2001 年，国家旅游局、国家计委、国家环保总局共同提出并制定认定标准。2007 年7 月，国家旅游局、国家环境保护总局共同授予东部华侨城"国家生态旅游示范区"的荣誉称号。同年，发布了《东部华侨城国家生态旅游示范区管理规范》。2008 年 11 月，全国生态旅游发展工作会议在北京召开，国家旅游局在会上发布了《全国生态旅游示范区标准》征求意见稿。

2010 年由国家旅游局提出并联合环保部起草了《国家生态旅游示范区建设与运营规

范(GB/T26362-2010)》。此后，相继发布了《国家生态旅游示范区建设与运营规范(GB/T26362-2010)评分实施细则》《国家生态旅游示范区建设与运营规范指引》《国家生态旅游示范区管理规程》。于2013年12月，公布了首届国家生态旅游示范区名单(共39家)。

本标准规定了国家生态旅游示范区的基本要求，主要内容包括生态旅游示范区的规划、保护、建设、管理、服务、安全、营销、教育等方面的规范和要求。重点从示范区规划、生态旅游资源、环境质量、传统文化保护、基础设施五个方面，对生态旅游示范区设定了认定标准。

该标准定义了生态旅游资源、生态旅游、生态旅游示范区和国家生态旅游示范区，进一步明确生态旅游示范区是以独特的自然生态、自然景观及与之共生的人文生态为依托，以促进旅游者对自然、生态的理解与学习为重要内容，提高对生态环境与社区发展的责任感，形成可持续发展的旅游区域。根据资源类型，结合旅游活动，将生态旅游区分为山地型、森林型、草原型、湿地型、海洋型、沙漠戈壁型、人文生态型七种类型。国家生态旅游示范区是生态旅游区中管理规范、具有示范效应的典型，经过本标准确定的评定程序后，可以获得国家生态旅游示范区的称号。该区域具有明确的地域界限，同时也是全国生态示范区的类型或组成部分之一。

该标准规定，国家生态旅游示范区申报程序主要有：申报、评估、验收、公告、批准和复核六个阶段。

(三)全国绿色旅游景区

随着低碳发展理念的兴起，国家旅游局于2011年2月发布了国家旅游业标准《绿色旅游景区》(LB/T015—2011)。本标准旨在旅游景区引入绿色管理理念，规定了旅游景区实施绿色管理和服务的规范要求和技术指标，为旅游景区实施生态化管理提供依据和技术规范，保护旅游景区的生态环境和旅游资源，提升旅游产业发展内在素质。

该标准包括范围、规范性引用文件、术语和定义、通则、基本要求、规划与建设、清洁生产、绿色服务、绿色管理等九个方面。明确了绿色旅游景区、清洁生产、绿色管理、绿色服务、绿色消费、绿色旅游、绿色设计的定义。提出了节能减排、低碳发展，保护资源与环境和谐发展，实施绿色设计、提供绿色旅游产品的理念和规划通则。从自然资源保护(地貌景观资源、自然植被资源、野生动物资源及水资源保护)、生态安全、历史人文资源保护三大方面，提出了绿色旅游景区的基本要求。从土地用地规划、绿色设计、环境保护规划、建设与施工、景观绿化等方面，对绿色旅游景区进行规划建设规范。从旅游信息服务、导游服务、住宿服务、餐饮服务、购物与娱乐服务五个方面构建了绿色旅游景区服务标准，从游客管理、容量管理、游客行为管理、资源管理、环境安全管理、卫生环境管理、制度管理、人员培训、社区发展等方面，对绿色旅游景区进行了绿色管理规定。

五、生态旅游产品认证经验

(一)国外认证经验

1. 管理机构

由于国外非政府组织比较发达，尤其是在环境保护和当地社区发展方面，各政府组织扮演着重要的角色，参与了很多生态旅游项目。相应的，国外生态旅游认证制度一般也都由非政府机构牵头制定，并实际管理。如上述国家和地区层次的生态旅游认证，实际上都是以非政府组织为主制定并实施的(高峻，2010)。

2. 管理效力

国外的很多认证制度(包括生态旅游认证)都是一种行业主导型的标准，企业自愿参加，而不是强制性的，不是政府主导型标准。企业之所以投入财力和精力申请认证，并非迫于政府的强制性规定，主要是看到认证标志所带来的对企业产品质量的鉴定和认可，看到通过认证以后产品所获得的市场竞争优势(高峻，2010)。

3. 收费制度

国外生态旅游认证制度主要是由非政府组织制定并管理的，大部分都是独立的、自收自支的。因此，要对申请企业收取一定的费用，如澳大利亚的 NEAP(自然与生态旅游认定计划)，除了在申请时缴纳一笔费用以外，企业还要每年支付使用费，随着认证等级的上升，相应的费用也增加。尽管这些组织不以营利为主要目的，但也面临如何确保资金来源，保证项目连续性的问题。如何在维护认证的科学性、权威性、严肃性的同时，吸引更多的旅游企业参与认证，扩大认证制度的社会影响，并增加资金来源是很多认证机构考虑的重要问题。

4. 配套措施

高峻(2010)认为，除了认证制度以外，国外还针对生态旅游企业、生态旅游者制定了相应的行为准则、规范、最佳方案(best practice)、参照(bench mark)、奖励等，通过这些制度的配套，来规范企业和旅游者的活动，确保对自然环境的保护。如在"绿色环球 21"中，就明确指出最佳实践的要求。

(二)成功要素

钟林生等(2005)认为，一个成功的生态旅游认证体系，必须达到以下要求：①指标必须通过对目前最好的实践和适当参数的研究来建立；②指标必须经过审核并通过利益相关者批准通过；③指标将随行业制定，如旅馆、旅行社、交通运输等；④指标应随地区而调整，应通过当地利益相关者的参与和研究建立，得到参与认证各方的支持；⑤认证方案要求独立的证明过程，即与收费、发放许可证的实体不存在直接联系；⑥认证项目的成本要求合理，而且需要争取国家的、地区的或国际的资助；⑦认证应遵守普遍接受的国际准则和现行国内国际法律；⑧认证应该在完全执行前先进行现场测试以确保所有体系严格到位。

第四节　生态旅游产品营销

一、生态旅游产品营销概述

旅游市场营销具有三层含义：①以交换为中心；②以旅游消费者为导向；③以此来协调各种旅游经济活动，力求通过提供有形产品和无形服务使游客满意来实现旅游经济个体的经济和社会目标。旅游市场营销是一个动态过程，包括分析、计划、执行、反馈和控制，更多地体现旅游经济个体的管理功能，它是对营销资源(营销中的人、财、物、时间、空间和信息等)的管理。

（一）生态旅游产品营销定义

生态旅游产品营销是对旅游市场营销的继承和发展，它是在可持续发展思想和社会市场营销观念指导下的旅游绿色营销。它是旅游经济个体在生产经营活动的各个阶段减少或避免环境污染和资源破坏，在市场营销过程中注重生态环境保护，建立自己的竞争优势，利用各种营销方式赢得社会的认可，制造和发现市场机会，通过长期满足现有和潜在游客的需求，来实现自己的目标(周笑源，2003)。生态旅游市场营销是连接生态旅游产品与生态旅游市场的基本环节，也是生态旅游经营管理的中心环节。生态旅游市场营销的主要目的一般包括：一是广泛传播生态旅游的理念；二是吸引更多的生态旅游者在本地停留并购买尽可能多的旅游产品；三是吸引更多的潜在旅游者将本地区作为旅游的目的地，创造大量的客流量；四是分析本地区的客源市场，开发特殊市场，扩展生态旅游产品；五是分割出目标市场并研究其特点，以与相应的旅游产品谱相配置，制定具体的营销计划等。

生态旅游市场营销的内容主要包括：广泛传播生态旅游的理念，开发生态旅游产品及主要生态旅游市场，吸引更多的潜在旅游者参与生态旅游活动；建立生态旅游目的地品牌形象，提高生态旅游产品的知名度和吸引力，获取生态旅游市场营销的综合效应(乌兰，2013)。

（二）生态旅游产品营销与传统旅游产品营销比较

生态旅游市场营销是可持续发展理念和绿色营销观念在旅游市场营销中的具体应用，是对传统旅游市场营销的丰富和发展。与传统的旅游市场营销相比较，生态旅游产品营销具有如下独特的内含。

(1)营销理念不同——以生态文明观为指导。

生态旅游产品营销强调以可持续发展理念为指导，彰显明晰的社会营销理念。与坚持"以消费者需求为核心"的传统旅游市场营销不同，生态旅游产品营销更突出强调兼顾企业利益与旅游者利益和社会利益相统一的营销观念，转变不可持续的旅游开发方式，避免过分利用或浪费资源、环境破坏和生态恶化等问题，创造和引导理性的生态旅游开发和消费模式。同时，通过在全社会传播正确的生态文明观和倡导环保、绿色的旅游方式，最终实现生态旅游产品营销的综合效益。

(2)营销的目标不同——以可持续发展为目标。

传统的旅游营销的客体是旅游产品，而生态旅游产品营销除了对生态旅游产品营销外，还要重视对生态旅游理念的营销。生态旅游产品的特点之一就是生态旅游产品的教育功能、高品质性和知识性。生态旅游产品所体现的就是一种可持续旅游活动理念、一种可持续旅游开发规划理念、一种可持续旅游管理理念和一种可持续旅游业发展理念。应在进行生态旅游产品营销的同时也进行生态旅游理念的营销，进行生态伦理理念营销，使生态旅游这一全新的旅游理念，在旅游者享受高质量生态旅游产品经历和体验的同时，也得到广泛的传播，实现旅游业可持续发展的目的。

(3)营销的内容不同——可持续系统营销。

传统旅游市场营销的所有活动都是围绕旅游者进行的。生态旅游动力系统强调，生态旅游产品是旅游主体、旅游客体、旅游媒体和旅游载体相互影响、共同作用的产物，其生产与实现，上述环节缺一不可。系统动力学特性构成生态旅游产品的深刻内涵。标准的生态旅游产品本身就是代表生态旅游产品"生产地、生产企业、管理者及所有参与者"的生态特质。生态旅游产品含有服务社区、贡献社区的功能和特性。生态旅游产品营销的"市场"除了旅游者外，还有旅游开发管理者、旅游政策制订者和旅游地的居民等，凡是与生态旅游有关的活

动主体都是生态旅游产品营销服务的"市场"。

与生态旅游活动有关的机构和参与者都应树立正确的生态旅游理念，并指导其与旅游有关的行为活动，由此生态旅游产品营销的"市场"及其行为的范围已经扩大了。

(4)营销的任务不同——以环保为己任。

生态旅游产品最核心的特质就是其责任性、参与性、环保功能性。传统的旅游市场营销以满足旅游者的各种需求为主要任务。生态旅游产品营销在注重满足旅游者高质量体验需求的同时，坚持把旅游活动对周围环境(自然生态和人文环境)的影响降至最低。生态旅游产品营销的任务除了满足旅游者的理性旅游消费需求外，更应创造和引导理性的旅游开发和消费方式，不断地营销传播时尚环保的旅游生活形式，逐步修正非生态的旅游开发管理和消费方式，最终在全社会树立正确的生态旅游理念(表 8-3)。

表 8-3   生态旅游产品营销内涵

营销主体	产品层次	产品营销重点策略	产品营销对象	理念营销对象
政府相关部门或部门联合(国家、市、县)	生态旅游目的地产品	区域产品整合营销、产品形象塑造与推广、打造区域旅游产品品牌、吸引区域整体目标市场	客源国(地)相关部门、企业和旅游者	生态旅游市场、当地社区居民和所有营销主体相关人员
旅行社和政府部门	生态旅游线路产品(景区、点等的组合)	整合营销资源、企业品牌塑造、突出线路产品主题、吸引细分目标市场	业务相关企业和旅游者	
旅游地开发经营管理者和旅行社(中间商)	生态旅游景区(景点、旅游项目)产品	产品特色宣传、差异促销、企业品牌塑造、吸引细分目标市场	旅游者和旅游经营商(代理商)、零售商	

资料来源：周笑源. 生态旅游及其产品营销策略研究长沙：中南林学院，2003. 有补充。

二、生态旅游产品营销环境

生态旅游产品营销是一种特殊的营销方式。菲利普·科特勒(1991)认为，"市场营销环境是指影响企业的市场营销管理能力，使其能卓有成效地发展和维持与其目标顾客交易及关系的外在参与者和影响力"。旅游市场营销环境是指："能影响旅游企业市场营销活动及其目标实现的各种内外因素所构成的多层次、相互关联和不断变化的结构系统。"生态旅游产品营销过程同样受到各种环境因素的影响和制约。

生态旅游产品形式不仅体现为自然旅游资源与人文旅游资源的有机结合，而且更多地以亲近自然的方式表现出来。因此，生态旅游产品营销对环境因素的依赖性、敏感性较强，不仅受到政治、经济、社会因素及自然环境的深刻影响，也受到旅游业本身复杂性及波动性的影响。同时，生态旅游产品营销依据市场范围和特点又分为国内旅游市场营销和国际旅游市场营销两种，其营销活动所考虑的环境与所采取的手段有所不同。国际生态市场营销环境较之国内营销环境更为复杂，除了国际政治形势、经济环境、生态旅游者的人口特征外，国别生态旅游地的文化传统、风俗习惯，以及自然资源和环境状况等都会影响到国际生态旅游产品营销活动的开展。

生态旅游产品营销环境具有客观性、综合性、动态性、相关性、系统性等特点。生态旅游营销环境的变化呈现客观性，有着自身运行规律和发展趋势，这是不以营销者的意志为转移的。这些环境因素对生态旅游营销活动的影响和作用大多是间接发生的，其中有些因素的变化有利于生态旅游营销活动的开展，而有些因素的变化则不利于生态旅游及其市场营销活动的开展。生态旅游营销环境是一个动态系统，构成营销环境的各种力量和各因素不仅经常处于动态变化之中，而且其中任何因素的变化都会引起一系列的连锁反应。同时，各种宏观环境因素的影响和作用并不是一成不变的。生态旅游营销环境是一个复杂多变的整体，构成营销环境的各因素相互关联、相互渗透、相互作用。

总体上，旅游营销环境系统是由宏观环境和微观环境构成的，如图 8-7 所示。

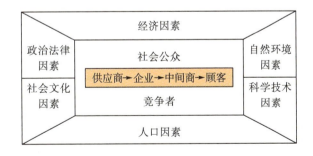

图 8-7　生态旅游产品营销环境系统

(乌兰，2013)

生态旅游营销宏观环境由一些大范围的社会约束力量所构成，主要包括政治法律因素(政治体制、政策、法令法规等)、经济因素(经济发展状况、经济政策、消费者收入、消费结构、购买力水平、收入与支出模式、供求状况等)、社会文化因素(相关群体、社会阶层、家庭结构，宗教信仰、风俗习惯、价值观念、审美观)、自然环境因素(自然资源、能源、环境污染等)、人口因素(人口规模及其构成、教育程度、地区间的移动等)、社会文化因素(家庭消费模式、社会阶层、风俗习惯等)和科学技术因素(科学发展观和技术进步等)。

生态旅游营销的微观环境直接影响着旅游企业为生态旅游目标市场服务的能力及其营销策略的组合。构成生态旅游营销微观环境的各种制约力量包括：旅游供应者、竞争对手、旅游中间商及中介机构、社会公众和旅游者，也包括旅游企业内部影响营销管理决策的各个部门(计划、人事、财务、生产、营销等)。其中，社会公众包括媒体公众、政府公众、民间团体、社区公众、金融公众、一般公众、内部公众(乌兰，2013)。

三、生态旅游产品营销策略

(一)生态旅游目标市场策略

生态旅游目标市场特指在一定时间、一定地点和条件下，具有购买力、购买欲望和购买特定生态旅游产品权利的群体。其选择须具备的三个基本条件：一是必须有相当的市场规模和发展潜力；二是保证有相对竞争优势，不易被竞争对手取代；三是符合企业经营宗旨和服务于目标市场的能力。生态旅游目标市场评估内容包括：一是目标市场潜力评估，二是细分市场的开发价值评估，三是细分市场的开发前景。影响目标市场选择的制约因素主要包括：①生态旅游产品需求特点；②旅游企业自身实力与资源条件；③生态旅游产品的差异程度；④生态旅游产品的差异程度；⑤生态旅游产品生命周期；⑥竞争对手竞争实力及其策略。

1. 生态旅游目标市场选择模式

在目标市场选择过程中，应从市场规模与增长率、营销主体资源与目标、营销主体竞争优势等方面对细分市场进行评估，所选择的目标市场必须与生态旅游产品营销主体的经营目标、形象、所拥有的经营资源等相符合。可选择的生态旅游目标市场范围主要有五种模式。

(1)单一市场集中化模式。

生态旅游企业将目标市场集中于一个细分市场，生产一种旅游产品，以此展开市场营销。该模式的优点是可以制定有针对性的营销策略，并在该市场上建立稳定的市场竞争优势。不足之处是，当目标市场需求突发巨变，由于市场狭小可能面临的巨大风险和威胁。

(2)有选择的专业化模式。

选择若干个细分市场作为目标市场，依据不同的目标市场推出不同的生态旅游产品。

其中每个细分市场在客观上都有吸引力，并且符合旅游企业的目标和资源。这种模式要求旅游企业资源丰富、规模大、能力强，旅游企业具有开发竞争力的生态旅游产品体系和较强的经营管理能力。

（3）产品专业化模式。

旅游企业向不同细分市场供应同一种生态旅游产品，以满足不同市场对这一生态旅游产品的共同需求。这种模式要求旅游营销主体具有垄断性资源和创新性的生态旅游产品。其优势是有利于旅游企业进行深入的旅游产品开发研究，有助于形成经营优势和树立品牌形象。但若出现产品过时、淘汰情况，则企业经营容易带来较大风险。

（4）市场专业化模式。

旅游企业向同一特定细分市场推出各种不同的或者是系列的生态旅游产品。这种旅游企业产品开发能力强、资源丰富，通常拥有品牌知名度的生态旅游目的地。这就要求旅游企业努力塑造品牌旅游形象，确保产品持续竞争力。同时具有较强的创新能力和产品转型升级换代能力。其优势是有助于建立良好的市场形象，并形成稳定的客源市场。不足是可能由于市场需求波动带来较大风险。

（5）市场全面化模式。

旅游企业选择所有细分市场作为生态旅游目标市场，全方位、全覆盖推出生态旅游产品，以满足各类、各级客户群的多元化需求。这种模式实施有一定的难度，一般实用于有实力的大型集团化企业，才有实力把经营管理拓展至所有各类、各级经营领域中。其优势是能最大程度地减少经营风险。不足是要求企业的实力强大，通常是国家或省域生态旅游目的地产品可考虑采用。

2. 生态旅游目标市场营销策略

（1）无差异市场营销策略。

该策略通常适用于规模大、知名度高的国内外旅游企业或大众化的生态旅游观光产品市场，一般不适宜于专业性强、专项性明显的生态旅游目标市场。无差异营销策略也叫整体市场策略，是将整个生态旅游产品视为一个目标市场，用同一种旅游市场营销组合策略开拓生态旅游产品（采用相同的产品、价格、渠道、广告）。无差异市场营销策略注重考虑生态旅游产品在需求上的同质性，而不关心市场在旅游消费需求上的差异性。其优势是采用单一的市场营销组合策略能最大程度地降低旅游企业营销成本。

（2）差异性市场营销策略。

通常情况下，只有部分实力雄厚的大型旅游企业集团和大型景区能适于采用差异性市场营销策略。其优势在于营销组合策略的实施更有针对性，满足多样化、多元化的市场需求，有助于提高产品形象和市场占有率，提高其竞争优势。差异性市场营销策略是将整体市场划分为若干细分市场，针对每个细分市场制定不同的营销组合方案，以满足各类市场的具体需要。差异性营销策略的优点是：使生态旅游者需求更好地得到满足，由此促进产品销售。

（3）集中性市场营销策略。

集中性营销策略是集中力量进入一个或少数几个细分市场，实行专业化生产和密集销售，亦称密集性市场营销策略。营销主体实行这一策略，不是追求在一个大市场角逐，而是力求在一个或几个子市场占有较大份额。这一策略特别适合于资源力量有限的中小旅游企业。由于受资源特色、财力、技术等方面因素制约，在整体生态旅游产品方面可能无力与大企业抗衡，但如果集中资源优势在大企业尚未建立绝对优势的某个或某几个细分市场进行竞争，成功可能性更大。局限性是旅游市场区域相对较小，发展受到限制。

(二)生态旅游产品策略

生态旅游产品策略是生态旅游产品市场营销策略组合的核心内容，在生态旅游产品市场营销策略组合中具有重要作用，决定和影响着其他营销策略的制定和实施。

1. 产品组合策略

生态旅游产品组合是指企业生产经营的所有产品的整体构成，具体指一个企业提供给市场的全部产品和产品项目的组合或搭配，即企业经营的范围和结构。其影响因素主要包括旅游者需求、旅游企业生产能力、旅游企业目标市场特征和竞争企业的实际状况等。旅游产品组合分析包括旅游产品组合的长度、宽度、深度和关联度四个方面。生态旅游产品的特殊组合分析包括地域组合形式、内容组合形式、时间组合形式三个方面。

生态旅游产品组合策略主要有(乌兰，2013)：①扩大产品组合策略；②缩减产品组合策略；③产品组合延伸策略；④产品组合调整和优化策略。

2. 生态旅游品牌策略

生态旅游品牌的内涵特征是吸引旅游者选购旅游产品与服务的一个决定性因素，是取得市场竞争优势的重要武器。生态旅游品牌的内涵包括属性、利益、文化、价值、个性和角色感等多个方面。

旅游企业通过建立生态旅游品牌，可有助于企业树立良好的品牌形象、扩大市场和提高利润水平，更好地满足市场需求，并建立和保持市场竞争优势。

生态旅游品牌策略主要包括品牌有无策略、品牌归属策略、品牌统分策略、品牌延伸与多品牌策略以及品牌重新定位策略等。其中，品牌统分策略包括统一品牌策略、个别品牌策略、分类品牌策略和企业名称加品牌策略。品牌延伸与多品牌策略包括品牌延伸策略、产品线路扩展策略、多品牌策略、新品牌策略、合作品牌策略五个方面。

3. 产品生命周期策略

生态旅游产品生命周期是旅游企业制定旅游产品营销策略组合的重要依据。研究旅游产品生命周期有助于旅游企业根据产品周期各阶段的特点，制定具有针对性和时效性的营销策略及其组合，提高生态旅游产品的营销效率(表8-4，图8-8)。

表 8-4　生态旅游产品生命周期营销策略

生命周期阶段	经营环境	营销策略组合	营销目标
投入期	产品知名度低，成本高，旅游者少，利润少，旅游收入增长缓慢，竞争者少	刺激基本需求，介绍产品、建立分销网络、撇脂或渗透定价	提高产品知名度，尽快进入和占领市场
成长期	旅游人次增加，知名度逐渐提高，客源量递增，利润增加，出现竞争者	扩大产品利益，树立并宣传产品形象，选择分销渠道并增加全宽度，适当调价	强化产品和服务质量，迅速扩大销售能力
成熟期	旅游人数稳定，接待量达到顶峰，增长趋缓，利润最高，竞争者最多	改进产品，提高服务水平，强调市场细分，实行灵活的价格策略，保持市场份额，有效管理分销渠道	维护市场占有率，延长产品生命周期
衰退期	旅游人数下降，利润低，成本高，旅游收入锐减，替代产品出现，竞争者减少	调整产品组合，集中促销，维护旅游区声誉，保留忠诚中间商并剔除无效渠道，降价	集中有利市场和渠道，淘汰滞销产品

资料来源：乌兰. 生态旅游市场营销[M]. 北京：经济管理出版社，2013. 有补充.

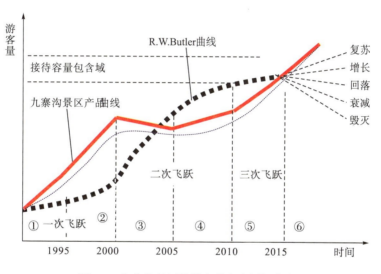

图 8-8　九寨沟景区旅游产品生命周期曲线

①资源调查阶段；②开发启动阶段；③快速增长阶段；④平稳发展阶段；⑤回落/复苏阶段；⑥回落/复苏的几种情况。其中，
①和②相当于投入期，③对应于成长期，④相当于成熟期，⑤对应于衰退期

4. 新产品开发策略

生态旅游新产品系指旅游企业向生态旅游产品提供的较原有产品有较大差别的旅游产品系列。凡对整体旅游产品进行了全部或部分创新和改进，能很好地满足潜在消费需求的产品，都属于新产品范围。新产品开发程序包括：构思→构思筛选→产品概念形成与测试→拟定营销计划→商业分析→产品开发→市场试销→正式上市。新产品根据成因可分为全新产品、换代型新产品、改进型新产品、仿制型新产品四种类型。

新开发旅游产品策略主要包括：①产品多样化，形成一定的产品体系；②主题产品明确，地方文化特色更加突出，生态旅游目的地整体形象鲜明；③生态旅游产品不断涌现，科技含量增加，产品生命周期缩短；④生态旅游产品大型化和集中化；⑤注重产品的环保性、教育性、参与性和体验性；⑥更加注重保护生态环境。

5. 产品定价策略

在生态旅游产品市场营销中，生态旅游产品是通过货币交换实现自身价值的。生态游产品价格就是旅游者为了满足自身游览、观光、度假等生态旅游活动需求，而支付的用于购买生态旅游产品与服务的费用。生态旅游产品价格形式包括一般价格形式(旅游包价、旅游单价)和特殊价格形式(旅游差价、旅游优惠价)，具有垄断性、综合性、环保性、季节性、动态性等特点。

生态旅游产品定价目标系指旅游企业对其生产和经营的生态旅游产品预先设定期望达到的目标和标准。主要包括生存导向、利润导向、市场导向、竞争导向、环保导向五种目标类型(乌兰，2013)。生态旅游产品定价营销因素包括内部因素(企业营销组合策略、企业营销目标、产品成本、企业产品所处的生命周期阶段)和外部因素(市场需求、市场竞争状况、政府宏观管理、宏观经济状况等)。生态旅游产品定价步骤是：确定价格目标→市场需求预测→估算产品需求→分析竞争者产品价格→选择价格方法与策略→确定最终价格。定价方法包括：成本导向定价法(成本加成定价法、投资回收定价法、目标收益定价法)、需求导向定价法(理解价值定价法、需求差别定价法、需求价格弹性定价法)、竞争导向定价法(率先定价法、追随核心定价法)(乌兰，2013)。

生态旅游产品定价策略就是指旅游企业根据生态旅游产品供求及竞争情况，结合产品特点，从定价目标出发，灵活地运用各种价格手段与技巧，制定出合适的产品价格。常见的生态旅游产品定价策略主要包括：①新产品定价策略，包括撇脂定价策略、渗透定价策略、满意定价策略；②心理定价策略，包括尾数定价策略、整数定价策略、声望定价策略、招徕定价策略、习惯定价策略；③折扣定价策略，主要有数量折扣策略、季节折扣策略、现今折扣策略、功能折扣策略；④差价定价策略，包括对象差价策略、时间差价定价策略、地理差价定价策略、质量差价策略。

(三)生态旅游产品营销渠道策略

生态旅游产品营销渠道就是旅游产品使用权在转移过程中所经过的各个环节连接起来而形成的通道，主要包括三种类型：一是直接和间接渠道。直接渠道又称零级分销渠道，直接分销渠道由于能做到与旅游者"零距离"，有利于企业调整或改进营销策略组合，有利于企业节省营销管理费用，获得更大的利润。间接渠道由于经过了各环节中间商的参与，可通过有序的、网络式的销售系统拓展市场范围，有助于提升旅游企业的销售能力，但提高了企业营销成本，降低了企业利润。二是长渠道和短渠道，即生产旅游产品或服务在旅游生产企业转移到旅游者的过程中，在一条渠道上所经过的中间商级数或中间环节的多少。三是宽渠道和窄渠道。即生产旅游产品或服务在旅游生产企业转移到旅游者的过程中，分销渠道的每个级数(层数)中，使用相同类型中间商数目的多少。

生态旅游产品营销渠道选择的影响因素主要包括：旅游产品因素(包括旅游产品的性

质、类型和等级、产品季节性等)、旅游市场因素(包括市场规模与市场容量、旅游市场空间距离、旅游客源市场集中度等)、旅游企业自身因素(包括市场形象、规模实力和营销能力、产品组合特征等)、国家宏观环境因素(政策法规、经济发展状况、自然区位条件等)、旅游中间商和竞争者因素。中间商的作用主要包括：确保旅游生产活动的顺利进行，提高经营效率，形成市场规模效应，树立市场形象，提供多种产品组合，满足不同旅游需求，联系供需双方、促进相互沟通。旅游中间商类型主要包括旅游经销商(批发商、零售商)、旅游代理商(经纪人、企业代表、销售代表)、旅游辅助商(运输公司、独立仓库、银行、广告公司)、网络预订系统等。

综合考虑上述因素，生态旅游产品营销渠道策略主要包括：①旅游营销渠道的长度策略，主要考虑两个方面。一是决定采用直接分销渠道还是间接分销渠道，二是选择间接分销渠道中间环节还是层次的数量。②旅游分销渠道的宽度策略，包括三种类型，即密集型分销、选择型分销、独家分销。这涉及生态旅游产品营销渠道的管理和生态旅游产品营销渠道系统的整合问题。生态旅游产品营销渠道系统的整合包括：分销渠道系统纵向联合(公司式联合、管理式联合、契约式联合)、分销渠道系统横向联合和集团化联合。

与传统分销渠道相比，旅游网络营销渠道的结构要简单得多，主要包括网络直接分销渠道和网络间接分销渠道两种。前者的建立使得旅游生产者和旅游者实现了直接联系和沟通，后者是通过融入互联网技术的中间商机构实现网络间接分销。网络营销渠道通过互联网技术，使信息传播实现了高信息量、高速度、强时效性、成本节约、互动性以及信息全球覆盖等特点，它将生态旅游产品的虚拟化展示、信息查询、旅游咨询、在线预订、客户服务以及代理人服务等多种服务融为一体，极大地拓展了旅游者的信息收集范围和购买渠道，也给传统的旅游分销渠道带来了极大冲击。

(四)生态旅游产品促销策略

生态旅游产品促销即旅游销售促进，就是指旅游营销者(旅游企业、旅游地等)将生态旅游产品与服务的相关信息，通过各种宣传、吸引和说服的方式，传递给目标旅游者及其可能的影响群体，进而达到扩大销售之目的。通过旅游促销，可以提供旅游信息、加强供需联系，刺激旅游需求、引导旅游消费者，突出产品特点、增强竞争实力，树立旅游形象、强化市场地位。旅游促销的方式主要包括旅游人员推销和非人员推销。前者包括旅游销售人员和旅游服务人员，后者包括旅游广告宣传、旅游营销推广、旅游营销公关、旅游网络促销、旅游节庆活动等。

生态旅游产品促销组合策略是指旅游人员推销、广告、营业推广、营销公关四种传统促销方式，以及旅游网络促销宣传、旅游节庆活动等现代促销方式的有机组合和综合运用。生态旅游产品促销组合是一个系统化的有机整体组合、多层次的动态组合，生态旅游产品促销组合的不同促销方式相辅相成，具有协同作用。生态旅游产品促销组合受到生态旅游产品特性、生态旅游市场状况、生态旅游产品生命周期、生态旅游促销预算等的综合影响。

生态旅游产品促销组合策略包含两个层次：一是旅游促销基本策略，即旅游营销者可以选择两种基本的组合策略，即推式促销策略和拉式促销组合策略。前者着眼于通过多极分销渠道将生态旅游产品推向目标市场，后者则着重于直接激发目标市场中旅游者对生态旅游产品的兴趣。二是生态旅游促销组合策略。即通过发布广告的形式大范围传播有关旅游产品信息，通过各种销售促进活动传递短期内刺激购买实时信息，也可通过营销人员面对面形式有效实现与潜在旅游者信息沟通。

（五）生态旅游营销策略组合

生态旅游产品营销组合是旅游地或旅游企业的综合营销方案，即旅游地或旅游企业为增强竞争力，针对目标市场的需求特点，综合运用可控制的各种营销因素（旅游产品、价格、渠道、促销等），进行优化组合，以满足生态旅游目标市场的需求，实现旅游地或旅游企业经营目标的营销方案。具有可控性、动态性、复合性、整体性等特点。

传统的旅游市场营销组合方案主要有麦肯锡法（Mckinsey）、考夫曼法（Kaufuman）和雷诺汉法（Leo M Renugham）三种。麦肯锡法提出的 4P 方法，即将各种营销因素纳入生态旅游产品、生态旅游价格、生态旅游营销渠道和生态旅游促销四大类。考夫曼法强调人（people）、产品（product）、价格（price）、促销（promotion）、实施（performance）、组合（package）的有机组合，即 6P 组合。雷诺汉法主要侧重于旅游饭店的营销组合，组合归纳为三类因素，即产品与服务、表象和信息传递。其中表象包括建筑、地理位置、气氛、价格、服务人员等。

现代旅游营销市场组合主要包括：菲利普·科特勒（Philip Kotler）的 11P 组合、罗伯特·劳特朋（Robert F Lauterborn）的 4C 组合、舒尔茨（Don E.Schultz）的 4R 组合及 4V 营销组合。菲利普·科特勒在考夫曼法 6P 基础上，补充了调查（probing）、分割（partioning）、优先（prioritizing）、定位（positionning）、人（people），形成了 11P 组合模型。罗伯特·劳特朋在麦肯锡 4P 法基础上，提出了产品—顾客需求（consumer needs）、定价—成本（cost）、分销—方便（convenience）、促销—沟通（communication）的 4C 模型。舒尔茨提出了与客户联系（relavance）、提高市场反应速度（react）、关系越来越重要（relation）、汇报时营销的源泉（return）的 4R 模型。20 世纪 80 年代后有学者提出了差异化（variation）、弹性化（versatility）、附加价值化（value）、共鸣（vibration）的 4V 模型。

第九章　生态旅游规划体系

　　生态旅游发展的目的是从旅游资源向旅游经济、社会、生态综合效益的转化。这过程要经历生态旅游资源开发规划、建设、管理等系列阶段，其中规划是龙头和前提，规划是否科学直接影响到后期建设和管理系列过程，直接关系到生态旅游可持续发展。生态旅游规划不同于一般的旅游规划，从利益主体关系上涉及旅游规划主体、客体、旅游者、社区、政府和监督机构的一系列环境，从规划管理上包括了规划委托方、承接方、规划编制、规划评审、规划实施效果评估、规划修编等一系列复杂管理过程，生态旅游系统是否可持续发展需要这些环节(子系统)的鼎力相助和共同努力。所以生态旅游规划是复杂、多维、多元的综合旅游规划体系。

　　这里仅从生态旅游规划概述、生态旅游规划体系构建、生态旅游规划编制、生态旅游规划评估、生态旅游规划管理五个方面进行阐述。

第一节　生态旅游规划概述

一、定义及内涵

(一)生态旅游规划定义

　　生态旅游规划是旅游规划的专项规划。生态旅游规划是以可持续发展为指导原则，根据旅游规划理论与生态学的观点，在调查研究基础上，通过对未来生态旅游发展状况的构思与安排，将旅游者的旅游活动与环境特征有机地结合起来，在结合不同景观设计和综合分析基础上，将生态旅游活动在空间环境上进行合理布局，寻求生态旅游业对环境的保护和对人类福利的最优贡献，保持生态旅游业永续、健康的发展与经营。陈玲玲等(2012)认为，生态旅游规划包括两种类型：一种是以设计生态旅游产业为重点内容的纵向性规划，一般被称为生态旅游产业规划；另一类是以区域为单元的生态旅游横向性规划，一般被称为生态区域性规划。两类规划在内容上多有重叠，故有的规划者将其统一到生态旅游区的规划中，它表明任何一个以生态旅游为主题的区域单元完全可以囊括所有生态旅游规划内容，组成一个具有综合性特点的生态旅游规划框架。

　　在国外，生态旅游规划大致经历了 20 世纪 50~70 年代的萌芽期、20 世纪 80~90 年代的发展期、20 世纪 90 年代至今的成熟期三个阶段。在我国，20 世纪 90 年代后，随着旅游业开始进入全面发展阶段，各地各级政府将旅游业作为龙头或支柱产业，出现了旅游开发、规划和建设热潮，生态旅游规划应运而生。我国真正的生态旅游规划研究与实践主要还是在 2000 年以后。从 2000～2013 年，我国生态旅游规划如火如荼。随着我国生态文明观和可持续发展在区域发展中的广泛和深入，生态旅游规划正在翻开崭新的一页。

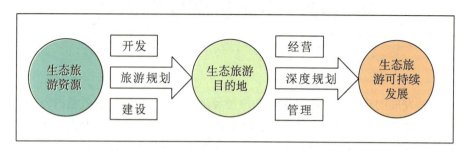

图 9-1　生态旅游规划的地位和作用

陈玲玲等(2012)将生态旅游规划划分为纵向的生态旅游产业规划和横向的生态区域性规划。综合上述国内外旅游规划及其分类研究成果，参照我国《旅游规划通则》(GB/T18971－2003)，提出生态旅游规划分类体系，即区域生态旅游发展规划、生态旅游区总体规划和重点功能区详细规划。区域生态旅游就是在特定的生态旅游资源空间内，以中心城市为依托，依据自然地域、历史联系和一定的经济、社会条件，根据生态旅游业发展需要通过开发建设而形成的生态旅游空间区域。区域生态旅游规划是应用生态学原理和方法，实现生态旅游可持续发展战略的区域规划方法(李建华等，2005)。区域生态旅游规划以环境指标、经济指标、社会发展指标为目标，以注重保护、发挥特色、满足市场、环境教育为原则，以市场定位、资源评析、产品设计、市场规划、影响评价、环境规划、设施规划为内容，以系统稳定性、竞争公平性、增长连续性为特征，以可持续发展为宗旨(李建华等，2005)。区域生态旅游规划在当今呈现出合成化、系统化、动态化、法制化、持续化的发展趋势。

(二)生态旅游规划内涵

由于旅游产业快速发展，经济、社会和环境的平衡关系面临挑战，旅游规划需求日益强烈。美国旅游规划学者冈恩(Clare A. Gunn)是倡导、编制旅游规划的鼻祖之一。于 1960年参与的密歇根州半岛北部(Upper Peninsula)区域旅游研究项目，奠定了旅游发展规划的概念基础。1972 年出版第一本关于观光旅游的专著《假日风景：观光地区设计》(Vacation Landscape: Designing Tourism Regions)，确定了通过规划和设计改善旅游产业环境的程序和方法(高峻，2010)。

近年来，国外旅游规划及其研究日渐发展。从旅游研究角度看，旅游规划的主流思潮发生了较大的演变。概括起来，大致有门槛规划法、综合规划法、系统规划法、依托社区规划法、生态旅游规划与可持续旅游规划等理念。因思凯普(Edward Inskeep)在其《旅游规划：一个综合和可持续发展方法》中提出的环境和可持续发展方法认为，旅游规划、开发、管理的目的是让其自然和文化资源不枯竭、不退化，并维护成一种可靠的资源，作为可持续发展的基础。

我国旅游发展规划编制始于 1979 年，相继制定了一些规定和标准，尤其是"十五"期间出台了《旅游发展规划管理办法》《旅游规划设计单位资质认定暂行办法》《旅游规划通则》。这些规定和标准标志着中国旅游规划开始走上规范化、标准化的轨道。总体而言，根据旅游规划指导思想，我国旅游规划可分为四种类型：创汇导向型规划（"六五"、"七五"规划）、资源导向型规划（"八五"规划）、市场导向型规划（"九五"规划）、产品导向型规划（"十五"规划）、生态可持续发展导向型规划（"十一五"规划、"十二五"规划）（高峻，2010），以及全域旅游发展导向型规划（"十三五"规划）。

吕永龙（1998）从实践中提出了生态旅游规划的主要原则以及规划所要考虑的因素，这些主要因素包括：①旅游资源的状况、特征及其空间分布；②旅游者的类别、兴趣及需求；③旅游地居民的经济文化背景及其对旅游活动的容纳能力；④旅游者的旅游活动以及当地居民的生活、生产活动与旅游环境相吻合，规划应与当地的社会经济持续发展目标相一致。杨桂华等（2012）概括出生态旅游开发规划的十大原则：承载力控制原则、原汁原味原则、社区居民参与原则、环境教育原则、依法开发原则、资源和知识有价原则、清洁生产原则、资金回投原则、技术培训原则、保护旅游者原则等。这些原则有利于保证生态旅游的科学开发规划。

生态旅游规划是为开发服务的，而开发过程的时间性导致了规划需要适当的调整，为此吕永龙（1998）提出了动态规划开发过程。在此过程中，并强调以"监测评估"环节贯穿于整个开发建设过程，"监测评估"的依据就是生态旅游的核心原则与目标，内容包括生态旅游的要素（人、资源、环境）及其与旅游活动、建设开发之间的影响关系，并及时反馈以优化规划、调整建设内容、加强管理措施等，使之形成一个良性循环的不断优化的动态的过程，从而也使生态旅游规划具有可操作性。

吴承照（2009）在其论文"中国旅游规划 30 年回顾与展望"中指出，旅游规划的综合作用主要包括：①旅游规划是吸引人、找特色的规划，是面向非本地人的规划；②旅游规划是为游客服务、满足游客需求的规划，是需求导向的规划；③旅游规划是保护生态环境的规划；④旅游规划是促进地方经济发展、社区发展的规划；⑤旅游规划是提升目的地竞争力的规划；⑥旅游规划是科学与艺术相结合的规划；⑦在各类规划群体中旅游规划是专项规划。旅游规划的价值观主要体现在：①让每一个人梦想成真；②让好地方更精彩；③让落后地方有信心；④让目的地走向世界。

综上，生态旅游规划是在调查研究基础上，根据旅游规划理论与生态学观点，以可持续发展为指导，通过对生态旅游未来发展状况的构想与安排，将旅游者的旅游活动与环境特征有机地结合起来，将生态旅游活动在空间环境上进行合理布局，寻求生态旅游业对环境的保护和对人类福利的最优贡献，保持生态旅游业永续、健康的发展与经营。生态旅游规划就是复杂的综合系统工程，是负责任的高尚的工作，是区域可持续发展的前提保证。生态旅游规划的核心理念是改善人类生活质量，提高人类健康水平，创造保障人们享有平等、自由、教育的综合环境。生态旅游规划作为一种典型的可持续旅游规划，强调生态持续、经济持续和社会持续，最终确保人与自然的和谐高度统一。生态旅游规划者应以坚持环保、热爱地球，倡导绿色发展、持续发展为己任。

二、原则及要求

(一)规划理念

1. 生态文明观

生态旅游规划的目标就是要确保生态旅游业的可持续发展。生态旅游规划是以可持续发展理念为指导,结合生态平衡理论、环境伦理学、景观生态学、生态经济学、循环经济学的理论,以生态旅游资源为基础、保护为前提、市场需求为动力,旅游项目设计为核心,以服务周边为重点,对生态旅游区进行功能布局、建筑风貌、旅游设施和生态旅游活动做出符合生态学原理的规划设计,最大限度地实现人与自然的和谐发展。

可持续发展导向是基于现代环境、能源、人口等世界性问题日益严重而提出来的。充分考虑到了旅游供给、需求以及供需系统的环境。旅游业经济效益必须与全社会、全人类的利益紧密地联系在一起,注重经济、社会、生态的综合效益,强调对旅游景观、旅游者利益、旅游社区以及旅游企业利益进行保护(李强,2001)。

从以上论述中可以看出,生态旅游规划是生态或可持续导向型的旅游规划。生态旅游规划是涉及旅游者的旅游活动与其环境之间相互关系的规划,它是应用生态学的原理和方法将旅游者的旅游活动和环境特性有机地结合起来,进行旅游活动在空间环境上的合理布局。

2. 系统观

生态旅游规划应将规划对象视为一个系统,这一系统是由生态、社会和经济复合而成的系统。组成上,生态旅游规划是一个复杂系统,是投影叠加在自然生态、社会、经济三大系统交汇区之上的,即整个系统是分为两个层次的。三大系统为基础层次系统,生态旅游系统是高层次系统。

关系上,生态旅游系统对三大基础系统有依赖关系,即生态旅游系统要获得效益,必须依赖于三大基础系统。另外,三个基础系统呈相互紧密联系的关系,意味着相互协调,在协调的三大系统基础之上,生态旅游才有可能获得最大的综合效益。

实际操作上,生态旅游规划必须全面考虑三大基础系统中各个要素,如保护,不仅要保护生态环境,还应保护社会环境及经济利益。反对并杜绝以牺牲环境换取经济发展,同样不主张因保护环境而压制经济发展。

生态旅游规划与旅游规划关系紧密,从内在体系上来说是一脉相承的,只是理念、技术手段、侧重点不同。运用系统论的思想方法仔细分析发现,旅游规划就是一项典型的复杂系统工程。

3. 保护观

在生态旅游规划中应强化"自然保护"主题。近年来,在可持续发展思想指导下,生态旅游资源的保护与社会经济的发展相结合,走"持续稳定、协调发展的道路"已成为共识,许多生态旅游资源丰富的边远地区已把发展生态旅游看成是一种支持自然保护工作的重要手段,同时也是生态旅游区可持续发展的途径。

一个区域在进行生态旅游开发后要能实现旅游业可持续发展,保护的对象不仅仅是环境,还应包括社会、文化及相应的经济利益,具体保护对象体系。

生态旅游保护对象应包括资源环境、社会文化及经济利益三大方面,每个方面的保护都对生态旅游业可持续发展有特殊的功能,生态资源环境及社会文化是旅游业可持续发展的资源基础,其中生态环境是资源的物质载体,社会文化是资源的精神内涵,而经济利益则是保护的动力。

(二)规划原则

生态旅游规划的目标是生态旅游资源及其环境的保护,重要目标是社区经济的发展。所以,生态旅游规划在遵照执行传统旅游开发原则的基础上,还要注意遵循和强调下列原则。陈玲玲等(2012)提出了生态旅游规划的如下原则。

1. 保护优先原则

自然界万物同样具有同等的存在和发展权利。平等地对待规划区内的各种资源,尽量保护好其存在和活动的环境,创造一种人与自然和谐共处的状态。同时要注意到,保护有价值的自然与文化景观资源以及生态环境,是生态旅游可持续发展的基础。因此,在生态旅游规划过程中,要遵循生态学规律,将保护置于优先地位,保持生态平衡。

2. 文化真实性原则

生态旅游最核心的特质就是原生态美,即原真性、原始性、原本性和民族性,规划时要尽量保持生态旅游资源的原始性和真实性。要注意保护大自然的原始韵味,保护当地特色文化的传承,避免因开发而造成的文化污染,避免把现代化建筑移植到景区。

3. 系统性原则

生态旅游规划的对象是一个整体的区域,在规划设计时,要采取多种形式,普遍征求利益相关者的意见,以求最好的规划效果。并且要注意三个基础系统的相互交汇:开发活动对于自然生态系统(水、空气、地貌、野生动物)、对于社会环境(居民生活方式、价值观念、种族信仰等)、对于旅游区域经济环境(物价、产业结构、地价等)。

4. 环境教育原则

生态旅游与传统大众旅游的差异之一就是实现对游客的环境教育功能,强调旅游者在与自然生态环境的和谐共处中获得第一手的具有启迪和激发情感意义的共享经历,从而激发他们自觉保护环境和社区的意识。另外,生态旅游规划应在遵循有关法律的前提下进行,以防止决策的短期行为,力求规划措施实施的制度化。

5. 安全健康原则

要坚持对游客负责的态度，为旅客提供有保障的旅游服务，保护游客的合法旅游消费权益，在一些特殊的旅游地，如滑雪场、大森林、水域等设置必要的救生和医疗机构。

6. 可持续发展原则

可持续发展是生态旅游的重要理论基础，促进旅游业可持续发展是生态旅游规划的出发点。在规划中应突出强调对生态环境和特色文化的优先保护，不为局部或眼前利益所驱动，坚持近期利益和长远利益统一、局部利益和整体利益兼顾。生态旅游规划对规划者应有特别的要求，包括要具有环境保护的责任感、要多学科的参与合作以及拥有长远的发展性的目光去规划和发展生态区。

(三)生态旅游规划要求

生态旅游规划应坚持可持续发展原则，注重对资源和环境的保护，因地制宜，突出特色，合理利用，提高旅游产品的吸引力和竞争力，提高旅游业发展的社会、经济和环境三大效益的最大化。生态旅游规划应与土地利用总体规划、城乡规划、环境保护规划，以及其他自然资源和文物景观等的保护和利用规划相衔接。

1. 方法流程

生态旅游应按理论准备—调查研究—分析策划—规划编制—评审认定五个步骤进行。通过各方面、多领域专家严格的综合评估论证，确保规划成果的权威性、科学性和可操作性。在技术方法上，强调采取野外调研、现场规划、资料收集、综合研究与地方对口部门专家意见相结合的方法。

生态旅游规划前要进行生态旅游资源评价和开发可行性研究。在考虑客源条件、区域社会经济条件、区位条件、规划战略方向的基础上以及规划过程中的政府、开发商和当地社会自主制定评价标准的基础上，来评价资源环境在开发上的综合价值。

可行性研究内容主要包括：市场调研、景区选址、财政可行性等。其中，选址涉及自然安全条件、吸引无条件、生态环境条件、交通条件、气候条件、人文环境条件、水能条件、土地利用条件、基础设施条件、地形地貌条件等。

2. 规划技术

(1)尊重传统文化和乡土特色。

不同的地域有不同的文化和乡土情结，挖掘当地独特的文化和资源，利用其设计游憩项目，使其独特的魅力和气质表现得更加鲜明，做有文化内涵的生态化设计。

(2)充分整合自然旅游资源。

将有特征的自然因素比如阳光、地形、水、风、土壤、植被及动物等结合在游憩方式的设计中，使其成为自然的衍生物，而不仅仅是消费项目，使游客在娱乐的同时能够真正地与大自然融为一体，做可以亲近自然的生态化设计。

(3)采用乡土材料。

采用乡土材料不仅能反映当地的特色，而且能降低其管理和维护的成本，做到节约的生态化设计。生态旅游规划鼓励采用新技术维护生态系统平衡，新技术的采用往往可以有效减少能源和资源的消耗。

(4)保护与节约自然资本。

保护资源与游憩方式结合。旅游区生态系统比较脆弱，有些独特的景观元素一旦遭到破坏就很难再恢复，景区也会因此失去生命力，因此游憩方式也担负着保护旅游区环境资源的使命。

(5)生态环保为导向。

大自然是有自我设计能力的，而且大自然的设计比人为设计更加丰富多彩，相得益彰，没必要大动手笔，只需按照自然脉络去略施粉彩。如可利用当地植物的多样性去设计植物生态园，利用森林中的负氧离子设森林氧吧，等等。

(6)增强人与自然的联系。

游憩方式的设计不仅能让人们感受到与自然的互动，而且还应让游客了解自然，把自然的一些体系显露出来，强调人与自然尚未被认识的联系，从而提高人们对环境生态的保护意识。

3. 规划内容

(1)生态旅游项目规划要服从资源保护、经济可行性、设施集中利用、协调性、独特性等原则。制定的原则、战略、目标、定位、空间布局、产品规划设计等要符合生态导向原则。

(2)生态旅游产品规划要服从合理性、便利性、舒适性、明确性、安全性、延续性原则。①合理性：符合方针政策，资源利用合理有效，合乎游客及居民意愿。②便利性：游线安排、运输能力、超负荷时的接待能力。③舒适性：生态休闲氛围的营造，卫生、安全、服务良好。④明确性：设施联系明确，标志、指示牌、导游系统完善。⑤安全性：考虑结构、构造、雨水污水排放、紧急避难场地、通道、防灾措施。⑥延续性：追求设计美感的同时，最大限度的维护生态系统的延续性。

(3)旅游交通设施(航空、铁路、公路、水路、特殊交通)要服从低碳原则。

(4)旅游基础设施(水电气、通信、排污、娱乐、购物等)要符合循环经济和绿色发展原则。

(5)生态旅游接待服务设施，如户外露营地、生态旅馆、青年旅馆、生态小木屋、生态游客中心、生态游道、生态厕所、餐饮设施、安全救助绿色系统、游览娱乐设施、购物设施等，要遵循低碳原则。

三、生态旅游规划特点

生态旅游规划是在一定范围和一定时期内对生态旅游发展的一种谋划，是对未来生态旅游发展的构想和安排，目标是实现旅游资源环境的经济、社会和生态综合效益最优化。

所以在进行规划设计之前，有必要搞清楚生态旅游的特点，以及与传统旅游规划之间有哪些不同之处（表 9-1）。

生态旅游规划在旅游规划基础上发展起来的。生态旅游规划的目标是确保所在地区资源、环境、经济、社会、文化可持续发展。生态旅游规划是在考虑资源环境承载力前提下，实现经济、社会、生态、文化综合效益的统一，是确保生态、文态、业态、形态的协调统一。因此，与一般的旅游规划相比，生态旅游规划具有自身的特点。从表 9-1 中可见，生态旅游规划与一般旅游规划最大的不同是，规划目标、理念、原则、要求的不同，以及相关规划内容、方法、技术等方面的差异。

表 9-1   生态旅游规划与传统旅游规划比较

指标	传统旅游规划	生态旅游规划
理念	以经济效益为主要目标，主要围绕地方经济进行旅游规划和项目设置，实现经济效益的最大化	以生态文明观为指导，目的是实现区域可持续发展，强调旅游业发展的经济、社会、生态三大效益的统一
规划者	主要是旅游规划专家和各级官员的意见	政府、社区、企业、专家等多方参与，广泛征求相关者的意见和建议
旅游项目	体现经济利益为核心的各种旅游项目体系	主要体现各种环保、绿色的各种生态旅游活动项目：生态、科普、可靠、教育等旅游项目
目标市场	传统大众旅游市场	具备较高的生态环境保护意识的游客群体
规划目标	主要实现地方经济发展和旅游扶贫	实现区域资源、环境、生态、经济、社会、文化多元可持续发展
风貌控制	主要从经济、安全的角度考虑，环保态度欠缺	地方特色浓郁的建筑风貌，提倡环保并与当地环境相协调的格调
旅游效益	开发商和游客为净收益，当地社区居民的收益与环境代价相抵所剩无几或负效益	开发商、游客和当地居民利益，注重地方区域可持续发展能力培育
空间布局	空间导向的空间布局，交通方式、生态环境、环保因素限制少	功能导向、绿色导向型空间布局，注重交通、生态、环保等要素的影响
开发模式	旅游项目主导，将经济利益放在首位，其次才是考虑到社会和生态效益	保护性开发、低碳发展模式，追求生态保护和经济发展相互促进的良性循环，对开发程度有一定的限制
旅游产品	传统大众旅游产品体系	生态旅游产品体系
旅游系统	旅游系统，主要涉及传统大众旅游者、旅游客体、旅游媒体和旅游载体	生态旅游系统，涉及生态旅游主体、生态旅游客体、生态旅游媒介、生态旅游载体
技术要求	主要按照"旅游规划通则"，不考虑生态旅游相关的技术要求	在考虑"旅游规划通则"同时，生态旅游产品认证、生态旅游认证制度、生态旅游去开发规划规范与标准

据陈玲玲等. 生态旅游——理论与实践, 2012. 有补充和修改。

生态旅游规划强调生态保护原则、教育引导原则、生态效益导向原则、真实性原则等。陈玲玲等(2012)提出，生态旅游规划代表了当前规划的方向，是现代规划思想的集中反映与体现，它既是对传统旅游规划方法的传承与发扬，同时又与之存在很大的区别。总体来说，有以下三个具体的特点。

(一)协调性

为保证生态旅游目的地的社会、经济和环境的协调发展，需要从社会、经济和生态三个方面的共同效益去考虑，使它们之间有机结合，相辅相成。从系统论的观点出发，注重环境承载力、生态旅游业、生态环境保护、社区经济发展与生态旅游之间的平衡发展，实现生态旅游目的地生态系统及其附属项目之间的协调发展。

(二)自然性

在生态旅游规划中，其自然的特性非常明显。这是因为作为生态旅游目的地，游客在生态旅游活动中，强调的是与自然环境的和谐相处，在获得个人情感经历的同时获得启迪教育。因此，大多数生态旅游区域都是相对原始，并且地方文化浓郁的地区，游客也比较愿意到那些受人类干扰较少的野生自然保护区去进行旅游活动。

(三)生态性

生态旅游强调对于旅游对象的保护，明确反映出保护自然的要求和责任。在规划的过程中，需要应用生态学规律，并且合理地利用自然生态系统。另外，生态旅游规划的质量直接关系到旅游业的可持续发展，一旦生态旅游规划出现质量问题，便易造成环境破坏。一般来说，适合开展生态旅游的地区往往是生态环境脆弱的地区，所以旅游资源环境的保护是生态旅游规划的核心内容，最终会影响旅游业的可持续发展程度。

第二节　生态旅游规划框架

一、旅游规划体系

因斯基普(1991)将生态旅游规划划分为国际旅游规划、国内(区域)旅游规划、旅游地(如城市或度假区等)土地利用规划、旅游设施的场址规划、建筑、景观及工程设计。冈恩(1979，1988，1994)划分为区域规划、目的地规划、场址规划。其中，因斯基普(1991)以地域空间层次为划分标准，这有利于规划的控制作用，从宏观到微观涵盖与旅游有关的全部空间范围。冈恩(1979，1988，1994)的方案主要依据地域规模和性质差异，这种划分蕴含着区域空间层次的三种主要规划类型——区域规划、总体规划和详细规划，其优点在于可以规划的技术方法为依据，反映规划技术的内在规律。

我国部分学者划分为旅游业发展规划和旅游地开发建设规划。国家旅游局发布的《旅游规划通则》(1999)则划分为旅游发展规划和旅游区规划，旅游区规划进一步细分为总体规划、控制性详细规划和修建性详细规划三个层次。上述两种划分的基本观点主要基于"发展、建设二分法"，其优点在于将旅游规划分为以社会经济规划为主体和以工程建设为主体两大类，长期以来一直作为我国旅游规划事业发展进步的主要支撑和依据。

二、生态旅游规划体系

(一)概念及特征

生态旅游规划体系可定义为：生态旅游规划从规划编制到规划实施、再到规划成果应用，以及规划实施情况及其效果评估系列过程中的实施管理体系。

生态旅游规划体系应当与土地利用总体规划、城乡规划、环境保护规划，以及其他自然资源及人文资源的保护和利用规划相衔接。

生态旅游规划之间应遵循下级服从上级、局部服从全局、专项规划服务发展规划的原则相互衔接。

生态旅游规划体系应当坚持可持续发展和市场导向的原则，注重对资源和环境的保护，防止污染和其他公害，因地制宜、突出特色、合理利用，提高旅游产品的吸引力和竞争力，提高旅游业发展的社会、经济和环境效益。

对自然资源和人文资源进行旅游规划时，必须严格遵守有关法律、法规的规定，符合资源、生态保护和文物安全的要求，尊重和维护当地传统文化和习俗，维护资源的区域整体性、文化代表性和地域特殊性，考虑国防设施和特殊设施等的保护需要。

生态旅游规划体系要遵守国家有关标准和技术规范；鼓励采用先进的科学技术或者理论，增强旅游规划的科学性和可操作性，提高旅游规划实施及监督管理效能；旅游规划培训教材、宣传材料等要符合旅游行政主管部门制定的旅游规划技术规范的要求。

(二)旅游规划框架

根据规划不同阶段、内容、目标及任务，生态旅游规划体系包括旅游规划编制体系、旅游规划管理体系、旅游规划评估体系三个子系统(图9-2)。

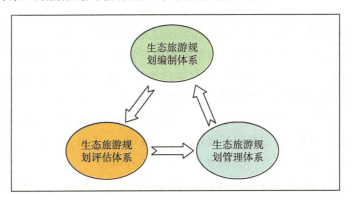

图9-2 生态旅游规划体系框架

1. 规划编制体系

详称旅游规划报告编制技术规范体系。旅游规划编制体系特指旅游规划报告编制背景一过程一成果的技术规范体系，包括旅游规划编制的类型、层次、主要内容、成果要求等，按层次和类型细分为区域生态旅游发展规划、生态旅游区规划和生态旅游专项规划三个编制体系。

2. 规划管理体系

系区域生态旅游规划报告从编制到旅游规划实施过程的组织管理体系的简称。具体包括旅游规划编制管理和旅游规划实施管理两方面。前者包括旅游规划报告编制实施实现的过程组织管理体系，按照工作内容具体包括旅游规划编制的组织协调、委托关系、编制程序、评审体系以及修编和与其他规划的衔接等。后者包括从旅游规划编制评审通过后，在当地旅游业发展具体指导的一系列过程，包括旅游规划公示、旅游规划发布、生态旅游规划具体实施以及实施效果等。

3. 规划评估体系

生态旅游规划评估体系特指区域生态旅游规划从编制、管理、实施及其效果的评价过程，具体包括对规划报告成果的评估和对规划应用实施及效果的评估。前者针对编制机构，后者针对地方政府。规划报告成果的评估主要评价规划成果的科学性、合理性和可操作性，规划成果实施及效果的评估主要包括规划实施情况及其效果的评估。

第三节　生态旅游规划编制

生态旅游规划至今没有规划编制相关的规范和标准，但作为旅游规划的一种专项规划，生态旅游规划可参考借鉴《旅游规划通则》中的相关规定，进行指导生态旅游规划编制。其规划层次可分为三种类型：一是区域生态旅游发展规划(或区域生态旅游产业发展规划)，二是生态旅游区总体规划(或生态旅游目的地总体规划)，三是重点功能区生态旅游详细规划(包括控制性详细规划和修建性详细规划)。

一、区域生态旅游发展规划

区域生态旅游发展规划可划分为：国家级生态旅游规划、跨区域生态旅游规划、省级生态旅游规划、市州级生态旅游规划、县级生态旅游规划等。国家级生态旅游规划如《全国生态旅游发展规划(2016—2025)》，跨区域生态旅游规划如《秦巴山区生态旅游发展规划》《武陵山区生态旅游规划》《大香格里拉生态旅游发展规划》，省级生态旅游规划如四川省、云南省生态旅游发展规划，市州级生态旅游规划如凉山州生态旅游发展规划、阿坝州生态旅游发展规划，县级生态旅游规划如四川洪雅县生态旅游发展规划等。

(一)资源调查与评价

生态资源调查的目的在于收集规划区域的自然、社会、人口、经济方面的资料和数据，为充分了解规划区域的生态过程、生态潜力与制约因素提供基础。景区生态调查可以通过实地调查、历史调查及公共参与的社会调查、遥感调查等调查手段来完成。

自然环境调查的内容包括地形、地貌、水文、气候、植被、野生动物、土地利用现状等方面。人文调查的内容包括当地的历史、文化、社会、经济等人文地理特征。社会经济要素的调查分析是确定旅游景区所在区域的经济水平，以及最临近中心城市、经济带、经济区的经济发展水平以及辐射距离。这对旅游景区的发展规模有关键的决定作用。

(二)适宜性与承载力分析

生态适宜性分析是生态旅游规划的核心，其目的是应用生态学、经济学、地学以及其他相关学科的原理和方法，确定景观类型对某一用途的适宜性和限制性，划分景区资源环境的适宜性等级，为景区旅游开发中的土地利用方式提出建议。

以生态适宜性分析为基础，可以准确地将那些生态上极为敏感，景观独特，宜保持原貌，不宜进行人工建设干扰的区域设为保存区；对有的敏感性稍低，景观较好，宜在指导下做有限的开发利用的区域，设置为保护区；还有生态敏感性较低，自然地形及植被意义不大的区域，适于开发而成为开发区。

(三)旅游发展目标

一般是指区域旅游发展所带来的经济效益、社会效益和生态效益。规划区域的旅游发展目标直接影响着区域旅游规划调查分析的方式和政策、规划和建议的制定。区域旅游发展目标的制定应在区域旅游规划的范围内根据实际情况进行市场可能性、资源承受性、社会接受性的检验。

按照生态旅游业的发育程度和规模可将其划分为：成长型产业、先导产业、支柱产业、主导产业、战略性支柱产业等。

旅游规划目标一般以陈述性的语言予以描述，描述是抽象的，实际运行中需用一定的指标进行衡量。规划指标就是对规划所确定的发展目标进一步量化，形成市场、经济、社会、环境、生态等一系列可度量的指标标准。

(四)旅游发展战略

区域旅游发展战略就是指在一个较长的规划时期内对实现区域旅游发展总目标的大思路或措施的全局性整体谋划与安排，为实现区域旅游发展规划目标提供的行动框架。

一般来说，区域旅游发展战略内容包括旅游发展的战略定位、战略地位、战略目标、战略重点、战略部署、战略措施及对策等几个方面。

(五)旅游形象策划

随着旅游业的蓬勃发展，越来越多的研究者发现，形象是吸引游客的关键因素之一。近年来，随着生态旅游业大发展，区域之间的竞争越来越激烈，因此区域旅游形象的塑造和推广显得尤为重要。区域旅游形象是对该区域旅游活动总体的、抽象的、概括的认识和评价，作为对区域要素资源发展现状的反映及未来发展趋势的选择，区域旅游形象塑造直接影响到区域客源市场的构建和客源的招徕。

(六)旅游功能分区

在一个区域内，会出现旅游资源丰富多彩、地域差异明显的现象，如何认识这一现象并进行区域划分，对于认识区域内各种旅游资源的优势、合理布局旅游业有着重要的意义。规划分区的根本目的就在于客观地了解各个旅游区划单位的性质和特征，找出它们的各自优势，为扬长避短形成合理的旅游地域分工体系，为开发、利用和保护旅游资源，确定旅游发展方向、目标、战略重点、产业结构和各项旅游建设的综合布局，研究开发政策、步骤以及协调区际间和区域内的各种旅游活动，推动地区经济的合理发展提供科学依据。

(七)旅游空间布局

区域生态旅游空间布局是在综合评价区域生态旅游发展潜力的基础上，通过对旅游优先开发地域的确定、旅游生产要素的配置和旅游接待网络的策划，实现区域生态旅游发展的总体部署。

区域生态旅游空间布局的影响因素一般有以下几个：①旅游资源因素；②区位条件；③经济因素；④社会因素。

(八)旅游发展重点

区域生态旅游规划的重点任务之一是确定有发展潜力的地区——重点生态旅游区，寻找生态旅游发展的重点和突破口，以带动整个区域生态旅游的发展。有学者甚至认为"区域旅游规划的核心是从整个区域中识别最有旅游潜力的地区——旅游目的地功能区，这个功能区也就成为最有旅游投资和开发利益的区域"。

重点生态旅游区应该具有丰富的旅游资源、较高的市场需求、良好的社会经济保障、明显的效益(社会、经济、环境)、方便的可进入性，对规划区内的旅游发展起主导作用。

(九)旅游产品规划

对于区域生态旅游来说，旅游产品通常是比较宏观、综合、广义的旅游产品体系。一般包括三方面的内容：①旅游产品设计。区域旅游产品设计考虑的是向旅游者提供什么样的经历和体验，提供哪些类型的旅游活动项目。旅游产品的开发执行的是旅游资源和旅游市场双重导向，资源和市场都可以决定提供什么样的旅游活动项目。②旅游服务设施。它是专门(或直接)为旅游者提供服务所依托的物质条件，包括住宿设施、交通设施、餐饮设施、游览设施、娱乐设施、购物设施、旅行社、咨询服务处等。③旅游线路设计或选择。综合考虑旅游者的闲暇时间、支付能力、精力和兴趣爱好，把区域内一些有特色的旅游资源或者旅游活动项目组合起来，区域旅游线路通常会根据不同的目标市场，设定出不同的组合方式。

(十) 资源环境保护

应正确处理旅游资源开发和保护的关系，按照可持续发展原则，提出合理的保护对策措施。区域旅游可持续发展，不是单纯的经济发展，而是"生态—经济—社会"三维复合系统整体的可持续发展(林卫红，1998)。因此，区域旅游发展保护开发利用规划需要在调查分析区域本地环境的基础上，预测各项方案或措施实施过程中可能产生的环境问题和变化趋势，对方案进行优选，拟订保护开发方案。

(十一) 旅游环境影响评价

生态旅游开发环境影响评价需要从宏观政策背景分析和规划区内部关联性两个角度，对项目可能产生的各种环境影响进行比较分析，揭示项目是否与国家或地区发展计划目标相一致的结论，同时对各种规划的替代方案进行详细的环境影响对比分析，以期得到比较合理的与环境目标相一致的项目开发方案。生态旅游环境影响评价应从生态旅游项目的外部政策和内部布局来论证项目开发是否合理。

二、生态旅游目的地规划

(一) 基本概念

生态旅游目的地规划相当于生态旅游区总体规划。任务是在区域生态旅游发展规划框架下，综合研究旅游资源、客源市场和旅游发展条件，分析旅游景区客源市场，确定旅游景区的主题形象，确定旅游景区性质、环境容量及接待规模，划定旅游景区的用地范围及空间布局，统筹安排旅游景区各项建设用地和交通组织，合理配置各项旅游景区服务设施、基础设施、附属设施和管理设施建设内容，提出开发实施战略，处理好远期发展与近期建设的关系，指导旅游的合理发展。

编制旅游目的地总体规划，对更好地推动和实现旅游的开发计划和发展目标，确保旅游资源的优化配置使其实现最佳利用价值，确保设计的旅游产品与实际旅游市场需求的统一性，确保旅游地与所在区域间有关的各项事业在社会、经济和环境方面的协调发展具有重要的意义。

生态旅游目的地规划是区域旅游发展规划的进一步落实与细化，与旅游产品具体形式和旅游区功能有具体联系，包括对旅游目的地开发项目和设施建设进行的设计安排。任何一个生态旅游目的地开发建设前，应当编制旅游目的地总体规划，应根据现行的国家或区域旅游政策和规划框架制定。

从空间和功能两个角度来看，与区域生态旅游规划相比，生态旅游目的地规划用地面积相对小，在土地利用上以旅游功能为主，非旅游用地占比例较小。规划年限一般较短，主要为近中期规划。从规划要素角度来看，旅游目的地规划更侧重于地方政策、地方可进入性、基础设施、景区规模、项目设计、环境影响和实施方式等要素。

生态旅游目的地规划类型划分。根据景观类型、产品性质及管理部门从属关系，生态旅游目的地规划可分为国家公园规划、风景名胜区规划、历史文化名城(镇)规划、旅游城市(镇)规划、旅游度假区规划、自然保护区规划、森林公园规划等。从规划要求和等级来看，生态旅游目的地规划可分为总体规划、旅游开发专项规划等。从规划的内容来看，生态旅游目的地规划可分为项目开发规划、旅游线路规划、旅游地建设规划、旅游营销规划、旅游区保护规划等。

(二)规划特点

生态旅游目的地规划将"区域"对象明确化，而不是泛化为整个区域空间，使规划的"落地"有了明确的对象和空间范围，使规划具有明显的针对性和更强的可操作性。生态旅游目的地规划将目的地视为"大景区"，便于与一个个具体的景区形成了便捷的串联和对接，强调旅游产品的策划创新和旅游吸引力，使传统的区域旅游产业发展规划有了更明晰的核心目标诉求，技术要求更加规范，能在"目的地"的各构成要素中得到体现，也使各项规格措施的执行有明确的主体和职责要求。

生态旅游目的地规划立足"地方感"，注重"旅游体验"，体现以人为本。不能仅强调传统旅游景观的塑造，而应围绕旅游者的体验，包括旅游者的视觉、听觉、味觉、触觉、嗅觉等全方位打造差异化的体验。还要强调旅游吸引力产生的本质，即一个相对游客和其他目的地而言都是异质性的空间。

生态旅游目的地规划以资源为基础，但并非"唯资源论"，而是强调"泛资源观"。既包括传统的自然旅游资源、人文旅游资源，也包括土地、资本、社会资源，也包括强调"创意"资源。

生态旅游目的地规划以打造"核心吸引力"为己任，强调科学分析与艺术创造。旅游业是重要的现代服务业之一，它的发展越来越体现出"集群"发展的规律，在集聚中体现出新经济增长的"规模报酬递增"特性。对于旅游业的发展，应以"产业集群"而不是"产业要素"的方式来进行规划调节，这才是符合科学规律的发展之道。

(三)规划内容

确定目的地旅游业发展的指导思想、规划依据和发展战略。对旅游目的地客源市场的需求总量、地域结构、消费结构等进行全面分析与预测。界定旅游目的地范围，进行现状调查和分析，对旅游资源进行科学评价。

确定旅游目的地的性质和主题形象。确定规划旅游目的地的功能分区和土地利用，提出规划期内的旅游容量。规划旅游目的地的对外交通系统布局和主要交通设施的规模、位置。规划旅游目的地内部的其他道路系统的走向、断面和交叉形式。

规划旅游目的地的景观系统和绿地系统的总体布局。规划旅游目的地其他基础设施、服务设施和附属设施的总体布局。规划旅游目的地的防灾系统和安全系统的总体布局。研究并确定旅游目的地资源的保护范围和保护措施。

规划旅游目的地的环境生态系统布局，提出防止和治理污染的措施。提出旅游目的地近期建设规划，进行重点项目策划。提出总体规划的实施步骤、措施和方法，以及规划、建设、运营中的管理意见。对旅游目的地开发建设进行总体投资分析。

环境解说系统规划，具体包括导游服务活化性解说系统、游客中心概况性解说系统、标示牌结构性解说系统、解说牌科学性解说系统、印刷物图文性解说系统、景区网络展示性解说系统、电子音像背景氛围解说系统、生态体验情景模拟解说系统、生态景观小品警示性解说系统、环保服务设施提示性解说系统。

三、生态旅游详细规划

区域生态旅游发展规划更多地强调"发展规划"，生态旅游目的地规划更多地强调"建设规划"。从某种程度而言，重点功能区生态旅游详细规划则更多的是强调"工程规划与景观设计"。

旅游地的最基本单位是旅游景点，由一个或几个紧邻的主要旅游景点和观景点为中心，通过交通线或游线将若干旅游景点统一起来则形成旅游景区。具体指旅游景区景点的控制性详细规划和修建性详细规划。

（一）控制性详细规划

控制性详细规划（regulatory tour plan），是指以旅游景区总体规划或分区规划为依据，详细规定旅游景区开发建设用地各项控制性指标和其他规划管理要求，强化规划控制功能，并指导旅游景区的修建性详细规划编制。

控制性规划是一个管理型的规划，在总体规划的基础上对于较大型的旅游景区可以增编旅游景区控制性规划，小型景区可以跳过总体规划直接编制控制性规划。

控制性详细规划的主要任务：以旅游景区总体规划或分区规划为依据，详细规定景区建设用地的各项控制指标和其他规划管理要求，强化规划控制功能，为旅游景区的开发建设活动和修建性详细规划编制提供指导。

控制性详细规划主要为景区的规划和建设管理提供控制依据，它首先代表了一种新的规划理念和技术手段，表明了旅游景区的规划管理由终极形态走上法制化过程，表明旅游景区的规划和开发建设是一个向着预定的规划目标不断渐进的决策程序。其次，与其下一层的旅游景区修建性详细规划相比，后者更注重形体和视觉形象设计。控制性详细规划则更加强调管理和引导，所以控制性规划代表一种新的技术手段，是规划管理和建设开发控制的一大进步。

（二）修建性详细规划

修建性详细规划（site tour plan），是以旅游景区总体规划和控制性详细规划为依据，将旅游景区建设的各项物质要素在当前拟建设开发的地区进行空间安排和布置。

与控制性规划相比，修建性详细规划更加注重旅游目的地形体（建筑、景观）设计、空间布局。

修建性详细规划将为旅游景区建设提供直接指导和具体方案。体量较小的景区可以直接做旅游修建性详细规划，一般旅游景区则要在策划、总体规划后才做修建性详细规划。

第四节　生态旅游规划评估

一、评估对象及范围

生态旅游规划评估主要是针对区域生态旅游发展规划的评估。应构建与区域生态旅游规划相对应的旅游规划实施评估体系，以便增强旅游规划权威性，保证旅游规划有效执行，提高规划修编的科学性和严肃性。这里主要根据国家旅游局(2014)《旅游发展规划评估导则》进行侧重介绍。

(一)评估对象

旅游规划评估应适用于各级区域生态旅游发展规划的实施评估，生态旅游专项规划可参照开展评估。生态旅游规划评估应在规划修编前进行评估，评估规划的实施情况、修编必要性、明确修编内容。编制的生态旅游规划的执行情况应进行评估，并向社会公布。生态旅游规划评估，规划实施期满后应进行期末评估。评估成果应向社会公示。

生态旅游规划评估成果应报规划原发布单位机构备案。各级人民政府应根据评估意见进行整改。具体评估工作，应参考《旅游发展规划评估导则》(试行)组织进行。

(二)评估年限

生态旅游规划的评估对象是各种级别的区域生态旅游发展规划。根据对象属性划分为两个部分：一是区域生态旅游发展规划编制成果的评估，二是对区域生态旅游规划成果执行情况及实施效果进行评估。评估年限分为三个层次：一是区域生态旅游规划近期设施后进行评估，二是区域生态旅游规划修编前进行评估，三是区域生态旅游规划期满后进行评估。

(三)评估组织

按《旅游发展规划评估导则》，全国、跨省区域生态旅游规划及跨省重点线路生态旅游规划，由国家旅游局负责组织评估，并向社会公布。地方生态旅游发展规划，由地方各级人民政府组织评估，并向社会公布。跨行政区生态旅游发展规划，应当由相关行政区的上级人民政府组织或者由相关地方人民政府协商组织，并授权同级旅游行政主管部门组织评估，并向社会公布。

二、评估机制与程序

(一)建立评估机制

应建立生态旅游规划评估的领导协调机制，统筹组织规划评估工作。遵循以第三方和公众评价原则，组织专家进行评估，并广泛征求社会各方意见。具体组织形式，各地因地制宜确定。

(二)建立评估程序

1. 评估依据

评估依据主要参照规划项目任务书。

2. 评估报告

各级人民政府牵头,授权同级旅游行政主管部门或委托第三方评估机构,负责编制旅游发展规划评估报告,在调查研究基础上,填写综合评估表,编写生态旅游发展规划评估报告,并提供各种相关证明材料。

3. 征求意见

将形成的生态旅游规划评估报告,征求本级人民政府相关部门、行政隶属的下级人民政府、重点旅游企业等相关方意见,被征求意见的单位,书面反馈意见,填写征求意见表,根据各方意见对报告修改完善。

4. 专家评估

评估主要采用会议审查方式,组织专家对评估报告的资料和综合意见进行评估。有特殊情况的,可以采取函评、电视电话会议、网络会议等其他评审方式。形成统一书面评审意见,并经评审小组全体成员签字,每位评审专家形成评审意见表和专家评估表并签名。生态旅游规划评估专家组由 7 人以上单数组成。

5. 相关责任

明确规划评估单位的责任,明确规划评估小组组长的责任。

6. 公示与反馈

通过政府网站、政府公报、新闻发布会以及报刊、广播、电视、网络等,将生态旅游发展规划评估报告向社会公示。

应及时收集和反馈各方面意见,吸纳合理内容,对生态旅游发展规划评估报告修改完善,形成生态旅游发展规划评估报告最终成果。

7. 备案督查

生态旅游发展规划评估报告的最终成果,应按照有关程序,报原发布单位审查、备案,报上级旅游行政主管部门备案。经审查和报备案的评估成果不符合要求的,原发布单位责令修改,重新报备案。

三、评估内容与标准

包括两个方面的评估内容和标准，即对规划编制成果(编制者)的评估，以及对规划成果实施情况及效果的评估。

(一)规划成果评估

按《旅游发展规划评估导则》，评估内容主要包括：

(1)对规划中提出的旅游产业定位和形象定位的科学性、准确性和客观性进行评估。重点评价规划中提出的旅游产业定位、旅游形象定位是否科学、准确、有特色和影响力，在规划实施中是否得到落实，落实过程中是否有调整等。

(2)对规划中提出的目标体系的科学性、前瞻性和可行性进行评估。并分析目标实现情况，以及影响目标实现的主要因素。

(3)对规划提出的旅游产业开发、项目策划的可行性和创新性进行评估。重点结合旅游重大项目、旅游产品体系的开发、建设情况，评价规划的合理性。

(4)对规划中提出的旅游产业要素结构与空间布局的科学性、可行性进行评估。重点对区域旅游发展所形成的产业要素结构、空间布局结构等与规划中提出目标进行对比分析，研究规划是否科学合理。

(5)对规划中提出的旅游服务体系、游览交通线路空间布局的科学合理性进行评估。重点应对区域旅游的信息、安全、公共设施、投诉等服务系统，以及旅游线路组织情况进行评估，评价服务系统、线路设置对旅游业发展的影响。

(6)对规划中提出的旅游开发项目投资的经济合理性进行评估。重点结合规划期限内旅游重大项目的投资、建设、运营、效益等情况进行分析、评价。

(7)对规划中的旅游项目环境影响评价的客观可靠性进行评估。重点跟进旅游规划项目对环境的影响结果进行评价。

(8)对规划中提出的旅游发展战略和各项技术指标的合理性进行评估。结合旅游规划实施过程中，旅游业发展的各阶段性特征，分析评价规划中旅游发展战略、旅游发展指标等内容，是否符合当地旅游业发展的实际情况。

(9)对规划的系统性、衔接性进行评估。对旅游发展规划中的各专项内容，以及与国民经济和社会发展规划、土地利用总体规划、城乡规划、环境保护规划和自然资源、文物等保护利用规划的相互衔接情况的评价。

(10)对规划中提出的规划实施保障的有力性、操作性和充分性进行评估。重点对组织领导、体制机制创新、人才保障、资源保护、资金保障、政策措施等内容，对旅游规划的实施与落地情况的影响程度进行分析和评价。

(二)规划实施效果评估

1. 实施规范性评估

(1)评估规划是否由政府发布实施或由人大审议后发布实施。

(2)评估规划实施是否采取有效的保障措施。评估政府是否出台实施规划的相关保障措施,有计划、分步骤地组织实施规划,如落实专项经费、组织成立规划实施领导小组、制定实施标准考核办法、制定近期行动方案等。

(3)评估是否编制旅游发展规划必要的专项配套规划。评估政府是否从自身实际出发,组织编制旅游项目、重点旅游产品、旅游服务体系、旅游基础设施、旅游营销与市场开发等为推进旅游发展规划实施的配套专项规划。

(4)评估旅游规划修编前是否经过严格评估。对旅游发展规划进行修编前是否对原规划进行修编评估并形成报告。

2. 实施情况评估

(1)评估规划确定的旅游主题形象及市场营销的实施情况。评估是否按照旅游规划中提出的旅游主题形象,或者相近相似的旅游主题形象定位进行旅游品牌形象的宣传营销,并对旅游主题形象的影响力和宣传营销效果进行评估。

(2)评估旅游发展规划中提出的旅游发展定位的实施情况。评估是否按照旅游发展规划的发展定位,将旅游发展定位纳入到国民经济和社会发展规划中,并按照规划中提出的总体定位、产业定位等推进产品、项目的建设。

(3)评估旅游发展规划提出的旅游发展战略、发展路径等的实施情况。对旅游发展规划中提出的旅游发展战略、发展路径等的落实情况进行评估。

(4)评估旅游发展规划提出的空间布局与功能分区的实施情况。各地区应按照规划中提出的旅游发展空间布局和功能分区进行产品建设、项目布局、基础设施的配套,并重点对区域旅游发展阶段性的空间布局进行综合评价。

(5)评估旅游规划中旅游产品建设的实施情况。评估是否按照规划中提出的旅游产品发展思路推进旅游产品建设,是否达到预期的产品建设目标。

(6)评估旅游规划中重点项目的实施情况。评估是否按照规划提出的重点旅游项目进行招商和建设,对旅游项目的立项情况、招商引资情况、项目投入情况、建设与经营情况、发展方向与原规划方向是否一致等进行评估。

(7)评估旅游规划中旅游要素规划的实施情况。评估是否按照规划中对"吃、住、行、游、购、娱"等旅游服务要素规划的内容进行建设,着重对六要素的设施建设情况、经营收入情况、是否满足旅游者需求等方面进行评估。

(8)评估旅游服务体系规划内容的实施情况。评估是否按照规划提出的旅游服务体系建设内容实施,着重对旅游信息咨询系统、交通服务系统、导览服务系统、公共设施系统、安全救援系统、投诉处理系统等落实情况进行评估。

(9)评估旅游与相关产业融合发展情况、区域旅游合作情况。评估旅游与相关产业融合发展、区域旅游无障碍、区域联合营销、市场与信息共享等。

(10)评估旅游规划中提出的保障措施的实施情况。评估是否按照提出的组织保障措施落实推进规划实施，着重对是否采取或采取的旅游发展体制机制、组织领导、资源保护、人才保障、科技保障、资金保障等政策、措施进行评估。

(11)评估是否对旅游环境容量测算和实施情况的评估。

3. 实施效果评估

(1)评估旅游规划中提出的核心指标的完成情况。

重点就旅游接待总人数、旅游总收入、旅游人均消费、旅游者平均停留天数、旅游总收入占地区 GDP 的比重等核心目标进行对比分析。重点分析预期指标完成情况的影响因素。

(2)评估旅游规划中提出的其他相关指标实现情况。

重点对旅游入境人数、旅游外汇收入、旅游直接就业人数、旅游招商引资、旅游营销投入、A 级旅游景区数量与质量、旅游接待设施建设等指标是否达到预期进行判断和评价，并重点分析目标实现与否的原因。

(3)评估旅游规划对当地旅游业发展、社会经济文化生态政治文明建设的影响。

重点对旅游业发展的影响程度、促进程度分析评价，包括对区域的发展战略、经济、环境、社会、文化的影响，以及规划的公民认知度、共识度评价。

第五节　生态旅游规划管理

生态旅游规划管理构成生态旅游规划体系的重要环节和内容。也是生态旅游规划科学性并确保当地生态旅游可持续发展的重要保障。生态旅游规划管理主要是针对区域生态旅游发展规划的过程管理。生态旅游规划管理系指从旅游规划编制到规划实施过程中，对相关利益方之间进行科学管理促使各方充分沟通衔接，使旅游规划更为科学性、指导性和可操作性，从而引领旅游业协调可持续发展的动态过程。这里主要依据国家旅游局(2014)《旅游发展规划管理办法》进行侧重介绍。

一、旅游规划编制管理

(一)规划编制组织

根据《旅游法》，国务院和省、自治区、直辖市人民政府以及旅游资源丰富的市州和县级人民政府，应当按照国民经济和社会发展规划的要求，组织编制旅游规划。地方各级旅游发展规划均依据上一级旅游发展规划，结合本地区的实际情况进行编制。

根据《旅游法》，国家旅游局负责编制全国旅游发展规划、跨境旅游合作发展规划，并组织编制国家确定的重点旅游线路、跨省区域旅游发展规划，以及国家确定的重点旅游专项规划。省、自治区、直辖市人民政府以及旅游资源丰富的市州和县级人民政府授权同级旅游行政主管部门，负责编制本地区旅游发展规划，授权同级旅游行政主管部门或联合相关部门编制旅游专项规划。

对跨行政区域且适宜进行整体利用的旅游资源进行规划，应由上级人民政府组织或由相关地方人民政府协商组织，并授权同级旅游行政主管部门编制统一旅游发展规划、授权同级旅游行政主管部门或联合相关部门编制旅游专项规划。

区域生态旅游发展规划编制依据《旅游法》并参照《旅游发展规划管理办法》(2014)具体实施。

(二)规划编制委托

旅游规划组织编制应当委托符合国家法律规定、具有国家旅游规划设计资质等相应专业资质和能力的旅游规划设计单位承担。编制单位应拥有一定数量、具备相应的专业资质的技术人员。参照《旅游发展规划管理办法》(2014)要求，省级以上的旅游规划，规划编制单位应具备国家旅游规划甲级资质。

委托方应当根据自身实际情况，按照《中华人民共和国招标投标法》的规定和要求，选择规划编制单位。委托方应制定项目计划任务书并与规划编制单位签订旅游规划编制合同。

(三)规划编制程序

旅游规划编制程序主要是：委托方确定编制单位，制定项目计划任务书并签订旅游规划编制合同，并确定项目负责人的责任。项目计划书和编制合同应作为后期评审旅游规划的重要依据。

前期准备阶段。对国家和本地区旅游及相关政策、法规进行系统研究，对规划区内旅游资源、旅游市场、当地社区居民关于旅游发展的意愿、社会心理承载力等进行全面调查分析，对规划区发展旅游的相关综合条件和环境等进行系统分析和比较研究。

规划编制阶段。在前期工作的基础上，按照项目计划书和编制合同的要求，在详细实地踏查和市场调查工作基础上，形成相应的规划文本、图件、说明书和附件的草案，征求相关部门意见，并与国民经济和社会发展规划、土地利用总体规划、城乡规划、环境保护规划以及其他资源的保护和利用规划相衔接。对规划草案进行修改、充实和完善，形成比较成熟的规划成果。

征求意见阶段。规划方案成果形成后，组织规划成果征求意见，征求相关部门、相关专家、相关企业等的意见，以适当的方式向社会公开征求当地居民和旅游者意见。

评审修改阶段。组织规划成果终期评审，根据评审修改提交最终成果。具体规划编制程序，不同地区和不同规划因地制宜确定。各类旅游规划在公示之后、发布之前，应征求上级旅游行政主管部门的意见。

(四)旅游规划评审

1. 评审构成

由本级人民政府组织评审,或由当地人民政府提出申请,由上级旅游行政主管部门组织评审。鼓励采取委托第三方机构的方式组织评审。

旅游规划评审主要采用会议审查方式。在听取规划编制单位汇报规划成果基础上,评审专家组提问、分别发表意见和建议,形成统一的文字性书面评审意见,并经评审专家组全体成员签字,同时每位评审专家各自形成评审意见表。规划成果应经全体评审专家讨论,并采取无记名投票方式表决,获四分之三以上票数同意,方为通过。

2. 评审程序

评审实施分级评审制度。评审后报批上级部门批准后,由当地人民政府审批。跨区域旅游规划需通过上级旅游行政主管部门审核,由上一级人民政府审批。

审批程序包括:建立规划实施期满的评估机制、建立评估领导机制、明确评估的依据、编写规划评估报告、广泛征求各方意见和组织专家进行评估。

(五)旅游规划修编

有下列情形之一的,规划编制组织部门可按照规定的权限和程序对旅游规划进行修改与修编:一是上位旅游规划发生变更,二是规划范围调整确需修改规划,三是区域重大项目实施影响确需修改规划,四是经评估确需修改规划,五是旅游规划审批部门认为应当修改规划。

修编旅游规划前,应当组织编制部门对原规划的实施情况进行总结,编制修编评估报告,并向原审批部门报告,经批复同意后,方可修编旅游规划。

(六)旅游规划衔接

1. 衔接要求

旅游规划应当与国民经济和社会发展规划、土地利用总体规划、城乡规划、环境保护规划以及其他自然资源和人文资源的保护和利用规划相衔接。在规划评审前将成果送发相关部门征求衔接意见,各部门根据相关规划提出意见和建议,并在规定时间内反馈书面意见。

2. 与国民经济和社会发展规划衔接

旅游规划应落实国民经济和社会发展规划中的关于旅游业发展定位、发展目标、政策措施要求。县级以上地方政府应当将旅游业发展纳入国民经济和社会发展规划,纳入总体定位、发展目标、考核体系,将旅游基础设施建设、旅游公共服务、旅游安全保障等纳入规划,将旅游项目纳入重点项目库,并在保障措施中突出支持旅游发展的措施。

3. 与土地利用总体规划衔接

旅游发展规划应根据土地利用总体规划确定旅游发展的目标、功能布局、用地规模和相关措施。土地利用总体规划要适当增加旅游业发展用地，将涵养风景、适宜进行旅游利用的土地，应当尽量划定为旅游用地，有条件的地区设立旅游用地类别、探索旅游用地模式创新。

4. 与城乡规划衔接

要将促进旅游业发展作为城乡发展的重要目标之一，科学确定旅游功能分区、用地布局，合理配给和提供旅游基础设施、公共服务设施、建设旅游景观设施等，逐步完善城乡的"游憩"功能。旅游业空间发展格局与区域城镇体系空间及产业布局的衔接、旅游城镇及景区与区域交通格局的衔接、特定旅游区与区域建设布局的衔接、重点旅游项目的落地衔接。

5. 与环境保护规划衔接

旅游项目和设施的规划、建设要体现有关法律法规关于环境保护的要求，不违反有关环境保护的禁止性规定，有条件的编制旅游发展规划的环境影响评价、旅游项目的环境影响评价，提出环境保护的有效措施。环境保护规划中，将旅游区作为生态环境保护重点区域，加大生态环境保护建设力度，支持生态旅游示范区建设，鼓励发展生态旅游、低碳旅游。

6. 与资源保护利用规划衔接

主要还有主体功能区规划、海洋功能区规划、自然保护区规划、风景名胜区规划、林地湿地草原森林公园保护利用规划、文物保护规划、历史文化名城名镇名村保护规划等。衔接的要点：通过对资源合法、合理的利用，发挥其最大效用，实现各产业共同发展，促进经济、环境、社会、文化效益和谐统一，着重解决现实中存在的突出问题，通过衔接避免低水平重复建设、浪费资源、破坏资源。

7. 与其他规划衔接

除了上述法定规划，旅游规划还需要与其他各部门、行业和领域的规划衔接。要与交通规划、基础设施建设规划、水利规划、科技规划、教育规划、人才规划、卫生医疗规划等衔接，提高旅游业发展的保障支持能力；与文化事业和产业发展规划、文物保护利用规划等相互衔接，增强旅游发展的文化内涵；与农业、林业、渔业、服务业、工业等相关产业发展规划衔接；与体育、医疗、养老等规划衔接，培育旅游新业态，促进产业融合发展。

8. 不同层级旅游规划衔接

旅游规划编制应当遵循下级服从上级、局部服从全局、专项规划服务发展规划的原则，并相互衔接。省级旅游规划在评审前应将规划成果送国家旅游行政主管部门，与国家级旅游规划、跨区域旅游规划进行衔接。市、县级旅游规划应送上一级旅游行政主管部门，与上一级旅游发展规划进行衔接。专项旅游规划由本级旅游主管部门组织，与本级旅游发展规划进行衔接，并送上一级旅游行政主管部门，与其相关旅游规划进行衔接。

二、旅游规划实施管理

旅游规划实施管理即旅游规划报告成果具体应用的实施情况、实施过程及实施效果的管理体系。旅游规划实施管理体系是指从旅游规划编制评审通过后，在当地旅游业发展具体指导过程的一系列过程，包括旅游规划公示、旅游规划发布、旅游规划具体实施以及实施效果等。

（一）规划公示

各级人民政府应在旅游规划评审通过后，将组织编制的旅游规划成果向社会公示。

在旅游规划发布前，各级人民政府应通过政府网站、政府公报、新闻发布会以及报刊、广播、电视、网络等，将规划方案予以公告，并采取论证会、听证会或者其他方式征求专家和公众意见。

（二）发布与认定

全国旅游发展规划、跨境旅游发展规划由国家旅游局发布。国家确定的重点旅游线路、跨省区域旅游发展规划以及国家确定的重点旅游专项规划由所涉各地方旅游行政主管部门共同批准、联合发布。必要时，国家旅游局联合国务院相关部门发布，或者报国务院发布。

地方旅游发展规划、专项规划由本级人民政府发布。鼓励有条件的地区，对重要的旅游规划，提请本级人民代表大会审议通过，再由人民政府发布。

对跨行政区域旅游发展规划、专项规划，由所涉各地方行政主管部门共同批准、联合发布。

国家确定的重点旅游城市、旅游景区、旅游度假区、各类旅游示范区、旅游产业集聚区、旅游扶贫试验区等的旅游发展规划，在听取国家旅游局意见后，由当地人民政府发布。

（三）审批与实施

跨省级区域旅游发展规划，由国家旅游局组织有关地方旅游局编制。地方旅游发展规划由地方各级旅游局编制，在征求上一级旅游局意见后，报同级人民政府批复实施。

国家确定的重点旅游城市的旅游发展规划，在征求国家旅游局和本省（自治区、直辖市）旅游局意见后，由当地人民政府批复实施。国家确定的重点旅游线路、旅游区发展规划由国家旅游局征求地方旅游局意见后批复实施。

旅游发展规划上报审批前应进行经济、社会、环境可行性论证，由各级旅游局组织专家评审，并征求有关部门意见。地方各级旅游局可根据市场需求的变化对旅游规划进行调整，报同级人民政府和上一级旅游局备案，但涉及旅游产业地位、发展方向、发展目标和产品格局的重大变更，须报原批复单位审批。

旅游发展规划经批复后，由各级旅游局负责协调有关部门纳入国土规划、土地利用总体规划和城市总体规划等相关规划。旅游发展规划所确定的旅游开发建设项目，应当按照国家基本建设程序的规定纳入国民经济和社会发展计划。旅游规划发布单位负责组织实施。各级人民政府应当根据旅游规划，制定近期发展计划和年度计划，做好任务分解，确定规划实施工作的具体负责部门和责任人，并纳入政府年度考核。旅游项目的建设单位应当按照规划要求进行建设。确需变更的，必须向旅游行政主管部门和相关部门提出申请，按相关程序提出意见。

三、规划评估监督落实

(1)旅游发展规划评估报告的最终成果应报本级人民政府审查、备案，报上级旅游主管部门备案。未开展评估工作的，上级旅游行政主管部门应责令纠正。经审查、报备案的评估成果不符合要求的，应责令修改，重新报备案。

(2)旅游发展规划评估成果报备案后，应向社会公示，建立规划评估成果反馈机制，积极吸纳各地、各社会阶层民众和旅游相关企业对规划评估成果的满意度评价，重视公众监督。

(3)对评估成果的落实情况进行监督检查，并建立责任追究制度。规划未得到严格执行的，应严格追究相关部门和相关责任人的责任。发现规划存在问题的，应及时做出调整或修编。

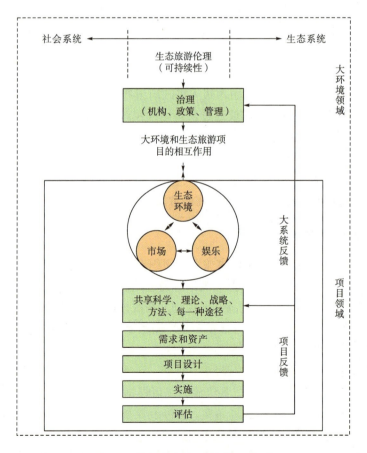

图 9-3　生态旅游项目规划管理体系

(Fennell，2002. 有修改)

(4) 在旅游规划实施评估后，认为旅游规划需要修改的，结合评估成果就修改的原则和目标向原发布单位提出报告。旅游规划发布单位应对修改旅游规划的报告组织审查，经同意后，相关机构方可开展修编工作。

(5) 评估标准和指标要主观与客观相结合，通过形成综合评估表，形成旅游发展规划评估报告大纲、专家意见表等相关工作文件。

(6) 根据自身需要，因地制宜地编制相应的标准、办法等，形成有针对性的实施细则。

第十章 生态旅游管理体系

不同专家学者从不同视角对生态旅游管理进行了论述。如前所述，生态旅游是一个复杂的系统工程，涉及生态旅游主体、生态旅游客体、生态旅游媒体和生态旅游载体等各个方面。生态旅游管理是建立在生态旅游系统理论基础上，以生态旅游动力系统各个子系统为管理对象的综合动态管控体系，这种管控体系随着生态旅游动力学系统及其子系统的变化要求采取及时、动态的管理行动，是生态旅游实施实现与可持续发展的根本保障。生态旅游管理就是对上述内容进行系统的规范、协调、控制等的管理活动过程。从主要管理内容来说，尤其强调旅游者、旅游地社区、旅游企业、旅游市场的管理。这里主要从生态旅游主体(生态旅游者)、生态旅游客体(生态旅游资源、生态旅游景区、生态旅游社区)、生态旅游媒体(生态旅游业)、生态旅游载体(生态旅游环境)等四方面，对生态旅游管理进行阐述(图10-1)。

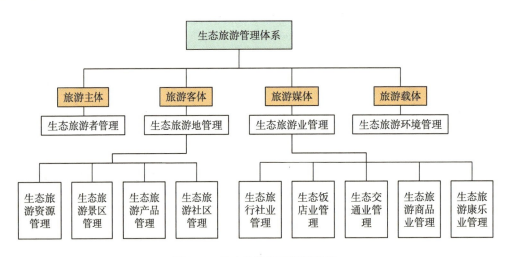

图 10-1 生态旅游管理框架体系

第一节 生态旅游主体管理

生态旅游者在生态旅游系统中起到"主体"作用，在"是否是生态旅游"判识中起到关键、决定性作用，生态旅游者管理研究具有重大理论和现实意义。杨桂华等(2000)就生态旅游者与大众旅游者行为进行了比较，陈玲玲等(2012)从生态旅游者行为概念、行为特点、行为层次与阶段、行为研究方法四个方面，对生态旅游者行为进行了论述，高峻等

(2013)在生态旅游者行为特征及识别基础上,对生态旅游者行为管理与教育进行了阐述。这些成果为生态旅游者管理理论研究奠定了重要基础。

一、生态旅游者行为特征识别

生态旅游者行为是指那些具有生态环境保护意识,愿意并且能购买生态旅游产品的旅游者行为,包括旅游的全过程、旅游需求的产生、旅游费用的取得、制订旅游计划(旅游支出和支出结构)、旅游者心理和行为活动,最后到对旅游产品的实际消费等。行为特征识别的目的是要区别出不同类型的生态旅游者,为采取差异化的行为管理和教育方式提供依据。

生态旅游者识别有多种方法,如行为学方法、自我识别法、专家判别法、数学识别法、休闲分类法、新环境模式等(高峻等,2010)。从国外研究演变看,早期由于对生态旅游内涵认识的局限性,多采用单纯的行为学方法,将生态旅游者等同于自然旅游者。近年来,随着生态旅游在世界范围内的发展以及对生态旅游认识的不断深入,逐渐认识到生态旅游者与自然旅游者之间的差异,将行为学方法与自我识别法、专家判别法以及数学识别法等其他方法相结合,力图将真正的生态旅游者从自然旅游者中抽取出来,以提高生态旅游者识别的准确率。

行为学方法是识别生态旅游者最常用、最简便、最早使用的方法。怀特(Wight,2001)认为在旅游目的地像生态旅游者那样活动的旅游者可被认定为生态旅游者,而生态旅游活动通常与自然、户外和文化体验有关。行为学方法中所认定的生态旅游者一般包括两类人,一类是生态旅游产品的消费者,另一类是自然环境组织的成员。

自我识别法就是由受访者自己认定是否为生态旅游者的一种判别方法,通常与行为学方法结合使用。一般首先询问受访者是否听说过"生态旅游"的概念,如果回答是肯定的,则进一步追问他们是否认为自己是生态旅游者。这种方法有助于对生态旅游者的引导教育以及对其概貌特征的深入理解。

专家判别法是利用专家的知识和经验提出一些判别生态旅游者或细分生态旅游者的核心指标。这些指标以问题的形式提出,由受访者作答,最终根据受访者的回答判别其是否为生态旅游者或属于哪一类型的生态旅游者。专家判别法的关键是判别指标是否适宜,这有赖于对生态旅游内涵的深入理解。专家判别法结合其他方法一起使用,往往能收到更好的效果。

数学识别法。目前已在国外生态旅游者识别研究中应用到的数学识别法主要包括两种,即K-Means聚类分析法和Logit模型(Logistic回归模型)法。最常见的是聚类分析方法,用以说明数学识别法如何识别生态旅游者。

休闲分析法(Bryan,1977)是根据某些与鸟类旅游者有关的特征变量构建数学模型,有模型对生态旅游者进行细分的方法。休闲分类法是生态旅游者行为研究的基础,如生态旅游者的分类、野生动物观赏和观鸟旅游者的分类,都主要依托休闲分析法。

新环境模式(new environmental paradigm,NEP)。环境关注是指个人对生态环境的普遍关注和所持有的一般信念。拉普和范李尔(Dunlap and VanLiere,1978)提出的"新环境"

被普遍认为就是环境关注。环境态度直接影响旅游者的出游动机。NEP 尺度是国际上测量环境态度最常使用的工具。

二、生态旅游者教育管理

生态旅游者的实现，核心是生态旅游者行为管理与教育，关键是通过旅游者的生态教育，提高旅游者的生态素质，进而提高其对环境和社区保护的自觉性和主动性。生态旅游的一个重要目的就是培养游客的生态意识，进而通过生态旅游活动保护生态环境。生态旅游过程中面临的两个重要问题，一是旅游者的体验程度和效果，二是与此相关的环境影响状况。高峻等(2013)从旅游者自我行为规范、组织行为调控和宣传教育三个方面，对生态旅游者管理和教育进行了论述。

(一)生态旅游者行为管理

旅游者行为对生态旅游地是否能正常运行非常重要。生态旅游需要高素质、负责任的旅游者群体，即所谓的"负责任的旅游者"，这样的旅游者可通过生态旅游本身的教育功能和管理者的管理、引导共同努力塑造而成。同时，也需要"负责任的旅游者管理队伍"。郭岱宜(1999)对生态旅游者行为管理进行了总结，如表 10-1 所示。

表 10-1 生态旅游者行为管理措施

类型	主要策略	次要策略	可采用的措施
游客社会环境管理	游客教育	旅游资源介绍，说明行为后果，教导正确使用环境资源的技能等	游客中心，标志，发行物(折页、游客手册)，无线电子设备，大众传播媒体，面对面沟通(解说员向导)，公听会等
		身份识别与认同	报酬奖励，荣誉感、责任感的赋予
	景区容量	环境容量，活动时间，活动资格，活动区域，活动内容，物品种类等	预约系统，游程设计，指定路线，弹性票价，指定活动区域，许可制度，取缔，罚款，检查携入，出山区物品，服务限制，法令规范制定等
	降低使用强度	改变游客使用，包括形态、时间、地点、方法等	资讯传播，解说教育，取缔巡逻，弹性价格，阻止使用(不改善交通)
		分散游客使用时间、空间	资讯传播，规定使用空间及时间，弹性票价
		集中游客使用(时间、空间)	资讯传播，规划相容性活动
	景区封闭	暂时性封闭	定期关闭，不定期关闭，分区轮流关闭
		永久性封闭	全区封闭，分区封闭
实质环境管理	规划计划	目标设立	建立适合资源的发展目标，定期检讨目标
		预测可能的冲突性事件，包括旅游活动时间、空间等	设置障碍物，改变出入口数量地点，交替使用，设置缓行区等
		设施规划计划	规划正确设施位置，提供足够的设施数量，提供所需设施种类，加强设施耐久、不易破坏性维护等
	经营管理	维护与监测工作	加强巡逻，加强环境维护、修护工作，环境清理，环境监测等
		合理化管理措施	解说措施，游客意见征询、讨论，游客管理规划等

资料来源：郭岱宜，生态旅游：21 世纪旅游新主张. 台北：台湾扬智文化事业股份有限公司，1999. 有补充和完善。

首先，通法法律、法规、制度等手段对旅游者行为进行制约。对旅游者进行管理就需要对旅游者行为进行约束，可通过法规、制度等手段实现。一些旅游协会和旅行社制定了生态旅游者遵守准则，如美国旅行社协会（ASTA）提出的生态旅行者十条"道德标准"。目前对生态旅游者行为模式的研究尚且薄弱，很多旅游地虽然都制定了《生态旅游者守则》，但仍亟待规范和科学。因此，应加强对生态旅游者行为模式的研究，才能有针对性地形成规范，进而使规范真正影响到游客的行为。

其次，通过技术手段加强对生态旅游者管理。对生态旅游者的技术管理包括：合理划分保护区功能分区，根据不同保护区段的特点采取限制使用、降低使用甚至是封闭或关闭的办法，以减少游客不当行为对旅游资源环境的冲击。可通过弹性票价、报酬奖励、罚款等方面，对生态旅游者进行引导。在生态旅游景区需要保护的季节提高票价，引导游客在其他季节来游玩。对保护生态和社区的游客进行奖励并惩罚破坏环境的游客，也是很有效的手段。

再次，可通过严格控制游人容量来间接实现对旅游者行为的管理。例如，根据旅游容量和规划要求，计算九寨沟旅游区每年容量应以 400 万～600 万人次为宜，黄龙旅游区每年以 200～300 人次为宜。坚持世界自然遗产地和自然保护区旅游开发中的"三高一小"原则，即高层次、高消费、高收费、小容量。

加强旅游者行为规范管理，对生态环境采取自觉负责任的旅游行为和活动方式。不同的旅游活动对生态环境的影响各异，应该选择对生态环境破坏最小的一些旅游活动和旅游方式，限制那些对生态环境影响较大的旅游活动和方式。生态旅游区内杜绝一切旅游车辆进入。在生态旅游区仅能乘坐经允许的生态型交通工具，可用电瓶车替代旅游者汽车。若骑马旅游应按规定线路进行。

生态旅游区主要开展生态旅游活动项目。以开展生态型专项旅游项目为主，包括登山、攀岩、滑翔、探险、野营等旅游活动。穿硬底鞋的旅游者可让其换成软底鞋。如四姑娘山旅游区主要发展以生态、科考、科普、登山、探险、观光、青少年夏令营为主的各种专项生态旅游。

应该注意的是，随着移动互联网、自驾游、散客时代的到来，以及游客消费的大众化、多元化和人性化，生态旅游者动态管理成为国内外研究热点，也是国内外亟待解决的重大现实问题。这就要求一种全新的综合系统管理理念，那就是采取生态旅游系统动力学理论为指导，把生态旅游者、生态旅游客体、生态旅游媒体和生态旅游媒体相关子系统、亚系统及每个小环节之间的全面监控、有机结合和动态对接。

（二）生态旅游者教育

发展生态旅游要求对旅游者、经营管理者、服务人员及当地居民加强环境教育。通过教育能认识到自己应该承担的生态责任，提高环境保护意识和生态素质。生态旅游把生态保护作为既定前提，把环境教育和知识普及作为核心内容，并提供相应的设施及环境教育，使旅游者在不损害生态系统或者地域文化前提下访问、了解、鉴赏、享受自然及地域文化。

生态旅游是通过旅游来普及生态知识，唤醒人们的生态意识，促进生态系统的良性循环，保证生态旅游的可持续发展。旅游者通过参加生态旅游，在大自然环境中接受环境保护教育，这种形式要比其他课堂式的教育更生动、更直接、更有说服力。通过生态环境教育还可以使当地居民对区域生态环境的现状、区域生态问题产生的原因、解决生态问题的对策等，有更多的了解和认识，从而吸引地方居民和其他各方力量，共同解决生态问题。

首先，通过导游或宣传教育手段对旅游者进行教育。通过导游引导和媒体宣传教育，提高游客的环境保护意识，将一个普通旅游者逐渐塑造成一个自觉维护生态环境、具有良好生态保护意识、积极参加保护环境等各种有益活动的负责任的旅游者。生态旅游的组织者不但要严格地管理好游客，使游客不要因游览而破坏环境，更应该将丰富的生态和环保知识感染游客、教育游客，让游客不仅高质量体验生态旅游，而且也能从中增长环保知识和责任。

其次，加强环境伦理教育。环境伦理教育途径主要有：一是环境解说系统，包括交通引导解说系统、展示与陈列、视听和出版物等四种类型；二是游客中心环境伦理教育中心教育工作，主要包括如下几个方面。

(1)加强环境教育。旅游者在游客中心的环境教育中心接受有关教育，中心提醒游客按《生态旅游指南》，参与生态旅游环境伦理教育。

(2)加强法制教育。在进行法制教育与执法中，对有破坏生物习性的旅游者要予以惩罚、教育，严禁狩猎等危害生物的娱乐行为。

(3)加强宣传教育。对游人进行环境知识教育和宣传，组织游人参与保护环境。禁止游人的不文明行为。

此外，各生态旅游区要充分发挥报纸、广播、电视、杂志、图书、网络等宣传媒体的作用，积极开展生态环境保护宣传，增加生态旅游者获取当地生态环境相关知识的有效途径，以便更有意识地做出保护当地生态环境系统和文化生态系统完整性的行为，同时也提高当地居民的生态素质。

第二节　生态旅游客体管理

生态旅游客体，传统上讲就是生态旅游资源，亦即自然环境和社会生活中对广大生态旅游者产生吸引力的事物和现象，这是吸引物的概念。从旅游系统上讲，生态旅游客体是与生态旅游主体相对应的概念，是生态旅游者从客源地通过旅游通道发生空间位移到达消费生态旅游产品的地方，这是目的地的概念，不仅只是旅游吸引物所在区域，还包括生态旅游产品生产和消费的场所。从地理空间上讲，生态旅游客体就是生态旅游者短暂停歇、发生一切旅游活动的地方，这是特定区域空间的概念，这是吸引物所在地、旅游产品生产地、旅游者旅游活动场所以及周边相关要素共同构成的空间综合体。从这个角度上讲，生态旅游客体不同程度地包括了生态旅游资源或生态旅游景区、生态旅游社区、生态旅游环境、生态旅游产品等，生态旅游客体管理不应只是旅游资源的管理，而应是旅游目的地所包含的生态旅游资源、生态旅游景区、生态旅游社区、生态旅游环境、生态旅游产品等方面的管理。由于生态旅游产品作为综合的概念并已于第八章阐述，这里仅从生态旅游资源、生态旅游景区、生态旅游社区三方面阐述生态旅游客体管理。

一、生态旅游资源管理

(一)基本原则和主要内容

生态旅游资源管理是指在发展生态旅游业过程中,对生态旅游资源进行日常的维护与保养,使生态旅游资源本身不受到破坏,并科学地安排劳动者更好地为旅游产业服务(王昆欣等,2003)。生态旅游资源管理是对旅游资源开发、利用及保护的管理。王国新等(2007)对旅游资源开发及管理的原则、目标、内容及方法进行了系统论述。

1. 旅游资源管理基本原则

在旅游资源的管理过程中,应坚持以下一些基本原则。

(1)明确管理目标。

旅游资源管理必须明确管理目标,包括整体性期望目标与阶段性分域目标。所谓整体性期望目标,是指旅游资源管理活动追求的最终目标,它贯穿于整个管理过程中;阶段性分域目标,是整体性期望目标在不同管理阶段与不同管理范围的具体体现,包括旅游地在不同发展时期的资源管理目标以及在同一发展时期旅游区内不同功能景区的资源管理目标。一般说来,整体性期望目标对管理活动而言较侧重于方向性的战略指导,而阶段性分域目标则侧重于实践性的操作指导,它是整体性期望目标的细化与具体化。

旅游资源管理要求明确整体性期望目标与阶段性分域目标,目的在于使旅游区能够在"统一目标,分级管理"的思想指导下,获得个体目标与整体目标相结合、近期目标与远期目标相结合的全面的资源管理效果。

(2)强化资源管理特色。

旅游资源开发效果是旅游资源开发管理质量高低的直接产物。旅游资源管理应强调资源管理特色,通过特色管理,突现资源优势。

坚持资源管理综合导向。旅游资源管理应注重资源文化内涵的挖掘与文化价值的凸现。旅游资源管理导向由"资源+市场"的双导向模式转为"资源+市场+文化"的综合导向模式,即要求旅游资源管理者树立一种全面系统管理思想,综合考虑客源市场、资源条件及文化属性等多种因素,按照"市场需求与资源条件为前提,文化内涵凸现为中心"的思路进行旅游资源开发管理。

坚持资源表现个性优先。在旅游资源开发管理中要注意突出资源的民族特色、地方特色,突出资源"唯我独有"的鲜明个性。在资源建设管理中要优先选建个性突出的代表性资源。在实际操作过程中应突出旅游资源的个性色彩。在坚持资源表现个性优先的前提下,旅游开发管理应做到突出个性与丰富多彩的统一。

(3)整体系统管理。

各种旅游资源不是孤立存在的,而是相互联系、相辅相成的,不同类型、不同特征的旅游资源共同构成了旅游区资源系统,形成旅游景观系列。在制定旅游资源开发战略,进行旅游资源合理利用及日常维护时,都要从整体角度出发,进行综合分析和系统控制,绝不能因为局部资源的开发或改变而破坏了整个旅游区的资源系统。

旅游资源是存在于旅游区整体系统之中的一个子系统。要使旅游资源系统与旅游区服务系统、安全系统、营销系统等子系统，在结构和功能上相互匹配及协调，就需要以整体系统的思想来指导管理。

(4)规范管理操作。

由于旅游资源的复杂多样，决定了资源的管理操作必须走规范化、科学化的道路，才能获得客观、全面的管理效果。如依据国家有关法律条款、国家和地方各级旅游地管理条例以及旅游地制定的各种规章制度，对旅游资源实行规范化管理。采用先进的旅游资源信息管理系统对旅游资源进行科学化管理。

(5)保持个性管理。

由于旅游资源类型复杂多样，资源特性各异，因而在对旅游资源进行管理时应强调保持资源个性的原则。保持资源特色与个性有利于高品质旅游产品的组织与生产。尤其在资源开发管理时更要坚持这一原则，将突出旅游资源个性与表现旅游区多样性协调统一起来，整合资源的特色功能，营造旅游资源的整体吸引力。

(6)依法管理。

旅游资源管理必须坚持依法管理原则。可依据国家有关法律法规、国家及地方制定的各级旅游区管理条例以及个旅游区制定的各种规章制度，对旅游资源实行法制化管理。旅游资源得不到合理、有效的保护，很大程度上就是因为没有严格依法管理和保护所致。应采取依法管理与先进旅游资源信息管理系统相结合，对旅游资源进行科学化管理。

(7)动态发展管理。

旅游资源特征以及开发、保护的外部社会经济条件是不断变化和发展的，这就要求旅游资源的管理工作不能囿于现状，一成不变，必须有动态发展的观点，用发展和进步的眼光预测各种条件的变化趋势，采用具有一定弹性的措施来实现管理，从而使资源管理始终保持活力。

(8)提倡绿色管理。

在管理过程中树立"成本"意识，而非以破坏环境质量来换取经济效益。当旅游者数量超出旅游区环境容量时，应不再允许其他游客入内，以保证旅游区的自净能力。如九寨沟旅游区限定游客量的做法值得借鉴，美国国家公园对游客量也有上限规定。在任何重大项目开始实施前都要仔细研究开发的内容、类型及其与现行资源利用之间的关系，重视对人文和自然环境的保护，并以最经济恰当的方式加以利用。

(9)可持续发展。

旅游区要实现可持续发展，就应用可持续发展的理念来指导区内旅游资源的管理。也就是说，在实行资源管理时注意制定资源管理的战略规划，而且这一战略规划必须既能反映在现实条件下实现管理目标和管理方式的需要，更能反映长远的资源管理宗旨和运行机制的可持续性，这样才能有利于旅游资源的持续利用。

2. 旅游资源管理环节及内容

旅游资源管理的核心目标是追求旅游资源开发利用的最优化、资源保护和开发的和谐性以及资源利用的永续性，这三个方面具有内在的统一性，有机构成了旅游资源管理的核心目标体系。

按照管理学一般原理，现代管理的程序是"计划—组织—控制"（POC）。为确保生态旅游资源管理的科学性和规范性，生态旅游资源管理应遵循这一管理流程。只有将计划、组织和控制协调起来，形成良性的运行机制，才能真正实现科学化的旅游资源管理。

生态旅游资源计划管理（ETPM）包括生态旅游资源现状调查分析、确定旅游资源的具体管理目标、制定旅游资源管理战略等。在此基础上形成并确定旅游资源管理具体方案。生态旅游资源组织管理（ETOM）要求根据所确定的管理战略和方案，建立相应的管理机构，完善相应的实施机制，从而科学地运行资源管理。生态旅游控制管理（ETCM）则贯穿于计划和组织的始终，主要包括：①资源管理预测，即旅游资源管理将会出现的问题和机遇；②资源管理监测，即监督管理的全过程；③资源管理反馈，就是将预测和监测过程中遇到的问题及时反馈回计划和组织环节。

（二）旅游资源管理目标

1. 资源开发利用的最优化

一个经营性的旅游景区，要吸引旅游者前来消费，就要参与市场竞争。用于参与竞争的旅游产品是以旅游资源为基础经过规划设计形成的。如何利用旅游景区内的有限资源开发出满足市场需要的产品，从而发挥出最大的效益，对旅游资源管理目标的实现至关重要（王国新等，2007）。

旅游资源吸引力取决于所有自然与人文因素的有机融合，它们决定了旅游资源的旅游价值。一般而言，旅游资源旅游价值与它对旅游者需求的满足程度呈正相关关系。旅游资源价值表现具有明显的复合性特点，其取决于资源对旅游者旅游需求的满足程度，更直接地说，取决于旅游资源的开发方式、开发深度及广度。因此，若旅游资源管理谋求资源价值开发的最优化，就必须超越掠夺式、粗放式的低层次资源开发模式，深度挖掘资源的多种资质潜力及文化内涵。

2. 资源保护和开发的和谐性

旅游资源具有珍贵、稀缺性特点，大多为不可再生的资源。这就要求把旅游资源保护放在首位，在保护前提下加以开发和利用。旅游是以观光为基本内容的，人们到景区旅游的目的就是要观赏景区的风景名胜和文物古迹。风景名胜和文物古迹保存得越完好，其观光的价值就越能得到充分发挥。

旅游资源保护和利用互为依存、相辅相成。旅游资源是旅游发展的立命之本，应保护好各种旅游景观资源。同时，只有利用才能发挥这些资源作用，实现其内在价值。应对那些不可再生资源十分珍惜，坚持保护优先、适度开发、永续利用的原则。

旅游资源开发是以良好的自然环境作支撑背景的，最优化的旅游资源开发利用可理解为在环境承载力范围内，注重环境保护与人工保护相结合的最佳资源开发度。在这种新资源开发利用模式下，能够保持旅游资源常用常新，有利于旅游区经济社会生态可持续发展。

3. 资源利用的永续性

旅游资源的永续性表现在，大多数旅游资源具有无限重复利用和不断再生的特点，如作为旅游资源主体的观光、度假、特种和专项旅游资源本身是旅游者带不走的，旅游者带走的只是对它们的各种印象和感受。只要保护得当，大多数旅游资源是可以永续利用的，而某些旅游资源还会随着社会经济的发展和科学技术的进步而不断丰富和再生。因此，旅游资源开发必须处理好保护与开发的关系，禁止破坏性的开发和开发中的破坏，防止环境污染，控制旅游者数量，加强景区管理和对游客的教育，以保证旅游资源的可持续利用。

(三)旅游资源管理方法

管理的方法是实现管理目标的手段、措施与途径。旅游资源管理方法可以灵活多样、千差万别。但总的说来，大致可以分为以下几种(王国新等，2007)。

1. 法治性管理法

法治性管理主要依据国家和地方制定的各种具有法律效力的法律、条例进行管理，也包括旅游地各种规章制度的制定与实施。与旅游资源管理相关的国家有关法律、法规目前主要有《环境保护法》《森林法》《水法》《文物保护法》《野生动物保护法》《风景名胜区管理暂行条例》等。各地方立法机构和人民政府根据上述法律、法规中确定的原则，结合地方具体情况还制定一系列有关旅游资源管理的地方性法规。此外，各旅游地在以上法律、法规的原则指导下制定出具体的管理规章制度。上述各种法律、法规、条例、制度从不同角度、不同层次规定旅游资源和环境的开发、利用及保护问题，为旅游资源管理提供了有效、可靠的依据。

法治性管理法具有概括性、规范性和稳定性的特点，一般适用于处理旅游资源管理中出现的共性的、一般的问题。

2. 规划性管理法

通过编制旅游地旅游规划，并以此指导区内旅游资源的开发、利用及保护，是旅游地旅游资源管理的一项重要方法。

旅游地的旅游规划按其内容和要求，可以分为两大类：一是总体规划，二是专题规划。任何一个旅游地都可以通过编制"旅游地旅游总体规划"和"旅游地旅游资源开发利用专题规划"，为旅游资源管理提供指导。

类似"旅游资源开发利用专题规划"专题性旅游规划倾向于为旅游资源管理提供直接指导。而"旅游地总体规划"则注意从旅游地整体效益出发对旅游资源开发管理提供宏观"质"与"量"的规定性，为旅游资源管理处理好要素与系统的关系提供依据。

规划性管理法具有明确性的特点，有利于减少无计划资源管理的盲目性，促使旅游资源开发利用的管理活动有序进行。它与法治性管理法同属于旅游资源管理中的指导性方法。

3. 技术性管理法

技术性管理法是旅游管理中一种重要的操作方法。技术性管理方法的思路是在利用多种先进科技手段对旅游资源进行科学监测与分析研究的基础上，提出行之有效的管理措施。

(1) 背景基础调研。包括对旅游地生物资源、自然风景、人文胜迹等旅游资源进行调查，对旅游地生态环境保护进行研究，制定景区绿化、防火、排污等专业规划与实施方案。

(2) 环境监测研究。包括建立资源数据库、不断输入调研数据，定期进行资源保护调查，研究资源消长变化，进行环境质量跟踪监测，并结合各种数据进行生态环境专题研究。

(3) 采取管理措施。旅游资源多样性决定了资源管理措施不能单调划一，要针对不同类型的旅游资源采取不同的管理措施，包括抚育管理、监控管理和修护管理。

技术性管理法是一种定量的模式化管理方法，具有操作性强，反馈效果快的特点。它对管理人才、技术设备等有较高要求。

4. 行政性管理法

行政性管理法是管理中最常见的方法之一。把行政性管理方法引入旅游资源的管理中，目的在于推动旅游地整体景区→功能景区→旅游景点等不同层次旅游资源管理机构的组建与完善，便于旅游资源实现"分级管理"与"分域管理"，使旅游资源管理的责权落到实处。

这几种旅游资源管理方法各有侧重、各有所长。在旅游资源管理实际操作过程中，应当取长补短、综合利用，以达到最佳管理效果。开发与保护作为一对矛盾始终贯穿于旅游景区的经营活动中。最优化的旅游资源开发利用可以理解为在环境承载力范围内，注重环境自我保护与人工保护相结合的最佳资源开发度。在这种新资源开发利用模式下，能够保持旅游资源常用常新，避免造成环境质量本质恶化，有利于旅游区在获取效益满足的同时得以持续发展。

二、生态旅游景区管理

(一) 生态旅游区管理框架

约翰·斯沃布鲁克(John Swarbrooke)(1995)从资金筹措、项目开发管理、人力资源管理、财务管理、质量管理、经营管理、应变管理等，对景区(景点)进行了论述。杨桂华(2006)对旅游景区管理进行了系统论述，包括景区策划管理、景区规划管理、景区建设管理、景区经营管理、景区环境管理、景区设施管理、景区质量管理、景区营销管理等八个方面(表10-2)。这些成果为生态旅游景区管理奠定了重要基础(表10-2)。

表 10-2　生态旅游景区管理内容

管理项目	管理内容	管理阶段
景区策划管理	景区策划的特点、景区策划类型、景区策划作用、景区策划理念、景区策划目标、旅游策划原则、景区策划技术、景区策划程序、景区策划方法	景区开发管理
景区规划管理	景区规划作用和意义、景区规划类型、景区规划程序、景区规划理念、景区规划指导思想、景区规划基本目标、景区规划原则、景区规划核心、景区规划目标、规划定位、保障措施、监控回馈、景区规划内容和成果、景区总体规划、景区控制性详细规划、景区修建性详细规划	
景区建设管理	景区建设管理背景、景区建设管理目标、景区建设管理原则、景区建设管理任务、景区建设主要内容、景区建设监理、景区建设项目管理、建设项目管理内容、建设项目管理方法、景区绿色建设管理、景区绿色建设作用、景区绿色建设要求、创造景区绿色建筑	景区建设管理
景区游客管理	景区游客行为特征(景区旅游流的时空特征、景区游客行为差异)、景区游客管理方法、游客管理目标、景区游客管理的方法、重点区域游客管理、游客管理技术(游客数量、景区容量调控技术、定量、定点管理技术、游线管理技术、安全管理技术、解说系统选择技术、有效沟通技术)	景区经营管理
景区环境管理	旅游活动对景区环境的影响及评价、景区环境的构成要素、旅游活动对景区环境的影响、旅游活动对景区环境影响的评价、景区环境要素管理、自然生态环境管理、旅游资源的保护与管理、社会人文环境管理、景区旅游氛围环境的管理、卫生环境管理、景区环境管理技术、环境监测与预测技术、环境价值评价技术、环境质量评价技术、环境容量测定技术、分区管理技术、经济手段调节技术	
景区设施管理	景区设施的分类管理、基础设施、服务设施、娱乐游憩设施、景区设施分期管理、景区设施前期管理、服务期管理、更新改造、景区设施安全管理、安全标志系统、旅游景区游艇(船)设施安全管理、景区索道及游乐设施的安全管理、旅游景区漂流管理	
景区质量管理	景区质量管理、景区质量意义、景区质量构成、景区服务质量内涵、景区服务质量特点、景区服务质量评价、景区服务质量管理理念、景区全面质量管理、全面质量管理概述、景区实施全面质量管理措施、景区全面质量管理步骤、景区质量标准化管理、旅游区(点)质量等级的划分与评定、"绿色环球21"质量体系、ISO9000 系列标准	
景区营销管理	景区营销环境分析、营销环境分析内容、营销环境分析方法、景区营销实施、市场定位、市场营销组合、营销创新、景区营销控制与评价、景区营销组织控制、景区员工控制、营销成本控制、营销对象控制、中间商控制、景区营销效果评价	

资料来源：杨桂华，钟林生，明庆忠. 生态旅游. 北京：高等教育出版社，2010. 有修改补充。

从日常管理角度，生态旅游景区管理在景区管委会或景区企业领导下，由景区管理办公室负责景区范围内的日常事务工作和基础设施建设，开展经营管理、园林绿化、养护管理、清卫保洁、安全生产、综合治理、资源(地质遗迹)保护、山林管理等工作，并涉及所辖范围的行政执法管理，以及协调当地镇、村及景区内各经营摊主的关系等。

(二)生态旅游景区管理战略

战略管理(strategic management)是指对企业战略的制定、实施、评价进行的管理，使组织能够达到目标的跨功能决策的技术与科学。

1. 景区战略管理体系

景区战略管理致力于对市场营销、财务会计、人力资源、生产作业、研究开发、信息系统进行综合管理，以实现景区可持续发展。景区战略管理的对象是景区及其全部活动，立足于景区发展的长远和整体的重大问题。

战略决策者是指对企业的兴衰成败承担完全责任或主要责任的个人。战略决策者的主要职责包括：追踪产业和竞争趋势、建立预测模型、分析企业前景、评价公司和个人绩效、发现新的市场机会、识别企业面临的威胁以及制定创新性的行动计划。企业的战略意图是指为在竞争环境下实现企业目标，充分挖掘企业内部资源和潜力，培育企业核心竞争力。与战略意图相对，针对企业外部的是战略使命，它描述企业目标及其所从事的生产领域和市场范围。企业目标是指企业在完成战略使命过程中所追求的具体结果，包括企业目标可按时间长短分成长期目标和短期目标。

外部机会和外部威胁是指在外部环境中能明显使企业在未来获益或受害的发展事件与趋势。内部优势是企业内部的可控因素。企业内部的任何一个环节，都可是企业的优势与劣势。利益相关者是指可影响企业战略成果并受其影响的组织、群体或个人。企业的利益相关者主要有三大类别：①资本市场利益相关者，主要包括企业的股东以及资本的主要提供者，如银行等金融机构；②产品市场利益相关者，主要包括企业的主要顾客、供应商、工会和所在社区等；③组织利益相关者，是指企业员工，主要包括管理阶层和非管理人员。

2. 景区战略管理制定

(1)管理环境分析。

包括外部环境和内部环境。景区外部环境包括经济环境、人口因素、政治法律、社会文化、科学技术、市场竞争等。景区内部环境分析内容包括景区资源、景区能力、景区核心竞争力、景区价值链、景区组织结构、景区管理、景区创新能力与学习能力、景区组织文化等。

(2)管理战略选择。

包括波特战略模型(Michael Porter)、安索夫矩阵模式(Ansoff Matrix)和 SWOT 模型分析。其中，迈克尔·波特(Michael Porter)于 20 世纪 80 年代初提出，该模式用于竞争战略分析，可有效分析客户的竞争环境。安索夫矩阵模式(Ansoff Matrix)与以往经营管理的不同之处在于：战略管理是面向未来动态地、连续地完成从决策到实现的过程。SWOT 模型分析将对企业内外部条件各方面内容进行综合和概括，进而分析组织的优劣势、面临的机会和威胁。

(3)景区战略管理过程。

景区经营战略是一个多层次的体系，战略体系至少可分成景区管理战略、景区经营战略与景区职能战略三个层次。景区战略管理过程包括战略制定、战略实施、战略评价三个方面。

(4)景区战略方案评价方法。

主要包括：①定性分析法。即通过战略决策者的经验、直觉、判断力、预见力和创造力来评估以及论证战略方案的可行性，常用的方法有德尔菲法、头脑风暴法等。②定量分析法。即借助定量分析技术来评价战略方案的可行性，常用方法有成本控制法、投入产出分析法、盈亏平衡分析法等。

(三)国内生态旅游景区管理模式

传统行政风景区管理委员会模式是计划经济时期产物,已不能适应现代管理和现代市场的需求。我国传统生态旅游景区大都分布于国家遗产区、自然保护区、风景名胜区、森林公园、地质公园空间区域中,长期以来存在着多头管理、机制滞后、条块分割等问题。探索一种体现经济、社会、生态综合效益的政府、社区、企业、游客等参与者共同受益管理模式,至关重要。

1. 传统旅游区经营管理模式

旅游景区相关利益者主要包括国家、社会公众、地方政府、旅游资源主管部门、旅游市场主管部门、景观管理机构、景区管理机构、景区投资主体、社区居民、景区员工等。根据景区经营主体市场化程度、所有制性质、旅游区及其经营主体行政隶属关系、旅游区权属关系等关系研究,结合法律法规约束、地方政府影响、景区发展导向、景区资本性质与结构、资源主管部门影响、旅游产业发展水平、经济社会发展水平、市场机制发展程度、当地社区发展要求、当地社区发展需求、景区员工利益要求、社会公众影响力等因素分析,我国旅游景区经营管理模式可划分为 10 种类型(张先智,2005)。

(1)整体租赁经营模式。

这一模式的特点是,旅游景区实行企业型治理,其经营主体是民营企业或民营资本占绝对主导的股份制企业。其代表性景区是四川碧峰峡景区,重庆芙蓉洞景区、天生三桥景区、金刀峡景区及桂林阳朔世外桃源景区。在这一模式中,景区的所有权与经营权分离,开发权与保护权统一。

景区所有权代表是当地政府,民营企业以整体租赁的形式获得景区 30~50 年的独家经营权。景区经营企业在其租赁经营期内,既负责景区资源开发,又对景区资源与环境的保护负有绝对责任。

(2)上市公司经营模式。

这一模式的特点是,旅游景区实行企业型治理,其经营主体是股份制上市公司。代表性景区是黄山风景区和峨眉山风景区。这一模式中,景区的所有权与经营权、资源开发权与保护权完全分离。

地方政府设立景区管理委员会,作为政府的派出机构,负责景区统一管理。景区的所有权代表景区管理委员会,经营权通过交缴景区专营权费由景区管理会直接委托给上市黄山旅游发展股份有限公司和峨眉山旅游股份有限公司长期垄断。景区管理委负责旅游保护,上市公司负责资源开发利用。

(3)非上市股份制企业经营模式。

这一模式的特点是,旅游景区实行企业型治理,其经营主体是未上市的股份制企业。它可以是国有股份制企业,也可以是国有与非国有参与的混合股份制企业。其代表性景区有青岛琅琊台景区、浙江桐庐瑶林仙境景区、浙江柯岩景区以及山东曲阜孔府、孔林、孔庙景区。在这一模式中,景区的所有权与经营权分离,但资源开发权与保护权统一。

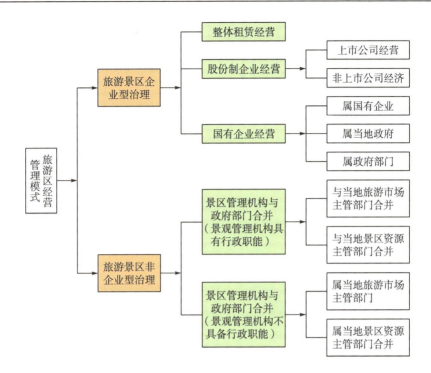

图 10-2　我国旅游区经营管理模式结构

(张先智，2005. 有微调)

景区的所有权代表是作为政府派出机构的景区管理委员会等，景区经营由政府委托给股份制企业。景区经营企业即负责景区资源的开发，又负责景区资源的保护。

(4)隶属企业集团的整合开发经营模式。

这一模式的特点是，旅游景区实行企业型治理，其经营主体是国有全资企业，但隶属于当地政府的国有公司。其代表性景区有陕西华清池、华山等文物景区，以及海南天涯海角景区、桂林七星公园等景区。这些景区均由国有的旅游景区公司负责经营，分别隶属于陕西旅游集团公司、海南三亚市旅游投资有限公司及桂林旅游总公司。这一模式中，景区的所有权与经营权分离，但资源开发权与保护权统一。

景区的所有权代表是政府，旅游经营由国有全资的景区经营企业掌管。景区经营企业既负责景区资源的开发，又负责景区资源的保护。这一模式的优势是能够按照旅游市场的需求，全面整合各旅游景区的资源，通过整合开发，全面促进当地旅游景区的发展。

(5)隶属地方政府的国有企业经营模式。

这一模式的特点是，旅游景区实行企业型治理，其经营主体是国有全资企业，且直接隶属于当地政府。其代表性景区有浙江乌镇和江苏周庄，它们均由国有的旅游开发公司直接经营，分别隶属于当地县人民政府和镇人民政府。

这一模式中，景区的所有权与经营权分离，但资源开发权与保护权统一。景区的所有权代表是政府，旅游经营由国有全资的景区经营企业掌管；景区经营企业既负责景区资源的开发，又负责景区资源的保护。

（6）隶属政府部门的国有企业经营模式。

这一模式的特点是，旅游景区实行企业型治理，其经营主体也是国有全资企业，而它隶属于当地政府的有关部门，而不是直接隶属政府。其代表性景区有南宁的青秀山景区及宁夏沙坡头、沙湖景区，它们均由国有的旅游景区经营公司直接经营，分别隶属于当地国有资产管理局和当地旅游局。

在这一模式中，景区的所有权与经营权分离，但资源开发权与保护权统一。景区的所有权代表是政府，旅游经营由国有全资的景经营企业掌管。景区经营企业既负责景区资源的开发，又负责景区资源的保护。

（7）兼具旅游行政管理的网络复合治理模式。

在这一模式中，旅游景区实行非企业型治理。经营主体是景区管理机构。但同时，景区管理机构与当地旅游局合并，使得景区管理机构不但要负责景的经营管理，还具有当地旅游市场管理的行政职责。这一模式中，景区的所有权与经营权、开发权与保护权对外统一、对内分离。景区管理机构既是景区所有权代表，又是景区经营主体。既负责景区资源开发，又负责景区资源与环境保护。但在景区内部，管理职能与经营职能、开发职能与保护职能由不同的部门或机构承担。

其代表性景区是长春净月潭景区、江西龙虎山景区、山东蓬莱阁景区等。这些景区的管理机构都与当地旅游局合并为一套班子、两块牌子，在承担景区的经营管理职责时，还负责当地旅游业的管理，对促进当地旅游业发展负有重要责任。这一模式是近年各地旅游景区体制改革与机制创新的成功实践，具有较强的发展优势和良好的发展前景。

（8）兼具资源行政管理的复合治理模式。

在这一模式中，旅游景区实行非企业型治理。经营主体是作为当地政府派出机构的景区管委会或管理局。但同时景区管理机构与当地某一资源主管部门合并，使得景区管理机构不但要负责景的经营管理，还具有当地这种资源管理的行政职责。

这一模式中，景区的所有权与经营权、开发权与保护权对外统一、对内分离。景区管理机构既是景区所有权代表，又是景区经营主体；既负责景区资源开发，又负责景区资源与环境保护。但在景区内部，管理职能与经营职能、开发职能与保护职能由不同的部门或机构承担。其代表性景区是泰山。泰山市管委会与泰安市文化局合并成一套人马，在负责泰山景区的保护、开发、经营、管理的同时，对全市文化事业和文化市场进行管理。

（9）隶属旅游主管部门的自主开发模式。

在这一模式中，旅游景区实行非企业型治理，经营主体是景区管理机构。但景区管理机构隶属于当地旅游局。这一模式中，景区的所有权与经营权、开发权与保护权互不分离。景区管理机构既是景区所有权代表，又是景区经营主体；既负责景区资源开发，又负责景区资源与环境保护。

该模式也是近年各地为理顺旅游管理体制而进行的改革与创新。在这一模式中，旅游景区的经营总体上以市场为导向，以谋求旅游景区的发展为主要目标。其代表性景区有河北野山坡景区、重庆四面山景区等。

（10）隶属资源主管部门的自主开发模式。

这是一种传统的景区经营模式。在这一模式中，旅游景区实行非企业型治理。经营主体是景区管理机构，并且隶属于当地建设、园林、文物等旅游资源主管部门。这一模式中，景区的所有权与经营权、开发权与保护权互不分离。

景区管理机构既是景区所有权代表，又是景区经营主体。既负责景区资源开发，又负责景区资源与环境保护。这一景区经营模式主要集中于传统的大型文物类旅游景区，如北京故宫、颐和园、八达岭长城景区等。

2. 生态旅游区体制机制和经营管理创新

针对传统旅游开发过程中权属制度不明确、相关法规欠缺及法制观念淡薄、只注重短期利益而忽视生态效益等问题，以及生态旅游管理中属地管理不利于整体管理、管理机构设置不科学、政企不分管理模式等弊端，生态旅游应吸收大众旅游区管理过程中的经验教训，提出符合我国具体实际的生态旅游体制机制和经营管理模式创新。

（1）建立统一管理机构——实施国家公园体制。

我国目前对自然生态系统及其所属的资源实行的是严格保护机制。保护地面积最大的当属自然保护区系统，它划分为实验区、缓冲区以及核心区三个功能区，更多的是"保护"。国家森林公园、国家湿地公园以及国家级风景名胜区等保护地，相比自然保护区，它们更多的是承载"经济发展"，也就是通过发展旅游，获取更多的经济收入满足保护系统的日常管理与建设。从国家公园定义来看，国家公园最基本的内涵是保护自然基地。随着我国法治进程以及城镇化的推进，具有国家公园建设特征的重要生态功能区，可有条件地建设国家公园。

根据决策理论，在公共管理中，管理主体越多越分散，管理责任就越趋于松弛，对资源的保护就越无力，越不利于资源保护。反之，权力越统一，权力越集中并趋向单一中心，责任就越明确、越统一，责任就越大，且权力主体之间的破坏性竞争和摩擦就越小。因此，在生态旅游资源管理体制中应加强调控，构建权利相对集中的管理模式。同时，应考虑生态旅游资源的生态属性，针对特殊的区域或特殊的问题，确立区域或流域管理机构，并从林业、水利、国土、建设等机构收回区域内的相应职能（汤春琳等，2010）。

具体就是要建立统一的国家公园管理体制。许多生态旅游区集各种光环于一身，如张家界景区集国家森林公园、国家级自然保护区、国家重点风景名胜区、世界自然遗产、国家 AAAA 级景区、国家地质公园、世界地质公园等于一身，由于各种头衔授予机构和管理机构不同，各种授衔所涵盖的范围和要求也不尽相同，这就造成了生态旅游区在管理中的混乱（郑群明等，2006）。主管部门、投资者、开发者、居民、旅游者、环境保护者等各主体的利益诉求差别较大，造成开发与保护难以统一，造成了公园开发无次序、形象不统一、管理欠科学、市场不规范的现状。从国内外研究来看，规范和形成统一的国家公园管理体制将是解决这一矛盾的最佳出路。通过建立统一的国家公园管理体制，将公园从商业利益和地方行政利益的阴影中解脱出来，避免地方各级政府对环境保护过多的行政干预，引导地方政府致力于公园外部旅游接待建设和管理，从而更好地协调各方利益主体，缓解保护与开发的矛盾，确保公园的开发朝着健康、持续的方向发展。

①国家公园体制不同于目前保护地的管理体制。我国多种形式的保护地管理实行的是自上而下的多头管理，财政拨款少，实行门票高收费。国外国家公园的普遍管理体制为：管理主体一元化，财政拨款为主，接受捐赠免票或低价门票，实施特许经营。从国家公园的内涵上说，由国家政府部门主管的类似于"国家公园"概念的国家森林公园、国家湿地公园以及国家地质公园等保护区，不同于"国家公园"的概念(王昌海，2016)。我国国家公园体制应在借鉴国外国家公园成功经验后，总结出适合自己发展的体制，既不同于现在严格保护的自然保护区体制，也不完全等同于国外的管理体制。

②处理好国家公园体制与自然保护区体制关系。我国是生物多样性和文化多样性丰富的国家，社会经济发展水平仍处在发展中国家。自然保护区面积占国土面积约15%，在很大程度上决定了我国的保护体制既不能像发达国家一样，因为较高的经济水平能够给予国家公园足够的运行经费。也不能像经济水平较为落后的非洲国家一样，因为非洲幅员辽阔，拥有较少的人口。国家公园体制建设尚处在初期，自然保护区管理体制依然是我国当前最适合的保护形式，还会占据保护的主导地位。

③注重社区利益，倡导全社会参与管理国家公园。由于我国国情与国外任何国家都没有重合或者相似，最重要的一点是，我国人口密度大。相当一部分人口处在目前保护区管理范围内。我国自然保护区、国家森林公园、国家风景名胜区建设初期，很少考虑社区的利益，造成了很多问题和浪费。国家公园体制应该考虑当地社区居民的利益，当地居民是建设国家公园的重要参与者以及政策的执行者。国家公园带给当地居民一定的利益，当地居民主动建设国家公园，这应该是理想的发展模式，从而走出一条具有中国特色的国家公园体制道路。保障公众对国家公园建设管理的知情权、监督权和参与权，是把国家公园体制建好的充分条件。

④建立国家层面的《国家公园法》，试点国家公园。我国至今尚无关于自然保护区或者森林公园等保护地的国家层面的法律，国家公园体制应是我国制定一部综合保护法重要契机。我国保护地体系重构涉及国家中长期生态安全保障和人民游憩福利保障，涉及国家自然遗产资源管理格局以及多主体多层次的利益调整，是一项意义重大而又艰巨复杂的工作，首先要开展小范围的试点工作。国家应积极试点国家公园体制，但不宜全国大范围试点，应从国家重点生态功能区开始。

(2)在公家公园框架下实施差异化管理体制。

应强化国家领导职能，确立一个强有力的管理体制。生态旅游的综合性、系统性特征要求实施统一整体管理与保护。同时采取差异化管理体制，根据生态旅游资源空间分布特征及 规律，采取空间上差异化、纵向上等级化的管理体制(汤春琳和陈龙泉，2010)。

①珍稀性生态旅游区。我国主要的世界自然遗产、世界地质公园和其他一些具有世界性保护意义的珍稀景区都属此类。这种生态旅游区应弱化经营、重在保护，适当开展生态旅游项目，禁止一切不利于自然生态环境资源保护的相关活动。景区运转经费完全依靠政府拨款和社会捐赠。确立为国务院派出机构，整合相关部门在区域生态旅游资源保护、开发利用的现有职权，独立行使区域内生态旅游资源的管理职能。

②示范性生态旅游区。主要为国家级自然保护区、风景名胜区、森林公园和一部分有特殊价值的省级保护区。这类生态旅游区可在缓冲区，根据保护与开发基本平衡，保

护优先原则将经营权出让给有资质的企业，但对于企业经营要有严格的约束机制。对于珍稀性和示范性生态旅游区。可确立为国务院派出机构，独立行使区域内生态旅游资源的管理职能。

③大众性生态旅游区。主要为一般的省级自然保护区或地市级生态旅游景区。这类生态旅游区一般生态恢复功能相对较强，可以适当放宽经营企业的准入门槛，经营性收入成为生态旅游区的主要资金来源。

(3)生态旅游区经营管理创新。

生态旅游区可持续发展除了体制机制创新，构建国家公园体制外，还要加强生态旅游区经营管理创新。面对周边地区生态旅游开发日益成熟的新形势，公园面临着新的挑战，只有在体制、经营和管理方面进行创新，才能适应市场的新要求，满足游客新的需求，实现公园的可持续发展。

主要包括：①明确生态旅游资源经营权；②制定切实可行的公园管理规章制度；③编制科学的公园规划设计；④协调好公园利益各方之间的关系；⑤在公园推行景区轮休制，推行高台观景游道，实施景区游，区外居管理模式，创建一流的解说系统引导游客活动，建立公园应急事件处理及预防机制，设立环卫基金，加强环境保护(郑群明等，2006)。

(四)国外生态旅游区管理借鉴

国外生态旅游区管理具有代表性的成型规范的，主要有世界遗产景区管理、国家公园管理模式。具体可借鉴的案例包括：美国黄石国家公园、澳大利亚大堡礁、日本广岛中央森林公园、南非尼加拉私人狩猎保护区、厄瓜多尔加拉帕哥斯群岛、印尼巴厘岛、尼泊尔皇家奇特旺国家公园等。

1. 世界遗产景区管理

(1)有效的管理体制。

在世界各遗产保护先进国家，一般都建立有完善的组织管理体系，专门负责遗产的保护工作。这些机构大体上可分为中央政府专门机构、地方政府专门机构、各级专家咨询机构、民间社团组织以及相关科研单位等。这些机构从中央一直延伸到地方，在遗产保护方面发挥了重要作用。如美国国家公园体系的管理者为内政部国家公园管理局，日本的国家公园由国家环境厅长官主管。

(2)完善的法律体系。

国外许多国家在文化遗产、自然遗产、非物质文化遗产开发与保护方面都有比较完善的一套法律体系：①文化遗产的立法保护；②自然遗产的立法保护；③非物质文化遗产的立法保护；④《规划法》是英国建筑类文化遗产保护方面的一部重要法规。

(3)科学的专家决策机制。

在国外更多地将政府视为文化遗产保护职能部门，而保护目标的确定、保护规划的制定等，均由各级政府的咨询机构——专家咨询委员会全权负责。相关国家政府机构下面，均建立有专门的、由专家组成的遗产咨询机构。这些咨询机构或协助政府制定政策或为政府提供技术咨询或直接为政府所统管的国有遗产进行登录、审查、保护、管理与维护工作。

(4)有效的市场运作。

无论是有形的文化遗产、自然遗产，还是非物质文化遗产，都应该在确保遗产不被破坏的前提下，尽可能进入市场，并通过切实可行的市场运作，完成对遗产的保护及其潜能的开发。在许多发达国家，遗产旅游是旅游业的重要组成部分。如英国的遗产业被称为"是吸引海外游客的主要力量"，每年约28%的旅游收入来自遗产业。

(5)广泛的资金来源。

国外许多国家依靠其强大的经济实力、广泛的社会参与程度、完善的相关法律法规，使其资金来源向多元化发展，从而更好地为遗产的可持续发展提供足够的资金来源。其资金来源主要有：国家财政拨款、门票收入、其他经营收入以及社会捐赠。

(6)重视遗产教育。

许多国家一方面重视对遗产管理、开发、保护等专业人才的教育与培训，从而确保了遗产保护工作的科学性与持久性。如作为文化遗产保护先进国的法国，成立了专门的文化遗产教学机构——文化遗产保护学院，以培养文化遗产保护与管理工作的专门性人才。另一方面把世界遗产当成对国民素质教育的基地，尤其是对青少年的教育。

2. 国家公园管理体系

美国是世界上最早建立国家公园与国家公园管理体系的国家，美国的世界自然遗产地大多属于国家公园。国家公园或世界遗产资源属于一种特殊的公共资源，对于公共资源的治理，现行理论有三种解决方案，即强权政府治理、产权私有化和社区自治，而选择方案的三个关键指标是产权主体、产权设置与法律监督机制。

(1)中央政府垂直管理。

美国国家公园系统由联邦政府内政部下属的国家公园管理局直接管理，国家公园管理局将全国50个州划分为7个大区，分别管理全国300多个不同类型的国家公园，每个国家公园都是独立的管理单位，公园的管理人员都由总局直接任命、统一调配，直接对国家公园管理局负责。所有国家公园的规划设计统一由国家公园管理局下设的丹佛规划设计中心全权负责。

美国的国家公园和州立公园分工明确，国家公园旨在保护国家自然文化遗产，并在保护的前提下提供全体国民观光机会；州立公园主要为当地居民提供休闲度假场所，允许建设较多的旅游服务设施。

(2)资源管理、处置权专一。

美国国家公园的资源处置权非常专一，国家公园内的土地资源只有经国家公园管理局批准方可进行使用。国家公园管理部门不参与公园内的经营项目，专注于资源管理。1965年美国国会通过《特许经营法》，要求在国家公园体系内全面实行特许经营制度，即公园的餐饮、住宿等旅游服务设施向社会公开招标，经济上与国家公园无关。国家公园管理机构是纯联邦政府的非盈利机构，专注于自然文化遗产的保护与管理，日常开支由联邦政府拨款解决。

(3)法律监督体系完善。

美国国家公园保护建立在较为完善的法律体系之上，几乎每一个国家公园都有独立立法，美国国家公园局的设立及其各项政策也都以联邦法律为依据。

(4)不断发展与完善管理体系。

美国国家公园管理体制最大的弊端：不能对遗产地周边地区可能对遗产产生负面影响的活动进行干预。国家公园的倡导者们极力反对伐木、采矿、修筑水坝等开发活动对国家周围资源的破坏。1995 年黄石公园曾因公园东北采矿，以及违规引入非本地物种、道路建设等原因，曾被世界遗产委员会列入《世界濒危遗产名录》。

3. 国家公园管理经验

在黄石国家公园建立的初期，主要是保护野生动植物资源以及独特的地质地貌，并未牵涉到公园的开发利用。随着游客的不断增加、公园开发活动的增加，生态环境保护与资源开发利用的矛盾不断增加，国家公园的功能分区模式应运而生。随着公园建设开发的不断广泛和深入，黄石公园建立了完善的功能分区模式，较好地协调了生态环境保护与资源开发利用的矛盾。主要分为原始自然保护区、特殊自然保护区、公园发展区和特别使用区四个区域。

美国是世界上最早建立国家公园与国家公园管理体制的国家。美国的世界自然遗产地大多属于国家公园。国家公园或世界遗产资源属于一种特殊的公共资源，对于公共资源的治理，现行理论有三种解决方案，即强权政府治理、产权私有化和社区自治，而选择方案的三个关键指标是产权主体、产权设置与法律监督机制。

三、生态旅游社区管理

(一)社区管理背景及意义

加拿大学者 Clande Molin(1980) 首次提及社区参与旅游的概念。Robert H. Harwich(1993)指出，真正的生态旅游必须考虑社区参与，将当地居民视为合作者，保证居民在生态旅游产品设计、规划、实施等参与过程和作用，并使居民在旅游景区保护和社区发展中获利，同时强调当地居民必须成为环境保护的倡导者、管理者和监督者，只有通过支持社区的发展，才能实现对生态旅游目的地生态环境和文化的保护。生态旅游目的地社区是生态旅游景区周边的那些与旅游地紧密关联的有着共同利益的人群的聚居区(刘静艳，2008)。

生态旅游社区就是指在生态旅游目的地中具有相对稳定和完整的结构、功能、动态演化特征以及一定认同感的社会空间，是生态旅游目的地社会的基本构成单元和空间缩影(陈玲玲，2012)。一个较大的功能相对完备的村落可以构成一个生态旅游社区。几个邻近的村落，彼此相互联系，设施配套建设和利用，社区居民有一种共同的归属感，也可成为一个大的社区。生态旅游社区管理指的就是对生态旅游目的地所在社区加强管理，促进社区参与生态旅游业，让生态旅游区与社区共同繁荣和可持续发展(陈玲玲，2012)。

生态旅游目的地与生态旅游社区的关系可以表述为，社区构成生态旅游目的地的重要组成部分，但并非所有的生态旅游目的地都分布有社区，如原始森林深处、原生态大草原、高原山地、荒漠深处，或者遥远的海岸与岛屿等。然而，绝大部分的生态旅游目的地都会存有相应的旅游社区，原生态的自然生态资源与原生态人文景观恰恰构成一个美妙绝伦的完整的生态旅游目的地，如太平洋岛屿与热带雨林社区、东非与马赛族(the Maasai)社区部落、南非原始资源保护区与原著民聚落、西非原始森林与原生态社区、东南亚与山区部落，乃至青藏高原与周边相关国家当地民族社区。

鉴于强调当地利益，基于社区的生态旅游(community-based ecotourism，CBET)应运而生。其特点主要表现为：社区拥有、社区收益、生态可持续、小规模、低环境影响、解说原真性。CBET 被认为是更接近真正意义上的生态旅游，是基于社区的自然资源管理(CBNRM)的实现形式，是保护和发展一体化项目的基本组成部分，能够最大限度地维持自然资源的可持续性，防止经济漏损和保护当地传统文化。

社区生态旅游就是建立在社区基础上的生态旅游，是一种不同于以往的旅游发展模式的旅游，它的独特之处就在于生态旅游的发展以社区为中心形成生态旅游发展的新途径。社区生态旅游是一种注入文化的旅游形式，以充分展示当地的自然、人文特色、自然环境和当地民风民俗、传统文化为目的，并且保障当地居民的参与利益，主导当地社区的生态旅游开发。社区生态旅游管理模式研究牵涉到多门学科。其理论依据涉及社会人类学、经济学、管理学等。

生态旅游社区参与是指旅游目的地社区及其居民以其自有的各种生产要素进入到生态旅游的决策、管理与执行体系，对生态旅游活动进行广泛参与，以此获得利益的分配，同时促进环境的保护和社区的全面发展。生态旅游社区参与既具有一般社区参与的特点，又遵循生态旅游发展的基本原则，秉承生态旅游对环境的关注，以社区参与使生态旅游活动更符合可持续发展的要求。

社区参与是旅游业可持续发展理论的一部分，是一种生态保护与旅游发展战略，鼓励社区居民亲自参与，利用社区自然资源发展社区，充分体现旅游业的科学发展观。社区生态旅游是以社区为主体开发的生态旅游方式，旅游主要收益留在社区，部分支持生态保护。社区参与有助于原生态文化资源的保护，有利于旅游者获得更为真实的旅游体验，并可以确保目的地居民享有经济利益。社区参与可以提供多元化的接待设施服务，开发旅游吸引物，进行文化交流，促进了社区经济发展，如强了社区与生态旅游区环境和文化保护。社区参与管理有利于促进生态旅游业可持续发展，有利于促进社区和谐发展。国际生态旅游协会(The Ecotourism Society)将社区参与作为检验生态旅游的一个重要标准之一。Andy Drumm(2003)认为，生态旅游本身就包含了保护、教育、负责任和积极的社区参与，这也是生态旅游与自然旅游的区别所在。社区参与是生态旅游的特点之一，社区参与是实现生态旅游目的的理想途径(高峻，2010)。

(二)生态旅游利益相关群体

高峻(2010)在其著述《生态旅游学》中，从生态旅游性质的经济学分析、生态旅游中的利益相关者、生态旅游利益相关者框架、生态旅游利益相关者评价方法四个方面，对生态旅游利益相关者进行了系统研究，现进行如下介绍。

1. 生态旅游利益相关者

生态旅游动力学系统包含主体(旅游者)、客体(旅游资源)、媒体(旅游产业)、载体(旅游环境)四个子系统,这四个子系统构成了生态旅游活动的市场链条。生态旅游的公共属性使生态旅游系统不仅包含旅游者、旅游资源和旅游产业,也应该包含当地社区以及公共部门(政府和 NGO)。这些要素及其管理部门共同构成了核心内容,它们成为生态旅游的核心利益相关者,另外还有一些作为紧密层和松散层的利益相关者(表 10-3,图 10-3)。

表 10-3　生态旅游利益相关者分类

层次	核心层	重要层	外围层
利益相关者	■旅游者:包括大众旅游者 ■生态旅游投资者:包括国际捐赠者、非政府组织、私人投资者 ■生态旅游核心企业:包括开发商、经营商 ■当地社区:包括在生态旅游业就业的居民 ■政府:包括中央政府、地方政府 ■自然保护区机构:包括各级自然保护区机构	■生态旅游外转企业:包括交通经营商、餐饮、旅游零售商、金融体系等学术组织 ■咨询机构:包括商业咨询、认证机构、规划机构 ■媒体:包括广告与传媒	■国际旅游企业旅游者网络:包括网上旅游论坛、自驾车组织、受生态旅游业影响的社区居民……

资源来源:谭红杨和朱永杰,2007。有补充。

(1)核心利益相关者。

生态旅游者作为生态旅游的主体,其利益是寻求与自然(如动物-植物、水域等)及社区亲近的体验,通过这种感受消费,成为实现生态旅游经济活动的不可或缺的利益相关者,与自然保护区形成了主体和客体的关系。

在生态旅游投资者中,相当一部分生态旅游项目投资源于公益渠道,如国际非政府组织、国际多边援助等。非政府组织和社区组织是生态旅游活动的重要组织者,反映出其行为具有社区扶贫和保护当地居民生态环境的公益性。生态旅游的投资者和经营者构成了生态旅游活动的重要媒介。

作为开展生态旅游的重要载体,社区在生态旅游目的地中成为旅游吸引物的一部分。在适当条件下发展生态旅游,有助于保护生物物种的多样性,帮助农村地区消除贫困,也能维护居住在自然保护区和附近的社区居民的各种利益。社区和自然保护区的利益关系是唇齿相依的"鱼水"关系。

政府行为包括政策和规划制定、制度和管理体系的建立等。但从生态旅游实践看,某些政府行为现实与理论规范之间还存在较大偏离。利益驱动性使政府在制定旅游规划决策时,特别是对一些生态敏感区和脆弱区进行旅游开发时,造成了生态旅游资源开发的短期经济行为,导致生态旅游的"标签化"(刘静艳,2006)。

自然保护区机构作为政府为保护自然资源设立的专门组织,其目标就是保护生态环境。但有的地方政府为了短期的经济利益,与自然保护区在"保护"与"发展"的问题上存在着矛盾(图 10-3)。

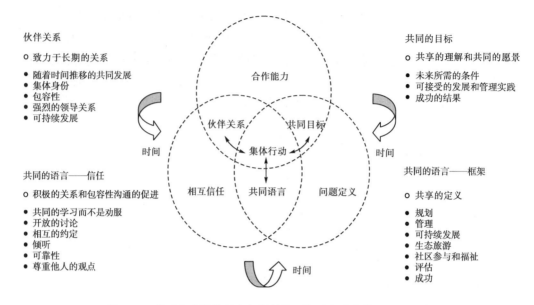

图 10-3　基于生态旅游复杂问题的社区行动与合作管理开放框架

(Jeffrey J. Brooks et al.，2006，2012)

(2)重要利益相关者。

包含了生态旅游的外围企业、学术组织、咨询机构和媒体。其中，外围企业是旅游服务业链上的基础企业，它们追求利润最大化目标。学术组织包括生态旅游相关科研人员，为生态旅游实现可持续发展目标，为合理利用自然资源提供理论依据和实践指导。追求学术成果和社会名誉。咨询机构包括生态旅游项目策划、规划、商业咨询，或者是提供生态旅游认证的非政府组织。通过提供不同的服务，为生态旅游有序开展提供管理上的标准和具体保证措施。在追求生态旅游有序发展的同时也追求经济目标。媒体包括报纸、杂志、电视、网络、广播等形式，进行直接的旅游线路广告和旅游地宣传推广，通过传媒网络推动生态旅游事业的发展，同时获取经济收益。

(3)外围利益相关者。

松散层包括国际旅游企业、旅游者网络和邻近社区等，生态旅游客户群具有收入高、专业人士和管理人员居多、受教育程度高等特点(刘静艳，2006)。所以在发展中国家的生态旅游景区，目前主要以发达国家旅游者为主。国际旅游企业在生态旅游中所获得的利益颇为可观。另外，在互联网如此发达的今天，旅游爱好者通过网络中的论坛、俱乐部等平台组成自助团体进行自驾游和徒步游的活动呈快速增长趋势，其目标是通过网络寻找组团出游的机会。

2. 生态旅游利益相关者框架

根据利益相关者对组织影响力的主动性、重要性及紧迫性来进行判定，生态旅游利益相关者可以分为核心利益相关者、蛰伏利益相关者和边缘利益相关者(高峻，2010)。

　　生态旅游开发和发展所取取的经济利益一般在当地居民、当地政府、开发经营者之间进行分配。其所获取的利益主要是生态旅游者在旅游景区内的旅游消费收入及旅游地产收入。当地居民、当地政府、开发经营商在开展生态旅游中扮演了不同角色，当地政府提供土地、政策及公共服务，开发经营者提供了资金及经营设施，当地居民提供土地、劳动力及服务等，生态旅游景区所获得的整体效益是由当地居民、当地政府、开发经营者的共同付出获得的，为了补偿他们的付出，开展生态旅游所得的经济利益应在当地政府、开发经营者、当地居民之间进行分摊。当地居民利益在此理论框架下能得到保护(图10-4)。

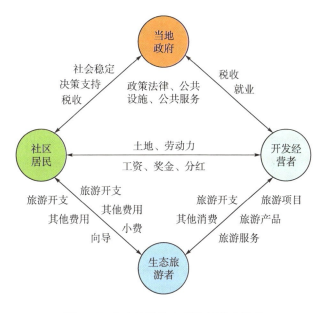

图 10-4　生态旅游核心利益相关者关系

(高峻等，2010. 有修改)

　　生态旅游的利益相关者除了核心利益相关者之外，其他还包括蛰伏利益相关者和边缘利益相关者。蛰伏利益相关者指生态旅游的供应商、生态旅游者、生态旅游的投资人(债权人)、生态旅游区分销商、上级政府。边缘利益相关者指那些往往被动地受到企业的影响，对发展生态旅游来说，他们的重要程度很低，其实现利益要求的紧迫性也不强，特殊利益集团和社区属边缘利益相关者。

　　(三)生态旅游社区管理

　　加强对生态旅游社区管理，首先应确定其管理的目标，然后找到目标实现的途径。生态旅游社区管理的总目标是生态旅游区与社区协调、持续发展，具体包括：一是社区居民生活质量的提高，二是生态旅游者高质量体验，三是生态环境质量得到维护。

1. 参与规划和决策

生态旅游发展应立足当地,让社区积极参与旅游开发规划过程,让社区成为旅游产业的核心力量,让社区成为生态旅游并发的主要负责者之一。主要包括:①让社区了解生态旅游发展未来状态;②倾听社区和当地居民对生态旅游的希望和看法,并将其意见纳入旅游开发规划中;③与社区一起制定开发规划,让社区深入了解旅游项目可能对当地带来的社会、经济、环境影响;④让社区和当地居民做好心理准备以及初步的应对策略;⑤让当地人知晓生态旅游项目的进展情况。

2. 参与管理和分配

(1)社区参与生态旅游培训教育。

保证社区有机会参与生态旅游知识、环保知识以及相关技能的培训,以提高居民的生态旅游意识和环境观念,增强居民在生态旅游发展中的参与能力和技能,规范居民的旅游服务活动,提高居民合理利用资源的能力。

(2)社区参与生态旅游利益分配。

生态旅游发展必须保证社区参与其带来的利益分配,不仅是社区居民通过参与住宿、餐饮、接待等实业经营途径能够分享到生态旅游带来的利益,而且当地社区也有权要求政府将利益开发所获得的税收等利益中的部分反馈给当地,用于道路、通信、环境维护等公共基础设施建设和维护等。

3. 参与投资和经营

生态旅游目的地的地所有权包括国家所有和集体所有两种形式,但不论是归国家还是集体所有,社区一般拥有土地的具体经营权和使用权。因而在生态旅游开发中,一定要处理好国有、集体与私营的比例关系,如某些旅游项目的开发,要为当地社区保留一定的份额,当地居民应占有一定的股份,在条件相同的情况下,在饮食业和旅馆业等方面应实行当地人优先原则,通过倾听居民的意见和与居民协商,尽可能地形成社区自主经营管理的机制。

4. 建立参与协商制度

应建立有效协商制度。成立专门的机构,不一定是常设机构,可以是民间组织,倾听当地居民对旅游产业发展中的一些要求,及时反馈给自然保护区管理部门。根据这些意见或建议及时调整生态旅游中的某些措施,创造一个保证居民参与的咨询机制,充分反映居民的目标和社情民意。包括成立社区成员与旅游局联席会,定期开会商谈旅游发展相关问题,成立当地各阶层参加的旅游业组织,在社区居民就其他利益主体之间实现沟通和协调(董阿丹和吴郭泉,2008)。

5. 社区参与生态补偿

鉴于旅游对资源与环境的影响,而居民又是外部性的直接承担者,所以作为旅游的开发者、经营者应该对此给予一定的补偿即生态补偿。生态补偿受众可以是居民个人，也可以是当地的学校、交通设施、医院等公共事业部门，补偿的方式可多样化(董阿丹和吴郭泉，2008)。

(四)社区参与管理模式

高峻(2010)总结了生态旅游社区参与模式，包括墨菲(Peter E.Murphy)社区旅游战略构成模式、"卡尔多改进"生态旅游社区参与应用模式、生态旅游社区化管理模式、WTO生态旅游社区参与管理机制模式。

1. 墨菲社区旅游战略构成模式

墨菲(Peter E.Murphy)曾提出社区旅游战略构成模式。他认为发展旅游产业应该将社区作为一个整体旅游产品，从四个方面来考虑，即：①可进入性环境模式。这是开展生态旅游的基础，直接关系到旅游资源的利用程度和环境的保护问题。②商业经济模式。经济利益是旅游活动最原始的本质所在。③社会文化模式。指旅游产业发展必须依靠当地的设施和文化，在规划和管理中要充分考虑到当地的风俗和民情。④良好的管理模式。这是旅游产业预期目标和社区目标顺利实现的保障。

2. "卡尔多改进"社区参与生态旅游应用模式

"卡尔多改进"是指受益量大于受损量并通过受益者向受损者补偿实现有人受益无人受损的改进方式。李周和孙若梅(1996)采用"卡尔多改进"理论来处理生态旅游中自然保护和社区发展的关系，通过控制生态旅游景区内资源的利用强度，对受影响的社区居民给予经济补偿和就业等支持，从而实现有人受益无人受损的最佳状态。妥善处理自然保护和社区发展关系的关键是要通过新技术推广，减轻传统资源利用方式对受保护目标的冲击，并对实行资源利用管制造成的影响给予经济补偿。

3. 生态旅游社区化管理模式

社区化是生态旅游的一种管理模式，其核心是生态旅游目的地社区化。从社区的角度考虑旅游目的地建设，以社区的互动理论指导旅游景区的总体规划和布局，通过优化旅游社区的结构提高旅游流的效率，谋求旅游产业及旅游目的地经济效益、环境效益和社会效益的协调统一和最优化。同时还强调旅游社区的开发要保证当地居民的参与，旅游社区必须以当地居民为主体，没有社区参与，生态旅游社区就不存在。

4. 生态旅游社区参与管理机制模式

世界旅游组织在 1994 年曾提出社区参与必须有一定的机制作为保障，如建立旅游管理委员会，实行委员会负责制。国内学者刘纬华也认为社区参与生态旅游的管理必须通过建立一定的机制来实现，如创造保证居民参与的咨询机制，创造居民参与利用分享的机制，创造培养居民旅游意识和培训居民旅游专业技能的机制。建立公平合理的社区参与利益机制和平衡利益关系，构建"政府+管理局+公司+村委会(社区)"参与模式。

第三节　生态旅游媒介管理

生态旅游业是由众多部门和相关行业组成的向生态旅游者提供各种服务的社会综合体。作为生态旅游系统中沟通生态旅游主体和生态旅游客体之间的媒介,生态旅游业在生态旅游客体形成、生态旅游主体与生态旅游客体互动、生态旅游可持续发展中,起到供给、组织和支撑的作用。生态旅游业管理强调在市场引导、秩序维持、行业服务与协调等方面,采用行政、经济、法律等手段进行宏观调控、监督、指导和管理。生态旅游业管理主体主要是政府管理部门,其次是行业管理组织。陈玲玲等(2012)从主体与对象、管理范畴、管理内容和手段、管理工作思路四方面,对生态旅游业管理进行了系统论述。

一、生态旅行社业管理

随着互联网的普及和新兴信息技术的不断发展,"移动互联网""云计算""大数据"技术接踵而至,深入到社会的各个角落,影响着人们生活的方方面面。各种新的、强大的数据源持续爆炸式的增长,使得全球数据量呈现出前所未有的爆发式增长态势。大数据时代、散客时代的到来,对旅行社企业管理带来了全新挑战。

1. 树立生态旅游产品管理理念

构建符合可持续发展要求的绿色旅游产品体系,追求生态导向的旅游产品的研发与创新,有选择地满足旅游者的消费需求。旅行社在开展绿色旅游、生态旅游时,应选择具备生态旅游环境条件的旅游目的地,尽量避开那些脆弱、敏感的生态区域。回避、杜绝对于那些只想利用自然生态资源而不重视保护或接待体系不完备的旅游目的地。要树立全新绿色营销观念,将经济、社会、环境三大效益的统一落实到具体业务中。旅游团的人数要控制在适当的范围内,提倡小团体旅游,以便于领队实施有效的管理,从而减少对生态旅游的影响和破坏。

2. 树立绿色宣传与可持续旅游促销理念

生态旅游的发展要求旅行社树立可持续发展的绿色营销观念。旅行社绿色营销观的核心是强调旅游企业、旅游者与旅游目的地共享旅游发展所带来的进步与繁荣,强调经济、社会与生态效益的有机统一,强调旅游业的可持续发展。旅行社通过绿色营销,解决企业导向、旅游者导向等利润最大化营销观念导致的企业与旅游者、与目的地居民、与相关主体的利益对抗,从而走向企业与产业、与社会生态系统的融合与互动发展。

3. 尽快建立"大数据"营销体系

"大数据"对旅游业的影响是全方位的,是整个行业管理决策模式的转变。通过大数据应用对人们上网所产生信息资源的分析研究,从而进行旅游营销,使得旅游产品有针对性地找到自己潜在的需求对象，并以最有吸引力的方式、手段，准确投放游客真正需要的旅游产品和服务资讯。复合性的旅游型人才在这里起到至关重要的作用，旅行社要从不相关的数据中找到相关性，这就需要懂行业、又懂数据的人进行专业化分析，整合市场资源，整合营销，让懂数据的人也懂旅游，懂旅游的人了解数据。

4. 依托互联网优势，实现旅游产品网络实景化

面对信息社会和大数据时代，旅行社必须利用网络的优势为自己服务。旅行社应根据自己特点把自己所提供的旅游产品实现网络实景化，游客只需要通过浏览器就可以去访问网络上的信息，这些信息都是有许许多多的浏览器产生的，每一个服务器又与数据库服务器相连接，形成一个丰富巨大的网，消费者可以通过这个渠道就可以详细了解自己旅游产品对自己的实用性，这样就方便他们根据自己的实际情况来科学地选择旅游产品。

5. 实施生态旅游品牌创新

促进品牌综合体系建设，促进品牌纵向发展。旅游产业之间的竞争，一定程度上就是品牌之间的竞争。在现代激烈的竞争中，只有稳定、持续地创新，品牌才不会消失。创新是品牌发展的活力之源。旅游品牌的创新主要指的是产品、营销、服务、文化定位、产品形象等方面的创新，创新是企业长足发展的基石，必须树立强烈的创新意识，用现代科学技术来打造自己的品牌，让品牌的含金量越来越体现现代科技给人们带来的实惠。

二、生态饭店业管理

未来饭店业发展趋势主要有：一是注重品牌化经营，饭店品牌将成为最重要的竞争依托；二是集团化、连锁化、国际化加强，全球化预订网络更趋发达；三是市场高度细分化，产品趋于多样化、特色化和个性化；四是营销策略更加多元化，重视与不同行业部门间的合作；五是提倡人本管理，以游客为本，以员工为本；六是倡导生态文化，进行生态管理。最后，是广泛运用高新技术，科技化、网络化特色愈加浓厚。

1. 革新理念，实现服务生态化

要在饭店推行生态化管理，需要全员上下行动一致，而这需要统一饭店管理者和员工的认识，这种认识就是生态理念。生态理念旨在保护环境，维持生态系统的平衡，实现可持续发展，其目标是达到人与自然的协调发展，对于企业来说就是企业与其周围环境，包括资源、生态和社会的协调发展。只有将该理念深深植根于全体员工头脑中，使他们形成维护生态的强烈意识，才能保证饭店生态管理的顺利进行。

①领导层要率先转变经营管理意识。企业领导者及管理人员在企业文化的形成过程中起着决定性作用。生态意识或生态理念作为生态饭店企业文化的核心，其形成和固化离不开管理层的带动和示范作用。②员工要在生态服务过程中自觉化。要使员工在日常生活中自觉地按照生态原则办事，就必须通过一定的方法和手段。第一，在饭店装饰和布局以及氛围营造上，要处处体现生态学思想和原则。第二，对全体员工进行生态管理方面的培训。

通过简单培训，提高思想认识，革新原有观念，为员工自主创新行为奠定基础。第三，开展活动强化员工对生态管理的认识。饭店可定期或不定期地举办一些以绿色、生态和环保为主题的活动，形成一种生态性的企业文化。

2. 技术创新，实现生产生态化

①通过采用节能型设备减少能源的消耗并提高能源的利用率。饭店其实是一个能源消耗相当巨大的经济实体。要实现生态饭店目标，则要靠利用先进技术生产出来的设备。国外研究证实，通过采用替代性制冷系统、先进荧光照明系统和改善供热设备及电力配给系统等，可使饭店减少20%的能源总消耗量。②通过利用替代性能源减少对环境的污染，实现清洁生产和可持续发展。现在我国所使用的能源，如煤炭、石油和天然气，都是不可再生能源。生态饭店应尽量使用如太阳能、风能和生物能等"可再生能源"。例如，加拿大阿鲁姆旅游风景区的生态旅馆（ecolodge），其全部能源均源于太阳，除了能量收集和转化装置，旅馆还建有能源储备系统，这样就保证了其长久利用。③通过重复利用和有选择地物资采购来提供生态化服务。对于水资源的利用，除了节水装置外，要注意其循环利用；对于食品提供，要避免使用珍稀动植物。对于清洁用品，应使用污染性小的洗漱品。④通过先进的废物和污水处理技术实现回收再利用。

3. 制度创新，实现管理生态化

完善的制度体系是饭店企业在内部推行生态化管理的有力支持。可从以下几个方面来实现生态管理的目标：①把各项生态饭店创建活动规范化。首先，应制定承担有关生态保护和社会责任的目标和策略，并形成具体的规章条例。其次，要形成生态管理激励机制，将生态管理目标与员工业绩及经济利益挂钩。最后，把生态管理培训体制化，规定新员工必须接受饭店的有关培训，老员工也要不断地接受再培训，以获取生态管理的最新知识和信息。②把饭店重大生态管理行动部门化。对于那些重大的生态饭店创建行动，如能源节约、水资源节约等要成立专门的组织部门，派专人负责实施。③取得生态旅游的相关认证。充分借鉴国际上的生态旅游认证体系，如欧洲旅游业可持续自愿认证体系"VISIT"、美洲可持续旅游认证网络、"绿色环球21"生态旅游认证和澳大利亚生态旅游认证体系。结合国外相关标准来制定生态管理目标，在ISO14000（国际标准组织环境管理体系）基础上，根据生态旅游的思想和原则对其进行修改和完善。

4. 绿色营销，实现营销生态化

生态饭店除了在特质和内容上要达到以上标准，还特别需要注重树立生态营销观念，注重生态宣传。营销观念是企业文化的核心，也是创建企业的基础和关键。旅游饭店企业应顺应生态消费的大潮，改变传统的经营观念，树立绿色营销观念，开展绿色营销，只有这样才能使饭店得到可持续的生存和发展。在宣传上，应注重绿色宣传，这可在一定程度上争取员工和游客的理解，减少饭店工作量或减少能源的消耗。例如，"回收一吨纸，相当于少砍13棵树""节约每一滴水"等标语和口号，都能引起人们强烈的环保意识，进而塑造饭店形象，提高其美誉度。

三、生态旅游交通业管理

(一)生态旅游交通概念体系

生态交通(eco-transport)的概念是基于可持续发展及生态经济等理念的确立而建立起来的，同时也是绿色交通的发展与深化。其主要强调生态学(ecology)、绿色(green)、可持续性(sustainable)。生态学的研究重点在于处理现存生物体与其生存环境之间的关系；绿色即交通的绿色性，主要手段是减少那些有污染和排放对人体有害气体的个人交通工具的使用、增加道路和城市公共绿地面积，保护新开道路的生态平衡，并大力开发协和式交通运输体系；可持续性最终目标是确保自然资源的可再生复原。因此，生态交通是以生态学为学术背景，以绿色为出发点，以可持续性为最终目标，具有先进性、超前性、综合性、进化性的特点。生态交通是指按照生态原理规划、建设和管理的，资源能源消耗低、污染排放少、与环境相协调的交通体系，是社会生态文明的重要组成部分。构建生态交通对于交通现代化有着重要的意义，促进人与自然和谐发展的内在要求，是破解资源环境要素约束、实现交通可持续发展的必然选择，是推动交通转型升级、加快现代交通运输业发展的重要任务。

生态交通与绿色交通及低碳交通等概念，都是在可持续发展理念基础上不同历史时期的产物，其目标和理念都是一致的，都是可持续交通的具体体现和不同侧面，都以可持续发展为目标和方向，都强调节能、低碳、循环、减量、高效、生态。从狭义而言，绿色交通更注重交通的绿色性、友好性、协调性和舒适性，生态交通更强调生态学原理及方法在交通体系中的应用，低碳交通则更强调低碳技术在交通系统中的应用，以及交通的低弹性、排放性和高效性。

绿色交通理念是在绿色经济概念(皮尔斯，1989)基础上由加拿大人 Chris Bradshaw 于1994 年提出，其基于交通工具的视角，将步行、自行车、公交、合乘车、单人自驾车按由高到低进行绿色优先级排序，通过调整出行结构，发展高级别绿色交通工具，减少能源消耗，降低环境负面影响，减少拥堵，追求畅通、安全、低能耗、低污染的交通运输模式。绿色交通(green transport)，广义上是指采用低污染，适合都市环境的运输工具，来完成社会经济活动的一种交通概念。狭义指为节省建设维护费用而建立起来的低污染，有利于城市环境多元化的协调交通运输系统。绿色交通是一个全新的理念，它与解决环境污染问题的可持续发展概念一脉相承。它强调的是城市交通的"绿色性"，即减轻交通拥挤，减少环境污染，促进社会公平，合理利用资源。其本质是建立维持城市可持续发展的交通体系，以满足人们的交通需求，以最少的社会成本实现最大的交通效率。绿色交通理念应成为现代城市轨道交通网络规划的指导思想，将绿色交通理念注入到城市轨道交通网络规划优化决策之中，研究城市的开发强度与交通容量和环境容量的关系，使土地使用和轨道交通系统两者协调发展。这种理念是三个方面的完整统一结合，即通达、有序，安全、舒适，低能耗、低污染。

低碳交通运输是一种以高能效、低能耗、低污染、低排放为特征的交通运输发展方式，其核心在于提高交通运输的能源效率,改善交通运输的用能结构,优化交通运输的发展方式。目的在于使交通基础设施和公共运输系统最终减少以传统化石能源为代表的高碳能源的高强度消耗。低碳交通具有低碳化、重视减排、体系化和系统性特点。其中,低碳化是指交通运输发展的力求不断"减碳"的过程;重视减排,尤其是运输工具的尾气排放,"节能"和"减排"都是交通运输低碳化的重要途径,既要重视"节能",更要把"减排"上升到应有的高度;体系化是指交通运输系统的规划、建设、维护、运营、运输,以及交通工具的生产、使用、维护,乃至相关制度和技术保障措施的"低碳化";系统性包括节能减排基础支撑系统、清洁能源优化利用系统及公众出行社会引导系统。

(二)生态交通内涵及特征

生态交通是指贯彻以自然为本的设计理念,通过将现存及创新科技所发展出来的方法与成果对交通系统进行统一整体评估,并对交通网络、交通工具、交通对象和交通环境进行规划、建设和管理,以确保生物基因的自由交流和生态系统的完整,借以维系交通与环境、交通与资源、交通与社会以及交通与发展的协调。现代生态交通系统以自然生态、人文生态、经济生态为主要依托,彼此相辅相成、互利互助、共同发展(图10-5)。生态交通通过改变交通规划观念,改变土地开发应用方式,改变社会生活型态,以达到能源清洁、资源高效、经济发展、增加社会活力、提高精神文明、美化城市景观的效果。而生态交通的实施与实现离不开政府的决策支持,即宏观上制定完善的政策保障和交通方式。

作为可持续发展原则指导下中观层面概念,生态交通具有节能、低碳、循环、减量、高效、生态等六大理念特征,它们既相互联系又相对独立,各有侧重,可基本反映生态交通的概念及要求。

(1)节能型:通过结构优化、技术改进、管理优化实现交通运输能耗水平的下降。

(2)低碳型:通过用能结构优化,以清洁能源替代传统高碳能源,实现交通运输温室气体排放水平的下降。

(3)循环型:交通建设与运行、废弃后资源的回收及再生利用,在交通建设工程中采用材料的可再利用化、可降解化,减少后期废弃或改建的资源处理障碍。

(4)减量型:减少不必要的设备、材料投入,或既有设备的集约利用,如建筑材料用量的合理核定、云服务器等。

(5)高效型:交通运输系统运行高效化,包括提供畅通的交通运输基础设施、完善的出行服务信息系统、便捷的行业管理系统等。

(6)生态型:降低交通运输建设、管理中对生态环境造成的负面影响,或通过技术实现建设、管理过程中的生态环境修复。

其中,"高效"主要体现"以人为本"理念,"节能""循环""减量"主要体现资源的可持续理念,"低碳""生态"主要体现环境的可持续化理念,同时突出了当前对于资源环境热点问题的考虑。

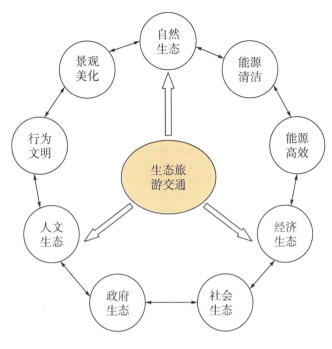

图 10-5　生态旅游交通系统

(三)生态旅游交通管理要求

项贻强等(2005)和缪峻峰(2015)从优化生态交通理念、构建良好生态交通环境、强化生态交通意识三方面,对生态交通建设和管理进行了论述。

1. 优化生态交通理念

(1)发展生态型公共交通工具。把"道路利用率高、环境污染率低"的交通工具作为公共交通体系的首选。

(2)重视自行车网络建设。自行车从问世以来,一直受到公众的热捧。虽然从速度来看处于低水平,但是其灵活性、机动性以及环保性的优势,是其他交通工具无法比拟的。优化城市自行车网络,建立短程交通辅助机制,将帮助公众顺利到达公交系统难以顾及的道路点。

(3)着力开发生态交通工具。研发利用新能源汽车。这些汽车以太阳能、蓄电池为动力或其他能量参与完成交通运输目标。新能源重在污染低、安全系数高等方面的优点,在使用寿命上相对较长,且成本价格要相对低些。拓展在电动轿车、电动公车等的应用。

2. 构建良好生态交通环境

(1)零换乘系统的开发。针对现代城市交通拥挤和停车问题,借鉴国外经验,尝试在繁华闹市边缘地区设置"停车—换乘"系统,让城市交通拥堵问题及其他问题得到缓解。

(2)ITS 系统的引进。ITS 全称为智能交通运输系统(intelligent transportation system)。该系统对于交通运输效率优化、安全性能提升等有着直接的技术支持,可在交通控制与路线导行系统、车辆行驶安全控制系统、交通运输信息服务系统等方面提供服务。可对交通道路设置情况进行科学分析，着力于 ITS 系统的开发或引进，帮助交通建设在信息流通与生活要求日益提升的当下获得可持续发展。

(3) 设立道路绿波带。尝试将干道上相邻的交通信号连接起来加以协调控制，搭建相对完整的绿波系统(协调控制系统)。借助绿波带的设立，将调整信号配时到最佳状态，降低十字交叉处车辆滞留时间与几率。

(4) 重视生态植被和生物廊道的保护。应对交通区域生态环境进行考证与分析，在不影响本区域内生态植被的前提下进行道路改造。在道路铺设方向、铺设质地规格论证时，须在尊重当地风土人情前提下进行，尽可能搭建交通建设与交通环境和谐共处的发展体系。

3. 强化生态交通意识

(1) 多举措引导公众交通行为。一是实施"拥挤收费"制度，提升城市空间的有效利用率。二是提倡汽车合乘共享。

(2) 进行生态交通管理宣传。鼓励运用行政管理方式，对汽车尾气污染、噪声污染等问题予以强制性干预。通过技术检测手段，逐渐提高车辆排放标准，鼓励车辆在燃料选择上趋向于清洁性燃料。此外，还可继续争取政府部门的宣传作用，为生态交通理念的应用奠定实践与舆论基础。

四、生态旅游商品业管理

(一)旅游商品业功能及重要性

目前，世界旅游购物的平均消费指数约为 30%，我国旅游商品购物指数仅 20% 左右。在旅游业发达的国家，如美国、法国、泰国等国，旅游购物收入占到了旅游总收入的 50%~60%，而德国、日本、新加坡等国更甚，占 60% 以上。此外，在比利时、荷兰、俄罗斯等，无不具有特色鲜明、体现浓郁地域风情的旅游商品。旅游商品的发展状况已成为衡量一个国家和地区旅游业成熟与否的重要标志。

1. 旅游商品业的功能

旅游商品是指旅游者为旅游而购买的或在旅行游览过程中所购买的所有实物商品。旅游商品主要包括旅游纪念品、旅游工艺品、旅游用品、旅游食品及其他商品五大类，这些商品一般具有纪念、欣赏、保值、馈赠意义或实用价值。生态旅游商品的生产和销售，构成了生态旅游业的六大要素之一。

旅游商品业不仅是旅游业的重要组成部分，而且是旅游业中最具活力的行业。旅游商品业是旅游业中投资少、见效快、收入大的一个行业，对提高区域旅游业乃至区域经济发展具有重要的意义。首先，游客对旅游商品的需求属于非基本需求，弹性很大，所获收入是"无限度"的。其次，制作精美的旅游商品本身就是一种独具特色的旅游资源，其购买后的良性反馈作用会大大促进区域旅游业的未来发展,可在较长时间内强化游客美好的旅游经历,成为旅游地的形象代表。因此,旅游商品的设计、生产和销售对区域旅游业的健康发展至关重要。

旅游商品业具有三个相互联系的不同层级的功能(盘晓愚,2009):一是基本功能——商品业补足旅游业,主要表现在满足旅途生活和旅游活动需求以及旅游者的购物需要;二是提升功能——实现旅游业与商品业双向促进,即旅游业助推商品业,商品业提高旅游业;三是衍生功能——塑造目的地形象,通过培育地域标志性商品,使之成为这个地方重要地理标志之一,成为公众认知旅游目的地的有效途径,这是旅游商品业的特殊功能,也是一个地方发展旅游商品业应确立的最高目标。

2. 旅游商品业的重要性

旅游商品开发与营销是整个旅游业的重要组成部分。缺乏旅游商品的旅游目的地,是不成熟的旅游目的地。一个充满活力、人气旺盛的旅游景区不仅在景点、项目上给游客带来愉悦,还要在旅游商品选购方面满足消费者的需求,这样才能给旅游业带来更大的经济效益。旅游商品对旅游所产生的影响是巨大的,归纳起来有以下几个方面。

直接影响旅游景区整体层次的提高。拥有丰富多彩、品位上乘的旅游商品的旅游区,在很大程度上会弥补其他方面缺失给游客带来的心理遗憾,对旅游区整体形象的提升起极大促进作用。同时,一个旅游区旅游商品的营销状况也直接反映出其经营水平和层次,是广大游客和有关管理部门对其进行评价的重要标准之一。

有利于突出旅游景区的地区特色和弘扬传统文化。无论哪一地区的旅游商品,首先要有自己的特色,方能赢得游客的青睐。有些旅游商品荟萃了当地民俗文化的精粹,具有鲜明的区域性特色,有些旅游商品甚至成为某一地区文化的象征。这些商品的产生不仅有着很深的文化底蕴,而且已成为这一民族和地区的标签或文化符号。因此,大力开发旅游商品对继承和传播民族优秀文化具有重要的意义。

能为当地民众提供一定的就业机会,可直接提高当地社区居民的经济收入。制作、经营和销售旅游商品的往往是当地的民众。那些手工作坊匠人、雕刻与缝制能手、特色小吃的生产者、民间艺人是旅游商品生产和制作的主体。通过旅游这一平台将他们引向市场,充分发挥他们的才智和潜力。一旦这一市场培育起来,受益的不仅是旅游景点、景区,同时与旅游商品产供销相关的所有个人和企业都将受益匪浅,这样既能解决部分社会就业问题,又能为地方经济的发展起到积极的推动作用。

(二)境外旅游商品业实践经验

据调查数据显示,内地游客在港人均消费额超过 8600 港元,其中 5600 港元花在购物上,占所有花费的 65%。正是高度繁荣的旅游商品市场,加之传统的 "食、住、行"三驾马车,构筑了国外及我国香港地区优越的旅游产业结构,从而促进旅游产业的整体发展。境外成功经验对我国旅游商品业发展的启示如下。

1. 政府支持引导，各部门通力协作

旅游商品业发展涉及众多行业和部门。韩国为了促进旅游商品业发展，各部门各司其职、分工明确、积极合作。韩国旅游业及旅游商品市场的高速发展，与政府及民间团体对旅游业的市场引导及强有力的支持政策不无关系。政府在政策上给予旅游企业支持，在市场运作上给与有效的引导，鼓励和扶持旅游企业进行具有本民族特色的旅游商品开发，并努力把其培育成世界品牌。

2. 构建区域特色的旅游商品体系

旅游商品的开发与当地文化、资源、环境巧妙结合，开发出独具区域特色的商品。如"狮城"新加坡，九江著名的狮身鱼尾雕像制成各种旅游商品，这些具有"狮城"特色的旅游商品深受游客喜爱。在法国，印有巴黎标志性建筑物图案的钥匙链，刻有埃菲尔铁塔图案的裁纸刀，制作成巴黎地铁图案的冰箱磁贴，都深受游客喜爱。

3. 重视旅游商品设计开发，打造旅游商品品牌

美国迪斯士乐园，推出一系列大众熟悉的卡通角色——米老鼠、兔八哥、猫和老鼠等，借助这些动漫形象生产的各种旅游商品，小到文具，大到真人大小的毛绒玩具，无一不受游客的青睐，打上迪斯尼烙印的任何一件物品，购买者都络绎不绝。还有泰国相关主题系列产品，以其独特的幽默性和实用性打动着消费者。

4. 规范旅游购物市场，严格管理体制

在东南亚各国，大多都为官方销售，几乎没有随意摆设摊位的个体经营者。这都源于这一地区严格的管理体制，旅游商品物美价廉，很少出现违规旅游商品。在购买珠宝类物品时，服务人员会主动用仪器帮助游客鉴别真伪，购买后会得到信誉保障卡。与国内市场相比，国外旅游商品更重质量，即使价格较低的物品也很少出现质量问题。

5. 合理布局购物市场，完善购物环境

国外旅游纪念品销售基本都是单独设点，或者与旅游者参观景区的餐厅等地相通，门口设置也颇为讲究，通常是从景区进入，到旅游商品市场的出口走出，这样有些游客即使不想购买也需要从商店穿过。此外，国外一些销售中心为游客提供休息地，免费供应饮水等，导游不急于催促游客，给旅游者充裕的时间挑选。再者，一些商铺采取"前店后场"式经营，游客购买其产品时，可直接参观产品生产流程。

(三)生态旅游商品业管理措施

我国旅游商品业一方面发展滞后，另一方面旅游商品业在区域旅游业发展中至关重要。究其原因，主要在于国家相关政策的落实以及旅游商品本身的开发、生产、销售等多方面，是关系到市场机制发育、政策配套、体制关系顺畅、协调机构合理、市场管理有效性等重大问题的系统工程，其中任何一个环节解决不当，都会影响这一行业的发展，从而

影响整个旅游业的发展质量和水平。这要求从更深层的内部结构和相互关系来探究其发生和发展的原因，研究其内部发展的规律性和外部发展的条件。只有这样，才能促进旅游商品业的稳定发展，提高区域旅游商品业乃至整个区域旅游业的综合发展水平。

1. 成立生态旅游商品专门管理机构

各地旅游局可设立专门的旅游商品管理机构，对包括生态旅游商品在内的本地区的旅游商品生产、经营和销售进行统一管理和宏观调控，确保旅游商品的生产和销售符合生态化的要求，减少对资源可持续发展的危害，符合国家相关法律法规；监督旅游商品质量，协同物价部门制定商品价格，规范市场行为；规范旅游商品定点销售及管理工作。同时，在国家层面也应成立相关的管理机构，主要负责旅游商品业规划和设计的审定，相关法规、政策的制定，对相关问题进行协调、监督与检查等。

2. 建立生态旅游商品行业协会

充分发挥社会团体和市场机制应有的作用。旅游商品相关企业来自各个行业，建立行业协会自律机构是最有效的管理形式。凡从事生态旅游商品设计、生产、销售的企业及相关研究机构等均应参加协会，接受协会的行业管理。协会的主要任务：传达贯彻政府的有关政策、法规、规划；开展调查研究，定期向协会成员发布行业及市场信息；协调协会成员之间的关系，逐渐形成利益共同体；开展技术和从业人员培训，不断提高全行业的技术水平与产品质量；开展优秀旅游商品评比，奖励先进、激励后进；对全行业实行质量监督，杜绝违禁旅游商品的生产和销售。

3. 生态旅游商品研发与创新

成立生态旅游商品策划开发中心，主要负责地方特色旅游购物商品的创意策划、设计研制，或兼有生产组织和经销职能。旅游商品的设计机构，既要策划对传统旅游商品进行更新换代，又要根据生态旅游的特征，充分挖掘生态旅游文化内涵，创新生态旅游商品，充分体现"回归自然、返璞归真"这一生态旅游文化的根本特征。首先，现阶段区域旅游业的发展规划中，必须对旅游商品业的发展给予足够的重视和应有的地位。在国家或区域的经济政策方面，应对旅游商品的开发、生产和销售各环节予以政策优惠。其次，要加大旅游商品的开发力度，充分挖掘地方的特色资源，以此为依托设计具有浓郁地方特色的旅游商品。再者，还应严把旅游商品的生产和销售关，提高质量水平，保护旅游者的合法权益。

4. 生态旅游商品业发展体制创新

应形成以政府为主导，企业为主体、市场为导向的运行机制，使旅游商品真正成为旅游业不可缺少的重要组成部分。政府首先要高度重视旅游商品在旅游业中的重要性，为研发旅游商品的企业和个体营造良好的生产环境，出台相关优惠政策，培植专门的营销市场，组织培训相关从业人员。其次，要倡导和扶持由企业和个体组建研发与营销旅游商品的行业协会，为协会工作提供多方位的支持。作为从事旅游商品生产的企业与个体从业者，要认清旅游商品在旅游业中的发展空间和潜力,为自己的发展设计好宏伟蓝图,把握好商机。其次,要在商品个性化创意和地区民族特色上下功夫,使商品不断得以创新,用品牌效应在激烈的市场竞争中占据一席之地。另外,在旅游商品的专利注册、知识产权的保护方面作出卓有成效的努力,培育和发展健康向上的市场运行机制和保障体系,促进旅游商品业与旅游业统筹运行和协调发展(图 10-6)。

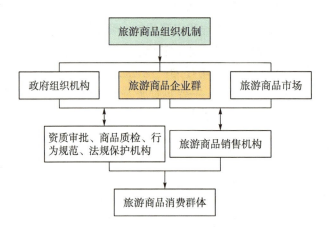

图 10-6　旅游商品业发展组织机制模式

五、生态旅游康乐业管理

"康乐"即能使人提高兴致、增进身心健康的快乐消遣活动,它具有参与性、趣味性、灵活性、适应性、新颖性、运动性、观赏性、刺激性等特点。生态旅游康乐业指旅游企业为生态旅游者进行健身锻炼和文化娱乐活动提供各种设施服务,它与其他生态旅游业要素有机结合,构成生态旅游业体系。总体而言,我国旅游康乐业发展趋势主要表现为:康乐业在经济活动中所占的比重逐渐增加,康乐消费在人们生活消费中所占的比例增长,康乐服务和管理水平明显提高,康乐设备的科技含量不断增加。

(一)生态旅游康乐业的作用

1. 满足游客求乐、求新、求知、健身的需求

生态旅游业的存在和发展以满足生态旅游者的需求为条件,游客来到生态旅游目的地,除了解和保护大自然和地域文化外,还要以自然和地域文化为舞台,进行丰富多彩的生态旅游娱乐体验活动,如参与当地有民族特色的歌舞晚会、攀岩、登山探险、漂流、滑雪等。

2. 扩大服务范围,调动客流、调整客源结构

生态旅游业具有动态性,在时间上有淡季、旺季和平季之分,在空间上有热点和冷点之分,而康乐活动安排可以增加或减少生态旅游者的逗留时间,在空间上起到均衡客流的作用,还可缓解季节对生态旅游业的不利影响,在旺季加速客流,在淡季吸引客源。

3. 稳定客源，增加旅游收入，提高景区品质

游客参与生态旅游康乐活动，一方面有些活动本身需要交纳一定的费用，直接增加了旅游收入。另一方面，延长了游客在生态旅游区的逗留时间，对增加旅游收入也起到间接推动的作用。

(二)生态旅游康乐分类

生态旅游康乐活动按活动场所不同可以分为以下四类。

1. 旅游饭店康乐活动

旅游饭店和旅游度假村一般都有康乐设施，作为配套服务设施提供给生态旅游者，如歌舞厅、健身房、保龄球馆、桌球室、网球场等，游客在饭店休息之余，可以借助这些设施进行自己喜爱的康乐活动。

2. 游乐园康乐活动

在一些生态旅游区，设立了游乐园或游乐场，根据不同年龄层次、不同肤色、不同性别的需求来设计活动设施，如适合儿童的童话世界、秋千、滑梯等，适合青年人的攀登人工岩壁、模拟野战等。

3. 景区旅游康乐活动

生态旅游活动由丰富多彩的专项旅游构成，如自行车旅游、森林生态旅游、草原生态旅游、登山探险旅游等，在这些专项旅游过程中，不乏各式各样的康乐活动。以森林生态旅游为例，可以在森林生态环境中进行野营、野餐、钓鱼、野外生存、体能训练、骑马、划船、团体聚会、高尔夫球等活动。

4. 体育康乐活动

随着社会进步和经济发展，人们对体育康乐活动的需求不断增加，以体育休闲运动为主的体育康乐有了长足发展，康乐行业不断推出新项目。如推出了滑草、室内攀岩、火箭蹦极、沙弧球等新兴体育康乐项目，给体育康乐业带来了活力，促进了康乐业的发展。

(三)生态旅游康乐业管理

1. 提高管理专业水平

加强服务人员的训练与专业技能的培训，旅游康乐业管理人员应多了解国内外体育康乐的发展动态，紧跟行业发展步伐，引进最先进的管理和训练方法。对游客坚持科学管理，真正使每位游客身心更加健康。

2. 更新管理和营销理念

旅游康乐企业应切实转变观念，从实际情况出发，多种渠道搞活经营，增加收入，提

高员工资，吸收高水平的指导管理人员和服务员，更新设施，提高服务质量，为旅游康乐企业的发展创造条件。

3. 提升服务质量管理

服务质量是衡量游客服务期望满意度的重要指标，即旅游康乐服务企业所提供的服务是否符合消费者的期望。服务质量主要包括服务设施的平时保养维护、服务时间与速度性、服务人员的态度等。

4. 创设项目特色管理

旅游康乐项目开发、管理与服务，须与外部大环境，如宏观经济环境、自然环境、社会文化环境，以及内部小环境有机结合，才能使其发挥特色效应。旅游康乐项目创新，要顺应经济大环境，适应周边自然环境，充分利用当地人文资源，实施差异化经营管理。

第四节　生态旅游载体管理

生态旅游环境是一个决定生态旅游发展水平、高度和质量的前提，从生态旅游系统的角度，生态旅游环境就是生态旅游主体、客体和媒体三个子系统相互作用进而促进生态旅游可持续发展所赖以发生的基础和前提，或者是生态旅游产生和可持续发展的各种软、硬环境的综合。具体涉及生态旅游主体环境、生态旅游客体环境、生态旅游媒体环境以及旅游主体-客体-媒体之间相互作用、持续发展的外部宏观环境。其中，生态旅游主体环境同样涉及自然生态和人文社会要素，尤其是生态旅游者的经济条件、教育背景和区域发展水平，它对生态旅游者的旅游动机、旅游方式和旅游目标产生直接影响；生态旅游客体环境亦即生态旅游地的自然、经济、人文、社会综合环境，它直接影响着生态旅游客体的质量进而间接影响着生态旅游者的旅游动机；生态旅游媒体环境涉及一个地区生态旅游业发展的政治、经济、文化和科技环境，直接影响着当地生态旅游业发展的纯粹性、真实性和持续性。上述各子环境没有明显的界限和范围，彼此相互作用、相互影响，构成生态旅游可持续发展的宏观动态环境系统。

如前所述，生态旅游载体子系统包括旅游地自身微环境、旅游地相关的区域环境——中环境和国内外宏观大环境。一般而言，微系统或小系统的内涵丰富，而大系统或宏观环境外延更为广泛，变量和因子更多。如生态旅游地环境更多关注的是旅游承载力或旅游容量的问题，而国外宏观大环境则更多地关注政治、经济、社会对整个国家或地区旅游业的影响。这里重点讨论旅游地环境管理和区域宏观环境管理。

一、生态旅游地环境管理

旅游地环境这里特指旅游景区或者旅游目的地旅游可持续发展所依赖的自然、人文等背景要素的综合，即特定空间区域内旅游业发展所需的各种软硬环境组成的综合系统。如九寨沟旅游区，"沟内"即为旅游景区范围，是承载旅游活动的场所和空间。但从旅游环境的角度，既包括了"沟外"的环境，通常是所在的九寨沟县区域(九寨沟县外围的整个阿坝州亦可作为九寨沟旅游区的外围大环境)，也涉及"沟内"的环境要素本身，如硬件设施条件、空气、生态、水等要素，所有这些既是旅游景区的组成部分，又是旅游环境重要内容。从这一点讲，九寨沟景区的旅游环境是一个系统，由"沟外"的大环境和"沟内"的"小环境"等不同级别的次一级子系统所组成，即九寨沟景区旅游环境就包括了至少三个层次的小系统："沟内"微系统、沟外九寨沟县小系统和阿坝州大系统。

(一)环境承载力与环境容量

环境承载力研究对象包括两个方面：承载力的承载对象——人类社会经济活动，二是人类活动的载体——环境，包括能容纳人类活动及其废弃物的空间要素，以及人类活动提供物质生产生活资料的资源要素，具体包括承载污染物、承载人口规模、承载人口消费压力、人类社会经济活动等方面。环境承载力作为协调社会、经济与环境关系的中介，它强调"容量""阈值""能力"。

环境容量是按环境质量标准确定的一定范围的环境所能承纳的最大污染物负荷总量，环境容量是确定污染物总量控制指标的依据。

Lapage(1963)首次提出旅游容量的概念，其提出背景主要是由于旅游呈现出大众化的发展趋势，越来越多的游客纷纷涌向旅游目的地，进而造成部分景区拥挤、旅游生态环境破坏，同时游客对景区的满意度日益下降。

旅游景区容量(tourism carrying capacity)是在可持续发展前提下，旅游景区在某一时间段内，其自然环境、人工环境和社会经济环境所能承受的旅游及其相关活动在规模和强度上的极限值。从旅游目的地的角度主要是考虑生态环境承载能力、目的地居民承载能力、目的地社会经济承载能力等方面。从旅游者的角度定义，主要考虑旅游者心理感应程度(图 10-7)。

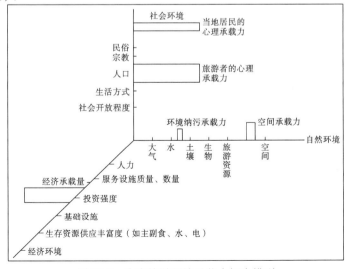

图 10-7　生态旅游环境承载力概念模型

(明庆忠等，1999)

旅游景区容量划分为旅游地空间容量、旅游地设施容量、旅游地生态容量和旅游心理容量。旅游地空间容量是在一定时段内,旅游地的空间面积所能容纳的最大游人数;旅游地设施容量是指旅游地各种旅游设施所能容纳的游人量;旅游地生态容量又称环境生态承载力,包括旅游地的环境承载力和生态承载力。其中旅游环境承载力系指旅游地环境所能容纳的最大游人数,旅游生态承载力为旅游地生态保持平衡所能容纳的最大游人数。旅游心理容量包括两个方面:旅游目的地居民心理容量——旅游目的地居民在心理感知上所能接受的旅游者数量;旅游者心理容量——旅游者旅游时在不影响感受质量的前提下所能容忍的拥挤程度。

杨桂华等(2000)认为,生态旅游环境容量是指某一生态旅游目的地,在特定的时期内,在保证该地资源与生产的连续性、生态的完整性、文化的连续性、发展质量的前提下,所能承受的旅游者人数或者说旅游活动的强度。鄢和琳等(2003)认为,生态旅游环境容量是在某一时间、某种状态或条件下,某生态旅游区的环境所能容纳或承受的游客活动作用的阈值。陈玲玲等(2012)认为,生态旅游环境容量的界定可以有不同的角度,其容量值的大小受制于多种因素,并表现出明显的时空动态性。生态旅游环境容量的核心内容是,生态旅游环境容量是以环境保护为先导,以促进生态旅游地环境、经济、社会和谐发展为目标,在特定时空条件下的生态旅游业限定规模。

生态旅游环境承载力是一个表征生态旅游环境系统属性的客观的量,不仅是生态旅游环境系统活力的表现,也是生态旅游环境系统产出能力和自我调节能力的表现,是在一定程度上对旅游活动质与量的规定性,是衡量生态旅游发展与生态旅游环境保育之间是否和谐统一的重要指标。因此,生态旅游环境承载力可作为生态旅游规划与管理的一种重要指标。这一方面体现了人类可在生态旅游环境系统的自我调节能力范围内积极开展旅游活动,满足人类的精神文化需求;另一方面也明确要求人类的旅游活动强度必须要有一定的限度,必须以保证生态旅游环境系统的持续正常运行为前提,从这个层面上讲,生态旅游环境承载力是旅游环境问题产生的限度。其反映的是在某一时期、某种状态或条件下,某生态旅游地环境系统正常发挥其功能所能承受的旅游活动作用的阈值,是生态旅游生态环境资源利用限度性的固有表现。

生态旅游环境承载力影响因素主要包括:土地资源承载力、水资源环境承载力、大气环境承载力、区域生态环境承载力、区域经济环境承载力、区域社会环境承载力、交通资源环境承载力。其指标体系分为三类:①自然资源支持力指标,包括不可再生资源及在生产周期内不能更新的可再生资源,如化石燃料、金属矿产资源、土地资源等;②环境生产支持力指标,包括生产周期内可更新资源的再生量,如生物资源、水、空气等,以及污染物的迁移能力、扩散能力、环境消纳污染物的能力;③社会经济技术支持水平指标,包括社会物质基础、产业结构、经济综合水平、技术支持系统等。其量化研究方法主要包括:向量模法、多目标决策分析方法、系统动力仿真模型法、模糊数学法、状态空间法、主成分分析法、承载率评价法、矢量模法等(图10-8)。

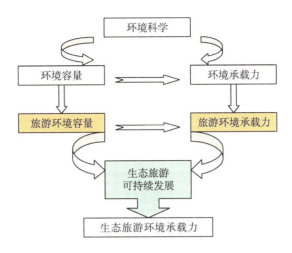

图 10-8　生态旅游环境承载力与旅游环境容量及旅游环境承载力关系

(赵赞，2009. 有修改)

上述所涉及的旅游容量、旅游承载力、旅游环境容量(明庆忠等，1999)、旅游地饱和度、可接受的改变的极限、旅游生态容量、旅游资源容量、旅游感知容量、旅游地地域社会容量、旅游经济发展容量、旅游业承载力、旅游承载容量、环境容量(carrying capacity of environment)、旅游环境承载力(崔凤军，1995)、旅游景区空间容量(王响雷，2006)、旅游景区容量(黄瑞华，2007；姜锐，2010；王辉，2014)等一系列概念，都是不同作者在不同历史背景下，从不同视角或侧面对旅游环境承载力或者旅游环境容量提出的各自定义，其出发点都是相同的，即都围绕旅游环境承载力或者旅游环境容量这一中心主题。

(二)生态旅游环境监控及管理

1. 生态旅游环境管控

旅游管理者应组织制定生态旅游发展规划，确立生态旅游发展的基本策略、方向、目标、重点、实施步骤及相应措施，营造生态旅游协调管理与保护机制，组织研究、制定或采纳某些保护环境的生态旅游标准。

调整、理顺管理体制以保证旅游地环境生态有效管理。需要从维护生态系统的完整性、持续性角度，从旅游业可持续发展目的出发，调整管理体制，理顺行政管理、行业管理及生态管理关系，在体制建设、规划制定、环境质量监测、立法保证等方面，形成一套行之有效的办法和措施。

对生态旅游投资经营者和生态旅游产品进行分等定级，由旅游管理部门认真审定其旅游开发目的、旅游开发计划、旅游开发产品等，并对其产品进行环境方面的鉴定，以保证其生态旅游产品的实质。

在进行生态旅游开发时，必须从生态角度严格控制旅游设施设备和场所的规模、数量、色彩、用料、造型和风格。对生态环境和生态因子进行生态管理，包括植被和动物两个管理系统。植被管理系统的基本目标是保持生态旅游区植被的原野特性。

关于野生动物生态管理系统，主要是根据自然地带性的特点，保护野生动物不受生态旅游的干扰，包括动物栖息及其活动。加强生态旅游可行性研究与实施，组织实施一批可持续发展生态旅游示范区、示范景区、示范点。加强生态旅游法规条例建立和执行。

2. 环境影响评价和环境审计

环境影响评价即环境效应评价(environmental impact assessment，简称 EIA)是进行环境预防管理的有效方法。EIA 将环境理解为由生物、物理、社会、经济、文化诸要素组成的一个复杂系统，EIA 是一个包括行政管理部门、环境部门、公众参与决策的过程。其作用主要是减少投资损失，降低项目运行成本，避免对环境造成无法预见的重大损害，对实施生态旅游而言，主要是确认风险，减少不利影响，确定环境容量，通过研究、管理和监测，以及有效的公众参与过程，提出合理的生态环境措施。

环境审计一般被认为是评价、检验和证实企业组织运行是否遵从已制定的环境规章制度、标准和政策的过程。很明显，环境审计对生态旅游企业管理、保护生态旅游环境具有重要意义。近年来，新的法律、技术和设备不断出现，使环境保护、管理、规划有长足进步。随着公众对环境问题日益关注及对可持续发展战略广泛支持，EIA 和环境审计也为生态旅游的环境保护、规则和管理提供有效方法。

3. 建立生态环境观测站点

在生态旅游区建立定位与半定位观测站、观测点，对生态旅游环境进行跟踪观察研究，以确定其生态旅游环境容量以及注意生态环境的变化，并采取适当的对策与措施。

总之，生态旅游环境保育要遵循生态旅游与环保规律，从生态旅游政策、开发规划等方面，制订环境影响评价与审计，建立生态旅游产业结构、实施生态管理，进行全域生态旅游环境保育，以达到生态旅游可持续发展的目的。

(三)生态旅游环境教育

陈玲玲等(2012)从认识与利用生态旅游开发与环境保护规律、认真做好生态旅游发展规划、制定生态旅游开发政策三个方面，阐述了生态旅游环境教育。

1. 树立科学旅游发展观

以可持续发展理论为指导，真正把科学开发和建设思想统一到与社会和环境协调一致的可持续发展思路上来。旅游资源开发规划的制定，是旅游开发研究的中心环节。规划在对旅游景点做出科学构想和设计的同时，还要提出地形景观、林木植被、文物古迹、动植物、水体以及整个生态环境、旅游环境意境的保护措施，并合理规定保护区范围和确定环境容量。

2. 制定相关的法律法规

旅游环境保护必须立法，严格执法，才能增强环境保护的力度，才能使环境保护落到实处。运用法律手段保护旅游环境，就是给旅游者、旅游经营者和旅游管理者制定行为规范，对其内容，特别应包括生态旅游区建设项目的审批办法和权限、旅游环境保护的范围和内容等。

3. 引入环境治理机制和制度

生态旅游景区可引入有关的环境机制和制度，便于更好的实施环境保护和管理，主要有：①生态补偿机制。应建立环境修复资金补偿机制，可将生态效益补偿机制和生态旅游的绿色核算作为理论依据，以确定费用征收数目和分配比例。②环境影响评价（EIA）与环境审计制度。在生态旅游景区建设中引入环境影响评价（EIA）与环境审计制度。③环境管理认证制度。从建立旅游区环境管理体系的角度进行生态旅游及管理，寻找到一条适合我国国情的生态旅游之路。

4. 杜绝"先污染后治理"

这是前人曾走过的以牺牲自然环境的巨大代价来换取经济繁荣的错误之路。世界上许多国家为此都付出了惨重的代价。旅游开发必须在规划中充分论证对环境的消极影响，实行开发与保护相结合，或者是在保护的基础上适度开发。应坚持策划前提、规划龙头、科学开发、持续发展的原则。

5. 控制景区游客数量

针对旅游旺季一些旅游景点人满为患的实际情况，旅游主管部门和旅游景点要采取有效措施对游客进行疏导、分流或限制。如九寨沟、北京故宫等景区，为保护古建筑和改善旅游环境气氛，实行调整门票价格和限制游览人数的做法，已取得良好效果。

6. 提倡文明旅游

游客的文明程度在很大程度上决定着旅游景区的环境质量。在加强宣传教育的同时，要配之以严格的处罚规定，应通过各种媒体加强全民的环境道德教育，在治理和保护旅游环境的同时，重视对青少年的环境道德教育。旅游景区应采用适当方式，让游客认识到自己在消费旅游资源的同时，必须自觉地维护生态旅游区的良好环境。

7. 科学开展生态旅游

杜绝随意搭建接待设施或服务设施，规范游客旅游线路、范围，加强环保宣传，景区设置环保宣传标识等。禁止采伐景点林木和破坏植被行为，禁止在旅游景区新建工业项目和开山采石等。旅游景区应积极开展环境保护宣传教育和培训，在旅游线路沿途和景点集中的地点设立环境保护标语牌或提示牌。

二、区域宏观环境管理

区域宏观环境可能是全国范围的，也可能是全球范围的。国际环境主要指世界环境的相对稳定性，以及全球所处的发展阶段、发展环境、国际关系、全球需求、政治环境、经济状况等对全球旅游业发展的影响情况。生态旅游发展的国际宏观大环境是否有利于生态旅游业的发展，主要取决于世界和平、国际关系、政治气候、经济环境、发展趋势、各国政府对生态旅游业的需求、全球公民的素质和诉求等诸多因素。当前国际旅游环境发展主要趋势是：①国际旅游入境人数平稳较快增长；②亚洲地区正在引领全球旅游增长；③世界旅游区域重心向以中国为代表的亚太地区转移；④新兴经济体客源地功能崛起；⑤市场需求更趋短距化与多元化；⑥中国旅游发展前景乐观。

中国旅游业是复苏最快、持续发展能力最强、对世界经济贡献最大的产业，中国生态旅游迎来了一个黄金发展期，主要包括：①全球旅游正进入新的发展阶段；②世界中产阶层的增加，对中国出境游和入境游都是机会；③中国扩大市场开放，政策助力旅游业界；④国内外巨头瞄准旅游业市场，对中国旅游业充满信心；⑤中国旅游正进入大众化、大休闲、大度假、大产业化时代；⑥细分客户资源，正进入高端定制旅游消费时代；⑦全域旅游理念指导中国生态旅游业发展。

宏观环境从不同角度对任何行业都会产生不可估量的影响，它既为各行业的发展提供了机会，又对行业的发展构成挑战。这里主要指更广泛的、宏观的外部大环境，是影响一个地区生态旅游发展的大背景和"大气候"，是生态旅游业持续发展的重要保障。主要涉及政治(political)、经济(economic)、社会文化(socio-cultural)和技术(technological)环境(亦即 PEST 环境理论，John Swarbrooke 和 Butterworth-Heinemann，2012)。

(一)政治环境管理

政治环境主要包括所在地区政权的性质和政权的稳定性、立法依据和立法体系的完备程度、所在地区是否加入政治联盟及政治联盟的有关条款，以及政府的宏观产业政策等因素。

旅游业是第三产业的重要组成部分，作为世界上发展最快的新兴产业之一，旅游业被誉为"朝阳产业"。如我国政府《旅游法》等法律、条例颁布及一系列政策、法规的出台，围绕小康社会建设目标和消费结构转型升级的要求，大力发展旅游、文化、体育和休闲娱乐等面向民生的服务业。旅游业的法律法规和行业管理制度日趋完善，执法行为更加规范，依法治理优胜劣汰的竞争机制和良好的旅游市场秩序，规范的旅游发展环境正逐渐形成，旅游发展正逐渐步入有序化、规范化、法制化的轨道，政府正根据发展实际，借鉴国际经验，加强旅游法制建设和完善行业自律，侵犯旅游者合法权益的行为将会逐渐消除，消费环境会让旅游者更加放心舒心。

随着对现行休假制度的完善和带薪休假制度的落实，正形成巨大的国内旅游消费市场，这对旅游业的发展具有推动作用。国家扩大内需的经济发展方略和加快推动服务业的发展，正为旅游业进一步发展创造新的机遇。中国对外开放的进一步扩大，将为我国旅游业在国际市场和世界舞台更好地发挥作用，创造更为有利的条件。中国政通人和、社会安定，正成为世界上最安全的旅游目的地之一。

生态旅游业的脆弱性决定了旅游业对政府的依赖性，各种因素的稍微变动都会对生态旅游业产生影响，如国际关系恶化、政府政策恶化、政局不稳、社会动乱、恐怖活动出现、战争爆发等，都会导致生态旅游旅游产业萧条甚至停滞。

(二)经济环境管理

经济环境是旅游业最直接的环境因素。经济环境管理分析可从以下四个方面展开：经济总量，可支配收入，利率、汇率、投资率，经济全球化趋势等。

随着经济不断发展，旅游业面临重大发展机遇：对旅游需求增长发挥基础性的支撑作用；城乡居民收入稳定增长，进入旅游业爆发性增长阶段；人民生活水平日益提高，可自由支配收入和闲暇的时间增多，为人们旅游动机的产生创造了条件。另外，随着经济发展相应的养生意识提高，越来越多的国民开展以健身疗养为目的的健康疗养旅游。受教育水平提高，人们对精神文明追求上升，有利于生态旅游业的发展。

利率汇率变化从出境游、入境游及国内游三个方面对生态旅游业产生的影响复杂。人民币汇率升值有利于掀起出境游浪潮，对入境游产生有限影响，总体上入境旅游整体上会面临利空的局势。人民币汇率升值对国内旅游市场的影响表现在替代效应和收入效应两个方面：一方面国内旅游价格相对于出境游价格上涨，从而不利于旅游业的发展。另一方面因收入效应有利于居民旅游消费的增长，主要表现在居民财产增加，消费能力提升。

随着全球一体化，国内外旅游市场一体化进程加快，与国际市场、国际规则、国际水平将进一步接轨。入境旅游、出境旅游的规模不断扩大，旅游业进一步发挥提升国家软实力的作用，旅游业在全球旅游界的话语权正继续增强，国际地位和影响力不断提升，参与国际规则、国际标准的制定与应用的空间进一步扩大。

(三)社会文化环境

社会文化环境通过两个方面影响生态旅游业：一是影响人口总量和人口分布、居民的价值观和生活方式，从而影响他们对旅游业的态度；二是影响旅游业从业成员的价值观和工作态度，从而影响旅游业的质量和水平。当前，社会文化主要呈现如下趋势：更关心环境，中老年客源市场成长，个性化需求增长，生活节奏加快，单亲家庭和无孩子双亲家庭增多，劳动力和市场的多样性增加。更关心环境，则在进行生态旅游规划和开发建设时，要注意对旅游资源环境的美化和维护。中老年客源市场成长，则旅游业要多开发些适合中老年的旅游产品，如疗养等。个性化需求增加则说明旅游者对旅游业的要求变高了。城市化进程加快，生活节奏加快，生活压力增加，人们都渴望回归自然，则旅游业要多开发些自然、休闲、娱乐性质的旅游产品。

(四)技术环境

技术环境对生态旅游业的影响是累计渐进的。技术环境分析的主要内容包括：技术条件、技术水平、技术创新和技术发展趋势、技术对生态旅游业的影响以及技术的社会影响和信息化影响等。技术水平提高和创新，有利于交通快速发展，使旅游者的外出旅游提供了更为便利和快捷的条件。有利于濒危动植物种的有效保护，从而保持了旅游动植物环境的吸引力。有利于形成新的旅游资源和产品，提升旅游产品的吸引力。有利于文物古迹保护，增强了文物资源可持续发展能力。现代科技在促进社会经济发展的同时，会对社会产生负面影响，如环境污染、生态失衡、对传统伦理的挑战等。因此，也充分认识到现代科技给旅游业带来的机遇和挑战，在发展旅游中要善于应用现代科技手段，同时也要谨防现代科技对旅游业的负面影响。

第十一章　生态旅游实践探索

国内外有关生态旅游者生态意识与行为动机、生态旅游资源调查与评价、生态旅游目的地体系、生态旅游市场营销策略、生态旅游景区容量分析、生态旅游社区发展、生态旅游资源开发规划、生态旅游景区经营管理、生态旅游业转型升级发展、生态旅游发展环境综合分析、生态旅游可持续发展等方面的案例很多。这里主要介绍生态旅游国内外主要发展模式和成功经验、生态旅游主体功能区、生态旅游扶贫开发规划等。

第一节　生态旅游发展模式

一、全域山地模式

美国国家公园是美国最宝贵的世界遗产之一，它作为美国人的公共财产得到管理，并为让后代享用而得到保护维修。美国利用国家公园保护国家的自然、文化和历史遗产，并让全世界通过这个视窗了解美国的壮丽风貌、自然和历史财富以及国家的荣辱忧欢。美国国家公园是对世界的重要贡献，它所倡导的国家公园管理体制，是世界保护地管理体制最成功的案例，也是全球可持续发展的具体体现。

（一）美国国家公园分类

美国将疆域内重要的自然、文化和历史遗产纳入国家公园体系中，利用国家公园保护国家遗产，这些遗产景观资源类型几乎涉及世界上各种自然—人文遗产类型。主要有峡谷、高山、海湾、火山岛、苔原、荒漠、河流、洞穴、海峡、森林、火山口湖泊、沼泽、山脉、岛屿、极地、冰原、冰川、盆地、沙丘、台地、热地、大岩洞、现代火山、温泉、珊瑚礁、植被、溶洞、火山遗迹、瀑布、海岸、化石群、野生动植物的栖息地、生长地、文化遗迹、纪念地、军事历史事件以及其间的组合类型。

国家公园一般都远离城市，多以自然景观为主，资源丰富，有着大面积的陆地或水体，以便有助于对资源提供充分的保护，还可供人们进行一段时间的游览、度假。根据主题和管理，进一步分为：

国家历史公园。典型的如费城中心区的国家独立历史公园、波士顿附近的罗维尔国家历史公园。它以人文景观为主，把国内一些具有历史意义的地方包括进来，加以保护，供人参观游览，通常有比较大的范围，其内容也比国家史迹地丰富得多。美国没有专设文物管理局，有关考古、文物古迹保护等，都由国家公园管理局负责。

国家休闲游乐区。在国家公园系统中最早的休闲游乐区，是由联邦政府的另外机构将水库周围一些地方联系起来而组成的。国家公园局根据合作协议管理着许多这种区域。休闲游乐区的概念，现已扩展到其他一些可用于休闲游乐的陆地及水体，甚至包括城市中心一些比较重要的地方。如旧金山的金门国家休闲游乐区。

国家史迹地。即一些有历史纪念意义的地方。这是近一些年由国会批准列入国家公园系统的。也是一些有历史纪念意义的地方，但它的范围较小，内容也不及国家历史公园丰富。

国际史迹地。仅有一处，是有关美国与加拿大历史的一个地方。

国家纪念地。主要是保留那些小规模、具有国家意义的资源。通常比国家公园小得多，也没有国家公园那样丰富的多样性。国家纪念地所包含的内容较多，可用于自然保留地、历史上的军事工事、历史遗迹、化石场地以及自由女神像等。

国家纪念碑。通常主要用于有纪念意义的场地，但它们也不一定需要场地或建筑来表现其历史主题。如林肯故居是一处国家史迹地，而在哥伦比亚地区的林肯纪念碑就是一个国家纪念碑。

国家军事公园。以及国家战场、国家战场公园、国家战场遗址等，这4个名称用于与美国的军事历史有关系的地方。

国家海滨。建于大西洋、太平洋海岸。在保护自然价值的同时，可开展水上娱乐活动。

国家湖滨。任何一个水质清洁的湖区都可能设为国家湖滨。现已建立的4个国家湖滨都位于大湖地区。

国家河流。主要是保护那些没有筑坝、开渠或其他改变的自由流动的小河、溪流。要保护这些河流的自然状态，可以提供徒步旅行、划独木舟、狩猎等户外活动的机会。

国家园林路。当公路经过令人感兴趣的风景地段时，可在公路的两侧设置国家公园路，让人悠闲地驾车通过，以便欣赏风景。

国家风景游览小道。通常是穿过优美景观地区的长距离的蜿蜒小径。这些小路穿过的大多数是国家公园系统中受保护的地方，以及在国家历史中有可纪念的人物、事件、重要活动的地方。

国家荒野风景河流及沿河路。荒野河流看上去只有很少的人类活动痕迹，是自由流动的，除通过小径之外通常很难接近。

国家保护区。1974年，Big Cypress 和 Big Thicket 被批准为美国首个国家保护区。建立国家保护区，首要任务是为了保护某些资源。

国家保护地。这是一种比保护区小的保护地点，可能交由当地或州当局来管理。

其他未名地。其他未命名的自然人文遗迹景观资源区域。

(二)美国国家公园标准

国家公园管理局负责对建立新公园的提案进行细致的筛选，以保证只有那些最优秀的资源才能被纳入到国家公园体系中来。一个新的公园区域必须满足全国性意义、适合性和可行性三项标准。国家公园体系新成员要通过国会法案的形式确立，根据《国家公园多目标管理法案》(1998)，国会需要有关其资源质量和是否符合建立标准等方面的信息。

1. 资源具有全国性意义

如果提出的新成员符合下列所有四项标准，那么可认为其资源具有全国性意义：①它是某特定类型资源中的杰出典型；②它在解释国家遗产的自然或文化主题方面具有极高价值；③它为公众利用、欣赏或科学研究提供了最佳机会；④它保留下了高度完整的具备真实性、准确性和相对破坏较小的资源典型。对新提案进行资源重要性评估时，将考虑下列自然和文化资源的典型特征。

(1) 自然资源典型特征。

主要包含了以下方面：①是解释广泛存在的地形或生物分布区的杰出领域；②曾经广泛分布，但由于人类定居和开发正在逐步消失的残存的自然景观或生物区域；③长期以来一直是某地或全国极其特殊的地形和生物区域；④具有极丰富的生态成分多样性(物种、群落或栖息地)或地质特征多样性(地形及可见的地质过程现象)；⑤生物物种或群落在特定区域的自然分布使其具有特别意义；⑥稀有动物或植物集中分布的区域，特别是那些经官方认定渐危或濒危物种；⑦是保证某物种继续繁衍的某避难所；⑧拥有稀有或数量特别大的化石存储；⑨包含具极高风景品位的资源，如出神入化的地貌特征、特殊的地形或植被对比、壮观的深景或其他特殊的景观特征；⑩保留着丰富而长期的科研记录，使得某区域成为极其重要的生态或地质基准点。

(2) 文化区域(Cultural Areas)。

国家遗产中具有极高价值和品质，并具有区位、设计、环境、材料、工艺、感情和联想等方面高度完整性的地区、位点、建筑物或物件。

文化区域的典型特征包括：①一些与重大事件有关联的资源，这些事件对美国历史具有重大贡献并得到确认，或者是美国历史上广泛形成的民族精神的杰出代表，通过这些资源能让人们更好地了解这些民族精神并对其产生敬意；②一些与美国历史上具有全国性影响的人物有重要联系的资源；③包含某种建筑样式的显著特点，对于研究某个时期、某种风格或某种建筑手段具有极高价值，或者虽然其组成单元不具备特殊性，但其整体具有与众不同的特殊价值；④一些由多个部分构成的资源，从历史渊源到艺术特征来思考，虽然其各个部分都不足以被认定为具有重要意义，但其整体具有极高的历史或艺术价值，或者对于纪念或说明某种生活方式、某种文化具有极高价值；⑤一些已经产生或者通过揭示新的文化等产生具有重大科学价值信息的资源。

2. 适合性和可行性

要成为国家公园体系中的一员，除了拥有具有全国性意义的资源以外，还必须符合适合性和可行性的标准。所谓适合性是指某区域代表的自然或文化主题或游憩资源类型在国家公园体系中还没有充分体现，或者其代表性是不可比较的，是由其他土地管理实体负责保护和提供公众欣赏服务的。

可行性是指某区域的自然系统和(或)历史背景必须具有足够大的规模和适当的结构，以保证对资源长期有效的保护并符合公众利用的要求。

这些管理模式包括：继续由州或地方政府、印第安部落、个体部门或其他联邦机构管理，由已建项目或专项工程提供技术或财政支持，将其命名为国家自然界标、国家历史里程碑(国家历史界标)、国家荒野和风景河流、国家小径、生物圈保护区、州立或地方公园，或其他命名的保护区域、由其他联邦机构管理的选择包括将某联邦土地命名为荒野地、关键环境敏感区、国家保护区、国家游憩区、海上或港湾禁猎区和国家野生动物避难地等。

(三)生态旅游发展模式

在美国，人们正致力于保护自然资源，保护历史遗迹，并为日益庞大的群体提供游憩机会。为了促进地方经济发展，许多社团还在探寻把保护资源与吸引游客结合起来的途径。

国家公园管理目标一是保护公园资源，二是成为向公众提供娱乐和游客体验的场所，三是确保机构的高效率。公园管理的首要使命是资源保护，职责主要包括：①总体保护措施；②野生动物的保护；③本地植物的保护；④地质资源的保护。

1. 教育与科研基地

(1)科普旅游。

对游客进行关于公园的自然和文化特点的教育是为游客提供愉快的旅游经历的重要组成部分，因为采用这种方式能够使公园不被破坏，从而让子孙后代继续享用。对游客进行关于公园的自然和文化特点的教育是为游客提供愉快的旅游经历的重要组成部分，因为采用这种方式能够使公园不被破坏，从而让子孙后代继续享用。在理想的情况下，讲解从游客进入公园之前就开始了，并且持续到游览结束之后，这样就能在实现资源保护的同时，给每位游客留下终生难忘的旅游经历。

(2)科研旅游。

1871 年就在黄石公园开展了正规的科学调查。首批勘察项目的重点是公园的水生态系统，不过涉及公园特色的其他方面也做了文献记录，包括考古、植物区系、动物区系等。黄石公园吸引了越来越多的来自不同学科、不同研究机构的科研工作者。

(3)休闲旅游。

根据旅游活动的内容黄石公园最具代表性的旅游项目有：

①初级守护者(junior ranger program)：其目的是向孩子们介绍大自然赋予黄石公园的神奇以及孩子们在保护这一人类宝贵财富时所扮演的角色。

②野生动物教育探险(wildlife edventure)：通过该活动，参与者将会了解在何处、何时、怎样观察野生动物，并且从它们的行为、生态学以及保护状况中得到满足。

③寄宿和学习：该项目借助于黄石公园住宿条件，该项活动为游客提供了最为美好的两个不同的世界：白天在黄石公园研究会自然学家带领下探寻黄石有趣之处；夜晚返回住处享受美味佳肴和舒适的住宿设施，并且在有历史性的公园饭店内体验丰富多彩的夜生活。

④现场研讨会：该活动为游客提供一段相对比较集中的近距离的教育经历。

⑤徒步探险(Hiking)：面积达 220 万英亩(1 英亩=0.404856 公顷)的黄石公园，是美国最原始的荒原地区。

⑥野营和野餐(Camping & Picnicking)：黄石公园内共有 12 个指定的野营地点，其中大部分野营地遵循谁先到就先为谁服务的原则。

2. 保障机制

(1)黄石公园的守护者 。

包括正式雇员、志愿者、合作伙伴、黄石公园合作协会、黄石公园的赞助商以及黄石公园基金会。另外,公园管理者为在旅游旺季中保持公园的平稳运作,每年都要招募许多临时雇员和志愿者。

(2)资金运作。

黄石公园的资金来源构成如下。

①基本资金:该资金每年由国会批准,并根据国家公园服务法划拨给每一个国家公园。

②特殊项目酬金:除门票以外,黄石公园还被授权对特殊的活动收取酬金。

③项目的拨款:划拨给公园的年度拨款中还包括一些针对特别项目的资金,这些项目必须是在国家公园服务法中认为是值得的,才能够被批准获得拨款。

④私人捐赠:黄石公园被授权接受私人捐赠用于弥补运营经费的不足,这些钱不包括黄石公园协会和黄石公园基金会所获得的捐赠。

⑤展示项目的酬金:从1997年起,国会授权国家公园系统可以保留80%的门票收入,另外20%由联邦机构决定如何使用。

⑥建设项目:除了每年划拨的基本资金,国会还专门为国家公园系统划拨建设资金,每一个建设项目必须由国会单独批准。因此,黄石公园必须通过和其他公园竞争才有可能获得该项资金。

二、高山峡谷模式

九寨沟旅游区是一个以高原和高山峡谷地貌为主体的地区,区域地质背景特殊,自然生态良好,旅游资源极其丰富多彩,尤其以高寒岩溶型层湖叠瀑、森林和野生动物等最富特色。九寨沟幅员辽阔,地形复杂,自然景观雄壮瑰丽,物产富饶,是一块美丽迷人的神奇土地,民族风情丰富多彩。区内雪峰高耸、峻峰连绵、山高谷深,地形复杂多样,秀丽的景色尽在高山深谷中。九寨沟旅游区集"世界自然遗产""人与生物圈计划""绿色环球21世纪"三项世界桂冠于一身,是全人类的共同财产。作为九寨沟国家重点风景名胜区,作为以大熊猫等珍稀动物为主要保护对象的国家级自然保护区,作为大熊猫栖息地世界自然遗产的组成部分,旅游区内各类资源总面积占旅游区总面积的 70%,堪称旅游资源最富集和特色最突出的旅游区,是中外游人向往的著名旅游胜地。

(一)旅游资源特色与优势

作为大熊猫栖息地世界自然遗产的重要组成部分,九寨沟旅游区融三项世界级桂冠于一身,集自然山水之大美,被誉为童话世界、人间仙境。

(1)奇水荟萃、人间仙境。①九寨之美,美在奇水荟萃,以水为魂,如梦如幻,意境无穷。翠海、瀑布、钙华滩流、碧溪、涌泉等,规模宏大,令人叹为观止;每个海子、每道瀑布、每道滩流、每一段流水,千变万化,形态之多样,景色之优美奇妙,举世罕见。

②九寨之美,美在"六绝"(翠海、叠瀑、森林、雪峰、兰冰、藏情)相映生辉,色彩缤纷,神奇迷人。水为九寨之魂,森林雪山为九寨之躯,而藏寨、寺庙、经幡、能歌善舞的藏胞,更衬托出自然与人文的古老、神奇。

③九寨沟有完整的山地生态系统,层次分明的植被景观,丰富的野生动植物。从色彩丰富的针阔叶混交林,苍劲挺拔的针叶原始森林,到高山灌丛草甸,植被景观十分丰富,还有装点翠湖叠瀑的各种水生植物和名木古树。野生动植物种类丰富,这里有国宝大熊猫,还有金丝猴、野鸭、天鹅、鸳鸯等。

④九寨沟是高寒岩溶演化和各种内、外地质动力活动的教科书。九寨沟作为完整的大型岩溶系统,集各种高寒岩溶景观和岩溶水渗入、迳流、溢出过程及其生物、化学作用之大成。九寨沟翠湖叠瀑景观是高寒岩溶演化及其与地震、山崩、滑坡、泥石流等地球内外动力活动长期交互作用的结果。这种内外地质作用的聚合条件是大自然的杰作,具有无可形容的高度科学价值。九寨沟这种山水荟萃的岩溶地质奇观,国内罕见,世界稀有,无可替代的宝贵资源。在人们享受大自然美景的同时,需要更深入全面的认识它,研究它,保护它,发挥它巨大的科学、生态、环境价值。

(2)绿色世界、珍稀动植物的乐园。九寨沟旅游区山高林密,原始森林茂盛,河溪山泉水丰富,为动物栖息创造了良好的条件,是野生动物的天然乐园。这里是国宝大熊猫的重要栖息地,分布于九寨、大录、勿角等地区。勿角即是以大熊猫保护为主的自然保护区,吸引着国内外的研究和考察者。这里的野生动物世界及其栖息环境对于人们了解自然、开展生态环境教育及发展生态科考特色旅游是一笔极宝贵的财富。

(3)多姿多彩的民族风情。九寨沟旅游区的藏文化原始、古老。村寨民居、生活习俗、丰富多彩的歌舞,神秘的佛教文化都具有相当吸引力。由于它的特殊区位,在旅游文化上又吸收了不少羌文化的精华,使藏羌歌舞成为吸引游人的重要产品。藏民族文化艺术,尤其民族歌舞,非常独特,带有原始的自然崇拜的深刻烙印,具有特殊的旅游吸引力。

(4)资源组合优越。九寨沟旅游区以翠湖、叠瀑为主体,兼有雪山、森林、湖泊、瀑布、藏文化风情之美,风景独树一帜,形成了天然的优化组合,从而为开展更多的个性化、参与性旅游活动提供了良好的条件,将成为九寨沟旅游区更具发展潜力的旅游区。

(5)气候条件优良,生态环境原始古朴。九寨沟旅游区绝大部分山地人迹罕至,至今保持着原始自然风光,保存了许多野生动物的天然栖息地,为开展自然与生态旅游提供了可能。九寨沟旅游区日照在1600~1900小时,年均空气湿度64%,立体气候明显,有明媚的阳光、清新的空气,舒适度较高,适于游人逗留和休闲度假。

(二)九寨沟生态旅游发展面临的挑战

1. 机遇与优势

(1)景观特色特出,具有世界罕见的自然奇观。

作为熊猫栖息地世界自然遗产组成部分,同时集"世界自然遗产""人与生物圈计划""绿色环球21世纪"三项世界桂冠于一身,世界罕见。

九寨沟旅游区高山湖泊、瀑布群是世界罕见的自然奇观,以翠湖、叠瀑、森林、雪山、兰冰、藏情等"六绝"为特色，"童话世界"、"人间仙境"，景观资源特色突出，具有世界唯一性。九寨沟的观光旅游产品具有很高的知名度和吸引力，同时又具有很高的科学、生态与环境价值。

(2)藏羌文化原始古朴、底蕴深厚，全国知名度高。

九寨沟旅游区的藏羌文化原始、古朴。村寨民居、生活习俗、丰富多彩的歌舞，神秘的佛教文化都具有相当吸引力。既是开展藏羌文化体验旅游的理想之地，同时为九寨沟旅游区世界级观光旅游产品注入了丰富的文化内涵，成为具有强大吸引力的世界级产品。

(3)气候舒适度高，人居环境佳，是理想的休闲度假旅游地。

九寨沟旅游区的主要旅游景区和景点均位于低海拔河谷地带，这里的海拔在1800～2500m之间，生态良好，是国际公认的最佳户外旅游活动区。在5～9月的旅游旺季期间，区内无酷暑、无大风气候，空气湿度和气温适中，气候的舒适度高，山清水秀，空气和水体质量高，环境朴实优美，人居环境条件极佳，是理想的观光旅游和休闲度假旅游地。

(4)旅游产品种类丰富，组合协调，有利于整体开发。

旅游区自然景观和人文资源融为一体，各类旅游产品种类丰富，组合协调，配套巧妙。置身其中既能感触到藏羌文化的凝重，又能领略到自然风光的优美。由于旅游资源的多样性、特色性和文化性，使旅游产品带来组合上的优势，既有适于自然生态观光，又有适于休闲和会议度假，市场价值高，开发潜力大，综合效益明显。

2. 问题及挑战

九寨沟景区位于九寨沟县北部漳扎镇境内，目前实施"州县共管，以州为主"的管理模式，即"沟内"(五条沟)属于九管局(州管为主)开发经营管理；"沟口(漳扎镇)"及其他区域属于九寨沟县开发经营管理。

九寨沟景区作为世界自然遗产，系世界著名的国际旅游目的地和国际山地旅游示范地。"童话世界、人间天堂"享誉世界。

然而，长期以来一直存在一个亟待解决的重大课题，那就是作为世界著名的国际精品旅游区的九寨沟景区，与其所处的九寨沟县域内的周边其他地区相对滞后的旅游业发展和经济社会发展极不相称，存在明显的"景区—县城(县域)分离"问题。

新形式、新机遇、新环境、新条件下，九寨沟县旅游正在面临着"三次飞跃"或跨越发展的问题，而要实现九寨沟县旅游真正的"三次飞跃"，应处理好涉及九寨沟县发展重大战略和现实问题的"五大课题"：

(1)九寨沟遗产景区"一枝独秀"与全县其他区域旅游发展滞后的问题；

(2)世界自然遗产"国际品牌"与九寨沟县作为欠发达民族地区的问题；

(3)九寨沟景区"国际精品"与九寨沟县全域产品结构不合理之间的问题；

(4)九寨沟"国际品牌"的"劲没处使"和"使不上劲"之间的问题；

(5)"沟口超负荷"与"县域(城)欠发展"之间的问题。

(三)九寨沟生态旅游发展战略对策

1. 依托九寨沟世界遗产和国际精品旅游区品牌，实施全域旅游战略，打造真正意义上的九寨沟全域国际旅游目的地，建设国家级生态旅游示范县和国家级可持续发展试验区

九寨沟景区占九寨沟县域面积的 18%，全县 82%面积的旅游资源"深藏于闺中"，亟待向产业、向经济转化。九寨沟景区作为世界遗产型国际精品景区，旅游产品主要为自然生态观光，未能形成真正意义上的旅游目的地，亟需整合九寨沟县全域资源，功能互补，共同构建真正意义上的国际旅游目的地。九寨沟景区作为世界著名的生态旅游区，与其所处的九寨沟县其他地区旅游业发展和经济社会发展明显滞后，亟需九寨沟品牌的带动和辐射。新形式和新机遇面前，九寨沟县旅游面临着三次跨越发展的问题，而首先是要解决"全域旅游目的地"问题。

(1)依托九寨沟县城区，打造九寨沟县域旅游新亮点，建设突出休闲度假功能的国际旅游名城，实施"国际旅游名城"景区化，打造国家级城镇型国际旅游度假区。

(2)鉴于"沟口(漳扎镇)"的"先天不足"，整合依托九寨沟国际旅游名城，提升旅游接待条件、接待功能、接待能力和服务水平，尽快建设九寨沟县全域旅游支撑中心。

(3)实施精品化和差异化战略，整合九环线(九寨沟段)资源，打造建设"一带五区"国际精品乡村旅游休闲度假产业带。打造"琵琶之乡(永丰乡)"和"伲舞之乡(勿角乡)"两个国家 AAAA 级旅游景区。

(4)总体规划，分步实施。充分整合、挖掘中查沟、勿角大熊猫、海子山、南坪古镇等，精品化、国际化打造旅游产品新亮点，建设"白河水乡"(白河乡)和"樱桃之乡"(双河乡)国家 AAAA 旅游景区。

(5)以旅游业为主线，依托作为九寨沟县大力发展特色农业和生态工业资源，打造独具九寨沟县特色的多元化产业旅游产品体系。

2. 实施景区化和差异化战略，依托九寨沟国际旅游名城及其相对低的海拔、良好的舒适度，打造九寨沟县域旅游新亮点——建设九寨沟县国家级旅游度假名城，建设九寨沟县全域旅游支撑中心

长期以来，九寨沟国际精品旅游区与九寨沟县城区处于"景城分离"状态，九寨沟遗产"国际品牌"一直处于"劲没处使""使不上劲"和"怀才不遇"的境况。长期以来，九寨沟县城区缺乏具有吸引分流九寨沟景区游客至县城的旅游亮点或吸引物或活动项目，造成到九寨沟景区的98%游客未到县城的窘况。九寨沟"沟口(漳扎镇)"由于地质地貌地理和用地条件等的限制，"沟口"不可能成为九寨沟县全域旅游发展的旅游支撑中心，而县城正好具备了作为区域旅游支撑中心的条件。九寨沟县总床位 42085 个，而漳扎镇就占了 38385 个(占91.2%)，县城及其他地区接待设施仅占不到 10%的份额。另一方面，"沟口"接待服务设施已达到了超负荷状态。

(1)近期加强景区—县城 39 千米沿线风光带建设，打造国际水域精品休闲旅游产业带，包括景观生态长廊建设、原生态文产业带建设和乡村旅游产业带建设。

(2)中期创新体制机制，建设县城(国际旅游名城)——景区(国际旅游精品景区)之间的快速通道(打通隧道)。

(3)中远期创新体制机制，进行可研分析，打开九寨沟景区南出(入)口，连通至勿角乡，与东环线和县城构成以县城为支撑的旅游环路。

(4)要站在九寨沟县全域旅游支撑中心、大九寨国际旅游精品环线重要集散地、国际旅游度假名城和世界旅游目的地的高度，进行九寨沟县城旅游提升完善的八大工程：①打造吸引游客分流至新城的国际旅游新亮点；②国际旅游度假名城规划提升计划；③城市形象提升计划；④旅游生态环境形象提升计划；⑤接待设施与服务全面提升计划；⑥餐饮设施与服务全面提升计划；⑦购物设施与服务提升计划；⑧商务会议设施与服务提升计划。

3. 实施精品化和差异化战略，整合九环线(九寨沟县段)资源，结合相对低的海拔和良好的生态环境和舒适度，打造九寨环线(县域)国际精品乡村旅游休闲度假产业经济带

九寨沟县 42085 个床位中，沟口(漳扎镇)占 38385 个，其次主要分布于县城，"环线"未能发挥应有的接待支撑作用。"环线"乡镇涉及九寨沟县两镇四乡 10 村，也是九寨沟县旅游产业扶贫致富开发的重点和关键。现有沿线乡村旅游急需提升完善，提升档次、服务水平、生态环境、卫生环境、人文环境、旅游通道、游线组织、接待能力等。"一带五区"国际精品乡村旅游休闲度假产业带是九寨沟县发展与九寨沟国际观光产品互补的差异化旅游产品。

(1)依托九环线(九寨沟县段)原生态自然资源和人文资源，深挖沿线民族民俗文化底蕴，整合相关特色农业产业资源，打造九环线国际精品乡村旅游产业带。

(2)打造"安多藏乡(中查沟)"国际旅游区、建设"琵琶之乡"(永丰乡)、"伫舞之乡"(勿角乡)、"白河水乡"(白河乡)和"樱桃之乡"(双河乡)4 个国家 AAAA 级旅游景区。

(3)以南坪民歌、琵琶弹唱、白马藏族歌舞为主要演出形式，突出其原生态、纯自然、非专业演出的艺术特色，将永丰乡建成九寨名城乡村民俗文化休闲体验地，打造"琵琶弹唱之乡"品牌。

(4)依托位于九寨沟东大门九环线的特殊区位优势，勿角乡独特的文化底蕴及其全国非物质文化遗产品牌，结合高半山原生态环境和夏季凉爽气候条件，将其建成九环线上白马藏族文化体验与乡村休闲度假地。

(5)依托中查沟地势开阔、资源丰富、藏文化原真原生态、生态环境良好、旅游舒适性佳等，实施集团投入、开发建设，打造"安多藏乡"旅游品牌，建设国家 AAAA 级旅游区。

4. 实施政府主导战略，明确旅游发展战略目标，始终坚持旅游业在九寨沟县域的战略性支柱产业地位和作用

建设九寨沟县国际旅游目的地是四川省旅游发展战略重点，明确旅游产业在九寨沟县发展中的战略地位意义重大。目前九寨沟县对一、二、三次产业发展定位，尤其是旅游产业在九寨沟县产业发展中的地位和作用，尚未明确。

(1)力争 10～15 年时间，把九寨沟县建成全国生态旅游示范县、全国民族民俗文化旅游示范区、全国低碳旅游示范县、全国旅游产业扶贫示范县。

(2)把旅游业打造为九寨沟县转变经济发展方式的主导产业，促进对外开放、观念更新的窗口产业、加强民族团结、实现社会稳定的和谐产业，培育成为全县国民经济战略性支柱产业。

(3)促进增收致富和提供就业岗位的优势产业。旅游产业应成为九寨沟县统筹城乡发展的先导产业，成为促进县域经济社会可持续发展的优势产业，成为促进农民增收致富、提高人民生活质量、全面建设小康社会的民生产业。

(4)全方位优先发展旅游业，以旅游产业为先导，把九寨沟县建设全国全域旅游先行县。以旅游业为引领，推进九寨沟县与全省和全国同步全面实现小康。

(5)确定以旅游业为主导产业、以特色农业和生态工业为重要产业的九寨沟县产业布局定位。

5. 实施全域开放战略，先行先试，打造九寨沟县国家旅游综合改革试验区，积极主动争取国家经费和政策扶持

九寨沟景区作为国际山地旅游示范区，应在旅游体制机制创新方面，成为先行者。九寨沟县旅游三次飞跃，需要全域开放、先行先试，积极主动争取省、国家协调和政策扶持。

(1)成立九寨沟县旅游综合改革投资公司，有条件时逐步建立专业性开发银行，引进战略合作者打造九寨沟县旅游高端融资平台。设立"四川省旅游发展改革综合试点专项基金"，建立相应的财政激励机制，建立旅游资源补偿机制。根据旅游发展需求，在时间、空间上根据轻重缓急、差异对待，建构"三位一体"的土地资源利用模式。

(2)按照国际惯例和适应旅游产业开放的大趋势，实行旅游相关服务业开放政策，如赋予举办国际文化、教育、体育产业的一定权限。探索建立民族贸易旅游经济一体化推进格局，实施"走出去"战略，引进国外大旅行商与著名品牌酒店进入九寨沟县，积极推进国际旅游合作。鼓励引进一批大型企业集团研究与制订一揽子解决用地指标问题，探索将九寨沟县旅游打包上市的可能性和操作性，创新金融服务等优惠服务政策，使九寨沟县真正成为投资创业的热土。

(3)实施"智慧旅游""旅游标准化""畅行九寨""旅游法治""旅游人才"五大工程，建立人才培养机制和知识更新机制。加大对新产品和新业态的政策扶持，建立旅游管理创新与产业创新机制。四川省政府乃至国家在九寨沟县试行特别地方税的设置和开征，可定名为"世界自然遗产保护税"。对旅游开发给予必要的信贷扶持。四川省乃至国家对九寨沟县旅游经济发展给予必要的信贷扶持。

三、高原湿地模式

三江源地区平均海拔 4000～6000 米，地处世界屋脊青藏高原腹地、青海省南部，系孕育中华民族悠久文明历史的世界著名江河长江、黄河和澜沧江的源头汇水区。涉及玉树、果洛、海南、黄南四个藏族自治州 16 个县和格尔木市唐古拉乡，总面积为 30.25 万 km^2。

现有人口 55.6 万人，其中藏族人口占 90% 以上，其他还有汉、回、撒拉、蒙古等民族。这种世界唯一的高海拔高原湿地生态旅游发展值得探索和研究。

(一)自然环境条件及重大意义

1. 地质地理自然博物馆

三江源地区构成青藏高原的腹地。以山地地貌为主，山脉绵延，地势高耸，地形复杂。区内气候属青藏高原气候系统，为典型的高原大陆性气候，表现为冷热两季交替、干湿两季分明、年温差小、日温差大、日照时间长、辐射强烈、无四季区分的气候特征。雪山冰川广布，是中国冰川集中主要地区之一，是黄河、长江、澜沧江等世界大河的河源区，成为我国乃至亚洲的重要水源地，素有"江河源""中华水塔""亚洲水塔"之称。世界著名的三条江河集中发源于一个较小区域内，世界绝无仅有，青海省也由此闻名于世。

2. 原生态自然生态与原生态人文综合体

特殊的地质背景、特殊的地理位置和独特自然环境使三江源地区成为全球生态环境最为敏感和脆弱的地区之一。独特的自然环境条件孕育了三江源地区丰富多彩的少数民族文化。长期以来，由于生态环境严酷，气候寒冷，地形复杂高峻，交通信息闭塞，社会经济条件落后，使三江源地区成为青海省人烟最稀少，受人类影响最弱的地区，其自然景观和生态系统也保留了较好的原生性，具有很高的旅游价值。

3. 世界上海拔最高面积最大的高原湿地区

湿地面积达 7.33 万平方千米，有高原河流、高原湖泊、高原沼泽等多种湿地类型。河流密布，湖泊、沼泽众多，雪山冰川广布，是世界上海拔最高、面积最大、湿地类型最丰富的地区。区内许多湿地为世界知名，仅列入中国重要湿地名录的湿地就有扎陵湖、鄂陵湖、玛多湖、黄河源区岗纳格玛错、依然错、多尔改错以及著名的约古宗列沼泽、星星海沼泽，各拉丹冬、阿尼玛卿山、尕恰迪如岗、祖尔肯乌拉山的岗钦等雪山冰川。

4. 欧亚大陆重要的"生命之源"

青藏高原被称为"世界屋脊"，青藏高原的隆起打乱了行星风系的临界尺度，迫使大气环流改变行径，成为一个独立的气候区域，孕育了黄河、长江、澜沧江、恒河、印度河等国内外许多著名的河流，是欧亚大陆上大江大河发育最多的高原山区。三江源地处青藏高原腹地，起着各江河水文循环的初始作用。

5. 世界高海拔地区生物多样性最集中的自然保护区

三江源区所处的地理位置和独特的地貌特征决定了其具有丰富的生境多样性、物种多样性、基因多样性、遗传多样性和自然景观多样性。三江源地区保持有世界上 70%～80%以上的文化多样性和生物多样性。

6. 三江生态系统最敏感的地区

由于地质背景和地理环境条件影响，无论是西部和北部的滩地、沼泽，还是东南部的高山峡谷，山高、坡陡、峡谷深，风化壳浅薄，土壤厚度薄、质地粗，生态环境极为脆弱，物理属性和调节机制差，恢复能力弱，一旦遭到破坏，就会发生退化和逆向演替现象。特别是一旦地表植被破坏，很容易造成水土流失。

(二)生态旅游资源系统及特征

区内独特的地貌、野生动物，多姿多彩的森林与草原植被和秀美的水体，本身就是一道亮丽的自然风景。随气象条件的变化而产生的各种天象景观、随季节变化而产生的林相及水体大小、形状的变化，更增添了自然景观的多样性。该区突出表现为以高寒为主要特征的高寒草甸、高寒湿地和高寒草原为代表的生态系统及其景观类型，在动植物区系上表现出其独有的特有种，如国家级珍稀保护动物野牦牛、藏羚羊、雪豹、藏野驴等，特有植物种如青藏苔草等。

三江源地区是我国旅游景观类型多样性、资源组合良好、品级高、科学研究价值大、具有重大开发价值的旅游富集区，是国内发展生态旅游最重要的地区和场所。以玉树为核心的三江源旅游，在资源方面占据绝对优势。这种资源的优势，因其所具有的独特魅力转化为与当地经济、与环保协调发展的产业优势。三江之源，以其拥有的大山、大江、大河、大草原、大雪山、大湿地、大动物乐园等原生态自然景观，汇集了藏传佛教、唐蕃古道、玉树歌舞、赛马节等博大精深的宗教文化和多姿多彩的民俗风情、节庆活动，极为典型地体现出青海之大美意境和内涵。

重点自然生态旅游资源体系包括：三江源头、可可西里自然保护区、隆宝滩自然保护区、阿尼玛卿峰、玉珠峰、黄河源国际猎场、昆仑山大地震景观等，东昆仑山、唐古拉山、巴颜喀拉山、岗则吾结峰、年保玉则、措哇尕什则峰、雅拉达泽峰、唐古拉峰、五雪峰、黄河、通天河、扎陵湖、鄂陵湖、托素湖、青南冰川、冻土、冰缘地貌，青南"第三极"风光、囊谦猕猴自然繁殖区、河南草原、尕斯库勒湖风光等。重点人文生态旅游资源体系包括：桑周寺及藏娘佛塔、达日和日石经墙、新寨嘛尼城、格萨尔王传说、玉树藏族歌舞、世界屋脊探险之旅、黄河源头国际猎场、青藏铁路等，治多岗察寺，玛沁拉加寺，称多拉布寺，玉树结古寺、文成公主庙，囊谦觉拉寺、改加寺、达那寺等，以及旧石器、中石器、新石器等古文化遗址等。

三江源地区是青海省重要的特色旅游资源分布区，区内既有与各种由地质、气候和生命等作用相联系而形成的各种地貌类型(如冰川、湖泊等)，也有与天气气候过程相联系而形成的各种独特的高原气候气象景观(如蓝天、白云、大雪、雷暴、风沙等)，更有与生命演替相关的草原草甸、森林灌丛、花卉异草以及高原珍稀动植物等组成的生物景观，还有与西域文化、印度藏传文化和东方汉族文化相交融而形成的浓郁的天人合一的民族风情，更有众多集生物多样性和生态环境稀有性、典型性和代表性于一体的自然保护区，使这里成为地学、生物学、环境学研究的"天然实验室"，这些共同形成了三江源地区现代文明与传统文明共存，自然景观、人文景观有机组合的独特的高原风光旅游资源，使之成为国内旅游景观类型多样、资源组合良好、级别高、科学研究价值大、具有重大开发价值的旅游富集区，是国内发展生态旅游业最具潜力的地区之一。

(三)生态旅游发展战略与模式

《全国生态旅游发展规划(2016—2025 年)》提出青甘川三江源生态旅游协作区：重点发展江河源头生态 观光、户外特种旅游、民族文化体验、高原休闲等产品，在严格保护的基础上，改善内外部交通，完善旅游配套设施，挖掘生态保护价值、自然景观展示价值、历史文化原真价值，共同推广"三江之源，中华水塔"品牌形象。

1. 打造高原湿地世界生态精品旅游目的地体系

建设融自然生态与人文生态为一体的具有示范意义的江河源型国际级生态旅游目的地。鉴于三江源地区旅游业亟需加快发展，中国科学院地理科学与资源研究所编制的《青海省三江源地区生态旅游发展规划》。根据《规划》，将建设可可西里、年宝玉则、阿尼玛卿雪山、勒巴沟、达那寺峡谷和黄河源景区。三江源生态旅游将以"三江之源"水源地生态与环境体验、"康巴安多"藏文化原生态体验、"青海高原"人与自然关系体验、"青南高原"户外运动与自驾车旅游为主体系列产品。

2. 建设高原山地生态自驾世界专项旅游目的地体系

规划建设黄河源科考线路、长江源科考线路、澜沧江源科考线路、可可西里科考线路、藏传佛教文化旅游线路、江河源生态系统考察线路、高原森林生态旅游线路、格萨尔文化生态旅游线路等八条精品生态旅游线路。打造以黄河源生态体验、长江源生态体验、澜沧江源生态体验、湖泊水生态、歌舞之乡采风、马背文化体验、宗教文化探秘、雪山冰川攀登探险、青南自驾游等为主打的系列产品，涵盖了游、住、行、食、购、娱六方面的内容。

3. 打造世界可持续发展示范基地

保护战略资源和自然遗产。生物资源是人类生存最基本的资源，更是社会经济可持续发展的战略资源。三江源自然保护区划建的最初目的就在于生态环境持续发展，保护生物资源和自然遗产，使野生动物能正常地生存繁衍，使生态系统能协调持续发展，使各种有科学价值和历史意义的自然历史遗迹和各种有益于人类的自然景观能保持本来面目。

4. 建设生态科学研究和环境监测基地

保护环境发挥生态服务功能。丰富的资源和独特的地理条件使三江源自然保护区成为开展科学研究和环境监测的重要基地，也是实现自然保护区有效保护与合理利用自然资源的关键。三江源自然保护区发挥着涵养水源、防止水土流失、防止草地退化和沙漠化、调节气候改善生态等重要的生态功能，已成为维护生态环境安全，发挥生态服务功能的重要生力军。

5. 建设生态科普宣传与环保伦理教育基地

科普宣传与环保教育是自然保护区发挥的一个重要作用。三江源自然保护区向人类展示了大自然丰富多彩的生态系统，向公众揭示了大自然多姿多彩的奥秘，也是人类体验与自然和谐共存的佳境。使公众逐步认知保护自然资源与自然环境，与大自然和谐共存的重要性，同时也认识到自然保护区建设的重要意义。

6. 建设可持续利用资源世界示范基地

三江源自然保护区有着丰富的自然资源，尤其是丰富的野生动植物资源。有效的保护自然资源野生为了合理利用资源。自然保护区一直在研究如何合理开发利用自然资源，众多的自然保护区在药用、观赏资源培育以及开展生态旅游等方面已起到示范作用。

四、山地湖泊模式

班夫国家公园(Banff)是加拿大第一个国家公园，设立于 1885 年。位于阿尔伯塔省西南部，与不列颠哥伦比亚省交界的落基山东麓。素有"北美九寨沟"的美誉，世界著名的避暑胜地，面积 6666 平方千米。班夫国家公园生态旅游开发经验、公园法律法规、社区发展和管理模式值得借鉴。

(一)资源环境背景条件

班夫国家公园内有一系列冰峰、冰河、冰原、冰川湖、高山草原和温泉等景观，其奇峰秀水，居北美大陆之冠。公园中部的路易斯湖，风景尤佳，湖水随光线深浅，由蓝变绿，漫湖碧透。翡翠湖是另一处风景优美之地，较路易斯湖更加幽静。沿落基山脉，有多处这类冰川湖泊，犹如一串串珍珠，把静静的群山点缀得生气勃勃。园内植被主要有山地针叶林、亚高山针叶林、花旗松、白云杉和云杉等。主要动物有棕熊、美洲黑熊、鹿、驼鹿、野羊和珍稀的山地狮、美洲豹、大霍恩山绵羊、箭猪、猞猁等。

公园建有现代化旅馆、汽车旅馆和林中野营地。高山还架设有悬空索道，从山下一直通向山顶。峰顶建有楼阁和观望台，游人可凭栏远眺周围景色。路易斯湖畔的古堡酒店，独占湖光山色之美，更兼古色古香的外形设计和富丽堂皇的内部陈设，吸引游客争相下榻和光临。班夫镇上开辟有艺术中心和博物馆，每年入夏，有众多印第安人在这里搭起帐篷和舞台，穿上民族服装，向游客表演富有特色的民族歌舞。

(二)旅游项目及特征

1. 旅游开发现状

班夫国家公园已成为著名的旅游胜地，每年有 400 万游客到此旅游，国家公园内根据天气条件不同，制定了冬夏不同的旅游活动项目：

(1)豪华巴士或火车观光。这些旅游活动主要是提供给一些高消费层次的游客，乘坐豪华巴士欣赏国家公园的胜境对游客具有很大的吸引力。由于加拿大太平洋铁路从班夫国家公园内穿过，游客可选择乘坐豪华列车在国家公园内观光。

(2)高尔夫球。班夫国家公园内有高尔夫球场，可开展高尔夫球运动，包括一系列高尔夫球课程、豪华住宿、汽车租赁等项目。

(3)泛舟漂流。班夫国家公园内有许多商家提供半天、一天或多天的泛舟漂流活动。其中，泛舟最好的地点是路易斯湖，面积虽不大，但由于背靠雪山，风景怡人，泛舟其上俨如置身仙境。

(4)徒步。徒步旅游也是班夫国家公园内游客喜欢的旅游活动，游客可选择时间长短不同的徒步项目，从有向导的一日远足到多日的背包游、观野生动物游及"午夜太阳"之旅。

(5)乘雪橇。每年冬天狗拉雪橇是必然开展的旅游项目，游客在欣赏班夫国家公园美景的同时也能体验到"加拿大人"的生活。

(6)滑冰及滑雪。班夫国家公园内有大量的滑冰地。最著名的要属路易斯湖，是滑冰爱好者的天堂。滑雪也是国家公园内受欢迎的项目，同时公园内还有带向导的穿雪鞋徒步活动。

2. 旅游开发特点

(1)为国民提供各种游憩机会。1930 年国会通过了《加拿大国家公园法》(National Park Act)，确立了"国家公园的宗旨是为了加拿大人民的利益、教育和娱乐而服务于加拿大人民。国家公园应该得到很好的利用和管理以使下一代使用时没有遭到破坏"。国家公园在保护自然资源的前提下尽可能地为国民提供各种游憩机会。

(2)重视对原有设施的利用。有一条高速公路(跨加拿大高速公路)及一条铁路(加拿大太平洋铁路)贯穿国家公园。而公园借助这些设施开展特色的豪华大巴及豪华列车游览项目，使原有设施得到了充分的利用。

(三)可持续社区发展经验

加拿大非常重视班夫和班夫国家公园保持旅游开发和环境保护平衡关系，提出了可持续山地旅游社区各种规划和计划(表 11-1～表 11-3)。《班夫社区计划》提出的可持续社区规划要点主要包括：①紧急服务：警察、消防、救护车、救援；②口译、遗产场址教育、信息；③供应：营地、招待所、床位和早餐、宾馆；④提供传统产品的零售渠道：摄影用品、户外衣服、爬山、滑雪和长途步行设备，介绍这一地区自然、历史文化的书籍和赞美加拿大保护区的加拿大工艺和美术；⑤食物服务包括面包房和饭店；⑥会议设施：是辅助使用的设施，主要用于会议，标准上同宾馆相适宜，在传统旅游中发挥重要作用；⑦基本金融服务；⑧酒店；⑨医疗服务：门诊、医院；⑩交通：公共汽车、出租车、可租用小汽车；⑪关于涉险活动的学习机会；⑫公共洗衣房、淋浴；⑬邮电服务。

表 11-1 《班夫社区计划》可持续规划要点

《21世纪地方议程》可持续发展规划要点	《班夫社区计划》可持续规划要点
建立组织规划机构	指导委员会
建立共同的社区展望	指导委员会确定计划范围和过程，包括广泛的公众参与和反馈 规划组提出供选方案
基于社区问题	基于社区问题分析
确定致力于取得社区展望的问题	指导委员会授权背景研究项目去理解问题 13 个问题可组成计划的基本框架
对重点难题和问题做出仔细评价	社区专题讲座会、公开会议、时事通讯、热线电话、通知公众、搜寻反馈 具体信息见《班夫-鲍河河谷研究报告》
行动规划	行动规划
统一行动目标、采取具体行动（在设定的时间表内）。制定完成承诺的策略	具体计划行动主要关于：商业/居民的增长、提高管理、建设社区传统、形象和大气噪音、水和空气质量、闪电放电、建筑标准和主旋律、景观标准
形成行动计划	社区总目标和具体目标必须符合班夫国家公园管理计划的要求 行动时间表：即时的、前进中的实施与监测
实施与监测	实施与监测
建立实施机构和内部管理机构	镇议会协调社区计划，环保部门和其他有关局、委员会具体贯彻计划目标
监测服务活动和变化	通过监测和评价《计划》保持向社会各方面问题转移的灵活性
评价与反馈	评价与反馈
定期完成评价并把结果反馈给服务提供者和使用者	每年为镇议会和班夫居民准确提供关于《社区计划》执行效果的镇说明报告
定期反复进行问题分析和规划过程考察	公众可以建议修改计划，规划组人员将回复这些建议
表扬和奖励成功的行动	社区计划执行 5 年后，将进行综合考察，并重新修订

资料来源：Dianne Draper. Toward sustainable mountain communities：balancing tourism development and environmental protection in Banff National Park，Canada. AMBIO-人类环境杂志，2000，29(7)：408-415.

表 11-2 《班夫社区计划》建设项目

社区计划主题	主题细节节选
班夫：一个可持续的国家公园社区	一个可持续的国家公园是： ①反映国家公园管理的基本原则 ②是环境事务的领导者 ③为可持续发展和可持续旅游树立榜样 可持续社区指： ①能提供可负担的服务与基础结构 ②社区是不同的.给居民提供可负担的住房、基础教育和医疗保健机会 ③实施不要现实的负面环境影响原则
班夫：一个平衡的社区	一个平衡社区的特征： ①可承受价格住房的足够供应 ②商业服务/设施符合适度利用标准 ③适度开发标准，重视自然环境 ④适度混合：新的开发、传统保护 ⑤重视居民和游客的生活质量 ⑥保持车辆和行人交通平衡 ⑦在平衡的社会和环境框架内运作的适度旅游业
班夫：一个进步而休戚相关的社区	一个进步而休戚相关的社区指： ①班夫居民非常关心该镇 ②渴望找到对问题的"班夫"解决方案和他们希望的进步

资料来源：Dianne Draper. Toward sustainable mountain communities：balancing tourism development and environmental protection in Banff National Park，Canada. AMBIO-人类环境杂志，2000，29(7)：408-415.

表 11-3 《班夫社区计划》可持续目标要点

总目标和战略	具体目标
增长与开发	增长与开发
在镇立法范围内管理增长和开发的数量、类型、进度，保持班夫可持续国家公园社区	①审批新的地方法律、建立与限制商业增长 ②相关的增长和开发密度、速度 ③监测与增长和开发数量和速度相关的负面环境影响原则、生活质量、经济健康和其他指示物
环境保护	环境保护
人类和自然共存提供优质环境	①把城镇发展成为环境和国家公园社区典范 ②与加拿大国家公园管理局合作建立致力于负面环境影响的监测系统
旅游业与经济	旅游业与经济
保持建立在地区自然、文化传统结上、健康的基于旅游业的可持续经济	①参与并支持传统旅游策略 ②继续鼓励基于班夫自然环境的四季旅游业 ③促进地方经济发展，提供就业机会

资料来源：Dianne Draper. Toward sustainable mountain communities：balancing tourism development and environmental protection in Banff National Park，Canada. AMBIO-人类环境杂志，2000，29（7）：408-415.

（四）公园管理与规划

根据 1930 年通过的《加拿大国家公园法》，班夫国家公园由加拿大公园管理局负责管理。1964 年提出在《加拿大国家公园法》中强调环境保护。1988 年，修订后的国家公园法将生态环境保护放在第一位。1994 年，加拿大公园管理局指定班夫弓河研究所起草新的公园运行政策，班夫国家公园被要求制定公园管理计划。为便于管理，班夫国家公园根据特殊保护区需要，规定了 3 个"环境敏感地带"，如表 11-4 所示。

表 11-4 班夫国家公园功能分区规划

分区	数量和面积	组成及特点	提供的游览设施
特别保护区	4 个，占 4%	由洞穴系统、草地、盆地沼泽和考古遗址组成，具有独特和濒危的特点	游人不能进入
荒野区	大片连续，约占公园面积的 93%	由险峻的山坡、冰川和湖泊组成，弱度利用区	小路、原始的山地野营地、高山小屋、小路避难所
自然环境保护区	占公园面积的 1%	在多个游憩区和野营地周围	设施标准高于荒野区，有进入通道和古朴的乡村式客栈
户外游憩区	4 个，约 1%	万尼卡湖和 3 个滑雪场，游人相对集中	有机动交通直达，路两侧有乡村风格的设施和旅社
公园服务区	2 个，小于 1%	班夫镇和路易斯湖	有各种齐全的服务设施
环境敏感地	3 个	湿地、温泉、河流阶地	根据特点予以特殊保护

资料来源：Dianne Draper. Toward sustainable mountain communities：balancing tourism development and environmental protection in Banff National Park，Canada. AMBIO-人类环境杂志，2000，29（7）：408-415.

《班夫社区计划》要求建立年际监测系统，每年形成一份城镇说明报告，向公众报告上一年成绩，讨论次年工作重点。《合并协议》规定班夫许可经营的商业企业必须符合一定的基本准则：一是成为到公园游客的中心区，并给他们提供食宿供应和其他商品及服务；二是给需要在镇内居住的人提供舒适的生活社区。并要求商业企业必须：①位于镇域内；②为有活力的传统旅游业作贡献；③对世界遗产遗址是适合的；④提供必需的社区服务；⑤必须从事国家公园允许的活动；⑥没有产品生产的增值过程或在其他地方出售的服务行为。

五、都市乡村模式

日本最早的观光农场所位于岩水县的小岩井农场。这是一个具有百余年悠久历史的综合性大农场，自 1992 年起，农场主结合经营生产项目，先后开辟 600 余亩观光农园，兴建了动物广场、牧场馆、农机具展览馆、花圃、自由广场等多种游览设施。农场用富有诗情画意的田园风光、各具特色的设施和完善周到的服务吸引了大量游客，平均每年约有 70 万游客，赢得了可观的经济收入。随着小岩井农场观光农园的发展，日本思古、寻求自然的旅游热开始兴起，观光农业很快风靡全国。值得说明的是，在日本旅游政策的数次修订中，曾明文规定在农村(山村、渔村)地区，为提高居民收入也大力提倡休憩娱乐活动用地的整治。这一政策成为日本观光农业发展的基础动力所在。陈玲玲等(2012)在其《日本观光农业旅游经济的发展与经验》中，对日本都市农业观光进行了总结，这里介绍如下。

(一)观光农业生态旅游经济特点

生态农业旅游是以乡村生态环境为背景，以生态农业和乡村文化为资源基础，通过运用生态学、美学、经济学原理和可持续发展理论对农业资源的开发和布局进行规划、设计、施工，将农业开发成以保护自然为核心，以生态农业生产和生态旅游为主要功能，集生态农业建设、科学管理、旅游商品生产与游人观光生态农业、参与农事劳作、体验农村情趣、获取生态和农业知识为一体的一种新型生态旅游活动。观光农业则作为农业与旅游业的交叉性产业。随着收入增加、闲暇时间增多、生活节奏加快以及社会竞争日益激烈，人们渴望多样化的旅游，尤其希望能在典型的农村环境中放松自己，于是观光农业应运而生。亦即观光农业是以农业和农村为载体的新型生态旅游业。

1. 制定并颁布相关法律法规

为推动市民农园的发展，日本特别组团到德国、英国、瑞士、荷兰、美国考察，积极推动立法工作，于 1990 年 9 月颁布了《市民农园事务促进法》。该法较为突出的特点是：规定市民农园的农地可以租借，借地期限一次可达 5 年，并对租借期内的租金、物资及设备、所有权及使用权等进行了规定。农园里允许设置移动性露营帐篷、简易住宿设施、停车场、自来水与用电设备、农具陈列室及活动中心、儿童活动用绿地广场等。农园内的农地平时可以委托出租农地的农民照管，并付给适当代管费用。产品收获后，也可委托其邮寄到家，以达到扩大产品流通，增进情感交流的目的。

2. 丰富观光生态农业活动项目

观光农园。一股流行于城市近郊，主要是开放成熟的果园、菜园、花园、茶园等，让游客自己亲手摘果、摘菜，赏花、采茶，享受田园生活乐趣。在日本，采用发达的农业栽培技术培育出一些名、特、优、新的农作物品种非常普遍。在观光农园里向人们展示先进农业高科技和优质农产品，一方面开阔了旅游者的眼界，另一方面也发挥了现代农业宣传教育功能。

民俗农庄。是指利用农村自然环境、景观和当地文化民俗，让游客自然地接触、认识和体验农村生活。在维护整体农村自然景观的原则下，仿建农庄小屋。民俗农庄设施虽然简单，却具有乡村特有的自然宁静的气氛。游客可以借此体会农村闲适的生活，充分享受农村和平安宁的夜晚乐趣，体验其中浓厚的乡土风情。

教育农园。利用农场环境和产业资源，将其改造成学校的户外教室。是学校课堂教学的延伸，是体验书本知识的活动场所。农园中所栽植的作物、饲养的动物以及配备的设施极具教育内涵，所以教育农园以接待学生修学旅行为主。

3. 创造优美的乡村景观生态环境

农业观光的关键是创造出美丽迷人的乡村环境，这种环境本身就构成了旅游吸引物。这种自然景观与生活景观交相辉映后形成的景观对农民来说是极其普通的，却会给外来人留下深刻的印象。在考虑开发农村观光时，创造这种乡村景观是非常重要的，但必须用地方特色热情接待外来的客人。

在日本乡村，各种生物共存是农村环境的一大重点，需要创造出清澈见底的小溪，各种昆虫和鸟类纷飞啼叫的环境。完美的生态环境成了检验农村自然环境的清洁程度和在那里所生产食品的安全程度的指标之一。当然，这种与生物的共生还构成了能够开展各种体验性活动的宝贵观光资源。此外，挖掘与创造农村文化，除大自然之外，农村的魅力还在于传统的乡村文化。在继承以往文化的基础上，还需要创造出新的农村文化。以新的乡村文化魅力来吸引外来的旅游者，增强农村观光的活力。

(二)观光农业生态旅游经济发展模式

1. 政府主导发展与促进作用

20 世纪 70 年代以来，日本农业面临效益下降及产业职能转变的难题。为促使日本农业转型升级、调整经营结构，日本农林水产省致力于推动农业生产向观光旅游方面发展。为了达到这一目的，农林水产省先后采取诸多政策措施，在全国范围内积极开展"都市—农山渔村共生对流活动""交流往来的日本"以及"绿色旅游"活动，推进观光农业的健康发展。在政府主导责任上，政府主要担负技术支持、公共设施完善、财政支持以及国际合作等责任。

此外,日本观光农业取得成功与日本政府制定合理计划的支持分不开。以北海道为例，2000 年制定的以建设具有活力农村为主要目的"第三次北海道长期综合发展战略"。试图发展绿色旅游休闲农业来进一步加强城乡交流与互动，从而实现农业经营多元化战略。

为保证该规划如期实现，政府于 2001 年开始连续出台一系列观光农业规划。政府的支持收效明显，2009 年北海道旅游休闲农业总收人为 261 亿日元，带动本地域其他企业增收 553 亿日元，对本地域经济总贡献份额 7.3%。

2. 完善的观光农业法规体系

日本观光农业法规体系是比较健全的。以《观光立国推进基本法》《粮食、农村、农业基本法》为依据，日本主要制定实施与观光农业相关的法律有《旅行业法》《温泉法》《森林法》《海岸法》《岛屿振兴法》《山村振兴法》《旅馆业法》《停车场所法》《农山渔村余暇法》《景现法》等，这些法律条文明确规定了审批程序、审核的标准，并且有较强的可操作性。减少了人为因素对政策实施的影响，使条例的执行和管理顺利通畅，既保证了从事观光农业的企业依法经营，又限制了部分人借办观光农业之名进行圈地和违法经营。

进入 20 世纪 90 年代，日本对原《农业基本法》进行了重新审视及评价，于 1992 年颁布了面向 21 世纪的"新政策"。其中，从完善农村定居条件的现点出发，将绿色观光业列为维持和确保各地区收入的重要政策。而且新农林预算也以支援振兴包括绿色观光业在内的新产业为目的，开设了"确立地区农业基础，改善农业结构事业"项目，1995 年 4 月开始实施《农山渔村旅宿型休闲活动促进法》：规定了"促进农村旅宿型休闲活动功能健全化措施"和"实现农林渔业体验民宿行业健康发展措施"，推动绿色观光体制、景点和设施建设，规范绿色观光业的发展与经费。另外，《自然环境保护法》《自然公园法》等也对绿色观光业的形成和发展起到了保证作用。

3. 科学的农业旅游发展规划

观光农业旅游经济是综合利用当地资源，以当地自然、文史资源以及特有的农村生产、景观，融合旅游、餐饮等综合经营的种由农业延伸至服务业的新产业。为推进这种新型服务产业的发展，日本政府通过地区广域联合的办法整合区域资源，对整合后观光农业资源进行科学规划与合理开发。其中，以日本农林水产省开展的"一村一景"活动、"一村一品"活动为典型代表。日本各地也充分整合各地农村周围的森林山水资源，大力发展生态旅游。通过与民俗、观光农园相结合，进一步拓展了观光农业的发展空间。

就发展观光农业的效果看，首先，观光农业的发展改善了日本农业产业结构使农业生产向服务业延伸，增加农民就业机会，促使农民发家致富，观光农业的繁荣又能够吸引其他社会资本前来投资观光农业，使其成为日本的新兴产业，促进了农村经济的发展。其次，观光农业也促进了日本农村社会发展，激发农村居民的爱乡热情，城市居民向农村流动，增进了城乡交流，给农村带来活力，促进了农村社会发展和进步。此外，日本观光农业还取得了良好的生态效益，公共设施的完善和环境的美化等都为人们提供了一个和谐的生活环境。

六、热带草原模式

肯尼亚拥有丰富的自然资源，同时面临着经济发展和环境保护的双重问题，甚至曾经以环境为代价换取经济发展。在环境问题日益凸显并最终对经济社会造成严重影响的背景下，肯尼亚开始寻求与环境相适应的经济发展模式，最终以生态旅游为抓手，积极发展生态旅游业，实现环境、经济和社会的协调发展。肯尼亚以保护区为代表的生态旅游及其产品开发取得了显著成效。

（一）肯尼亚生态旅游概况

肯尼亚位于非洲东部，赤道横贯中部，东非大裂谷纵贯南北。肯尼亚是非洲开展生态旅游最早的国家，是生态旅游的先驱者。旅游业是肯尼亚国民经济的支柱，而在旅游业中至关重要的是与野生动物有关的生态旅游。肯尼亚生态旅游发展的成绩是显著的。于 1990 年召开了关于生态旅游区域性工作会议，于 1993 年诞生了全非洲第一个生态旅游协会（ESOK），于 1997 年主办了关于生态旅游的国际研讨会。可见，肯尼亚举国上下、各行各业对生态旅游的关心程度很高。

肯尼亚自然生态旅游观光业曾迅速发展，但由于狩猎旅游产生和缺乏科学的规划和良好的管理，严重影响了野生动物的生长和繁衍。为保护野生动植物，肯尼亚政府于 1977 年宣布禁猎令，通过强迫原住民迁离等办法，共成立了 26 座国家公园、28 处保护区和 1 处自然保护区，共占陆地面积的 12%。相当于全国有十分之一土地用于野生动植物的保护。这样的改变取得了非常好的效果，不仅使旅游人数、旅游业收入增加，更重的是对当地企业和民众有正面效应。

自从旅游形态改变后，肯尼亚有更多的私人企业投入旅游业，并为当地居民带来许多就业机会。肯尼亚出现了许多属于本国人自己经营的旅游集团、旅游服务公司。肯尼亚旅游发展协会成立于 1966 年，其主要设立宗旨是协助有兴趣的私人企业取得政府的资金赞助，发展生态旅游。此外，根据肯尼亚的法律规定，所有的旅游企业都需有部分股权为肯尼亚人所拥有，所以肯尼亚旅游发展协会的另一种重要角色就是扮演外国投资者和本国商人之间的中介者和联系人，并发挥了相当重要的作用。

（二）肯尼亚生态旅游发展模式

20 世纪 70 年代中，由于缺乏合理的规划与妥善的管理，肯尼亚一些保护区和国家公园问题日益突出。因此，肯尼亚政府于 1989 年 4 月，解散了"野生生物保育暨管理部"，成立了肯尼亚野生生物服务署。促进了禁止象牙买卖国际协议的签订。明确宣布保护野生动物是国家公园最重要的工作。拟定了斑马文件（Zebra Book），明确指出肯尼亚野生动物服务署将已发展自然保护和生态旅游共存共荣为目标，设计出与当地居民有效的互助模式。

肯尼亚野生生物服务署非常重视与当地居民的互动关系，特别强调要保障居民的生命财产安全，并尽力减少野生动物对居民生活的干扰，于 1992 年成立社区服务协会（CWS），目的在于通过该组织给予居住于国家公园保护区周围的民众以实质的帮助，如提供经费帮助地方发展计划等。肯尼亚野生物服务署自门票所得收入中提取 25% 给野生动物骚扰的村落作为回报。

为保证保护区的正常发展，政府鼓励当地居民参与到野生生物相关的行业，如旅游、畜养、提供食物或制作纪念品及表演等，使当地居民从旅游业中获取利润，并进而赞成与加入环境保护活动，这样也可以在更大程度上保证野生动植物有较大的生存空间、较安全的庇护所。提倡主管野生动物的相关部门要成为当地军民的好朋友、好帮手，尽力给他们辅导、建议和协助。这些提议都充分体现了政府在生态旅游中关注当地居民的意向。肯尼亚还与美国国际发展机构共同制定"生物多样区保护计划"，出发点在于帮助当地居民站起来，即协助他们找到合适的工作项目，增加每个家庭的经济收入，改善居民的基本生活条件，缓解居民与国家公园管理间的矛盾与冲突。

在肯尼亚国家公园内建立了一套兼顾当地民众权益和保护自然环境以及让肯尼亚的野生动植物能永续生存的管理模式。将施政重点放在保护区与周围居民关系的改善上，并推出了"野生动物发展与利益分享计划"。旅游利益应当与地民众共同分享。应对生态旅游赋予更积极的意义，视其为推动自然保护的强大动力，尤其需让当地民众因从中获得利益而感到满足。重新调整了肯尼亚野生生物服务署的工作目标，表现为：①保护生物多样性；②联结保护与旅游；③建立地方、国家、国际等不同层次团体间的伙伴关系。此举有益于增加地方生产力，把通过开创多样性的旅游活动以增加当地社区实际利益作为日后奋斗的目标。

(三)肯尼亚生态旅游经验分析

生态旅游的内涵之一就是要估计当地居民的利益，保证当地居民的从旅游业中受益，改善居民的生活质量，以此推动生态旅游地区的环境保护和可持续发展。在这方面，肯尼亚树立了很好的榜样。其中，马赛马拉保护区和安伯塞利国家公园结合当地居民发展旅游的实际经验，非常珍贵。

1. 马赛马拉保护区

马赛马拉保护区是肯尼亚最受欢迎的旅游景点。经过十几年的发展，取得了显著成绩，尤其在保护活动与当地居民参与的结合上十分成功。许多居民住在保护区内的马赛族人被吸收为旅游发展的协会的成员，民众通过参与渐渐都能接受新的土地和资源利用方式。1977 年政府颁布禁猎令，马赛族人不再靠贩卖猎物维生，此时恰好生态旅游兴起，生态旅游带来可观的收入足以弥补他们的损失，而且这种收入比以往更丰厚，也比较稳定，还减少了风险。地方议会也很慷慨，每年都拿出一定比例的收入回馈当地居民，支持许多当地部落的发展计划，如兴建医疗服务站、学校、供水设备、改善牲畜蓄养设施以及道路修建等。伴随着生态旅游带来的丰厚收益，许多旅游业者和土地拥有者对发展以观赏野生动物为主的生态旅游事业兴致勃勃，并且对保护工作抱积极的态度。居民再也不愿冒险去打猎，所以偷猎的情形有非常大的改善。

2. 安伯塞利国家公园

安伯塞利水区是马赛族人重要的水资源，是他们生活的家园，由于野生动物出没、游客行为或多或少的会影响农牧活动，当地居民马赛族人曾和政府议会有着严重的冲突。20世纪 60 年代后，随着安伯塞利划设为国家公园，肯尼亚于 1971 年宣布中央政府拥有安伯塞利的管辖权，迫使马赛族人迁出此区域。这种来自中央的强硬措施激怒了马赛族人，他们大肆猎杀草原上的犀牛、狮子、印度豹、大象等进行抗议，矛盾进一步激化。后经多方协调，结果安伯塞利顺利成为国家公园，政府则以下列承诺回报马赛族人的让步：政府须在邻近湖泊兴建取水和引水设施，将水送至马赛族人的土地；中央政府须将部分门票收入用于国家公园的管理与发展；政府聘用当地居民从事园区管理工作，增加就业机会；马赛族自治团体对其他剩余土地保留拥有权；当地村落的基础建设得以推动，学习、医疗站和村民活动中心建在公园边上，国家公园周边以及区内的道路状况得到改善。

综合以上对马赛马拉保护区和安伯塞利国家公园的分析，不难看出，生态旅游在这两个地区的顺利发展与取得当地民众的支持是分不开的。它使生态旅游真正成为解决环境保护、经济发展与当地民众三者矛盾的一帖良药。

七、山地乡村模式

比利牛斯山脉是法国与西班牙两国的界山，是欧洲西南部最大的山脉，山脉呈东西走向，长约 435 千米，一般宽 80～140 千米。其中以珀杜山峰(海拔 3352 米)为中心的方圆 306 平方千米的地区，被列为世界文化与自然双重遗产。该地区有湖泊、瀑布、裸露的岩层、冰川和峡谷等多种地貌。考古中发现，从旧石器时代起，当地就有人类生活的遗迹。该区域内有亚地中海植被、麻类植被、山区植被、亚高山植被和高山植被等 5 种植被，生活着熊等野生动物 800 多种。

(一)基本情况

西班牙和法国分别于 1918 年和 1967 年在各自的辖区内建立了国家公园。法国于 1971 年为比利牛斯山国家公园发行了邮票。1988 年 9 月，法、西两国签订了共同保护这一地区文化与自然遗存的合作协议。比利牛斯山脉是欧洲西南部最大山脉。

风景秀丽的珀杜山以湖泊、瀑布、岩石、冰川及峡谷为主的山地风景名胜。北坡有现代冰川，南坡有四大峡谷。在整个地区发现了三大典型的地貌景观：一是北部地区，三大相交峡谷被南北走向的以片岩和砂岩为主的山峰所环绕，两处冰山被以 Munia 主峰(3133 米)为主的东南走向的山峰所分割；二是以石灰岩为主、连绵 20 千米的峭壁构造景观，大部分高度超过 3000 米；三是以砂岩和片岩为主的高原平原。除雄伟的山脉，这个地区还有恬静的田园风光。该区植被丰富，有亚地中海植被、麻类植被、山区植被、亚高山植被和高山植被等。动物种类也不少，哺乳动物 800 多种。山区自然景色秀丽，是重要的旅游胜地和登山滑雪的活动场所。

比利牛斯—珀杜山在旧石器时代就有人类活动。居住在山脉两侧的西班牙人和法国人文化习俗相似，交往频繁。尤其表现在农业生产方式上——梯田及随季节性变化将牲畜在山地和草地之间迁移的生活方式。这个地区有恬静的田园风关，反映出地处欧洲高低的人们从前普遍的农业生活方式，进入到 20 世纪依然如故。比利牛斯—珀杜山保留的古村庄、古农场、田野、草地和山路，为洞察过去、体验古欧洲社会生活提供了帮助。

（二）山地乡村生态旅游产品体系

法国农会（APCA）于 1998 年专门设立了"农业及旅游接待服务处"，联合其他有关社会团体，建立名为"欢迎莅临农场"组织网络，有 3000 多户农民加盟。从 20 世纪 60 年代开始西班牙大力推出乡村旅游，政府出资修建乡村旅游社区，为度假游客提供服务，目前乡村旅游已经是西班牙的主要旅游形式之一。

法国乡村旅游产品涵盖了农场客栈、农产品市场、点心农场、骑马农场、教学农场、探索农场、狩猎农场、暂住农场和露营农场等九大系列，法国郊区农业旅游也出现多种形式，包括家庭农场、教育农场、自然保护区、家庭农园等，活动类型多种多样。

西班牙是欧洲乡村旅游发源地和世界上著名的旅游大国，最早将废弃的城堡改造后开展旅游活动，主要有房屋出租型（room renting）、别墅出租型（cottage renting）、山地度假型、乡村观光型等，开展徒步、骑马、滑翔、登山、漂流等多种休闲活动，85%的乡村旅游者周末驾车前往 100～150 千米以内的农场休闲度假。

（三）山地乡村生态旅游发展经验

（1）制定相关计划。法国推出的"农庄旅游"计划使 1.6 万户农家建立起了家庭旅馆。

（2）社区参与，实行本地化策略。法国鼓励农民参与乡村旅游开发，加强了培训和引导，新兴的"绿色度假"每年可以给法国农民带来 700 亿法郎的收益，相当于全国旅游业收入的 1/4。

（3）注重主客交流和生活方式的体验，在农舍内游客可与农场主人共同生活，参与体验性较强。

（4）经营形式灵活多样，在农场范围内，游客可以把整个的农场租下，远离农场主人，自行料理生活上的事务，也可以在农场范围内搭帐篷露营或者利用旅行车旅行。

（5）重视文化的复兴和传统习俗的渗透，保持乡村旅游独特魅力，开拓国际市场。

（6）加强宣传。法国出版了专门的宣传和指导手册，大力促销乡村旅游旅游。

八、海洋岛屿模式

海洋岛屿生态旅游度假著名包括：塞舌尔（最纯净的奢华海岛）、南太平洋大溪地（超级度假天堂）、希腊圣托里尼（纯净的蓝白世界）、毛里求斯（天堂的故乡）、斐济（南太平洋遗落的宝藏）、马尔代夫（天堂很近，喧嚣很远）、帕劳（海洋天堂、潜水圣堂）、三亚蜈支洲岛（镶嵌在中国南海的一颗珍珠）、关岛（私奔情人岬，情定杜梦湾）、泰国帕岸岛（远离喧嚣的仙境之美）、印尼巴厘岛和厄瓜多尔加拉帕戈斯群岛。其中，对周边社区作用和影响最大的当属印尼巴厘岛和厄瓜多尔加拉帕戈斯群岛。

（一）印尼巴厘岛国际生态旅游度假胜地

巴厘岛是印度尼西亚著名的旅游区，距首都雅加达 1000 多千米，与首都雅加达所在的爪哇岛隔海相望，相距 1.6 千米。由于地处热带，受海洋影响，气候温和多雨，该岛土壤十分肥沃，四季绿水青山，万花烂漫，林木参天。巴厘岛面积 5632 平方千米。岛上居民普遍信奉印度教。该岛有"花之岛""南海乐园""神仙岛""艺术之岛""诗之岛""东方的希腊""神明之岛""恶魔之岛""罗曼斯岛""绮丽之岛""天堂之岛""魔幻之岛"等美称。安宁的田园风关、独特文化、民居建筑、特有的土著表演、奇异的鸟类、完美的阳光、沙滩、海洋资源，使巴厘岛的生态旅游成为世界的焦点。巴厘岛居民每年举行的宗教节日近 200 个，每逢节日，歌舞杂陈。由于巴厘岛风情万种，景物甚为绮丽。每年吸引 160 万国际旅游者前来度假、体验。

印尼巴厘岛生态旅游发展主要经验：

(1)保护好自然环境、开发好旅游资源，是地区经济发展的基础。在巴厘岛，为保证生态景观效果，法律规定所有建筑高度不准超过四层。为保护海水质量和近海生态环境，政府规定开发商要建酒店必须先建污水净化系统，游客必须在特别开辟的专门区域下海游泳、活动，不能踩、触珊瑚，也不允许在近岸边钓鱼，严令禁止近海捕捞。

(2)强化旅游地宣传促销，充分利用国际度假旅游专业市场渠道。巴厘岛非常重视旅游地的整体形象宣传，政府在其中起了核心作用。一方面，巴厘岛当地的政府拨出专项资金，政府亲自搞旅游宣传另一方面，通过政府或行业协会，组织各旅游企业做广告宣传，包括机场广告。

(3)转换政府职能，提高办事效率。巴厘省旅游局为此做出了巨大的贡献。他们着手提高政府管理旅游的能力，他们计划学习欧洲、新加坡的模式。

(4)观光旅游与度假旅游相辅相成、密不可分。从考察的情况来看，观光与度假是区域旅游发展密不可分的两个方面。巴厘岛发展旅游的时间不长，却在这方面很能说明问题。

(5)发展旅游，不一定需要中心城市的依托。由于交通等基础设施的完善、消费观念的改变，在以旅游为主导产业的地区，城市的作用被大大削弱。

(6)基础设施和旅游度假设施的设计建设突出热带海岛环境优势。在巴厘岛，度假酒店都在尽量把自己与环境融合在一起，而且越是新建的，越是高档的。

(二)厄瓜多尔加拉帕戈斯群岛生态旅游

1968 年以来，厄瓜多尔对加拉帕戈斯群岛联合进行研究，该群岛是继澳大利亚的大堡礁之后第二个世界海洋保护区。1990 年，成立厄瓜多尔生态旅游协会，这是拉丁美洲的第一家，其章程细则和守则被委内瑞拉、玻利维亚、巴西、秘鲁等国家随后成立的同类组织所采纳。最近，厄瓜多尔政府通过旅游与环境部在厄瓜多尔生态旅游协会的协助下批准了生态旅游企业的认证计划，对开展生态旅游活动、推动可持续发展的企业，提供技术帮助和经济激励措施。厄瓜多尔虽小，却有 3 个生物多样性"热点"，世界上不过 25 个这样的"热点"。

加拉帕戈斯群岛是一个海洋群岛，由面积为 4588 平方千米的大岛(伊莎贝拉)和 4 个面积为 500~1000 平方千米的中等岛屿(圣克鲁斯、费尔南迪那、圣地亚哥和圣克里斯托瓦尔)、6 个面积 20~500 平方千米的较小岛屿和 8 块面积仅为 1 平方千米的陆地构成，总共包括 19 个岛屿和 42 个小岛(Rodrfguer，1993)。其中，有 263.6 平方千米的土地用于城市港口和农业用地，其余 97%的土地是作为国家公园的保护区领地。从 1998 年起，围绕该群岛多边形基线的一条长带也被作为保护区，属于海洋保护区类别，总面积达 20 万公顷。加拉帕哥斯群岛相关荣誉包括人类自然遗产(UNESCO，1979)、生物圈保护区(MAB/UNE-SCO，1985)和鲸鱼保护区(1989)。

加拉帕戈斯群岛生态旅游经营政策主要有：

(1)1924 年，厄瓜多尔政府颁布了保护该群岛上独一无二的动物种群第一条法令，于 1936 年确立了保护其中一些岛屿的生态系统的法律，1959 年建立了该国第一个自然保护区——加拉帕戈斯国家公园。

(2)1964 年查理·达尔文科学站的落成和 1968 年加拉帕戈斯国家公园管理机构，在位于群岛中心的圣克鲁斯岛成立，更加巩固了对该保护区的管理和保护。经过与使用者长期的协商后，1986 年建立了海洋资源保护区，并与 1998 年加入了国家保护区体系，隶属于海洋保护区类别。

九、极高山地模式

尼泊尔徒步旅游和登山旅游业发达，产值约占国民生产总值的 29%。高峰时外国游客达到 60 多万人次/年。低峰时，外国游客也能达到 20 多万人次/年。2012 年，接待航空游客 59.53 万人，比 2011 年增长 18.9%。赴尼泊尔旅游的主要为亚洲游客，其中以印度、中国游客居多，其次为西欧和北美游客。

尼泊尔地处喜马拉雅山南麓，生态旅游资源丰富，自然风光绮丽，现有 8 个国家公园、4 个野生动物保护区、2 个水源保护区和 1 个狩猎保护区，总面积为 21.051 平方千米，占全国面积的 14%。其中，奇特旺皇家国家公园和萨加玛塔国家公园被列入世界自然遗产名录，著名的安纳布尔纳(Annapurna)保护区也是游客向往之地. 尼泊尔气候也十分宜人，徒步旅游和登山旅游业最为发达，每年吸引大量的登山爱好者和专业登山队前来登山考察。

(一)萨加玛塔国家公园

萨加玛塔国家公园(Sagarmatha National Park)位于首都加德满都东北的索洛-昆布地区，坐落在珠穆朗玛峰南坡，是尼泊尔著名的旅游胜地，北部与我国西藏珠穆朗玛自然保护区接壤。总面积 1244 平方千米。萨加玛塔国家公园是联合国教科文组织公布的首批文化遗产和自然遗产之一。遍布形态各异的山脉、冰河和深谷，主要山脉是珠穆朗玛山，拥有世界最高的山峰，海拔 8844.43 米。公园里保护着许多稀有的物种，如雪豹和小熊猫。因舍帕斯部落的存在，其独特的文化增添了这一地区的吸引力。

萨加玛塔国家公园气候宜人，夏无酷暑，冬无严寒。萨加玛塔国家公园共有 7 座山峰，海拔也都在 7000 米以上。还有数量可观的冰川深谷。珠穆朗玛峰海拔 8844 米，尼泊尔语称"萨加玛塔"，意思是"摩天岭"或"世界之顶"。高耸险峻的珠穆朗玛峰已经成为全世界登山爱好者的最终目标，每年吸引大量的登山队前来登山。由于地处山区，海拔差大，从而造就了丰富的生态环境，适于多种动植物生长。同时，这里也是世界著名的攀登区，因其独特的地质地貌而成为世界上最令人感兴趣的地区之一。印度板块与亚洲板块碰撞，板块结合处形成连续不断隆起，高达数千米，从而形成了喜马拉雅山脉，加之第四纪冰川作用的明显影响，造成了众多的大川深谷。

萨加玛塔国家公园提供了海拔高度2850～8848米的完整而层次分明的生态系统。分布有三个植被带：由橡树、松树、桦树和杜鹃构成的较低森林带；以矮小的杜鹃和刺柏丛林为主的高山中间带；高处森林带则是苔藓和地衣的天下。此外，动物种类繁多，生存着麋鹿、雪豹等珍稀动物。萨加玛塔国家公园终年阳光灿烂、四季如春。四周群山巍峨壮美，冰峰林立。山上有终年不化的积雪，山下是四季常青的花草。还有代表喇嘛教宁玛派的夏尔巴人文化的寺院庙宇。萨加玛塔国家公园居住着夏尔巴人，常年生活在山区，体力充沛，有良好的适应能力，能高原负重疾步行走。

萨加玛塔国家公园旅游事业兴起，极大地改变了夏尔巴人的生活方式，旅游业已成为当地主要的经济来源，平均每户人家都有一人从事与旅游相关的行业。尽管旅游业为这一地区带来了可观的收入和无限的发展机遇，但也带来了一些消极影响。旅游直接或间接地导致了森林储备的缩减和物价上涨，也使人们更加依赖于金钱和食物的进口，更令人惋惜的是，夏尔巴人民族文化特色，如方言、庆典、民歌和民族舞蹈已经急剧衰落。尽管如此，夏尔巴人被公认为不仅拥有丰富文化，而且也是人与环境之间相互影响的典范。

（二）安纳布尔纳保护区

安纳布尔纳保护区（Annapurna Reserve）是尼泊尔境内最大的保护区，是最受欢迎的徒步旅游区之一。这里有丰富多彩的自然景观和生动的农民生活场景。在安纳布尔纳保护区内，依然居住着原著居民，为了迎接越来越多的游客，居民们也不断建设一些旅馆来接待徒步者。这些旅馆的建设主要是非常简单、朴实的木房、太阳能公用浴室，尽可能地减少对环境的破坏。保护区内的山路，大多是人长年累月行走自然形成，为泥路或石板路，没有太多的人工装饰，因为人们认识到徒步者欣赏的是美丽的自然景观和真实的民间生活。

游人徒步在安纳布尔纳保护区内，山景绝美，雪山、居民就在旅途中，徒步令游人与山里人的生活贴近，徒步的过程也就是观景的过程。事实上，世界上的确很少有自然保护区像安纳布尔纳保护区这样丰富多彩。有海拔8091米的安纳布尔纳山峰，还有世界上最深的峡谷之一——凯利干达基峡谷（Kali Gandaki）。游客可以选择多条徒步路线，没有人会埋怨徒步的艰辛。越来越多的人来这里徒步，越来越多的人体会到徒步的乐趣。经过艰辛后到达目的地，会有一种难以表达的满足感和成就感。

在开发模式上，正由于保护区内居住着大量的原著民，保护区的项目开发便很注意当地人的参与，以求得开发与环保协调发展。专门成立地方委员会协调旅游与环境保护的工作，对当地客栈服务员进行培训，同时鼓励物资再回收，为尽量减少树木砍伐，还用煤油做替代燃料。地方参与项目中还包括建立客栈管理委员会，负责实施各项规定，如偷猎处罚、林木砍伐控制等。

十、海滨峡地模式

位于太平洋板块和澳大利亚印度洋板块交界处的高山断层上，坐落于南岛西南角，濒临塔斯曼海，包括火山岛索兰德尔岛，占地面积 125 万公顷。公园内多峡湾，海岸呈锯齿形。更新世冰川运动遗迹丰富多样。西面为海水淹没冰川峡谷组成海湾。南面峡湾更长、入海口更宽，其间有许多小岛。这里古代为高原，经风雨冰雪侵蚀，形成了高山峻岭、悬崖绝壁、河川湖泊，被誉为"高山园林和海滨峡地之胜"。1986 年，峡湾国家公园被列入世界遗产名录。峡湾国家公园是新西兰最大的国家公园。

（一）旅游活动项目

峡湾国家公园每年游客约 55 万人次，大多数为境外游客。国家公园内的旅游项目以观光为主，比较有特色的旅游项目主要有：

（1）徒步。徒步是峡湾国家公园内游客参与最多的项目，公园内有总计 500 多千米长的 13 条步道供游客使用。每条步道都是一条景观线路，其中包括被誉为"世界上最好行道"的 Milford 栈道。公园内步道还和一些港口相连，游客也可以选择乘船到达步道的另一端。

（2）登山。在峡湾国家公园内的 Wick 和 Darran 山上仍有冰川存在，每年吸引大量的登山爱好者前来攀登，同时 Darran 也是著名的攀岩旅游目的地。

（3）空中观光。乘直升机、固定翼或水上飞机欣赏峡湾国家公园是很受欢迎的旅游项目，在空中将峡湾、高山、湖泊、海洋、森林、瀑布尽收眼底，给人美不胜收的感觉。

（4）钓鱼和狩猎。峡湾国家公园内大量的湖泊和河流是钓鱼爱好者的天堂。如果游客要进行钓鱼活动，必须有钓鱼许可证，同时要遵守公园对钓鱼活动的相关规定。在峡湾国家公园内是可以进行狩猎活动的，狩猎的对象包括红鹿、麋鹿和负鼠等。游客需要持有相应的许可证方可进行狩猎活动。

（5）骑自行车和乘橡皮艇。在峡湾国家公园有专门从事自行车运动经营公司，安排有自行车骑行线路，并且为骑自行车的游客提供全程巴士随行，游客尽可以选择自己喜欢的路段骑行，随时可以上巴士休息。喜欢户外运动、追求新奇冒险的游客可以选择乘坐橡皮艇在海上欣赏国家公园沿岸风光。

（二）生态旅游开发经验

（1）为了保护，敞开大门。新西兰为使有遗产价值的自然和文化资源得到可持续的利用，尽可能地提供基础设施，提高这些区域的可进入性，让国民走进自然，了解自然，融入自然，从而实现保护自然的目的。

（2）以人为本，国家公园需要完备的设施。自然和文化保护的主体是人，只有照顾到旅游者的感受，使旅游者获得最大的旅游体验，才有可能实现最大限度的保护。因此，在国家公园内，需要有完善的旅游基础设施和旅游服务设施。

（3）自然是最好的，尽量别破坏它。国家公园要向游客展示地域生态系统。因此，国家公园内部的设施被限制，在整个国家公园 1% 的范围内，使国家公园保持了相对纯净的面貌。在设施时，也尽量保持与原来环境的协调，体现自然美。

第二节　生态旅游主体功能区

一、生态旅游主体功能区概述

（一）旅游主体功能区沿革

空间分区最早源于 19 世纪初，系依据一定的参照及标准对地理区域空间进行划分。当时主要根据地质、气候、地形、地貌、土壤、植被等自然要素空间分异规律进行划分。此后，根据生产力布局的需求，以自然为基础，以经济为导向，开展相应的区域空间研究，逐渐转向空间开发规划研究，如地理区划、自然区划、资源区划、农业区划、经济区划、发展区划、生态功能区划、海洋功能区划、环境保护区划以及部门专项区划等研究（王联兵，2010）。

在国外的区域发展中，尤其重视将区域空间发展规划作为区域综合发展的前提。如美国提出标准区域概念并将其划分为三个不同层次，即区域经济地区组合、经济地区和成分经济地区。法国的领土整治规划以均衡化作为领土整治目标，引导、指导、控制人口和产业不断向巴黎地区周边地区转移。欧盟为联盟各国提供统一的地域单元区划，制订了标准地区统计单元目录（NUTS），每个成员国包括多个 NUTS 区域。巴西的区域发展空间分区包括疏散发展地区、控制膨胀地区、积极发展地区、待开发（移民）区和生态保护区。日本为有效地保护自然环境和利用现有社会资本，通过立法程序，以《全国性综合开发计划》为顶层空间发展规划（王联兵，2010）。

国家"十一五"规划纲要中明确提出，"根据资源环境承载能力、现有开发密度和发展潜力，统筹考虑未来我国人口分布、经济布局、国土利用和城镇化格局，将国土空间划分为优化开发、重点开发、限制开发和禁止开发四类主体功能区，按主体功能定位调整和完善区域政策及绩效评价，规范空间开发秩序，形成合理的空间开发结构"。由此推知，区域主体功能区是按区域分工和协调发展原则划定的具有某种主体功能的规划区域，依据主要区域空间内不同发展区带的相关要素，具体包括资源环境承载能力、现有开发密度和发展潜力。其中，"主体（major）"一是指起综合先导作用的主要功能地区，或是产业结构，或是经济发展，或是城乡空间，或是保护环境；二是在同一个主体功能区内，不能排除其他地区及功能的存在。从此，我国以指导跨区域发展为己任的各种主体功能区理念层出不穷，旅游主体功能区（tourism major function oriented zone）概念也应运而生。

主体功能区对区域乃至全球可持续发展的独特作用主要包括：①优化空间资源配置。明确区域主体功能区定位和发展方向，有利于优化空间资源配置，提高空间资源配置效率，形成各具特色的区域结构和分工格局。②有利于跨区域空间管制。通过跨区域不同类型主体功能区划分，确定其发展方向和空间管理方式，有利于实行并强化资源空间管制，规范和优化资源空间开发秩序，逐步形成合理的资源空间开发结构。③便于空间分类管理和区域调控。从可持续发展和适宜性评价的角度，对不同主体功能区实行分类的区域政策和绩效考核，从而有效避免跨区域调控中出现"一刀切"现象。④促进人与自然和谐发展。主体功能区划是针对国土资源开发适宜性评价而进行的区域功能空间划分，有利于促进人与自然的和谐发展，引导经济布局、人口分布与资源环境承载力向最优方向协调发展。

(二)生态主体功能区与生态旅游主体功能区

生态主体功能区(ecological-function oriented districts)顾名思义就是强调生态要素为主导的特定空间区域，具体而言就是依托较为富集的生态资源，以生态(产业、经济)为主导功能，引领区域可持续发展的特定空间区域。拓展而言，可以涉及生态旅游主体功能区、生态产业主体功能区、生态经济主体功能区等。

生态主体功能区与全国主体功能区的理念相一致，是全国主体功能区划的进一步实施和体现。狭义而言，相当于全国主体功能区划中限制开发区中的第二类功能区，即重点生态功能区，亦即生态系统脆弱或生态功能重要，资源环境承载能力较低，不具备大规模、高强度、工业化、城镇化开发的条件，必须把增强生态产品生产能力作为首要任务，从而应该限制进行大规模高强度工业化城镇化开发的地区。

更广泛的含义是，禁止开发区包括了全国主体功能区中限制开发区的第二类功能区(即重点生态功能区域)以及禁止开发区域。禁止开发区就是依法设立的各级各类自然文化资源保护区域，以及其他禁止进行工业化城镇化开发、需要特殊保护的重点生态功能区。国家层面禁止开发区域，包括国家级自然保护区、世界文化自然遗产、国家级风景名胜区、国家森林公园和国家地质公园。省级层面的禁止开发区域，包括省级及以下各级各类自然文化资源保护区域、重要水源地以及其他省级人民政府根据需要确定的禁止开发区域。

从区域空间分布而言，生态主体功能区往往与限制开发区和禁止开发区区域相一致。也是生态旅游主体功能区的主要展示区。目前，生态主体功能区在全国相关省区中，正在进行相应的规划。

生态旅游主体功能区(eco-tourism major function oriented zone)系与主体功能区有关联、相对应的区域发展理论范畴，特指以生态旅游产业为战略性主导产业的特定区域发展空间系统，即大到国家，包括省(区)、市(州)、县(区)，小到乡(镇)域的以生态旅游产业作为战略性主导产业的空间区域。生态旅游主体功能区系旅游主体功能区的具体实施和体现，并强调的是将生态旅游业作为区域战略性支柱产业。而传统的生态旅游功能区(eco-tourism function zone)是指在进行生态旅游开发规划过程中，针对生态旅游区(片区、区或景区)开发规划、建设、管理过程中的旅游功能空间与旅游功能布局，与跨区域战略性支柱产业或主导产业无关。

(三)旅游主体功能区内涵

旅游主体功能区是指依托较为富集的旅游资源，以现代旅游业为战略性支柱产业，引领区域经济社会生态全面发展的特定空间区域。具体而言，是以旅游业发展为区域主导产业，引领、布局资源结构、区域发展、产业布局、规划建设、基础设施、资源保护、生态建设乃至社会服务和保障体系等的可持续发展功能区域。相关的概念包括：旅游主体功能区划、旅游主体功能区规划和旅游主体功能区开发。

从性质上看,旅游主体功能区是仅次于相应级别的主体功能区的旅游战略产业为导向的主体功能区,或在对应的主体功能区框架下以旅游业为战略性主导产业的主体功能区,如就四川省而言,旅游主体功能区是仅次于四川省主体功能区的旅游战略性主导产业主体功能区,或在四川省主体功能区框架下以旅游业为战略性主导产业的主体功能区。与旅游主体功能区相对应的旅游主体功能区规划系指仅次于相应级别省域主体功能区的综合性主体功能区规划和专项主体功能区规划,或者在对应区域主体功能区规划框架下的综合主体功能区规划。

实质上,旅游主体功能区是在国家或者省(区)主体功能区框架下的综合主体功能区,其开发建设规划原则上不受其他规划的约束,不受土地、城乡等其他规划的限制。如位于青藏高原东南部、以旅游产业为战略性支柱产业的大香格里拉国际生态旅游区,就是典型的旅游主体功能区,它可以包括藏东南、川西、滇西北等次一级旅游主体功能区,这些地区发展应以对应的区域发展规划和旅游主体功能区规划为上位规划和顶层规划。旅游主体功能区通常旅游资源丰富、生态环境优良,往往跨越行政区划边界,并具有一定的旅游产业发展基础,有时与生态主体功能区重叠或交叉,在空间形态、城乡建设、文化遗产保护中发挥着特殊作用,并肩负着重要的旅游体制与机制创新改革使命。

二、生态旅游主体功能区分类、特征与条件

(一)旅游主体功能区划分

旅游主体功能区按照不同的标准和依据,可划分为不同层次、规模和大小类型。从依托的主体旅游资源属性及其成因来看,旅游主体功能区可以分为三大类型,即生态型(eco-)、人文型(cultural-)和创新型(new-)旅游主体功能区。

生态型旅游主体功能区以旅游业为主导产业,以丰富的自然旅游资源和生态环境条件为基础,并以完整的地理空间单元界限为界的主体功能区域。典型的生态型旅游主体功能区如青藏高原旅游主体功能区、大香格里拉旅游主体功能区、武陵山区旅游主体功能区、大巴山自然生态旅游主体功能区、龙门山生态旅游综合功能区,这些旅游主体功能区与对应的主体功能区规划一起应成为这些地区的顶层战略发展规划,指导跨区域战略发展和建设,而城乡规划、产业布局、土地规划、基础设施及相关的专项规划应该在旅游主体功能区指导下或者框架下实施。

从规模上讲,有些生态型旅游主体功能区面积较大,可跨越省际,如青藏高原旅游主体功能区涵盖我国川滇藏青新甘区域,以及不丹、尼泊尔、印度的拉达克等地区,面积250万平方千米;六盘山旅游主体功能区包括宁夏南部和甘肃东部,面积约170平方千米;中国大香格里拉旅游主体功能区包括云南迪庆、四川甘孜、西藏昌都、青海玉树地区,面积110万平方千米;黄河上游旅游主体功能区流域面积38.6万平方千米;武陵山区旅游主体功能区位于中国华南地区中部,南临广西、东临湖南,西临川渝、北临湖北,面积15万平方千米;乌蒙山旅游主体功能区涉及川滇黔三省38个县(市、区),面积约11万平方千米;大巴山旅游主体功能区涉及川、陕、渝、鄂、豫、甘六省交界区域,面积约

10 万平方千米。较小的龙门山生态旅游综合功能区面积约 0.45 万平方千米。

人文型旅游主体功能区主要依托传统人文旅游资源特色和优势而命名的旅游主体功能区，典型的主要有：汶川地震遗址旅游主体功能区、西安旅游主体功能区、澳门旅游主体功能区、云南丽江旅游主体功能区以及欧美地区相应的旅游业为主导产业的相应城市（如北美的洛杉矶、旧金山、拉斯维加斯、夏威夷、芝加哥、迈阿密、西雅图、多伦多、亚特兰大、波士顿、温哥华、孟菲斯，欧洲的哥本哈根、雷克雅未克、伊斯坦布尔、尼科西亚、格拉茨、维也纳、萨尔斯堡、雅典、斯图加特、汉诺威、佛罗伦萨、威尼斯、奥斯陆、布拉格、布鲁塞尔、里维埃拉、斯德哥尔摩、日内瓦、苏黎世、赫尔辛基、阿姆斯特丹、里斯本、巴塞罗那等），这些旅游主体功能区就是以传统人文资源环境保护为前提，以发展现代旅游业为区域重要产业、优势产业或主导产业。

创新型旅游主体功能区的原始旅游资源赋存不够理想，通过文化创意、技术创新、资本投入、环境再造、生态培育等来实现发展，通过与城市新区发展必不可分，如国外的有美国纽约曼哈顿、伦敦金融城、巴黎拉德芳斯、东京新宿、西班牙毕堡新城、英国爱丁堡新城、美国菲尼克斯、盐湖城、德国法兰克福新区、汉堡海港城、国内的如香港中环、尖沙咀、北京商务中心区、广州新城、珠江新城、天津滨海旅游主体功能区、深圳华侨城、圳珠三角 CBD、上海浦东新区、重庆两江新区、四川天府新区、广西亚洲金融中心等。

此外，从与区域中心城市空间关系而言，旅游主体功能区可以分为三种类型：一是都市拓展型，结合城市空间拓展的需要，按照城旅互动理念规划建设的旅游功能新区，如天津滨海新区旅游产业园；二是城市远郊景区型，依托旅游资源优势发展而成的旅游功能区，通常距离城市中心区较远，如温州永嘉楠溪江旅游主体功能区；三是生态涵养型，在保护前提下发展起来的旅游主体功能区，时常与城市水源地、生态建设相结合产生，如大巴山旅游主体功能区、龙门山旅游主体功能区。应该提及的是，这种划分类型的旅游主体功能区主要针对区域旅游发展开发规划而提出。

(二)旅游主体功能区特征与条件

广义而言，凡是符合下列四个方面特征的空间发展区域均可构建旅游主体功能区。

第一，以现代旅游业作为区域主导产业，带动区域经济发展与社会进步。这是对风景名胜区、旅游度假区传统发展模式的突破，是"把旅游业培育成国民经济的战略性支柱产业和人民群众更加满意的现代服务业"国家战略的呼应与体现。同时，这是旅游主体功能区区别于其他类型产业功能区的最主要方面，也是旅游主体功能区建设的最终目标。

第二，肩负区域改革与创新发展的重任，是区域发展机制改革、旅游管理体制创新的试验田。如上所述，旅游主体功能区概念的提出具有革命性的创新，它强调以旅游产业为主导产业带动整个区域城乡建设、空间形态、产业布局、经济发展、社会进步、资源和环境保护等全面协调发展，这是时代赋予旅游主体功能区的责任，是旅游主体功能区发展的根本动力和目标实现的基本保障，这是旅游产业综合改革过程中的具体体现。要实现这个目标，首先要创新发展体制，为确保实现区域旅游业的战略性支柱产业地位保驾护航，其次要创新管理机制，确保区域旅游产业的跨越发展。

第三，面向国内外游客提供适应市场需要的特色旅游产品体系，这是旅游主体功能区建设的直接任务，在这一点上与传统旅游功能区的职责相同，涉及市场主体培育、产业要素完善、业态创新、市场营销、品牌建设等内容，关乎旅游目的地培育和产品升级。由于旅游主体功能区以旅游产业为战略性主导产业，旅游主体功能区不仅是全球重要的综合旅游目的地，提供大量满足市场需求的多元化旅游产品体系，而且通常也是旅游产业发展示范区、旅游业带动区域可持续发展的创新区。

第四，生态型旅游主体功能区发育与分布的区域，往往是生态环境脆弱的资源富集型经济欠发达地区，如我国14个集中连片贫困山区(六盘山区、秦巴山区、武陵山区、乌蒙山区、滇桂黔石漠化区、滇西边境山区、大兴安岭南麓山区、燕山—太行山区、吕梁山区、大别山区、罗霄山区等区域连片特困地区和已明确实施特殊政策的西藏、四省藏区、新疆南疆三地州)，因而成为旅游产业扶贫攻坚主战场，在国家扶贫攻坚战场中具有区域战略性意义的主导产业便是旅游产业。从某种程度上讲，旅游主体功能区就是旅游产业扶贫开发的试验区和创新区。

那么，哪些地区怎样才能有潜力成为旅游主体功能区呢？在目前实践中涉及的旅游主体功能区，通常还应满足以下几个方面的条件：旅游资源较富集，资源开发和旅游产业发展空间大；受自然条件、生态环境及人文因素的影响，不利于发展工业等大规模开发建设；旅游资源受部门和地域分割，在现行行政管理体制下，特色、优势和潜力难以得到有效发挥；生态系统独特，环境较优良，多数地区被划为限制开发区和禁止开发区，产业选择受到生态环境保护政策的限制。此外，旅游主体功能区通常为自然资源富集、生态环境良好、人文景观集聚的经济发展相对滞后地区，包括革命老区、少数民族地区、边远贫困山区，所以往往成为国家集中连片扶贫开发攻坚区域。

在实践中，具备条件、可以成为旅游主体功能区的区域有很多，尤其是具有较好基础的国家公园、自然保护区、风景名胜区、森林公园、地质公园、旅游度假区及各类旅游开发区所在的空间区域，因为这些区域最具备旅游主体功能区要求的上述特征和条件。在现阶段，旅游主体功能区并没有真正实现作为旅游主体功能区应该具备的功能、要素、标准、机制和体制，因为现在所谓的旅游主体功能区是地方政府运用自身拥有的权力和资源进行制度创新的产物，仅仅是旅游功能区而已，而没有达到旅游主体功能区。通常而言，具备条件的区域在经过地方政府授权、挂牌后，才会成为正式的旅游主体功能区。在称谓上，部分地区直接使用"旅游主体功能区"字样，但由于发展体制的束缚，还没有成为真正意义上的旅游主体功能区，如成都龙门山生态旅游综合功能区，其实质上都是传统的旅游功能区。还有汶川特色地震旅游区尽管目前是以旅游产业作为区域主导产业，但也不是真正意义上的旅游主体功能区，因为在现有管理体制机制中，旅游管理机构和部门并没有真正成为统筹其他行业的"发改委"，仍然不能发挥主导产业的应有作用和意义。

三、生态旅游主体功能区战略

(一)为区域旅游发展提供全新的理论方法体系

如上所述，旅游主体功能区强调以现代旅游业作为区域战略性主导产业，带动区域经济发展与社会进步，强调以旅游业为主导功能的区域发展的战略规划和上位规划，把区域旅游发展与城乡形态、产业布局及空间管理等重大问题提升到政策决策层面。旅游主体功能区理论发展有利于：①旅游生产力在旅游主体功能区范围内的重新配置和提高整体竞争力；②抑制不同行政区域之间的旅游业恶性竞争；③科学拓宽资源空间和市场空间；④推动落后地区经济发展和脱贫致富。所以，旅游主体功能区概念的提出和理论体系的构建，不仅对区域旅游业发展提供了创新性理论指导，对区域战略发展提出了革命性理念，对旅游开发规划建设提出了全新的标准，对资源富集型经济欠发达地区跨越发展具有重大现实意义。

一是创新区域旅游发展理论体系。构建全新的区域旅游发展理论体系——旅游主体功能区开发研究框架，包括旅游主体功能区理论体系、旅游主体功能区理论意义和作用、主体功能区背景下旅游发展战略、旅游主体功能区划、旅游主体功能区划指标体系、旅游主体功能区划方案、旅游主体功能区开发管控对策等。

二是创新区域旅游发展理念和模式。①革新发展理念：通过某一地区旅游主体功能区试行研究，系统评价旅游主体功能区框架下的区域发展思路及效果，构建全国旅游主体功能试验区和示范区。②创新体制机制。探讨如何实现旅游资源型欠发达地区区域发展道路——旅游主体功能区框架下的区域发展道路，探讨相关的组织、体制、机制、政策保障等问题。③改革发展模式。拓展我国旅游综合配套改革方向和视角，力图申报全国旅游综合配套改革试点——"全国旅游主体功能区综合配套改革试验区"。

三是创新区域旅游发展改革体制。构建全国旅游主体功能区综合配套改革试验区——以旅游主体功能区理论为指导，通过旅游主体功能试验区先行先试，构建旅游主体功能区框架下的新型区域增长极，实现以旅游产业为先导的新型旅游目的地、集中连片扶贫、统筹城乡与区域协调发展，提升新型区域增长极核心竞争力，最终实现跨越可持续发展。

四是创新区域旅游发展行业机制。通过旅游主体功能区试验区研究和建设，拓展区域，示范全省，为全国其他相似的旅游资源富集型经济欠发达地区跨越发展提供经验和示范，引领全国旅游业发展新时代——掀起全国主体功能区背景和旅游主体功能区框架下的旅游发展规划新浪潮。

(二)为区域可持续发展提供创新性的体制机制

由于旅游主体功能区强调区域发展体系中的旅游战略性主导产业地位，其开发规划、实现机制和管理体制具有创新性和革命性意义，不仅需要革新区域发展规划的传统理念，创新区域发展的实现机制，而且以管理体制创新作为实现旅游主体功能区的先决保障条件。

旅游主体功能区理论最大的特点之一，就是强调区域旅游资源分布的自然规律，注重旅游资源分布的整体性和系统性，从而易于形成跨区域竞争优势。

首先，它突破了传统规划体系定位。长期以来，区域发展总是以城乡发展和空间形态布局为先导，城乡规划和土地利用规划处于上层和战略地位，旅游业规划只是作为上述规划框架下的一个次级专项规划，在进行旅游规划时总是要强调与其他上位规划的协调。与此不同的是，旅游主体功能区规划已经上升到区域乃至跨区域发展战略——即旅游主体功能区规划的高度,把区域旅游业发展与城乡空间形态及空间管理等重大问题提升到政策决策层面,并强调旅游主体功能区规划,可以直接推动和影响政府的重大决策,进而统领整个区域的经济和社会全面协调发展。它明确了区域发展中的战略方向、总体框架、功能结构以及空间管理架构,能够从宏观上更好地确保资源环境优势向经济、社会以及生态协调发展最优方向的转变。

第二,它突破了城乡规划和土地规划的约束。旅游主体功能区规划系以旅游产业为区域战略主导产业的区域战略规划和上层规划,强调以旅游产业为战略性主导产业规划指导下,布局旅游主体功能区范围内的土地利用方式、资源保护与开发的强度、城乡发展形态以及产业要素配置等。在这种理念指导下,城乡规划、土地利用规划、产业规划以及其他专项规划都应服从于旅游主体功能区规划,并以旅游主体功能区定位作为空间指引,明确区域内各类开发和建设的目标、尺度以及布局方案。亦即在旅游主体功能区范围内,区域发展要以旅游产业为战略性主导产业,引领、统筹其他产业布局、城乡建设、空间结构、经济发展、社会进步,乃至资源开发和环境保护,从而形成以旅游产业和旅游经济为主导和核心的区域空间综合功能发展区。

第三,它突破了行政区划的界限。旅游主体功能区尊重旅游资源与生态环境分布的自然规律,注重自然资源与生态环境分布的整体性和系统性,强调以发挥旅游资源最优综合效能和以核心旅游资源为基础的区域空间资源的统一规划和综合利用,从而有利于构建区域核心竞争优势。旅游主体功能区主张采取相互激励和共同约束的规划手段,以区域产业合作与分工为纽带,在跨区域实现旅游业、农业、加工制造业、商贸服务业等产业协调,以及旅游产业内部的功能互补,实现跨行政区规划的核心价值。通过旅游主体功能区理论指导,可以实现如下问题的科学解决:①行政区间常见的交通阻隔;②行政区间的制度缺陷和能力不足;③行政区间的行政区域分割;④行政区间的地区利益障碍;⑤旅游组织管理和软件质量相对滞后问题;⑥社会经济基础相对薄弱问题;⑦旅游生产力发展不平衡问题。

(三)在资源富集型经济欠发展地区跨越发展中的重大战略和指导意义

(1)一方面,自然环境条件、历史人文背景、经济社会条件、交通及区位条件等影响,成为集中连片贫困山区。另一方面,拥有巨大的"宝藏":全国资源最丰富、品级最高的旅游资源富集区域之一。

(2)由于传统思维的影响,区域发展方向、发展战略往往发生偏差,发展道路和方式并没有依托于自身的资源特色和优势,造成"劲没处使"。由于体制机制的影响,旅游业先导产业的地位和作用,并没有真正得到充分发挥。甚至没有发挥到旅游业应有的地位和作用,即"使不上劲"。

(3)客观需求创新发展方式。充分依托旅游资源富集特点和优势,在考虑区域空间特征布局、环境容量及生态承载能力、国土利用要求与战略选择、现有开发能力以及区位重要性和发展潜力等基础上,从区域旅游开发适宜性和旅游资源保护角度,科学制定区域旅游功能区划的方案,使旅游资源得到科学合理开发利用,带动区域全面跨越发展。

(4)旅游主体功能区规划强调以旅游业为主导功能的区域发展的战略规划和上位规划,把大巴山地区旅游发展与城乡形态、产业布局及空间管理等重大问题提升到政策决策层面，可以直接推动和影响政府的重大决策，进而统领整个资源富集型经济欠发达地区的经济和社会发展，从宏观上更好地确保资源优势向经济、社会以及生态优势的转变。

(5)旅游主体功能区理念注重地区发展承载力和开发潜力的辩证统一，在《全国主体功能区规划》框架下，建立适宜地区旅游区域发展科学评价体系，按照旅游业在该区域未来发展中承担的主要功能和核心作用，构筑围绕旅游业发展这一核心功能的区域可持续发展框架，同时配合旅游业发展进行区域功能布局和生产要素的配置，明确并指导区域发展的空间布局、城镇、城乡空间形态和空间管理的方案。

(四)构建旅游主体功能区国家战略是资源富集型经济欠发达地区创新发展的切入点

(1)资源富集型经济欠发达地区具有成为旅游主体功能区设立的先天条件，主要表现在：一是经济欠发达地区通常构成我国旅游资源最富集、最集中的区域之一，资源开发和产业发展空间巨大；二是旅游资源受部门和地域分割，在现行行政管理体制下，优势和潜力难以得到有效发挥；三是生态系统独特，环境优美，属于限制开发区和禁止开发区，产业选择受到生态环境保护政策的限制；四是随着我国内陆交通网络发展，经济欠发达地区将形成公路、铁路、航空、航运四位一体的动态交通体系。

(2)由于旅游业的综合性、关联性、开放性和带动性，使其成为区域协调发展的优势和先导产业，并成为当今世界发展最快、前景最广的一项新兴产业。

(3)经济欠发达地区跨越发展的重点包括新村建设、基础设施、产业发展、能力提升、生态保护和社会保障，这与全国旅游主体功能区构建是相辅相成的。一方面，旅游产业是经济欠发达地区创新发展的先导产业，打造旅游主体功能区是旅游资源富集型经济欠发达地区创新发展的关键和保障。另一方面，旅游资源富集型经济欠发达地区是全国旅游主体功能示范区构建的理想地区，其创新发展过程就是其旅游产业大发展的过程。

(4)如何站在区域经济一体化战略高度，构建以旅游产业为主导产业统领的全国旅游主体功能示范区，以科学指导资源富集型经济欠发达地区创新跨越发展，更快地推动区域统筹、健康可持续发展，意义重大，势在必行。

四、生态旅游主体功能区开发案例

(一)旅游主体功能区设立的现实条件

旅游主体功能区，通常满足以下条件：旅游资源较富集，资源开发和产业发展空间大；旅游资源受部门和地域分割，在现行行政管理体制下，优势和潜力难以得到有效发挥；生态系统独特，环境较优良，多数地区被划为限制开发区和禁止开发区，产业选择受到生态环境保护政策的限制。此外，旅游主体功能区通常为自然资源富集、生态环境良好、人文景观集聚的经济发展相对落后地区，包括革命老区、少数民族地区、边远贫困山区。

有些旅游主体功能区面积较大，跨越市、县(区)甚至跨省区域等行政区划单位，因涉及旅游管理体制改革而成为最具典型性和研究价值的旅游功能区。如大巴山区即为典型的旅游主体功能区，从区域上看，包括四川、重庆、陕西、湖北、甘肃、河南六省区交界处的广义的大巴区,或者四川、陕西、重庆交界的狭义的大巴山区,或者川东北地区的大巴山旅游主体功能区。

在实践中,具备条件,可以成为旅游主体功能区的地区较多,尤其是具有较好基础的风景名胜区、旅游度假区及各类旅游开发区。但在现阶段,旅游主体功能区更多的是地方政府运用自身拥有的权力和资源进行制度创新的产物。通常而言,具备条件的地区在经过地方政府授权、挂牌后,才会成为正式的旅游主体功能区。在称谓上,部分地区直接使用"旅游主体功能区"字样,但由于发展体制的束缚,还没有成为真正意义上的旅游主体功能区,如成都龙门山生态旅游综合功能区,但其实质上都是传统的旅游功能区。

(二)大巴山区作为旅游主体功能区的科学依据

(1)大巴山区是国家未来扶贫开发攻坚重点。

全国生态旅游发展规划(2016~2025 年)提出大巴山生态旅游协作区的定位:重点发展山岳生态观光、避暑度假、乡村休闲等产品。创新旅游资源开发模式和旅游产业扶贫机制。加强省际旅游线路连接和区域合作,增强旅游产业整体活力和综合实力。

(2)大巴山区在全国乃至亚洲具有重要的生态战略地位。

大巴山区在世界生物多样性方面具有独特性,为我国生物多样性最丰富的地域之一。大巴山区属于长江、黄河两大江河水系中游的水源涵养区,尤其是作为南水北调中线工程水源涵养地,肩负着向京、津、豫、冀供水的重要使命。大巴山区不仅是我国自然地理南北差异的重要分界,也是黄河文化与长江文明的交汇处。系我国东西向山地生态走廊、南北地理分界线、气候分水岭,属长江上游重要的生态屏障。

(3)大巴山区属于以限制(禁止)开发区为主的旅游资源富集型经济欠发达地区。

一方面,由于自然环境条件、历史人文背景、经济社会条件、交通及区位条件等影响,大巴山区系全国集中连片贫困山区。另一方面,大巴山区拥有巨大的"宝藏":全国资源最丰富、品级最高的旅游资源富集区域之一。

(4)新形势下大巴山区凸显愈加突出的区位、资源和后发优势。

一方面,大巴山区在四川省旅游大发展格局中,发展相对滞后,正处于旅游发展的初级阶段。另一方面,大巴山区既是四川省"四大城市群""五大经济区"之一,也是成渝旅游经济带、秦巴生态旅游区、东环线的重要组成部分。随着立体交通网络体系实现,大巴山区在区域发展中将凸显更加明显的资源特色和区位优势,后发潜力巨大。

(5)新形势下大巴山区旅游业发展面临全新历史发展机遇。

新形势下,国内外环境越来越有利于旅游业的发展。全球一体化背景,旅游法和国民休闲纲要出台,国家经济发展方式转变,旅游需求巨大和旅游方式巨变,西部交通枢纽建设,作为位于成都、重庆、西安、兰州、武汉五大国际化大都市之间的大巴山区,随着外部交通环境条件的提升和完善,将迎来史无前例的发展契机。

(6)旅游产业是大巴山区扶贫开发的优势产业。

由于自然条件、发展环境和历史背景等因素,大巴山区属于以限制(禁止)开发区为主的旅游资源富集型经济欠发达地区。由于旅游业的综合性、关联性、开放性和带动性,成为区域协调发展的优势和先导产业,并成为当今世界发展最快、前景最广阔的新兴战略性产业。客观上旅游产业更适于实现扶贫战略的先导产业。

（三）旅游主体功能区解决的系列重大问题

大巴山区肩负着长江上游生态屏障、国际生态旅游目的地、革命老区扶贫致富及区域经济协调发展的重任，客观需重新审视并创新发展道路和方式。

一是如何实施体制机制创新，真正实现旅游业的先导产业地位和作用，使旅游资源得到科学合理开发利用，使旅游产业能够充分发挥其应有的特殊作用；二是在全球一体化和低碳发展背景下，如何充分发挥大巴地区资源特色和优势，实现大巴山区域旅游品牌塑造与全域共同发展。

以旅游主体功能区理论为指导，通过大巴山旅游主体功能试验区先行先试，构建旅游主体功能区框架下的新型区域增长极，实现以旅游产业为先导的新型旅游目的地、集中连片扶贫、统筹城乡与区域创新协调发展，提升大巴山区新兴区域增长极核心竞争力，最终实现大巴山区创新跨越可持续发展。

（四）大巴山旅游主体功能区划与指标体系

1. 区划原则与思路

（1）旅游主体功能区划。

遵循全面协调、可持续发展的新理念。强调通过科学筹划、兼顾各方，促进系统整体功能向最优方向发展，主体功能区划分不仅应体现自然与人文的相互影响，也要反映空间发展趋向的一致性，即人口、资源、环境与经济社会发展的空间协同性（王联兵，2010）。

旅游主体功能区划分的主要目标是构建综合协调社会、环保与经济增长的区域系统，而区域系统是由社会、经济和生态系统共同构成的复合系统工程。因此，区域系统的全面、可持续发展不仅取决于经济、社会、环境的持续发展，更取决于三个子系统及其间的协同演进。可见，旅游主体功能区划是实现旅游资源富集型经济欠发展地区区域协调持续发展的重要途径。

（2）旅游主体功能区划的基本思路。

以地理单元分布为主线，以县（市）为基本评价单元，结合行政区界线和自然分界线的取舍关系，建立大巴山旅游主体功能分区评价指标体系。

运用模糊综合评价和系统聚类分析相结合等方法，进行区域旅游资源、旅游环境容量、生态系统脆弱性、生态重要性、自然灾害危险性、人口集聚度、经济发展水平、交通可达性、旅游战略选择评价分区，揭示其区域分异规律，根据以上指标的分类评价情况，运用指数评价法及聚类分析法，尝试对大巴山区进行旅游主体功能分区，确定每个分析单元的旅游主体功能类型。

由于考虑到分析单元内的地形差异、旅游资源特征、重要水源地、其他区划成果等特殊因子，还需结合大巴山区的环境、经济及社会等要素的空间差异，以及旅游战略选择、旅游业发展水平及各县（市）自然地理环境特征、经济发展水平及潜力等因素对分区结果进行修正，得到最终的区划结果，即Ⅰ—Ⅳ类旅游主体功能区。

(3)评价指标体系构建原则。

旅游主体功能评价指标体系是一个综合性、系统性的概念,单纯选用个别指标不足以反映区划空间的差异性,应根据旅游主体功能区划的本质含义及基本特征,构建层次分明、结构完整的指标体系(王联兵,2010)。

①科学性原则。指标体系及选择应建立在客观、准确、科学之基础上,能度量和反映主体功能区划生态支持能力的内涵和目标的实现程度。

②系统性原则。旅游主体功能分区实为一复合系统,各要素之间及要素与旅游业发展之间是相互关联、相互作用的,因而指标体系分析应建立在对旅游系统以及人口、经济、社会之间的相互关系做出准确、全面分析基础上。

③目的性原则。旅游主体功能区评价涉及内容包容万象,彼此关系错综复杂。应明确所设计的指标体系的目的和用途。不同用途的指标体系选取的指标不一样,侧重点也应有所不同。该指标体系主要目的即体现旅游业可持续发展的要求。

④协调性原则。旅游主体功能区划的本质是研究旅游系统与主体功能区发展的协调。旅游主体功能区实质是为了促进区域人口、经济、环境、社会的均衡发展,为此指标体系的建立必须能充分的反应旅游系统与人口、经济、社会系统间以及人口、经济、社会系统自身的协调性。

2. 区划评价指标体系构建

(1)构建思路。

大巴山旅游主体功能分区评价指标体系主要包括旅游资源、旅游环境容量、生态系统脆弱性、生态重要性、自然灾害危险性、人口集聚度、经济发展水平、交通可达性、旅游战略选择等九个指标。其中,至关重要的是旅游资源关键指标,它们对大巴山区旅游业发展具有促进和约束作用。其次,是大巴山区自然生态环境、经济社会发展特点。

(2)评价指标体系构建。

遵循指标体系构建的基本原则,在广泛借鉴可持续发展的指标体系、资源环境承载力及国土开发密度测评、旅游业竞争力评价等相关研究基础上,结合国家《省级主体功能区域划分技术规程》《四川省主体功能区规划》以及大巴山区旅游资源特征以及旅游业发展情况,建立大巴山旅游主体功能分区评价的指标框架。

上述九个指标体系中,八个是可计量指标项,分别为旅游资源、旅游环境容量、生态系统脆弱性、生态重要性、自然灾害危险性、人口集聚度、经济发展水平、交通优势度,另一个为调控指标项(表11-5)。

表11-5　旅游主体功能分区指标体系指标系统

系统	子系统	原始指标或生成指标
旅游主体功能区划分指标体系	旅游资源	单体总量
		单体密度
		类型丰度
		储量丰度
		平均品度

续表

系统	子系统	原始指标或生成指标
旅游主体功能区划分指标体系		优良级单体数量
	旅游环境容量	旅游环境容量
	生态系统脆弱性	沙漠化
		土壤侵蚀
		石漠化
		土壤
		土壤盐渍化
	生态重要性	水源涵养重要性
		土壤保持重要性
		防风固沙重要性
		生物多样性
	自然灾害危险性	洪水灾害危险性
		地质灾害危险性
		地震灾害危险性
	人口集聚度	人口集聚度
		人口流动强度
	经济发展水平	人均 GDP
		GDP 增长率
	交通可达性	公路网密度
		交通干线影响度
		区位优势度
	旅游战略选择	3A 级及以上景区
		国家重点风景名胜区
		国家水利风景区
		国家级自然保护区
		国家森林公园
		国家地质公园
		国家重点文物保护单位
		中国工农业旅游示范点
		全国红色旅游景点景区
		旅游目的地
		交通枢纽

资料来源：王联兵. 宁夏旅游主体功能区研究. 西安：西北大学.2010. 有修改和补充。

（3）评价指标体系内涵。

指标体系是进行旅游主体功能区划分关键，评价指标体系按照旅游开发支撑条件、生态环境支撑条件和经济社会环境支撑条件三大类进行选取。

旅游开发支撑条件包括旅游资源、自然灾害危险性和旅游环境容量、旅游战略选择，旅游资源是旅游主体功能分区评价最优先考虑因素。该指标可从资源单体总量、单体密度、类型丰度、储量丰度、平均品质、单体数量等子因素加以体现；自然灾害危险性由洪水灾害危险性、地质灾害危险性、地震灾害危险性三个要素构成。旅游环境容量是指在保证旅游资源质量和生态环境的前提下满足游客舒适、安全、卫生、方便等需求，一定时间和空间范围内，允许容纳游客的最大承载能力。

生态环境支撑条件包括生态系统脆弱性和生态重要性两项指标。生态系统脆弱性由沙漠化、土壤侵蚀、石漠化、土壤盐渍化等脆弱性构成。具体通过沙漠化脆弱性、土壤侵蚀脆弱性、石漠化脆弱性等指标反映，以表征区域尺度生态环境脆弱程度。生态重要性由水源涵养重要性、土壤保持重要性、防风固沙重要性、生物多样性五个要素构成。其表征区域尺度生态系统结构、功能重要程度的综合性指标。

经济社会环境支撑条件包括人口集聚度、经济发展水平和交通优势度三项指标。人口集聚度由人口密度和人口流动强度要素构成；经济发展水平由人均 GDP 和地区 GDP 的增长两个要素构成；交通优势度由公路网密度、交通干线的拥有性或空间影响范围和与中心城市的交通距离指标构成。

3. 大巴山区旅游主体功能区划分

运用指数评价法、聚类分析法和模糊数学评价法，考虑到分析地形差异、旅游资源特征、重要水源地等特殊因子，结合旅游资源、旅游环境容量、生态系统脆弱性、生态重要性、自然灾害危险性、人口集聚度、经济发展水平及交通优势度等指标的分类评价情况，以及旅游战略选择、旅游业发展、自然地理环境特征、经济发展水平及潜力，确定大巴山区旅游主体功能分区最终方案(表 11-6、表 11-7)。

表 11-6 旅游主体功能分区及其评价指标体系

子系统		旅游主体功能区划分			
		I 类	II 类	III 类	IV 类
指标体系	旅游资源	一般—丰富，以人文资源为主	一般—较丰富	较丰富	丰富，自然生态资源为主
	旅游环境容量	大—较大	大—较大	一般	小—较小
	生态系统脆弱性	不明显	较明显	较明显	明显
	生态重要性	一般—次要	一般	重要	重大
	自然灾害危险性	一般—较小	一般—较明显	较明显	较明显
	人口集聚度	大—较大	较大——一般	一般	小
	经济发展水平	高—较高	较高——一般	较低	低—极低
	交通可达性	好—较好	较好——一般	一般—较差	差—较差
	旅游战略选择	城市旅游为主	城镇旅游为主	乡村旅游为主	自然生态旅游为主

表 11-7　大巴山区旅游主体功能分区结果

类 型	分 布
Ⅰ类旅游主体功能区(一类旅游开发区)	南充市(顺庆区、高坪区、嘉陵区、阆中市、南部县)、广安市(广安区、前锋区)、广元市(利州区、朝天区)、达州市(通川区、达川区、大竹县)、巴中市(巴州区)
Ⅱ类旅游主体功能区(二类旅游开发区)	点状开发城镇——达州汉源县、开江县、渠县、宣汉县，南充蓬安县、仪陇县，广安华蓥市、武胜县，巴中恩阳区，广元剑阁县、元坝区
Ⅲ类旅游主体功能区(限制开发农业旅游区)	南充蓬溪县、西充县、营山县，广安岳池县、邻水县，达州开江县、渠县、宣汉县，巴中平昌县，广元苍溪县、旺苍县
Ⅳ类旅游主体功能区(限制开发生态旅游区)	风景名胜区：光雾山-诺水河风景名胜区，神门风景名胜区；百里峡风景名胜区、八台山风景名胜区，真佛山风景名胜区，龙潭双阙风景名胜区；蜀道风景名胜区、白龙湖风景名胜区、阴平古道风景名胜区，古城山-七里峡风景名胜区；朱德故里-琳琅山风景名胜区，白云风景名胜区，西山风景名胜区，锦屏风景名胜区；华蓥山风景名胜区 自然保护区：诺水河自然保护区、五台山自然保护区，光雾山自然保护区、大小兰沟自然保护区，驷马自然保护区；花萼山自然保护区，百里峡自然保护区；米仓山自然保护区，唐家河自然保护区、东阳沟自然保护区、毛寨自然保护区，水磨沟自然保护区；翠云廊自然保护区，九龙山自然保护区 森林公园：米仓山森林公园，镇龙山森林公园，空山森林公园；五峰山森林公园，云湖森林公园、雷音铺森林公园，大坡岭森林公园，观音山森林公园，黑宝山森林公园，犀牛山森林公园；剑门关森林公园，天曌山森林公园、雪峰森林公园，古城山森林公园，栖凤峡森林公园；凌云山森林公园、金城山森林公园，盘龙山森林公园，太蓬山森林公园；华蓥山森林公园，罗家洞森林公园 地质公园：大巴山地质公园，华蓥山地质公园；光雾山-诺水河地质公园；地质遗迹地质公园，朝天地质公园，剑门关地质公园；嘉陵江曲流地质公园 湿地公园：南河湿地公园、柏林湖湿地公园；构溪河湿地公园，龙女湖湿地公园，龙女湖湿地公园、护安湿地公园；柏林湿地公园

　　Ⅰ类旅游主体功能区，即一类旅游开发区。包括南充市、广安市、广元市、达州市和巴中市五市城区，经济发展类指标即人口集聚度、经济发展水平及交通可达性三指标值，均高于其他各市县，人文旅游资源丰度高，密度大，品质高。同时又作为大巴山区主要城市群，开发历时较长，可将其定为一类重点旅游开发区。Ⅰ类旅游主体功能区根据其资源特色和发展环境特点，应主要发展以城市旅游为主。

　　Ⅱ类旅游主体功能区，即二类旅游开发区。系大巴山区独有的旅游主体功能区，主要与大巴山区独特的地质背景和山形地貌有关。主要分布于大巴山腹地平坝区域中，呈现点状、分散分布的重要支撑城镇，这些城镇彼此之间相对较远，开发较晚，发展相对滞后，但其区域支撑作用又很明显。该类旅游资源单体密度也较高，构成区旅游发展的重点区域。该类旅游主体功能区应以城市生态旅游为其重要发展方向。

　　Ⅲ类旅游主体功能区，即三类旅游开发区。从空间分布上，该类主体功能区主要分布于Ⅰ类或Ⅱ类旅游主体功能区周边，或者位于Ⅰ类或Ⅱ类旅游主体功能区与Ⅳ类旅游主体功能区之间，相当于城市与风景区之间的"乡村区域"。其特点主要有：发展不均衡，乡村环境独特，旅游资源单体密度较低，土地资源丰富，特色农业发展水平高，具备发展观光农业的优势，可将此类定为限制开发区农业旅游区。Ⅲ类旅游主体功能区分主要呈现两种空间形态，一是沿着大巴山山前南缘，呈东西向分布的区域性条带状；二是主要围绕巴中、达州、广元、南充、广安城区分布的组团环状分布。

Ⅳ类旅游主体功能区,即四类旅游开发区。该类全部为大巴山区生态环境脆弱的区域,自然生态旅游资源丰富,是大巴山区适合发展生态旅游的主要地区,故将其定为限制开发生态旅游区。

在空间上,Ⅳ类旅游主体功能区主要分布于大巴山腹地区域,包括唐家河、曾家山、米仓山、光雾山、大巴山(狭义)、华蓥山等。大巴山区范围中所有风景名胜区、自然保护区、森林公园、地质公园、湿地公园,均属于该类旅游主体功能区范畴。

(五)旅游主体功能区开发思路

1. 一类旅游主体功能区

一类旅游主体功能区特指大巴山区地市级区域旅游中心城市,包括巴中、达州、广元、南充、广安市城区。

大力培育区域重要节点,形成多中心、多极发展格局,带动其他区域均衡协调发展,实现大巴山腹地区域的振兴和崛起,打造大巴山区旅游经济发展动力核。

区域性旅游中心城市应吸引人口集聚,壮大城市规模,分担成都、重庆乃至西安的部分功能,大力发展专业化生产及中心功能。在成都、重庆、西安金三角地区形成多中心多极发展格局,共同带动区域旅游产业发展,促进大巴山区旅游产业扶贫开发。

通过区域旅游支撑中心的培育,提升中国优秀旅游目的地城市,打造大巴山区旅游经济增长极:

(1)巴中。①红色文化旅游重要支撑中心;②大巴山水休闲度假旅游重要支撑中心;③大巴山自然生态旅游重要支撑;④大巴山水生态休闲度假旅游城市;⑤依托巴中机场,承担西安(汉中)、太原为核心的北方市场游客集散中心。

(2)达州。①巴人故里旅游目的地城市;②红色文化旅游重要支撑;③大巴山原生态度假旅游重要支撑城市;④大巴山水生态休闲度假旅游城市;⑤依托达州机场,主要作为重庆和武汉为核心的中西部市场的游客集散中心。

(3)广元。①三国文化旅游的重要支撑;②嘉陵江旅游的重要支撑;③米仓山度假旅游重要支撑;④兰州为核心的西北地区市场游客集散中心,尤其是依托广元机场作为北京、广州、九寨沟(甘肃)市场的游客集散中心。

(4)南充。①作为川东北地区中心旅游城市;②嘉陵江旅游集散地和旅游目的地城市;③建设以南充机场为中心的2小时旅游圈支撑城市;④作为川东北地区游客集散中心,尤其是依托南充机场,作为北京、广州、深圳市场的游客集散中心。

(5)广安。①全国红色旅游基地;②川渝休闲度假旅游胜地;③重庆后花园;④重庆主城区北向交通次枢纽、环渝腹地区经济次中心、川渝合作旅游示范区。

2. 二类旅游主体功能区

二类旅游主体功能区主要为点状开发城镇,具体包括:达州汉源县、开江县、渠县、宣汉县;南充蓬安县、仪陇县;广安华蓥市、武胜县;巴中恩阳区;广元剑阁县、元坝区。

相对其他同级城镇，这些城镇是革命老区城镇、偏远山区城镇和贫困山区城镇的交集和浓缩。在地理空间上，主要位于偏远山区，呈现点状分散式分布于偏于山区腹地之中，因自然条件相对"恶劣"，道路为主的交通基础与配套服务设施明显滞后，当地居民与外界交流相对较少，发展观念、教育、科技等落后。

二类旅游主体功能区旅游资源特点，往往表现为原生态环境、原真的人文和宜人的气候条件，以及保持完好的古城镇。这种地区的城镇旅游开发原则是，一要确保原生态自然条件和生态环境；二以特色旅游城镇为目标，项目要精致、小巧、特色，避免都市化；三要始终坚持以旅游城镇为支撑、以旅游业为主导产业的特色综合业态发展，培育开发原生态特色旅游度假城镇组团建设。

二类旅游主体功能区一方面作为区域中心城市产业辐射和转移的重要承载区，另一方面作为与禁止(限制)开发的生态脆弱地区的衔接区域，农产品、劳动力等生产要素的主要供给区，农产品深加工基地，周边农业和生态人口转移的聚集区，使其成为集聚、带动、辐射乡村的经济社会发展中心。

总体发展方向：在保障农产品供给和保护生态环境前提下，大力推进城镇旅游和城镇旅游开发，整合优势资源，促进资源加工转化，推进清洁能源、生态农业、生态旅游等优势特色产业发展，促进产业和人口适度集中集约布局，加强县城和重点镇公共服务设施建设，完善公共服务和居住功能。

3. 三类旅游主体功能区

该类旅游主体功能区是旅游发展的重点地区，也是旅游产业扶贫的重点开发区域。发展方向应依托原生态环境和气候条件资源，结合乡村人文景观等乡村要素，培育旅游特色乡镇与特色乡村系列，大力发展乡村旅游产业，通过乡村旅游产业发展拉动周边社区扶贫致富。

该类旅游主体功能区空间上，总体位于城市周围中远郊区域，其次位于风景名胜区外围或者大山前山地带。属于典型的"乡村环境区域"，不仅是植物茂盛之地、动物栖身之地，也是人类生活生产宜居之所。

(1)大巴山南麓乡村旅游产业带。

即曾家山—米仓山—光雾山—大巴山(狭义)南坡前山带，自东向西由广元—朝天—旺苍→巴中—南江—通江→达州—万源—平昌→达川区—宣汉(汉源)—开江一带，系大巴山区集中连片贫困核心地带。

规划建设一条大巴山区南麓沿山公路，将已有公路段连通，向北贯通整个山区，以大巴山地南麓优美的环境、良好的生态、宜人的气候条件，以及原生态山地乡村风光为依托，打造大巴山南麓沿山原生态休闲度假产业带，拉动区域乡村生态旅游业发展。

(2)米仓山原生态乡村度假旅游区。

依托米仓山南坡原生态乡村环境、生态条件、宜人气候和乡村文化，整合特色旅游乡镇和特色旅游村，结合广元旺苍县、巴中南江县等原生态环境、宜人气候条件和地域民俗文化资源，打造米仓山生态休闲度假旅游目的地，打造针对西安等北方市场为主要市场的中国大巴山原生态乡村休闲度假区，打造大巴山区乡村旅游扶贫示范区。

(3)嘉陵江特色小镇旅游产业带。

依托嘉陵江渠化工程和南充港口群建设，统筹沿江城镇、旅游通道及产业发展要素，提升完善阆中古城、嘉陵第一桑梓、嘉陵江第一曲流等景区，构建功能齐全、交通便捷的水上旅游服务体系。将水上旅游带建设与城乡统筹发展、改善当地民生、培育沿江生态、传承地域文化、产业转型升级等结合起来，实施嘉陵江水上旅游线路开发，打造国际知名的嘉陵江沿岸特色旅游镇产业带。

(4)渠江国际乡村旅游度假带。

依托渠江风光和两岸原生态资源和环境条件，打造渠江休闲度假旅游带。以观塘现代农业园区内的煤坪、河星、八里、望坝、双碑、白鹤、仙鹤、团坝、朝寨、望八等村社为统筹城乡改革发展试验区核心，建设无公害绿色蔬菜区、生态农家乐区、特色渔家乐区。以护安镇渠江、虎啸、护坝、石泉、岩口、团柏等为依托，开发水上乐园及游乐场、现代竞技、商务等旅游项目，建成现代娱乐休闲区。

(5)大巴山旅游商品研发基地。

充分依托大巴山区原生态环境资源和农产品加工业资源优势，深入挖掘川东北文化底蕴，大力发展与特色种植业、特色养殖业、特色农产品加工业相关的旅游商品研发基地、旅游商品加工生产基地和区域旅游商品销售基地，构建大巴山区特色旅游商品品牌系列，培育大巴山区新的经济增长点，促进富民惠民，扩大就业机会。

4. 四类旅游主体功能区

该类旅游主体功能区位于大巴山核心腹地区域，为偏远山区，交通不便，生态良好，气候宜人，人口较少，是大巴山国家公园的核心地区。该类主体功能区旅游发展的方向是始终坚持"良好生态、宜人气候、清新空气、淳朴自然"，以此作为该类旅游主体功能区的旅游最大卖点。在保护前提下，发展以生态旅游业为主的旅游产品体系，发展以生态旅游业为主导产业的业态体系。杜绝工业化和城镇化，杜绝大尺度、大体量、破坏大的建设项目。

(1)光雾山—诺水河生态康养度假区。

以丰富的原生态山地景观资源为依托，针对以西安、兰州为主的北方旅游市场，以重庆、成都为主的西部地区市场，以武汉为主的中西部市场，构建中国光雾山—诺水河原生态度假旅游目的地，建设国家级旅游度区。

(2)大巴山原生态休闲度假旅游区。

以大巴山国家级地质公园、巴山大峡谷为支撑，整合区域资源，结合独特的大巴山地质地貌条件和南北气候分界独特气候环境，主要针对西安、重庆、成都为目标市场的大巴山自然山地原生态休闲度假区，打造国家级旅游度假区。

(3)中国巴人故里原生态休闲度假区。

以巴人故里文化为特色吸引物，结合优美原生态环境和宜人气候条件，加大以交通为主的旅游基础设施建设，以江口湖、罗家坝、百里峡、杨家河为核心，整合周边旅游景区，建设针对重庆、西安、武汉、成都等大都市的巴人故里原生态度假旅游目的地，打造国家级旅游度假区。

（4）剑昭古道国际精品旅游区。

充分整合、提升剑门关景区、昭化古城和剑昭古道，依托、串联 38 千米古驿道上的三国旅游景区、景点，构建三国旅游国际精品旅游区，提升国家 5A 级旅游景区。建设大巴山区旅游产业扶贫国家级示范区重要支撑。

（5）五峰山—百岛湖森林温泉度假区。

依托五峰山景区、百岛湖温泉度假区，整合清河古镇、云雾山旅游景区和渠县賨人谷风景区，联合打造大巴山地森林—温泉度假综合旅游度假区综合体，形成"夏季山中避暑，冬季水中泡泉"的特色生态休闲旅游模式，构建针对川陕渝市场、以山地温泉休闲度假为特色的原生态综合性国家级旅游度假区。

（6）秦巴大草原国家旅游度假区。

依托曾家山、秦巴大草甸等森林公园和风景名胜区，构建以原生态山地运动休闲和原生态度假为特色的秦巴大草原国家级 4A 级旅游景区。主要针对西安和兰州为主的北方市场，构建自然生态度假旅游扶贫示范区。

（7）华蓥山国际山地运动度假区。

建设山地游步道系统和大型户外拓展运动基地；依托华蓥山天池，开发月亮岛高档娱乐度假区，打造川东影视基地；建设华蓥山乡村运动走廊。依托华蓥山宝鼎，打造成为川东佛教养生胜地。整合华蓥山玛瑙岩、黄花梨度假村、乡村旅游等资源，配套建设华蓥山国际乡村旅游休闲区。

第三节　生态旅游扶贫开发

生态旅游是在保护环境前提下，以原生态自然和人文资源为吸引物，为游客提供生态旅游产品，并实现经济效益、社会效益、生态效益和谐统一的新型旅游发展模式。它不但改变了农林牧副渔业生产方式，而且在不破坏自然生态资源环境前提下实现经济社会的发展，实现人与自然的和谐发展。生态旅游因其在吸引游客、发展旅游经济和资源环境保护方面的独特作用，成为旅游扶贫的最佳选择方式和当前国际旅游发展的主流。

一、生态旅游扶贫重要意义

由于生态旅游业具有如下特点，其对以限制开发和禁止开发区为主的旅游资源富集型经济欠发达地区，具有独特的经济、文化、社会、环境拉动和辐射作用，具体表现在：①旅游业是包含生产性服务、消费性服务以及公共服务的综合性服务业；②旅游业是通过创造市场需求，整合各种要素，提高资源附加值，实现产业增长的新兴服务业；③旅游业是覆盖众多服务门类、拉动经济增长的动力性产业；④旅游业是服务业中具有相当规模和发展潜力的产业。

（一）生态旅游是旅游扶贫的最佳模式

提倡利益相关者的责任感、重视环境资源保护、关注社区居民根本利益，构成生态旅游的三大基本功能特征，也是其与大众旅游的主要差别。生态旅游成为旅游扶贫最佳的选择方式，主要是因为：①贫困地区往往是生态旅游资源聚集区。贫困地区原生态自然及人文资源独具特色和良好的生态环境，通过这些资源加工而成的生态旅游产品与其他旅游产品差异价值大，市场潜力明显。②生态旅游是保护贫困山区传统城乡结构、原生态旅游资源的有效工具。③开展生态旅游可实现贫困地区经济、社会、生态协调可持续发展。

（二）生态旅游扶贫的经济作用

贫困地区一方面经济发展滞后，一、二、三产业结构不合理，农民持续增收困难，城乡发展不平衡，地区发展不平衡。另一方面，贫困地区经济发展必须坚持走旅游业为主导产业之路，通过调整经济结构，转变增长方式，实现经济又好又快发展：①提升贫困地区区域地位，培育国民经济战略性支柱产业，发挥旅游综合先导产业作用；②扩大服务业规模，增加服务业在国民经济中的比重；③加快经济增长方式转变，改善投资消费关系；④加快城市建设步伐，推动新农村建设；⑤统筹区域协调发展，促进区域间发展要素流动；⑥扩大服务贸易，平衡外汇收支；⑦推动服务专业化，促进新型工业化发展。

（三）生态旅游扶贫的文化作用

贫困山区往往是生物和文化多样性的地区，资源底蕴深厚，特色突出，构成博大精深中华文化的重要组成部分。如我国广大的西部民族地区，不仅原生态自然山水构成我国重要的生态屏障，而且拥有独具特色的少数民族文化景观资源，文化底蕴深厚。同时，贫困山区文化发展，尤其是文化产业及其与旅游业互动效果滞后，未能发挥应有的作用：①旅游业是文化产业化发展直接推动力；②旅游业是弘扬传统文化，扩大文化交流的主要载体；③旅游是满足人民精神文化需求，提升公民素质的重要手段。

（四）生态旅游扶贫的社会作用

生态旅游业发展对贫困地区当地就业、扶贫、致富等作用尤为突出。主要包括：①扩大社会就业，帮助弱势群体脱贫。旅游业直接就业和相关产业就业系数为 $1:4.5$；旅游部门直接收入 1 元，相关行业收入就能增加 4.3 元；直接就业：间接就业：导向就业 $=1.0:0.46:0.61$。同时，在旅游业新增的就业人数中，转移的农村劳动占 70%，吸收的下岗职工再就业比重约占 6%。而妇女在旅游业就业人员中的比例占 58.4%，比全国妇女就业比例高出 10 多个百分点。②推动二次分配，缩小收入差距。一般地，生态旅游资源富集的地区多数经济发展滞后，旅游客源地大多经济条件较好。伴随旅游的流动将带来财富从高收入者向低收入者的流动。因此发展旅游业意味着通过经济手段推动国民财富的分配朝公平方向靠拢，非常有利于缩小地区之间、不同人群之间的收入差距。

（五）生态旅游扶贫的环境作用

贫困山区往往系大江大河的源头，系长江、黄河等的上游屏障和涵养区，如我国 14 个国家集中连片贫困山区，也是我国限制开发区和禁止开发区，对我国乃至亚洲可持续发展具有重大战略意义。这些地区缓解日益紧张的生态环境压力，建设资源节约型、环境友好型产业是贫困山区现实可持续发展的客观需要。生态环境是旅游业赖以生存的根本，保护环境是旅游业发展的内在要求。旅游业是对资源可持续利用，对环境影响较小的产业。通过旅游业替代资源破坏性产业，大大改善了生态环境，反过来促进区域生态环境与可持续发展。

二、生态旅游扶贫开发理论

国际上将旅游扶贫和反贫困结合起来的研究和实践从某种程度上颠覆了捐赠（或给予）是扶贫的唯一有效方式和渠道的理念。相关研究最初以 20 世纪 60、70 年代的旅游乘数效应研究为代表，研究焦点表现在旅游宏观经济效益上，包括就业、经济增长、GDP 贡献、外汇赚取、私人部门投资等。旅游扶贫借助于旅游产业的拉动和就业带动效应，以及旅游经济对区域经济的带动作用而脱贫，是增强"造血功能"式的扶贫。由于旅游市场的增长迅速，生态旅游、乡村旅游、体验旅游、休闲旅游等飞速发展，旅游扶贫应运而生。

（一）PPT 理论

20 世纪 80～90 年代前，旅游对接待地特别是不发达国家和地区经济、社会、文化、环境的负面影响日益突出，旅游伦理和可持续发展问题备受旅游研究者和从业者的关注，生态旅游、可持续旅游、社区旅游等旅游成为旅游研究的主流。1999 年 4 月，英国国际发展局（DFID）在可持续发展委员会报告中提出了 PPT（pro-poor tourism，即有利于贫困人口发展的旅游战略）概念，PPT 以贫困人口为研究对象，结合旅游产业经济理论和贫困理论，研究贫困社区、贫困人口的特点及其在参与旅游业发展、获取发展机会方面存在的问题。其中，如何增加贫困人口的发展机会和提高旅游对贫困人口生活的积极影响是研究的核心内容。PPT 理论认为，旅游业在发展经济和消除贫困方面大有潜力可挖，如果对其发展方向和策略进行有效调整，就有可能在反贫困和创造发展机会上发挥更大的作用。

（二）扶贫开发战略理论

真正的旅游扶贫是指在欠发达地区或民族地区，以当地旅游资源为依托，借助各种外部推动力量来扶持当地旅游业发展，通过旅游业的关联带动，实现群众脱贫致富的目标。旅游扶贫战略是在旅游扶贫开发中所制定的计划，实施的手段、方法、市场地位以及理念等。主要包括政府主导战略、RHB 战略（资源-人-效益战略）、PPT 战略、生态环境建设战略、基础设施建设战略、旅游扶贫与小城镇建设结合战略、区域旅游合作战略、旅游市场开发战略等。

(三)产业扶贫目标理论

旅游扶贫的核心目标是反贫困和消除贫困人口的贫困状态,使贫困人口在旅游发展中获益和增加发展机会,最终目标是实现欠发达地区或老少边穷地区经济、社会、文化的可持续发展。要实现这一目标,旅游扶贫必须在可持续发展的理念下进行并确保贫困人口能获得长期利益。一是提高贫困人口参与旅游业发展的能力,二是多种扶贫模式相结合,三是加强贫困地区资源与环境保护。

旅游扶贫目标除了贫困地区旅游扶贫相关定量指标外,还可包含相关的定性目标,如旅游扶贫示范区、旅游扶贫示范村、民宿旅游达标户、旅游精品村寨、特色旅游商品专业村、乡村旅游精品业态经营点、乡村旅游带头人等。

(四)旅游扶贫模式理论

扶贫方式包括科技扶贫、教育扶贫、旅游扶贫、小额贷款扶贫、生态补偿扶贫、生态移民扶贫、制度扶贫(丁忠兰,2012)。其中,旅游扶贫包括社区参与模式、可持续发展模式、生态旅游扶贫、立体化旅游扶贫、农家乐开发扶贫、现代农业旅游产业化扶贫、特色文化旅游开发、景区依托开发、旅游扶贫联动开发、旅游业供应链扶贫开发模式(王兆峰,2011)。通过秦巴山区旅游精准扶贫提出旅游景区带动型、乡村旅游带动型、旅游商品带动型三种旅游扶贫模式以及八种专项旅游扶贫途径,即乡村旅游扶贫、旅游景区扶贫、自然生态旅游、红色旅游扶贫、三国旅游扶贫、城镇旅游扶贫、文化旅游扶贫、旅游商品扶贫等(覃建雄,2013)。

(五)旅游扶贫机制理论

旅游扶贫作为一个复杂的系统工程,其受各种内、外部环境和变量的综合影响,主要的动力要素包括政府、旅游供给、旅游需求、社区居民、非政府组织、国际扶贫机构等的综合影响。生态旅游扶贫机制研究内容主要包括:①旅游扶贫动力机制;②旅游文化扶贫机制;③相关者利益保障机制分析;④旅游扶贫合作机制分析;⑤旅游扶贫协调机制分析等。

(六)旅游扶贫效益理论

旅游扶贫效益理论包括经济效益、社会效益和生态效益。其中,经济效益包括:①产业结构调整,促进地方经济发展水平;②附近就业机会,脱贫致富;③增加收入,提过生活水平。社会效益包括:①促进文化交流、转变思想观念、居民素质提高;②充分挖掘地域文化;③树立环境保护意识;④生态环境保护良性循环。

(七)旅游扶贫受益机制

贫困户、贫困人口分享旅游发展红利的主要方式有以下八种:①贫困户直接参与旅游经营获得收入;②贫困户到旅游企业务工获得劳务收入;③贫困户出售自家农副土特产品和手工艺品增加收入;④贫困户出租房屋、土地等自有资产获得租金收入;⑤贫困户通过将房屋、土地、人力等自有资源折算入股获得股金分红；⑥贫困户通过政府、企业低价或无偿提供的停车场、商铺等经营性资产增加收入；⑦贫困户从旅游经营主体获得补助性收入；⑧贫困户通过旅游发展获得资产增值收入。

(八)旅游投融资机制

投融资对旅游扶贫开发的最后实施落实提供保障，也是决定旅游扶贫成功与否最关键的因素之一。总体而言，旅游投融资机制主要如下几种：①争取国家和省市加大扶持；②加强与金融机构合作；③加大项目对外招商引资力度；④充分利用资本市场融资；⑤创新模式盘活民居资产；⑥当地群众投资；⑦加大地方政府投资力度；⑧以上投融资机制的优化创新；⑨其他投融资机制。

(九)社区参与理论

在发展乡村旅游的背景下，以不断提高乡村贫困户在旅游发展中的参与程度和受益水平为目的，通过建立以贫困人口为核心的利益分配机制，是乡村旅游围绕乡村贫困人口的利益需求展开。社区参与模式主要包括：①个体农庄；②农户＋农户；③公司＋农户；④公司+农户；⑤村集体主导；⑥公司制；⑦公司+村集体+农户；⑧政府＋公司＋农户。

(十)相关基础理论

科学的生态旅游扶贫开发研究离不开相关理论的指导。旅游扶贫的相关基础理论包括比较优势理论(静态比较优势理论和动态比较优势学说)、增长极理论、循环理论、旅游乘数理论、可持续发展理论、收入分配理论等。

三、生态旅游扶贫开发实践

作为长江上游生态屏障、国家生态主体功能区和全国集中连片特困山区分布区域。秦巴山区肩负着长江上游生态屏障、国际生态旅游目的地、革命老区和贫困山区扶贫开发以及跨区域协作发展的历史重任，客观上要求创新发展的道路和模式。作为涉及省份最多、国土面积最广、内部发展差距最大的全国集中连片特困地区，秦巴山区生态旅游扶贫，推动特困山区扩大就业、提高收入和脱贫致富，促进地方经济平稳增长和生态环境改善，意义重大。因篇幅所限，这里仅简介《秦巴山区旅游精准扶贫规划与实施计划》中的主要内容。

(一)扶贫规划背景

1. 规划范围

绵阳、广元、南充、广安、达州、巴中 6 市 35 县(市、区)中，明确适合发展旅游的398 镇 677 个建档立卡贫困村为主(附表，略)。

2. 规划期限

2016～2020 年。其中，共分三个阶段，2016 年为启动实施阶段，2017～2019 年为深入实施阶段，2020 年为验收阶段。

3. 规划任务

①通过系统的综合调查和统计分析，确定四川秦巴山区旅游精准扶贫对象；②对四川秦巴山区旅游资源、贫困村分布特点进行空间分析，明确旅游扶贫开发的总体布局和战略方向；③对具备旅游发展条件的贫困村进行分类研究，确定适宜的旅游精准扶贫模式和实施路径；④研究推动旅游扶贫开发的主要工作和保障措施。

4. 规划依据(略)

(二)旅游扶贫现状分析

1. 贫困村现状

①贫困面广量大，贫困发生率高；②致贫原因复杂，农民收入较低；③城乡差距较大，二元结构突出；④基础设施落后，群众生活不便；⑤政策覆盖面窄，公共服务不够；⑥资源环境脆弱，发展矛盾突出；⑦经济发展落后，造血功能不足。

2. 致贫原因分析

①自然环境因素是造成秦巴山区贫困的根本原因；②交通不便是秦巴山区致贫的主要影响因素；③旅游设施条件薄弱和社会事业发展滞后是致贫的主要瓶颈；④贫困人口的参与能力不足是致贫的内在因素；⑤缺乏资金、技术是秦巴山区贫困的重要原因。

3. 旅游扶贫有利条件分析

(1)自然环境条件。
位于青藏高原向四川盆地过渡地带、秦巴构造褶皱带南缘，地处龙门山东南、米仓山和大巴山南麓。受秦巴地质地貌影响，地势西北高东南低，地形复杂，西北部为中山区，中部为河谷平坝区和南部低山深丘区。

受秦巴山地背景影响，川东北地区地表水系较为发达，水利资源丰富。区内河流众多，包括嘉陵江、渠江等，属于长江上游重要支流水系。

作为我国东西向山地生态走廊、南北地理分界线、气候分水岭，秦巴山地系典型的山地生物多样性宝库，属长江上游重要的生态屏障。该区域气候带谱完整，自然生态环境优越。

该区域属亚热带湿润季风气候区，典型的山地气候特征，四季分明、雨热同季、光照充足、降水丰沛。由于地形复杂，气候区域差异大，南部低山区冬冷夏热，北部中山区冬寒夏凉，秋季降温迅速。受东南季风影响，区域内秋季多阴雨，湿度适中。秦巴山地雅称"华夏中央空调"。

(2)历史人文背景。

秦巴山区历史悠久，文化积淀丰厚，是巴蜀文化和賨人文化的发源地。土地革命战争时期，属川陕革命根据地的核心区域，为中国革命和新中国成立作出了巨大牺牲和重大贡献。

(3)经济社会条件。

由于自然条件、区域地理、历史背景、区位交通等诸多因素的影响，秦巴山区属典型的集中连片贫困山区，经济社会发展相对滞后。

(4)交通及区位条件。

作为四川内陆的重要交通枢纽，秦巴山区国道318、212、210线和GZ40线纵横，成绵、成南、广绵、南广、达渝、南渝、巴南、广甘等高速公路交错。

(5)明显的旅游资源特色与优势。

①大巴山国家公园，全球褶皱山系的缩影和典型代表，全国独有、世界奇观；②"华夏中央空调"，中西部国际大都市之间的生态绿岛，全国具有唯一性；③剑门蜀道三国，古今文明、世界奇观，是潜在的世界自然与文化双重遗产地；④大巴山红色文化，神奇独特，全国唯一，具有世界吸引力；⑤秦巴山水古镇构成的天然太极地，是全国乃至世界风水文化发源地，具有世界垄断性；⑥嘉陵江风光，巴蜀文明发源地，全国第一曲流河、中国的亚马逊河，国内外著名；⑦武则天故里，全国唯一的女皇故里，世界独特。

(6)难得的旅游扶贫环境和机遇。

①旅游扶贫的资源潜力巨大；②旅游扶贫地区与旅游资源富集区叠加；③旅游扶贫开发的交通条件将大幅改善；④贫困地区旅游市场前景十分广阔。

(三)旅游扶贫要求

1. 指导思想

坚持以创新、协调、绿色、开放、共享五大发展理念为指导，以资源、资金、土地的集约化利用为原则，以增强秦巴山区内生发展动力为根本，以提高贫困人口参与旅游发展、分享旅游红利为出发点，坚持以打造景区带动型、发展乡村旅游型、开发旅游商品型为实施路径，将精准扶贫作为推动旅游扶贫开发的重要方向，立足秦巴山区旅游资源优势，树立"旅游+"发展理念，推动旅游业与一二三产业深度融合发展，打造形式多样、特色鲜明的旅游产品，为贫困人口创业、就业、增收提供平台，积极探索实践旅游扶贫的新机制、新模式、新政策，走出一条具有区域特色、内生发展动力、可持续发展的旅游精准扶贫之路，把旅游产业培育成为增收脱贫的富民产业，取得秦巴山区旅游业发展和扶贫开发攻坚的新突破。

2. 基本原则

①省地联动，分级负责；②统筹规划，协调发展；③因地制宜，精准施策；④政府主导，各方参与；⑤绿色开发，持续发展。具体采取"条块结合、以块为主、分类指导、精准到村、量身定做"的旅游扶贫思路。

3. 发展目标

依托秦巴山区山地生态国际旅游目的地建设，充分发挥旅游业在区域旅游扶贫中的特殊意义和作用，围绕全面建成小康社会目标，到2020年，通过旅游扶贫开发惠及16万贫困人口，建成15个省级旅游扶贫示范区、310个省级旅游扶贫示范村、6500个省级乡村民宿旅游达标户(表略)，打造秦巴山区全国旅游扶贫示范区和国家旅游扶贫创新区。

4. 发展模式

(1) 景区带动型。

依托存量景区的提升和增量景区的打造，促进周边地区贫困村交通设施优化和生活环境改善，开展民居食宿接待、特色文化展示、景区务工、配套供应农产品、旅游商品销售和参与景区经营分红等方式实现脱贫。贫困村、贫困户既可以是景区的一部分，共同参与景区品牌创建，也可以位于景区周边，作为景区发展的支撑。打造的景区涵盖国家A级景区、旅游度假区、生态旅游示范区、风景名胜区、森林公园、自然保护区、湿地公园、地质公园等诸多类型。

(2) 乡村旅游型。

依托城镇、交通干道，按照"风貌特色化、功能现代化、服务标准化"要求，打造乡村旅游特色业态，经营民宿、农家乐、乡村旅馆、骑行驿站、采摘园、乡村俱乐部、休闲农业综合体、农家超市、农耕博物馆、文化传习所、传统手工艺品作坊以及汽车营地、加油维修等，使贫困户成为第三产业的经营业主或者通过资产入股、土地流转、房屋出租等方式，增加收入，实现脱贫增收。

(3) 旅游商品型。

通过对土特产品的旅游化改造、文化产品的创意化设计、实用产品的文化化加工，重新赋予内涵和地域特色，开发一批特色旅游商品，通过供应链将其输送到景区、农家乐、高速公路服务区等游客相对聚集的区域，或者以"电商"的方式进行销售，让当地居民享受到旅游扶贫的红利，带动贫困户增收致富。

(四) 分区扶贫规划

分区建设规划涉及上述6市35县(市、区)中，明确适合发展旅游的398镇677个建档立卡贫困村。这里仅以广元市7县(区)为例进行简述。

1. 利州区

重点发展中国女皇故里旅游区，提升三国文化旅游区域集散地，塑造川北旅游集散中心形象，打造中国优秀旅游目的地城市。重点建设和提升：广元女性文化园、凤凰山公园、旅游公共设施、中国蜀道温泉之都度假区、三国影视城、主题文化景区、旅游文化产业园、广元一九寨沿线等。

配套建设天曌山景区、千佛崖旅游景区等4A旅游区、雪峰省级森林公园，北礴草锣鼓、石雕(白花石刻)、民间绣活(麻柳刺绣)等国家级非物质文化遗产。附表：利州区旅游扶贫重点村发展定位及主要旅游项目(略)。

2. 朝天区

结合嘉陵江上游和汉江源头独特山形地貌、森林植被和大草甸风光以及夏季凉爽气候，依托曾家山核心生态资源，重点发展秦巴大草原国家旅游度假区。

配套建设龙门阁景区、曾家山景区、明月峡景区等4A旅游区，水磨沟自然保护区，"岩溶王国"省级地质公园，提升曾家山全国工农业旅游示范点。附表：朝天区旅游扶贫重点村发展定位及主要旅游项目(略)。

3. 旺苍县

借助米仓山国家级自然保护区，良好生态个环境和夏季凉爽气候，原始古朴静谧的原始森林，重点发展米仓山国家级旅游度假区，拉动广元东部山区产业调整和经济社会发展。景区位于米仓山南坡、嘉陵江支流东河源头地带，涉及旺苍县东北部鼓城、金竹、跃进、关口四个村及檬子乡柏杨、店坪两个村。

重点建设鼓城山—七里峡景区4A旅游区、米仓山国家级自然保护区、大峡谷省级森林公园。附表：旺苍县旅游扶贫重点村发展定位及主要旅游项目(略)。

4. 青川县

重点发展唐家河国家级生态旅游示范区。借助唐家河国家级自然保护区，依托良好的生态环境、宜人的气候条件、优美的自然环境，重点发展唐家河国家级生态旅游示范区。进而拉动带动西部经济社会协调发展，培育广元西北部旅游经济增长极，实现与四川省同步走向小康。

重点建设：唐家河景区、东河口地震遗址公园、清溪古城等4A旅游区，白龙湖国家级风景名胜区，阴平古道省级风景名胜区，东阳沟自然保护区、毛寨自然保护区等。附表：青川县旅游扶贫重点村发展定位及主要旅游项目(略)。

5. 剑阁县

充分整合、提升剑门关景区、昭化古城和剑昭古道，依托、串联38千米古驿道上的三国旅游景区、景点，整合区内国家重点文物保护单位、国家重点风景名胜区和国家森林公园，构建三国旅游国际精品旅游区。建设秦巴山区旅游产业扶贫国家级示范区重要支撑。

重点建设和提升：昭化古城、剑门关古镇、关楼军事文化区、剑门三国豆腐村、剑门蜀道博物馆、大朝驿站景区、孟江古村落、温泉度假村、三国主题酒店、三国主题文化园、大型自驾车营地、昭化体育公园、水上三国城、商务度假区、游览配套设施等项目。附表：剑阁县旅游扶贫重点村发展定位及主要旅游项目(略)。

6.苍溪县

坚持生态保护、文化与旅游、农业与旅游深度融合，充分依托全国休闲农业与乡村旅游示范县，"中国最具影响力的生态红色旅游示范县"，四川省首批乡村旅游示范县，红四方面军长征出发地，全国爱国主义教育示范基地等称号及其影响力，打造全国乡村旅游扶贫示范区。

重点提升和发展：梨博园（苍溪百里香雪海）、红军渡、西武当山、柳池旅游区、新店子、狮岭村、三溪口、白鹭湖、九龙山、陵江镇、元坝镇、云峰镇、歧坪镇、白鹤乡，将军村、青山观村、红旗桥村、柳池村等。附表：苍溪县旅游扶贫重点村发展定位及主要旅游项目（略）。

7. 昭化区

做优做活昭化古城、平乐两个国家4A级景区，加快柏林湖国家湿地公园、嘉陵江亭子口库区建设力度，加大乡村旅游开发力度。启动昭化古城创、大朝驿、柏林湖提升工程。打造昭化院子、昭化慢生活品牌，打造提升温泉禅意养生品牌。

以昭化大片区、平乐紫云片区、柏林太公片区、嘉陵江昭化湖片区为重点，完善旅游公路、步游道、标识系统等旅游基础设施。依托现代农业园区、新村建设，围绕"园区变景区、农房变客房、农产品变旅游产品、青山绿水变游山玩水"，推出一批休闲农庄、农家乐园、森林人家、花果人家等乡村旅游特色业态。附表：昭化区旅游扶贫重点村发展定位及主要旅游项目（略）。

（五）分类扶贫导则

1. 景区带动型旅游扶贫开发

（1）旅游扶贫村发展重点。
①景区带动型旅游扶贫思路。
通过重大旅游景区的开发建设，打造A级景区带动的乡村度假旅游示范村系列，结合景区的食住游购配套建设，带动农民脱贫致富，辐射周边乡村旅游发展和新村建设，引导"点扶贫"到"线扶贫"再到"面扶贫"，营造秦巴山区旅游景区扶贫燎原之势，打造景区旅游扶贫示范区。

依托的A级旅游景区主要包括：光雾山－诺水河、米仓山、川陕苏区首府、大巴山、巴人故里、剑昭古道、三国文化、秦巴大草甸、阆中古城、升钟湖、嘉陵江、五峰山-海明湖、张澜故里、小平故里、华蓥山、渠江。

②景区带动型旅游扶贫路径。
优化提升现有景区。在贫困地区升级改造一批设施落后、功能单一的现有景区，创建一批国家A级旅游景区、旅游度假区和生态旅游示范区，升级旅游服务设施，扩大景区游客容量，提升景区知名度和扶贫带动能力。按照国家A级旅游景区标准，加快贫困地区森林公园、湿地公园、水利风景区等多类型旅游区改造，提升其旅游接待服务功能，带动周边贫困村旅游扶贫。

创新开发一批新景区。按照"建一个景区、引一批企业、活一带经济、富一方群众"的思路，加大贫困地区新景区开发建设力度，重点加快建设北川羌城旅游、白马王朗国家级自然风景区、剑门关景区、阆中古城旅游区、邓小平故里旅游区、巴山大峡谷景区、八台山景区、光雾山—诺水河景区等龙头旅游景区。在 5A 级以下景区的评定中专门增加扶贫类型，积极培育和创建一批扶贫型 A 级旅游景区，带动周边贫困村脱贫致富。

畅通景区和扶贫村连接通道。支持建设和改善旅游扶贫村与旅游景区、周边城镇和交通干道之间的连接线，进出旅游扶贫村主要道路可根据实际需要拓宽到 6～8 米，并适当增加会车点。逐步开通景区到周边扶贫村的旅游车船专线。完善景区出入口到旅游扶贫村的交通指示标识和加油站、观景平台等自驾车服务设施。

增强景区扶贫带动能力。鼓励景区通过多种方式带动周边贫困村，实现贫困群众就地就业创业，形成区域开发和连片整体脱贫的良好格局。对景区内的贫困村，可通过资源入股、劳动力入股、门票分红、开发经营性资产、生态补偿等共建模式实现直接带动脱贫；对紧邻景区的贫困村，可通过提供就业岗位，吸引贫困户参与景区讲解、环境保洁、文化演出等，增加收入脱贫；对于景区周边有条件的旅游扶贫村，可引导发展特色接待服务和旅游商品销售等实现创业创收。

提升贫困村旅游服务功能。引导景区周边旅游扶贫村农户，围绕景区游客消费需求，根据自身条件，开展民宿客栈、特色餐饮、民俗表演、休闲农业、旅游商品加工销售以及运输、商贸等经营活动，从而延伸景区观光产业链条，建立分工协作、上下游高效衔接、农工商贸游有机结合的旅游扶贫产业体系。

(2)重点扶贫项目建设导则。

①旅游交通。

旅游景区与所依托的城市(镇)间有旅游通道或旅游专线交通工具进行联系。旅游通道建设应符合《旅游道路建设规范》，旅游景区外部交通标识应符合《旅游标识标牌建设规范》。景区内各类停车场面积的总和要满足旅游景区内游客接待量需求。游览线路尽量形成环行线路，线路选线应不对旅游区景观造成破坏，有利于旅游者观赏。景区内道路分为步行道、车行道、特殊通道。道路设计突出景区特色，与当地文化相结合。

②游客中心。

根据地形地貌、地质条件选择地势较平坦、面积较大、空间较广阔的地方修建游客中心，通常设在景区主入口附近或游客集中活动的区域；根据景区规模和用地情况，设置一个游客中心或多个不同级别的游客服务站(点)；游客中心的面积根据景区性质、规模和游客接待量确定；④具有文化性和特色性，能够烘托景观环境，并与周围环境相协调。

③引导标识。

必须具备导游全景图、导览图、景物介绍牌、交通指示牌、景区广告牌等。按各自功能和需要摆放。要求美观醒目、位置合理、数量充足。引导标识的布置应与周边环境和谐相融。

④公共与观景设施。

根据游览线路长度和攀登高度，设立休息点；休息点设立观景的台、亭、廊，以及休息椅、凳等设施。休息点容量能满足景区游客接待量，设置位置醒目，不设置在危险地带和场所。造型与景观环境相协调，有特色性、文化性，对景观有特别烘托效果。

⑤餐饮服务。

　　餐饮设施主要指景区内为游客提供食品、酒水饮料的快餐店、中餐厅、西餐厅、风味餐厅、咖啡厅和酒吧等设施。根据景区的性质、游客接待数量、各餐饮设施服务范围、游览时间及线路安排，确定餐饮设施的规模、数量、等级、大小。

　　⑥住宿服务。

　　根据景区性质及住宿设施类型，将住宿设施设置在景区内或景区外；外观及体量与景区环境相协调，具有文化性和特色性，有突出的主题，注重美感与文化氛围；按照景区住宿设施的档次和运作模式，分为星级饭店类、自助或小型旅馆类、特色小屋类、露营式，不同类型的住宿设施有不同的要求。

　　⑦休闲娱乐项目。

　　娱乐项目应根据景区土地利用情况、地形地貌条件、地质条件、交通运输条件、水电供应条件、环境保护条件等，选择合适位置；娱乐项目的各种设施应舒适、安全，档次较高，体量适宜，与环境相协调；购物场所不破坏主要景观，不阻碍游客游览，不与游客抢占道路和观景空间，购物场所建筑造型、色彩、材质与景观环境相协调。

　　⑧配套基础设施。

　　旅游景区供水量要满足景区内居民和游客对水质、水量和水压的需要；旅游景区的电力负荷主要由旅游综合接待基地、各旅游接待站的服务设施、娱乐设施和基础设施用电以及景区内社区居民生活用电组成；景区建设应符合建筑设计防火规范(GB50016—2006)，对于没有条件集中供水的寺庙、文物建筑、景观建筑等应配置灭火器材。景区内的集中建设区输水管线上设室外消火栓。

　　⑨安全应急设施。

　　为残疾人轮椅、盲道、无障碍设施(不含残疾人厕所、厕位)，老年人使用的拐杖，儿童使用的童车、童椅等；根据旅游景区的面积大小确定专门的医疗服务站或医疗服务点的数量和合理布局。通常设在景区主要出入口、事故易发区域附近；建立健全的安全标志系统，在游客集散地、主要通道、危险地带等区域要按照国家标准《安全标志》(GB 2894—1996)设置安全标志系统，主要包括禁止标志、警告标志、指令标志和提示标志。

　　⑩卫生。

　　旅游景区要保持良好的卫生环境。景区内文化娱乐场所和游泳场所的卫生严格参照《文化娱乐场所卫生标准》(GB9664)和《游泳场所卫生标准》(GB9667)；禁止在公共场所吸烟，在特定的场所设置吸烟区，标志清楚且管理到位；厕所位置相对隐蔽，方便到达，并适于通风、排污，厕所要有文化氛围，厕所外观、色彩、造型与景观环境的协调。

　　2. 乡村旅游型旅游扶贫开发

　　(1) 旅游扶贫村。

　　①乡村旅游扶贫思路。

　　发挥秦巴山区乡村旅游扶贫基础条件好、资源类型多、可集中连片推进的优势，依托贫困地区乡村旅游资源，按照"风貌特色化、功能现代化、服务标准化"要求，打造乡村景区、主题村寨、度假乡村、休闲农业等多类型乡村旅游产品，完善贫困村基础设施和旅游公共服务设施，整村推进旅游开发，带动贫困群众脱贫致富。

提升、完善环大巴山麓的沿山公路，即连通旺苍、南江、通江(平昌)至万源(宣汉)一线公路段，构建环大巴山麓乡村休闲度假旅游带，以环大巴山麓优美的环境、良好的生态、宜人的气候条件，以及原生态的山地乡村田园风光为依托，政府主导，社区参与，构建秦巴山区乡村旅游发展示范村，打造秦巴山区乡村旅游扶贫示范带，打造大巴山地生态乡村旅游扶贫国家级示范区。

②乡村旅游扶贫开发路径。

编制专项规划。按照国家旅游局《旅游扶贫试点村规划导则》的基本要求，做好规划方案。积极探索"多规合一"，将乡村旅游扶贫规划与当地经济和社会发展规划、土地利用总体规划、易地扶贫搬迁规划、风景名胜区总体规划、交通建设规划等专项规划有效衔接，科学编制乡村旅游扶贫专项规划。为重点乡村旅游扶贫村编制规划，明确旅游扶贫开发的主导方向、主打产品、主要项目、设施需求和扶贫模式。

开发特色乡村旅游产品。鼓励旅游扶贫村依托核心资源，培育发展不同类型、不同风格的乡村旅游产品，打造有历史记忆、地域特色、民族特点的乡村旅游景区，发展特色观光、民族风情、度假休闲、文化体验、养生养老等乡村旅游产品。

引进一批精品民宿、乡村客栈、乡村酒店、文创基地、认养农业、休闲农庄、自驾营地、户外运动基地、文化演艺等新兴旅游业态。每个旅游扶贫村形成 1～2 个特色主打旅游产品，增强市场竞争力。

提升质量与创建品牌。引导乡村旅游扶贫村做精做特，着力创建高星级农家乐、乡村酒店和农家乐园、养生山庄、花果人家、生态渔庄、创意文园、民族风苑、国际驿站、休闲农庄、森林人家等特色业态品牌，提升旅游接待服务水平。

改善贫困户农居建筑，完善配套设施，庭院、厨厕用房面积在乡村建设标准、新农村建设标准的基础上增加 30%～50%，以满足旅游功能。

按照《四川省乡村旅游精品村寨评定标准》《四川省乡村旅游扶贫示范村检查验收标准》，提升贫困村软硬件建设和管理水平，整体推进乡村旅游扶贫开发。

推动贫困地区乡村旅游集聚化发展。将乡村旅游扶贫开发和农业产业化发展相结合，将旅游项目和设施建设与农业产业基地建设、新农村建设和村镇基础设施建设相结合。

推动乡村旅游集聚化发展，建设广元剑门蜀道乡村旅游带、华(蓥)广(安)(胜)宝箴塞观光休闲产业带、渠江国际乡村旅游度假带以及大景区周边乡村旅游集聚区、民俗文化村落和历史文化村落旅游集聚区、旅游小城镇、休闲农业产业基地等不同类型的集聚区。引导乡村旅游集聚区、集聚带创建全省旅游扶贫示范区。

坚守地方生态和文化底线。坚持"乡味、乡境、乡愁"原则，保留地方特色乡村建筑，保持淳朴的乡村自然风貌，营造浓郁的乡土文化气息。

深挖乡村旅游人文内涵，鼓励和支持旅游扶贫村开展富有地方特色的民俗演艺、农事体验、节事节庆活动，保持乡村旅游景区特有的"农味"、"土味"和"野味"。

坚持立足自身资源特点，加强对乡村生态环境和文化遗存的保护，保持村庄原有格局肌理和整体风貌，实现个性化、差异化发展。

拓展乡村旅游路线和产业价值链。变"绿水青山"为"金山银山"要拓展乡村旅游价值链，让贫困农民旅游收入多元化。深入挖掘乡村优质土特产和传统手工艺品，充分发挥乡村旅游的带动辐射作用，打造地域特色农产品、小吃、餐饮、手工艺品品牌，实现产品标准化。

形成兼具人文、自然、民俗、休闲、娱乐、教育六大功能的乡村旅游产业模式，提供特色鲜明、优势互补的区域乡村旅游体验，增强旅游的整体吸引力。

建立乡村旅游协同管理与服务机制。发展乡村旅游，实施旅游扶贫，点多面广，需要上下联动、协同推进。要加强统筹、齐抓共管。建立由旅游、农业、文化、交通、规划、国土、环保、财政、发展改革等部门的乡村旅游协同管理与服务机制。

统筹解决旅游扶贫工作中的规划对接、用地保障、行政审批和资金整合使用等问题，将乡村旅游工作有机融入扶贫攻坚大局，共同推动乡村旅游业快速发展。

(2)重点扶贫项目建设导则。

应包括发展主题、景区管理机构、游客中心、停车场、旅游公共厕所、旅游标识标牌、垃圾集中收集站、医疗急救站、旅游商品销售场所、农副土特产品商店等。

旅游住宅及相关建筑。住宅结合地形灵活布局，空间围合丰富，户型设计多样。住宅设计遵循适用、经济、安全、美观、节能的原则，积极推广新型建筑材料。

住宅建筑风格应适合农村特点，体现地方特色。对具有传统建筑风格和历史文化价值的住宅应进行重点保护和修缮。

滨水住宅布局应处理好河流与道路的关系，道路宜平行或垂直于河流走向，使住宅建筑用地比较完整；住宅建筑群体的组合及其环境布置应结合水体环境进行规划建设，并充分考虑住宅的防洪安全。

住宅平面功能应方便农民生活，合理布置院落、利用院落，减少干扰，实现寝居分离、食寝分离和人畜分离。立面设计应统一协调，突出地方特色，体现乡土气息。

旅游基础设施。村庄道路分主要道路、次要道路、宅间道路三个等级。根据村庄的规模不同，具体选择相应的道路等级。道路的组织形式与断面选择要因地制宜，村庄主要道路有条件时应设置照明设施。集中式给水应包括用水量、水质标准、水源及卫生防护、水质净化、给水设施、管网布置；分散式给水应包括用水量、水质标准、水源及卫生防护和取水设施。可采用雨污合流排水体制。排水可采用明沟、明沟加盖板或暗管。提倡采用生活污水净化沼气进行预处理。供电工程应包括预测所辖地域范围内的供电负荷，确定电源和电压等级，布置供电线路，配置供电设施。电信工程应确定设施位置、容量、线路及布置等，结合公共服务设施统一规划预留，相对集中建设。电话、有线电视、广播网应尽量全面覆盖。结合农村改水改厕，逐步提高无害化卫生厕所的覆盖率，推广水冲式卫生厕所。大力推广农村节能新技术，提倡使用沼气、太阳能等清洁型能源。充分利用村庄内部不宜建设的地段、道路两旁、房前屋后，栽树、种花种草，以发挥改善气候、保护环境和美化村庄的作用。

旅游公共设施。公共设施分公益型和商业服务型两类。公益型公共设施指管理、文化、教育、医疗卫生、体育等。商业服务型公共设施指日用百货店、食品店、粮店、综合修理店、理发店、娱乐场所、农副产品加工点等。公益型公共设施宜结合村庄公共设施中心或村口集中布置，形成村庄公共活动中心。公共设施的配套水平与村庄人口规模相适应，并应与村庄住宅同步规划、建设和使用。设置公益型公共设施，包括幼儿园、文化室、文化宣传栏、老年活动室、卫生室和相应的运动场地等，可根据实际需要合理确定。商业服务型公共设施根据市场需要，按照规划进行选址，安排用地。

旅游景观环境。应根据村庄整体风格特色、居民生活习惯、地形与外部环境条件和传统文化等因素，确定建筑风格和建筑群组合形式，注重加强村口与公共中心的景观环境建设，营造特色空间，展示地方文化，体现乡土气息。尽量保留现有河道水系，并加以整治和沟通，既丰富景观环境，又满足防洪和排水要求。

3. 旅游商品型旅游扶贫开发

（1）旅游扶贫村。

充分依托秦巴山区原生态环境资源和农产品加工业资源优势，大力发展与特色种植业、特色养殖业、特色农产品加工业相关的旅游商品研发基地、旅游商品加工生产基地和区域旅游商品销售基地，构建秦巴山区特色旅游商品品牌系列，打造旅游商品扶贫示范村系列。通过旅游商品的发展，一方面促进地方优势资源转化，推动当地特色产业发展和经济增长，培育秦巴山区新的经济增长点。另一方面，通过发展旅游商品促进富民惠民，扩大就业机会等作用。

（2）重点扶贫项目建设导则。

应包括特色旅游商品品牌、旅游扶贫电商平台、电商服务站、旅游商品销售场所、停车场、旅游公共厕所、旅游标识标牌、垃圾集中收集站、医疗急救站等。

旅游商品扶贫开发思路。依托秦巴山区农业产业资源和农副土特产品丰富、民族民俗资源和传统手工艺多样的优势，按照"农副土特产品旅游化、文化旅游商品创意化、实用产品文化化"的思路，开发一批品牌旅游商品，打造一批旅游商品专业村，发展旅游相关产业，提升传统农业和手工业的附加值，间接带动贫困群众脱贫致富。通过对农特产品、手工艺品等进行包装设计的"二次加工"，重新赋予内涵和地域特色，通过供应链将其输送到景区、农家乐等游客相对聚集的区域，或以"电商"的方式进行销售，让当地居民享受到旅游扶贫的红利，带动贫困户增收致富。按照方便携带、包装精美、易于储存的思路，对粮油、畜牧、茶叶、药材、果蔬、林竹、水产等特色农产品进行系列包装设计；突出文化产品创意设计，以文化为核心，以现代高新技术为支撑进行旅游纪念品打造；注重实用产品的文化内涵，针对具有生活功能的实用产品进行改造开发时，进行地域特色和民俗文化的融入开发。

旅游商品扶贫体系构建。特色物产类：发挥秦巴山区物产丰富的优势，结合各景区游客中心、旅游服务点、索道站、主题酒店、绿道驿站等游客服务场所，建设具有秦巴山区特色的旅游商品购物点。工艺美术类：进一步开发雕刻工艺品、竹木制品、工艺陶瓷制品等特色纪念品系列。展示当地民间手工艺，打造木雕、石雕、根雕、刺绣、编织、纸活、焰花等工艺品系列，游客可参与制作过程。文化创意类：充分利用蜀道文化、三国文化、女皇文化、红色文化以及川东北特色地域文化，打造三国文化特色人偶、女皇创意品、蜀道手绘地图、文创明信片等旅游纪念品系列。生活用品类：结合季节特征及具体开展的旅游活动，为游客提供适时所需的旅游日用品，为游客提供舒适的旅游体验。

旅游商品扶贫开发模式：推动规模化发展，形成一批特色商品基地。依托贫困村农业、文化等特有资源,发挥生产大户、能工巧匠等致富带头人的作用,组织农民参与生产和销售具有民族和地方特色的农特产品、手工艺品、特色旅游纪念品等旅游商品,引导原材料、技术、资金等生产要素集聚,逐步形成规模化的特色旅游商品产销基地。推动旅游商品生产、加工、物流和商贸等产业链条分工,提升产业化水平,逐步完善贫困地区旅游商品生产和销售体系。

打造特色种植业生产加工基地。建设特色、高效农产品基地,培育特色种植业相关的旅游商品研发、生产及加工基地群,具体包括浅丘优质稻米加工基地、区域优质蔬菜和特色水果基地及木竹工业原料林加工基地。

打造养殖业加工生产基地。标准化、规模化建设养殖业相关的加工生产基地,包括畜产品(生猪、肉牛、奶牛、山羊、家兔、优质鸡、水禽等)加工生产基地;高产优质、生态健康的水产生态健康养殖基地,进而推动秦巴山地养殖业产业化发展,发展特色农产品研发及加工生产基地,具体包括粮油、蔬菜、水果、食用菌、林竹、茶叶、中药材、畜产品深加工。

加工、农副土特产品等的研发及加工基地,发展天然绿色食品和地方特色保健品,打造特色农产品相关的名牌特色旅游商品系列。

主题化发展,品牌化培育,打造一批特色旅游商品。

创意性设计,将产品转化成为旅游商品。通过引入乡村旅游创客或专业工艺美术师驻村帮扶,对农特产品、手工艺品等进行包装设计的"二次加工",重新赋予内涵和地域特色,成为具有地理标识的精品旅游商品。

提倡"工匠精神",培养一批工艺大师,培训更多贫困群众成为制作、生产旅游商品的能工巧匠,加强自主品牌深加工,农产品、纪念品和工艺品的开发与生产,努力打造"一村一品""一家一艺"。

各地每年开展一次旅游商品创意大赛,推出一批品牌旅游商品。

进一步做大做强特色品牌,打造秦巴山区旅游商品区域品牌系列,如巴中南江银耳,达州通川花卉苗圃,广元朝天食用菌和核桃,南充冬菜、桑葚,广安邓家盐皮蛋等。

多渠道构建旅游商品销售网络。鼓励结对帮扶,让贫困群众为农家乐提供所需的蔬菜、水果、禽蛋、肉类等农副产品,实现就地生产、就地销售。在旅游区周边,完善贫困村到大型景区、旅游小镇、游客集散地的物流体系,通过供应链将其输送到游客相对聚集的区域。鼓励线上线下结合,构建销售平台,培训致富带头人、返乡农民工的信息化应用技能,引导贫困村旅游商品以"电商"的方式进行销售,带动贫困户增收致富。在区域内机场、车站、高速服务区、大型景区和星级宾馆,建设特色旅游商品公益展销中心。

创新旅游商品生产和经营模式。灵活利用多种方式,增强贫困人口参与旅游商品生产的能力和意愿,带动脱贫增收。创新机制,形成公司带农户、大户带小户等合作经营模式。按照"公司+农户"模式,协调旅游企业帮扶贫困村,帮助贫困户进行特色农副产品生产、传统手工艺品制作技能培训,组织贫困户生产并负责回购产品,通过企业渠道进行销售,增加贫困户收入。各级旅游和相关部门加强对旅游商品专业合作社的扶持,利用"合作社+农户"的模式,引导合作社在生产技术支持、售后服务、品牌推广、物流运输等方面对贫困户进行帮扶。

推动当地企业与专业村(户)建立合作关系。鼓励当地宾馆饭店、超市卖场优先收购贫困村(户)生产的农副土特产品,鼓励景区、旅游商品店优先收购贫困村(户)生产的手工艺品和实用商品。旅游商品生产销售企业优先吸纳有专业技能的贫困户实现就业,采取委托加工、按单订制等途径,将贫困户生产的手工艺品转化为旅游商品。对于与贫困村(户)建立长期合作关系的企业,当地有关部门实行一定的税费优惠加以扶持。

(六)基础设施及运营管理

1. 交通运输

包括上述六市 35 县 677 个贫困建档村的通村交通规划,涉及铁路网、高速公路网、干线公路网、乡镇公路、内河水运通道、景区道路、汽车客运站等具体规划。(此略)

2. 基础设施

完善秦巴山区贫困村内部道路、步行道、游人中心、停车场、厕所、供水供电、环卫设施、应急救援等基础和公共服务设施的建设规范,以及旅游线路标志标牌、紧急救援及基本医疗设施、安全设施、汽车营地、旅游汽车租赁维修等配套设施建设。

建立农民培训中心。组织开展农业实用技术、农业科技知识、务工农民技能等专业培训活动场所。

3. 旅游公共服务设施

(1)游客服务站。

根据乡村旅游点的规模,按实际情况因地制宜设置游客中心,也可与村委会等场所进行整合。游客中心建筑外观应是当地传统建筑式样,内部按照标准化建设,应具有信息咨询、接受预订、受理投诉、导游服务、商品销售、游客休息、医疗急救、邮政和电信服务、上网与 Wi-Fi 服务等基本功能,需配备厕位充足的卫生间。

(2)旅游公共厕所。

修建公共厕所,建筑外观美观,内部设施齐全、整洁干净、无异味,地面作防滑处理。

(3)停车场。

应建设公共生态停车场,停车场的面积应与旅游点整体规模相适应。

(4)旅游标识标牌。

按照《四川省地方标准》中的旅游标志标牌设置规范(DB51—2009)具体实施。

(5)旅游商品销售场所。

大型旅游商品购物中心。以批发业务为主,兼营零售业务,集中展示各类乡村旅游商品,为乡村旅游商品的销售打开一个窗口。还可定期举办商品交易会,或配合旅游业开展各种文艺形式的商品展销会,吸引各地客户前来交易。

特色旅游商品街。集中销售有地方特色的工艺品、纪念品、土特产品、风味小吃、特色食品等,要求品种多、规格大、档次齐全。

特色旅游商店。在主要的景区(点)设置和完善特色旅游商店,规范旅游商店的经营活动，保障消费者的利益。

农家超市、农资店。根据实际需求情况设置邮政、储蓄代办点。

旅游销售网点。在特色村落、旅游景点、停车场、景区出入口等游客相对集中的地点，统一规划设置流动性、临时性的摊点或售货亭，出售一些乡村旅游纪念品、饮料、食品、日常用品等商品，方便游客的旅游活动。

旅游电商平台。通过网络平台，交易特色旅游商品，既可提高销售量，又利于提高旅游商品的知名度。

(6)旅游应急救援设施。

医疗服务站：内备有专职医护人员、急救箱、急救担架、日常药品，设内部救援电话。

紧急救援站：配备有关设备和医务人员，紧急救援中心要求标志醒目，给游客一种安全感，建筑风格与景区内其他建筑保持一致，内部包括防火、防盗、防暴力、救护等部门。

其他服务站：与多家医疗机构建立旅游救护定点医院，建立绿色通道，对旅游者实施无条件先前救护。

(7)医疗卫生设施。

常住人口达200人以上的村庄设置卫生计生服务中心。常住人口低于200人的村庄，设置卫生站。

(8)文化休闲设施

含图书室、文化活动室、体育活动室。健身运动设施可结合小广场、集中绿地设置。

4. 旅游信息化

完善秦巴山区贫困村旅游信息化建设，实现手机信号全覆盖，完善沿线旅游信息化服务系统。具体内容主要包括：①旅游行政办公网；②旅游企业信息网；③公众信息网；④客户电子预订系统(CRS)与企业管理信息系统(MIS)；⑤大巴山区旅游系统综合数据库。

推动秦巴山区智慧旅游建设。包括：①构建秦巴山区二维码智慧旅游管理系统；②构建秦巴山区智慧旅游云数据中心；③构建秦巴山区旅游日常运行监管及安全应急管理联动指挥体系，包括：建设智慧旅游业运行监管平台，智慧旅游公共服务平台，智慧旅游目的地营销平台，智慧旅游体验平台。

5. 旅游运营管理

(1)运营机制管理。

将旅游扶贫开发和农业产化发展相结合，将旅游项目和设施建设与农业产业基地建设、居民点搬迁和新农村建设、村镇基础设施和公益设施建设相结合，将扶贫试点村自身的资源、产业、劳动力优势和外部的资本、技术、市场优势相结合，设计以旅游发展带动贫困村整村推进扶贫的组织模式和运营机制。

创新乡村社区参与模式：包括个体农庄、农户+农户、公司+农户、公司+农户、村集体主导、公司制、公司+村集体+农户、政府+公司+农户。

社区参与模式优化：充分发挥政府职能，构建合理利益协调机制。明确各参与主体的产、权、责，建立有效监管体系。加强农民培训，提升农民参与程度。

(2)旅游市场营销。

广泛开展"旅游扶贫，共建小康"的主题思想道德教育和宣传活动，将旅游扶贫工作引向深入。实施区域联合宣传。充分利用网络新媒体营销。务必做到精准营销。

(3)旅游安全管理。

具体包括安全保卫机构、安全保护制度、安全处置、安全设备设施、安全标志、安全宣传、医疗救护服务。

(七)旅游扶贫实施保障

1. 受益机制保障

(1)旅游扶贫受益机制。

①贫困户直接参与旅游经营获得收入，如开办农家乐和经营乡村旅馆开办民宿等；②贫困户到旅游企业务工获得劳务收入；③贫困户出售自家农副土特产品和手工艺品增加收入；④贫困户出租房屋、土地等自有资产获得租金收入；⑤贫困户通过将房屋、土地、人力等自有资源折算入股获得股金分红；⑥建立资产收益扶持制度，针对没有能力没有资源参与进旅游扶贫的贫困户，可利用财政专项扶贫资金或部分支农资金作为贫困人口的股份，参与专业大户、家庭农场、农民合作社等新型经营主体和龙头企业、产业基地的生产经营和收益分红，以增加贫困人口的财产性收入等。

(2)旅游扶贫受益保障措施。

①建立健全畅通的利益诉求表达机制；②建立健全公平正义的利益分配机制；③建立健全利益统筹与调节机制；④是建立健全科学合理的利益补偿机制；⑤是建立健全有效利益保障机制。

2. 资金保障

(1)争取国家和省市扶持。

争取进入国家重点旅游项目名录和省级重点项目库，加大上级扶持力度。充分利用各种配套优惠政策和各种资金渠道。全面、充分地利用农业、林业、能源、环保、扶贫、文化项目等各项优惠政策，形成规模投资。

优选旅游扶贫项目，积极策划和筹备一批既符合国家、省市投资重点，又体现当地特色的旅游扶贫项目，完善前期评估论证，抓紧项目建议书和可行性研究报告的编制，争取列入国家专项建设债券支持范围。

(2)与金融机构合作。

拓展融资渠道。向商业银行申请抵押或质押贷款，向政策性银行申请贴息贷款。创新融资方式，可以采用门票质押、景区开发经营权抵押、土地抵押、建筑物抵押等。

成立资产信贷公司，明确借贷主体。明确资产产权，剥离劣质资产，分离出可用于借贷的优质项目抵押资产。加大前期工作的力度，研究旅游扶贫开发区域的资产体系及相应的政策扶持措施。

(3)对外招商引资。

推动社会资本投入。每年包装推出一批贫困地区旅游优选项目,加大招商引资力度,促进各地积极落实优惠政策,吸引社会资本参与旅游扶贫开发。加大投资开放力度,吸引国外资金,制定优惠政策,探索多种合作模式,加强政府的协调职能。

完善旅游扶贫激励政策。采取项目招标、政府采购、直接委托等方式,支持旅游企业参与贫困地区旅游开发。对利用贫困村(户)闲置的土地、房产等资产资源发展乡村旅游的企业,带动贫困村(户)脱贫摘帽,给予扶贫再贷款支持。

(4)利用资本市场融资。

优化公司资产结构。从主要依赖门票收入的景区开发经营模式,向宾馆、民居旅馆、餐饮经营、旅游交通、旅游纪念品产销等多项业务转移资本和收入,增强企业的融资能力。

积极探索资本市场上新的融资方式。研究和尝试海外融资和信托融资的可能和效果。

(5)盘活民居资产。

①产权融资:包括产权酒店、商铺产权发售、项目公司拆分产权发售等。②出售部分产权:包括分时度假等。③第二驻地:包括第二居所、企业第二总部(或企业庄园)等。④租赁融资:包括设备租赁、资产租赁、土地租赁、房屋租赁等。⑤民居收藏:包括文化民居收藏、主题民居收藏等。

(6)地方政府投资。

强化财政资金保障。各相关市(州)和县(市、区)设立旅游扶贫专项资金,并纳入财政预算,用于支持旅游扶贫项目建设和旅游品牌创建,加大地方资金对旅游扶贫的投入力度。

对成功创建省级旅游扶贫示范区、省级旅游扶贫示范村、特色旅游示范村、申报创建的民宿旅游达标户分别给予相应奖励。整合相关部门资金。创新资金使用方式。

3. 政策保障

(1)旅游扶贫政策框架。

通过精准识别贫困对象,优化配置扶贫资源,制订落实精准措施,着力改善贫困村、贫困户的生产生活条件,提高贫困人口的自我发展能力,改善贫困地区的发展环境,加快全面小康建设步伐。

①贫困精准识别。进村入户开展调查摸底,把精准扶贫对象、致贫原因、扶贫措施搞准搞实。

②结对精准帮扶。组织帮扶单位干部与贫困户结成帮扶对子,保持与帮扶对象经常性联系,力所能及地帮助解决实际困难。

③计划精准制定。精准制定脱贫目标,明确时限,算好时间账、任务账、进度账,制定好路线图和时间表。

④资源精准整合。统筹安排资金,集中用于到村到户项目和体现贫困群体意愿、带动减贫的重大产业发展、基础设施建设、公共服务等项目。做好政策策划与对接,重点向贫困地区倾斜,以项目为载体,广泛筹措资金,科学整合,集中用于贫困村、贫困户生产生活项目建设。

⑤产业精准连接。结合当地资源实际,选准特色优势产业,大力推进贫困村"一村一

品、数村一品"特色扶贫产业体系建设，通过基地带动到户、能人带动到户、合作组织带动到户、龙头企业带动到户，实现贫困户增收脱贫。

⑥民生精准改善。扎实推进基本公共服务和管理、社会保障、现代化教育、基本医疗卫生服务和住房保障，推进供排水、供电、供气、交通、信息、市场基础设施向贫困村倾斜，把教育、卫生、文体、社保、安居、安全公共服务向贫困人口倾斜，大力实施水、电、路、客车、安居、广播电视、电话通信、宽带、市场、环境改善等基础实施工程。

⑦政策精准落实。用足用活现有政策，推进医疗、教育、住房、养老、低保、助残"六保障"措施和扶智、扶技能、扶产业"三扶"措施。

⑧组织精准有效。继续以三个"1+X"、三类新社区、三支人才队伍等为载体，加强基层组织建设，增强村班子带领群众脱贫致富的能力。抓好乡风文明建设，加强社会管理，促进农村和谐稳定。

(2) 旅游扶贫创新。

①完善贫困户建档立卡信息，建立多维贫困识别体系；②健全旅游扶贫动态监管与目标考核体系；③制定旅游扶贫责任清单和进度协调计划；④加快推进旅游扶贫各项配套政策和制度创新

4. 用地保障

旅游扶贫过程中，严格按照国土资源部联合住房城乡建设部、国家旅游局印发的《关于支持旅游业发展用地政策的意见》(下称《意见》)指导实施，按照《意见》中提出的加大旅游扶贫用地保障政策要求，加大旅游扶贫用地保障。

鼓励土地权利人自行复垦开发垃圾场、废弃矿山等历史遗留损毁土地建设的旅游项目，对政府收回或征收的历史遗留损毁土地，允许通过招标拍卖挂牌方式合并确定新的土地使用权人和复垦投资主体，以吸引社会资本投资。

按照《意见》要求，严格旅游相关农用地用途管制，严格保护耕地和基本农田、节约集约用地。在相关市、县(区、市)、乡镇、贫困村旅游精准扶贫规划及实施方案中，明确景区规划范围内永久建筑、游览设施、基础工程等用地，需避让永久基本农田保护区域。

5. 人才保障

(1) 旅游扶贫队伍建设。

①加强公共服务专业扶贫队伍建设，启动"精准扶贫万人计划"；②加强贫困乡村基层干部队伍建设，启动"精准扶贫基石工程"；③加强以大学毕业生为主体的扶贫志愿者队伍建设，启动全省"精准扶贫志愿者万人计划"；④尽快制定系统的引进培养、评价考核、激励保障的特殊政策；⑤切实加强扶贫人才工作的组织领导和经费人员保障。

(2) 加强造血功能。

扶贫人才培训涉及贫困地区可持续发展和"造血式"发展的根本问题。创新工作方式，突出工作重点，加大劳动力培训力度，有效整合人力、资金，开展贫困家庭劳动力精准培训，增强扶贫对象"造血功能"，实现精准培训与精准扶贫有效对接。

（3）促进能力提升。

发挥农村致富"领头羊"作用。做好农村青年人的职业培训工作，提升青年人就业创业能力。以专业科技人才提升农民科技素养。以"电商扶贫"加强农村经纪人队伍建设。以"龙头企业（合作社）+农户"的发展模式培养职业农民。坚持选派"第一书记"、大学生"村官"工作，加大扶贫干部的培训力度和制度建设。

6. 生态环境保护

（1）坚持规划引导。

制定"预防为主、保护优先、全面规划、综合治理、因地制宜、突出重点、科学管理、注重环境"的旅游扶贫生态保护方针，旅游扶贫规划设计中坚持"不破坏就是最大的保护"的环保理念。

（2）保护生态环境。

秦巴山区旅游扶贫快速通道部分道路位于国家级自然保护区的核心区域或附近地区。尽量利用老路，避免大填大挖，节约占地，降低工程造价。

（3）扶贫支撑体系。

构建旅游扶贫与生态环境保护协调统一的科学扶贫生态支撑体系。实施基于生态环境补偿机制的旅游扶贫原则。健全旅游扶贫生态环境管理体制。建立生态环境价值补偿机制。

7. 检查考评

依托省级旅游扶贫信息管理平台构建市、县、乡、村多级旅游扶贫信息管理平台。贯彻全省旅游扶贫工作督查、评估、考核工作机制。建立乡村旅游和旅游扶贫观测点，构建覆盖全域旅游扶贫监测网络体系，及时分析解读监测数据，总结旅游扶贫先进经验和成功模式，不断扩大和巩固旅游扶贫成果。

（八）年度实施计划

秦巴山区现有适宜旅游扶贫村 677 个。根据旅游扶贫村区位交通条件、旅游资源禀赋、旅游开发潜力和难易程度，进行重点开发年度、主要发展类型的划分和统计（表，略）。

规划附件：

附件 1　附表

附表 1　旅游扶贫重点村分县域统计表（略）

附表 2　旅游扶贫建档立卡贫困村旅游资源及开发现状统计表（略）

附表 3 旅游交通规划建设一览表（略）

附件 4　旅游扶贫重点村公共服务和旅游服务设施配置表（略）

附表 5　旅游扶贫重点村分年度实施表（略）

附表 6　旅游扶贫重点村分年度统计表（略）

附件 2　附图

附图 1　秦巴山区在四川省四大片区的位置图（略）

附图 2　秦巴山区旅游扶贫范围图（略）

附录一

首届世界旅游发展大会发布《北京宣言》
——推动可持续旅游，促进发展与和平

回　顾

1. 联合国世界旅游组织根据其《章程》（1970 年）第 3 条所述，主要致力于促进和发展旅游，为经济发展、国际间相互理解、和平、繁荣，以及不分种族、性别、语言和宗教信仰，广泛尊重并遵守所有人的人权和基本自由。

2. 1999 年 10 月 6 日通过的题为"和平文化声明"的联合国大会决议 A/RES/53/243。该决议指出"……和平不仅意味着远离冲突，同时也需要建立积极、动态的参与性进程，鼓励开展对话，以相互谅解和合作的方式解决冲突"。

3. 2012 年 7 月 27 日通过的联合国大会决议 A/RES/66/288。该决议通过了题为"我们希望的未来"的联合国可持续发展大会成果文件，其中强调，"旅游业如合理规划，有效管理，能对可持续发展的三个层面作出重大贡献。旅游业与其他行业密切相关，能创造体面的就业，带来贸易机会"。

4. 2014 年 12 月 19 日通过的关于促进包括生态旅游在内的可持续旅游，实现减贫和环境保护的联合国大会决议 A/RES/69/233。该决议指出，"包括生态旅游在内的可持续旅游业作为可持续经济增长和创造体面就业的重要驱动力量，能够对创造收入和教育产生积极影响，进而消除贫穷和饥饿，并可直接推动各项国际社会商定发展目标的实现"。

5. 2015 年 7 月 27 日通过的联合国大会决议 A/RES/69/313。该决议通过了第三次发展筹资问题国际会议成果文件"亚的斯亚贝巴行动议程"，其中强调指出，需要"……开发和利用各种创新工具，把可持续发展纳入主流，同时监测包括可持续旅游在内的不同经济活动对可持续发展产生的影响"。

6. 2015 年 9 月 25 日通过的题为"变革我们的世界：2030 年可持续发展议程"的联合国大会决议 A/RES/70/1。该决议通过了一套全面和以人为中心的具有普遍性和变革性的可持续发展目标(SDG)，以及对其实施、落实及复核的考量，承诺采用统筹兼顾的方式，从经济、社会和环境三个方面实现可持续发展。

7. 2015 年 12 月 22 日通过的联合国大会决议 A/RES/70/193。该决议将 2017 年确定为"国际可持续旅游发展年"，同时鼓励联合国系统和所有其他行为体推动在各个层面采取行动，包括开展国际合作，"以此促进和加快可持续发展，特别是消除贫困"。

8. 《最不发达国家伊斯坦布尔行动纲要》《小岛屿发展中国家快速行动方式》（又名

《萨摩亚途径》)和《内陆发展中国家维也纳纲要》。上述文件对可持续旅游在经济增长、就业和创汇等方面的重要作用予以认可。

9. 世界旅游组织大会于 1999 年批准通过并由联合国大会于 2001 年核可的《世界旅游组织全球旅游道德规范》。

10. 鼓励绿色增长和可持续发展转型的《可持续消费和生产模式十年方案框架》尤其是《十年方案框架可持续旅游发展纲要》。

鉴　于

11. 旅游业是增长最快的社会经济领域之一，目前占全球 GDP 总量约 10%，就业的 1/11 和全球贸易的 6%。

12. 旅游业能够激发经济增长活力、促进就业、吸引投资、提升当地人民生活质量、鼓励创业、维护生态系统和生物多样性、保护文化遗产、促进社区的自主、自强和包容性发展，从而为实现可持续发展提供重要手段。

13. 旅游在服务贸易中所占比重大，同其他经济领域关联性强，旅游价值链各环节能够产生大量发展机遇。

14. 在 17 项可持续发展目标中，旅游业在关于包容性和可持续经济增长、可持续消费和生产以及海洋资源可持续利用的第 8 项、第 12 项和第 14 项中均有体现，由于具有跨部门属性，旅游业能对可持续发展做出整体贡献。

15. 旅游业通过创造就业、鼓励创业，在消除贫困方面具有独特优势，特别是对于青年、妇女、原住民和贫困群体而言。

16. 在加速实现增长同资源消耗脱钩，以及消除包括极度贫困在内的所有形式与层次的贫困方面，旅游业对所有发展中国家、最不发达国家、内陆发展中国家和小岛屿发展中国家的贡献尤为显著。

17. 旅游业通过鼓励加强各层级合作，增进民族与文明间的相互尊重、包容和理解，有助于促进发达国家和地区与发展中国家和地区之间的经贸和文化联系。

18. 旅游建立在游客和当地社区的人际交往基础之上，这种联系在合适的情况下，有助于增进不同文化、不同民族之间的了解，减少偏见，鼓励人民间的相互尊重，从而对构建和平文化做出贡献。

19. 旅游业需要和平与稳定的环境，对和平的敏感性使得旅游业可以适时为构建和巩固和平的努力提供支持。

20. 旅游业的发展速度正迅速超越其他经济部门。通过推广负责任的旅游实践和原则，可以发挥旅游在缓解气候变化导致的全球变暖影响方面的重要作用。

21. 旅游通过创造就业和创业机会，可以帮助发展中国家的最不发达地区分享发展和财富，消除贫困。

22. 旅游有助于培养个人性格、构建集体世界观、促进国际融合，在全球化进程中发挥先导作用。

呼　吁

23. 各国政府认识到各国处在不同发展阶段，尊重并鼓励各个国家、地区探索适合自身情况的旅游发展模式，本着开放、创新、互利共赢的精神，参与国际与区域旅游合作，共同推动旅游业包容、可持续发展。

24. 各国政府制定全面的旅游政策思路，体现旅游跨部门属性，发挥旅游产业对拉动经济的乘数效应，通过实施国家旅游政策，实现经济、自然与社会文化资源有机整合，促进融合与公平，鼓励全域旅游发展。

25. 各国政府在进行国家规划和政策制定时，优先考虑包括旅游在内的可持续消费和生产方式，从而加快向可持续消费和生产模式的转型。

26. 各国政府在发展旅游过程中，坚持以负责任和可持续的方式制定规划、科学决策，确保包括私营部门和当地社区在内的所有利益攸关方的共同参与。

27. 各国政府结合国家减贫战略，将减贫目标纳入旅游政策和战略，确保贫困和边缘社区成为旅游发展进程中的关键利益攸关方，共同分享旅游发展机遇和成果。

28. 各国政府通过一带一路倡议、设立大加勒比可持续旅游区和召开美洲国家旅游部长及高官会议等举措，加强互联互通，提升旅游便利化，推进并支持区域旅游合作。

29. 各国政府应当在推进国际旅游的同时，制定能够带动需求和供给侧所有利益攸关方共同参与的政策和规划，鼓励国内旅游发展，促进全民休闲、旅游和度假。

30. 各国政府、私营部门以及所有其他利益攸关方推动旅游产品、商业模式和管理等方面的创新，公开分享经验，推动旅游业转型升级，提升旅游业的质量和活力。

31. 各国政府、私营部门以及所有其他利益攸关方支持旅游绿色发展，在基础设施和技术方面进行投入，提高资源利用效率，实现经济增长同资源消耗和环境破坏之间的脱钩。

32. 私营部门遵守《全球旅游道德规范》的各项原则，推进企业社会责任倡议。

33. 各国政府、联合国、国际组织支持并加强旅游的南北、南南和三方互利合作，提升发展中国家和最不发达国家旅游发展能力。

34. 各国政府通过鼓励客源国和目的地国之间开展协调合作，加强公共私营伙伴关系，推广技术使用和数据分享，促进安全和无缝衔接的旅游活动。

35. 各全球捐助方应当认识到 2030 年可持续发展议程中体现的旅游在促进发展中国家实现可持续和包容性增长方面的潜在作用。

36. 各国政府、联合国、国际组织、金融机构以及慈善基金会和私营部门加大对包括旅游基础设施、旅游规划、人才培养等方面的资金支持。

37. 各国政府将旅游纳入本国和国际突发情况应对措施，以增强旅游业的发展韧性，降低破坏和损失风险，提高恢复速度，为遭遇困难和抗风险能力较差的国家和地区共同提供支持。

38. 所有利益攸关方认可并积极促进旅游发展，将旅游作为增进不同人民、国家和文化之间尊重、包容和相互理解的有效工具，构建和平文化和文明间的对话。

39. 学术界推动研究旅游与和平之间的内在联系，包括但不限于旅游业对减贫的贡献，同时阐述旅游的"和平意识"，提出指导原则和建议以支持打造国际和平文化与平等。

40. 各国政府在所有相关利益攸关方的支持和参与下，参与适当的地方、国家、区域、国际和多边进程，以推进和落实上述各项目标。

41. 各国政府、联合国、国际组织、私营部门和学术界应当共同支持旨在借助旅游产生的效益，巩固受暴力和冲突影响地区和平环境的各项规划、战略和经验。

42. 各国政府、地区机构、私营部门和其他所有利益攸关方应当尽最大努力，提高旅游目的地整个旅游价值链的可及性。

承　　诺

43. 积极发挥旅游业在推动实现 2030 年可持续发展议程以及各项可持续发展目标所在行动领域的作用，同时对旅游业作为促进发展与和平的重要手段给予应有的认可。

44. 确保对政策、商业行为和做法的必要改变，提升旅游对可持续发展、包容性发展以及和平的贡献。

45. 进一步将可持续旅游纳入相关政策、举措、项目与研究，以促进旅游作为可持续发展和减贫工具的作用。

2016 年 5 月 19 日，北京

附录二

全国生态旅游发展规划(2016—2025 年)

序　言

　　我国位于亚欧大陆东部，太平洋西岸，地理位置独特，地形地貌复杂，气候类型多样，生物多样性丰富，已建成各类国家级自然保护地 3000 余处，为发展生态旅游奠定了坚实的资源基础。为贯彻落实《中共中央国务院关于加快推进生态文明建设的意见》、《国务院关于促进旅游业改革发展的若干意见》，加强对国家重点旅游区域的指导，抓好集中连片特困地区旅游资源整体开发，引导生态旅游健康发展，更好地满足人民群众日益增长的旅游休闲消费需求和生态环境需要，编制本规划。本规划所指生态旅游是以可持续发展为理念，以实现人与自然和谐为准则，以保护生态环境为前提，依托良好的自然生态环境和与之共生的人文生态，开展生态体验、生态认知、生态教育并获得身心愉悦的旅游方式。规划根据区域资源特色、环境承载力和开发利用现状，将全国生态旅游发展划分为八大片区，明确功能定位和发展方向，实施差别化保护措施，完善基础设施和公共服务，打造生态旅游精品，探索人与自然和谐共生的可持续发展模式。规划是全国生态旅游发展的行动纲领，是推动生态旅游持续健康发展的基础保障。

　　规划期限自 2016 年至 2025 年，规划范围为全国陆地国土空间及内水和领海(不包括港澳台地区)。

第一章　发展基础

一、现状问题

　　生态旅游作为一种绿色消费方式，自世界自然保护联盟 1983 年首次提出后，迅速普及全球。20 世纪 90 年代，随着我国实施可持续发展战略，生态旅游概念正式引入中国。经过 20 多年的发展，生态旅游已成为一种增进环保、崇尚绿色、倡导人与自然和谐共生的旅游方式，并初步形成了以自然保护区、风景名胜区、森林公园、地质公园及湿地公园、沙漠公园、水利风景区等为主要载体的生态旅游目的地体系(见附表)，基本涵盖了山地、森林、草原、湿地、海洋、荒漠以及人文生态等 7 大类型。生态旅游产品日趋多样，深层次、体验式、有特色的产品更加受到青睐。生态旅游方式倡导社区参与、共建共享，显著提高了当地居民的经济收益，也越来越得到社区居民的支持。通过发展生态旅游，人们的生态保护意识明显提高，"绿水青山就是金山银山"的发展理念已逐步成为共识。

与此同时，我国生态旅游发展也存在不容忽视的问题。一些地区对生态旅游的认识不到位，只顾眼前利益、局部利益，不重视资源保护和规划设计，搞竭泽而渔式的开发，造成严重的生态破坏和环境污染。部分地区过分追求门票经济，不考虑资源和环境承载，人为增加保护压力，降低旅游质量。相当数量的景区没有充分发挥生态旅游的科普、教育功能，在产品开发、导游解说上过于肤浅和形象化。部分景区所在的社区参与度低，没有决策建议权，利益共享机制缺失。此外，生态资源的保护监督体系也亟待健全。

二、面临形势

改革开放特别是"十二五"以来，我国旅游业快速发展，旅游已成为城乡居民日常生活的重要组成部分，成为国民经济新的重要增长点。2015年国内旅游人数达到40亿人次，旅游业总收入4.13万亿元。预计2020年国内旅游人数将突破70亿人次，居民人均旅游次数将从目前不到3次提高到5次左右，旅游产品供求矛盾将持续突出。同时，随着工业化进程加快、城镇化水平提高，人们回归大自然的愿望日益强烈，国内旅游需求特别是享受自然生态空间的需求爆发性增长。旅游消费方式从观光游到观光、休闲、度假并重转变，呈现多样化格局，深层次、体验式、特色鲜明的生态旅游产品更加受到市场青睐，观鸟旅游、探险旅游、科考旅游、生态养生、野生动物观赏等逐渐成为新热点。

但总体上看，我国生态环境仍比较脆弱，生态系统质量和功能偏低，生态安全形势依然严峻，生态保护与经济社会发展的矛盾仍旧突出。十八大明确提出推进生态文明建设，构建生态安全格局，十八届三中全会进一步要求建立空间规划体系，划定生产、生活、生态空间开发管制界限。"十三五"规划《纲要》要求加大生态环境保护力度，为人民提供更多优质生态产品。生态保护作为生态文明建设的重要内容，关系人民福祉，关乎民族未来。为加快推进生态文明建设，更好地满足日益增长的旅游休闲消费需求和生态环境需要，必须加快发展环境友好型、非资源消耗型的生态旅游，有效整合资源，促进融合发展，优化配套体系，加强资源环境国情教育，引导形成正确的生态价值观，树立崇尚生态文明新风尚，推动形成绿色消费新观念，发展负责任、可持续的旅游业，实现人与自然和谐共生。

第二章　总 体 要 求

一、指导思想

全面贯彻党的十八大和十八届三中、四中、五中全会精神，以邓小平理论、"三个代表"重要思想、科学发展观为指导，深入学习贯彻习近平总书记系列重要讲话精神，按照"五位一体"总体布局和"四个全面"战略布局，牢固树立和贯彻落实创新、协调、绿色、开放、共享的新发展理念，以满足人民群众日益增长的旅游休闲消费需求和生态环境需要为出发点和落脚点，以优化生态旅游发展空间布局为核心，以完善生态旅游配套服务体系为支撑，坚持尊重自然、顺应自然、保护自然，强化资源保护，注重生态教育，打造生态旅游产品，促进绿色消费，推动人与自然和谐发展。

二、基本原则

(一)保护优先，合理利用。把保护放在生态旅游发展的首位，正确处理资源保护与利用的关系，坚守生态底线，科学适度开发，推进生态旅游集约化、低碳化、绿色化发展，实现速度、结构、质量、效益相统一，形成节约资源和保护环境的空间格局、产业结构、生产方式和消费模式。

(二)优化布局，突出重点。优化生态旅游发展空间布局，以生态旅游片区为依托，以生态旅游协作区、目的地、线路和风景道为载体，因地制宜，分类指导，推动不同地域生态旅游特色化、品牌化、差别化发展。以集中连片特困地区旅游资源整体开发为重点，探索生态旅游发展推动贫困地区脱贫攻坚的新途径。

(三)统筹协调，融合发展。以建立健全区域合作机制为抓手，在资源保护、产品开发、线路组织、宣传促销等方面开展深度合作，丰富合作方式，提升合作水平，实现一体化发展。以转型升级、提质增效为主线，促进生态旅游与农业、林业、海洋、文化等相关产业和行业融合发展，延伸生态旅游产业链，形成旅游综合服务体系。

(四)创新机制，多方参与。探索创新生态旅游投融资、环境教育、生态补偿等机制，形成生态保护与旅游发展相互促进、良性循环的新模式。坚持市场在资源配置中的决定性作用，充分发挥政府的引导作用，调动各类市场主体、社会组织的积极性，拓宽参与渠道，让当地居民更多分享生态旅游发展红利。

三、规划目标

到 2020 年，一批重点生态旅游目的地和精品线路基本建成，生态旅游基础设施和配套公共服务进一步完善，生态旅游社区参与更加广泛，带动脱贫攻坚取得明显成效，环境友好型、非资源消耗型的生态旅游理念逐步形成，培育一批生态旅游重点品牌，初步形成全国生态旅游发展的基本格局，成为具有一定国际影响力的生态旅游目的地国家。

到 2025 年，以生态旅游协作区、目的地、线路和风景道为主体的总体布局基本确立，区域合作机制更加健全、合作模式日益成熟，生态旅游资源保护、产品开发、公共服务、环境教育、社区参与、营销推广、科技创新体系逐步健全，生态旅游在推动生态文明建设中作用全面发挥，国际竞争力显著提升，成为世界生态旅游强国。

第三章 总体布局

按照全国自然地理和生态环境特征，依据《全国主体功能区规划》《全国海洋主体功能区规划》《全国生态功能区划(修编版)》《全国重要江河湖泊水功能区划(2011-2030

年)》《全国生态保护与建设规划(2013—2020 年)》等相关规划,结合各地生态旅游资源特色,将全国生态旅游发展划分为八个片区。不同片区依托自身优势,明确重点方向,实施差别化措施,逐步形成各具特色、主题鲜明的生态旅游发展总体布局。

一、东北平原漫岗生态旅游片区

本片区包括大小兴安岭、长白山、辽东丘陵森林,三江平原和东北平原湿地,东北平原西部草甸草原,大兴安岭森林草原等生态区域。总面积约 126 万平方千米,涉及辽宁省、吉林省、黑龙江省及内蒙古自治区赤峰市、通辽市、呼伦贝尔市、兴安盟。重点发展方向是依托森林、湿地、草原及冰雪旅游资源,打造集森林观光度假、冰雪运动休闲、界江界湖界山观光、民俗体验于一体,辐射东北亚的生态旅游片区。加强与日本、韩国、俄罗斯、朝鲜、蒙古国合作,形成图们江流域、日本海等跨境生态旅游线路。

二、黄河中下游生态旅游片区

本片区包括燕山、太行山、山东丘陵、秦巴山地森林,黄土高原农业与草原,汾渭盆地与华北平原农业植被等生态区域。总面积约 92 万平方千米,涉及北京市、天津市、河北省、山西省、山东省、河南省和陕西省。重点发展方向是依托黄河沿线自然风光与民俗风情、太行山、燕山、秦岭、冀北草原等生态旅游资源,打造兼具黄河与黄土高原观光、山地观光度假、森林湿地休闲、滨海休闲度假等功能的生态旅游片区。大力推动京津冀旅游一体化发展。加快区域生态旅游快速通道建设,建立区域信息交互网,构建多层级、网络化、多部门协同的安全风险防范、应急救援、安全监督机制。积极拓宽国际生态旅游市场。

三、北方荒漠与草原生态旅游片区

本片区包括内蒙古高原东中部典型草原与荒漠草原,内蒙古高原西部山地荒漠,阿尔泰山、天山山地森林草原,柴达木盆地、准噶尔盆地、塔里木盆地荒漠,祁连山森林与高寒草原,帕米尔-昆仑山-阿尔金山高寒荒漠草原等生态区域。总面积约 284 万平方千米,涉及内蒙古自治区(不包含赤峰市、通辽市、呼伦贝尔市、兴安盟)、甘肃省(不包含甘南州)、宁夏回族自治区和新疆维吾尔自治区。

重点发展方向是依托山岳、草原、森林、绿洲、沙漠戈壁、峡谷及冰雪生态旅游资源,打造具有山岳与戈壁观光探险、草原观光休闲、绿洲度假、雪域体验、少数民族文化体验、户外运动探险等特色的生态旅游片区。加强祁连山、六盘山、贺兰山等跨区域生态旅游发展规划与建设。立足连接亚欧大陆和中国内陆地区的区位优势及边境沿线生态景观优势,加强边境地区生态旅游国际合作。

四、青藏高原生态旅游片区

本片区包括藏东-川西山地森林，藏东南热带雨林季雨林，青海江河源区、甘南、藏南高寒草甸草原，藏北高原高寒荒漠草原，阿里山地温性干旱荒漠等生态区域。总面积约225万平方千米，涉及西藏自治区、青海省及云南省迪庆州、四川省甘孜州和阿坝州、甘肃省甘南州。重点发展方向是依托青藏高原高大山脉、江河源区、高寒草原大体量自然生态资源和神秘多姿的人文生态资源，打造具有高原生态观光与休闲、户外运动、文化生态体验、冰川科考、峡谷探险等特色的生态旅游片区。加强基础设施、旅游公共服务设施和生态环保设施建设，强化生态补偿。促进生态旅游业对特色农牧业及其加工业的融合带动作用。

五、长江上中游生态旅游片区

本片区包括武陵-雪峰山与滇中北山地森林，湘赣丘陵山地森林，黔中部喀斯特森林，长江中游平原湿地与农业植被，三峡水库等生态区域。总面积约145万平方千米，涉及江西省、湖北省、湖南省、重庆市、四川省(不包含阿坝州、甘孜州)、贵州省和云南省(不包含迪庆州)。

重点发展方向是依托大江大河、湖泊湿地、山地森林、特色地貌景观及苗族、彝族、侗族、哈尼族、傣族等少数民族生态旅游资源，打造具有长江及其支流观光、喀斯特与丹霞地貌观光、亚热带森林观光、山岳与湖泊休闲避暑度假、长江流域民俗体验等特色的生态旅游片区。推动罗霄山区、秦巴山区、武陵山区、乌蒙山区等区域的生态旅游扶贫。利用长江经济带区域发展战略机遇，推动长江流域生态旅游协同发展，建设长江黄金旅游带。

六、东部平原丘陵生态旅游片区

本片区包括浙闽山地丘陵森林，天目山-怀玉山山地森林，长江三角洲湿地与城郊森林等生态区域。总面积约47万平方千米，涉及上海市、江苏省、浙江省、安徽省和福建省。重点发展方向是依托江河、湖泊、山岳、湿地、滨海等生态旅游资源，打造世界自然遗产观赏、江南水乡人文生态体验、江河湖泊湿地观光、滨湖滨海休闲运动等特色的生态旅游片区。强化生态旅游土地利用空间管制，合理确定游客容量，加强跨区生态旅游公共服务体系建设。

七、珠江流域生态旅游片区

本片区包括桂粤山地丘陵森林，桂粤南部热带季雨林与雨林，珠江三角洲丘陵森林与农业植被等生态区域。总面积约42万平方千米，涉及广东省和广西壮族自治区。

重点发展方向是依托喀斯特地貌资源、岭南山岳资源、江河湖泊资源、温泉资源和壮族、苗族、瑶族等少数民族人文生态资源,利用毗邻港澳、东南亚的区位优势,打造具有山水观光、湖泊山岳休闲度假、健康养生、中越边关探秘、人文生态体验等特色的生态旅游片区。探索建立珠江上下游地区生态补偿机制,强化规划管控,防止生态旅游资源过度开发。加强与东盟生态旅游合作,构建中越边关生态旅游廊道。

八、海洋海岛生态旅游片区

本片区位于我国东部与南部,涵盖我国领海及管辖海域、海岛(含海南岛),包括渤海、黄海、东海、南海等,拥有红树林、珊瑚礁、海草床等多种典型海洋生态系统及大于500平方米的岛屿6900多个,总面积约476万平方千米。重点发展方向是依托丰富的海洋海岛资源和海上丝绸之路文化资源,打造具有海上观光、海上运动、滨海休闲度假、热带动植物观光等特色的海洋海岛生态旅游片区。积极推进海南国际旅游岛、平潭国际旅游岛建设,推动三沙生态旅游发展。建设国际邮轮港,开辟东盟海上邮轮航线,打造东南亚生态旅游合作区。

第四章 重 点 任 务

依据生态旅游资源、交通干线和节点城市分布,在八大生态旅游片区基础上,以重要生态功能区为单元,培育20个生态旅游协作区,遴选一批有代表性的生态旅游目的地,通过提升基础设施和公共服务水平,建设200个重点生态旅游目的地,按照生态要素的线性分布和旅游线路组织的基本原则,形成50条跨省和省域精品生态旅游线路,适应日益兴起的自驾车和房车旅游,结合国家整体路网布局,打造25条国家生态风景道,形成点线面相结合、适应多样化需求的生态旅游发展格局。

一、培育20个生态旅游协作区

按照国家区域发展总体战略,以跨省域大山、大江、大河区域生态资源为基础,选择旅游资源富集、品牌优势显著、交通基础条件较好的区域,突破行政区划限制,建立合作框架和机制,加强区域合作和资源共享,实现错位发展、集群发展。生态旅游协作区要加强旅游标准、管理和服务对接,加强重点景区与高速公路、高等级公路连接线建设,形成以铁路、公路和航空相结合的旅游立体交通系统,实现跨区域联动发展,进一步推进国家生态旅游示范区建设,依托国家重点生态工程,加强生态建设和环境保护,带动区域经济社会发展和生态文明建设。

——燕山太行山生态旅游协作区:重点发展山水休闲游、康体健身游、自然探险游、生态科普游等产品。结合京津等周边城市消费趋势,重点推出适合自驾、生态休闲游的短期旅游线路,构建自驾车房车营地体系。加强冀、晋、蒙三省区旅游合作和资源共享。

——环渤海生态旅游协作区：重点发展滨海度假旅游、海洋休闲旅游和海岛生态旅游，培育邮轮、游船、游艇及相关海洋休闲产业。开发环渤海滨海生态休闲度假旅游带，在旅游线路组织、旅游集散体系建设等方面强化合作，逐步建立互送客源、互为旅游目的地的合作机制。

——陕蒙晋豫黄河大峡谷生态旅游协作区：大力发展黄河水域观光、黄河峡谷探险、民族风情体验、沙漠观光探险等产品，深入挖掘天下黄河的文化内涵，塑造黄河风情旅游品牌和总体形象。加强沿黄河旅游基础设施和公共服务体系的衔接，建立客源共享机制，联手整治旅游市场秩序，合力打造体现华夏文明、凸显黄河生态的旅游精品线路。

——大小兴安岭生态旅游协作区：重点发展森林避暑、草原旅游、养生度假、冰雪旅游、边境旅游、民俗体验等产品，组建大小兴安岭旅游联盟，加强区域旅游通道建设，共同开发精品旅游线路，联合打造森林生态旅游特色品牌。

——长白山图们江生态旅游协作区：重点发展边境生态观光、山地度假、森林生态旅游、冰雪旅游、温泉养生和朝鲜族民俗体验等产品，形成鸭绿江-长白山-图们江边境生态旅游带，推进与周边国家旅游合作，实现东北亚地区生态旅游联动发展。

——浙皖闽赣生态旅游协作区：重点发展遗产观光、山地休闲、湖泊度假、科普教育等产品，加强黄山、庐山、九华山、三清山、江郎山、武夷山、龙虎山、泰宁等世界遗产地的深度协作，加快皖南国际文化旅游示范区建设，推进公共服务设施区域一体化，搭建区域联合营销与市场共享平台。

——罗霄山生态旅游协作区：重点发展自然生态观光、山地养生度假、乡村休闲等产品，支持基础设施和生态保护工程建设，加强历史遗址保护和生态旅游品牌宣传推广，推动生态旅游与红色旅游、文化旅游融合发展，促进跨省协作。

——大巴山生态旅游协作区：重点发展山岳生态观光、避暑度假、乡村休闲等产品。创新旅游资源开发模式和旅游产业扶贫机制。加强省际旅游线路连接和区域合作，增强旅游产业整体活力和综合实力。

——大别山生态旅游协作区：重点发展森林休闲度假、科考探险、康体健身、研学旅行等产品，有序推进大别山区旅游精准扶贫，建立区域旅游扶贫成果共享机制，有效带动农户就业增收。建设大别山旅游环线公路，探索建立大别山旅游公共服务平台。

——武陵山生态旅游协作区：重点发展休闲度假养生、康体健身旅游、科普旅游、乡村休闲等产品，加强宜昌市、恩施土家族苗族自治州、张家界市、湘西土家族苗族自治州、铜仁市、渝东南等地区的合作。

——长江中游生态旅游协作区：重点发展水上旅游、自驾车、低空旅游等产品，推动生态旅游与文化旅游、红色旅游融合发展。发挥长江黄金水道和高铁优势，共同打造长江旅游线路和国内外知名旅游品牌。推动区域一体、水陆联动发展，探索生态旅游联合发展模式。

——乌蒙山生态旅游协作区：重点发展自然遗产欣赏、山水观光、乡村生态休闲、人文生态体验等产品，促进生态旅游与民族文化旅游融合发展，加强乌蒙山区域省州市之间互联互通，提升城市、景区和口岸的交通条件，形成以高等级公路为主体的快速旅游通道。

——滇桂黔喀斯特山水生态旅游协作区：重点发展喀斯特山水观光、森林旅游、养生休闲、边关览胜、民族文化体验等产品。探索特色文化与生态旅游融合发展新路径，发展地方特色旅游商品，加大旅游脱贫攻坚力度，加强区域内交通基础设施衔接，形成优势互补的协作发展格局。

——北部湾生态旅游协作区：重点发展滨海度假、滨水旅游、海洋科普、民俗文化体验等产品，完善北海、钦州、防城港城市旅游配套服务设施，建设邮轮游艇码头，加强北部湾与国内其他滨海旅游城市、东南亚滨海国家的旅游合作。

——西江生态旅游协作区：重点发展喀斯特地貌与亚热带动植物观光、湖泊生态休闲、生态养生等产品，培育一批具有区域影响力的特色景点和精品生态旅游线路。推进桂林国际旅游胜地建设，规范巴马长寿养生旅游发展，推动设立崇左中越国际旅游合作区。

——青甘川三江源区生态旅游协作区：重点发展江河源头生态观光、户外特种旅游、民族文化体验、高原休闲等产品，在严格保护的基础上，改善内外部交通，完善旅游配套设施，挖掘生态保护价值、自然景观展示价值、历史文化原真价值，共同推广"三江之源，中华水塔"品牌形象。

——祁连山生态旅游协作区：重点发展山地冰川观光、休闲度假、探险运动和民族风情体验等产品，突出特色旅游城镇建设，破解交通瓶颈，完善沿线旅游服务功能，加强甘肃、青海两省祁连山旅游资源整体开发，建立利益共享、风险共担的联合开发机制。

——昆仑山生态旅游协作区：重点发展自然风貌观光、户外特种旅游、民俗与宗教文化体验、科普教育等产品，体现"万山之祖"的文化内涵，实现昆仑山旅游设施共享、线路联动、协同发展。

——大香格里拉生态旅游协作区：重点发展高原生态观光、科考探险、康体健身、文化体验等产品，建立务实高效的区域旅游合作机制，加强旅游通道对接，强化安全应急救援，完善旅游公共服务设施，不断扩大和提升"大香格里拉"品牌形象。

——贺兰山生态旅游协作区：重点发展生态休闲、避暑度假、岩画欣赏、葡萄酒文化体验等产品，打造环贺兰山黄金旅游圈和葡萄酒文化长廊，推进贺兰山区域旅游公共服务设施标准化建设，打造统一的服务标准、服务标识和票务系统平台。

二、建设 200 个重点生态旅游目的地

依托各类国家级自然保护地，按照向贫困地区、生态脆弱区和生态屏障区倾斜的原则，考虑资源禀赋、交通可达性、开发潜力、示范带动性等因素，在全国范围内遴选出 200 个重点生态旅游目的地(专栏一)，坚持保护优先，高水平规划，高标准建设，加大支持力度，提升公共服务水平，打造受国内外游客欢迎的生态旅游品牌。

专栏一 重点生态旅游目的地

1. 东北平原漫岗生态旅游片区：呼伦贝尔草原、兴安盟阿尔山、额尔古纳湿地、克什克腾草原、阿鲁科尔沁草原、大青沟、鸭绿江、辽河口、本溪水洞、金石滩—老虎滩、双台河、棋盘山、旅顺口、长白山、松花湖、查干湖、辉南龙湾群、向海、高句丽、防川、五女峰、五大连池、汤旺河、镜泊湖、亚布力、大兴安岭、乌苏里江、绥芬河。

2. 黄河中下游生态旅游片区：灵山—百花山、密云云蒙山、盘山、大黄堡、辽河源、白洋淀、坝上草原、崇礼—赤城、衡水湖、京西百渡(涞易涞)、雾灵山、五台山、太行山大峡谷、绵山、蟒河、庞泉沟、王莽岭、五老峰、恒山、沁河源、沂蒙山、蓬莱、崂山、微山湖、黄河三角洲、南太行山—云台山、桐柏山、黄河小浪底、老君山—鸡冠洞、伏牛山、豫西大峡谷、丹江、黄河故道、金丝峡、黄龙山、丹江源、秦岭太白山、壶口瀑布、瀛湖、南宫山、黄河大侠谷、华山。

3. 北方荒漠与草原生态旅游片区：腾格里沙漠、巴丹吉林沙漠、额济纳胡杨林、锡林郭勒草原、鸣沙山月牙泉、麦积山、敦煌雅丹、张掖丹霞、平凉崆峒山、六盘山、沙坡头、贺兰山、青铜峡、沙湖、苏峪口、哈巴湖、天山、喀纳斯湖、巴音布鲁克、博斯腾湖、塔河源、白沙湖、可可托海、吐鲁番火焰山。

4. 青藏高原生态旅游片区：九寨沟—黄龙、稻城亚丁、二郎山—海螺沟、香格里拉、雅鲁藏布江、纳木错、林芝鲁朗、珠穆朗玛峰、羊八井、巴松错、昆仑山—可可西里、青海湖、祁连山、年保玉则、德令哈、冶力关、玛曲。

5. 长江上中游生态旅游片区：三清山、井冈山、婺源、鄱阳湖湿地、武功山、庐山、神农架、武当—太极湖、恩施大峡谷、丹江口、张家界、洞庭湖、莽山、崀山、大围山、长江三峡、武隆喀斯特、四面山、金佛山、黔江、蜀南竹海、大峨眉山、光雾山—诺水河、泸沽湖、大渡河峡谷、黄果树、荔波、龙宫、百里杜鹃、梵净山、赤水、雷公山、马岭河—万峰林、哈尼梯田、西双版纳、石林、玉龙雪山、腾冲、怒江大峡谷、苍山洱海。

6. 东部平原丘陵生态旅游片区：崇明岛、淀山湖、姜堰溱湖、太湖、洪泽湖、天目湖、虞山尚湖、千岛湖、天目山、钱江源、神仙居、江郎山、雁荡山、黄山、天堂寨、天柱山、九华山、巢湖、花亭湖、大金湖、湄洲岛、武夷山、泰宁、清源山、屏南白水洋、鼓岭、东山岛。

7. 珠江流域生态旅游片区：南澳岛、南岭、丹霞山、鼎湖山、珠江口、桂林漓江、巴马、北部湾、大德天、姑婆山、乐业—凤山、龙脊梯田。

8. 海洋海岛生态旅游片区：长山群岛、舟山群岛、庙岛群岛、芝罘岛群、海陵岛、平潭岛、三沙、大洲岛、五指山、东寨港红树林。

三、形成 50 条精品生态旅游线路

以线形生态要素为主轴，突破行政区划限制，强化生态旅游目的地之间的连接，整合区域资源，依托品牌生态旅游景区和主要交通干线，串联旅游节点，连点成线、串景成廊，发挥沿线生态旅游资源的整体优势，构建跨省、省域共 50 条生态旅游线路。围

绕精品生态旅游线路，统一布局生态旅游公共服务设施，在品牌培育、宣传推广、人才培养等方面强化合作，实现优势互补、互利共赢，促进与文化旅游、乡村旅游等融合，形成各具特色的生态旅游线路品牌，打造旅游消费新热点，增强对沿线地区的辐射带动作用。

专栏二　跨省、省域生态旅游线路

1. 跨省生态旅游线路：燕山长城生态旅游线路、太行山山水生态旅游线路、京杭大运河生态旅游线路、环渤海滨海生态旅游线路、黄河中下游华夏文明生态旅游线路、东北边境生态旅游线路、大别山生态旅游线路、武陵山山水民俗旅游线路、长江三峡生态旅游线路、秦巴山地生态旅游线路、滇黔桂喀斯特山水民俗生态旅游线路、大香格里拉生态旅游线路、西北丝路文化生态旅游线路、黄河上游草原风情生态旅游线路、祁连雪山冰川观光探险生态旅游线路、南水北调中线文化生态旅游线路、海上丝路生态旅游线路、南中国海生态旅游线路、长征沿线生态旅游线路、北纬30度世界遗产生态旅游线路。

2. 省域生态旅游线路：河北坝上草原生态旅游线路、中国冷极主题生态旅游线路、内蒙古大草原生态旅游线路、浙东沿海海洋海岛生态旅游线路、黄山山脉生态旅游线路、清新福建山水生态旅游线路、山东仙境海岸海岛生态旅游线路、山东黄河入海生态旅游线路、环鄱阳湖生态旅游线路、神农架生态旅游线路、神秘湘西生态旅游线路、桂东北山水生态旅游线路、世界长寿之乡休闲养生生态旅游线路、中越边关探秘生态旅游线路、海南热带风情岛生态旅游线路、三沙海洋海岛生态旅游线路、渝东南山水生态旅游线路、川东自然山水生态旅游线路、川西大九寨生态旅游线路、贵州避暑度假生态旅游线路、云南怒江大峡谷地质生态旅游线路、云南茶马古道生态旅游线路、西藏318西线生态旅游线路、珠峰生态旅游线路、大漠雅丹探奇生态旅游线路、青海可可西里科考生态旅游线路、青海昆仑溯源生态旅游线路、三江源源头科考生态旅游线路、新疆天山丝路北道生态旅游线路、帕米尔高原生态旅游线路。

四、打造25条国家生态风景道

依托国家交通总体布局，按照景观优美、体验性强、距离适度、带动性大等要求，以国道、省道为基础，加强各类生态旅游资源的有机衔接，打造25条国家生态风景道（专栏三）。按照主题化、精品化原则，加强生态风景道沿线资源环境保护，营造景观空间，建设游憩服务设施，完善安全救援体系，优化交通管理，实现道路从单一的交通功能向交通、美学、游憩和保护等复合功能的转变。

专栏三　国家生态风景道

1. 太行山风景道（河北石家庄、邢台、邯郸—河南安阳、新乡、焦作—山西晋城、长治）。
2. 大兴安岭风景道（内蒙古阿尔山、呼伦贝尔—黑龙江加格达奇、漠河）。
3. 黄土高原风景道（内蒙古鄂尔多斯—陕西榆林、延安、铜川、西安）。
4. 贺兰山六盘山风景道（内蒙古和宁夏贺兰山、月亮湖、沙坡头、六盘山）。
5. 东北边境风景道（辽宁丹东—吉林集安、长白山、延吉、珲春—黑龙江绥芬河）。

6. 东北林海雪原风景道(吉林省吉林市、敦化—黑龙江牡丹江、鸡西)。

7. 东南沿海风景道(上海—浙江杭州、宁波、台州、温州—福建福州、厦门—广东汕头、深圳)。

8. 大运河风景道(浙江宁波、绍兴、杭州、湖州、嘉兴—江苏苏州、无锡、常州、镇江、扬州、淮安、宿迁)。

9. 华东世界遗产风景道(安徽九华山、黄山—浙江开化钱江源、江郎山—江西上饶—福建武夷山、屏南白水洋)。

10. 大别山风景道(湖北大悟、红安、麻城、罗田、英山—安徽岳西、霍山、六安)。

11. 沿武陵山风景道(湖北神农架、恩施—湖南湘西—贵州铜仁、遵义、黔东南)。

12. 罗霄山南岭风景道(湖南株洲—江西井冈山、赣州—广东韶关)。

13. 海南环岛风景道(海南省海口、东方、三亚、琼海、海口)。

14. 乌江风景道(重庆武隆、彭水、酉阳—贵州遵义、贵阳、铜仁)。

15. 长江三峡风景道(重庆长寿—湖北神农架、宜昌)。

16. 川藏公路风景道(四川成都、雅安、康定、巴塘—西藏林芝、拉萨)。

17. 西江风景道(贵州兴义—广西百色、柳州、荔浦、梧州—广东封开、德庆、肇庆)。

18. 滇桂粤边海风景道(云南富宁—广西靖西、崇左、钦州、北海—广东湛江)。

19. 香格里拉风景道(云南丽江、迪庆—四川稻城—西藏昌都)。

20. 滇川风景道(云南楚雄—四川攀枝花、凉山、雅安、乐山)。

21. 大巴山风景道(陕西西安、安康—四川达州、广安—重庆)。

22. 祁连山风景道(青海门源、祁连—甘肃民乐、张掖)。

23. 青海三江源风景道(青海西宁市、海北州、海南州、果洛州玛多县、玉树市)。

24. 天山世界遗产风景道(新疆霍城县、巩留县、新源县、特克斯县、和静县)。

25. 中巴公路风景道(新疆喀什—塔什库尔干—红其拉甫口岸)。

第五章　配套体系

一、资源保护体系

加强对生态旅游资源的分级分类保护。根据地文景观、生物景观、水文景观、气象气候景观、人文生态景观的不同特点制定相应保护措施，做好与相关规划的协调衔接，优化旅游项目的建设地点，合理确定建设规模。在自然保护区的核心区和缓冲区、风景名胜区的核心景区、重要自然生态系统严重退化的区域(如水土流失和石漠化脆弱区)、具有重要科学价值的自然遗迹和濒危物种分布区、水源地保护区等重要和敏感的生态区域，严守生态红线，禁止旅游项目开发和服务设施建设。景区建设要因地制宜、方便简洁，鼓励采用节能、轻型、可回收利用的材料设备，实施绿色旅游引导工程，在旅游景区、宾馆饭店、民宿客栈等各类生态旅游企业开展绿色发展示范。落实生态旅游相关企业的环保责任，实施能源、水资源、建设用地总量和强度双控行动，完善市场调节、标准控制、考核监管和奖惩机制。

建立游客容量调控制度，科学合理确定游客承载量，重点生态旅游目的地特别是大江大河源头区、高山峡谷区、生态极度脆弱区等地区，按照《景区最大承载量核定导则》，严格限定游客数量、开放时段和活动规模，健全资源管理、环境监测等其他保护管理制度，严格评估游客活动对景区环境的影响，规范景区工作人员和游客行为。

二、公共服务体系

大力推进生态旅游交通服务设施建设，加快建设重点生态旅游目的地到中心城市、干线公路、机场、车站、码头的支线公路，以及重点生态旅游目的地间专线公路，构建重点生态旅游目的地与主干线之间的便捷交通网络体系，鼓励推行绿色交通，建立便捷的换乘系统。围绕精品生态旅游线路，支持有条件的地方依据相关规划，结合实际需要新建或改建一批支线机场，增加至主要客源地城市航线，实施交通配套服务工程。依托重点生态旅游目的地、精品生态旅游线路和国家生态风景道，建设 1000 个自驾车、房车停靠式营地和综合型营地。鼓励生态旅游宣教中心、生态停车场、生态厕所、绿色饭店、生态绿道等生态设施建设。实施公共服务保障工程，支持重点生态旅游目的地游客聚集区域的旅游咨询中心建设，支持区域性的旅游应急救援基地、游客集散中心、集散分中心及集散点建设。健全旅游信息发布和安全警示功能，完善生态旅游保险体系和应急救援机制，提高突发事件应急处理能力。

三、环境教育体系

将生态旅游作为生态文明理念的传播途径，把生态旅游环境价值观和道德观教育纳入社会主义精神文明建设体系，提升环境教育质量，培养生态旅游者尊重自然、顺应自然、保护自然的意识。完善生态旅游环境教育载体，有序建设自导式教育体系和向导式教育体系。加强解说牌、专题折页、路边展示、解说步道、体验设施、小型教育场馆、新媒体等载体建设，强化从业人员岗前培训和技能培训，提高解说水平和活动策划能力，开展形式多样的环境教育活动，编写具有地方特色的解说词，鼓励提供多语种服务，满足国际游客需求，提高环境教育的科学性、体验性和实用性。推进环境教育社会参与。实施环境教育示范工程，鼓励企业、公益机构等在重点生态旅游目的地建设环境教育基地。鼓励通过志愿者服务等公益性活动推动环境教育。支持结合当地社区发展开发乡土环境教育教材，开设自然学校，为中小学生提供认知自然的第二课堂。通过开展生态教育，加深游客环境认知，提高环境保护意识。

四、社区参与体系

完善生态旅游社区参与机制，细化社区参与主体、途径、方式、程序和保障，明确外来企业在生态旅游发展过程中对当地生态环境和社区居民的责任，企业收益以一定形式返还当地居民。景区内经营性设施的特许经营，在同等条件下优先考虑当地居民和企业，聘用管护人员等职工时，在同等条件下优先安排当地居民。支持社区居民组织利益共同体，建立投资风险共担、投资收益共享的良性发展机制。

重视生态旅游的扶贫带动作用，依托乡村旅游富民工程，探索符合地方实际的生态旅游扶贫模式。大力发展生态旅游职业教育，提升社区居民素质和从业技能，增强参与生态旅游发展的能力，重点在生态环境建设、生态资源保护、生态解说与环境教育、生态旅游开发运营等环节扩大就业。

五、营销推广体系

塑造全国生态旅游整体形象，推出国家生态旅游形象宣传口号、宣传片和形象标识，鼓励各地进行独具地域特色的生态旅游形象。完善品牌管理体系，促进中国生态旅游国际知名度和美誉度的提升。加强生态旅游市场的差别化营销推广，着力开发京津冀、长三角、珠三角等国内生态旅游主体市场，适度开发东部中小城市、中西部城市群、中东部经济发展较快的农村等国内生态旅游新兴市场。培育生态旅游市场，引导开发野生动植物观光、生态养生、户外探险、深海体验等生态旅游，积极发展入境旅游，加强市场秩序维护和舆论监督。

六、科技创新体系

推广有助于生态旅游发展的先进技术，加强虚拟现实技术等新技术在生态旅游中的应用，探索重要和敏感的生态区域的虚拟现实技术展现，优化旅游体验。促进移动互联网与生态旅游融合，通过移动终端、门户网站、计算机应用程序促进旅游供给与需求的有效对接，提升生态旅游产品服务质量。把生态旅游装备纳入相关行业发展规划，制定完善安全性技术标准体系，支持企业开展生态旅游装备自主研发，按规定享受国家鼓励科技创新政策，鼓励企业自建或与高校院所联合共建生态旅游创新研发平台。加强生态旅游基础理论研究，指导发展实践。探索建立生态旅游产业统计体系，明确生态旅游统计指标口径和测算方法。建立全国生态旅游数据库，及时掌握生态旅游市场、生态旅游影响等相关数据。

专栏四 生态旅游配套体系重大工程

1. 资源保护利用工程：支持国家级风景名胜区、国家级自然保护区、国家森林公园、国家地质公园、世界文化自然遗产地等重要生态旅游资源的保护监测、展示利用以及道路、水电等配套基础设施建设。

2. 交通配套服务工程：完善生态旅游协作区、重点生态旅游目的地的交通服务体系，合理布局机场、铁路站点。加快太行山旅游快速通道、沿黄旅游快速通道、跨黄河旅游连接通道、环绕伏牛山、大别山、大长白山、中越边关的旅游快速通道建设。支持依托国家生态风景道的自驾车房车营地和依托精品生态旅游线路的邮轮码头建设。合理规划公共旅游和私人游艇码头，建成一批游艇码头和游艇泊位。

3. 公共服务保障工程：支持重点生态旅游目的地所在城市机场、火车站、汽车站、码头、高速公路服务区、商业集中区等游客聚集区域的旅游咨询中心建设；支持区域性的旅游应急救援基地、游客集散中心、集散分中心及集散点建设。

4. 重点景区建设工程：支持重点生态旅游目的地到交通干线的连接路，景区内的道路、步行道、停车场、厕所、供水供电设施、垃圾污水处理设施、消防设施、安防监控设施、解说教育系统、应急救援设施、游客信息服务设施以及环境整治等。

5. 乡村旅游富民工程：支持乡村旅游富民工程重点村的道路、步行道、停车场、厕所、农副土特产销售中心、供水供电设施、垃圾污水处理设施、消防设施以及环境整治等建设。对乡村旅游扶贫重点村的农家乐等，重点支持实施"三改一整"工程(即改厨、改厕、改房间、修整院落)项目。

6. 绿色旅游引导工程：支持旅游景区、宾馆饭店、民宿客栈等各类生态旅游企业开展绿色发展示范，通过节水节电、绿色低碳升级改造项目等，引导生态旅游绿色化、低碳化发展。

7. 环境教育示范工程：开展"千名环境友好旅游者"活动。鼓励企业、公益机构等在重点生态旅游目的地建设环境教育基地。

8. 人才队伍建设工程：实施"研究型英才""创新创业型英才""实践服务型英才""双师型英才""旅游企业拔尖骨干管理英才""技术技能工作室"等旅游人才建设项目，遴选培养2000名以上生态旅游专门人才。

第六章 实 施 保 障

一、加强组织领导

国家发展改革委、国家旅游局要强化部门合作，加强对生态旅游发展重大问题的指导。国家旅游局要做好重点生态旅游协作区的统筹协调。各有关部门要按照职责分工落实好相关工作，加强生态旅游发展规划与生态保护、资源管理、交通运输等相关规划的有效衔接。各级政府要加强领导、统筹兼顾、落实责任，进一步完善工作协调机制。地方发展改革和旅游部门要加强沟通协调、科学规划、突出重点，细化分解各项任务，推动生态旅游的资源保护、社区参与、设施建设和区域合作等。要建立健全规划评估机制，及时总结规划落实情况。

二、加大政策扶持

各级人民政府要加大对生态旅游发展的投入。中央预算内投资要重点向生态旅游协作区、重点生态旅游目的地、精品生态旅游线路、国家生态风景道等相关项目倾斜。安排旅游基础设施专项建设基金项目时要加大对生态旅游项目的支持。鼓励有条件的地方政府设立生态旅游专项扶持资金，引导银行业金融机构针对社区经营特点和融资需求特征，创新产品和服务。发挥政府融资性担保机构和再担保机构作用，完善风险分担机制。鼓励风险投资、创业投资等支持社区生态旅游项目。推动多渠道股权融资，利用新型金融机构和融资服务机构，促进社区创业。支持企业通过政府和社会资本合作模式投资、建设、运营生态旅游项目。

三、加强协调合作

加强各地政府之间沟通协调，鼓励生态旅游协作区相关省(区、市)加强区域合作，建立多层级、多形式的沟通机制，协调解决区域生态旅游发展重大问题，合作举办联合宣传、协同推广等重要活动，探索建立生态旅游目的地多元化生态补偿机制，推进生态旅游协作区区际、区内的横向补偿。加强中央、地方各级政府的上下联动，支持经济欠发达地区生态旅游设施建设，加大在生态旅游产品设计、宣传推广、人才培养等方面的帮扶力度。加强与国际组织、旅游院校、旅游企业合作，跟踪生态旅游国际前沿研究，重视成果推广转化，建立科研教学、培训实践合作平台，联合开展科学研究。积极参与生态旅游国际标准规范的制定，扩大影响力。

四、强化人才保障

突出培养创新型科技人才，重视培养领军人才和复合型人才，大力开发生态旅游发展重点领域急需紧缺专门人才，支持引导生态、生物、地质、环保、林学等相关专业开设生态旅游课程，与旅游专业联合培养生态向导、专业解说等各类适用人才。统筹抓好企业经营管理人才、专业技术人才等人才队伍建设，营造充满活力、富有效率、更加开放的创业就业环境。鼓励重点生态旅游目的地建立专家咨询委员会，加强规划开发、产品设计等方面的专业指导。

附表　我国自然保护地基本情况

类型	总数量/个	国家级数量/个	第一批建立时间
自然保护区	2740	446	1956
风景名胜区	962	225	1982
森林公园	3234	826	1982
地质公园	485	240	2001
湿地公园	979	705*(含试点)	2005*
水利风景区	2500	719	2001
沙漠公园	55	55*(含试点)	2013
海洋公园	33	33	2011

注：数量截至 2016 年 6 月；*705 处国家湿地公园中，52 处为正式授予，其余为试点；*55 处国家沙漠公园中，9 处为正式授予。

附录三

魁北克世界生态旅游高峰会宣言

在联合国环境规划署(United Nations Environment Programme，UNEP)与世界旅游组织(World Tourism Organization，UN WTO)的促成下，2002年为国际生态旅游年，并于同年5月19日至22日间，在加拿大的魁北克市召开世界生态旅游高峰会议(the World Ecotourism Summit)，共有超过1000多名来自132个国家的产、官、学及非政府组织的代表们参与盛会并相互切磋。

这次在魁北克市举办的高峰会议，其实是对2001至2002年间召开的18次会前会的总结，会前会期间共有超过三千位来自各国中央与地方层级的观光与环境相关之官员、民间旅游企业、非政府组织、学术界、跨国相关组织、原住民部落团体与地方小区代表等，前后共同参与之。

本宣言记载高峰会期间筹备的过程与会议期间所讨论的各种议题，它包含所有与会者的对话过程，而不只是协商后的结果，但确实是在多方对话中所提炼出的可以接受的共识。此宣言主要目的是在永续发展的前提下，建构推展生态旅游活动的方向与提出可操作的建议。

高峰会所有与会代表们公认2002年8~9月在南非约翰内斯堡举行的"世界可持续发展高峰会"(the World Summit on Sustainable Development，WSSD)是未来十年国际政策的基石，并且强调，作为世界上最主要事业之观光旅游业，其发展的永续性，应该是WSSD最优先要关心的议题，因为在如此濒临危险的生态系统中，观光旅游的永续发展确实是有可能减少部分人口的贫困而又具有能保护环境的潜力的。因此，所有与会代表们要求联合国组织和参与这次高峰会的联合国诸会员国，要宣扬此宣言及其他在WSSD会议中即将发表的"世界生态旅游高峰会"中的结论。

参与"世界生态旅游高峰会"的代表们均体会到，在整合来自各方的生态旅游相关单位的过程中，特别是非政府组织和地方小区与原住民部落等，将会面临各种的限制与瓶颈，故提出以下各项共识。

认知生态旅游(ecotourism)秉承可持续观光的精神，其在乎观光旅游的发展对经济、社会和环境所造成的冲击。此外生态旅游还特别主张下列精神，目的为与在概念上较为广泛的永续观光有所区隔：

◇ 其积极致力于自然和文化遗产的保护

◇ 其在计划、发展和经营生态旅游时，会结合当地居民和原住民部落的参与，并致力于他们的福祉

◇ 其将致力于生态旅游地点的自然和文化遗产的解说

◇其将生态旅游的对象定位在散客与小型旅行团。

体认观光旅游的发展和一个地方的社会、经济及环境存在着既重要又复杂的密切关系，它对当地环境和小区而言，是利弊互见的。

考虑到人们逐渐喜欢到自然景观区旅游(包含陆地与海洋)的趋势。

认知到当永续经营的行动导入观光旅游之发展时，生态旅游将扮演领导的角色。

强调生态旅游应该借着增加生态旅游地点的经济和社会利益，积极致力于该地自然资源和文化遗产的保育，并且增加游客对自然资源和文化遗产保育的自觉，来持续地致力于整体观光旅游业的发展朝向永续性。

承认许多自然区域里存在有文化的多元性，特别是在一些历史悠久的原住民部落里还保留了传统的知识、用法和行为，经过几世纪来，已经证实这些许多都是可以永续的。

重申以募集基金来维护和管理具有生物多样性和文化丰富性的保护区，已经在世界各地被证明是不适当的。

进一步认知到许多生活在这些自然区域里的居民都很贫穷，他们总是缺乏妥善的健康照料、教育设备、交通系统和为基本发展所需要的公共建设。

坚信各种不同形式的观光旅游，特别是生态旅游，如果能够秉持永续经营的做法，将可为当地居民与原住民及其文化资产带来有价值的商机，并且能为后代子孙永久地保存自然资源，且亦可能成为保护区重要的收入来源。

同时亦强调不论何时或何地，如果对自然与乡村地区的观光旅游没有适当规划、开发和管理的话，将可能造成自然景观恶化，威胁野生动物和生物多样性，污染海洋和海岸，使水质恶化，造成贫穷，迫使当地居民与原住民的迁徙，以及传统文化的消失。

体认到发展生态旅游必须关怀及尊重当地的土地和居民的财产权，承认原住民部落拥有自决权和文化自主权，包括被他们守护的、敏感的和庄严的遗址，以及他们的传统习俗。

强调在自然区域内，为了要从生态旅游或其他形式的旅游中，取得社会、经济和环境上合理的利益，并且降低或避免潜在的负面冲击，参与规划的机制是必须的，所以让当地原住民部落以坦诚公开的方式，用当地的标准去定义和规范他们领地的使用，包括他们可以退出发展观光旅游的权力。

了解到那些设法要达成社会公益和环境保护目标的小型企业，正是发展生态旅游的重要伙伴，但是在推动生态旅游时，他们通常处在发展阶段，所以往往缺少足够的财力和营销能力。

认知到为了要增加中小型企业生存的机会，必须对生态旅游市场有更深入的了解，这可以透过市调研究、旅游业特定的信誉制度、补助计划经费以及诱导他们运用永续能源和创新科技来达成；而且除了一般企业外，政府内部和那些想要解决企业问题的人，都应该要注重发展新的技术。

接受不但要避免各种歧视，例如种族、性别或其他个人状况等的发生，还应该要取代以尊重，毕竟他们就如同消费者或供货商一样地参与着生态旅游的发展。

认知到游客的旅游选择、游憩行为和参与的活动对该旅游地点和全球环境的永续发展，实占有一定的角色，所以一定要让他们知晓该地区的特性和脆弱处。

根据以上各项的声明，参加此次"世界生态旅游高峰会"的与会者，乃向各国政府、民间企业、非政府组织、小区协会、学术和研究单位、跨国组织、国际金融机构、协助发展单位、原住民部落及小区等，提出一系列的建言，以助其发展生态旅游，各层面之建言如下所述。

A.对全国性、区域性和地方性等各层级政府的建言

　　1. 制订全国性、区域性和地方性的生态旅游政策和发展策略时，要符合永续发展的整体目标，所以要广泛地咨询那些想要参与生态旅游活动的人，还有那些影响生态旅游活动或被影响的人们。

　　2. 承诺要联合地方和原住民部落、民间企业、非政府组织及所有生态旅游业者，共同维护自然环境、保护地方和原住民文化(特别是传统习俗)、保留遗传资源并维护土地权、财产权和水权。

　　3. 确保所有全国性、区域性及地方层级的公务相关单位，在发展生态旅游的不同阶段中皆具适度的参与性和必要的协调性(包含设立跨部会的工作团队)；同时开启和协助其他相关业者参与生态旅游发展的相关决定。而且为了帮助这些参与者实现他们预定的目标与理想，应制定适宜的预算机制和法令制度。

　　4. 在上述的制度内，要含括全国性、区域性及地方层级的控管策略，具备客观的永续指标，让相关业者及环境冲击评估的研究都能接受之，并建立回馈机制。所有的控管成果皆应公诸大众。

　　5. 就各种旅游产品(包括国际运输工具在内)而言，应发展一个调节机制来控管内部的环境成本。

　　6. 发展地方和市政单位的经营管理能力，例如对保护区、缓冲区和其他生态旅游发展区的分区管理与土地利用规划等管理技术的养成。

　　7. 采用国际认可和评价过的指导方针来发展认证制度、生态标志(ecolabel)及其他致力于推动生态旅游永续发展的志工服务；鼓励民间企业参与这类制度，并且增加客户对他们的认可。但是，认证制度必须要能反映出区域和地方的标准。建构发展生态旅游的空间并提供经济支持，让中小企业能参与之。此外，为了有效执行生态旅游的发展，还要制订监测和控管制度。

　　8. 提供发展技术、经济和人力资源给中小型企业，这些企业都将是生态旅游发展的核心，协助他们以永续经营的态度与方式去开创和发展事业。

　　为游客订定合宜的政策、管理计划和解说节目；另外，为了要在自然区域中控制游客的人数、保护脆弱的生态系统及永续使用敏感的栖息地，必须指定足够的资金来源或管道。这类计划应该包含明确的规范、直接和间接的管理策略、以及运用资金的规则，这样才能确实监测生态旅游业和观光客对当地所造成之社会与环境的冲击。

　　9. 全国性的观光旅游机构在提出在国际或国内旅游市场的促销策略和方案时，应将各中小型生态旅游业、小区型态和非政府组织型态的生态旅游业包含在内。

　　10. 支持和鼓励区域性连络网的成立，共同致力于将生态旅游的产品推广到全国乃至国际的市场。

11. 提供诱因(例如市场和促销的优势)给旅游业和其他相关的服务业,使他们在经营上多采纳生态旅游的原则,而对环境、社会和文化等更尽一份责任。

12. 确保生态旅游的发展(即使是最偏远的地区)都符合环境和健康的基本标准,其应该包含选址、规划、设计、垃圾处理、污水处理及水资源保护等;而且坚持政府如果没有投资永续建设,也没有加强地方和市政单位监控上述各项能力的话,就不应该发展生态旅游。

13. 制订"环境影响评估"研究和调查的基准点,以记录生态旅游地的社会与环境状态,并特别要关注那些濒临灭绝的物种,并且赞助或支持那些参与生态旅游和永续观光研究的单位。

14. 由于许多国际与国家的法规、政策和计划都已将永续发展的概念纳入在观光旅游的实务中,所以要支持这些为实践永续观光旅游所制订的国际性的原则、指南和环境伦理,例如联合国环境规划署(UNEP)、世界旅游组织(UN WTO)、《生物多样性公约》(Convention on Biological Diversity)、联合国可持续发展委员会(UN Commission on Sustainable Development)、和国际劳工组织(the International Labor Organization)所提出者。

15. 考虑重新划定公有土地的使用和管理,改变疏散或密集的农产地为观光区兼具自然保护区。就小区而言,这些都可能增加他们在社会、经济和环境的净受益。

16. 推出针对儿童和年轻人的教育推广计划,让他们更加了解自然保育与永续经营、地方与原住民文化,以及他们和生态旅游之间的关系。

17. 促使国内外旅游业、其他服务业和非政府组织等之间的共同合作,并进一步教育游客和影响他们在观光区(特别是开发中国家的旅游点)的行为。

18. 在计划和设计运输通路时,采取永续发展的运输原则,鼓励旅游业者和旅游大众使用较不具破坏性的交通工具与方式。

B. 对民间企业的建言

19. 请切记,唯有让所有参与者都得到利润,包括计划业主、投资人、管理者和员工以及自然区域内的小区和保护机关等,生态旅游的发展才得以永续。

20. 设想、发展和引导企业本身减低因负面影响所造成的社会成本,及积极致力于维护敏感与脆弱的生态系和一般的环境,并且直接受惠给当地小区与原住民部落。

21. 在设计、规划、发展和经营生态旅游所需之设施时,能确实秉持永续发展的原则,例如在敏感地区特别设计的设施符合小区意识的设施及注重水源涵养、节约能源和资源之设计等,并让大众容易亲近。

22. 为了向社会大众及潜在从事生态旅游的对象声明坚持永续发展的理念,及所提供的产品和服务是符合保育的,可以采纳具可信度的认证制度或其他自发性的约制,例如生态标章的设置。

23. 和那些掌管自然保护区和维护生物多样性的政府机构及非政府组织合作,以确保生态旅游的经营是根据原先就实行于当地的管理计划和其他规范来策划的,所以能降低任何带给他们的负面冲击,并提高旅游体验的质量和致力于自然资源的保育。

24. 在生态旅游的经营中，为了呈现生态旅游产品的当地属性，并且增加当地经济和利益，应该充分运用当地的物资与人力。为了达成这个目标，民间企业应多培养当地的人力。

25. 在发展生态旅游的事业时，要确保合作的伙伴也是持永续理念与做法的，而且最后提供给游客的产品和服务，同样也都要符合永续的基准。

26. 积极与原住民领袖和地方小区合作，以确保所呈现出的原住民文化和小区意象是正确且得到尊重的，如此才能正确地告知所属员工和游客，有关当地小区与原住民的生活空间、习俗和历史。

27. 当游客抵达生态旅游地时，可借由环境教育的活动或鼓励参加维护当地小区或保育行动的义工服务，来提升他们在环境伦理上的自觉行为。

28. 透过持续的环境教育，让所有从事地方性、全国性及全球性环境与文化议题的人员及其家人，皆能共同致力于自然保育、发展地方经济和舒缓贫困。

29. 让生态旅游的产品多样化，譬如在特定地点提供多种的游憩活动，或为拓展生态旅游的潜在利益及避免某生态旅游地点过渡拥挤，以威胁其长期的永续性，则可延伸到其他不同的地点。就此而言，民间企业必须要重视与致力于制订生态旅游地游客冲击管理的制度。

30. 为了促进生态旅游业的企业联盟或合作经营，以助人力的训练、营销、产品开发、研究及融资，创设和发展基金机制是有必要的。

31. 透过适当的方式和策略联盟，确保国际与国内外旅游业者、当地服务业者和当地小区，都能公平地分配到从生态旅游所获得的经济利润。

32. 制订和执行企业永续发展的政策，使可以兼顾到企业经营的每一个细节。

C. 对非政府组织、小区发展协会、学术和研究单位的建言

33. 提供技术、经费、教育、容纳量的设定和其他的协助给生态旅游地、当地小区组织、小型企业和相关的地方机构，以确保适当的政策、开发与管理纲领和控管机制，均能朝永续发展而行。

34. 根据生态旅游地的生态系、生物多样性、当地及原住民文化和社会经济结构，来监督和执行有关生态旅游活动所造成冲击之研究。

35. 与政府和民间企业合作，以确保经过研究所得的数据和信息，可以在生态旅游的发展和管理上的决策过程派上用场。

36. 与研究单位合作，以发展出在生态旅游发展中，各种课题最适当和最实用的解决方案。

D. 对跨国组织、国际金融机构和国际发展援助机构的建言

37. 协助国家层级与地方层级的政府发展生态旅游政策、计划纲领和评估制度，并协助制订与生态旅游相关的策略，例如：维护生物多样性、发展社会经济、关注人权、消弥

贫穷、维护自然生态和其他永续发展的课题；然后大力转移这类实用的经验给各个国家。要特别关切开发中国家、未开发国家、小岛型开发中地区和多山区的国家，这方面可参考联合国 2002 年"国际山岳年"（the International Year of Mountains）的计划。

38. 以国际性的指导纲领为蓝本，协助全国性、区域性和地方性的组织，制订与施行生态旅游发展的政策和计划。

39. 发展或采用国际性规范和金融机制来制订生态旅游的认证制度，在制度中要将中小企业的需求列入考虑，协助他们取得那些制订程序，并且支持他们贯彻实行。

40. 将所有与会单位的对话过程，纳入全球、区域和国家层级的政策、方针和计划内，以便于让参与生态旅游的国家和部门彼此交换经验。

41. 努力界定各种导致全球性生态旅游业成败的原因，然后藉由出版物、实地倡导、教育研讨会和技术支持方案等，将这样的经验和实务传授给其他国家。在高峰会闭幕之后，联合国环境小组、世界观光组织和其他相关的国际组织，都应该继续拓展他们在永续观光和生态旅游议题上的国际对话，例如透过国际和区域性讨论会与发行生态旅游发展的评论杂志等。

42. 必要时，调整他们的金融措施及借贷的条件和程序，以接纳位居生态旅游业核心的中小型业者之需求，以确保其在经济上的长期稳定性。

43. 发展本身的人力资源以支持永续观光和生态旅游，使人力资源成为一个发展部门，并且确保本身的专业、研究结果及文件等，都能适当地监督着生态旅游的永续发展。

44. 要发展金融机制来进行训练和容纳量的建置，并且为了要成功地让地方小区和原住民公平地参与生态旅游的发展，也要考虑时间和资源的因素。

E. 对地方小区与原住民部落的建言

除了本宣言前述段落的内文曾提及地方小区与原住民部落外，与会者也向他们提出如下建议：

45. 可视生态旅游为小区或部落的一种发展，藉由生态旅游的发展，就像实行一项策略一样，促进当地人们、实质、经济、社会与科技信息的发展，以增进小区或部落共同的利益。

46. 加强、培育和鼓励小区与原住民部落要保存和利用自己的传统技能，特别是要秉持永续发展的态度，善用当地自然资源所制作的家居艺术和手工艺品、农产品、传统住屋建筑和景观。

F. 对"世界永续发展高峰会"（WSSD）的建言

47. 体认到观光旅游业实有必要遵守永续发展的主张，并且肯定生态旅游在促进经济、社会和环境上，具有示范作用。

48. 盼能将观光旅游业（包含生态旅游业）的角色纳入"世界永续发展高峰会"（WSSD）的结论中。

参 考 文 献

艾菊红. 2007. 文化生态旅游社区参与和传统文化保护与发展：云南三个傣族文化生态旅游村的比较研究[J]. 民族研究，(4)：49-58.

凹曹宁. 2003. 浅议生态旅游管理的目标、原则与机制化[J]. 生产力研究，(3)：252-253.

巴克利. 2004. 生态旅游案例研究[M]. 杨桂华，张志勇，徐永红译. 天津：南开大学出版社.

白光润. 2002. 生态旅游[M]. 福州：福建人民出版社.

包亚钧. 2001. 中国农村城市化道路选择[J]. 中州学刊，(2)：89-91.

毕宝德. 1998. 土地经济学[M]. 北京：中国农业出版社.

卞显红，张光生，王苏洁. 2004. 生态旅游与可持续旅游环境认证研究[J]. 资源开发与市场，(1)：66-69.

卞显红，张光生. 2005. 生态旅游发展的成功要素分析[J]. 生态学杂志，24(6)：657-663.

卞向阳，任伟. 2008. 东明县农村居民点集约用地研究[J]. 山东国土资源，(2)：23-25.

步玉艳，李宏，刘长海. 2007. 浅议我国生态旅游认证制度的建立[J]. 首都师范大学学报，28(5)：97-100.

蔡昉. 2006. 中国人口与劳动问题报告 No.7——人口转变的社会经济后果[M]. 北京：社会科学文献出版社.

蔡昉. 2007. 破解农村剩余劳动力之谜[J]. 中国人口科学，(2)：2-7，95.

蔡昉. 2007. 中国人口与劳动问题报告 No.8：刘易斯转折点及其政策挑战[M]. 北京：社会科学文献出版社.

蔡琳. 2008. 系统动力学在可持续发展研究中的应用[M]. 北京：中国环境科学出版社.

蔡萌，汪宇明. 2010. 低碳旅游：一种新的旅游发展方式[J]. 旅游学刊，25(1)：13-17.

蔡为民，唐华俊，陈佑启，等. 2004. 近20年黄河三角洲典型地区农村居民点景观格局[J]. 资源科学，(5)：31-33.

蔡永海，张召. 2009. 关于发展绿色旅游的思考[J]. 理论探索(4)：105-106.

曹进冬. 2013. 餐饮业的绿色与低碳之路[J]. 行业观察·经济(2)：23-28.

曹宁. 2003. 浅议生态旅游管理的目标、原则与机制[J]. 生产力研究(3)：252-253.

曹文. 2000. 对生态旅游开发热的思考[J]. 资源开发与市场，16(1)：45-47.

曾菲菲，罗艳菊，毕华. 2014. 生态旅游者：甄别与环境友好行为意向[J]. 经济地理，34(6)：182-192.

曾坤生. 1997. 生态旅游消费与区域经济可持续发展[J]. 改革与战略(4)：14-17.

曾坤生. 1998. 生态旅游资源开发中的外部经济战略当议[J]. 生态经济，(1)：23-27.

曾琢. 2009. 枣阳市土地利用协调发展评价研究[D]. 武汉：华中农业大学.

常进雄. 2004. 土地能否换回失地农民的保障[J]. 中国农村经济，(5)：56-60.

晁凡. 2006. 生态旅游产品开发规律探讨[J]. 旅游经济，16(4)：97-99.

车秀珍，尚金城. 2001. 长白山西坡生态旅游开发及保护规划研究[J]. 东北师范大学学报(自然科学版)，33(3)：118-123.

陈安泽，卢云亭，陈兆棉. 1998. 旅游地学的理论与实践[M]. 北京：地质出版社.

陈百明，张凤荣. 2001. 中国土地可持续利用指标体系的理论与方法[J]. 自然资源学报，16(3)：197-203.

陈飙，杨桂华. 2004. 旅游者践踏对生态旅游景区土壤影响定量研究——以香格里拉碧塔海生态旅游景区为例[J]. 地理科学，24(3)：371-375.

陈炳灿, 罗用能, 文传浩. 2001. 漂流生态旅游研究——以贵州马岭河峡谷为例[J]. 思想战线, (3): 45-48.

陈才. 2000. 生态美与生态旅游[J]. 生态经济, (2): 36-37.

陈晨. 2009. 森林资源人口承载力研究[D]. 北京: 北京林业大学.

陈菲. 2009. 九寨沟景区的生态旅游管理探析, 经济研究导刊, (21): 147-148.

陈刚. 1996. 环境美与生态旅游. 旅游学刊, (4): 43-45.

陈国生, 吴建华, 王育卫. 1999. 论生态旅游促进重庆旅游业的可持续发展[J]. 云南地理环境研究, (2): 46-51.

陈海鹰, 曾小红. 2011. 利益相关者视角的乡村生态旅游社区参与模式探讨——以海口龙鳞村为例[J]. 广东农业科学, (14): 157-160.

陈红宇, 胡日利, 胡晓芙, 等. 2005. 城市化进程中的农村居民点用地变化分析[J]. 中国农学通报, (2): 300-304.

陈红宇, 胡月明, 章牧, 等. 2004. 广州市农村居民点土地利用变化分析[J]. 广东土地科学, (5): 66-68.

陈江龙, 陈会广, 徐洁. 2002. 国外土地征用的理论与启示[J]. 国土经济, (2): 43-45.

陈江龙, 曲福田. 2002. 土地征用的理论分析及我国征地制度改革[J]. 江苏社会科学, (2): 55-59.

陈金田. 2006. 失地农民留地安置的个案研究——对厦门市"金包银"工程的分析[J]. 中国农村观察, (4).

陈静, 朱丹丹, 刘明丽. 2008. 松山自然保护区生态旅游环境教育研究[J]. 四川林勘设计, (9): 39-41.

陈娟. 2009. 农村劳动力转移理论研究述评[J]. 商业时代, (1).

陈利根. 2002. 国外(地区)土地用途管制特点及对我国的启示[J]. 比较与借鉴, (3): 67-70.

陈良钦. 2006. 长沙咸嘉湖模式: 失地农民安置模式的创新——湖南省长沙市岳麓区咸嘉湖村失地农民安置的调研报告[J]. 宏观管理, (9): 9-11.

陈玲. 2005. 我国大力发展绿色旅游的前景及策略研究[J]. 商业研究, (16): 195-197.

陈玲玲, 严伟, 潘鸿雷. 2012. 生态旅游理论与实践[M]. 上海: 复旦大学出版社.

陈梅英, 郑荣宝, 王朝晖. 2009. 土地资源优化配置研究进展与展望[J]. 热带地理, 29(5): 466-471.

陈美球. 2000. 论土地制度对农村城镇化进程的作用[J]. 中国土地, (11): 32-34.

陈明生. 2006. 福建海滨城市生态旅游资源评价和开发研究[J]. 福建商业高等专科学校学报, (5): 25-29.

陈秋华, 刘寀茂, 修新田. 2014. 福建生态旅游管理机制创新研究机[J]. 福建农林大学学报(哲学社会科学版), (3): 13-15.

陈荣. 1996. 准市场机制下的中国现代城市开发[J]. 城市规划, 20(2): 24-27.

陈少晖. 2005. 周宁模式, 农村剩余劳动力转移的成功范例[J]. 开放潮, (2).

陈小英. 2007. 我国征地补偿与失地农民安置问题研究[D]. 福州: 福建师范大学.

陈晓华, 张华宇. 2005. 中国劳动力的转移与就业[M]. 北京: 中国农业出版社.

陈秀琼, 黄金火. 2003. 略论生态旅游开发中的社区参与[J]. 华侨大学学报(哲学社会科学版), (3): 38-42.

陈义彬, 梁锦梅, 俞万源. 2005. 山区生态旅游发展模式研究——以梅州阴那山旅游区为例[J]. 地理科学, 25(4): 508-512.

陈钰. 2010. 生态旅游视角下城市湿地公园体验型活动研究——以张掖市国家湿地公园为例[J]. 经济研究导刊, (26): 79-82.

陈在余, 严英龙. 2006. 工业化技术与农村劳动力剩余转移分析[J]. 南京农业大学学报(社会科学版), 6(4): 40-45.

陈正强. 2001. 农村宅基地政策[J]. 中国土地, (8): 29-31.

陈志刚, 王青. 2004. 城市化与耕地资源的协调性研究——以江苏省为例的实证分析[J], 绿色经济, (4): 42-44.

陈忠晓, 彭建. 2001. 生态旅游的内涵辨析[J]. 桂林旅游高等专科学校学报, 12(1): 54-58.

陈忠晓, 王仰麟, 刘忠伟. 2000. 近十几年来国内外生态旅游研究进展[J]. 地理科学进展, 15(4): 556-562.

陈忠晓, 王仰麟. 1999. 生态旅游刍议[J]. 地理学与国土研究, 15(4): 56-59.

陈佐忠. 1996. 略论锡林郭勒草原生态旅游资源和发展生态旅游的问题与对策[J]. 干旱区资源与环境, 10(4): 58-67.

成升魁，吴大伟，钟林生.2009. 生态旅游理论进展与实践探索：2009中国青海国际生态旅游高峰论坛.

成竹.2004. 论社区参与生态旅游的研究进展[J]. 生态经济，(10)：39-42.

程道品，何平.2004. 国家生态旅游示范区评价指标体系的构建[J]. 中南林学院学报，24(2)：28-32.

程鲲，马建章，郑昕.2009. 基于生态旅游原则的自然保护区生态旅游评价方法及应用[J]. 东北林业大学学报,37(10)：102-104.

程胜高，赵积洲，余春和，等.2004. 生态旅游项目环境评价指标体系的应用研究[J]. 环境保护，(2)：35-37.

程文仕，曹春，陈英，等.2006. 意愿调查法在征地区片综合地价评估中的应用[J]. 中国土地科学，(5)：20-24.

程兴火，周玲强.2006. 基于游客视角的生态旅游认证支付意愿实证分析[J]. 旅游学刊，21(5)：12-16.

程远.2005. 我国小城镇建设土地利用规划的评价体系研究[D]. 北京：北方工业大学，15(3)：65-69.

程占红，张金屯，上官铁梁.2002. 芦芽山生态旅游资源及生态旅游区划[J]. 山地学报，20(3)：375-379.

程占红，张金屯.2001. 生态旅游的兴起和研究进展[J]. 经济地理.

程支中.2001. 中国农村土地产权制度的构建[J]. 农业经济，(12)：37-38.

仇焕广，邓祥征，战金艳，等.2005. 精准农业分布式数据采集与空间决策分析系统的设计[J]. 农业工程学报，(10).

崔功豪，马润潮.1999. 中国自下而上城市化的发展及其机制[J]. 地理学报，(3)：106-115.

崔裴.2003. 论我国征地补偿费标准及其定量方法[J]. 华东师范大学学报，(1)：79-83.

但新球，吴南飞.2002. 森林旅游中非生态旅游行为及行为守则研究[J]. 中南林业调查规划，21(1)：34-36.

邓冰，吴必虎.2006. 国外基于社区的生态旅游研究进展[J]. 旅游学刊，21(4)：84-88.

邓超颖，张建萍.2012. 生态旅游可持续发展动力系统研究[J]. 林业资源管理，(6)：76-80.

邓贵平，覃建雄.2011. 旅游发展对九寨沟自然保护区景观格局变化的影响[J]. 长江流域资源与环境，(5)：579-584.

邓金阳，陈德东，李州东.1996. 森林生态旅游的生态影响——兼论建立定位站的必要性[J]. 农村生态环境，(1)：24-28.

邓伟，刘福涛.2000. 辽宁省海岛生态旅游资源开发和保护[J]. 资源科学，15(4)：7-13.

邓一鸣.1985. 我国不同类型地区农业劳力剩余及其转移[J]. 中国农村观察，5(6)：56-60.

邓一鸣.1987. 怎样确定种植业容纳劳动力数量-答李庆曾同志[J]. 中国农村观察，(02)：57-59，46.

邓祝仁，郑海.1999. 生态旅游与良性消费[J]. 社会科学家(5)：23-28.

丁娟，张光生，焦华富.2003. 试论我国自然保护区生态旅游的管理[J]. 安徽师范大学学报，26(3)：35-42.

丁力.1999. 中国20年农村改革的回顾与展望[J]. 地方政府管理，(10).

丁晓蕾.2001. 我国生态旅游可持续发展问题研究[D]. 南京：南京农业大学.

丁艳平.2010. 基于共生理论的生态旅游可持续发展量化评价研究[J]. 特区经济(7)：161-162.

丁缘媛，李源.2007. 生态旅游及其经济效益初探[J]. 理论与当代(5)：16-18.

董海山，欧阳峰.2006. 自然保护区开展生态旅游的现状与保障措施[J]. 西北林学院学报，21(5)：184-186.

董明辉，朱有志，庄大昌.2001. 洞庭湖区湿地生态旅游资源保护与开发研究[J]. 资源科学，23(5)：82-84.

董瑞杰，董治宝，曹晓仪.2013. 中国沙漠生态旅游资源及其竞争力分析研究[J]. 中国沙漠，33(3)：911-917.

董锁成，周长进，王海英.2002. 三江源地区主要生态环境问题与对策[J]. 自然资源学报，17(6)：713-720.

董巍，刘昕.2004. 生态旅游承载力评价与功能分区研究——以金华市为例[J]. 复旦大学学报(自然科学版)，(12)：1024-1029.

董巍，刘昕，孙铭，等.2004. 生态旅游承载力评价与功能分区研究——以金华市为例[J]. 复旦学报(自然科学版)，43(6)：1024-1029.

董亚娟，胡粉宁.2007. 城市生态旅游的经济学透视[J]. 生态经济(学术版)，(2)：278-281.

窦开龙.2008. 民族旅游的本质和特点[J]. 现代商业，23(1)：271-272.

杜芳，何海鑫.2006. 在城镇化建设名义下——四川省都江堰市丽江村征地调查[J]. 百姓，(1).

杜加强，王金生，张桐，等. 2008. 重庆市环境友好型土地利用评价研究[J]. 中国土地科学，22(12)：17-24.

杜少永. 2008. 统筹区域土地利用研究——以松原市为例[D]. 上海：同济大学.

杜伟. 2008. 构建失地农民权益保障长效机制的思考[J]. 生产力研究，(11)：26-29.

杜学振，王丽红，白人朴. 2009. 我国农业劳动力需求的季节性研究[J]. 中国农业大学学报，14(6)：103-108.

段文技. 2001. 国外土地征用制度的比较及借鉴[J]. 世界农业，(11)：18-19.

范瑞锭，陈松林，戴菲，等. 2010. 福建省土地利用生态安全评价[J]. 福建师范大学学报(自然科学版)，26(5)：97-101.

方百寿，黄曒. 2002. 论东山岛宗教与生态旅游[J]. 北京第二外国语学院学报(6)：94-96.

方海川. 2010. 体验经济时代的生态旅游目的地旅游产品创新研究——以金口大峡谷为例[J]. 乐山师范学院学报，25(5)：56-58.

方先知. 2005. 土地合理利用及其综合评价研究[D]. 长沙：中南大学.

方晓亮. 1996. 生态旅游管理及其目标实现[J]. 旅游研究与实践(1)：5-7.

菲利普·科特勒. 1991. 市场营销管理[M]. 北京：科学技术文献出版社.

费景汉，古斯塔夫·拉尼斯. 1989. 劳力剩余经济的发展[M]. 北京：华夏出版社.

费景汉，古斯塔夫·拉尼斯. 2000. 劳动剩余经济的发展[M]. 王路 等，译. 北京：经济科学出版社.

封雪韵，俞会新，郝永敬. 2013. 森林生态旅游资源开发系统构成要素及其相互关系研究——基于生态系统视角[J]. 林业经济(7)：119-124.

冯超. 2014. "3S"技术在森林生态旅游管理中的应用[J]. 防护林科技，(4)：71-72.

冯春艳，杨萍. 2006. 生态旅游者的非生态旅游行为深层成因研究[J]. 昆明大学学报，(2)：87-90.

冯冈平，雷程仕. 2008. 广东乡村生态旅游供需现状及管理优化策略[J]. 消费经济，24(1)：51-53.

冯海发. 2004. 农村城镇化发展探索[M]. 北京：新华出版社.

冯庆旭. 2003. 生态旅游的伦理意蕴. 思想战线，29(4)：73-75.

冯舒华，黄洪海. 2014. 让"绿色旅游"擦亮增城"美丽乡村"名片——借鉴日本绿色旅游的运行模式[J]. 太原城市职业技术学院学报，(2)：45-46.

冯卫红. 2001. 生态旅游业地域系统与旅游地可持续发展探讨[J]. 经济地理，21(1)：114-117.

付加锋，宋玉祥. 2002. 城乡接合部的问题与对策[J]. 国土与自然资源研究，(3)：6-8.

甘晓辉，焦湘凌，魏斌. 2010. 地方政府土地调控行为与区域经济协调发展的关系[J]. 市场周刊(理论研究)，(12)94-95.

高汉. 2009. 集体产权下的中国农地征收问题研究[M]. 上海：上海人民出版社.

高红艳. 2003. 民族地区文化生态旅游与民族文化保护[J]. 贵州师范大学学报(自然科学版)，21(1)：19-22.

高洪深. 2010. 21世纪经济学系列教材：区域经济学(第三版)[M]. 北京：中国人民大学出版社.

高进云，乔荣锋，张安录. 2007. 农地城市流转前后农户福利变化的模糊评价——基于森的可行能力理论[J]. 管理世界，(6)：45-55.

高峻，孙瑞红，李艳慧. 2014. 生态旅游学[M]. 天津：南开大学出版社.

高峻，孙瑞红. 2010. 生态旅游学[M]. 北京：高等教育出版社.

高峻. 2005. 生态旅游：区域可持续发展战略与实践[J]. 旅游科学(6)：68-71.

高燕，叶艳妹. 2004. 农村居民点用地整理的影响因素选择及模式分析[J]. 农村经济，(3)：23-25.

高燕. 2004. 农村居民点用地整理的适意性评价、模式及政策选择[D]. 杭州：浙江大学.

高云才. 2011. 城市化不能大跃进——中国城市化观察(上)[N]. 人民日报，(2).

葛岳静. 1998. 生态旅游业与可持续发展：以哥斯达黎加为例[J]. 北京师范大学学报，(34)：88-93.

古格·其美多吉，索朗仁青. 2011. 西藏阿里地区生态旅游区划及分区开发策略[J]. 西藏研究，(5)：99-107.

顾培亮. 2008. 系统分析与协调[M]. 天津：天津人学出版社.

顾吾浩. 1996. 农村城市化与保障农民利益问题[J]. 中国农村观察, (6)：55-57.

郭岱宜. 1999. 生态旅游——21 世纪旅游新主张[M]. 台北：台湾扬智文化实业股份有限公司.

郭洁. 2002. 土地征用补偿法律问题探析[J]. 当代法学, (8)：59-63.

郭进辉, 孙玉军. 2009. 武夷山自然保护区生态旅游对时期居民影响实证研究[J]. 林业经济问题, (2)：145-148.

郭凯. 2012. 海南旅游商品产业的发展思路及对策[J]. 国家战略与国际旅游岛建设理论研讨会论文集, 327-334.

郭来喜. 1997. 中国生态旅游可持续旅游的基石[J]. 地理科学进展, 16(4)：1-10.

郭丽丽. 2005. 县域土地利用动态变化研究——以乐山市五通桥区为例[D]. 重庆：西南农业大学.

郭美荐. 2007. 加强生态旅游政府管制的经济学思考——以内部性为视角[J]. 江西社会科学, (2)：147-149.

郭茜. 2004. 浅议民族生态旅游[J]. 华夏文化, (2)：156-158.

郭山. 2004. 脆弱生态区域旅游开发的景观生态学思考——以德钦梅里雪山生态旅游区为例[J]. 云南师范大学学报, (9)：66-71.

郭舒, 曹宁. 2002. 生态旅游管理初步研究[J]. 北京第二外国语学院学报, (6)：89-93.

郭熙保, 王艺. 2010. 加强农村富余劳动力转移就业培训[N]. 经济日报.

郭熙保. 1995. 农业发展论[M]. 武汉：武汉大学出版社.

郭秀锐, 毛显强. 2000. 中国土地承载力计贫方法研究综述[J]. 地球科学进展, 15(6)：705-711.

郭栩东. 2012. 绿色旅游供应链管理视角下的绿道旅游开发模式研究[J]. 资源开发与市场, (8)：764-767.

国家统计局农调总队社区处. 2002. 关于农村剩余劳动力的定量分析[J]. 国家行政学院学报.

国务院. 2006. 国务院关于加强土地调控问题的通知(全文)[N]. 人民网.

韩光明, 邓秀勤. 2014. 生态文明建设与福建省绿色旅游产业体系构建研究[J]. 市场论坛, (4)：19-32.

韩俊. 2005. 我国进入"以工促农、以城带乡"发展新阶段[N]. 中国经济时报.

韩新林. 2006. 土地征用补偿标准研究[D]. 郑州：郑州大学.

郝晓兰. 2002. 锡林郭勒草原国家级自然保护区生态旅游开发初探[J]. 前沿, (10)：145-148.

何格, 欧名豪. 2005. 合理安置失地农民的构想[J]. 农村经济, (1).

何景熙. 2000. 不充分就业：中国农村剩余劳动力的核心与实质[J]. 调研世界, (9)：12-16.

何平. 2002. 农业生态旅游资源及其分析[J]. 社会科学家, 17(1)：5-10.

何艺玲. 2002. 如何发展社区生态旅游——泰国 Huay Hee 村社区生态旅游(CBET)的经验[J]. 旅游学刊, 17(6)：57-60.

何源. 2009. 区域土地利用系统协调发展度评价研究——以湘乡市为例[D]. 长沙：湖南师范大学.

洪敏. 2004. 北京市土地利用动态变化研究[D]. 北京：中国农业大学.

侯丽. 2005. 美国"新"区划政策的评价[J]. 城市规划学刊, (3)：36-42.

侯沛芸, 李光中, 王鑫. 2005. 生态旅游与世界遗产教育策略拟定之研究. 旅游科学(10)：8-13.

胡鞍钢. 1997. 中国就业状况分析[J]. 管理世界, (3).

胡初枝, 黄贤金, 陈志刚, 等. 2008. 被征地农民可持续性生计评价初步研究[J]. 中国土地科学, (8)：43-48.

胡静, 陈银蓉. 2007. 湖北省土地政策评价模型的政策变量分析[J]. 统计与决策, 247(19)：102-104.

胡镜荣. 1997. 生态旅游的临界容量的确定和管理[J]. 中国生物圈保护区, (4)：40-45.

胡善风. 2003. 生态旅游研究进展综述[J]. 中国矿业大学学报(社会科学版), (4)：61-67.

胡业翠, 方玉东, 赵庚星. 2002. 土地利用优化/覆被变化与土地利用优化调控[J]. 国土资源科技管理, 19(3)：23-26.

胡智清, 周俊, 洪江. 2003. 城市边缘区域村庄规划策略研究-以经济发达、村镇密集地区为例[J]. 规划师, (11)：19-21.

华德尊, 孟爱云. 2003. 区域土地持续利用评价研究[J]. 环境科学研究, 16(6)：1-5.

黄安民. 2007. 休闲与旅游学概论[M]. 北京：机械工业出版社.

黄华. 2002. 尼泊尔、不丹的生态旅游业. 杨桂华等. 生态旅游透视. 北京：中国旅游出版社.

黄华玲. 2005. 失地农民就业出路问题的思考[J]. 甘肃农业, (6)：23-24.

黄继华, 任欣颖. 2009. 生态旅游认证的实施动力及在我国的限制因素探析[J]. 旅游论坛, 2(1)：16-19.

黄建伟. 2009. 失地农民的概念问题研究[J]. 调研世界, (3)：24-27.

黄金火, 杨新军, 马晓龙. 2005. 国内外生态旅游研究的问题及进展. 生态杂志学, 24(2)：228-232.

黄娟. 2007. 江津市土地持续利用评价研究[D]. 重庆：西南大学.

黄凌翔, 陈学会. 2005. 土地政策作为宏观调控手段的理论和实践探讨[J]. 经济问题, (2).

黄少卿. 2010. 低碳交通模式及其在现代都市的普及——以上海为例[J]. 上海城市管理, (4)：63-65.

黄胜敏, 徐健. 2007. 试探广西民族生态旅游中的文化保护. 桂林旅游高等专科学校学报, 18(1)：147-151.

黄胜文. 2009. 论低碳旅游与低碳旅游景区的创建. 生态经济, (11)：100-102.

黄文胜. 2009. 论低碳旅游与低碳旅游景区的创建. 生态经济, (11)：100-102.

黄晓凤, 顾署生, 李勇. 2006. 自然保护区生态旅游开发潜力评价研究：以江西鄱阳湖国家级自然保护区为例[J]. 江西农业大
    学学报, 28(3)：415-419.

黄晓林. 2009. 大力推进"三集中"构建城乡一体化新格局[J]. 资源与人居环境, (6)：38-40.

黄羊山. 1995. 生态旅游与生态旅游区[J]. 地理学与国土研究, 11(3)：56-60.

黄玉祥, 朱瑞祥, 刘水长, 等. 2005. 农业机械化与农村劳动力转移[J]. 中国农机化, (2)：7-10.

黄震方, 陈志钢, 张新峰. 2003. 国内外生态旅游者行为特征的比较研究[J]. 现代经济研究, (12)：71-73.

黄震方, 袁林旺, 黄燕玲. 2008. 生态旅游资源定量评价指标体系与评价方法[J]. 生态学报, 28(4)：1655-1662.

黄震方, 袁林旺, 杨艳. 2007. 海滨湿地生态旅游可持续开发模式研究[J]. 人文地理, (5)：118-123.

黄祖辉, 程兴火, 周玲强. 2006. 生态旅游区认证等级综合评价[J]. 南京林业大学学报(人文社会科学版), 6(1)：70-75.

霍夏梅. 2008. 张家川县农村耕地承载力与剩余劳动力转移研究[D]. 兰州：西北民族大学.

霍雅勤, 蔡运龙. 2003. 可持续理念下的土地价值决定与量化[J]. 中国土地科学, (4)：19-23.

江丽芳, 王晓云. 2010. 从生态旅游到低碳旅游旅游可持续发展实践的深化[J]. 中国集体经济, (18)：126-127.

江秀辉, 李伟. 2007. 评析我国农村剩余劳动力的统计方法[J]. 安徽农业科学, 35(19)：5931-5932, 5971.

姜爱萍. 2003. 农村剩余劳动力档案管理信息系统初探[J]. 山东农业大学学报(社会科学版), (3)：5.

姜素红. 2010. 程真. 发展自然保护区生态旅游的思考[J]. 中南林业科技大学学报(社会科学版), (4)：47-50.

蒋明康, 吴小敏. 2000. 自然保护区生态旅游开发与管理对策研究[J]. 农村生态环境, 16(3)：1-4.

蒋萍. 2015. 大数据的时代对旅游业的影响[J]. 产能经济(1)：15-16.

蒋智华. 2005. 托达罗人口流动模型对我国农村剩余劳动力转移的启示[J]. 经济问题探索, (5)：22-24.

金波, 王如渊, 蔡云龙. 2001. 生态旅游概念的发展及其在中国的运用[J]. 生态学杂志, 20(3)：56-59.

金小琴. 2006. 征地中的失地农民权益保障研究-基于112个农户的调查与分析[D]. 雅安：四川农业大学.

康宏成, 李永文. 2010. 浅论生态旅游规划的原则、问题与对策[J]. 全国商情(理论研究), (1)：91-94.

康凯, 原文珍. 2009. 从中外对比看中国生态旅游发展存在的问题[J]. 资源开发与市场, 25(4)：374-377.

康云海, 宁苹. 1997. 论发展生态旅游的理论基础[J]. 生态经济, (6)：24-27.

康云海. 1999. 泸沽湖生态旅游研究[M]. 昆明：云南科技出版社.

孔祥智, 马九杰. 1997. 农业内部就业深化与我国农村劳动力转移[J]. 农业经济问题, (2)41-46.

赖斌, 杨丽娟, 方杰. 2006. 民族文化生态旅游可持续发展水平的测度研究——以四川省为例[J]. 生态经济, (11)：99-102.

赖景旻. 2008. 关于德化森林生态旅游与可持续发展的思考[J]. 林业经济问题, 28(3): 273-276.

冷奕明. 2006. 四川成都市城市化进程中土地利用变化研究[D]. 雅安: 四川农业大学.

黎洁. 2005. 西部生态旅游发展中农村社区就业与旅游收入分配的实证研究: 以陕西太白山国家森林公园周边农村社区为例[J].
　　旅游学刊, 20(3): 18-22.

李炳军, 朱春阳, 周杰. 2002. 原始数据无量纲化处理对灰色关联序的影响[J]. 河南农业大学学报, 36(2): 199-202.

李朝旗, 金晓斌, 周寅康. 2010. 土地利用与区域发展协调性评价——基于土地综合承载力的视角[J]. 经济问题探索, (3):
　　159-162.

李春茂. 2000. 生态旅游环境容量的确定与量测[J]. 林业建设, (5): 21-25.

李丹. 2010. 我国发展低碳旅游的基本对策研究[J]. 中国科技博览, (8): 215-216.

李东和, 张结魁. 1999. 论生态旅游的兴起及其概念实质[J]. 地理学与国土研究, 15(2): 75-79.

李丰生, 赵赞, 聂卉. 2003. 河流风景区生态旅游环境承载力研究[J]. 桂林旅游高等专科学校学报, 14(3): 13-18.

李海军, 杨阿莉. 2007. 我国生态旅游资源分类的研究综述[J]. 湖南工程学院学报, 17(4): 13-16.

李红. 2008. 农业机械替代劳动力的实证分析[J]. 农业与技术, 28(02): 1-11.

李洪波, 陈金华. 2006. 生态旅游目的地等级评价的理论分析[J]. 人文地理, (6): 62-66.

李洪波, 黄安民. 2003. 生态旅游等级评价一个理论框架[J]. 生态经济, (10): 130-134.

李华. 2009. 近十年国外生态旅游研究状况分析[J]. 世界地理研究, 18(2): 111-120.

李会琴, 侯林春, 肖拥军. 2009. 基于 RS、GIS 的黄土高原环境脆弱区生态旅游适宜度价——以山西省中阳县为例[J]. 测绘科
　　学, 34(6): 300-302.

李慧欣. 2004. 生态旅游承载量与旅游区经济发展[J]. 前沿, (5): 70-74.

李建华, 董明辉. 2005. 区域生态旅游规划及发展趋势[J]. 湖南文理学院学报(社会科学版), 30(6): 27-34.

李健, 张西林, 方躬勇. 2000. 浅析普陀山旅游业的深度开发[J]. 浙江林学院学报, 17(4): 398-403.

李健, 钟永德, 王祖良, 等. 2006. 国内生态旅游环境承载力研究进展[J]. 生态杂志学, 25(9): 1141-1146.

李经龙, 郑淑婧, 周秉根. 2003. 旅游对旅游目的地社会文化影响研究. 地域研究与开发, (12): 80-83.

李菊雯. 2008. 云龙天池自然保护区实验区内森林生态旅游开发与管理探讨[J]. 林业调查规划, (5): 62-66.

李军玲, 张金屯. 2011. 从生态旅游植被景观特征分析普陀山旅游对植被的影响[J]. 中国农学通报, 27(26): 270-275.

李俊清, 崔国发, 胡涌. 2000. 自然保护区生态旅游管理与可持续发展[J]. 北京林业大学学报, 22(4): 126-127.

李俊英, 胡远满, 闫红伟. 2010. 基于景观视觉敏感度的棋盘山生态旅游适宜度评价[J]. 西北林学院学报, 25(5): 194-198.

李开忠, 彭贤伟, 熊康宁. 2005. 贵州喀斯特峡谷地区土地利用效果评价——以贵州花江峡谷地区为例[J]. 中国岩溶, 24(4):
　　293-299.

李昆, 傅新红. 2003. 大力发展产业化经营, 实施农村剩余劳动力就地非农化[J]. 甘肃农业, (2).

李良厚, 李吉跃, 付祥建. 2007. 太行山低山区农村土地生态利用优化研究——以鹤壁市郊区为例[J]. 河南农业科学[J], (1):
　　62-65.

李陇堂, 米文宝. 2002. 西海固地区生态旅游资源开发研究. 经济地理, 22(6): 760-764.

李茜, 张孝德. 2014. 生态旅游管理中环境政策工具的应用探析[J]. 经济研究参考, (41): 59-63.

李强. 2003. 影响中国城乡劳动力流动人口的推力与拉力因素分析[J]. 中国社会科学, (3)125-136.

李秋亭. 2005. 开封市农业机械化与农村剩余劳动力转移问题浅析[J]. 中国农机化, (05): 30-31.

李仁杰, 路紫. 2009. 国内生态旅游与区域可持续发展关系研究[J]. 地理科学进展, 28(1): 139-146.

李睿, 戎良. 2007. 杭州西溪国家湿地公园生态旅游环境容量[J]. 应用生态学报, 18(10): 2301-2307.

李晟之. 2003. 小规模保护区旅游开发的选择——王朗自然保护区对生态旅游的探索[J]. 农村经济, (1)：41-43.

李树信. 2006. 卧龙自然保护区社区参与生态旅游的对策研究[J]. 农村经济(3)：43-45.

李维长. 2000. 生态旅游——新兴的无烟工业、最具活力的产业、新的经济增长点. 生态旅游促社区发展[M]. 北京：中国环境科学出版社.

李维长. 2002. 国际生态旅游发展概况[J]. 世界林业研究, 15(4)：7-14.

李伟. 2000. 关于西部农业剩余劳动力数量的实证研究[J]. 财经研究, 26(6)：54-59.

李文彬, 赖玲. 2009. 黄家湖绿色公园生态旅游环境承载力研究[J]. 现代农业科技, (21)：294-295.

李文军. 2003. 自然保护区生态旅游的社区参与九寨沟生物保护圈保护区案例研究[M]. 北京：社会科学文献出版社.

李文亮, 翁瑾, 杨开忠. 2005. 旅游系统模型比较研究[J]. 旅游学刊, 20(2)：20-24.

李文明, 符全胜. 2008. 我国生态旅游规划中环境教育内容的缺失与补正[J]. 旅游学刊, 23(7)：9-10.

李文明, 钟永德. 2009. 国外生态旅游环境教育研究综述[J]. 旅游学刊, 24(11)：90-94.

李先跃. 2010. 体验式生态旅游探讨[J]. 中国林业经济, (4)：36-38.

李小梅, 等. 2007. 生态旅游规划环境影响评价的方法和案例[J]. 福建师范大学学报(自然科学版), 23(3)：98-103.

李小梅, 张江山, 王菲凤. 2005. 生态旅游项目的环境影响评价方法(EIA)与实践[J]. 生态学杂志, 24(9)：1110-1114.

李小明, 张兆干, 林超利. 2010. 基于低碳经济背景下低碳旅游社区的构建研究以江苏省丹阳市飞达村为例[J]. 河南科学, 28(5)：626-630.

李晓刚, 欧名豪, 许恒周. 2006. 农村居民点用地动态变化及驱动力分析-以青岛市为例[J]. 国土资源科技管理, (3)：27-32.

李晓琴, 刘开榜, 覃建雄. 2005. 地质公园生态旅游开发模式研究[J]. 西南民族大学学报(人文社科版), 26(7)：269-271.

李晓琴, 覃建雄, 等. 2005. 地质公园生态旅游开发模式研究[J]. 西南民族大学学报·(人文社科版)(1)：22-31.

李晓琴, 银元. 2012. 低碳旅游景区概念模型及评价指标体系构建[J]. 旅游学刊, (3)：86-90.

李效顺, 郭忠兴, 潘元庆, 陈伟强. 2007. 耕地征用区片补偿的综合价格量化——以驻马店市为例[J]. 资源科学, (9)：150-156.

李新奇. 2010. 政府如何做好失地农民就业服务工作[J]. 河南农业, (2).

李延风. 1999. 自然保护区生态旅游开发及保护规划探讨——以武夷山自然保护区为例[J]. 环境导报, (5)：30-32.

李彦, 赵瑾. 2017. 大数据：为旅游业发展带来大机遇[J]. 中国管理信息化, 20(5)：23-25.

李艳娜, 胡波. 2002. 城市生态旅游初探[J]. 重庆工学院学报, 16(2)：87-89.

李燕琴, 蔡运龙. 2004. 北京市生态旅游者的行为特征调查与分析：以百花山自然保护区为例[J]. 地理研究, 23(6)：863-874.

李燕琴. 2004. 基于概念、原则与产品的生态旅游内涵研究[J]. 科技导报, (11)：35-39.

李燕琴. 2005. 一种生态旅游者的识别与细分方法：以北京市百花山自然保护区为例[J]. 北京大学学报(自然科学版), 41(6)：906-917.

李燕琴. 2006. 国内外生态旅游者行为与态度特征的比较研究——以北京市百花山自然保护区为例[J]. 旅游学刊, (11)：75-80.

李燕琴. 2006. 基于游客建议的自然保护区游客有效管理对策——以北京市百花山自然保护区为例[J]. 科技导报, (8)：75-79.

李燕琴. 2006. 生态旅游游客行为与游客管理研究[M]. 北京：旅游教育出版社.

李燕琼, 嘉蓉梅. 2006. 城市化过程中土地征用与管理问题的理性反思[J]. 经济学家, (5)：84-90.

李永实. 2000. 加快农村居民点建设的探讨[J]. 福建地理, (1)：72-73.

李玉文, 王新鹏. 2007. 生态旅游对环境的影响及控制对策[J]. 东北林业大学学报, 35(6)：63-68.

李长荣. 2004. 法制和管理建设与生态旅游的可持续发展. 湖南农业大学学报(社会科学版), (5)：20-22.

李正波. 2001. 高黎贡山国家级自然保护区生态旅游开发初探[J]. 生态经济, (5)：33-35.

连玉銮, 石应平. 2005. 关于小众型生态旅游及其适应性的思考[J]. 社会科学研究, (3)：189-193.

梁湖清，刘荣增，朱传耿. 2002. 面向 21 世纪经济发达地区农村城镇化持续发展的思考——以苏南地区为例[J]. 西安建筑科技大学学报，(2)：21-24.

梁慧，张立明. 2004. 国外生态旅游实践对发展我国生态旅游的启示[J]. 北京第二外语学院学报(1)：86-83.

梁佳，王金叶. 2013. 2006-2012 年贵内外生态旅游研究回顾与反思[J]. 西北林学院学报，28(6)：217-224.

梁锦梅. 2001. 生态旅游地开发与管理研究[J]. 经济地理，21(5)：629-632.

梁兆基，冯子恩，叶柱均，等. 1998. 农林经济管理概论[M]. 广州：华南农业大学出版社.

廖荣华. 2003. 关于生态旅游系统理论研究综述[J]. 邵阳学院学报(自然科学)，2(5)：122-126.

廖忠明，王国权，卢志红，等. 2010. 发展低碳旅游经济[J]. 江西科学，28(6)：411-415.

林卫强，管东生. 2000. 生态旅游和旅游环境影响评价. 重庆环境科学(1)：23-25.

林湘华. 2003. 广东省劳动力人口空间分布及变动研究[J]. 市场与人口分析，9(5)：29-38.

凌虹，吴长年，王鹏. 1999. 生态旅游与生态旅游业开发. 农村生态环境，15(3)：28-32.

刘安媛，王福林，郭欣欣，等. 2008. 黑龙江省农业剩余劳动力数量估计[J]. 农机化研究，(11)：243-245.

刘春玲，路紫. 2001. 数学方法在森林生态旅游区开发中的具体应用[J]. 经济地理，21(1)：118-120.

刘德谦. 2003. 中国生态旅游的面临选择. 旅游学刊，18(2)：63-68.

刘飞跃，万哨凯. 2010. 基于主成分分析法的吉安市土地利用的生态安全评价研究[J]. 安徽农业科学，38(11)：5788-5790.

刘红，唐永顺，张兴卫. 2005. 生态旅游资源多级模糊综合评价：以东昌湖生态功能保护区为例[J]. 聊城大学学报(自然科学版)，18(1)：57-59.

刘虹，郑循刚. 2003. 雅安市农业信息系统管理模式的构建与实施[J]. 农业经济，(5).

刘怀廉. 2004. 农村剩余劳动力转移新论[M]. 北京：中国经济出版社.

刘晖. 2009. 旅游民族学[M]. 北京：民族出版社.

刘慧芳. 2000. 论我国农地地价的构成与量化[J]. 中国土地科学，05：15-18.

刘继生，孔强，陈娟. 1997. 中国自然保护区生态旅游开发研究刍议[J]. 人文地理，(4)：71-73.

刘家明. 1999. 生态旅游地可持续旅游发展规划初探[J]. 应用生态学报，14(1)：79-82.

刘觉民，唐常春，金卫华. 2002. 湖南省农村居民点建设用地规划管理的探讨[J]. 经济地理，(4)：41-43.

刘静艳，陈阁芝，肖悦. 2011. 社会资本对生态旅游收益与居民环保意识关系的调节效应[J]. 旅游学刊，26(8)：1344-1366.

刘静艳，韦玉春，黄丽英，等. 2008. 生态旅游社区参与模式的典型案例分析[J]. 旅游科学，(4)：59-64.

刘静艳. 2006. 从系统学角度透视生态旅游利益相关者结构关系[J]. 旅游学刊，(5)：17-21.

刘静艳. 2008. 生态旅游社区参与模式的典型案例分析[J]. 旅游科学，(8)：59-63.

刘黎明，Rim SangKyu. 2004. 韩国的土地利用规划体系和农村综合开发规划[J]. 经济地理，24(3)：383-385.

刘丽梅. 2007. 生态旅游资源的脆弱性研究[J]. 内蒙古财经学院学报，(5)：30-34.

刘砺. 2006. 生态旅游及其内涵的分析与探讨[J]. 特区经济，(4)：209-211.

刘美娥，刘金福，洪伟. 2012. 泰宁生态旅游环境承载力预警系统研究[J]. 三明学院学报，29(3)：8-13.

刘猛，袁斌，贾丽静，等. 2009. 失地农民可持续生计研究——以大连市为例[J]. 城市发展研究，(1)：30-36.

刘乃全，刘学华. 2009. 劳动力流动、农业种植结构调整与粮食安全——基于“良田种树风”的一个分析[J]. 南方经济，(6)：15-24.

刘强，辛宝海. 2008. 中国二元经济结构形成的理论述评[J]. 现代经济探讨，(10).

刘瑞，苏维词. 2006. 贵州乡村民俗文化生态旅游资源类型特征及其开发模式[J]. 生态经济(10)：167-170.

刘睿文. 2004. 南太湖地区生态旅游的法律保障[J]. 湖州职业技术学院学报(1)：41-44.

刘少和. 2004. 略论"文化生态旅游"[J]. 生态经济, (8): 176-179.

刘世熊. 2009. 浅析社区生态旅游管理模式化[J]. 中国商贸(11): 138-139.

刘随臣. 2010. 推进土地调控的理论和实践创新[J]. 中国国土资源经济, (2).

刘薇. 2003. 生态旅游对自然保护区的影响及游客管理对策分析[J]. 广西生态学学会 2003 年学术年会, 155-159.

刘肖梅. 2002. 生态旅游开发的外部性问题研究[J]. 泰安师专学报, 24(4): 32-34.

刘小鹏, 王亚娟. 2005. 宁夏人口地理的初步研究[J]. 干旱区地理, 28(1): 124-129.

刘晓平. 2004. 青海省农村剩余劳动力转移模式分析[J]. 青海师范大学学报: 哲学社会科学版, (1).

刘筱非, 杨庆媛, 廖和平, 等. 2004. 西南丘陵山区农村居民点整理潜力测算方法探讨——以重庆市渝北区为例[J]. 西南农业大学学报(社会科学版), (4): 15-17.

刘啸. 2009. 论低碳经济与低碳旅游[J]. 中国集体经济·文化产业, (5): 154-155.

刘啸. 2010. 低碳旅游——北京郊区旅游未来发展的新模式[J]. 北京社会科学, (1): 42-46.

刘辛田. 2007. 我国生态旅游管理实践中的关键——生态旅游认证[J]. 哈尔滨商业大学学报(社会科学版)(1): 93-96.

刘新卫, 吴初国. 2009. 促进城镇化健康发展的土地调控研究[J]. 国土资源情报, (1).

刘新卫. 2010. 加强土地调控, 促进经济结构调整[J]. 国土资源情报, (2).

刘彦随, 吴传钧. 2002. 中国水土资源态势与可持续食物安全[J]. 自然资源学报, 17(3): 270-275.

刘洋, 吕一河. 2005. 自然保护区生态旅游影响评价: 进展与启示[J]. 自然资源学报, 20(5): 771-779.

刘易斯. 1989. 二元经济论[M]. 北京: 北京经济学院出版社.

刘易斯. 1998. 劳动无限供给下的经济发展. 发展经济学经典论著选[M]. 北京: 中国经济出版社.

刘英, 刘敦荣, 韦海洲. 2004. 生态旅游的科学概念与应用[J]. 桂林旅游高等专科学校学报, 15(6): 73-76.

刘营军, 于永献, 高贤伟. 1998. 生态旅游农业的特点及其发展趋势[J]. 农业经济问题(2): 53-55.

刘应湘, 钟玉英. 2008. 内源型社区: 失地农民可持续生计再思考[J]. 长江论坛(3): 66-69.

刘幼玉. 2008. 农村富余劳动力转移就业的问题与对策研究[J]. 就业与保障, (3).

刘远新, 张文秀. 2005. 浅析对失地农民进行社会保障安置[J]. 农村经济与科技, (5).

刘志玲, 张丽琴. 2006. 农村居民点用地发展驱动力研究——以安徽省为例[J]. 农村经济, (3): 30-32.

刘忠伟, 王仰麟, 陈忠晓. 2001. 景观生态学与生态旅游规划管理[J]. 地理研究, 20(2): 206-212.

卢红军. 2009. 改革开放 30 年来农村劳动力就业政策的演变[J]. 中国集体经济, (6): 48-49.

卢宏升, 卢云亭, 吴殿廷. 2004. 中国生态旅游的类型[J]. 桂林旅游高等专科学校学报, 15(2): 82-85.

卢睿, 李星群. 2010. IPA 与 SERVPERF 对生态旅游服务质量测评的研究[J]. 大众科技(5): 216-217.

卢松, 陆林, 徐茗. 2005. 古村落旅游地旅游环境容量初探——以世界文化遗产西递古村落为例[J]. 地理研究, 24(4): 581-589.

卢文. 1998. 我国农村走出一条有中国特色的发展道路[J]. 农业经济问题, (10): 2-5.

卢小丽, 贾竞波. 2003. 生态旅游区餐饮发展的问题及对策的思考[J]. 东北林业大学学报, 31(1): 46-48.

卢小丽, 武春友. 2006. 生态旅游概念识别及其比较研究——对中国 40 个生态旅游概念的定量分析[J]. 旅游学刊, 21(2): 56-61.

卢云亭, 王建军. 2001. 生态旅游学[M]. 北京: 旅游教育出版社.

卢云亭, 肖诚. 1998. 云南建水燕子洞游客和雨燕生态环境质量的研究[J]. 地理学报, 53(5): 198-203.

卢云亭. 1996. 生态旅游与可持续旅游发展[J]. 经济地理, 16(1): 106-112.

鲁西奇. 2001. 人地关系理论与历史地理研究[J]. 史学理论研究, (2): 36-47.

鲁小波, 陈晓颖, 郭迪. 2015. 基于矛盾论与旅游地生命周期理论的我国自然保护区生态旅游发展阶段研究[J]. 干旱区资源与环境, 29(3): 188-192.

鲁小波, 陈晓颖. 2011. 基于生态信用管理系统的生态旅游游客管理模式研究[J]. 北京第二外国语学院学报(3): 17-24.

鲁小波, 李悦铮. 2009. 21 世纪初中国生态旅游研究进展[J]. 经济地理, 29(6): 1018-1023.

鲁小波, 马斌斌, 陈晓颖. 2015. 基于集对分析与 AHP 的自然保护区生态旅游健康度评价[J]. 西部林业科学, 44(1): 129-134.

陆红青, 张玉杰. 1999. 自然保护区生态旅游的态势与发展[J]. 环境保护(3): 22-24.

陆学艺. 2000. 农村发展新阶段的新形势和新任务——关于开展以发展小城镇为中心的建设社会主义新农村运动的建议[J]. 中国农村经济, (6).

罗才军, 张文秀, 等. 2008. 基于征地补偿的失地农民生活水平评价研究[J]. 安徽农业科学, 36(10): 4329-4330, 4345.

罗川. 2009. 关注四川农村劳动力转移的新动向, 四川政协网(http://www.sczx.gov.cn).

罗高飞. 1996. 走出无烟产业的误区——"绿色时代"与"绿色旅游"浅议[J]. 旅游科学(3): 9-12.

罗明春. 2003. 生态旅游概念内涵辨析[J]. 中南林学院学报, 23(6): 25-27.

罗明义. 2002. 生态旅游可持续发展-亚太地区部长级会议述评[J]. 旅游学刊.

罗晓晖, 李艳, 张博. 2006. 河南省农村剩余劳动力数量估算[J]. 新乡师范高等专科学校学报, 20(4): 18-19.

罗艳菊, 黄宇, 毕华. 2009. 旅游管理专业双语教学的调查与思考——以《生态旅游》为例[J]. 经济研究导刊(6): 233-234.

吕建树, 刘洋, 张祖陆, 等. 2011. 鲁北滨海湿地生态旅游资源开发潜力评价及开发策略[J]. 资源科学, 33(9): 1788-1798.

吕健, 蒋伟. 2008. 对农村剩余劳动力转移问题的实证分析[J]. 农村经济与科技, 19(11): 74.

吕君, 刘丽梅. 2006. 我国生态旅游研究的文献学分析及启示[J]. 干旱区资源与环境(6): 136-140.

吕永龙. 1998. 生态旅游的发展与规划[J]. 自然资源学报, 13(1): 81-85.

马昊, 匡远配. 2006. 贫困地区农民公共决策的 MRS 模型[J]. 统计与决策, (7): 52-53.

马立平. 2000. 统计数据标准化——无量纲化方法[J]. 北京统计, 121(3): 34-35.

马梅芳. 2009. 三江源地区生态旅游扶贫模式的探讨[J]. 青海师范大学学报(哲学社会科学版), 10(5): 18-21.

马乃甚. 1996. 我国生态旅游资源的评价问题[J]. 西北大学学报, (4): 171-175.

马天玲. 2015. 大数据时代下的生态旅游价值再探析. 中国市场, (43): 45-46.

马晓河, 马建蕾. 2007. 中国农村劳动力到底剩余多少[J]. 中国农村经济, (12): 4-9, 34.

马晓京. 2003. 民族生态旅游: 保护性开发民族旅游的有效模式[J]. 人文地理, 18(3): 56-59.

马有明, 马雁, 陈娟. 2008. 国外国家公园生态旅游开发比较研究——美国黄石、新西兰峡湾及加拿大班夫国家公园为例[J]. 昆明大学学报, 19(2): 46-49.

迈克尔·P·托达罗. 1992. 经济发展与第三世界[M]. 北京: 华夏出版社.

毛峰. 2004. 政府该为失地农民做什么——对 2942 户失地农民的调查[J]. 调研世界, (1): 28-29.

孟健. 2007. 华北燕山县域土地利用评价与分区——以北京市密云县为例[D]. 北京: 首都师范大学.

糜韩杰. 2008. 对农村剩余劳动力统计方法——直接计算法的修正[J]. 人口研究, 32(6): 76-81.

苗雅杰. 2002. 可持续发展旅游和生态旅游战略的实施[J]. 长春大学学报, 12(1): 14-15.

明庆忠, 李宏, 徐天任. 2000. 生态旅游环境问题类型及保育对策[J]. 经济地理, 20(4): 114-116.

明庆忠, 武友德, 李宏. 1998. 论生态旅游促进云南旅游业可持续发展. 经济地理, 18(1): 100-104.

莫宏伟, 任志远, 谢红霞. 2005. 农牧交错区土地利用动态与生态效应变化——以榆阳区为例[J]. 干旱区地理, 28(3): 352-356.

倪才英, 许东风, 倪旺珍. 2001. 试论农村居民点的环境优化[J]. 环境与开发, (1): 66-68.

倪强. 1999. 近年来国内关于生态旅游研究综述[J]. 旅游学刊, 14(3): 40-44.

牛亚菲. 1996. 可持续旅游、生态旅游及实施方案[J]. 地理研究, 18(2): 179-184.

欧恒春. 2004. 生态旅游中的社区参与问题[J]. 商业时代(36): 70-71.

潘发生，杨桂红. 2000. 香格里拉与宗教生态旅游开发[J]. 云南大学人文科学学报，26(5)：90-93.

潘世华. 2015. 福建省尤溪九阜山自然保护区开展生态旅游活动对生物多样性影响调查分析[J]. 中国林副特产，138(5)：77-80.

盘晓愚. 2009. 旅游商品业的多层级功能刍议[J]. 理论月刊(11)：158-160.

庞少静. 2004. 我国生态旅游开发中的若干环境问题及对策[J]. 环境保护，(9)：25-30.

庞振刚. 2001. 自然保护区可持续发展的必由之路——发展生态旅游[J]. 生态经济，(5)：20-23.

裴长洪，彭磊. 2006. 加强土地调控的理论依据及现阶段政策目标[J]. 中国土地，(10)：9-12.

彭蝶飞，崔海波，伍海琳. 2008. 基于调查分析的南岳衡山生态旅游市场发展对策[J]. 经济地理，28(2)：347-352.

彭华. 1998. 开发生态旅游产品之我见[J]. 旅游调研(11)：20-23.

彭俊瑜，陈煜. 2005. 生态旅游问题的经济与法律分析[J]. 江西农业大学学报(社会科学版)，4(2)：144-146.

彭玲. 2012. 生态旅游的发展与管理分析——以大桂林旅游区域为例[J]. 中国商贸，(12)：166-167.

彭山农业信息 http：//psnyxx. cn/sort. asp?sortid=75[Z].

彭腾. 2007. 论消除"剪刀差"与增加农民收入[J]. 山东省农业管理干部学院学报，(2)：10-12.

彭文甫. 2005. 成都市土地利用变化及驱动力分析[D]. 成都：四川师范大学.

彭征，廖和平，等. 2006. 浅析土地征用补偿标准和失地农民安置问题[J]. 安徽农业科学，(12).

朴京玉，万礼. 2011. 日本绿色旅游的运行模式及其机理[J]. 农业经济，(8)：33-35.

齐晓丽，高素英，金浩. 2003. 关于农业剩余劳动力的数量研究[J]. 河北工业大学学报，32(01)：77-81.

祁龙，李志红，高雪峰. 2007. 农村剩余劳动力转移管理信息系统探索[J]. 中国农学通报，(5).

钱亮. 2005. 库区土地资源优化配置研究——以兴山县为例[D]. 武汉：华中农业大学.

钱纳里，赛尔昆. 1998. 发展的模式：1950-1970[M]. 广州：经济科学出版社.

秦安臣，贾哲，孟宪宇. 2005. 生态旅游地可持续经营度的初探一以雾灵山森林公园为例[J]. 生态经济，(10)：283-286.

秦润新. 2000. 农村城市化的理论与实践[M]. 北京：中国经济出版社.

青海省旅游局. 2009. 青海省三江源地区生态旅游发展规划(2009-2025)[M]. 北京：中国旅游出版社.

邱红，赵伦. 2008. 西部农村季节性劳务市场形成与劳动力自组织研究[J]. 商场现代化，(13)：328-330.

邱云美. 2009. 基于价值工程的生态旅游资源评价研究——以浙江省丽水市为例[J]. 自然资源学报，(12)：2158-2168.

曲丹，杜圣泉. 2004. 上海市郊区"三个集中"战略的联动性分析[J]. 同济大学学报(社会科学版)，15(5)：66-71.

曲小溪，肖贵蓉，王乐. 2006. 生态旅游环境承载力的一种新测量[J]. 北京第二外国语学院学报(旅游版)，139(9)：63-66.

全华. 2002. 生态旅游区环境变化与可持续旅游发展——以张家界为例旅游区. 中国人口资源与环境，12(3)：95-98.

全华. 2002. 生态旅游区人文建筑动态阈值模型[J]. 旅游学刊，17(6)：54-57.

全华. 2004. 生态旅游区建设研究综述. 地域研究与开发，23(3)：70-74.

人类发展指数，百度百科[EB/OL]. http：//baike. baidu. com/view/68457. htm.

任春洋，姚威. 2000. 关于迁村并点的政策分析[J]. 城市问题，(6)：56-58.

任娟. 2007. 上海港口经济综合竞争力动态评价[D]. 上海：上海海事大学.

任志远，武永峰. 2004. 我国北部农牧交错区城郊土地利用时空变化——以包头市为例[J]. 干旱区地理，27(4)：503-507.

荣金凤，闵庆文，郑林. 2007. 贫困地区的生态旅游资源及其可持续利用探讨[J]. 资源科学，29(1)：112-117.

容志. 2009. 我国土地调控失灵的制度经济分析[J]. 公共管理学报，(4).

赛江涛，张宝军. 2004. 试论生态旅游资源问题[J]. 河北林业科技，(12)：27-29.

桑轶群. 2015. 珍宝岛湿地自然保护区生态旅游资源及其评价[J]. 安徽林业科技，41(3)：28-31.

桑玉强，杨海青，王培培. 2011. 浅析国外生态旅游认证对中国的借鉴[J]. 河南林业科技，31(2)：21-25.

尚天成，孙玥，李翔鹏，等.2009. 系统动力学的生态旅游系统承载力[J]. 天津大学学报(社会科学版)，11(3)：277-280.

尚天成，肖岚. 生态旅游系统的承载力[J]. 天津大学学报(社会科学版)，2006，8(3)：179-182.

尚天成.2002. 生态旅游理论研究[M]. 北京：国家图书馆.

尚天成.2008. 生态旅游系统管理与生态风险分析[J]. 干旱区资源与环境，(5)：93-96.

邵琪伟.2006. 保护生态环境发展生态旅游——在全国生态旅游现场会上的讲话[J]. 中国旅游报 2006-09-01.

邵晓梅，张洪业.2004. 鲁西北地区现状农业土地资源劳动力承载力模拟[J]. 自然资源学报，19(3)：324-330.

佘宝兰.2002. 农村剩余劳动力转移模式分析[J]. 江苏大学学报(社会科学版)，(12)：4.

申保珍.2010. 中国农村富余劳动力还有 1.2 亿人需要转移[N]. 三农在线，2010-04-29.

沈长智.1999. 丰林保护区生态旅游开发探讨[J]. 天津商学院学报，19(3)：22-25.

沈长智.2001. 生态旅游系统及其开发[J]. 北京第二外国语学院学报(1)：87-90.

石金莲，李俊清，李绍泉.2003. 北京松山自然保护区生态旅游客源结构调查研究[J]. 北京林业大学学报(社会科学版)，2(1)：45-52.

时临云，张宏武.2008. 日本的生态旅游管理及其对我国的肩示[J]. 科学经济社会，(4)：78-83.

时临云.2008. 日本的绿色旅游及其对我国的启示[J]. 生态经济，(2)：198-201.

史保金.2006. 发达国家农村剩余劳动力转移模式及对我国的启示[J]. 商业研究，(16)：105-108.

史云.2010. 关于低碳旅游与绿色旅游的辨析[J]. 旅游论坛，3(6)：652-655.

世界生态旅游峰会.2002. 魁北克生态旅游宣言[J]. 旅游研究与信息，(3)：1-9.

淑艳，高岚，魏庆华.2005. 对生态旅游的本质探讨[J]. 北京林业大学学报(社会科学版)，4(3)：24-30.

舒小林，黄明刚.2013. 生态文明视角下欠发达地区生态旅游发展模式及驱动机制研究：以贵州省为例[J]. 生态经济(11)：99-105.

水俊峰，陈树晓，郭蓑林.2006. 基于数据仓库的政府决策支持系统研究[J]. 科技情报开发与经济，16(14)：210-212.

四川劳动保障网，http：//www.sc.lss.gov.cn/news/page.jsp?artID=5047[Z].

四川省劳务开发领导小组办公室.2005. 四川省劳务开发领导小组办公室关于做好"中国劳务网暨农民工跨地区就业远程见工系统"开通及使用工作的通知，川劳办发[2005]12 号.

宋春玲.2005. 征地过程中政府土地定价行为分析-兼论失地农民问题[J]. 山东理工大学学报(社会科学版)，(5)：18-22.

宋珂，樊正球，信欣.2011. 长治湿地公园生态旅游环境容量研究[J]. 复旦学报(自然科学版)，50(5)：576-582.

宋瑞.2000. 关于建立我国生态旅游认证制度的思考[J]. 桂林旅游高等专科学校学报，15(1)：56-61.

宋瑞.2005. 我国生态旅游利益相关者分析[J]. 中国人口资源与环境(1)：36-41.

宋伟良.2003. 生态旅游：我国旅游业可持续发展的主要方向[J]. 中南财经政法大学学报，139(4)：55-59.

宋尹璟.2006. 南京市新农村建设指标体系研究[D]. 南京：南京农业大学.

宋子千，黄远水.2001. 对生态旅游若干理论问题的思考[J]. 林业经济问题，21(4)：214-215.

孙道玮，俞穆清，陈田，等.2002. 生态旅游环境承载力研究——以净月潭国家森林公园为例[J]. 东北师范大学学报(自然科学版)，34(1)：66-71.

孙凡松，崔爱玲，等.2006. 辽宁省征地安置模式的探索与选择[J]. 国土资源，(5).

孙根华.1998. 我国自然保护区生态旅游业开发模式研究[J]. 资源科学，(6)：40-44.

孙计川.2009. 征地补偿方法分析[J]. 中国房地产，(1)：69-70.

孙金梅，林建.2012. 生态旅游环境承载力评价研究[J]. 科技与管理，14(6)：9-12.

孙诗靓.2015. 大数据时代国内旅游业的变革[J]. 旅游管理研究，(2)：12-13.

孙习稳. 2007. 土地政策参与宏观调控理论研究[D]. 北京：中国地质大学.

孙绪民, 周森林. 2007. 论我国失地农民的可持续生计[J]. 理论探讨, (5)：90-92.

孙英杰, 赵忠宝. 2008. 生态旅游管理原则探析[J]. 产业与科技论坛, 7(4)：56-57.

孙友然, 贾愚, 江游. 2008. 江苏省耕地资源劳动力承载力研究[J]. 科技管理研究, (6)：156-158.

孙玉军, 刘艳江, 赵炳柱. 2001. 生态旅游及其评价指标探讨[J]. 北京林业大学(3)：109-110.

孙玉军, 王如松. 2000. 生态旅游景区环境容量研究[J]. 应用生态学报, (11)：564-566.

覃建雄, 李晓琴, 等. 2004. 地质公园、生态旅游与可持续发展[J]. 中国可持续发展, (2)：30-46.

覃建雄, 刘开榜. 2012. 地质公园旅游开发与管理[M]. 北京：科学出版社.

覃建雄, 韦跃龙. 2013. 喀斯特景观与旅游开发[M]. 北京：科学出版社.

覃建雄, 张培, 陈兴, 等. 2013. 秦巴山区旅游产业扶贫机制研究[J]. 西南民族大学学报(人文社科版), 34(5)：137-142.

覃建雄, 张培, 陈兴. 2013. 四川省旅游度假区成因分类、空间布局与开发模型研究[J]. 中国人口资源与环境, 23(6)：16-24.

覃建雄. 2011. 民族旅游学概念框架、学科体系与发展建议[J]. 西南民族大学学报(社会科学版)(32)：154-160.

覃建雄. 2014. 西藏自治区虚拟旅游发展框架模型研究[M]. 北京：科学书版社.

谭锦, 程乾. 2010. 低碳旅游景区评价体系构建——以四川贡嘎燕子沟景区为例[J]. 经济研究导刊, (11)：117-118.

谭峻, 李楠, 魏锜玲. 2008. 北京市土地利用协调度模拟分析[J]. 中国土地科学, 22(9)：38-42.

谭侠. 2002. 从浙江萧山、余杭、海宁等地农村居民点发展状况谈大城市周边村民点规划模[J]. 小城镇建设, (9)：42-43.

汤春琳, 陈龙泉. 2010. 我国生态旅游管理模式改革探讨. 改革与开放, (10)：43-44.

汤春琳, 陈龙泉. 2010. 我国生态旅游管理模式改革探讨[J]. 改革与开放, (10)：43-44.

唐·埃思里奇. 1998. 应用经济学研究方法论[M]. 朱钢, 译. 北京：经济科学出版社.

唐承财, 钟林生, 陈田. 2009. 三江源地区生态旅游资源空间分异特征及开发模式, 31(11)：1825-1831.

唐华俊, 伊·范朗斯特. 2004. 中国土地资源及其农业利用[M]. 北京：气象出版社.

唐建军. 2004. 生态旅游发展中的问题与对策分析[J]. 学术交流, 119(2)：93-96.

唐婧. 2010. 低碳旅游生态循环经济系统构架研究——以湖南为例[J]. 湖南社会科学, (5)：131-134.

唐纳德, L. 2002. 哈迪斯蒂. 生态人类学[M]. 郭凡, 邹和, 译. 北京：文物出版社.

唐旭君. 2002. 我国农地发展模式创新回顾及其利弊分析[J]. 农村经济, (5)：34-35.

唐燚, 杨扬. 2010. 社区参与型生态旅游的增效效应[J]. 中国发展观察, (2)：49-51.

陶楚南, 梅昀. 2006. 对我国征地补偿测算制度的探析——以武汉市江夏区为例[J]. 国土资源情报, (2)：27-34.

陶艳华. 2003. 公共政策的决策成本探析[J]. 经济问题探索, (8).

陶卓民, 储震. 2000. 江苏环太湖地区生态旅游产品的开发设计和发展初探[J]. 南京师大学报：(自然科学版), 23(4)：126-129.

田光进, 刘纪远, 张增祥, 等. 2002. 基于遥感与 GIS 的中国农村居民点规模分布特征[J]. 遥感学报, (4)：203-205.

田光进, 刘纪远, 庄大方. 2003. 近 10 年来中国农村居民点用地时空特征[J]. 地理学报, (5)：651-658.

田贵权, 曲凯. 2008. 山东省农村居民点动态变化遥感分析[J]. 地域研究与开发, (1)：26-28.

田俊. 2007. 城市化中的失地农民补偿政策研究——以衢州市为例[D]. 北京：清华大学, (06).

田克勤. 2000. 山东海岛生态旅游资源优势和开发对策[J]. 海洋科学, 15(4)：7-13.

田里, 李常林. 2004. 生态旅游[J]. 天津：南开大学出版社.

田喜洲. 2003. 论生态旅游规划[J]. 农村经济, 34(12)：88-89.

佟敏, 黄清. 2005. 浅析我国生态旅游的发展与趋势[J]. 中国林业企业, 72(3)：25-27.

佟敏. 2004. 社区参与生态旅游模式研究. 学习与探索, (6)：126-128.

托马斯·罗斯基，罗伯特·米德. 1997. 关于中国农业劳动力数量之研究[J]. 中国农村观察，（4）：29-39.

庞世权. 2008. 基于城市规划实施的土地效能评价——以深圳罗湖、福田、南山区为例[D]. 石家庄：河北师范大学.

汪冬梅. 2005. 中国城市化问题研究[M]. 北京：中国经济出版社.

汪晓梅. 2011. 基于生态经济理论的我国生态旅游业发展问题研究[M]. 北京：旅游教育出版社.

汪一鸣. 2005. 宁夏人地关系演化研究[M]. 银川：宁夏人民出版社.

王才，杨玉刚，王兴东. 2011. 基于防沙治沙的生态旅游发展探讨——以宁夏灵武白芨滩国家级自然保护区为例[J]. 宁夏农林科技，52（3）：33-35.

王昌海. 2016. 国家公园体制建设的几个关键点. 人民网-理论频道.

王昌玉. 2009. 生态旅游管理的内涵、原则及路径选择[J]. 商业时代，（27）：101-102.

王诚. 1996. 中国就业转型：从隐蔽失业、就业不足到效率型就业[J]. 经济研究，（5）.

王大悟. 1999. 对生态旅游的若干重要认识[J]. 桂林旅游高等专科学校学报，10（2）：5-7.

王芳，雷海章. 2005. 资源约束下的西部农业剩余劳动力估算[J]. 生态经济，（6）：52-55.

王芳. 2000. 发达国家农业劳动力转移对农业增长的影响[J]. 农村经济与技术，（6）：37-38.

王芬. 2010. 以景区为核心的绿色旅游供应链运作研究[J]. 浙江海洋学院学报，（2）：52-55.

王峰. 2006. 我国现行征地制度中地价补偿标准测算方法研究——以山东省章丘市为例[D]. 泰安：山东农业大学.

王罡，葛雄灿. 2006. 农村居民点用地问题探析[J]. 江苏农村经济（8）：60-61.

王桂玉，杨敏，崔颖洁. 2008. 基于生态哲学的生态旅游本质与内涵的新思考[J]. 西南林学院学报，28（4）：142-145.

王国库. 2008. 对推进农村富余劳动力转移促进农民增收的思考与建议[J]. 决策咨询，（5）.

王国强，王令超，李春发，等. 2000. 城乡接合部土地利用研究——以郑州市为例[J]. 地域研究与开发，19（2）：33-36.

王国霞. 2007. 我国农村剩余劳动力转移问题研究——我国农村剩余劳动力的数量估算与转移规模预测[J]. 山西大学学报（哲学社会科学版），30（4）：19-24.

王国新，唐代剑. 2007. 旅游资源开发及管理[M]. 大连：东北财经大学出版社.

王红姝，佟敏. 2005. 生态旅游与生态环境保护研究[M]. 哈尔滨：东北林业大学出版社.

王洪江，可持续发展理论综述[EB/OL]. HTTP：//www. macrochina. com. cn/fzz/fzll//2001 0605007326. shtml.

王焕，徐逸伦，魏宗财. 2008. 农村居民点空间模式调整研究——以江苏省为例[J]. 热带地理，（1）：98-101.

王辉，宋丽，郭玲玲. 2010. 低碳旅游在海岛旅游发展中的应用与探讨——以大连市海岛旅游为例[J]. 海洋开发与管理，27（5）：75-79.

王检贵，丁守海. 2005. 中国究竟还有多少农业剩余劳动力[J]. 中国社会科学，（05）：27-35.

王建军，李朝阳，田明中. 2006. 生态旅游资源分类与评价体系构建[J]. 地理研究，25（3）：508-516.

王洁，杨桂华. 2002. 影响生态旅游景区社区居民心理承载力的因素探析——以碧塔海生态旅游景区为例. 思想战线，28（5）：56-59.

王金叶，时昭. 2016. 近20年我国生态旅游管理研究进展[J]. 桂林理工大学学报，36（4）：849-858.

王瑾，张玉钧，石玲. 2014. 可持续生计目标下的生态旅游发展模式：以河北白洋淀湿地自然保护区王家寨社区为例[J]. 生态学报，34（9）：2388-2400.

王敬武. 2005. 论生态旅游的内涵及规律[J]. 北京工商大学学报（社会科学版）（2）：95-100.

王静，张凤荣，郭旭东，等. 2004. 县级尺度土地资源可持续利用评价方法研究[J]. 地理与地理信息科学，20（2）：53-56.

王昆欣，王长生. 2003. 旅游资源与开发. [M] 重庆：重庆大学出版社.

王力峰，王协斌，张翠娟. 2006. 生态旅游资源评价体系——以广西金秀县为例. 桂林工学院学报，26（3）：435-439.

王力峰，王志文，张翠娟. 2006. 生态旅游资源分类体系研究. 西北林学院学报，21(6)：196-199.

王茂林. 2000. 新中国城市经济50年[M]. 北京：经济管理出版社.

王鹏，冯立梅，蒋晓伟，等. 2002. 江苏茅山道教生态旅游开发研究[J]. 南京师范大学(自然科学版)，25(2)：73-78.

王平. 2011. 体验导向型生态旅游开发模式的探讨[J]. 经济研究导刊，(19)：158-159.

王青云. 2010. 应把县城作为吸纳农村劳动力转移的重要载体[C]. 国家发改委国土开发与地区经济研究所研究报告，(5).

王秋莲，孙韧. 2003. 自然保护区生态旅游管理规划的基本原则[J]. 城市环境与城市生态，16(6)：40-41.

王荣. 2008. 基于土地利用优化配置的农村发展模式研究——以福建省松溪县为例[D]. 福州：福建师范大学.

王如渊，孟凌. 2005. 对我国失地农民"留地安置"模式几个问题的思考——以深圳特区为例[J]. 中国软科学，(10)：14-20.

王慎刚，张锐. 2006. 中外土地集约利用理论与实践[J]. 山东师范大学学报(自然科学版)，21(1)：90-93.

王万茂. 2002. 规划的本质与土地利用规划多维思考[J]. 中国土地科学，16(1)：4-6.

王万茂. 2002. 土地利用规划学[M]. 北京：中国农业出版社.

王万茂. 2003. 土地资源管理学[M]. 北京：高等教育出版社.

王伟，乔兴旺. 2005. 中国生态旅游法律保障初步研究[J]. 重庆邮电学院学报(社会科学版)，(6)：905-909.

王文才. 2009. 乡村旅游规划原理[M]. 北京：科学出版社.

王文才. 2010. 社区参与生态旅游管理的意识与能力探讨——以怀化中坡国家森林公园为例[J]. 商业经济，(20)：97-100.

王文丽. 2013. 体验营销理论视角下的生态旅游发展策略——以南京市江宁谷里"世凹桃源"生态旅游村为例[J]. 商业经济，(21)：74-76.

王小璘，何友峰，吴怡彦. 2009. 都市生态旅游研究现状与挑战[J]. 人文地理，107(5)：107-110.

王晓梅. 2011. 基于生态经济理论的我国生态旅游业发展问题研究[M]. 北京：旅游教育出版社.

王新，曹玉玲. 2010. 农村劳动力非城市化转移模式的再审视[J]. 经济问题探索，(12)：102-105.

王兴斌. 1997. 生态旅游科学探索[M]. 香港旅游.

王兴斌. 2000. 生态旅游开发[M]. 北京：科学出版社.

王兴国，王建军. 1998. 森林公园与生态旅游. 旅游学刊，(2)：16-19.

王秀兰，包玉海. 1999. 土地利用动态变化研究方法探讨[J]. 地理科学进展，18(1)：81-87.

王秀明，许桂兰. 2006. 论我国生态旅游经济及其发展[J]. 经济师，(1)：165-166.

王训国，丁永生，游艳琴，等. 2006. 房地产投资智能决策分析系统的模型库的设计与实现[J]. 东华大学学报：自然科学版，32(2)：63-66.

王亚南. 1979. 资产阶级古典政治经济学选集[M]. 北京：商务印书馆.

王燕梅. 2003. 青海生态旅游资源的开发问题[J]. 青海师范大学学报(哲学社会科学版)，(5)：12-15.

王业侨. 2006. 节约和集约用地评价指标体系研究[J]. 中国土地科学，20(3)：24-31.

王义民，李兴成. 1999. 中国自然保护区生态旅游开发的对策[J]. 社会科学家，(2)：39-44.

王益谦. 1993. 城镇潜能与农村剩余劳动力有序流动的动态研究[R]. 1993年国家社会科学基金项目报告.

王益谦. 2005. 联合国粮农组织(FAO)项目报告《农村分权发展中的生态环境问题研究》[R].

王谊，陈存根，朱耀勋，等. 2002. 陕西省生态旅游资源基本特征及吸引向性评价[J]. 西北林学院学报，17(1)：77-79.

王谊，苟小东，张晓慧. 2001. 关于生态旅游概念泛化问题的思考[J]. 西北林学院学报，16(2)：54-58.

王跃华，杨桂华. 2000. 碧塔海自然保护区生态旅游开发研究[J]. 生态经济，(6)：33-35.

王跃华. 1999. 论生态旅游内涵的发展[J]. 思想战线，(6)：43-47.

王志臣，唐小平，徐基良. 2009. 中国自然保护区生态旅游政策研究[M]. 北京：中国林业出版社.

王志臣. 2012. 我国自然保护区生态旅游规划探讨[J]. 林业资源管理, (3): 36-40.

王祖良, 李健, 刘菊莲. 2007. 自然保护区生态旅游管理主体研究[J]. 国家林业局管理干部学院学报, (4): 53-57.

王作安. 2007. 中国城市近郊失地农民生存问题研究[M]. 北京: 经济科学出版社.

危朝安. 2008. 四川汶川地震灾害给灾区农业造成严重损失[J]. 温室园艺, (5).

威廉 o 配第. 1978. 政治算术[M]. 商务印书馆: 19-20.

韦仕川, 吴次芳, 杨杨, 等. 2008. 中国东部沿海经济发达地区土地资源空间优化配置研究——以浙江省为例[J]. 技术经济,
　　　27(1): 18-23.

韦素琼, 陈健飞. 2006. 土地利用变化区域对比研究——以闽台为例[M]. 北京: 科学出版社.

韦原莲, 刘薇. 2005. 生态旅游对自然保护区的影响及游客管理对策分析[J]. 林业资源管理, (4): 21-23.

魏敏. 2011. 基于低碳经济视角的绿色旅游发展模式研究[J]. 经济管理, (2): 102-108.

文传浩, 杨桂华, 王焕校. 2002. 自然保护区生态旅游环境承载力综合评价指标体系初步研究[J]. 农业环境保护, 21(4):
　　　365-368.

文军, 李星群. 2009. 生态旅游体验差距分析及管理启示[J]. 旅游论坛, 2(1): 26-29.

乌兰. 2013. 生态旅游市场营销. 北京: 经济管理出版社.

吴承照. 2009. 中国旅游规划 30 年回顾与展望[J]. 旅游学刊, 24(1): 13-18.

吴楚材, 吴章文, 郑群明. 2007. 生态旅游概念的研究[J]. 旅游学刊, 22(1): 67-71.

吴楚材, 张朝枝. 2000. 科学地探索生态旅游资源的开发与利用[J]. 社会科学家, 15(4): 14-18.

吴楚材. 2000. 论生态旅游资源的开发与建设[J]. 社会科学家, 15(4): 7-13.

吴兰桂. 2010. 生态旅游社区参与研究综述及展望[J]. 宁夏农林科技 (6): 96-97.

吴祥玉, 李健. 2003. 加入 WTO 后四川农村剩余劳动力转移的分析和思考[J]. 经济体制改革, (1).

吴晓春. 2003. 生态旅游——旅行社发展的新思路[J]. 北京第二外国语学院学报, (5): 24-27.

吴秀敏, 林坚. 2005. 城市化进程中西部地区农户的迁移意愿分析——对成都平原农户的实证研究[J]. 中国农村经济, (4).

吴怡彦. 2008. 都市生态旅游系统之研究[D]. 台中: 台湾朝阳科技大学.

吴莹. 2010. 倡导推行低碳旅游: 旅行社发展的新契机[J]. 合作经济与科技, 7(3): 36-37.

吴兆录, 阎海忠. 1998. 乡村生态旅游与自然保护区土地利用模式的趋向[J]. 中国生物圈保护区, (2): 35-39.

武涛. 2009. 从加拿大卡普兰诺索桥公园看生态旅游规划[J]. 中国园林, 25(6): 34-37.

夏春云, 严金明. 2006. 土地利用规划实施评价的指标体系构建[J]. 中国土地科学, 20(2): 19-23.

向延平 著. 2012. 旅游生态位理论、方法与应用研究[M]. 北京: 经济管理出版社.

项怀诚. 2001. 中国财政管理[M]. 北京: 中国财政经济出版社.

肖朝霞, 杨桂华. 2004. 国内生态旅游者的生态意识调查研究: 以香格里拉碧塔海生态旅游景区为例. 旅游学刊, 19(1): 67-71.

肖笃宁, 杨桂华. 2002. 生态旅游透视[M]. 北京: 中国旅游出版社.

肖光明. 2004. 生态旅游中的导游问题[J]. 旅游科学, 18(1): 48-51.

肖教燎, 贾仁安, 毛燕玲. 2010. 土地调控政策: 传导机制与理论命题[J]. 江西社会科学, (3): 182-187.

肖岚. 2015. 系统动力学的低碳旅游系统研究[J]. 经济问题, (2): 126-129.

谢红霞, 任志远, 莫宏伟. 2004. 区域相对承载力时空动态研究——以陕西省为例[J]. 干旱区资源与环境, 18(6): 76-80.

谢培秀. 2004. 关于中国农村剩余劳动力数量的估计[J]. 中国人口资源与环境, 14(01): 50-53.

谢萍, 徐媛昌. 2015. 我国高铁旅游浅析[J]. 合作经济与科技 (8): 44-46.

谢园方, 赵媛. 2010. 国内外低碳旅游研究进展及启示[J]. 人文地理, 25(5): 27-31.

邢海虹, 刘科伟. 2007. 征地补偿标准研究综述[J]. 国土资源科技管理, (3): 30-35.

熊健益, 丛日玉. 2008. 我国经济发展水平与劳动力就业数量关系研究——兼论我国劳动力资源是否过剩[J]. 改革与战略, 9(24): 26-28.

熊鹰. 2013. 生态旅游承载力研究进展及其展望[J]. 经济地理, 33(5): 174-181.

熊祝. 2009. 贵州花江生态脆弱区土地利用优化调整研究[D]. 贵阳: 贵州师范大学.

宿凤鸣. 2010. 低碳交通的概念和实现途径[J]. 综合运输, (5): 13-17.

胥国麟, 吕成文, 朱传民. 2006. 农村居民点土地整理研究——以芜湖市为例[J]. 资源开发与市场, (2): 57-59.

徐飞, 张文开. 2010. 福州市土地利用协调度评价及其空间分析[J]. 福建师范大学学报(自然科学版), 26(5): 102-108.

徐菲菲, 杨达源, 黄震方. 2005. 基于层次熵分析法的湿地生态旅游评价研究[J]. 经济地理, 25(5): 707-711.

徐福英. 2012. 基于利益相关者分析海洋生态旅游发展研究[J]. 资源开发与市场(7): 657-659.

徐广辉, 包建明. 2006. 生态旅游资源及开发与保护机制初探[J]. 桂林旅游高等专科学校学报, 17(4): 456-458.

徐红罡. 2001. 潜在游客市场与旅游产品生命周期-系统动力学模型方法[J]. 系统工程, 19(3): 69-75.

徐红罡. 2006. 生态旅游地发展的模型研究[J]. 旅游学刊, 21(8): 75-80.

徐期勇, 艾南山, 李立华. 2000. 生态学原理在生态旅游中的应用研究[J]. 环境保护, (3): 31-33.

徐淑梅. 2001. 黑龙江省旅游资源评价研究[J]. 地理科学, 21(2): 188-191.

徐文. 2009. 中国农村剩余劳动力转移问题研究[D]. 长春: 吉林大学.

徐小青, 崔传义, 李伟伟. 2010. 解决农村"半空闲"劳动力就业促进农民持续增收[J]. 国研视点, 05.31.

徐晓林, 刘勇. 2006. 信息化与当代中国城市政府决策模型研究[J]. 管理世界, (7).

徐正春, 罗思琦, 屈家树. 2012. 广东省自然保护区生态旅游问题探讨[J]. 西南林业大学学报, 32(2): 73-79.

徐中民, 程国栋. 2000. 运用多目标决策分析技术研究黑河流域中游水资源承载力[J]. 兰州大学学报: 自然科学版, (2).

许峰, 权晓红. 2001. 生态旅游概念内涵、原则与演进[J]. 人文地理, 16(4): 6-10.

许昆鹏, 吴秀敏. 2004. 回乡就业——目前农村剩余劳动力转移的有效补充[J], 农业经济, (1).

许树辉. 2006. 旅游社区旅游业可持续发展障碍[J]. 特区经济, 21(2): 212-215.

许秀杰. 2007. 生态旅游基本特征及发展对策研究[J]. 乡镇经济(1): 52-55.

薛达元, 王云靓. 2014. 基于 GIS 的黔西南布依族自治州生态旅游规划[J]. 中央民族大学学报(自然科学版), 23(4): 11-17.

薛建良. 2009. 四川社会主义新农村建设评价研究[D]. 成都: 四川农业大学.

薛怡珍. 2008. 城市生态旅游发展策略研究——以台南市为例[J]. 生态经济, (10): 96-100.

薛玉梅. 2005. 从旅游动机中再看生态旅游[J]. 贵州民族学院学报: (哲学社会科学版), (1): 111-114.

亚当·斯密. 2009. 国富论[M]. 上海: 上海三联出版社.

鄢和琳. 2000. 生态旅游开发动力学模型及其应用[J]. 西南师范大学学报(自然科学版), (2): 82-90.

严金明. 2001. 中国土地利用规划[M]. 北京: 经济管理出版社.

严金明. 2008. 土地调控新定位: 人地和谐[J]. 中国土地, (1).

严黎昀, 洪明. 2008. 科学发展的梯度理论与我国改革开放 30 年的发展战略[J]. 湖北大学学报(哲学社会科学版), 35(6): 1-7.

严明, 廖铁. 2007. 基于 Excel 的灰色预测模型在土地利用规划中的应用[J]. 安徽农业科学, 35(12): 3627-3628.

杨春宇, 邱晓敏, 李亚斌. 2006. 生态旅游环境承载力预警系统研究[J]. 人文地理, 21(5): 46-50.

杨芳. 2013. 社区参与东洞庭湖湿地生态旅游开发模式研究[J]. 企业经济, (4): 104-107.

杨福泉. 1995. 生态旅游与云南的旅游资源保护[J]. 旅游经济, (2): 59-65.

杨桂芳, 姚长宏, 殷鸿福. 2002. GIS 在生态旅游中的应用及展望[J]. 自然杂志, 24(4): 231-233.

杨桂华，王跃华，钟林生. 2000. 云南碧塔海自然保护区生态旅游开发模式研究[J]. 应用生态学报，11(6)：954-956.

杨桂华，王跃华. 2000. 生态旅游保护性开发新思路. 经济地理，20(1)：88-92.

杨桂华，文传浩，王跃华. 2002. 生态旅游的大气及水环境效应——以滇西北碧塔海自然保护区为例[J]. 山地学报，20(6)：752-756.

杨桂华，钟林生，明庆忠. 2000. 生态旅游[J]. 北京：高等教育出版社.

杨桂华. 2000. 生态旅游[J]. 北京：高等教育出版社.

杨桂华. 2000. 生态旅游保护性开发新思路[J]. 经济地理，(1)：65-70.

杨桂华. 2003. 民族生态旅游接待村多维价值的研究——以香格里拉霞给村为例. 旅游学刊，18(4)：76-79.

杨桂华. 2004. 论生态旅游的双向责任模式[J]. 旅游学刊，19(4)：53-56.

杨桂华. 2004. 生态旅游景区开发[J]. 北京：科学出版社.

杨桂华. 2005. 生态旅游可持续发展四维目标模式探析[J]. 人文地理，(5)：74-77.

杨洪涛. 2012. 浅议绿色旅游对云南经济的推动力. 经济研究(11)：191-192.

杨金深. 2006. 城乡经济统筹理论与策略[M]. 北京：中国农业出版社.

杨锦玉，严娟，周伟，等. 2008. 社区参与分析与湿地生态旅游管理评价——以滇西北 3 个高原湿地为例[J]. 林业经济问题，(6)：507-511.

杨锦玉，严娟，周伟，等. 2008. 游客满意度分析与湿地生态旅游管理评价——以滇西北三个高原湿地为例. 长江流域资源与环境，(12)：30-35.

杨开忠，许峰，权晓红. 2001. 生态旅游概念内涵、原则与演进[J]. 人文地理，16(4)：6-10.

杨柳主编. 2011. 基于业态视角的餐饮连锁经营若干问题. 解读中国餐饮产业发展报告 2011 版[J]. 北京：社会科学文献出版社.

杨美玲，米文宝. 2003. 六盘山生态旅游区发展研究[J]. 宁夏大学学报(自然科学版)，24(2)：125-128.

杨敏丽，白人朴. 2004. 农业机械化与农业国际竞争力的关系研究[J]. 中国农机化，(6)：3-9.

杨琪. 2003. 生态旅游区的环境承载量分析与调控. 林业调查规划，28(2)：38-40.

杨庆媛，田永中，王朝科，等. 2004. 西南丘陵山地区农村居民点土地整理模式——以重庆渝北区为例[J]. 地理研究，(4)：469-478.

杨庆媛，张占录. 2003. 大城市郊区农村居民点整理的目标和模式研究[J]. 中国软科学，(6)：115-119.

杨赛明，徐跃通，张邦花. 2010. 海南农业生态旅游发展初探[J]. 广东农业科学，37(5)：190-191.

杨述厚，李百齐. 2005. 市场经济条件下我国的公共决策问题研究[J]. 教育探索，(11).

杨亭. 2007. 土地资源优化配置与区域经济协调发展研究——以重庆市沙坪坝区为例[D]. 重庆：西南大学.

杨晓维，蒋家亮. 2008. 我国农村剩余劳动力的季节性分布[J]. 开放导报，(2)：54-57.

杨絮飞，丁四保. 2001. 国内外生态旅游研究的主要方向及进展[J]. 世界带来研究，12(4)：84-89.

杨絮飞. 2008. 自然保护区生态旅游规划与管理对策研究. 商业研究，(3)：187-189.

杨学雷，沈西林. 2009. 实施"三个集中"统筹城乡发展[J]. 经营管理，(21)：71-72.

杨彦锋，徐红罡. 2007. 对我国生态旅游标准的理论探讨[J]. 旅游学刊，22(4)：73-78.

杨宜勇. 2000. 城市化创造就业机会与城市就业空间分析[J]. 管理世界，(2).

杨兆萍，张小雷. 2000. 自然保护区生态旅游与可持续发展——以哈纳斯自然保护区为例[J]. 地理科学，20(5)：450-455.

杨志荣. 2008. 土地供给政策参与宏观调控的理论与实证研究：基于风险控制的视角[D]. 杭州：浙江大学.

姚娟，陈飙. 2010. 生态旅游区少数民族牧民对定居工程及参与旅游的态度研究——以新疆天山天池、那拉提为例[J]. 旅游学刊，25(7)：28-34.

叶加那提·托呼涛. 2016. 中国生态旅游发展的现状、问题及对策研究[J]. 生态环境保护, (5): 1036-1039.

叶茜. 2012. 国内生态旅游研究进展——基于核心期刊的文献计量分析[J]. 中南林业科技大学学报(社会科学版), 6(3): 27-31.

叶文, 蒙睿. 2006. 生态旅游本土化[M]. 北京: 中国环境科学出版社.

叶小平. 2004. 中国发展生态旅游的可行性分析及发展定位[J]. 浙江林学院学报, 21(1): 99-103.

叶艳妹, 吴次芳. 1998. 我国农村居民点用地整理的潜力、运作模式与政策选择[J]. 农业经济问题, (10): 54-57.

尹华光, 王晓彤. 2006. 试论绿色旅游的实现形式[J]. 生态经济(3): 114-115.

尹良春. 2006. 钱从哪里来, 人往何处去——成都平原失地农民拆迁安置情况调查[J]. 天府新论, (06).

尹梦霞. 2005. 抓住机遇推进四川民族地区农村剩余劳动力转移——对我国沿海发达地区首遇"民工荒"的思考[J]. 农村经济, (3): 125-127.

尹贻梅, 刘正浩, 刘志高. 2003. 生态旅游环境监测系统[J]. 国土与自然资源研究, (1): 67-68.

印开蒲, 鄢和琳. 2003. 生态旅游与可持续发展[M]. 成都: 四川大学出版社.

于法稳, 尚杰. 2002. 实施生态旅游认证的紧迫性[J]. 生态经济(5): 48-50.

于立新, 孙根年. 2007. 深层生态旅游开发与新世外桃源建设[J]. 人文地理, (2): 63-67.

于清东, 李彩霞. 2007. 农业机械化与农村劳动力转移问题的探讨[J]. 农机化研究, (4): 198-201.

于全涛. 2008. 城市化进程中失地农民可持续生计问题研究[D]. 陕西师范大学, (5).

于学花. 2005. 我国征地安置模式创新及政策选择[J]. 农村经济, (12).

余敦, 陈文波. 2009. 江西省土地利用可持续性评价与时空特征研究[J]. 中国土地科学, 23(4): 43-47.

余广莎. 2010. 生态旅游管理的现状和发展策略分析[J]. 中国商贸, (9): 171-172.

余纪云. 2006. 留地安置的基本模式及利弊分析[J]. 中国土地, (9).

袁斌. 2008. 失地农民可持续生计研究[D]. 大连: 大连理工大学.

袁书琪. 2003. 试论生态旅游资源的特征、类型和评价体系[J]. 生态学杂志, 23(2): 109-113.

袁晓辉, 王卫卫. 2005. 中国农村剩余劳动力"富转移"模式初探[J]. 江西财经大学学报, (1).

袁兴中, 刘红, 高天刚. 1995. 我国自然保护区的生态旅游开发[J]. 生态学杂志, 14(4): 36-40.

岳公正, 李宝智, 胡玉玲. 2004. 农业产业化-农村城镇化-政府服务化——沂水县农村剩余劳动力转移的新模式[J]. 中国劳动, (8).

岳晓燕, 汪一鸣, 白林波. 2006. 宁夏农地资源劳动力承载力时空分析[J]. 干旱区地理, (5): 754-758.

臧俊梅, 李景刚, 张效军, 等. 2008. 基于农地发展权的征地补偿机制构建[J]. 中国国土资源经济, (4): 29-31.

张百顺, 张海玲. 2009. 论地方绿色旅游资源的德育价值及其实现[J]. 经济研究导刊(13): 159-160.

张保华, 张二勋. 2002. 农村居民点土地整理初步研究[J]. 土壤, (3): 102-104.

张斌. 2003. 国外生态旅游研究综述及启示[J]. 生态经济(10): 28-32.

张春英, 张春玲, 郑少峰. 2012. 生态旅游开发对世界双遗产地植被景观的影响[J]. 中山大学学报(自然科学版), 51(1): 96-101.

张东祥, 董丽媛. 2014. 农业生态旅游产业发展对区域经济的影响与对策探析[J]. 农业经济(12): 26-27.

张冬平, 史国栋, 陈俊国. 1996. 农业机械化对农业劳动力剩余的影响[J]. 农业机械学报, 24(4): 1-6.

张帆. 2007. 社区参与在生态旅游管理中的作用[J]. 环境科学与管理(3): 7-12.

张广瑞. 1999. 生态旅游的理论与实践[J]. 旅游学刊(1): 51-55.

张海霞, 张旭亮. 2006. 文化生态脆弱区的生态旅游开发探析——图瓦人村寨旅游开发的启示[J]. 生态经济(2): 93-96.

张红, 刘继生. 2001. 都市生态旅游的初步研究——以长春市为例[J]. 人文地理, 16(2): 86-89.

张宏军. 2007. 西方外部性理论研究述评[J]. 经济问题, 330(2): 14-16.

张建春. 2007. 生态旅游研究[M]. 杭州：杭州出版社.

张建军，许佳林，薛之东. 2003. 生态旅游管理与可持续发展浅析[J]. 山西师范大学学报(自然科学版)，(2)：90-93.

张建立，陈世清. 2006. 我国开展生态旅游规范化建设初探[J]. 林业科学，42(4)：101-105.

张建萍，吴亚东. 2009. 体验经济时代的生态旅游发展模式[J]. 社会科学家，12(12)：82-85.

张建萍，朱亮. 2009. 国内生态旅游研究文献综述[D]. 旅游论坛，2(6)：881-885.

张建萍. 1999. 生态旅游与海南生态旅游开发[J]. 海南大学学报社科版，(3)：3-7.

张建萍. 2003. 生态旅游理论与实践[J]. 北京：中国旅游出版社.

张建萍. 2003. 生态旅游与当地居民利益——肯尼亚生态旅游成功经验分析[J]. 旅游学刊，18(1)：60-63.

张金红，张金屯. 2001. 生态旅游的兴起和研究进展[J]. 经济地理，21(1)：110-113.

张金霞. 1998. 生态旅游：神农架旅游业可持续发展之路[J]. 生态经济，(5)：31-34.

张靖. 2004. 被征地农民的社会保障安置途径探讨[D]. 北京：中国农业大学.

张军岩，贾绍凤，高婷. 2003. 石家庄城市化进程中的耕地变化[J]. 地理学报，58(4)：103-105.

张丽英. 2000. 生态旅游：西部地区先导产业[J]. 生态经济，(9)：50-52.

张林源，杨新军. 1996. 我国自然保护区的生态旅游研究[J]. 地理学与国土研究，12(1)：40-43.

张萍. 2003. 何训坤. 创建农用地流转的市场环境[J]. 农业经济，(12).

张秋菊，海鹰. 2000. 我国生态旅游研究进展综述[M]. 新疆师范大学学报(哲学社会科学版)，21(3)：104-107.

张士海，陈士银，周飞. 2008. 湛江市土地利用社会效益评价与优化[J]. 广东农业科学，(11)：43-46.

张术环. 2010. 在征地补偿中增加生态补偿项目的思考[J]. 农村经济，(11)：31-32.

张婷，席恒. 2008. 失地农民社会保障与补偿机制研究——以西安市为例[D]. 西安：西北大学.

张完英. 2007. 武夷山自然保护区生态旅游环境承载力研究[J]. 湖南文理学院学报(社会科学版)，32(4)：70-73.

张巍. 2006. 农村劳动力转移应重长效[J]. 中国国情国力，(5).

张文秀，李冬梅. 2005. 农户土地流转行为的影响因素分析[J]. 重庆大学学报：社会科学版，(1).

张小林. 2004. 江苏省农村城镇化进程中的村庄用地集约化研究[J]. 村镇建设，(5)：103-105.

张晓东，池天河. 2001. 90年代中国省级区域经济与环境协调度分析[J]. 地理研究，20(4)：506-515.

张晓东，朱德海. 2003. 中国区域经济与环境协调度预测分析[J]. 资源科学，25(2)：1-6.

张延毅，董观志. 1997. 生态旅游及其可持续发展对策[J]. 经济地理，17(2)：108-112.

张一恒，叶文. 2006. 社区参与生态旅游的内在动因分析——以澳西北哈木谷社区为例[D]. 旅游科学(3)：23-28.

张颖，王琼，刘晖. 2009. 大遗址保护与生态旅游开发探讨：以汉甘泉宫遗址为例[J]. 陕西师范大学学报(自然科学版)，37(S1)：
    117-118.

张颖. 2005. 经济增长中土地利用结构研究[D]. 南京：南京农业大学.

张应良，官永彬，丁惠忠，等. 2007. 重庆市农村劳动力转移数量及分布研究[J]. 西南农业大学学报(社会科学版)，5(1)：84-88.

张应明，宋相金，饶纪腾. 2007. 自然保护区生态旅游存在的问题及其管理对策[J]. 生态科学，26(1)：93-95.

张羽琴. 2000. 议城镇居民生活水平评价统计指标体系的设置[J]. 贵州社会科学，(2)：18-21.

张禹，严力蛟. 2009. 乡村生态旅游社区参与模式研究——以苍南县五凤乡为例[J]. 科技通报(2)：220-225.

张玉钧，石玲，贾亦琦. 2013. 自然保护区开展生态旅游的意义及潜在风险[J]. 中南林业科技大学学报(社会科学版)，7(1)：
    7-10.

张跃西. 2009. 产业生态旅游理论与实践探索[M]. 北京：北京大学出版社.

章晓华. 2014. 绿色旅游经济的经济学分析[J]. 现代商业(29)：49-50.

章铮. 1995. 农业劳动力合理数量的估算[J]. 中国农村经济, (10): 50-53.

章铮. 2005. 民工供给量的统计分析——兼论"民工荒"[J]. 中国农村经济, (1): 17-25.

章铮. 2006. 中年和已生育女性就业: 乡村劳力转移新课题[N]. 第一财经日报, 2006-12-1.

赵冬缓. 1999. 扩大国内需求开拓农村市场[J]. 农村合作经济经营管理, (9).

赵海燕. 2002. 生态旅游: 我国旅游业可持续发展的必由之路[J]. 学术交流, 103(4): 99-101.

赵红, 刘建华. 2001. 灰色系统理论在土地规划中的应用[J]. 河北农业大学学报, 24(1): 76-77.

赵金凌, 成升魁, 闵庆文. 2007. 基于休闲分类法的生态旅游者行为研究——以观鸟旅游者为例[J]. 热带地理, (3): 284-288.

赵雷刚, 雷鹏, 张振华. 2012. 陕西佛坪国家级自然保护区生态旅游环境容量分析[J]. 陕西林业科技, (2): 24-26.

赵曼. 2002. 西部大开发和生态旅游经济发展[J]. 国土经济(7): 38-40.

赵宁. 2006. 劳务经纪人组织: 一种新型的农村剩余劳动力转移模式[J]. 贵州财经学院学报, (4).

赵汀, 赵逊. 2009. 地质遗迹分类学及其应用[J]. 地球学报, 30(3): 309-324.

赵汀, 赵逊. 2009. 地质遗迹分类学及其应用[J]. 地球学报, 30(3): 309-324.

赵肖肖. 2011. 绿色旅游、生态旅游和低碳旅游的概念辨析[J]. 商界论坛.

赵小敏, 郭熙. 2003. 土地利用总体规划实施评价[J]. 中国土地科学, 17(5): 35-40.

赵新勇. 2005. 生态旅游对生态环境的负面影响及保护措施[J]. 中国林业企业, 70(1): 24-26.

赵兴玲, 骆华松, 黄帮梅, 等. 2009. 可持续生计视角下失地农民长远生计问题探究[J]. 云南地理环境研究, (2): 40-44.

赵哲远. 2007. 土地利用规划调控技术研究: 以浙江省为例[D]. 杭州: 浙江大学.

赵之枫. 2001. 城市化背景下农村宅基地有偿使用和转让制度初探[J]. 农业经济问题, (1): 42-45.

赵之枫. 2001. 城市化加速时期村庄集聚及规划建设研究[D]. 北京: 清华大学建筑学院.

甄翌. 2006. 关于建立我国生态旅游认证制度的思考[J]. 世界标准化与质量管理, (7): 41-43.

郑国全. 2005. 日本生态旅游研究综述[J]. 浙江林学院学报, 22(4): 458-463.

郑国全. 2011. 湿地公园生态旅游环境容量测评研究——以下渚湖国家湿地公园为例[J]. 内蒙古农业大学学报, 32(3): 39-45.

郑贱成. 2009. 县域土地节约集约利用评价研究——以湖南省临澧县为例[D]. 长沙市: 湖南师范大学.

郑琦. 2010. 低碳旅游: 低碳城市转型的模式创新[J]. 学习与探索, (4): 126-129.

郑群明, 吴楚材. 2006. 生态旅游区经营管理创新——以张家界国家森林公园为例. 林业经济问题, 26(3): 204-207.

郑群明, 吴楚材. 2006. 生态旅游区经营管理创新——以张家界国家森林公园为例[J]. 林业经济问题, 26(3): 204-207.

郑晓兴, 孙铭, 陈鹰. 2006. 基于 GIS 和人工神经网络模型的区域生态旅游适宜度评价——以浙江省为例[J]. 生态学杂志, 25(11): 1435-1441.

郑循刚. 2002. 农村城镇化发展研究[J]. 国土经济, (8).

中共中央马克思恩格斯列宁斯大林著作编译局. 2008. 马克思恩格斯全集[M]. 北京: 人民出版社.

中国农民工问题研究总报告起草组. 2006. 中国农民工问题研究总报告[J]. 改革, (5): 12-14.

中国人与生物圈国家委员会. 1998. 自然保护区与生态旅游. 北京: 中国科学技术出版社.

中国人与生物圈国家委员会秘书处, 杨桂华. 2000. 生态旅游的绿色实践[M]. 北京: 科学出版社.

中国社会科学院社会政策研究中心课题组. 2005. 失地农民可持续生计对策[J]. 科学决策, (7): 20-22.

中国生态学会旅游生态专业委员会. 2011. 生态旅游发展工作手册. 北京: 中国建筑工业出版社.

中国土地资源生产能力及人口承载量研究课题组. 1991. 中国上地资源生产能力及人口承载力研究[M]. 北京: 中国人民大学出版社.

钟国平, 周涛. 2002. 生态旅游若干问题探讨[J]. 地理学与国土研究, 18(4): 64-67.

钟林生，陈田. 2013. 生态旅游发展与管理[J]. 北京：中国社会出版社.

钟林生，刘敏，郑群明. 2006. 世界生态旅游区划[J]. 生态学杂志, 25(12)：1549-1553.

钟林生，马向远，曾瑜皙. 2016. 中国生态旅游研究进展与展望[J]. 地理科学进展, 35(6)：679-690.

钟林生，王婧. 2011. 我国保护地生态旅游发展现状调查分析[J]. 生态学报, 31(24)：7450－7457.

钟林生，肖笃宁. 2000. 生态旅游及其规划与管理研究综述[J]. 生态学报, 20(5)：841-848.

钟林生. 2000. 论生态旅游者的保护性旅游行为[J]. 中南林学院学报, (6)：62-65.

钟林生. 2000. 生态旅游区域规划与管理的景观生态学途径[J]. 北京：国家图书馆.

钟林生. 2005. 中国实施生态旅游认证的机遇与挑战[J]. 中国人口，资源与环境, 15(2)：112-116.

钟水德，袁建琼，罗芬. 2006. 生态旅游管理[M]. 北京：中国林业出版社.

钟永德，王怀採，李晶博，等. 2008. 国外生态旅游进展研究[J]. 旅游论坛, 1(1)：130-137.

钟钰，蓝海涛. 2009. 中国农村劳动力的变动及剩余状况分析[J]. 中国人口科学, (6)：41-48.

钟远军，张俊平，王长委，等. 2010. 省级经济开发区土地利用集约度评价——以广州市花都区为例[J]. 广东农业科学, 37(8)：336-338.

仲桂清. 1999. 大连市生态旅游初探[J]. 经济地理, (6)：115-118.

周超. 2008. 山区土地资源优化配置研究——以重庆市黔江区为例[D]. 重庆：西南大学.

周超凡. 2012. 生态旅游规划理论、发展方法与实践研究. 第十四届全国区域旅游开发学术研讨会暨第二届海南国际旅游岛大论坛论文集.

周诚. 1989. 土地经济学[M]. 北京：中国农业出版社.

周诚. 2006. 农地征收补偿新论[J]. 国土资源, (1)：19-23.

周大鸣，郭正林. 1996. 论中国乡村都市化[J]. 社会科学战线, (5)：100-108.

周方. 2010. 基于 AHP 的县级土地利用总体规划实施评价——以汝城县为例[D]. 长沙：湖南师范大学.

周飞，陈士银. 2008. 湛江市农村居民点用地变化及驱动力分析[J]. 资源开发与市场, (2)：104-106.

周焕丽，惠永智，王玉. 2007. 城市化进程中失地农民可持续生计问题探析[J]. 商场现代化, (5)：345-346.

周建群. 2009. 乡镇企业发展模式的新发展[J]. 福建论坛：人文社会科学版, (6)：35-36.

周钧. 2008. 苏州高新区征地补偿安置政策绩效评价[J]. 中国土地科学, (9)：33-37.

周立，王承华. 2013. 城市型绿色旅游度假区规划探索——以苏州工业园区阳澄湖半岛规划为例[J]. 现代城市研究, (4)：82-89.

周立彪，闫兴富. 2009. 宁夏银川国家湿地公园的生态旅游系统及其可持续发展[J]. 农业现代化研究, 30(4)：449-452.

周梅. 2010. 中国低碳旅游及其发展对策研究[J]. 现代商贸工业, (7)：124-125.

周世强. 1998. 生态旅游与自然保护、社会发展相协调的旅游行为途径[J]. 旅游学刊, 13(4)：33-35.

周伟，李旭，杨锦玉，等. 2010. 中国湿地生态旅游管理及评估研究概述[J]. 西南林学院学报, (1)：89-94. .

周伟，赵晓东，李旭. 2010. 湿地生态旅游管理评价指标体系构建——以云南 4 个高原国际重要湿地为例[J]. 北京林业大学学报(社会科学版), 9(3)：63-68.

周文丽. 2007. 生态旅游资源概念及分类体系研究[J]. 西北林学院学报, 22(4)：162-166.

周文丽. 2007. 生态旅游资源综合评价指标体系及评价模型研究[J]. 西北林学院学报, 22(3)：198-202.

周笑源. 2003. 生态旅游内涵再论——兼与郭舒先生商榷[J]. 旅游学刊, 18(1)：64-67.

周中林. 2007. 主要发达国家关于失地农民安置的做法及对我国的启示[J]. 长江大学学报(社会科学版), (6)：76-77.

朱朝枝. 2004. 农村发展规划[M]. 北京：中国农业出版社.

朱丽东. 2000. 青海生态旅游发展构想[J]. 经济地理, (7)：118-121.

朱丽夏. 2007. 中国土地调控回顾与前瞻[J]. 经济研究参考, (51): 20-30.

朱信凯, 雷海章, 张娇健. 1999. 生态旅游农业发展初探[J]. 农业现代化研究, 20(6): 372-375.

朱秀变, 崔志坤. 2005. 城市化进程中失地农民可持续生计问题[J]. 合作经济与科技, (12): 42-43.

朱宜林. 2005. 我国地区产业转移问题研究综述[J]. 生产力研究, (9): 228-230.

诸葛仁. 2005. 绿色环球 21: 规范生态旅游的国际标准[J]. 旅游科学, (1): 63-67.

诸葛仁. 2006. 借鉴国际生态旅游标准规范中国生态旅游市场[J]. 中国旅游通讯, (4): 37-41.

祝华军. 2005. 农业机械化与农业劳动力转移的协调性研究[J]. 中国农机化, (3): 190-193.

庄晋财. 2003. 西部地区农村富余劳动力转移及其安置模式研究[J]. 经济问题探索, (9).

宗雪, 郑她闽, 王滨. 2016. 基于 3S 技术的中国自然保护区生态旅游规划的思考[J]. 生态科学, 35(3): 195-200.

邹统钎. 2005. 绿色旅游产业发展模式与运行机制[J]. 中国人口资源与环境, 15(4): 43-47.

左玉辉, 张涨. 2008. 柏益尧. 土地资源调控[M]. 北京: 科学出版社.

Abdurahman A Z A, Ali J K, Khedif L Y B, et al.2016. Ecotourism Product Attributes and Tourist Attractions: UiTM Undergraduate Studies[J]. Procedia-Social and Behavioral Sciences, 224: 360-367.

Adamu A, Yacob M R, Radam A, et al. 2015, Economic valuation of ecotourism resources in Yankari game reserve, Bauchi Nigeria[J]. Procedia Environmental Sciences, 30: 139-144.

Adrianatisca I, Istrat N, Dumitrescu C D, et al.2016.Management of Sustainable Development in Ecotourism. Case Study Romania[J]. Procedia Economics & Finance, 39: 427-432.

Ahmad A. 2014.The disengagement of the tourism businesses in ecotourism and environmental practices in Brunei Darussalam[J]. Tourism Management Perspectives, 10(10): 1-6.

Allcock A Jones, Lane S, Grant J.1994. National Ecotourism Strategy[M]. Canberra: ACT, Commonwealth Department of Tourism.

Amerom M V, Duffy R. 2006.African foreign relations as a factor in ecotourism development: the case of South Africa[J]. Journal of Ecotourism, 5(1-2): 112-127.

Ashok S, Tewari H R, M.D. Behera, et al.2017. Development of ecotourism sustainability assessment framework employing Delphi, C&I and participatory methods: A case study of KBR, West Sikkim, India[J]. Tourism Management Perspectives, 21: 24-41.

Auesriwong A, Nilnoppakun A, Parawech W. 2015.Integrative Participatory Community-based Ecotourism at Sangkhom District, Nong Khai Province, Thailand[J]. Procedia Economics & Finance, 23: 778-782.

Baral N, Stern M J, Bhattarai R. 2008. Contingent valuation of ecotourism in Annapurna conservation area, Nepal: implications for sustainable park finance and local development[J]. Ecological Economics, 66(2-3): 218-227.

Batabyal A A. 2016, Accessibility, vulnerability, and resilience in a stochastic model of sustainable ecotourism[J]. Transportation Research Part D, 43: 71-81.

Blackstone Corporation. 1996. Developing an urban ecotourism strategy for Metropolitan Toronto: a feasibility assessment for the green tourism partnership[M]. Toronto: Toronto Green Tourism Association, 1-37.

Blamey R K, Braithwaite V A. 1997. A social values segmentation of the potential ecotourism market[J]. Journal of Sustainable Tourism, 5(1): 29-45.

Blamey R K, Weaver D B.2001.Principles of ecotourism[J]. Encyclopedia of Ecotourism.

Blamey R. 1995.The Nature of Ecotourism. Bureau of Tourism Research Occasional Paper No. 21[M]. Canberra: Bureau of Tourism Research.

Boo E. 1990.Ecotourism: the potentials and pitfalls: country case studies[J]. Ecotourism the Potentials & Pitfalls.

Boo E. 1991.Planning for Ecotourism[J].Parks，2（3）：4-8.

Boo E. Ecotourism：the potentials and pitfalls：country case studies[J]. Ecotourism the Potentials & Pitfalls，1990.

Buckley R. 1994. A framework for ecotourism[J]. Annals of Tourism Research，21（3）：661-665.

Buckley R. 2004. Ecotourism land tenure and enterprise ownership：Aus-tralian case study[J]. Journal of Ecotourism，（3）：208-213.

Buckley R. 2005.In search of the narwhal：Ethical dilemmas in ecotourism[J]. Journal of Ecotourism，（4）：129-134.

Buckley R.2001.Environmental Impacts，in Encyclopedia of Ecotourism[M].New York：CABI Publishing.

Buckley R.2004. Environmental impacts of ecotourism[M]. Wallingford，UK：CABI.

Burger J，Gochfield M，Niles L J.1995. Ecotourism and birds in coastal New Jersey：contrasting responses of birds，tourists，and managers[J]. Environmental Conservation，22：56- 65.

Butcher J. 2005.The moral authority of ecotourism：A critique[J]. Current Issues in Tourism，（8）：114-124.

Butcher J. 2006.The United Nations International Year of Ecotourism：Acritical analysis of development implications[J]. Progress in Develop-ment Studies，（6）：146-156.

Campbell L M.1999.Ecotourism in rural developing communities[J]. Annals of Tourism Research，26（3）：534-553.

Carl Cater，Erlet Cater .2015. Ecotourism International Encyclopedia of the Social & Behavioral Sciences（Second Edition），105-109

Cater E. 1993.Ecotourism in the Third World：problems for sustainable tourism development[J]. Tourism Management，14（2）：85-90.

Ceballos LH. 1987.The future of ecotourism[J]. Mexico Journal，（1）：13-14.

Ceballos-Lascumin H.1991.Tourism，ecotourism and protected areas[J].Parks，2（3）：31-35.

Ceballos-Lascurain H. 1987.The future of Ecotourism[J]. Mexico Journal，（1）：13-14.

Chakrabarty A. 2011. Ecotourism development and security restructuring：a GI based planning for peaceful dissuasion of anarchism in forest provinces of India[J]. Procedia-Social and Behavioral Sciences，21（2）：108-115.

Charnley S. 2005.From nature tourism to ecotourism? The case of the Ngorongoro Conservation Area，Tanzania[J]. Human Organization，64（1）：75-88.

Chiu Y T H，Lee W I，Chen T H. Environmentally responsible behavior in ecotourism：Antecedents and implications[J]. Tourism Management，2014，40（1）：321-329.

Choong-Ki Lee，Ju-bee，Sang -yoel ，Han. 1998. Measuring the Economic Value of Ecotourism Resources：the case of South Korea[J].Journal of Travel Research，（Spring）：40-54.

Cobbinah P B.2015. Contextualising the meaning of ecotourism[J]. Tourism Management Perspectives，16：179-189.

Colvin J. 1991. The scientist and ecotouism ：bridging the gap . Ecotourism and Resource Conservation[M]. New York ：Association of Wetland managers .

Coria J，Calfucura E. 2012，Ecotourism and the development of indigenous communities：the good，the bad，and the ugly[J]. Ecological Economics，73（73）：47-55.

Cusack D，Dixon L，Clark T W，et al. 2006.Community-based ecotourism and sustainability：cases in Bocas del Toro Province，Panama and Talamanca，Costa Rica[J]. Journal of Sustainable Forestry，157-182.

Das M，Chatterjee B. 2015. Ecotourism：A panacea or a predicament?[J]. Tourism Management Perspectives，14：3-16.

David Weaver.2004.生态旅游[M].杨桂华，王跃华，肖朝霞，译.天津：南开大学出版社.

Davies J. 2002.Exploring open spaces and protecting natural places[J]. Jour-nal of Ecotourism，（1）：173-180.

Dedeke A. 2017. Creating sustainable tourism ventures in protected areas：an actor-network theory analysis[J]. Tourism Management，61：161-172.

Dhami I，Deng J Y，Burns R C，et al. 2014，Identifying and mapping forest-based ecotourism areas in West Virginia - incorporating visitors' preferences[J]. Tourism Management，42：165-176.

Dickey A，Higham J. A spatial analysis of commercial ecotourismbusinesses in New Zealand：A 1999 benchmarking exercise using GIS[J]. Tourism Geographies，2005，（7）：373-388.

Dodds R，Leung M，Smith W. 2008. Quality Assurance and Certification in Ecotourism[J]. Annals of Tourism Research，35（3）：838-840.

Donohoe H，Needham R. 2006.Ecotourism：The evolving contemporary definition[J]. Journal of Ecotourism，（5）：192-210.

Dosi G.1988. Sources，Procedures，and Microeconomic Effects of Innovation[J]. Journal of Economic Literature，26（3）：1120-1171.

Dowling P K. 1999. Indian 0cean Ecotourism[J]. In ：conference organizing committee ：Atia Pacific tourism association fifth annual conference.Meeting Planners（HK）Ltd. August ：119-128.

Duffy R，Duffy R. 2006.Global environmental governance and the politics of ecotourism in Madagascar[J]. Journal of Ecotourism，5（1-2）：128-144.

Eagles P，Nilsen P. 1995. Ecotourism：Interpretation of References for Planners and Managers[J]. North Bennington：The Ecotourism Society，235-247.

Ercan Sirakava .Vinod Sa，Sidharan，Sevil Sonmez. 1999.Redenify ecotou rism：the ned for a supply. side view [J].Journal Travel Research，（2）：168-180.

Eubanks Jr T L ，Stoll J R，Ditton R B. 2004. Understanding the diversity of eight birder sub-populations：socio-demographic characteristics，motivations，expenditures and net benefits[J]. Journal of Ecotourism，3（3）：151-172.

Fennell D A，Eagles P F J. 1990. Ecotourism in Costa Rica：a conceptual framework[J]. Journal of Park & Recreation Administration，6（3）：23-34.

Fennell D A，Eagles P F J. 1990. Ecotourism in Costa Rica：a conceptual framework[J]. Journal of Park & Recreation Administration，6（3）：23-34.

Fennell D A. 2001. Content analysis of ecotourism definitions[J]. Current Is-sues in Tourism，（4）：403-421.

Fennell D A. 2002. Ecotourism Programme Planning[M]. Typeset by Columns Design Ltd，Reading Printed and bound in the UK by Cromwell Press，Trowbridge，CABI Publishing.

Fennell D A. 2004.生态旅游[M]. 张凌云 译. 北京：旅游教育出版社.

Fennell D，Buckley R，Weaver D.2001. Ecotourism policy and plan-ning[Z]. In D. Weaver （Ed.），Encyclopedia of ecotourism .Wallingford，UK：CAB International，463-477.

Fennell D，Malloy D. 1999. Measuring the ethical nature of tourism operators[J]. Annals of Tourism Research，（26）：928-943.

Fennell D，Weaver D. 2005. The ecotourism concept and tourism conservation symbiosis[J]. Journal of Sustainable Tourism，（13）：373-390.

Fennell D. 1999. Ecotourism：An Introduction[M]. New York：Routledge，

Fiona Burton. 1997.Can Ecotourism Objectives Be Achieved[J]. Annals of Tourism Research，24（4）：755-757.

Galley G，Clifton J.2004.The motivational and demographic characteristics of research ecotourists：Operation Wallacea volunteers in southeast136Sulawesi，Indonesia[J]. Journal of Ecotourism，（3）：69-82.

Ghorbani A，Raufirad V，Rafiaani P，et al. 2015. Ecotourism sustainable development strategies using SWOT and QSPM model：A case study of Kaji Namakzar Wetland，South Khorasan Province，Iran[J]. Tourism Management Perspectives，16：290-297.

Gibson A. 2003.Ecotourism in the city? Toronto's green tourism association[J]. International Journal of Contemporary Hospitality

Management，15（6）：324-327.

Gigović L，Pamučar D，Lukić D，et al.2016.GIS-Fuzzy DEMATEL MCDA model for the evaluation of the sites for ecotourism development：A case study of "Dunavski ključ" region，Serbia[J]. Land Use Policy，58：348-365.

Gössling S，Limburg K，Folke C. 1999. Ecotourism：a means to safeguard biodiversity and ecosystem functions?[J]. Ecological Economics，29（2）：303-320.

Gössling S，Limburg K，Folke C. 1999. Ecotourism：a means to safeguard biodiversity and ecosystem functions?[J]. Ecological Economics，29（2）：303-320.

Gunn C A. 1994.Tourism Planning（Third Edi-tion）[M]. New York：Taylor & Francis.

Gurung D B，Seeland K. 2008.Ecotourism in Bhutan：Extending Its Benefits to Rural Communities[J]. Annals of Tourism Research，35（2）：489-508.

Haether D Zeppel.2005. Indigenous Ecotourism Sustainable Development and Management[M]. produced and typed by Columns Design Ltd，Reading，Printed and bound in the UK by Cromwell Press，Trowbridge.

Ham R B S. 2005. Improving the quality of tour guiding：towards a model for tour guide certification[J]. Journal of Ecotourism, 4（3）：178-195.

Hashemi N，Ghaffary G. 2017. A Proposed Sustainable Rural Development Index（SRDI）：Lessons from Hajij village，Iran[J]. Tourism Management，59：130-138.

Hashim R，Latif Z A，Merican F M，et al. 2015. The Praxis of Langkawi's Sustainable Regeneration Strategy through Eco-tourism[J]. Procedia - Social and Behavioral Sciences，170：49-57.

Hawkins D. 2004.A protected areas ecotourism competitive cluster approachto catalyse biodiversity conservation and economic growth in Bulgaria[J].Journal of Sustainable Tourism，（12）：219-244.

Herath G. 2002. Research methodologies for planning ecotourism and natureconservation[J]. Tourism Economics，（8）：77-101.

Hidinger L A. 1996. Measuring the Impacts of Ecotourism on Animal Populations：A Case Study of Tikal National Park，Guatemala[J]. Yale Forestry & Environment Bulletin.

Higham J. 2002.Urban ecotourism：a contradiction interms[J]. Journal of Ecotourism，1（1）：36-51.

Holland S，Ditton R，Graefe A. 1998. An ecotourism perspective on billfish fisheries[J]. Journal of Sustainable Tourism，（6）：97-116.

Honey M. 2002. Ecotourism andCeitification：SettingStandards in Practice[M]. Washington：Island Press.

Horwich R H，Murray D，Saqui E，et al. 1993. Ecotourism and community development：a view from Belize[M]// Ecotourism ：A Guide For Planners and Managers，152-168.

Huang C C，Liang W Y，Tseng T L，et al. 2015. A rough set-based corporate memory for the case of ecotourism[J]. Tourism Management，47（47）：22-33.

Hultman M，Kazeminia A，Ghasemi V，et al.2015. Intention to visit and willingness to pay premium for ecotourism：the impact of attitude，materialism，and motivation[J]. Journal of Business Research，68（9）：1854-1861.

Hunter C，Shaw J.2005. Applying the ecological footprint to ecotourism scenarios[J]. Environmental Conservation，（32）：294-304.

Hvenegaard G，Dearden P. 1998. Ecotourism versus tourism in a Thai National Park[J]. Annals of Tourism Research，（25）：700-720

Iasha A，Yacob M R，Kabir I，et al. 2015，Estimating Economic Value for Potential Ecotourism Resources in Puncak Lawang Park，Agam District，West Sumatera，Indonesia[J]. Procedia Environmental Sciences，30：326-331.

Idajati H，Pamungkas A，Kukinul S V. 2016. The level of participation in mangrove ecotourism development，wonorejo surabaya[J]. Procedia-Social and Behavioral Sciences，227：515-520.

Inskeep E.1994.National and Regional Tourism Planning[M]. The Huague: Van Nostrand Reinhold.

Ioppolo G, Saija G, Salomone R. 2013. From coastal management to environmental management: the sustainable eco-tourism program for the mid-western coast of Sardinia (Italy)[J]. Land Use Policy, 31(2): 460-471.

Jalani J O. 2012, Local people's perception on the impacts and importance of ecotourism in Sabang, Palawan, Philippines[J]. Procedia - Social and Behavioral Sciences, 57(9): 247-254.

Jinsu J, Garcíamoruno L, Hernándezblanco J, et al.2014.An operational method to supporting siting decisions for sustainable rural second home planning in ecotourism sites[J]. Land Use Policy, 41(4): 550-560.

Johnson D. 2006, Providing ecotourism excursions for cruise passengers[J].Journal of Sustainable Tourism, (14): 43-54.

Jones S. 2005. Community-based ecotourism-The significance of social capita[J]. Annals of Tourism Research, (32): 303-324.

Kontogeorgopoulos N. 2004. Conventional tourism and ecotourism in Phuket, Thailand: Conflicting paradigms or symbiotic partners? [J].Journal of Ecotourism, (3): 87-108.

Kutay K. 1989. Ecotourism and Adventure Travel. In Tourism and Ecology: The Impact of Travel on a Fragile Earth[J].North Ameirican Coordinating Center for Responsible Travel, 3-7.

Lai P, Shafer S. 2005. Marketing ecotourism through the Internet: An e-valuation of selected ecolodges in Latin America and the Caribbean[J].Journal of Ecotourism, (4): 143-160.

Lawrence T B, Wickins D, Phillips N. 1997. Managing legitimacy in ecotourism[J]. Tourism Management, 18(5): 307-316.

Lee D E, Preez M D. 2016. Determining visitor preferences for rhinoceros conservation management at private, ecotourism game reserves in the Eastern Cape Province, South Africa: A choice modeling experiment[J]. Ecological Economics, 130: 106-116.

Lee D N B, Snepenger D J.1992. An Ecotourism Assessment of Tortuero[J]. Costa Rica, 19(2): 367- 370.

Lee D, Snepenger D.1992.An eotourism assessment of Tortuguerro, Costa Rica[J].Annalsof Tourism Research, 19(2): 366- 371.

Leiper. 1979.The framework of tourism[J]. Annals of Tourism Research, 6(4): 390-407

Lenao M, Basupi B. 2016. Ecotourism development and female empowerment in Botswana: a review[J]. Tourism Management Perspectives, 18: 51-58.

Leon R C D, Kim S M. 2017. Stakeholder perceptions and governance challenges in urban protected area management: The case of the Las Piñas-Parañaque Critical Habitat and Ecotourism Area, Philippines[J]. Land Use Policy, 63: 470-480.

Li W J. 2004. Environmental management indicators for ecotourism inChina's nature reserves Acase study in Tianmushan Nature Reserve[J].Tourism Management, (25): 559-564.

Li W. 2004.Environmental Management Indicators for Ecotourism in China's Nature Reserves: A Case Study in Tianmushan Nature Reserve[J]. Tourism Management, 25(3): 559-564.

Lindberg K, Enriquez J, Sproule K. 1996. Ecotourism questioned: Case studies from Belize[J]. Annals of Tourism Research, (23): 543-562.

Lindberg K, Enriquez J, Sproule K. 1996. Ecotourism questioned: case studies from Belize.[J]. Annals of Tourism Research, 23(3): 543-562.

Lindberg K, Enriquez J. 1994.An Analysis of Ecotourism's Economic Contribution to Conservation and Development in Belize[M].Washington DC: World Wildlife Fund.

Lindberg K, Hawkins D. 1993.Ecotourism: AGuide for Planners and Managers[M]. North Bennington: The Ecotourism Society.

Lindberg K. 1998.Economic aspects of ecotourism[J].In Lindberg K, Epler Wood M, Engeldrum D. Ecotourism: Aguide for planners and managers. North Bennington, VT, USA: The Ecotourism Society, 87-117.

Lipscombe N，Thwaites R. 2001. Education and training[Z]. In D.Weaver（Ed.），Encyclopedia of ecotourism. Wallingford，UK：
    CAB International，627-638.

Liu J Y，Qu H L，Huang D Y，et al.2014.The role of social capital in encouraging residents' pro-environmental behaviors in
    community-based ecotourism[J]. Tourism Management，41：190-201.

Loon R M，Polakow D. 2001. Ecotourism ventures：rags or riches?[J]. Annals of Tourism Research，28（4）：892-907.

Lu K. 2012. New Development Direction on Worse Ecological System Resource of China Eco-tourism[J]. Energy Procedia，14：
    445-450.

LU R. 2010.Construction of Eco-tourism Sites Based on the Experience of Ecotourism[J]. Asian Agricultural Research，2（9）：61-64.

Malloy D C，Fennell D A. 1998. Ecotourism and ethics：Moral development and organizational cultures[J]. Journal of Travel Research，
    36（4）：47-56.

Martha H. 1994. Paying the price of ecotourism[J]. Americas，46（6）：40-47.

Masud M M，Aldakhil A M，Nassani A A，et al. 2017. Community-based ecotourism management for sustainable development of
    marine protected areas in Malaysia[J]. Ocean & Coastal Management，136：104-112.

Mccamy T.1992.Growth of U.S.Ecotourism and Its Future inthe 1990s[J].Hospitality Review，10（1）：1-10.

Megan Epler Wood. 1999.Developing a Framework to Evaluate Ecotourism as a Conservation and Sustainable Martha H. Ecotourism
    and Sustainable Development：Who Owns Paradise?[M]. Washington D C：Island Press.

Meleddu M，Pulina M. 2016.Evaluation of individuals' intention to pay a premium price for ecotourism：An exploratory study[J].
    Journal of Behavioral & Experimental Economics，65.

Michael Zwirn，Malin Pinsky，Guido Rahr. 2005. Angling Ecotourism：Issues，Guidelines and Experience from Kamchatka[J]. Journal
    of Ecotourism，4（1）：16-31.

Mosammam H M，Sarrafi M，Nia J T，et al. 2016. Typology of the ecotourism development approach and an evaluation from the
    sustainability view：the case of Mazandaran Province，Iran[J]. Tourism Management Perspectives，18：168-178.

Nepal S. 2004. Indigenous ecotourismin central British Columbia：The poten-tial for building capacity in the Tl' azt' en Nations
    territories[J]. Journal of Ecotourism，（3）：173-194.

Nevin O，Gilbert B. 2005. Measuring the cost of risk avoidance in brownbears：Further evidence of positive impacts of ecotourism[J].
    Biological Conservation，（123）：453-460.

Nicula V，Spânu S. 2014.Ways of Promoting Cultural Ecotourism for Local Communities in Sibiu Area[J]. Procedia Economics &
    Finance，16：474-479.

Niu Y F.1999.Sustainable tourism ecotourism and imple-mentation[J].Geographical Research，18（2）：179-184.

Okech R N. 2009.Developing urban ecotourism in Kenyan cities：A sustainable approach[J]. Journal of Ecology & the Natural
    Environment，1：1-6.

Orams M B. 2001.Types of Ecotourism，in Encyclopedia of Ecotourism[M]. CABI Publishing，24.

Orams M B.1995. Towards a more desirable form of ecotourism[J]. Tourism Management，16（1）：3-8.

Ospina G. 2006.War and ecotourismin the National Parks of Colombia：Some reflections on the public risk and adventure[J].
    International Journal of Tourism Research，（8）：241-246.

Paresashvili N. 2014. Major Tasks of Ecotourism Management in Georgia[J]. Procedia-Social and Behavioral Sciences，156：170-173.

Parker S，Khare A. 2005，Understanding success factors for ensuringsustainability in ecotourism development in southern Africa[J].
    Journal of Ecotourism，（4）：32-46.

Paul P，Kar T K，Ghorai A. 2016. Ecotourism and fishing in a common ground of two interacting species[J]. Ecological Modelling，328：1-13.

Peroff D M，Deason G G，Seekamp E，et al. 2016. Integrating frameworks for evaluating tourism partnerships：An exploration of success within the life cycle of a collaborative ecotourism development effort[J]. Journal of Outdoor Recreation & Tourism.

Price G G. 2003.Ecotourism operators and environmental education：enhancing competitive advantage by advertising environmental learning experiences[J]. Tourism Analysis，8(2)：143-147.

Qin Jianxiong，Degng Guiping，Tangyong. 2012. Discussions on the eco-tourism development of the Kanas Nature Reserve in Xinjiang，China.International Academic Conference on Integrated Management of Low-carbon Economy and Smart Scenic Area Informationization，124-132.

Qin Jianxiong，Degng Guiping，Tangyong. 2012.Sustainable development of tourism industry in Jiuzhai-Huanglong sceniczone，International Academic Conference on Integrated Management of Low-carbon Economy and Smart Scenic Area Informationization，114-1123.

Qin Jian-Xiong，Lai-Jia-Cuo Chen. 2016.Research status，progress and trend of rural tourism transformation and upgrading：2016. International Conference on Management，Economics and Social Development (ICMESD)，126-132.

Qin Jianxiong，Zhang Minmin，Chenlai Jiacuo. 2015. Classifications and development frameworks of tourist resorts based on geospatial division theory：A case study of Sichuan Province，Western China. in：Proceedings of 2015 International Conference on Material Science and Application (PICMSA2015)，part of the series APR，volume 3，752-760.

Qin Jian-xiong.2017. Tourism resort destination systems：genetic classification and spatial management. 2017 2nd International Conference on Information Technology and Management Engineering (ITME)，January 15-16，Beijing，China，320-326.

Rhormens M S，Pedrini A D G，Ghilardi-Lopes N P. 2017. Implementation feasibility of a marine ecotourism product on the reef environments of the marine protected areas of Tinharé and Boipeba Islands (Cairu，Bahia，Brazil)[J]. Ocean & Coastal Management，139：1-11.

Romão J，Neuts B，Nijkamp P，et al. 2014. Determinants of trip choice，satisfaction and loyalty in an eco-tourism destination：a modelling study on the Shiretoko Peninsula，Japan[J]. Ecological Economics，107：195-205.

Ronald Sanabria. 2002.EvolvingEcotourism Alliances Conserve Biodiversity in the Galapagos Islands. NEP：Industry and Environment. 24(3-4)：33-36.

Ross S，Wall G. 1999. Ecotourism：towards congruence between theory and practice[J]. Tourism Management，20(1)：123-132.

Ryan C，Saward J. 2004. The zoo as ecotourism attraction-Visitor reac-tions，perceptions and management implications：The case of HamiltonZoo，New Zealand[J]. Journal of Sustainable Tourism，(12)：245-266.

Santarém F，Paiva F. 2015. Conserving desert biodiversity through ecotourism[J]. Tourism Management Perspectives，16：176-178.

Santarém F，Silva R，Santos P. 2015. Assessing ecotourism potential of hiking trails：a framework to incorporate ecological and cultural features and seasonality[J]. Tourism Management Perspectives，16(16)：190-206.

Scace R. 1992. Ecotourism in Canada[M]. Ottawa：Canadian Environmental Advisory Council.

Sharpley R. 2006. Ecotourism：A consumption perspective[J]. Journal of Ecotourism，(5)：7-22.

Shutt K，Heistermann M，Kasim A，et al. 2014. Effects of habituation，research and ecotourism on faecal glucocorticoid metabolites in wild western lowland gorillas：implications for conservation management[J]. Biological Conservation，172(2)：72-79.

Silva G，McDill M. 2004.Barriers to ecotourism supplier success：Acomparison of agency and business perspectives[J]. Journal of Sustain-able Tourism，(12)：289-305.

Sirakaya E，McLellan R W. 1998. Modeling tour operations voluntary compliance with ecotourism principles：a behavior approach .
    Journal of Travel Research，36（3）：42- 55.

Sirakaya E，Sasidharan V，Sönmez S. 1999. Redefining ecotourism：the need for a supply-side view[J]. Journal of Travel Research，
    38（2）：168-172.

Sirakaya E，Uysal M. 1997.Can sanctions and rewards explain confor-mance behaviour of tour operators with ecotourism guidelines?
    [J]. Jour-nal of Sustainable Tourism，（5）：322-332.

Sirakaya E. 1997.Attitudinal compliance with ecotourism guidelines[J]. An-nals of Tourism Research，（24）：919-950.

Song D，Kuwahara S.2016.Ecotourism and World Natural Heritage：Its influence on islands in Japan[J]. Journal of Marine & Island
    Cultures，5（1）：36-46.

Stein T，Clark J，Rickards J. 2003. Assessing nature's role in eco-tourism development in Florida：Perspectives of tourism
    professionalsand government decision-makers[J]. Journal of Ecotourism，（2）：155-172.

Stronza A. 2001. Anthropology of Tourism：Forging New Ground forEcotourism and Other Alternatives[J].Annual Review
    ofAnthropology，30（2） ：261-283.

Stubelj A M，Bohanec M. 2010. Towards the ecotourism：a decision support model for the assessment of sustainability of mountain
    huts in the Alps[J]. Journal of Environmental Management，91（12）：2554.

Stubelj A M，Bohanec M. 2010.Towards the ecotourism：a decision support model for the assessment of sustainability of mountain
    huts in the Alps[J]. Journal of Environmental Management，91（12）：2554.

Swain M，Swain M. 2004. An ecofeminist approach to ecotourism devel-opment[J]. Tourism Recreation Research，（29）：1-6.

TES. 1993.Ecotourism Principles of Nature Tourism Operators[M].North Bennington：The Ecotourism Society.

Tran L，Walter P. 2014.Ecotourism，gender and development in northern Vietnam[J]. Annals of Tourism Research, 44（1）：116-130.

Tsaur S H，Linb Y C，Lin J H. 2006. Evaluating Ecotourism Sustainability from the Integrated Perspective of Resource，Community
    and Tourism[J]. Tourism Management，27（3） ：640-653.

Twidale C，Bourne J. 2003. Commentary：Practices，problems and prin-ciples for ecotourism- A case study[J]. Tourism Geographies，
    （5）：482-492.

Wallace G N. 2002.Toward a Principled Evaluation of Ecotourism Ventures[D].Colorado State University.

Wearing S. 1995.Professional isation and accreditation of ecotourism[J] .World Leisure& Recreation，（37）：31-36.

Weaver D. 2001. The encyclopedia of ecotourism[M].New York：CABI Pub.

Weaver D. 2001.Ecotourism as mass tourism：Contradiction or reality?[J] .Cornell Hotel and Restaurant Administration Quarterly，
    （42）：104-112.

Weaver D. 2005.Mass and urban ecotourism：new manifestations of an old concept[J].Tourism Recreation Research，30：19-26.

Weaver D. 2005. Comprehensive and minimalist dimensions of ecotourism[J]. Annals of Tourism Rsearch，（32）：439 -455.

Weiler B，Ham S. 2001.Tour guides and interpretation in ecotourism[Z]. In D. Weaver （Ed.），Encyclopedia of ecotourism.
    Walling-ford，UK：CAB International，549-563.

Weinberg A，Story Bellows，Dara Ekster.2002. Insights and applications sustaining ecotourism：insights and implications from two
    successful case studies. Society and Natural Resources，（15）：371-380.

Wishitemi B E L，Momanyi S O，Ombati B G，et al. 2015. The link between poverty，environment and ecotourism development in
    areas adjacent to Maasai Mara and Amboseli protected areas，Kenya[J]. Tourism Management Perspectives，16（11）：306-317.

Wu Y Y，Wang H L，Ho Y F. Urban Ecotourism：Defining andAssessing Dimensions Using Fuzzy Number Construction[J]. Tourism

Management，2010，31（3）：739-743.

Youdelis M.2013.The competitive（dis）advantages of ecotourism in Northern Thailand[J]. Geoforum，50（4）：161-171.

Yu D W，Hendrickson T，Castillo A. 1997. Ecotourism and conservation in Amazonian Perú：short-term and long-term challenges[J]. Environmental Conservation，24（2）：130-138.

Ziffer K.1989. Ecotourism：A Uneasy Alliance[M].Conservation International.

Zografos C，Oglethorpe D. 2004. Multi-criteria analysis in ecotourism：using goal programming to explore sustainable solutions[J]. Current Issues in Tourism，7：20-43.

Zografos C，Oglethorpe D. 2004. Multi-criteria analysis in ecotourism：Using goal programming to explore sustainable solutions[J]. Current Is-sues in Tourism，（7）：20-43.

Zorpas A A，Voukkali I，Pedreño J N. 2017.Tourist area metabolism and its potential to change through a proposed strategic plan in the framework of sustainable development[J]. Journal of Cleaner Production.